미메시스

MIMESIS

MIMESIS:

Dargestellte Wirklichkeit in der abendländischen Literatur

by Erich Auerbach

Copyright © Narr Francke Attempto Verlag GmbH + Co. KG

für die 10. unveränderte Auflage 2001

All rights reserved.

Korean Translation Copyright © 1999, 2000, 2012 by Minumsa

Korean edition is published by arrangement with

Narr Francke Attempto Verlag GmbH + Co. KG.

이 책의 한국어 판 저작권은 Narr Francke Attempto Verlag과 독점 계약한
(주)민음사에 있습니다.
저작권법에 의해 한국 내에서 보호를 받는 저작물이므로
무단 전재와 무단 복제를 금합니다.

미메시스

에리히 아우어바흐 | 김우창, 유종호 옮김

민음사

차례

『미메시스』 재출간에 부쳐 ... 7
역자 서문 ... 29
책머리에 ... 35

오디세우스의 흉터 ... 43
포르투나타 ... 72
페트루스 발보메레스의 체포 ... 104
시카리우스와 크람네신두스 ... 137
롤랑 대 가늘롱 ... 159
궁정 기사의 출정 ... 192
아담과 이브 ... 215
파리나타와 카발칸테 ... 251
수사 알베르토 ... 290
마담 뒤 샤스텔 ... 329
팡타그뤼엘의 입 안의 세계 ... 360
인간 조건 ... 386
지쳐 빠진 왕자 ... 424
마법에 걸린 둘시네아 ... 453
가짜 독신자 ... 486
중단된 만찬 1—계몽주의 시대의 리얼리즘 ... 527
중단된 만찬 2—18세기 프랑스의 리얼리즘 ... 549
음악가 밀러 ... 574
라 몰 후작댁 1—스탕달의 비극적 리얼리즘 ... 597
라 몰 후작댁 2—두 개의 리얼리즘 ... 615
제르미니 라세르퇴 1—없는 사람들과 심미주의 ... 646
제르미니 라세르퇴 2—졸라와 그의 동시대인들 ... 662
갈색 스타킹—새로운 리얼리즘과 현대 사회 ... 684

에필로그 ... 727
찾아보기 ... 732

『미메시스』 재출간에 부쳐
— 리얼리즘과 리얼리즘 이후

　에리히 아우어바흐의 『미메시스』를 번역하여 민음사에서 책으로 출간한 것도 어느덧 20여 년 전의 일이 되었다. 이번에 민음사에서 이것을 다시 손을 보아 낸다고 한다. 고마운 일이다. 아직도 학계와 독자의 관심이 있다는 것인데, 이것은 물론 아우어바흐 원작의 고전적인 가치로 인한 것이다. 원저가 나온 것은 1946년이다. 책이 나온 후 이제 60년이 넘은 것인데, 아직도 절판이 되지 않고 인쇄되어 나오고 있는 것으로 보인다. 그 기념비적인 의의를 증언해 주는 일이다. 이 책에는 서양 문학의 3000년 역사가 언급되어 있고 또 모더니즘 문학으로 분류할 수 있는 작품에 대한 논의도 들어 있지만, 그 주제는 리얼리즘이다. 역사적인 개관의 결론은 역사의 끝에 온 것이 리얼리즘이라는 것이다. 그러니까 모든 것이 그것을 향하여 나아간 것이다. 이 책을 번역할 때만 해도 이 테제는 정당한 것으로 생각되었다. 그러나 그 후, 사실은 번역서가 나오기 전에 시작된 흐름이지만, 리얼리즘의 가능성에 회의적인 눈을 던지는 비평적 이론들이 대두하였다. 그리고 이론만 아니라 작품의 현장에서도 이것을 생각하게 하는 경향이 강해졌다. 이것은 서양 문학에서만이 아니라 우리 문학에서도 눈에 띄게 된 현상이다. 이제 아우어바흐의 저서를 재출간함에 있어서, 리얼리즘의 문제에 대한 새로운 고찰이 필요한 것으로 보인다. 그리하여 서문을 대신하여 이에 대한 역자의 생각을 간단히 적어 보기로 한다. 리얼리즘에 대한 요청은 아직도 정당한 것으로 말할 수 있지만, 그것이 새로운 도전에 부딪치고 있는 것을 간과할 수 없다. 이 도전은 오늘의 상황의 중요한 증후이다.

1

예술 현상과 관련하여 쓰이는 미메시스라는 말은 물론 아리스토텔레스로부터 시작한 것으로서, 모방, 모사, 재현, 묘사 등 여러 말로 번역될 수 있지만, 대체로는 현실을 예술 작품에 그려 낸다는 뜻으로 이해된다. 아우어바흐 원저의 부제목은 이것을 '기술된 현실'(Dargestellte Wirklichkeit), 또는 조금 더 편하게 한국어로 번역하여, '현실 묘사'라는 말로 다시 설명하고 있다. 현실을 그려 보이는 것이 예술 행위라는 생각이 문화와 전통을 초월해서 널리 통용될 수 있는 것은 아닐 것이다. 그러나 예술에서 사람 사는 모습, 또는 그중의 어떤 것을 확인하거나 인지하고자 하는 의도가 개입된다는 것은 그다지 드문 일이 아니다. 그러한 묘사의 심리는 특히 문학 작품에 두드러진다. 이것은 어느 시대에나 볼 수 있는 것으로 아우어바흐는 호메로스로부터 20세기까지 역사적 궤적을 추적한다. 그러나 서구 전통의 테두리 안에서 생각할 때, 특히 현실 묘사 또는 재현의 요구를 비교적 적절하게 충족시키게 된 것은, 적어도 그가 보기로는, 19세기의 서구의 리얼리즘 소설에 있어서이다. 예술 작품이 현실을 재현한다고 할 때, 현실을 있는 그대로 베껴 낼 수는 없는 일이다. 그것은 물리적으로 불가능하고, 심리적으로도 바라는 것이 아니다. 사람의 모든 행위가 그러하듯이, 언어는 선택의 행위이다. 그것을 일정한 규모로 엮어 내야 하는 경우는 더욱 여러 가지 선택의 방안을 생각하여야 한다. 그중 하나가 중요성의 평가 체계이다. 사람들이 어떤 일의 진상을 알고자 한다면, 대체로는 어떠한 관점에서 볼 때 중요한 것으로 생각되는 것을 알고자 하는 것이다. 예술 작품의 현실 재현에서 작용하는 기준은 어떤 것인가? 19세기 서구 소설에서 현실을 그린다고 할 때, 그것은 보통 사람의 현실을 그린다는 것을 말한다. 이것은 역사적으로 새로운 일이었다. 옛날에 보통 사람의 나날의 삶이 문학에서 중요한 묘사의 대상이 되지 않았던 것은, 언어의 유연한 활동도 역사적으로 발달해야 하는 까닭에 언어가 미숙하다는 점도 없지 않았겠지만, 그러한 삶이 기록하거나 상상할 만한 무게가 있는 것으로 생각되지 않았기 때문이다. 19세기 소설에서 이러한 삶을 묘사한 것은 단순히 그것을 복사해 낸 것이 아니라 그것을, 아우어바흐가 말하는 바와 같이, "심각하게, 큰 문제를 함축하고 있는 것으로, 그리고 어쩌면 비극의 깊이를 가질 수 있는 것"으로 묘사하고 구성한 것이다. 옛날에 이러한 심각성은 영웅들, 통치자, 귀족들 같은 지배 계층의 삶에만 존재하는 것으로 생각되었다. 물론 이 경우에도, 묘사의 대상이 되는 것은 그들이 영위하는 나날의 삶보다는 큰 문제들, 즉 사회의 정치적 운명과 정신적 문제들이 걸려 있는 행위들이었다. 보통의 삶이 그려 낼 만한 것이 되는 데에는 정치적, 사회적, 경제적, 문화적 조건들에 큰 변화가 있었다는 것을 뜻한다.

2

그러나 서양사를 되돌아 볼 때 후기 고전 시대와 중세에서도 보통의 삶이 완전히 무시된 것은 아니었다. 희극적인 재미를 위하여 시도되는 묘사를 제외하더라도, 기독교의 관점은 그 중요성을 인정하는 것이었다고 할 수 있다. 그것은, 계급의 상하나 세속적인 관련의 경중에 관계없이, 모든 사람의 영혼은 하나같이 죄와 구원의 순환 속에 있다는 생각이 기독교에 있다고 할 터인데, 그렇다면, 모든 사람의 삶은 모두 중요하다고 할 수밖에 없다.
 이것은 이미 성경에 나오는 것이고 그 서사적 전개에서 중요한 의미를 부여받았다고 하겠지만, 기독교에는, 성경에 기술된, 어떻게 보면 단순한 사건이라고 간주될 수 있는 일에 한껏 심각한 의미를 부여하는 해석 방법이 있다. 가령 아브라함이 이삭을 묶어 제물로 바치려 했다는 창세기의 이야기를 인간의 구원을 위하여 십자가에 못 박힌 예수 그리스도의 이야기를 미리 보여 준 것이라고 해석하는 것과 같은 것이 그것이다. 한 사건이 다른 사건에 대한 예언이 되는 것인데, 그보다 중요한 것은 이 세상의 사건이 그것을 넘어가는 정신적 차원에서는 다른 의미를 갖는다는 해석 방법이다. 이때 사건은 정신적 의미를 현시하는 형상 — '피구라'(figura)이다. 이에 비슷하게, 성경에 기록될 만한 것이 아니라도 보통 사람의 보통의 삶의 사건도 중요한 정신적 의미를 가질 수 있다. (아우어바흐가 예로 드는 것은 아니지만, 아메리카의 청교도 이민자들이 일기를 많이 적은 것도 이러한 테두리에서 생각할 수 있다.)

3

 그러나 리얼리즘의 소설들이 기록하는 일상적인 일들이 의미를 갖는 것은 이러한 정신적 차원에서 의미를 빌려 오기 때문이 아니다. 소설의 사건들은 정신적 의미에 대한 형상적 현시이기 때문이 아니라 그 자체로 — 구태여 따진다면, 그 시간적 전개와 인과관계 속에서 의미를 갖는다.
 여기에서 어떻게 중요한 의미가 생겨나는가는 분명치 않다. 역사가 어떤 의미 있는 흐름을 이룬다는 것은 흔히 있는 생각들이다. 사람의 크고 작은 일들은 이 역사의 흐름에 의하여 설명된다. 그리고 중요한 부분의 의미는 이 흐름에 의하여 얻어지는 것으로 생각된다. 마르크스주의에서 역사의 끝에 오게 될 이상 사회의 도래 또는 구현을 향하여 가는 역사는 모든 의미의 모체이고, 사람들의 삶과 행동의 의미는 이러한 역사에 의하여 정의된다. 집단주의 그리고 전체주의는 집단이 나아가야 할 목표를 설정하고 그것에 봉사하는 것이 사람의 삶의 의미라고 말한다. 아우어바흐도 일종의 역사주의자임에는 틀림이 없다. 일상생활의 리얼리즘을 긴 역사적 진화의 결과라고 보는 것만으로도 그가 사람의 삶을 크게 규정하는 것이 역사라는 것을 믿는 것이라고 할 수 있다. 그는 프랑스 혁명의 이상을 긍정적으로 보고 스타일의 혼융이 민주주의의 발전에 기여한다고 생각한다. 그리고 졸라의 작품들에 그려진 노동자들의 사회주의를 위한 투쟁에 공감한다. 그렇다고 그가 이념을 문학의 가장 중요한 척도로 삼는다고 할 수는 없다. 근대 문학의 리얼리즘을 말하면서, 그가 이념적 입장에서 문학적 지지를 보내는 경우는 졸라의 경우가 유일한 것으로 보인다. 근대 독문학이 역사적 변화를 바르게 포착하지 못한 것을 개탄하는 것과 같은 데에서도, 적어도 발전하는 역사에 대한 이해가 근대 문학의 자기실현에 중요한 요건이라고 생각하는 것은 사실이다. 그러나 역사의 움직임을 파악한다는 것 그것으로 사람의 삶의 의미가 소진된다고 생각하는 것은 아니다. 문학은 문학대로의 밝혀내야 할 인간의 현실이 있고, 그것은 추상적으로 이야기되는 역사관으로 완전히 해명되지 아니한다.

역사의 발전 또는 변화가 막중한 것이라고 하여도, 적어도 소설의 리얼리즘이 개인의 삶에 관계되는 한에 있어서, 삶의 의미는 역사 자체에서가 아니라 역사와 개인의 운명과의 변증법적 교환에서 생겨난다. 「고리오 영감」에 나오는 여인숙 주인 마담 보케르의 인물됨은 그가 운영하는 여인숙과 하나가 되어 있는 것으로 묘사되어 있다. 그녀의 옷이나 몸이나 표정이나 행동이나 그 지저분한 것 등은 그 여인숙의 초라한 모양에 그대로 일치한다. 불결하면서도 어떤 면에서는 구수하게 인간적인 이 펜션은 시대의 자연스러운 결과물인 것이다. 그러면서도 마담 보케르는 시대가 만들어 낸 꼭두각시는 아니다. 그녀는 저항과 적응으로 시대의 압력에 반응하며 자신의 삶을 살아간다. 그 나름의 개인적 운명의 고통과 어려움 속에서 형성된 것이 그녀의 모습이고 옷매무새이고 행동 방식이고 인생이다.

플로베르의 에마 보바리의 경우에도 그 여자의 운명이 그녀의 시대와 환경의 소산인 것은 마찬가지이다. 그러나 에마는 자신이 처해 있는 세계의 조건을 조금 더 적극적으로 벗어져 나가고자 한다. 그러나 그녀의 그러한 선택은 적절한 것이 되지 못한다. 그녀가 벗어져 나가고자 하는 세계가 진솔하지 못한 거짓된 세계라면, 그녀의 선택도 거짓된 세계의 어리석은 선택에 불과하다. 그녀의 모든 것은 "범용하고 바보스러운 무지의 세계, 거짓 환상과 충동과 상투어의 세계"이다. 물론 시대의 많은 사람들의 삶이 그러한 세계 안에 들어가 있다.

플로베르는 물론, 발자크가 그리는 등장인물들이 속되고 무지한 세계이기는 하지만, 그들이 이들을 우스개나 풍자의 대상으로 그리는 것은 아니다. 그들의 운명은 누항사(陋巷詞)에 그치지 않고 실존적이고 비극적인 의미를 갖는 것으로 묘사된다. 그것은 작자들이 그들의 이야기를 그들의 입장에서 공감적으로 적어 나가고 있기 때문이다. 그들은 그들 나름으로 개성을 가지고 있는 인물들이다. 그렇다고 그들의 삶이 삶의 높은 가능성을 구현하는 것이라고 할 수는 없다. 작품에는 이들을 공감적으로 그리면서 동시에 그들을 넘어가는, 그리하여 그들의 삶을 비판적으로 평가하는, 높은 삶의 기준이 시사되어 있다. 공감의 서술이라고 해서, 서술되어 있는 삶의 이야기가 괴로운 인생의 실화에 그치지 아니한다. 발자크는 한편으로는 생물학적, 사회적 결정론자였다. 다른 한편으로 그는 높은 삶에는 종교적인 바탕이 있어야 한다고 생각하였다. 그러면서 이러한 것들에서 연역되어 나오는 법칙과 규범에 의하여 재단되는 것이 아닌, 그때그때 상황 속에 있는 개체적인 인간을 그렸다.

플로베르는, 누항의 소시민의 이야기를 적으면서, 그것을 넘어가는 보다 높은 의미의 차원을 매우 특이한 방법으로 보여 주었다. 이것은 리얼리즘에 충실한 소설이 무엇을 할 수 있는가를 가장 순수하게 보여 주고 동시에 인간의 금욕적 정신 기율이 이를 수 있는 어떤 경지 — 세간에 있으면서 그것을 넘어가는 어떤 경지를 예시(例示)한다고 할 수 있다. 그는 "사실적 성실성" 그리고 그것을 실천한 문장의 정확성을 기하는 것만으로 에마 보바리의 삶이 거짓된 세계라는 것을 보여 주었다. 예술적 기율 그것으로써 그녀의 세계의 무지와 보다 지혜로운 세계의 가능성을 시사하는 것이다.

플로베르의 예를 생각해 볼 때, 예술은 당대의 현실을 직접 접근할 수 있는 힘을 가지고 있다. 그의 경우에는 그 힘이 다가가는 사실성만으로, 현실을 보다 넓은 또는 진실된 차원에서 평가할 수 있다는 느낌이 든다. 이것을 가능하게 하는 것은, 다시 말하여, 오로지 그의 예술적 헌신이다. 그것은 정신적 진리를 위하여 모든 것을 바치는 성직자나 교직자의 헌신에 비슷하다. 자기를 버리고 주어진 현실의 주제에 헌신하는 플로베르의 몸가짐은 종교적 신앙에서 나오는 신비주의자에 가깝다. 다만 모든 노력은 설법이나 실천이 아니라 주어진 사실을 철저하게 밝히는 데에 바쳐진다.

그러나 밝혀지는 사실은 있는 것을 그대로 사진처럼 모사되는 것이라기보다는 그것이 드러내는 정연한 질서로 인하여 분명해진다. 사실은 논리의 질서 속에 자리해 있다. 여기의 논리는 위로부터 부과되는 것이 아니라 사실 속에 드러나는 논리이다. 그러면서 그것은 사실을 구조화한다. 다만 이러한 논리나 구조의 정연함이 밖으로 지나치게 두드러져 나오는 것은 아니다. 드러나는 것이 있다면, 그것은 스타일의 정치성(精緻性)이다. 그러나 이러한 깔끔한 스타일의 형성에 시대적인 배경이 없는 것은 아니다. 플로베르가 가졌던 바와 같은 객관적 진리의 가능성에 대한 믿음은 당대의 과학적 실증주의의 영향을 받은 것이다. 그러나 보다 넓은 여론의 풍토를 살피면, 그것이 다시 예술에 대한 절대적인 믿음으로 이어진다. 당대의 정예분자를 자처하는 예술가들은 사회의 저속성에 대하여 강한 혐오감을 느끼고 예술의 순수성에서 위로를 찾았다. 플로베르는 현실주의자이면서 심미주의자였다. 이렇게 볼 때, 플로베르와 같은 작가가 당대의 삶의 진실에 가까이 갈 수 있었던 것은 단순히 어떤 정신적인 태도 또는 작가의 언어의 진실에 대한 헌신 때문만이 아니라 시대적인 발전의 영향 때문이었다고 하는 것이 옳다.

이것은 그의 장점 속에 들어 있는 결점에서도 드러난다. 그것은 심미주의의 한계이다. 아우어바흐의 생각에 그의 리얼리즘은 졸라의 자연주의에 비하여 시대의 모습을 전반적으로 파악한 것이 아니다. 졸라는 당대의 역사를 움직이는 모든 것 — 자본주의, 기업, 정부와 기업의 결탁, 노동자의 빈곤과 저항 그리고 거기에서 자라 나오는 새로운 사회를 위한 희망, 이러한 것들을 모두 포괄하고 있었다. 스타일 분리의 원칙을 넘어, 졸라는 낮고 추한 것 가운데 그 진상을 심각한 의미를 갖는 것으로 그려 내었다. 물론 궁극적으로는 그의 서사에 의미를 부여한 것은 단순히 역사의 움직임이 아니고 그의 예술가로서의 철저함과 윤리적 감수성이었다.

4

그러나 역사 안에서의 지적 노력은 몇 번을 뒤집어지게 되어 있다고 할 수밖에 없다. 역사의 움직임의 총체는 졸라가 생각하였던 것만큼은 쉽게 파악되는 것이 아닌지 모른다. 『미메시스』가 마지막으로 다루는 20세기의 작가들은 버지니아 울프, 제임스 조이스, 프루스트와 같은 주로 주관적인 체험 — 의식의 흐름의 기술에 충실한 모더니즘의 작가들이다. 이들 작가들에서 아우어바흐가 주목하는 특징의 하나는 이야기의 전개가 긴 시간 — 한 사건이나 삶의 전모를 포괄하는 긴 시간이 아니고 짧은 시간이라는 것이다. 22장에서 긴 분석의 대상이 되고 있는 버지니아 울프의 작품도 그렇지만, 근대 서양 문학에서 시간의 짧음이라는 관점에서 참으로 대표적인 것은 조이스의 「율리시스」인데, 이것은 수백 페이지에 달하는 방대한 분량의 소설이면서 시간적으로는 기껏해야 하루의 일을 기술한다. 등장인물들의 주관적인 의식의 흐름을 기록하다 보면 그 테두리가 되는 사건은 짧은 시간에 일어나는 것이 될 수밖에 없다고 하겠지만, 아우어바흐의 해석은, 이러한 기술적인 측면을 넘어서, 긴 시간을 통한 삶의 추이를 파악하기가 어렵게 되었다는 사정이 그 원인이라는 것이다. 세계는 너무 복잡하고 단편화되고 또 다양하다. 이러한 사정 때문에, 갈등과 폭력과 혼란이 일어나기도 하고 하나의 특이한 이론으로 모든 것을 설명할 수 있다는 광신의 무리들이 등장하기도 한다.

긴 서사가 불가능해지는 것은 너무나 당연하다. 그러나 다른 한편으로 짧은 시간에 집중되어 있는 의식의 넓이 그리고 감각적 세부와 사건이 보여주는 것은 삶의 모든 것이 짧은 순간과 계기에 압축되어 있다는 것을 말하여 주는 것이라 할 수 있다. "현실의 모든 풍요와 삶의 깊이"가 한순간 안에 있는 것이다. 이들 모더니즘의 작가들이 발견한 것은 이러한 순간에 넘쳐나는 삶의 풍요로움이다.

전체의 상실 그리고 역설적으로 세부에 압축되는 풍요는 새로이 형성되는 전체를 느끼게 한다. 전체의 상실은 눈앞에 서로 다른 것들이 잡다하게 펼쳐지게 된다는 것을 말한다. 그것은 차이의 강조와 갈등의 심화와 함께 그것의 해소 가능성을 열어 놓는다. 서로 다른 것들이 하나가 되게 하는 것은 계획된 질서들이 아니다. 여러 다른 질서들은 싸움의 원인이 된다. 사람들은 집단의 역사 속에서 서로 갈라져 있지만, 개체적인 존재로서 다 같은 평면에 있다. 그것이 심화될 때 그들은 일상적 삶의 순간의 풍부함이라는 점에서 하나로 있다는 것을 서로 인정할 수 있다. 이 관점에서는 주제가 되는 삶이 스페인인의 삶인가 코르시카인의 삶인가 중국의 농부의 삶인가 하는 것은 중요치 않다. 아우어바흐가 『미메시스』를 쓴 것은 2차 세계대전의 극도의 혼란기였지만, 그는 일상성 속에서 하나가 될 수 있는 세계가 온다고 믿는 것으로 보인다. 이러한 믿음에 있어서 그는 마치 세계화라는 말로 설명되는 21세기에 그다음에 올 수도 있을 세계를 내다보는 것처럼 말한다. 심화된 일상성의 리얼리즘이 그 조짐이다.

여러 가지 싸움 가운데에 또 싸움을 통하여 경제적 문화적 평준화의 과정이 완성된다. 지구 위에 하나의 공통된 인류의 삶에 이르는 길은 아직 멀다. 그러나 이제 끝이 보이기 시작한다. 그것은 서로 다른 사람들의 삶의 어떤 순간을 별 의도 없이, 정확하게 안으로 밖으로 그려 내는 데에서 가장 뚜렷하게 또 구체적으로 드러난다.

단순한 일상적인 삶의 묘사는 혼란의 증후인 듯하면서도 새로운 세계의 도래에 이러한 중요성을 갖는다. 이 삶의 단순성은 어떤 구시대의 사람에게는 마음에 들지 않겠지만, 그것이 앞으로의 세계의 모습이다. 아우어바흐는 이렇게 말한다.

5

그런데 아우어바흐의 예언은 맞는 것일까? 역사의 참으로 긴 지속이라는 관점에서 볼 때, 이 예언은 먼 미래를 내어다 보는 그의 형안(炯眼)을 증명해 주는 것일 수도 있다는 느낌이 든다. 『미메시스』 이후 65년의 시점에서, 여러 다른 사회와 문화들이 서로 가까워지고 하나의 세계가 되어 가는 것은 틀림이 없다. 문화는 하나가 되지 아니하여도 서로 이해하고 인정하는 것이 되어 간다. 평준화가 일어나 수준이 더 저하되는 부분들이 없지 않을 것이지만, 대체로는 더 풍부해진다고 하는 것이 옳을 것이다. 모든 사회가 하나의 세계 시장으로 통합된다는 의미에서 경제는 하나가 되어 간다. 그러나 나라와 지역에 따르는 격차는 오히려 심화된다. 세계 빈곤의 해결과 경제적 평준화는 조금 더 기다려야 한다고 할 수밖에 없다. 독자적으로 향유하면서 모든 사람이 공유하는 일상의 삶에 삶의 참 의미가 있다는 사실의 인정이 앞으로 올 세계의 통합의 근거가 될 것이라고 아우어바흐는 말한다.

그러한 통합이 참으로 깊은 삶의 만족을 가져오게 될 것인가? 조금 전에 일상성의 미래를 긍정하는 그의 말을 인용했지만, 그에 이어, 아우어바흐는 문화의 자산을 즐기고 역사의 전개를 일목요연하게 내다보기를 원하는 사람에게는 일상성의 평준화는 섭섭한 일이 될 것이라고 쓰고 있다. 이 평준화에 대한 불만은 그가 생각하는 것보다는 더 큰 의미를 가진 것일는지 모른다. 문화의 깊이와 세계의 역사를 한눈으로 보겠다는 욕망 — 지적 욕구이면서 동시에 권력 의지인 이러한 욕망의 정당성을 인정하지 않더라도, 사람이 일상성 이상의 것, 또는 주어진 세계의 현상 이상을 지향하는 정신적 갈구를 가진 것도 부정할 수 없다. 또 이것이 없이는, 조금 후에 다시 이야기하겠지만, 일상성은 삶에 커다란 왜곡을 가져오는 요인이 될 수 있다. 일상성을 넘어가는 인간의 갈구 — 초월의 소망을 버리지 않는 미래가 있기 위해서는 일상적 삶의 풍요성에 대한 인정에 추가해서 그것을 보다 높은 차원으로 지양(止揚)하는 정신의 움직임이 있어야 하는 것이 아닌가 하는 생각이 든다. (앞에서 시사한 바와 같이, 작가들의 예술적 기율에 대한 헌신도 자기 억제의 금욕주의에 관계되고 그것은 인간성의 이러한 정신적 차원에 연유한다고 할 수 있다.)

그런데 더 큰 문제는, 이야기한 바와 같이, 아우어바흐가 예견하는 심화된 일상성의 실현이, 그것이 그 자체로 남아 있는 한, 요원한 것으로 보인다는 것이다. 세계가 일상성의 삶에 기초하여 하나가 된다고 할 때, 적어도 지금의 상황으로 보건대, 그 일상성의 진실은 발자크나 플로베르 그리고 버지니아 울프의 심화된 일상적 순간의 진실은 아닌 것으로 보인다. 대체로 말하여, 20세기 후반으로부터 지금까지의 지적인 추세 — 서양이나 한국의 추세로 보건대, 아우어바흐가 말하는 리얼리즘 — 그가 예찬하는 일상성의 풍요를 인지하는 리얼리즘은 이제 종말을 맞이했다 할 수 있다. 세계적으로 보편화되고 있는 대중문화나 오늘날에 읽히는 작품들이 생각하게 하는 것이 그러하다. 지금의 일상성은 "현실의 모든 풍요와 삶의 깊이"를 보편화하는 것이 아니다.

이론적인 측면에서 여기에 병행하는 것은 모든 이성적 계획을 부인하는 각종의 포스트모더니즘이다. 물론 이러한 이론들을 그 난해함과 지적 정교함으로만 미루어 보아도 대중문화와 같은 평면에 두고 말할 수는 없다. 그러나 그 주장들은 많은 경우 새로 대두한 일상성 — 타락한 일상성의 한 부분을 이룬다고 생각할 수 있다. 현실과 언어에 대한 그 분석들은 삶의 구체적인 진실에 대한 이해를 깊이하기보다는 그 이데올로기적 공식화를 가져오는 것으로 보인다. 그리하여 평준화된 일상성의 시장에 부족한 개념의 상품을 공급한다. 아우어바흐의 리얼리즘론에는 현실의 깊이를 열어 주는 언어의 가능성에 대한 믿음이 있다. 포스트모더니즘의 이론들의 한 효과는 이 믿음을 뒤집어엎는 것이다. 언어는 주로 조종의 전략에 봉사하는 이데올로기의 수단이다.

이러한 정치적 함축을 캐내는 데에까지는 나아가지 않았지만, 언어의 가능성을 뒤집어엎는 첫 기수의 역할을 한 것은 데리다나 폴 드 만의 해체 이론이다. 해체론은 리얼리즘이 전제하는 언어에 의한 현실 묘사의 가능성을 부정한다. 해체론은 아우어바흐의 리얼리즘론의 현재 위상을 생각하는 데에 흥미로운 대비점을 제공한다.

위에서 언급한 바와 같이 아우어바흐는 기독교 전통에서 일상적 사건에 의미를 부여하는 방법의 하나로서 '형상'(figura)의 존재를 말하였다. 이 피구라의 이론에서 구체적인 사건은 숨어 있는 정신적 의미를 구체적으로 표현하는 비유로서의 의미를 갖는다. 그런데 근대적 리얼리즘에 이르러 사건의 의미는 정신적 차원에서 오는 것이 아니라 삶의 전체적인 맥락에서 생겨난다. 이 맥락을 이루는 것은 개인의 삶과 그를 에워싼 삶의 조건의 상호 연관성이다. 이것은 개인사나 사회사의 지속적 시간 속에 드러나는 것일 수도 있고 일상적 삶의 순간에 압축하여 드러나는 것일 수도 있다. 어떤 경우에나 그것은 사실의 사실성을 그 바탕으로 한다. 그리고 문학 작품에서 이 사실성의 재현이 가능한 것은, 되풀이하는 말이지만, 언어의 현실 일치를 전제한다. 이러한 전제가 성립할 수 없다면, 언어 행위는 무엇을 하는 것인가? 그것은 내용이 불확실한 수사 행위에 그칠 뿐이다. 그러면서 그것은 마치 사실적 실체를 환기하는 듯한 인상을 만들어 낸다. 다시 말하여, 언어는 어떤 모양을 가진 것, 형상, 피구라를 그려 낸다. 그러나 그것이 무엇을 지칭하는지는 불확실한 채로 남는 것이다. 해체 이론에 중요한 이론적 거점을 제공한 폴 드 만은 문학의 언어를 지시 대상이 없는 순전한 형상의 언어(figural language)로 본다. 그의 중요한 논문 「기호학과 수사학(Semiology and Rhetoric)」에 의하면, 이 형상적 언어는 복잡한 수사 전략을 통하여 현실 묘사의 인상을 만들어 낸다. 형상에 있어서 수사학적으로 중요한 것은 은유(metaphor)와 환유(換喩, metonymy)인데, 폴 드 만의 생각으로는, 문학 수사는 대체적으로 환유를 은유로 대체하는 전략으로 마치 그것이 사물 자체의 성질을 기술하고 있는 것처럼 보이게 한다. 이때, 환유는 우연적인 연쇄 속에서 이루어지는 것인데, 문학의 수사가 그것을 보다 강한 필연적인 현재성을 가진 은유로 환치하는 것이다. 다른 한편으로 환유는 언어의 통어적 집합(syntagma) 속에 편입되면서 수사 전체에 문법적 엄밀성을 부여한다. 이와 함께 어떤 상황의 묘사는 전체적으로 비유적 성격의 전체성과 특질을 가지며 또 보강된 필연성을 갖는다.

구체적인 예시가 없는 이러한 추상적 설명이 별로 설득력을 가질 수는 없겠으나, 여기에서 드만의 난해한 분석을 되풀이하기는 어려운 일이고, 요지는 그의 수사학적 분석의 목표로 하는 것은 문학적 표현이 하나의 자기 폐쇄적 놀이며 사실의 재현에 관계되는 것이 아니라는 것이다. 그렇기는 하나

이 논문에서 분석의 대상이 되어 있는 여러 구체적인 예 가운데 하나를 들어 보기로 한다. 여기에 드는 것은 프루스트의 소설의 한 장면에 나오는 수사 전략의 경우이다. 프루스트는 주인공이 어린 시절의 여름날 자기 방에 누워 책을 보고 있는 장면을 그리려 한다. 여름날을 그리는 데에는 여러 비유적인 것들이 동원되는데, 햇빛, 그늘, 실내악, 나비, 망치질하는 소리, 별, 파리 떼, 냇물에 흐르는 물 등등, 이들 가운데 어떤 것은 대상을 지칭하는 것이고 어떤 것은 그것을 비유적으로 변형하는 것이다. 이 비유 중 폴 드 만의 긴 분석의 대상이 되어 있는 것 하나는 "파리들의 여름 실내악"이라는 표현이다. 그것은 여름의 전체를 종합하는 비유의 역할을 한다. 그러나 파리와 실내악 사이의 관계는 환유적이고 우연적인 것이다. 그러면서도 여름의 일체성과 특징을 하나로 맺어 주는 역할을 한다. 이것을 강조하기 위하여 프루스트는 이 파리들의 음악이 우리가 우연히 회상하는 종류의 음악과는 다른 것임을 강조한다. 파리는 여름과 더불어 생겨나고 없어지는 곤충이다. 따라서 그 음악은 여름과 일체가 되어 있는 그 필연적인 일부로서의 음악이다. 이것이 인위적이라는 것을 프루스트가 모르는 것이 아니라고 폴 드 만은 말한다. 그것은 그가 의식하고 선택하는 수사의 전략이다. 이 전략의 사용은 그가 말하고자 하는 것을 위해서 불가피하다. (위의 예에서, 파리 떼들의 음악과 실내악, 이 둘 중 어느 쪽이 은유이고 어느 쪽이 환유인지는 설명되지 않고 있다. 실내악은 주인공이 갖는 여름의 느낌을 종합하는 총체적인 비유라는 점에서 좋은 은유이다. 주인공의 인식이라는 관점에서는 파리 떼가 그의 여름의 느낌에 이어지는 것은 우연한 환유적 연결의 결과이다. 그러나 파리 떼는 자연 현상의 일부로서는 여름의 일부를 이룬다. 그것은 필연적인 것이다. 단순한 근접성으로 일어나는 환유적 연결은 공간이라는 물리적 근거를 가졌다는 점에서는, 의식의 관점에서 의미를 통합하는 은유보다 필연적인 경우가 많다고 할 수 있다. 환유의 통어적 집합과 관계하여 말하여지는 문법의 법칙성도 사실 사유 그리고 행동 방식의 필연적 규칙에 근거한다고 할 수 있다. 폴 드 만의 비유에 대한 분석은 이러한 문제들 생각하지 않는다. 또 그는 예로 들고 있는 비유들의 성질을 분명히 하지 않는다. 그러나 그의 분석에서 요점은 위에서 말한 것처럼 언어의 수사 전략이 반드시 사실 세계의 사실에 맞아 들어가는 것이 아니라는 것이다.)

여기에서 간단히 살피고자 하는 예는 폴 드 만의 다른 프루스트론에 나오는 같은 장면의 분석에 들어 있다. 문제의 비유는 "활동의 격류"(un torrent d'activite)라는 것이다. "나의 편한 안정은 …… 흐르는 물 가운데에 드리운 움직이지 않는 손처럼, 활동의 격류의 충격과 활기를 받쳐 들고 있었다." 프루스트는 방에서 책을 읽고 있는 주인공 마르셀의 심정을 이렇게 표현한다. 여기의 "활동의 격류"라는 말은 정신없이 바삐 몰아가는 활동을 말하는 프랑스어의 상투적 표현인데, 이 장면에서 그것은 서늘한 방에서 책을 읽고 있는 사람과 밖에서 벌어지고 있는 여러 뜨거운 활동들과를 대조를 표현하기 위하여 끌어들인 것이다. 상투적 표현에서 '격류'는 냇물과는 별로 상관이 없이 격화된 어떤 현상을 의미한다. 그러나 드만의 해석으로는 여기에서는 다시 원래의 의미가 살아나서 찬 물결이 되는데, 그것은 방의 서늘함, 책을 읽고 있는 자의 편안한 안정에 관계되는 것이 되어 있다. 그러므로 그것은 뜨거운 여름날 밖에서 벌어지고 있는 여러 활동들의 열기에 이어질 수는 없는 것이다. (격렬한 열기(torride)라는 말이 격류(torrent)에 이어져 있다고 할 수 있기 때문에, 어느 정도 가교(架橋)가 되어 준다고 하겠지만.) 두 개가 하나로 묶인 것은 오로지 프루스트의 자의적인 의도로 인한 것이다.

격류라는 비유 아래에는 두 가지 의도가 작용하고 있다. 하나는 '윤리적 투자'에 관계되어 있다. 방에 있지 말고 밖에 나가 밖에 벌어지고 있는 활동에 더 참여해야 한다는 어머니의 말씀을 알고 있는 어린 마르셀-프루스트는 방에 있으면서도 밖의 일에 참여하고 있다는 것을 증명하고자 한다. 밖의 현장에 온몸으로, 감각으로 접하게 될 때, 그것은 더 실감 나는 것이 될는지 모르지만, 단편적인 느낌의 집합으로 경험되는 것일 뿐이다. 이에 대하여 방 안에 멀리 떨어져 있으면서 생각하는 것은 그것을 전체로서 느끼고 아는 것이 될 수 있다. 이러한 관점에서 햇빛으로부터 비켜 그늘의 서늘함 속에 가리워 있는 방 안은 햇빛의 뜨거움에 일체가 되는 것을 가능하게 하는 매체라고 할 수 있다. 그 서늘함이 뜨거움을 '받쳐 들고' '지원함'으로써 밖의 일들이 전체로서 존재할 수 있는 것이다. 서늘함과 뜨거움은 이러한 의미에서 하나이다. 이 역설적 주장은 프루스트의 다른 입장에 이어진다. 프루스트는 방 안에서 책을 읽고 있다. 책에는 뜨거운 모험담들이 들어 있겠지만, 그것을 전체적으로 알게 되는 것은 독자의 조용한 집중을 통해서이다. 확대하면, 이것은 프루스트의 소설「잃어버린 시간을 찾아서」의 의미라고 할 수 있다. 지난 시간의 일들은 그것을 되돌아보면서 글을 쓰는 행위에 속에서 재구성됨으로 비로소 찾아지게 된다. 이 전체적인 회복을 위한 노력의 성과가 소설「잃어버린 시간을 찾아서」이다.

6

그런데 이렇게 하여 회복된, 또는 재구성된, 시간이 사실적 진실에 일치하는 것일까? 폴 드 만의 생각은 그렇지 않다는 것이다. 그리고 그렇지 않다는 것이 해체론의 테제이다. 폴 드 만에게 프루스트의 글은 오로지 수사이며 형상적 언어(figural language)의 창작물이다. 그렇다고 이것이 완전히 거짓이라는 말은 아니다. 언어와 사실의 모호한 관계는 사실에 이르고자 하는 사람의 노력을 언제나 그러한 불확실한 언어 형상의 놀이의 한계 속에 머물게 한다. 사람의 의식은 사실을 꿰뚫어 보고자 한다. 사실은 전체적인 연관성에서만 그 참모습을 드러낸다. 이것은 사람이 갖는 크고 작은 체험에서도 마찬가지다. 사람은 체험을 전체성 속에 파악하고자 한다. 또는 한 순간 속에 삶의 모든 것을 보고자 한다. 그러나 그 순간은 공간적으로나 시간적으로나 그러한 노력의 밖으로 무한히 뻗어나 있다. 그리하여, 사실에 관한 것이든 체험에 관한 것이든, 어떤 전체적이고 일체적인 의식도 진정으로 전체적이고 일체적인 것일 수 없다. 프루스트는 그의 소설에서 죽음의 순간이 진리의 시간에 일치한다면 더없이 행복할 것이라고 말한다. 이것은 프루스트 자신이 의식과 언어 표현이 사실 그것에 일치할 수 없다는 것을 인정한 것이다. 그러면서도 그것에 대한 희망을 — 그리고 가능성을 강력하게 표현한 것이다. 그러나 드만은 진리의 시간과 죽음의 시간의 일치는 있을 수 없다고 말한다. 시간은 결코 자기 자신과 일치할 수 없고 시간 속에서의 진리도 자기 자신과 일치할 수 없기 때문이다.

  드만에게 언어의 불확실성은 진리의 좌절을 의미한다. 그러나 불확실성에 접근되는 진리 — 실패하는 진리가 바로 진리가 나타나는 방식이라고 할 수는 없는 것일까? 이렇게 묻는 것은 진리가 무엇인가 하는가를 다시 생각하는 것이 되게 한다. 여기에 대하여 우리는 일단 사실이 사실 그대로 드러난 것이 진리이다라고 답해 보기로 한다. 사실은 어떤 독립된 사실일 수도 있고 그렇지 않은 것일 수도 있지만, 그것은 언제나 다른 많은 사실과의 관계 속에서만 완전한 사실이다. 달리 말하면, 그것은 전체성 속에서만 사실이 된다. 이 전체성은 사실이 집합을 말하는 것일 수도 있지만, 달리는 그것들에 나타나는 그리하여 사람의 직관에 드러나는, 사실의 집합을 초월하는 그 나름의 실재라고 할 수도 있다. 이 후자의 경우 그것은 직관된 전체성이다. 그런데 직관의 대상으로서의 전체성은 완전히 현존하는 것일 수 없다. 그것은 인간의 인식 능력을 초월한다. 대체로 직관되는 것은 전체성보다는 일체성이다. 즉 어떤 사물이 전체와 하나로 있다는 것을 직감하는 것이다. 구체적 사물을 넘어가는 전체성이 직접적으로 주어진다고 할 때, 그것에 대한 가장 근사한 예는 공간적 형상이다. 그것은 직접적으로 지각되는 것이면서 추상적인 어떤 것에 가깝다. 물론 이 경우에도 시사되는 것은 전체성이면서 일체성이다. 아우어바흐가 말한 서양 중세의 형상 피구라(figura)는 정신적 진리를 암시 또는 지시하는 구체적 사건 또는 대상이다. 그러나 그것이 이 대상에 완전히 일치하는 것은 아니다. 그것은 추상화되어 의미에로 변형되어 가는 어떤 것이다. 이 변형의 완성에 나타나는 것이 의미인데, 그때 완성되는 것이 피구라이다.

사실과 사실을 하나로 묶어 주는 것은 의미이다. 이때의 의미는 대체로 논리나 인과 관계를 말하는 것일 터인데, 그것은 사람의 인식 작용의 방편이 된다. 그러나 이 방편은 사실 자체의 법칙성에서 나오는 것이기 때문에 반드시 방편이라고만은 할 수 없다. 그것은 사실에 근거해 있다. 이 법칙성을 사물의 관점에서 본다면, 그것은 사람의 인식의 방편이 아니라 사물이 인간에게 스스로를 드러내는 모양이라고 할 수 있다. 그런데 이러한 사실의 의미 연관, 그것을 에워싼 전체성은 반드시 선형의 논리 연관이 아니라 한번에 주어지는 직관일 수 있다. 되풀이하건대, 사람의 지각 체험에서 공간을 비롯한 사물의 형상에 대한 지각은 한번에 주어지는 직관이다. 그것은 논리나 개념이 아니라 형상의 모습을 띤다. 이때 형상은 하나의 부분적인 사물을 넘어 다른 어떤 것을 지시한다. 그것은 사물의 전체성이 드러나는 한 방편이다. 물론 직관된 전체성은 지각된 모양 또는 고정된 형상 안에 포괄되지 아니한다. 형상은 직관된 전체성이 나타나는 어떤 특별한 순간의 사건이다. 조이스가 말하는 에피파니 — 한 순간에 결정화(結晶化)되어 나타나는 한 사물이나 상황의 진실이 이와 같은 것이라 할 수 있다.

조금 복잡한 이야기가 되었지만, 사실은 사진을 찍듯이 현실을 찍어 내는 것으로 또는 사회 이론의 한 사례로서만 모사되는 것일 수 없다. 폴 드 만이 말하는 수사학이나 형상적 언어는 거짓의 전략이라기보다는 사물이 사물로서 나타나는 진리라는 사건의 일부를 가리키는 것이라고 할 수 있다. 이렇게 말하는 것은 폴 드 만의 실패를 성공으로 전환하는 것이다. 그러나 실패의 예감이 반드시 틀린 것이라고 할 수 없다. 형상이 성공이 되는 것은 그것이 진리에 이어짐으로써이다. 그러나 이어짐은 자동적인 것이 아니다. 거기에는 여러 가지 자의성이 끼어들 수 있다. 그때 그것은 실패하는 것이 될 수밖에 없다.

7

폴 드 만의 분석에서 주의할 수 있는 것은 진리와 의미를 추구하는 일은 결국 우연의 연쇄 속에 나타나는 환유를 은유로 환치하고자 하는 것이라는 말이다. 그리고 그는 이것이 반드시 진실되다고 할 수 없는 수사적 전략을 요구한다고 생각한다. 환유를 우연한 연상으로 또는 근접하여 있다는 것만으로 하나의 연쇄 속에 엮어 내는 것은 주체의 지향 또는 의지이다. 중요한 것은 이 의지가 진리를 지향한다는 것이다. 그것이 은유적인 일체성을 가진 것이든 형상적 일체성을 현현(顯現)하는 것이든, 진리를 뒷받침하고 있는 것은 진리를 향한 주체의 의지이다. 진리 지향은 그 의지에 적절한 기율을 요구한다. 진리에의 의지는 스스로에게서 자의성의 놀이를 배제하고 일정한 금욕적 기율로 정화하여야 한다. 드만의 예에서 프루스트는 자신의 삶 또는 소설의 주인공 마르셀의 한 순간을 포착하는 데에는 뜨거운 활동으로부터의 거리, 그것을 가능하게 하는 서늘한 안정이 있어야 한다는 것을 시사한다. 이것은 플로베르의 예술적 기율에 대한 신념에 그리고 인간 희극의 모든 것을 포괄하고자 하는 발자크의 공감적인 객관성으로 이어진다. 이러한 기율은 정신적 전통에서 발전하고 시대적인 분위기에 의하여 권장되거나 쇠퇴한다. 버지니아 울프나 프루스트에 있어서는 보다 전통적인 의미에서의 리얼리즘이 후퇴하였다고 하여도 이러한 진리에의 의지, 예술과 정신의 기율에의 믿음과 사회 풍조는 그대로 존재하였다고 할 수 있다. 아우어바흐의 리얼리즘의 역사에 이들 비전통적인 작가들을 포함한 것은 이러한 이유로 인한 것이라 할 수 있다. 그런데 오늘날 리얼리즘이 후퇴하였다고 한다면, 그것은 무엇보다도 진리와 정신과 예술의 기율에 대한 믿음이 쇠퇴하였기 때문이라고 할 수 있다. 폴 드 만은 이러한 시대의 증후를 일찍이 예견하였지만, 그의 논의는 아직도 진리의 기율 속에 있었다. 이것은 데리다와 같은 해체 철학자에게도 해당된다. 그는 언어의 진리 가능성을 의심했지만, 그것은 아직도 진리의 가능성이라는 테두리 안에서 그 문제를 제기하고 있는 것이다.

정신의 기율이 쇠퇴하고 난 다음에도 정신 또는 인간의 주체적 심리가 없어지는 것은 아니다. 그것은 어떤 상태에 있는가? 무엇에 의지하여 스스로를 지탱하는가? 주체적 심리가 스스로를 구하는 방법의 하나는 선택된 독단적 믿음으로 모든 것을 저울질하고 재단하는 것이다. 그러나 더 쉬운 방법은 시대의 정신에 스스로를 맡기는 것이다. 오늘날 시대를 지배하는 정신은 일체의 정신적 기율을 혐오하는 자유주의이다. 정신은 자유로워야 한다. 객관적인 사실의 사실됨에의 접근을 위하여 스스로를 금욕적 훈련에 예속시키는 것은 이러한 시대의 자유 정신에 역행하는 것이다. 예술의 영역에 있어서 시대가 처방하는 자유는 사실에의 예속 또는 순응이 아니라 제한 없는 판타지에 표현된다. 그러나 정신은 아무런 제한이 없이 자유로울 수 있는가? 자유로운 판타지의 뒤에는 온갖 충동과 욕망이 서려 있다. 또 그것을 일정한 방향으로 정향화하는 것은 작고 큰 권력에의 의지이다. 자본주의의 시장 논리 속에서 이 모든 것은 이윤 추구의 강박이 된다. 판타지의 자유는 이 강박에 봉사한다. 판타지의 자기실현은 시장의 상품으로 구체화된다.

*

아우어바흐의 리얼리즘의 역사를 다시 한 번 되돌아봄에 있어서 거기에 움직이는 근본 원리와 그것의 오늘의 위상에 대하여 반성을 시도해 본 것이 위 글이다. 그것이 너무 긴 글이 되었다. 오늘의 상황에서, 아우어바흐의 생각은 구시대에 속하는 것으로 보인다. 그가 추적하고 있는 역사가 3000년에 걸치는 것이라는 것을 생각하면, 그 역사 모두가 오늘의 역사에 대하여 하나의 긴 전사(前史)가 아닌가 하는 생각이 든다. 그러나 역설적으로 바로 그러하기 때문에, 문학과 역사와 인간에 대한 그의 성찰은 오늘의 시대에 특히 중요한 의미를 가진 것이라고 할 수도 있다. 그가 생각한 대로, 그가 말하는 리얼리즘의 문학이 탐색해 온, 모든 사람의 일상적 삶의 심화와 풍요화에 의지해서, 인류 사회가 차이와 세계사적 갈등을 해소하고, 하나의 공동체로 나아가는 것이 세계사의 진로라고 한다면, 이 삶의 현실과 진리를 밝혀 보려는 문학의 역할은 아직도 끝나지 않았다고 할 것이다.

『미메시스』의 재출간을 생각하고 그것을 위하여 노력한 민음사의 여러 분들께 깊은 감사를 드린다.

2012년 봄
역자 김우창

역자 서문

『미메시스』를 번역하여 《세계의 문학》에 연재해 온 것이, 그간 간헐적으로 중단되었던 호도 있었지만, 어언 10년이 되었다. 그렇다고 번역에 특별한 공을 들였기 때문은 아니다. 오히려 너무 오랜 세월에 걸쳐 일했기 때문에 용어나 스타일의 일관성에 있어서 고르지 못한 점들이 생기지 아니하였을지 모르겠다. 다만 시간의 무상을 생각하게 될 뿐이다.

돌아보건대, 1960년대 이후 한국 문학계의 과제의 하나는 문학의 사회성에 대한 인식을 확대하는 일이었다. 이러한 작업은 1980년대 후반의 오늘에 있어서 그 이상 바랄 수 없을 정도로 진전된 것으로 보인다. 그리하여 오늘날 주장되고 있는 것은 문학의 사회성에 대한 인식이 아니라, 보다 실천적인 관점에서 문학이 정치 운동의 일부가 되어야 한다는 명제이다. 이것은 그간의 문학 의식의 변화와 발전을 나타내는 것이기도 하지만 무엇보다도 사회의 자본주의적 변화의 급속화를 반영하는 것이다. 얼핏 보기에, 문학의 정치 종속적인 관계를 우선적으로 보는 발상은 한쪽으로 지나치게 치우치는 인상을 준다. 그러나 그러한 면이 있는 대로 이쪽이나 저쪽으로의 치우침은 문학 의식의 확대에 기여하는 변증법적 운동의 한 면을 이루는 것이라고 할 수도 있다. 중요한 것은 통시적으로나 공시적으로나 총체적 의식으로서의 문학의 이념을 유지하는 일일 것이다. 그것은 문학에 대한 독단적 견해에서 나오는 것이 아니라, 삶에 대한 가장 포괄적인 의식을 유지함으로써만 가장 인간적인 삶이 가능하며 그러한 의식의 유지가 유독 문학이 맡을 수 있는 일이 아니겠느냐는 생각에서 요구되는 고찰이다.

『미메시스』가 쓰인 것은 1942년에서 1945년 사이로, 비록 문학과 문학에 대한 반증이 시간에 발맞추어 진전하는 것이라고는 할 수 없지만, 이미 한 세대 이상의 옛 저서이고 또 그러한 흔적들을 다분히 간직하고 있는 책이다. 그렇다는 것은 그 후, 특히 1960년대 이후, 마르크스주의 이론의 활성화, 또 그와 동시에 진전된 구조주의, 후기 구조주의 또는 현상학적 반성들의 대두, 또 그것과 마르크스주의와의 활발한 교환 및 대결로 인하여, 사회와 문학의 전반적 관계에 대한 성찰들은 더욱 정치한 개념적, 이론적 도구들을 구비하게 된 것으로 판단되기 때문이다. 그러나『미메시스』가 광범위한 사회적, 문화적 컨텍스트에 있어서의 문학의 의미에 대한 고전적인 저작으로 남아 있는 것은 틀림이 없다. 그리고 고전적 저작들의 특징은 시발점에서만 가능한, 그것 나름의 통찰들을 담고 있다는 데에 있다.『미메시스』는 다른 그에 비슷한 문학 이론서에 비해 그 문학적 사회적 성찰이 인문주의적 포괄성과 깊이 그리고 유연함을 유지하고 있다는 데 강점이 있다. 그리하여 그것은 많은 사회사적, 문화사적 통찰에도 불구하고, 서양 인문주의의 총체적이고 조화된 삶에 대한 이상을 ─ 사회적 외면화 없이는 불가능하면서 또 내면적 완성에 대한 추구가 없이는 무의미한, 그러한 이상을 견지하고 있다. 이러한 이상이 초공간적, 초시대적일 수는 없지만, 문학의 또는 적어도 최선의 서양 문학의 한 교훈이며, 우리가 배울 만한 것임은 틀림없는 일일 것이다.

『미메시스』는 그 부제가 말하고 있듯이 서양 문학에 있어서의 현실 묘사의 발전을 추적하고 있다. 그것은 리얼리즘의 역사이다. 그러나 이 역사 기술의 주축을 이루는 것은 스타일의 개념이다. 이 개념이 아우어바흐로 하여금 3000년의 역사를 하나의 맥락 속에서 파악할 수 있게 하는 실마리가 되는 것이다. 간단히 생각하면, 스타일은 형식에 관계되는 개념이다. 이에 대하여 역사는 주로 사실적 내용의 변화에 관계되는 것으로 생각할 수 있다. 그렇기는 하나 형식이 그 나름의 역사를 가지고 있는 것임은 미술사나 음악사에서 이미 오랫동안 인정되어 온 바와 같다. 그런데 형식의 역사는 눈에 보이는 외적인 모양의 누적적 변화 또는 혁명적 변화에만 관계되는 것이 아니다. 밖으로 정착되는 형식은 형성하는 힘에 대응하여 나타나는 결과이다. 이 형성하는 힘은 인간의 주체적인 삶의 표현이며, 그것이 일정한 일관성 속에 양식화될 수 있는 한에 있어서 그것은 진정으로 주체적인 소유가 된다. 물론 인간의 주체적인 삶은 이미 주어져 있는 형식 또한 그에 못지않게 자연과 사회의 여러 세력에 의하여 형성된다. 이렇게 볼 때, 스타일의 역사는 인간 삶의 개인적이면서, 집단적이고, 자연적인 인간 삶의 통로의 역사이다. 그러므로 『미메시스』는 외면적으로 파악된 현실 모사의 문제가 아니라, 인간의 또는 서양적 인간의 주체적 삶, 인간적 삶의 문제를 이야기하고 있는 것이다. 또는 그것은 서양인이 사회적 형성과 예술적 기술의 변화 속에서 어떻게 더욱 보편적인 의식과 삶의 지평으로 나아가게 되었는가를 이야기한다고 말할 수도 있다. (이것이 하나의 진전, 하나의 발전이라고 본다면, 거기에 희생과 대가가 없었던 것은 아니었을 것이다. 또 서양 역사의 종착역쯤에 와 있는 것으로 보이는 오늘의 시점에 있어서, 그 희생과 대가는 과연 지불할 만한 값이었던가 하는 의문을 우리는 갖지 않을 수 없다.)

서양 문학의 역사에서 스타일의 역사는, 아우어바흐에 의하면, 스타일 분리(Stiltrennung)에서 스타일 혼합(Stilmischung)으로 나아간 것으로 말해질 수 있다. 이것은 서양 사회가 계급의 분리를 요구하는 계급 사회로부터 보다 평등한 사회에로 옮겨 간 것에 대응하는 역사적 변화이다. 이것은, 소략하게 말하여, 우리가 민주적 사회의 구현을 바람직한 것이라고 생각하는 한 발전적 변화라고 할 수 있다.

그러나 그렇다고 하여 스타일 분리의 이념을 단순히 계급적 미신에 속하는 것으로서 타매(唾罵)할 수만은 없다. 그것은 계급적 편견에서 나온 것이기도 하지만, 그 나름으로 삶을 하나의 통일성 안에서 파악하고자 하는 충동에 관계되어 있는 것이기도 하다. 스타일의 이념 자체가 그러한 충동을 나타내고 있는 것이라고 해야 할 터인데, 스타일의 혼합은, 그런 의미에서, 스타일의 포기를 의미하는 것이 아니다. 문제는 어떻게 스타일의 통일성을 유지하면서 다양한 삶의 현실 또는 사회적 현실을 수용하느냐 하는 것이다. 그것은 한편으로 삶 자체가 그것을 받아들일 만한 조건을 갖춤으로써, 즉 이 경우에 있어서 사회의 계급적 차이가 해소됨으로써, 다른 한편으로는 그것에 대응하는 이성적 사고의 진전이 있음으로써 해결될 수 있는 문제이다. 다시 말하여 사회의 상류층에만 허용되던 이성적 삶이(물론 그 내용 자체도 바뀌면서) 사회 전반에 확산됨으로써 해결될 수 있는 것이다. 다양하고, 포괄적이며 유연하면서 일관성 있는 스타일, 그러니까 다양하고, 포괄적이며 유연하며 일관성 있는 삶을 표현할 수 있는 스타일은 사회와 이성의 진전의 한 기능으로서 성립한다. 그것은 역사의 소산이기도 하고, 역사의 창조자이기도 하다.

사실주의 또는 현실주의를 표방하든 아니하든, 문학은 어떤 종류의 현실, 또는 적어도 쓰고 읽는 사람에 의하여 인간적 세계의 현실로 인지될 수 있는 것을 그리고 창조한다. 다만 역사적 사실주의가 요구하는 것은, 문학이 재현하는 현실이 충분히 포괄적인 것이어야 하며, 또 충분히 중요한 것이어야 한다는 것이다. 달리 말하건대, 그것은 경험적 사실에 포괄적으로 또 섬세하게 충실해야 한다는 것이다. 이것은 그러한 경험에 대응하는 주체적 발전, 감성과 이성의 발전이 있어서 가능하다. 그 주체는 제 홀로 생겨나는 것이 아니라 문화적으로 구성된다. 여기에서 문화란 스타일을 비롯한 예술 형식을 포함한다. 물론 이것은 궁극적으로 사회관계의 물질적 토대 위에서 생겨나는 것이라고 할 수 있다.

아우어바흐는 한 작가, 한 작품뿐만 아니라 한 구절에까지도 얼마나 많은 개인적, 문화적, 사회적 요인이 개입되어 있는가를 그의 밀도 있는 분석을 통해 보여 준다. 그의 관심은 이러한 요인들이 하나의 얼크러진 마디를 이루고 있는 텍스트 자체에 집중된다. 그리하여 그의 문화사적, 또는 더 일반적 역사적 관심의 일반성에도 불구하고 그는 우리로 하여금 그러한 일반성 가운데 트이는 일회적인 미적 구성물을 감지할 수 있게 한다. 그럼으로 하여 작품의 유니크한 존재는 미적 향수의 대상으로 남아 있게 되는 것이다. 사람의 생존 자체가 그러한 것이라면 그러한 것이겠는데, 아우어바흐의 장점은 이러한 일반성과 특수성의 얽힘을 현시하는 데 있는 것으로 보인다.

물론 아우어바흐의 분석들은 인상주의적이라는 느낌을 준다. 심미적 평가에 있어서 인상주의는 어느 정도 불가피한 것이라고 해야 할지도 모른다. 그러나 그의 사회적 역사적 이해, 그것도 매우 무방법적인 인상의 집적이라는 인상을 준다. 이것은 이미 그를 비판하는 사람들이 지적한 바 있는 일이다. 아마 이러한 면은 더 연구되고 보충되어야 할 것이다. 그러나 『미메시스』가 역사와 사회와 미적 가치, 컨텍스트와 텍스트를 성공적으로 융합시킨 기념비적 저작임에는 틀림이 없다. 이것은 서양 문학의 연구서로서 그러한 것이지만, 우리가 서양 문학을 연구하든 우리 문학을 연구하든, 또는 일반적으로 인간 정신의 역사에 관심을 가지고 있든, 『미메시스』는 우리에게 많은 것을 암시할 수 있다. 특히 최근 20여 년 동안 우리 사회에서 성장해 온 역사적 사회적 문학 의식에 비추어 『미메시스』는 우리 독서계에도 중요한 기여를 할 수 있을 것으로 믿는다.

이미 말한 바와 같이 우리의 번역은 10년에 걸쳐서 이루어진 것이지만, 세월의 장구함이 번역의 질을 높였다고 할 수는 없다. 다만 출발점에 있어서는 윌라드 트라스크(Willard Trask)의 중역을 대본으로 했지만, 시간이 경과하는 동안, 우리는 독일어 원문을 입수하여 적어도 번역 일부에 있어서는 이것을 대본으로 할 수 있었다.

우리가 대본으로 삼은 것은 프랑케 출판사(Francke Verlag)의 제6판(1977년)인데, 트라스크의 영역과 더러 차이가 보이기도 했지만, 대체로 트라스크의 영역이 놀랍도록 충실하면서도 유려한 것임을 확인할 수 있었던 것은 다행스러운 일이었다.

혹시 개정판을 내게 된다면 『미메시스』 전부를 원문과 대조할 수 있는 기회를 가졌으면 한다.

이번에 상자되는 책은 『미메시스 — 고대, 중세편』이라는 제목을 가질 것이다. 이것은 말할 것도 없이 아우어바흐의 원본에는 없는 구분이다. 우리의 구분은 단지 출판의 편의상 생긴 것이지, 주목할 만한 시대 구분의 의의를 가지고 있는 것은 아니다. 사실상 역사적 의미에서의 중세는 이번 책이 끝나기 전에, 그러니까 몽테뉴에 이르기 전에 끝났다고 말할 수도 있고, 이미 간행된 근세편에도 계속되어, 가령 『돈키호테』와 같은 작품에도 강한 잔영을 남기고 있다고 말할 수도 있다. 앞으로 두 개로 쪼개었던 부분이 합쳐져 한 책이 된다면, 이러한 문제는 저절로 해소될 것으로 생각한다. 우선 독자 여러분의 양해를 구하고자 한다.

오랜 세월의 작업임에도 또는 그로 인하여 많은 실수가 있을 것으로 생각한다. 강호 제현의 질정(叱正)을 바란다.

1987년 2월 역자

책머리에

　문학의 본질이 무엇이냐에 대해서는 여러 가지 답변이 있을 수 있으나, 예로부터 널리 받아들여졌던 답변의 하나는 예술이 현실의 반영이라는 것이다. 그러나 말할 것도 없이 이것은 하나의 답변이면서, 해답보다는 문제를 더 많이 제기해 주는 것이라 할 수 있다. 현실이란 무엇을 말하느냐 또 그것은 어떻게, 본질적으로 현실 그것과 다른 것일 수밖에 없는 예술 매체 — 문학의 경우, 언어에 의하여 반영 재현될 수 있느냐 — 이러한 질문은 다른 많은 질문 중의 일부에 불과하다. 우리는 일단 현실을 실제로 존재하고 있다고 생각되는 객관적인 여건의 전체라고 말할 수 있다. 그러나 이 정의를 받아들인다고 하여도 예술가가 이렇게 정의된 모든 것을 다 그려 낼 수는 없는 것이다. 그는 불가피하게 선택적이 될 수밖에 없고 이 선택은 한쪽으로 어떤 개인의 관점에서 그의 삶에 중요하다고 여겨지는 것에 주목한다는 것을 말하고 다른 한쪽으로는 그 개인이 살고 있는 문화 집단의 관점에서 중요하다고 여겨지는 것에 주목한다는 것을 말한다. 그런데 이러한 선택적 현실의 구성은 대개 의식적으로 선택되어 이루어지기보다는 무의식적인 전제로서 존재한다. 이것은 대개의 경우 예술의 관습 — 무엇을 어떻게 그려야 한다는 관습으로 존재하며, 이 관습은 예술가가 그의 수련 과정에서 거의 무의식적으로 흡수하게 되는 것이다. 이러한 관습 가운데 가장 중요한 것이 스타일이다. 언어는 무색 투명한 도구에 불과한 듯하면서도 그 자체의 구조 때문에 또 시대나 계층에 따라 다르게 마련인 스타일이라는 방향성을 통하여, 예술가의 소재를 제한하고 그 형성의 결과를 규정한다. 예술가가 현실을 그린다는 것은 이러한 언어와 그 스타일의 제약 아래에서 현실을 취사 선택 형상화한다는 것을 말한다.

그러면 우리는 물을 수 있을 것이다. 예술가는 매체와 스타일의 여러 버릇을 초월하여 직접적으로 현실에 이를 수는 없는 것일까. 아마 이것은 거의 불가능한 것일 것이다. 예술가는 현실을 직접적으로 마주보는 것이 아니라 어떠한 형성적 세력의 구도 안에서만 현실을 재구성한다. 그리고 이 예술가의 재구성을 통하여 우리는 우리 자신의 현실을 보다 분명하게 알 수 있게 된다. 그리고 이 재구성의 노력은 불가피하게 당대적 언어의 관습과 스타일상의 특징에 의존한다. 물론 위대한 예술가는 이러한 당대적인 관습을 초월하는 사람이다. 그러나 그 초월은 당대적인 관습의 발판 위에서 가능하다.

당대적 예술 관습의 억압적 기능을 어느 정도까지 받아들일 수밖에 없음은 형상화 없이, 또 형상화의 기존 습관 없이 현실을 볼 수 없다는 인간 감각의 기본적인 조건에 기인한 것이기도 하지만, 다른 한편으로는 예술적 형성의 여러 관습이 당대의 문화적, 사회적, 정치적 삶의 총체의 한 표현으로 존재하기 때문이기도 하다. 한 시대의 삶의 방식을 한꺼번에 만들어 낼 수 없듯이, 한 시대의 스타일도 마음대로 만들어 낼 수는 없는 것이라 할 수 있다. 그럼에도 불구하고 예술가는 이러한 시대적 제약을 넘어서고자 한다. 이런 면에서 그는 기존 현실 속에서 기존 현실을 발판으로 하여 새로운 현실을 창조하려는 사회 혁명가의 입장에 매우 가까이 있다.

예술 관습이 어떻게 역사를 통하여 예술적 표현을 제약하고 또 이 관습은 상대적인 사회 조건에 의하여 규정되는가, 또 예술은 어떻게 이러한 것을 개조하고 새로운 표현으로 나아갈 수 있는가 하는 것은 예술 과정에 대한 우리의 질문에 있어서 가장 중요한 질문 중의 하나이다. 에리히 아우어바흐가 그의 저서에서 묻고 있는 것은 이러한 질문이다. 그는 예술가의 창조와 당대의 스타일과 또 시대적 상황이 매우 복잡한 상호 작용 속에 있음을 보여 준다. 그리고 그의 질문과 탐구를 통해서 예술의 존재 양식은 물론 사회와 예술의 관계에 대하여 날카로운 통찰을 제시한다.

에리히 아우어바흐의『미메시스 ─ 서구 문학에 나타난 현실 묘사』는 원전의 세밀한 분석을 시도하고 있는 20개의 장(章)으로 구성되어 있다. 오디세우스와 성서의 대조적 고찰에서 시작하여 버지니아 울프의 소설론에 이르기까지 이 책은 거의 3000년의 시간을 다루고 있고 그리스어, 라틴어, 프랑스어, 이탈리아어, 스페인어, 독일어, 영어 등 일곱 가지 말로 된 원문을 다루고 있다. 그리고 장르에 있어서도 서사시, 역사, 로망스, 극, 자서전, 에세이, 회고록, 소설 등 거의 모든 분야가 망라되어 있다. 이 책의 부제가 말해 주듯이 서양 문학의 소개와 표현에 있어서의 역점의 변화를 추적하고 있는데 이 변화는 간단히 보아 서양 사람들이, 자질구레하고 심상한 일상생활을 진지하고 심각하게 묘사할 값어치가 있는 것이며 역사적 맥락의 진전 속에 놓여 있는 평범한 개인을 문제성 있거나 비극적인 것으로 볼 수도 있다는 것을 점차 믿게 된 과정이라고 저자는 생각한다. 스타일 혹은 문체 분리의 원리라는 생각은 따라서 이 책에서 극히 중요한 형성 원리다.

장르에 대한 고전 이론은 그리스나 로마 시대의 사회적 철학적 가치관을 반영하고 있었다. 비극은 우리보다 나은 사람들의 영웅적 운명 성쇠를 이에 어울리는 숭고하고 격조 높은 언어로 그림에 반하여 일상 현실의 영역은 희극에 맡겨져서 우리보다 못난 사람들을 걸맞게 저속한 스타일로 그리게 되어 있었다. 그러나 성서 문학은 이와는 아주 다른 사회관을 가지고 있었기 때문에 다루어진 소재의 계급적 성격에 따라서 스타일 혹은 문체를 분리시키는 법이 없었다. 복음서의 얘기들은 지체 낮은 사람들을 아주 진지하게 때로는 장엄하고 숭고하게 다루고 있다. 이러한 기독교적 전통은 성자의 생애나 기적극 같은 중세 문학 속에 계승되어 있다가 단테의 『신곡』에서 그 완벽한 표현을 얻게 된다. 르네상스와 종교 개혁을 겪으면서 스타일 분리의 경향이 특히 프랑스에서 다시 두드러지게 나타나지만 그것은 오래 가지 못하며 드디어 일상생활의 영역을 진지하고 비극적으로 다루려는 현대 리얼리즘 문학이 19세기에 대두하게 된다고 저자는 생각한다. 단순화해서 말해 본다면 이러한 현대 리얼리즘에 이르는 서양 문학의 현실 모방의 궤적이 이 책의 일관된 주제라고 할 수 있을 것이다.

이 책의 20개 장(章)은 각각 독립된 문체론적 에세이라고 할 수도 있다. 저자는 길지 않은 원문을 인용하고 나서 어휘라든가 구문에 관한 문체론적 분석을 꾀하지만 거기에 머무르지 않고 이렇게 분석의 대상이 되어 있는 언어와 문체가 그 속에 조건지어져 있는 역사 사회적 맥락을 고려하여 보다 폭넓은 결론에 도달하게 된다. 그 점 저자는 궁극적으로 문화사가(文化史家)의 모습을 보여 주는 셈이지만 이 폭넓은 결론이 언어적 기초 위에 단단히 뿌리박고 있다는 점에 이 책의 고유한 매력과 강점이 있다. 저자는 호머와 성서에서 서양 문학의 현실 묘사 파악의 출발점이 되어 주는 대립적인 두 개의 기본 형태를 발견하고 있는데 오디세우스와 아브라함의 대목을 인용하고 나서, "충분히 형상화된 묘사, 균일한 조명, 중단 없는 연관, 자유로운 표현, 모든 사건을 앞에 내놓기, 극명한 의미 제시, 역사 발전의 요소나 심리적 관점의 요소가 별로 없는 것"이 전자의 특색이요, "돋보이게 하는 부분과 으슥하게 버려 두는 부분의 대조, 갑작스러움, 표현되지 않은 것의 암시성, 배경에 숨겨 놓기, 의미의 복합성과 해석의 필요성, 세계사적 요구, 사물이 역사적으로 생성된다는 생각의 발견, 문제성 있는 것에 대한 집중적 관심"이 후자의 특색이라고 결론 내리는 과정의 솜씨는 요술쟁이의 그것처럼 탄복할 만하다. 그리고 저자의 박학과 솜씨에 대한 탄복은 책 첫장에서 마지막 장까지 변함없이 계속된다고 하겠다.

저자 에리히 아우어바흐는 1892년에 베를린에서 태어났다. 처음 하이델

베르크에서 법률 공부를 하였으나 1차 세계대전에 종군한 뒤 예술사, 언어학을 공부하게 되었고 1921년에 로맨스어로 학위를 받았다. 비코의 『새 학문』을 번역하였고 1929년에 『세속 세계의 시인으로서의 단테』를 내어 학계의 인정을 받았고 이어 말부르크 대학교에서 로맨스어 문학을 가르쳤다. 이후 나치 정권의 유대인 박해에 따라 터키의 이스탄불로 가서 터키 국립대학교에서 11년간을 머물렀다. 『미메시스』를 쓰기 시작한 것은 이때였는데 터키에서의 불우한 연구 환경, 즉 도서와 자료의 결핍이 오히려 이 대작(大作)을 가능하게 한 것이었다. 참고 도서의 부족으로 그는 원전의 정밀한 독서를 강요당했고 그 결과 자질구레한 실증적 자료에 구애받지 않는 통찰의 책을 내놓게 된 것이다. 저자 자신이 "이 책이 나오게 된 것은 전문적인 도서가 풍부하지 못하였기 때문이기도 하며, 이 많은 주제에 대한 모든 연구를 접할 수 있었다면 이 책을 쓸 엄두를 못 냈을지도 모른다."라고 술회하고 있다. 1947년 미국으로 건너가 펜실베이니아 주립대학교, 프린스턴 대학교, 예일 대학교에서 일하다가 1957년 작고하였다. 스위스에서 1946년에 이 책이 간행되어 큰 성가를 얻었고 1953년에 영역본이 나왔다.

언어의 문맥과 역사 사회적 맥락을 아울러 중시하는 그의 차분하고 자상한 분석과 이른바 실증적이라 불리는 자질구레한 문학 주변적인 사실의 고려를 대담하게 배제하고 있는 그의 비평 방법이 우리에게는 시사적이고 계고적이라고 생각한다. 아쉬운 대로 영역본을 통해서나마 이 책의 일부를 번역해서 《세계의 문학》에 실은 것은 바로 그러한 뜻에서였다. 처음부터 책을 낼 생각은 아니었으나 하다 보니 책 한 권의 분량이 되었고 또 그런대로 이 책에 대한 관심도 많아져서 이왕에 나온 부분을 책으로 내는 데 동의하였다. 책의 제13장 이후의 근대편을 모두 번역한 셈이다. 원칙적으로는 원본에서 번역했어야 마땅할 것이나, 급한 대로 잡지에 낸다는 사정 때문에 구하기 쉬운 영어판을 통한 중역이 된 것을 그대로 내놓는다. 기회가 있는 대로 원본에 대조하여 잘못된 점이 있다면 시정해 볼 생각으로 있다.

우리말 번역에 사용한 영역본은 트라스크가 번역하여 프린스턴 대학교 출판부에서 출간한 것을 사용하였다. 아우어바흐는 이 책에서 여러 낱말을 자유롭게 사용하고 있고 특히 주된 분석의 대상이 되어 있는 원전은 본래 작품이 쓰인 말로 인용되어 있다. 그러나 우리 독자에게 여러 말을 그대로 사용하는 것은 번거롭기도 하고 불필요한 일이겠으므로, 역자의 자유재량에 따라 적절하게 우리말 번역으로 대체하였다. 또 한 가지 적어 두어야 할 것은 몇 개의 장(章)이 원문과는 다르게 세분되었다는 점이다. 이 세분은 본래 잡지 게재의 편의 때문에 행했던 것이나 여기에도 그대로 살려두었다. 본문의 내용을 조금 더 분명하게 해 줄 수 있는 것으로 생각되었기 때문이다.

미메시스

MIMESIS

오디세우스의 흉터

『오디세이(*Odyssey*)』의 독자들은 오디세우스가 마침내 고향에 돌아온 19권 중에 훌륭하게 마련된 감동적인 장면을 기억할 것이다. 오디세우스의 유모였던 늙은 가정부 에우리클레이아(Eurycleia)가 넓적다리에 있는 흉터로 그를 알아보는 장면 말이다. 낯선 손은 페넬로페(Pénelopé)의 눈에 들었고 그녀는 낯선 손의 청을 들어서 가정부에게 그의 발을 씻어 주라고 이른다. 발을 씻어 주는 것은 옛이야기에서는 피로한 나그네에게 베풀어 주는 첫 번째 손님 대접이다. 에우리클레이아는 부지런히 물을 길어 와 따뜻한 물과 찬물을 섞으면서 집 떠난 집주인 이야기를 탄식조로 건넨다. 주인은 손과 동년배일 것이며 손과 마찬가지로 나그네 되어 어디메인가를 지금도 떠돌아다닐 것이라고. 손이 집주인과 놀랄 만큼 닮았다는 이야기도 한다. 일변 오디세우스는 자기의 흉터 생각이 나 환한 곳을 피해 몸을 빼돌린다. 자신의 신분을 감추려고 해 보아도 에우리클레이아가 자기를 알아보리라는 것을 그는 안다. 그러나 그는 적어도 페넬로페는 모르게 하려고 한다. 노자는 흉터에 손이 닿자마자 기쁘고도 놀라워서 오디세우스의 발을 대야에 떨군다. 물이 넘치고 노파는 기쁨의 함성을 막 지르려고 한다. 오디세우스는 위협과 달램의 귓속말로 그녀를 말린다. 그녀는 정신을 차리고 자기 감정을 숨긴다. 아테나(Athena)의 선견지명으로 딴 곳에 정신이 쏠려 있던 페넬로페는 아무것도 눈치 채지 못한다.

　이 모든 것이 꼼꼼하게 구체화되어 있고 유장하게 이야기되어 있다. 두 여인은 세세한 직접 화법으로 자기네 감정을 표현하고 있다. 그것은 인간 운명에 대한 극히 일반적인 생각이 얼마쯤 섞여 있을 뿐인 감정이기는 하지만 부분과 부분 사이의 문장 구성상의 접속은 완전히 명백하고 윤곽이 또렷하다. 또한 도구, 시중드는 일, 몸짓 등도 넉넉하고 여유 있게 정연히 묘사되고 있으며 아주 똑똑하게 또 균등하게 조명되고 묘사되어 있다. 오디세우스의 신분을 알아보는 극적인 순간에 있어서조차 호메로스는 오디세우스가 말을 하지 못하도록 노파의 후두를 잡은 것은 오른손으로 그랬으며 한편 왼손으로 그녀를 바싹 자기에게 당겼다는 것을 빼놓지 않고 독자들에게 들려준다. 사람들도 사물도 윤곽이 또렷하고 한결같이 밝게 조명이 되어 있고 모든 것이 눈에 선하게 눈길을 끈다. 관여 인물들의 생각이나 감정도 이 못지않게 뚜렷하고 열띤 상태에서조차 정연하고 철저하게 표현되어 있다.

　위의 사건을 서술함에 있어 나는 그것을 한가운데서 중단시키고 있는 일련의 시행을 빼놓았더랬다. 이 시행은 70행이 더 되는데 위의 사건은 중단되기 전과 후에 각기 40행 정도로 다루어져 있다. 가정부가 흉터를 알아보는 순간, 즉 위기의 순간에 시작되는 이 중단은 흉터의 기원을 서술하고 있다. 흉터는 오디세우스가 어린 시절 외할아버지인 아우톨리코스(Autolycos)를 방문했을 때 멧돼지 사냥에 나가 사고로 생긴 것이다. 이를 계기로 해서 독자들에게 아우톨리코스, 그의 집, 정확한 혈연관계와 그의 사람됨, 외손자가 태어난 직후의 그의 거동 등이 세세하고도 감동적으로 전달된다. 이어서 젊은이가 된 오디세우스의 외조부 방문이 전달된다. 인사의 주고받음, 그를 환영하는 잔치, 잠자기와 기상, 이른 아침의 사냥길, 짐승의 추적과 격투, 멧돼지의 송곳니 때문에 생긴 오디세우스의 상처, 상처의 회복과 이타카(Ithaca)로의 귀향, 그의 부모들의 걱정스러운 물음 등이 이야기된다. 이 모든 것이 완전히 구체적으로 객관화되어 있어 이야기의 모든 요소와 그 상호 관련이 모호한 채로 남아 있는 것은 전혀 없다. 탈선적 객담(digression)이 다 끝난 다음에야 비로소 이야기꾼은 페넬로페의 방으로 되돌아가고 또 그 이야기가 시작되기 전에 흉터를 알아차렸던 에우리클레이아는 오디세우스의 발을 대야 속에 떨구는 것이다.

    이것은 서스펜스를 증대시키려는 방책일 것이라고 현대 독자는 얼핏 생각할 텐데 전적으로 틀린 생각은 아니지만 적어도 이 호메로스(Homeros)의 서술 절차의 본질적인 설명은 되지 못한다. 왜냐하면 호메로스의 시 작품 속에서 서스펜스의 요소는 극히 희박하기 때문이다. 시의 스타일 전체를 통해서 독자나 청중의 숨을 죽이게 하도록 꾀해진 것은 없다. 샛길로 접어든 이야기는 독자에게 서스펜스를 일으키기보다는 긴장을 완화하도록 마련된 것이다. 앞의 대목에서처럼 이런 일은 빈번히 일어난다. 우아하고 자기 충족적이며 목가적 광경이 풍부한바, 개괄적으로 이야기되고 매력적이며 정교하게 다듬어진 사냥 이야기는 독자가 그것을 듣고 있는 사이 독자의 마음을 전적으로 사로잡으며 발을 씻어 주는 사이에 일어났던 일을 잊어버리게끔 하고 있다. 그러나 줄거리의 진행을 늦춤으로써 서스펜스를 증가시키려는 삽화는 이야기의 현재를 완전히 채워 버려서는 안 된다. 그 해결이 기다려지고 있는 위기를 완전히 독자의 마음에서 벗어나게 해서 서스펜스 자체를 파괴하도록 해서는 안 된다. 위기와 서스펜스는 계속되어야 하며 배경에서 줄곧 손에 땀을 쥐게 하고 있어야 하는 것이다. 그러나 호메로스는 나중에 다시 이야기하겠지만 배경이라는 것을 알지 못한다. 그가 이야기하는 것이 그때그때 유일한 현재이고 그것이 무대와 독자의 마음을 완전히 채우고 있다. 위의 대목의 경우도 그러하다. 젊은 날의 에우리클레이아가 잔치 뒤에 어린 오디세우스를 아우톨리코스의 무릎 위에 올려놓을 때,(401행 이하) 불과 몇 줄 앞에서 나그네의 발을 만지던 노파 에우리클레이아는 무대와 독자의 마음으로부터 완전히 사라져 버리고 마는 것이다.

각별히 위의 삽화를 언급하는 것은 아니지만 괴테와 실러는 호메로스의 시 일반 속에 있는 '지연의 요소'에 관해 1797년에 편지를 교환했는데 이 '지연의 요소'를 서스펜스 요소와 정반대되는 것으로 취급하였다. 서스펜스란 말을 사용하고 있지는 않으나 '지연' 절차가 서사시에 고유한 것으로서 비극의 절차와 대비되어 있기 때문에 서스펜스를 암시했다는 것은 분명하다.(4월 19, 21, 22일 편지) '지연의 요소', 삽화를 집어넣음으로써 '앞뒤로 왔다 갔다 하기'는 호메로스의 시 속에서는 하나의 목표를 향한 긴장과 서스펜스에 찬 성향과는 대립되는 것처럼 내게도 여겨진다. 그리하여 호메로스에 관해서 실러가 다음과 같이 이야기하는 것이 옳다는 것은 의심할 여지가 없다. 즉 호메로스는 "사물이 그 본성에 따라 말없이 존재하고 작용하는 것"을 보여 줄 따름이며 그의 목적은 "작품이 진전하는 모든 지점에 벌써 나타나 있다."라고 실러는 말하고 있는 것이다. 그러나 실러와 괴테는 호메로스의 절차를 서사시 일반에 적용되는 법칙의 수준으로 올려놓고 있다. 그리고 위에 인용한 실러의 말도 비극시인과는 대조적인 서사시인에게 보편적인 구속력을 갖는 말로 토로된 것이다. 그러나 근대에 있어서나 고대에 있어서나 이러한 의미의 '지연의 요소'가 전혀 없이 구성되어 있으며 도리어 서스펜스가 수두룩하게 깔려 있는 중요한 서사시들이 있다. 서스펜스는 실러가 비극시인에게만 허용하는 것으로서 "우리에게서 감정의 자유를 빼앗아 가는 것이다." 게다가 위에 적은 호메로스 시의 절차가 괴테나 실러가 가정한 종류의 미적 고려나 미적 감정에 의해서 지배된다는 것은 증명할 길도 없고 그럴 법하지도 않다고 내게는 생각된다. 이러한 절차의 효과는 정히 그들이 서술하는 대로이며 게다가 그들이나 고전 고대의 결정적인 영향을 받았던 작가들의 서사시관의 사실상의 원천이기도 하다. 그러나 '지연'의 인상을 주는 것의 참다운 원인은 딴 곳에 있다고 내게는 여겨진다. 즉 언급하는 모든 것을 분명하게 밝혀 두고 구체적으로 객관화해 두려는 호메로스 문체의 필요에서 유래하는 것처럼 여겨진다는 말이다.

오디세우스의 흉터의 기원에 관한 탈선적 객담은 새로 등장한 인물이나 혹은 새로 나타난 물건이나 도구조차 비록 싸움이 한창일 때라도 그 성질이나 기원 등을 서술하는 많은 대목들과 기본적으로 다른 점이 없다. 혹은 한 장면이 등장할 때 그가 그전까지 어디 있었으며 거기서 무엇을 했고 어떤 경로로 해서 그 자리에 나타났는가 하는 것을 들려주는 대목과도 다를 바가 없다. 사실 말이지 호메로스가 잘 붙이는 형용어구조차도 궁극적으로는 모든 현상을 감각적으로 구체성 있게 객관화하려는 필요성에서 나온 것이라고 내게는 생각된다. 여기에 이야기 도중에 나타난 흉터가 있다. 그리고 호메로스의 느낌은 그것이 조명되지 아니한 과거의 어둠으로부터 나타나는 대로 허용해 두려 하지 않는다. 그것은 완전히 환하게 드러나야 하고 그와 함께 주인공의 소년 시절의 일부도 드러나야만 한다. 그것은 마치「일리아드(Illiad)」중에서 첫 번째 배가 이미 불타고 있으며 미르미돈(Myrmidones)* 인들이 구조를 위해 무장을 하고 있는데도 탄복할 만한 이리의 직유라든가 미르미돈 병사들의 질서라든가, 몇몇 하급 지휘관들의 족보에 관한 상세한 설명을 할 여유를 보여 주고 있는 것과 마찬가지다.(16권, 155행 이하) 이렇게 해서 조성된 미적 효과가 즉각 주목되어 그후부터는 의식적으로 추구되었을 것임에 틀림없다. 그러나 보다 근원적인 원인은 호메로스 문제의 기본적 충동에 놓여 있었음에 틀림이 없다. 즉 현상을 충분히 구체화된 형태로 묘사하고, 모든 부분이 뚜렷하게 보이고 감촉할 수 있도록, 또 시간 관계나 공간 관계를 완전히 고정시켜서 묘사하려는 충동 속에 놓여 있는 것이다. 심리 과정도 별도로 처리되지 않는다. 심리 과정에서도 숨겨져 있거나 표현되지 아니한 것이 있어서는 안 되는 것이다. 아주 충실하게, 또 격정조차도 어쩔 수 없으리만큼 정연하게 호메로스의 등장인물은 자기들의 속마음을 털

---

* 아킬레스를 따라 트로이 전쟁에 참가했던 용감한 부족.

어놓는다. 타인에게 털어놓지 않는 것은 내심으로 말하기 때문에 독자들은 그것을 알게 마련이다. 호메로스의 시들 속에서는 끔찍한 일들이 많이 일어나지만 그것이 말없이 일어나는 법은 거의 없다. 폴리페모스(Polyphemos)*는 오디세우스에게 이야기하고 오디세우스는 구혼자들을 죽이기 전에 그들에게 이야기를 한다. 싸움 전후에 헥토르(Hector)와 아킬레스는 길게 이야기한다. 그리고 노여움이나 경멸로 충만되어 있어 논리적 또는 문법상의 관련을 나타내는 불변화사(不變化詞)가 빠져 있거나 잘못 되어 있는 화법도 찾을 수 없다. 이 마지막 특징은 화법에만 적용될 뿐 아니라 묘사 일반에도 적용된다. 한 협상의 개개 요소는 상호 연관 속에 명백하게 배치되어 있다. 분명하게 의미가 한정되고 섬세하게 차이지어진 다수의 접속사, 부사, 불변화사, 기타 구문상의 도구가 상호 관계 속에서 인물, 사물, 사건의 부분을 제한하고 동시에 그들을 지속적이며 신축성 있는 연관 속에 결합시켜 놓고 있다. 개개 현상들 자체와 마찬가지로 그들의 관계(시간, 장소, 인과, 목적, 결과, 비교, 양보, 대조, 조건 등의 관계)도 전면적으로 충실하게 드러나 있다. 그리하여 현상의 지속적이고 리드미컬한 진행이 계속되고 있으며 단편적이거나 반쯤만 조명된 형태는 찾아볼 수가 없다.

그리고 빠진 것이나 빈틈도 없고 탐색하지 않은 심연을 엿볼 수도 없는 것이다. 그리고 이러한 현상의 진행은 전경 속에서 일어난다. 다시 말하면 절대적인 시간과 공간상의 현재 속에서 일어난다. 많은 삽입 사항, 빈번하게 시간상으로 왔다 갔다 하기는 시간과 장소상의 원근법을 만들어 낸다고 생각할지도 모른다. 그러나 호메로스의 문체는 이러한 인상을 주는 법이 없다. 원근법의 인상이 모면되고 있는 것은 삽화를 도입하는 절차 때문임이 분명하다. 즉 호메로스 독자들에게는 익숙한 구문 때문인 것이다. 위에서 보아 온 대목에도 사용되어 있지만 삽화가 훨씬 짤막한 경우에도 발견된

---

* 식인종의 추장으로서 오디세우스를 유폐했으나 그에 의해 눈이 멀게 되었음.

다. 앞에 삽화의 경우 '흉터'란 말(393행)에 우선 관계절(오래전에 한 마리 멧돼지가……)이 딸려 있고 그것은 기다란 구문상의 삽입 어구로 발전한다. 그러다가 뜻밖에도 하나의 독립문(396행, 한 신이 그에게 주었다……)이 들이닥치다가 조용히 구문상의 종속절이기를 그치고 399행에 가서는 새로운 내용을 담은 독립된 구문이 새로이 '현재'를 유지하게 된다. 그것은 467행에서(노파는 이제 발에 손을 대었다……) 중단돼 이야기가 다시 계속될 때까지 지속된다. 우리가 지금 다루고 있는 것 같은 긴 삽화의 경우엔 줏대 되는 주제와의 단순한 구문상의 연결은 불가능했을 것이다. 그러나 원근법을 통해서 줏대 되는 주제와 삽화를 연결시키는 일은 그러한 의도 아래 내용을 배열했다면 훨씬 용이했을 것이다. 즉 흉터에 관한 삽화 전체가 발을 씻는 순간에 오디세우스의 마음속에 떠오른 회상으로 묘사되었다면 그 연결에 한결 용이했을 터란 말이다. 그렇게 하는 것은 아주 쉬운 일이었을 것이다. 흉터란 말이 처음 나왔을 때, 즉 '오디세우스'와 '회상'의 모티프가 이미 근접해 있던 2행 앞서서 흉터 이야기를 삽입하기만 하면 되었을 것이기 때문이다. 그러나 전경과 배경을 만들어 내고 과거의 심연에 대해서 현재가 열려 있게 마련인 이러한 주관적 원근법적 절차는 호메로스의 문체에는 전혀 없는 것이다. 호메로스의 문체에는 전경만이, 균등하게 조명되고 똑같이 객관적인 현재만이 있기 때문이다. 그러므로 탈선적 객담인 삽화는 에우리클레이아가 흉터를 발견하는 2행 뒤에서야 비로소 시작되는 것이며 원근법적인 연결의 가능성은 사라져 버리고 만다. 그리하여 상처의 이야기는 독립된 배타적인 현재가 되어 버린다.

  호메로스 문체의 특질은 이와는 다른 형식의 세계에 속하지만 똑같이 고대의 것이며 똑같은 서사시 문체인 다른 보기와 비교해 보면 명백해진다. 나는 이른바 엘로히스트(Elohist)*의 손으로 된 이야기인 이삭(Isaac)의 희생

---

* 『구약 성서』의 처음 6편 중에서 신을 야훼(Yahweh)라 부르지 않고 엘로힘(Elohim)이라고 한 부분의 저자.

오디세우스의 흉터 49

이야기와 이것을 비교해 보려고 한다. 『흠정 영역 성서』는 서두를 다음과 같이 옮겨 놓고 있다. "이런 일이 있은 후에 하느님은 아브라함을 시험해 보려고 그에게 말하였다. 아브라함! 하고 그는 말씀하셨다. 보십시오, 여기 있습니다."(창세기 22:1) 호메로스를 읽고 난 후 이것을 읽으면 이 서두조차 우리를 놀라게 한다. 두 존재의 대화자는 어디에 있는 것일까? 아무런 설명이 없다. 그러나 독자들은 그들이 지상의 어느 한곳에 함께 있는 것이 아니라는 것을 알고 있다. 그중 한쪽인 신이 아브라함에게 이야기를 하기 위해서는 어디메선가 오고 어떤 미지의 높은 곳이나 깊은 곳에서 이 땅 위로 들어서지 않으면 안 된다는 것을 알고 있다. 그는 어디에서 와서 어디에서 아브라함에게 이야기하는 것일까? 이 점 아무런 설명이 없다. 제우스나 포세이돈처럼 희생의 잔치를 즐기고 있던 에티오피아인들 사이에서 온 것이 아니다. 우리는 또한 신이 그렇듯 끔찍하게 아브라함을 시험해 보려는 까닭에 대해서 듣는 바가 없다. 신은 제우스처럼 회의에 모인 다른 신들과 함께 틀에 박힌 말로 그 까닭을 토론하지도 않았다. 그의 심중의 갖가지 생각이 우리에게 알려진 바도 없다. 신은 어떤 미지의 높은 곳이나 깊은 곳에서 홀연히 불가사의하게 나타나서 "아브라함!" 하고 부르는 것이다. 유대인들이 가지고 있었으며 그리스인들이 가지고 있었던 것과는 전혀 다른 신관으로 설명이 되지 않느냐고 곧 사람들은 말할 것이다. 이것은 옳은 말이다. 그러나 이것은 이론 제기는 되지 않는다. 유대인의 신관을 어떻게 설명해야 할 것인가? 라는 문제가 제기되기 때문이다. 그들의 초기의 황야의 신조차도 형체나 실질이 고정되어 있지 않았고 또 혼자였다. 형체도 없고 있는 장소도 분명치 않고 또 혼자라는 속성은 인근 근동 세계의 보다 성질이 뚜렷한 제신들과의 경쟁 속에서 마침내는 그대로 유지되었을 뿐만 아니라 더욱더 발전하게 되었다. 유대인들의 신관은 사물을 이해하고 묘사하는 방식의 원인이라기보다는 한 징후인 것이다.

대화 속의 또 한 사람인 아브라함을 생각해 보면 이 절이 더욱 분명해진다. 그는 어디에 있는가? 우리는 알지 못한다. 그는 사실 "여기 있습니다."라고 말한다. 그러나 히브리 말로는 "나를 보십시오." 정도의 뜻일 뿐이다. 그리고 어쨌든 아브라함이 있는 실제 장소를 가리키려는 것이 아니라 신에 대한 정신적 위치를 가리키려는 것이다. 즉 그를 부른 신에게 '여기서 나는 하느님의 명령을 기다리고 있습니다.'라고 하는 것일 뿐이다. 그가 실제로 어디에 있는가, 비어쉬바*에 있는가 아니면 딴 곳에 있는가, 실내에 있는가, 바깥에 있는가 하는 것은 밝혀져 있지 않다. 화자는 이 점에 대해서 관심이 없으며 독자는 이 점 아무런 이야기도 듣지 못한다. 신이 불렀을 때 아브라함이 무슨 일을 하고 있었는지도 똑같이 밝혀지지 않고 있다. 가령 헤르메스(Hermes) 신이 칼립소(Calypso)를 방문하는 장면을 생각해 본다면 『구약 성서』와 호메로스의 차이는 분명해질 것이다. 이 장면에선 명령, 여행, 도착, 손님맞이, 방문 받은 사람의 상황과 직업 등이 많은 시행 속에 서술되어 있다. 총애하는 사람을 도와주거나 미워하는 인간을 속여 주거나 파멸시키기 위해 신들이 느닷없이 잠깐 나타나는 경우에조차 그들의 체격과 그들이 오고 가는 방식이 상세하게 서술되는 것이 보통이다. 『구약 성서』에서는 그러나 신이 명시되지 않은 어느 곳으로부터 형체 없이 나타난다. (그러나 그는 나타난다.) 그리하여 우리는 그의 목소리를 들을 뿐인데 그 목소리도 이름을 부를 뿐이다. 형용사도 없고 호메로스가 사람을 부를 때 꼭 그렇게 하듯이 불린 사람에게 붙이는 서술적 형용어구도 없이 그저 이름을 부를 뿐이다. 아브라함에 관해서도 그가 신에게 대답하는 말밖에는 알려진 바가 없다. 즉 "이곳 저를 보십시오!"(Hinne ni)라고 대답하는 것뿐인데 이와 함께 복종과 마음의 준비를 나타내는 극히 감동적인 몸짓이 암시되어 있지만 그것은 독자가 마음속으로 그려 보도록 되어 있을 뿐이다. 게다가 두 대화자는 같은 수준에 있지 아니하다. 아브라함이 전경에 있다고 생각하고 거기서

---

* 팔레스타인 남단에 있는 고을.

오디세우스의 흉터 51

그가 엎드려 있거나 무릎을 꿇고 있거나 두 팔을 벌리고 상체를 굽히고 있거나 혹은 위쪽을 바라보고 있다고 생각하는 것이 가능하다 하더라도 신은 거기에 있지 아니하다. 아브라함의 말과 몸짓은 화면의 깊은 곳이나 위쪽을 향해 있지만 어쨌건 목소리가 그에게로 들려온 분명치 않은 어둠의 장소는 전경에 있지 않다.

이러한 서두 뒤에 신이 명령을 내리고 이야기가 시작된다. 그것은 아무런 삽화도 들어 있지 않은 몇 개의 독립 문장의 연속인데 그 구문상의 연결은 가장 기초적인 성질의 것이다. 이러한 분위기에서는 도구, 길손들이 통과한 풍경, 시종이나 나귀 등을 묘사한다든가, 그들의 내력이나 혈통, 재료나 외모나 유용성 등을 칭찬조로 서술한다는 것은 생각할 수도 없는 일이다. 형용사조차도 붙일 수가 없다. 그들은 시종, 나귀, 땔감, 그리고 칼일 뿐 그 이외의 아무것도 아니며 형용어구도 가지고 있지 않다. 그들은 신이 명령한 목적에 이바지하기 위해 있을 뿐이다. 그 밖의 다른 면에서의 그들의 과거, 현재, 미래는 모두 어둠 속에 묻혀 있다. 신이 희생이 이루어져야 할 장소를 지정했기 때문에 여행을 하게 된다. 그러나 사흘이 걸렸다는 것밖에는 여행에 관해서 듣는 바가 없으며 사흘간의 경위도 불가사의하게 듣게 될 뿐이다. 즉 아브라함과 그의 시종들은 '아침 일찍' 일어나서 신이 말해 준 장소로 '갔다'는 것이며 사흘째 되던 날 두 눈을 들어 그는 멀리에서 그 장소를 보았다는 것이다. 두 눈을 들었다는 것이 유일한 몸의 동작이며 우리가 듣게 되는 여행 중의 유일한 사건인 것이다. 이 동작의 계기는 그 장소가 높은 곳에 있다는 사실에 있겠지만 그 일회성은 여행이 진공 속에서 일어났다는 인상을 강화한다. 여행을 하는 동안 아브라함이 왼쪽으로도 오른쪽으로도 눈을 돌린 일이 없고 발걸음 이외에는 시종들이나 자신의 삶의 징표를 모조리 억제했던 것 같은 인상이다.

그리하여 여행은 모호한 것과 확실치 않은 우연한 것 사이를 지나가는 말없는 행진과 같다. 숨죽임, 혹은 현재가 없으며 과거와 미래 사이에 삽입된 공백의 지속과 같은 과정인데 그 공백의 지속은 그러나 '사흘간'이라고 측정되어 있는 것이다! 이러한 사흘은 뒷날 사람들이 가하게 된 상징적인 해석을 간절히 요구하는 것이다. 그들은 '이른 새벽' 떠났다. 그러나 사흘째 되던 날 어떤 시각에 아브라함은 두 눈을 들어 그의 목적지를 본 것일까? 이 점에 대해서 아무런 말도 없다. '저녁 늦게'가 아닌 것은 분명하다. 왜냐하면 산에 올라가 희생을 바칠 시간이 충분히 있었기 때문이다. 그러니까 '이른 새벽'은 시각을 나타내기 위해서가 아니라 그 도덕적 의미를 위해서 밝혀 놓은 것이다. 그것은 가혹한 시련을 받고 있는 아브라함의 결의, 민첩함, 꼭 시간을 맞추는 복종을 나타내기 위해서 적어 놓은 것이다. 나귀에 안장을 달고 시종과 아들 이삭을 불러 길을 떠나는 이른 새벽은 그에게는 쓰라리다. 그러나 그는 복종하여 사흘째 되는 날까지 길을 가고 그러다가 두 눈을 들어 그 장소를 본다. 어디에서 왔는지를 우리는 알지 못한다. 그러나 목적지는 분명하게 적혀 있다. "모리아 땅의 예루엘(Jeruel)"이라고. 이것이 어떤 장소를 가리키려는 것인지는 분명치가 않다. 모리아(Moriah)는 특히 어떤 말이 뒷날 와전된 것일지도 모른다. 그러나 어쨌든 목적지는 밝혀져 있고 어쨌거나 그것은 아브라함의 희생과 관련됨으로써 각별히 신을 위해 사용된 신성한 장소인 것이다. "이른 새벽에"가 딱히 시각을 나타내지 않는 것과 마찬가지로 "모리아 땅의 예루엘"도 지리상으로 가리키는 바가 거의 없다. 그리고 이 두 경우에 있어서 보족적인 암시는 주어진 바 없다. 아브라함이 두 눈을 들었던 시각을 알지 못하는 것과 마찬가지로 그가 출발했던 지점도 우리는 알지 못하기 때문이다. 예루엘은 다른 장소와의 지리적인 관계에서 이 지상의 여행의 목적지로서 의미 있기보다는 신이 선택한 장소로서, 즉 이곳을 희생 행위의 장소로서 지정한 신과의 관계 때문에 의미 있게 되는 것이고 그렇기 때문에 이름이 주어지지 않으면 안 되는 것이다.

  이야기 속에는 제3의 주요 인물이 등장한다. 이삭이다. 신과 아브라함, 시종들, 나귀와 도구들은 어떤 성질에 관한 언급이나 정의 같은 것이 없이 언급되어 있지만 이삭은 한 번 동격어로 수식된다. "신은 말하였다. 너희가 사랑하는 너의 외아들 이삭을 데리고 가라." 그러나 이것도 아버지와의 관계를 떠나서 이야기와는 따로이 한 사람으로서의 이삭의 사람됨을 나타내는 것은 아니다. 그는 잘생겼는지도 모르고 못생겼는지도 모른다. 똑똑할 수도 바보일 수도 있다. 키가 큰지도 작은지도 모르고, 상냥한지도 고약한지도 모른다. 우리는 이 점 듣는 바가 없다. 지금 이곳에서의 이야기 줄거리 속에 나오는 인물로서의 그에 관해서 알 필요가 있는 것만이 조명되어 있다. 아브라함의 시련이 얼마나 가혹하며 신이 그것을 충분히 알고 있다는 것이 분명해지도록 말이다. 이렇게 상반되는 것의 보기를 통해서 우리는 호메로스 시에 나오는 서술적인 형용사와 탈선적 객담의 의의를 알 수 있다. 서술 대상인 인물들의 과거의 존재, 이를테면 절대적인 존재를 암시함으로써 서술적 형용사와 탈선적 객담은 독자들이 현재의 위기에만 정신을 집중하지 않도록 한다. 가장 끔찍한 일이 벌어질 경우에조차 그들은 압도적인 서스펜스가 자리 잡지 못하도록 한다. 그러나 아브라함의 희생의 이야기 속에서는 압도적인 서스펜스가 현존하고 있다. 실러가 비극시인의 목표로 삼고 있는 것, 우리에게서 감정의 자유를 빼앗아 가는 것, 우리의 지적 정신적인 힘(실러가 말하는 '우리의 활동')을 한 방향으로 쏠리게 하는 것, 그 힘을 그곳에 집중시키는 것 ― 이 서사시란 형용어구에 값하는 이 『구약 성서』의 이야기 속에 달성되어 있다.

 직접 화법의 쓰임새를 비교해 보더라도 우리는 똑같은 대조를 발견하게 된다. 『구약 성서』의 이야기 속에서도 사람들은 대화를 한다. 그러나 그들의 대화는 호메로스의 작품 속에서처럼 생각을 분명하게 밝히고 구체화하는 데 기여하지 않는다. 도리어 표현되지 않은 생각을 암시하는 것이다. 신은 직접 화법으로 명령을 내리지만 자신의 동기와 목적은 드러내 놓고 있지 않다. 아브라함은 명령을 받고 아무 말도 하지 않고 명령 받은 바를 이행한다. 희생의 장소로 가는 도중에서의 아브라함과 이삭의 대화는 무거운 침묵의 중단에 지나지 않으며 그 침묵을 더욱 부담스럽게 만들 뿐이다. 땔감을 진 이삭과 칼과 불을 지닌 아브라함 두 사람은 "함께 갔다." 주저주저하며 이삭은 희생에 쓰일 양에 관해서 물어본다. 그리고 아브라함은 유명한 대답을 한다. 이어서 원문을 되풀이한다. "그리하여 두 사람은 함께 갔다." 모든 것이 드러나 있지 않은 것이다.

똑같이 고대의 것이며 똑같은 서사시인 이들 두 개의 문체보다 더욱 대조적인 문체를 상상하기는 어렵다. 한쪽으로는 구체화되고 균등하게 조명되었으며 시간과 장소가 일정하게 명시되어 있으며 늘상 전경 속에서 아무런 틈서리도 없이 연결되어 있는 현상들이 있다. 생각과 감정은 완전히 표현되어 있으며 사건은 서스펜스 없이 느릿느릿 일어난다. 다른 한쪽에는 이야기의 목적을 위해서 필요한 현상만이 구체화되어 있고 다른 모든 것은 어둠 속에 묻혀 있다. 이야기의 결정적인 순간만이 강조되어 있고 그 사이에는 아무것도 없는 것이나 진배없다. 시간과 장소는 명시되어 있지 않고 해석을 필요로 한다. 생각과 감정은 드러나 있지 않으며 침묵과 단편적인 대화에 의해서 암시되어 있을 뿐이다. 몹시 긴박한 서스펜스로 차 있고 단일한 목표(그리고 그러한 한에서는 훨씬 통일적인)를 지향하고 있는 전체는 불가사의하고 '배경을 내포하고' 있다.

오해가 없도록 하기 위해서 이 말을 어느 만큼 자세히 설명하겠다. 나는 위에서 호메로스 문체에 관해 '전경에 있다'고 말했다. 이야기가 앞뒤로 왔다 갔다 함에도 불구하고 그것은 지금 이야기되고 있는 것에 원근법도 없고 순수한 유일의 현재라는 인상을 주도록 되어 있기 때문이다. 엘로히스트의 『구약 성서』 원문을 곰곰이 생각해 보면 우리가 쓴 용어를 보다 넓고 깊게 적용할 수 있다는 것을 알게 된다. 그것은 개개 인물조차도 '배경'을 가지고 있는 것으로 묘사될 수 있음을 보여 준다. 신은 성서 속에서 언제나 그렇게 묘사되고 있다. 왜냐하면 신이 등장했을 때도 그는 제우스처럼 쉽게 이해되지 않기 때문이다. 나타나는 것은 언제나 '신의 어떤 부분'일 뿐이며 그는 언제나 깊은 곳에 숨어 있기 때문이다. 그러나 성서 이야기 속에 나오는 사람들조차도 호메로스에 나오는 인물들보다 한결 깊은 시간과 운명과 의식을 가지고 있다. 그들은 거의 언제나 전 능력을 기울여야 할 사건에 휘말리지만 당장의 현재에 전적으로 몰두하여 그 이전에 딴 곳에서 겪었던 일을 끊임없이 의식하지 못할 지경에 이르지는 않는다. 그들의 생각과 감정은 중층적이며 훨씬 착잡히 얽혀 있다. 아브라함의 행동은 당장 그에게 일어나고 있는 일이나 그의 인물됨(아킬레스의 행동이 그의 용기와 긍지에 의해 설명되고 오디세우스의 행동이 그의 능란함이나 선견지명에 의해 설명되듯이)에 의해서만 설명되는 것이 아니고 그의 전력(前歷)에 의해서 설명된다. 그는 신이 그에게 약속한 것과 신이 그를 위해 이미 이룩했던 바를 기억하고 있으며 항시 그것을 의식하고 있다. 한편 그의 영혼은 절망적인 반역과 희망에 찬 기대 사이에서 찢기고 있다. 그의 말없는 복종은 중층적이며 '배경'을 가지고 있다. 이처럼 문제가 많은 심리적 상황은 호메로스의 주인공들에게는 있을 수가 없다. 호메로스 주인공들의 운명은 분명하게 규정되어 있으며 그들은 매일 아침 그것이 마치 그들의 삶의 첫날인 것처럼 느끼며 잠에서 깨어난다. 그들의 감정은 강렬하나 단순하며 즉각 표현된다.

이와 비교해 볼 때 사울(Saul)이나 다윗(David) 같은 인물들은 얼마나 많은 '배경을 내포'하고 있는 것인가? 다윗과 압살롬(Absalom), 다윗과 요압(Joab) 사이와 같은 인간관계는 얼마나 착잡하고 중층적인 것인가! 압살롬의 죽음과 그 결과의 이야기(야훼의 손으로 된 「사무엘 후서」 18장 및 19장)가 표현하고 있기보다는 암시하고 있는 것과 같은 심리 상황의 '배경'적 성질은 호메로스에서는 생각도 할 수 없는 것이다. 여기에는 그 배경의 깊이가 정녕 심연과 같은 등장인물의 심리 과정뿐만 아니라 순수히 지리적인 배경까지도 드러나 있다. 왜냐하면 다윗은 싸움터에 있지 않으나 그의 의지와 감정의 영향력은 계속 작용하고 요압의 반역과 행동의 결과를 고려하지 않는 무모함에 영향을 끼치기 때문이다. 두 사람의 사자가 나오는 당당한 장면에서 자연적 심리적 배경은 실속 있게 명백하다. 심리적 배경이 표현되어 있는 것은 아니지만 말이다. 가령 이 장면을 아킬레스가 먼저 파트로클로스(Patroclos)를 척후로 보냈다가 싸움터로 보내는 장면과 비교해 보라. 아킬레스가 육체적으로 현존하지 않으면 그는 모든 '현재성'을 잃어버리고 만다. 그러나 가장 중요한 것은 개개 인물의 '중층성'이다. 이것은 호메로스에서는 찾아볼 수 없는 것으로 기껏해야 두 개의 행동 가능성 사이에서의 의식적 주저의 형태로나 겨우 볼 수 있을 뿐이다. 그 밖에는 호메로스의 경우 심리면의 복잡성은 감정의 계속이나 교체 속에서나 나타날 뿐이다. 그러나 유대인 작자들은 갖가지 의식의 층이 동시에 존재하고 있음과 그 의식의 층 사이의 갈등을 표현하고 있는 것이다.

　호메로스의 작품은 지적, 언어적 그리고 무엇보다도 구문상의 국면은 고도로 발달되어 있는 것처럼 보이지만 거기 담긴 인간상은 비교적 단순하다. 또 그의 작품들이 대체로 그리는 실제 삶과의 관계에 있어서도 똑같이 단순하다. 호메로스 시에서는 감각적 차원의 쾌락이 가장 중요한 것이고 그 쾌락을 우리에게 전달하는 것이 최고의 목적이다. 전투와 격정, 모험과 위험 사이로 그의 작품은 사냥, 잔치, 궁전, 목동의 오두막집, 운동 경기, 세탁 일 등을 보여 준다. 그것은 주인공들을 그들의 일상생활 속에서 보게 하고 그런 그들을 봄으로써 그들이 향기 그윽한 현재, 즉 사회의 관습, 풍경, 일상생활 속으로 튼튼한 뿌리를 내리는 현재를 즐기는 방식에서 독자들이 기쁨을 느끼게 하기 위한 것이다. 그리하여 그들은 우리 독자들을 매혹시키고 우리의 호의를 얻게 되어 마침내 우리는 그들의 삶의 현실 속에서 그들과 함께 살게 된다. 우리가 작품을 읽고 있거나 듣고 있는 한 이 모든 것이 전설이며 '꾸민 것'을 우리가 알고 있느냐의 여부는 문제되지 않는다. 호메로스는 거짓말쟁이라는 흔히 하는 비난은 그의 설득력을 감소시키지 않는다. 그는 그의 이야기 바탕을 역사적 사실에 두어야 할 필요가 없다. 그가 그리는 현실은 그 자체로서 강력하기 때문이다. 그의 현실은 우리를 유혹하고 우리 둘레에 그 거미줄을 친다. 그리고 호메로스에겐 그것으로 충분하다. 그리고 우리가 유혹되어 간 이 '현실' 세계는 스스로 존재하며 자신 이외에는 아무것도 포함하고 있지 않다. 호메로스의 시는 아무것도 숨기지 않으며 어떠한 교훈도 또 은밀한 제2의 의미도 가지고 있지 않다. 우리가 여기서 시도했듯이 호메로스를 분석할 수는 있다. 그러나 그를 해석할 수는 없다. 뒷날 알레고리적 해석 경향이 호메로스의 경우에도 그 해석 기술을 시험해 보았으나 아무런 소용이 없었다. 그는 이러한 처리에 저항한다. 해석은 억지스럽고 무연하다. 그리고 통일된 정설로 결정되지 않는다. 때때로 접하게 되는 일반적인 고찰(가령 위에 든 삽화의 경우 360행에 있는 "고생하면 사람들은 빨리 늙는다.")은 인간 존재의 기초적 사실들을 냉정히 받아들이는 태도를 드러낸다. 그러나 그것들을 곰곰히 생각해 보려는 욕구도 없고 거기에 항거하거나 혹은 황홀한 복종 속에서 그것들을 포용하려는 정열에 찬 충동은 더더구나 없다.

성서의 이야기 속에서는 모든 것이 딴판이다. 그들의 목적은 감각을 매혹시키는 것이 아니다. 설혹 생생한 감각적 효과를 빚어낸다 하더라도 그것은 유일한 관심사인 도덕적, 종교적, 심리적 현상들이 삶의 감각적 소재를 통해 구체화되어 있기 때문일 따름이다. 그러나 그들의 종교적 의도는 이야기의 역사적 진실성을 절대적으로 요구한다. 아브라함과 이삭의 이야기는 오디세우스, 페넬로페, 에우리클레이아의 이야기와 마찬가지로 역사적 근거가 허약하고 모두 전설적이다. 그러나 『구약 성서』의 화자인 엘로히스트는 아브라함의 희생 이야기의 객관적 진실성을 믿지 않으면 안 되었다. 삶의 신성한 의식의 존재는 이 비슷한 이야기의 진실성에 의존하고 있었으니까. 그는 그것을 정열적으로 믿지 않으면 안 되었다. 그렇지 않으면 (많은 합리주의적 해석자가 믿었고 아마 아직도 믿고 있듯이) 그는 의식적인 거짓말쟁이가 되지 않으면 안 되었다. 즐거움을 주기 위해서 거짓말을 한 호메로스 같은 해독 없는 거짓말쟁이가 아니라 절대적 권위에 대한 요구를 위해서 거짓말을 하는 정치적인 거짓말쟁이가 되지 않으면 안 되었다.

합리주의적 해석은 심리적으로 이치에 맞지 않는다고 내게는 생각된다. 그러나 설령 그러한 해석을 참작한다 하더라도 그의 이야기의 진실성에 대한 엘로히스트의 관계는 호메로스의 관계보다는 훨씬 열렬하고 명확한 것이다. 성서의 화자는 전설의 진실성에 대한 그의 믿음(혹은 합리주의적인 관점에서 본다면 그 진실성에 대한 그의 이해 관계)이 그에게 요구하였던 바로 그것을 쓰지 않을 수가 없었다. 어쨌거나 그의 창조적 혹은 묘사적인 상상력은 엄격히 제한되어 있었다. 그의 활동은 천상 신성한 전설의 효과적인 번안을 만들어 내는 게 고작이었다. 따라서 그가 만들어 낸 것은 본래 '리얼리즘'을 지향한 것이 아니었다. (설사 리얼리즘에 성공했다 하더라도 그것은 수단일 뿐 목적이 아니다.) 그것은 진실성을 지향한 것이었다. 그것을 믿지 않는 자에게 재앙 있거라! 트로이 전쟁이나 오디세우스의 방랑의 주제에 대한 역사적 진실성을 의심한다 하더라도 호메로스를 읽을 때 우리는 호메로스가 만들어 내려 한 효과를 정확하게 즐길 수 있다. 그러나 아브라함의 희생 이야기를 그대로 믿지 않고서는 그것을 그것이 쓰인 용도를 위해 활용하는 것은 불가능하다. 진실성에 대한 성서의 주장은 호메로스의 것보다 한결 절실할 뿐 아니라 폭군적이기도 하다. 그것은 다른 모든 주장을 배제한다. 성서 이야기의 세계는 역사적으로 진실한 현실임을 주장하는 것으로 만족하지 않는다. 그것은 그것이 유일한 현실 세계이며 전제권을 떠맡은 세계라고 고집한다. 모든 다른 장면, 쟁점, 의식 등은 이 세계에서 독립하여 나타날 권리가 없다. 그리고 이 모든 것을, 모든 인류의 역사는 이 세계의 테두리 안에서 제자리가 주어지고 거기에 종속될 것임이 기약되어 있다. 성서 이야기는 호메로스 이야기처럼 우리의 비위를 맞추지 않는다. 우리를 즐겁게 해 주고 매혹시키기 위해 우리에게 알랑거리지 않는다. 그들은 우리를 굴종시키려 한다. 만약 우리가 굴종을 거부하면 우리는 역적이 된다.

이러한 생각은 지나치게 극단적인 것이며 절대적 권위에 대한 주장을 제기하는 것은 이야기 자체가 아니라 종교적 교의라는 반론은 내지 말기를 바란다. 왜냐하면 성서 이야기는 호메로스 이야기처럼 단순히 이야기된 '현실'이 아니기 때문이다. 교의와 약속은 이야기 속에 육화되어 있고 그것과 분리될 수 없다. 바로 그렇기 때문에 이야기들은 '배경'을 내포하고 있으며 불가사의하고 제2의 숨겨진 의미를 지니고 있다. 이삭의 이야기 속에서 불가사의하고 그저 암시되어 있을 뿐이며 배경을 내포하고 있는 것은 처음과 끄트머리의 신의 개입뿐만이 아니고 그 사이에 나오는 사실의 요소나 심리적 요소도 그러하다. 그러므로 그들은 섬세한 검토와 해석을 필요로 하며 그것을 요구한다. 이야기 속의 많은 것이 캄캄하고 불완전하기 때문에, 또 신이 숨어 있는 신임을 독자들이 알고 있기 때문에 그것을 해석하려는 독자의 노력은 항시 새 양식을 찾아내게 마련이다. 교의와 계시의 탐구는 이야기의 실체적인 측면과 밀접하게 연관되어 있다. 후자는 단순한 '현실' 이상의 것이기 때문이다. 사실이지 교의와 계시의 탐구는 현실적인 것이 사라질 정도로까지 해석이 지나칠 때마다 그렇듯이 그 현실성을 잃어버릴 위험성을 늘 안고 있는 것이다. 성서 이야기의 원문이 그 내용을 기초로 한 해석을 크게 필요로 한다면 절대적 권위에 대한 그 주장도 그 이상의 해석을 필요로 한다. 호메로스처럼 우리로 하여금 몇 시간 동안 우리 자신의 현실을 그저 잊어버리게 하는 게 아니라 그것은 우리의 현실을 극복하려고 한다. 즉 우리는 자신의 삶을 그 세계 속에 맞추어야 하고 그 세계 역사의 구조 속에 있는 요소라고 스스로를 느껴야 하는 것이다. 우리의 역사적 환경이 성서의 그것으로부터 멀어지면 멀어질수록 이것은 점점 더 어려워진다. 그리고 이들 이야기가 그럼에도 불구하고 절대적 권위에 대한 주장을 유지하려면 그들 자체가 해석상의 변형을 통해서 적응하는 것이 불가피하게 된다. 오랫동안 이것은 비교적 용이하였다. 유럽의 중세 때까지 성서의 사건을 당대 생활의 평범한 현상으로 설명하는 것이 가능하였다. 해석의 방법 자체가 이러한 처리의 기반을 마련해 주었기 때문이다. 그러나 환경에 있어서의 너무나 큰 변화와 비판적 의식의 각성을 통해서 이것이 불가능하게 되었을 때 절대적 권위에 대한 성서의 주장은 위험에 처하게 되었다. 해석의 방법은 조롱받고 거부되었다. 성서 이야기는 옛날의 전설이 되어 버리고 그 이야기가 지니고 있던 교의는 거기서 분리된 채 해체된 이미지로 화하고 말았다.

　절대적 권위에 대한 주장의 결과로 해석의 방법은 유대 민족 이외의 전통에도 파급되었다. 호메로스 시는 시간과 공간 면에서 명확하게 한정되어 있는 일정한 사건의 연쇄를 제시한다. 한편 이와는 전혀 별도의 다른 사건의 연쇄가 아무런 갈등이나 어려움 없이 앞서거니 뒤서거니 혹은 나란히 구상되어 있다. 이와는 달리 『구약 성서』는 보편적인 만국사를 보여 준다. 그것은 시간의 기원, 세계 창조와 함께 시작되어 최후의 심판일, 그와 함께 세계가 종말을 고하는 신약과 함께 끝난다. 이 세계에서 일어나는 다른 모든 것은 이러한 연속적 사건 속의 한 요소로서만 생각된다. 세계에 관해서 알려진 모든 것, 혹은 적어도 유대 민족의 역사에 관계되는 모든 것이 신의 계획 속의 한 요소로서 이러한 연속 속에 맞아떨어지지 않으면 안 된다. 그리고 이것은 밀려 들어오는 새 자료를 해석함으로써만 가능하기 때문에 해석의 필요성은 본래의 유대, 이스라엘의 현실 영역을 넘어서 예컨대 바빌로니아, 페르시아, 로마의 역사에까지 당도하게 되었다. 정해진 방향으로의 해석은 현실 이해의 한 일반적 방법이 되었다. 이제 시야에 들어오고 그대로 두고서는 유대 민족의 종교의 틀 안에서 전적으로 활용할 수가 없는 새롭고 생소한 세계는 그 틀 속에서 한 위치를 차지할 수 있도록 해석되지 않으면 안 되었다. 그러나 이러한 과정은 거의 언제나 그 틀 자체에 반작용을 가하게 마련이고 이 유대 민족의 종교의 틀은 확대되고 수정되기를 요청하였다. 이러한 종류의 해석 중 가장 인상적인 것은 기원 1세기에 바울이 이교도에게 전도한 결과로 생겨났다. 바울과 교부들은 유대 민족의 전통 전체를 예수의 강림을 예고하는 일련의 비유 표상이라 재해석하고 신의 구세 계획 속의 적절한 위치를 로마 제국에 부여하였다. 그리하여 한편으로는 『구약 성서』의 현실은 유일한 권위에 대한 주장을 지닌 완전한 진실로 나타나는가 하면 한편으로는 그러한 주장 자체가 자신의 내용에 대한 항구적인 해석상의 변화를 강요하였다. 몇 천 년 동안 『구약 성서』의 현실은 유럽에 있어서의 인간의 생활과 함께 끊임없는 활발한 변화를 경험하고 있다. 보편적인 만국사를 나타낸다는 『구약 성서』 이야기의 주장, 숨어 있으면서도 모습을 나타내고 약속과 강제로 보편적인 만국사를 인도하는 유일신에 대한 그들의 끈덕진 관계(항시 갈등에 의해서 다시 정의되는 관계)는 호메로스 시가 가질 수 있는 것과는 전혀 다른 원근법을 구약 이야기에 주고 있다. 하나의 작품으로서의 『구약 성서』는 호메로스 시와 비교가 되지 않으리만큼 통일성을 가지고 있지 못하다. 이것저것 꿰매어 놓은 것임이 분명하다. 그러나 갖가지 구성 요소는 모두 보편적 만국자와 그 해석이라는 한 가지 개념에 소속해 있다. 당장 맞아떨어지지 않는 어떤 요소가 남아 있으면 해석이 이를 잘 처리하였다. 그리하여 독자는 개개 이야기에 일반적인 의미와 목적을 부여하는 보편적인 종교적 역사적 원근법을 시시각각 의식하게 된다. 「일리아드」나 「오디세이」와 비교하여 낱낱의 이야기와 한 무리의 이야기들의 횡적이고 수평적인 상호 관계가 연속성이 없고 또 따로 떨어져 있으면 있을수록 그들의 일반적인 수직적인 연관성은 강렬하다. 이 수직적인 연관성이 그들을 함께 묶어 놓고 있는데 호메로스에서는 결핍해 있는 것이다. 아담에서 예언자에 이르는 모든 『구약 성서』의 큰 인물들은 이 수직적 연관성의 계기를 구현하고 있다. 신은 그의 본질과 의지를 구현시킨다는 목적으로 이 사람들을 선택하고 형성하였다. 그러나 선택과 형성은 일치하지 않는다. 왜냐하면 형성이란 것은 선택이 내려진 사람의 지상의 생애 동안 점차적으로 또 역사적으로 진행되는 것이기 때문이다. 그 진행 과정이 어떻게 이루어지며 이러한 형성이 얼마나 끔찍한 시련을 부과하는 것인가 하는 것은 아브라함의 희생에 관한 이야기로 미루어 알 수 있다. 『구약 성서』의 큰 인물들이 호메로스의 주인공들보다 한결 더 충실히 발전되어 있고, 그들 자신의 전기적 과거를 더 많이 내포하고 있으며 개인으로서 한결 더 또렷한 이유가 바로 여기에 있다. 아킬레스와 오디세우스는 정연한 어휘로 훌륭하게 묘사되어 있으며 형용어구도 달려 있고 그들의 감정은 그들의 말과 행위 속에 늘 드러나 있다. 그러나 그들은 발전하지 않으며 그들의 삶의 이력은 한 번 분명하게 진술되면 그뿐이다. 호메로스의 주인공들은 발전하고 있거나 발전하였던 것으로 묘사되지 않기 때문에 그들의 대부분(네스토르, 아가멤논, 아킬레스)은 처음 등장한 이후 나이의 변화가 없는 것처럼 보인다. 오랜 시간의 경과와 일어난 많은 사건들이 개인의 발전을 위한 많은 기회를 주었을 터인 오디세우스조차도 발전의 흔적을 거의 보여 주지 않고 있다. 돌아온 오디세우스는 20년 전 이타카를 떠났을 때의 오디세우스와 아주 똑같다. 그러나 자기 아버지를 속여 먹은 야곱과, 총애하는 아들이 야수에게 찢기었을 때의 늙은 야곱 사이에는 얼마나 큰 거리와 운명의 변천이 가로놓여 있는 것인가! 그리고 사울의 질투심에 의해서 박해 받던 하프 켜던 다윗과, 잘 알지도 못하는 술람미여자* 아비삭에 의해 몸을 따뜻이 의지한 채 사나운 음모에 둘러싸여 있던 늙은 왕 다윗 사이는 또 어떠한가! 어떻게 해서 현재의 그가 되었는지를 우리가 알고 있는 노인은 젊은이보다도 개인으로서의 성격이 뚜렷하다. 사람들이 개별적 차이를 내면서 충실한 개성이 되는 것은 오로지 파란 많은 생애를 통해서이기 때문이다. 신이 범례로서 선정한 사람들에 의해서 경험된 형성으로 『구약 성서』가 우리에게 제시하는 것은 이러한 개성의 역사이다. 그들의 발전을 내포하고 있으며 죽음의 단계에 이른 만큼 노쇠하기조차 한 이들은 호메로스의 주인공들에겐 전혀 무연한 뚜렷한 개성의 특징을 보여준다. 시간은 호메로스의 주인공들에게 외적으로만 영향 줄 수 있으며 그러한 변화조차도 거의 눈에 띄지 않을 지경이다. 그러나 신의 엄격한 손은 언제나 『구약 성서』의 인물들을 창조하고 선정했을 뿐만 아니라 계속 그들에

---

* 「아가」에 나오는 새색시 이름.

게 작용을 가하고 구부리며 반죽한다. 그리고 그들의 본질을 파괴함이 없이 그들에게서 그들의 젊음이 예측조차 허용치 않았던 형태를 만들어 낸다. 『구약 성서』의 전기적 요소는 몇몇 전설상의 인물들의 결합에서 생겨난 것이라는 반론은 적용되지 않는다. 왜냐하면 이 결합도 본문의 발전의 일부이기 때문이다. 그리고 그들의 생애는 호메로스 주인공들의 생애보다 얼마나 큰 운명의 변전을 보여 주는 것인가! 왜냐하면 그들은 신의 의지의 목도꾼이지만 그럼에도 잘못을 저지를 수도 있고 불행과 굴욕에 예속되어 있기 때문이다. 그리고 불행의 한복판에서와 굴욕 속에서 그들의 행위와 말은 신의 초월적인 위엄을 보여 준다. 아담과 같이 깊은 굴욕을 겪지 않는 사람은 거의 없다. 그럼에도 신이 개입을 하고 영감을 부여해 줄 가치가 있다고 간주되지 않는 사람도 또한 거의 없다. 굴욕과 고양(高揚)은 호메로스에게서 보다 훨씬 깊이 그리고 훨씬 높이 오르내린다. 그리고 그들은 기본적으로 같은 종류이다. 가련한 거지 오디세우스는 그저 변장하고 있을 뿐이나 아담은 정말로 추방되었다. 야곱은 정말로 피난객이고 요셉은 정말로 함정에 빠졌다가 팔리고 사고 하는 노예가 되었다. 그러나 그들의 위대함은 굴욕 속에서 솟아나오며 거의 초인간적이고 신의 위대함의 이미지로 되어 있다. 독자는 이 운명의 변전의 규모가 각 개인의 강렬한 이력과 관련되어 있음을 분명하게 느낀다. 우리가 더할 나위 없이 버림받고 절망에 빠져 있거나 극히 환희에 차고 의기충천해 있는 가장 극단적인 환경은 우리가 그것을 이겨 낸다면 우리에게 풍부한 발전과 풍요한 생활의 소산이라고 인정되는 개성적 특징을 주게 된다. 그리고 흔히, 아니 대체로, 이러한 발전의 요소는 주제가 순전히 전설적이고 전해오는 것인 경우에조차 『구약 성서』 이야기에 역사적 성격을 부여해 주고 있다.

호메로스의 소재는 전설적인 테두리에 머물러 있다. 이에 대하여 『구약 성서』의 소재는 이야기가 진행됨에 따라서 점점 더 역사 쪽으로 접근해 간다. 다윗의 이야기 속에서는 역사적 사실이 지배적이다. 여기에도 다윗과

골리앗의 이야기에서처럼 전설적인 것이 많이 남아 있다. 그러나 가장 본질적인 많은 부분은 화자들이 자기들의 경험으로 알고 있었거나 직접적인 증거를 통해 알고 있었던 것들이다. 전설과 역사의 차이는 대개의 경우 웬만큼 경험 있는 독자들이 쉽게 알아차릴 수 있다. 역사 서술에서 진실과 조작된 것 혹은 편견의 소산을 구별하는 것은 세심한 역사학적 및 언어학적 훈련을 요하는 어려운 문제이다. 그러나 대체로 역사적인 것과 전설적인 것을 분리하기는 쉽다. 그들의 구조는 서로 다르다. 기적의 요소, 잘 알려진 표준적인 동기의 반복, 전형적인 패턴과 주제, 시간과 장소의 분명한 디테일의 소홀 등등에 의해서 전기적인 것이 즉각 드러나지 않을 때조차도 그것은 그 구조에 의해서 신속히 알아차려지게 되는 것이 보통이다. 그것은 너무나 원활하게 진행된다. 모든 역류와 갈등, 주요 사건과 주요 주제에 대해 부차적이고 우발적인 모든 것, 줄거리의 분명한 진행과 행위자들의 단순한 정위를 혼란시키는, 해결되지 않았고 생략되었고 불확실한 모든 것이 사라져 버렸다. 우리가 목격하거나 목격자의 증언으로부터 알게 된 역사적 사건은 보다 다양하게 모순에 찬 채 혼란스럽게 진행된다. 그것이 일정한 영역에서 결과를 낳았을 때 비로소 우리는 이 결과의 도움을 받아 어느 정도 그 역사적 사건을 분류할 수가 있다. 그러나 우리가 도달했다고 생각하는 질서가 다시 의심스럽게 되는 경우가 얼마나 많으며 우리 수중에 있는 자료가 본래의 사건을 너무나 간단하게 분류하도록 만든 것이 아닌가 하고 자문하는 경우는 또 얼마나 많은가? 전설은 그 소재를 단순하고 솔직하게 정돈한다. 그것은 당대의 역사적 맥락으로부터 스스로를 분리시키고 그 결과 역사적 맥락이 그것을 혼란시키는 법이 없다. 전설이 다루는 것은 얼마 안 되는 단순한 동기에서 행동하며 그들의 감정과 행동의 연속성이 훼방받는 바 없는 윤곽이 또렷한 인물들뿐이다. 예컨대 순교자의 전설 속에서는 완고하고 광신적인 박해자가 똑같이 완고하고 광신적인 희생자를 감시하며 맞서 있다. 박해자 플리니우스가 기독교도에 관해서 트라야누스에 보낸 유명한 편지 속에서와 같은 복잡한 상황(그렇듯이 진실하고 역사적인)은 전설에는 부적합하다. 그리고 그것은 아직도 비교적 간단한 경우이다. 독자들은 우리 자신이 목격하고 있는 역사를 상기해 주기를 바란다. 독일에서 국가사회주의가 대두한 시기의 개개 인물과 집단의 처신 등을 가령 평가한다거나, 2차 세계대전 전과 대전 중의 개개 인물과 국가들의 행동을 평가하려는 사람이면 일반적인 역사적 주제를 묘사하는 것이 얼마나 어려운 일인가, 또 전설로서는 얼마나 부적합한 것인가를 실감할 것이다. 역사적인 것은 개인 각자가 가지고 있는 많은 모순에 찬 동기와 집단의 주저나 모호한 암중모색을 포함하는 것이다. 묘사하기가 비교적 쉬운 다소간 단순한 상황(2차 세계대전 때와 같은)은 극히 드물다. 그러나 이러한 상황조차도 실제로는 갈갈이 찢겨 혼란되어 있으며 항시 그 단순성을 잃어버릴 위험에 처해 있는 것이다. 그리고 모든 이해당사자들의 동기는 너무나 복잡하기 때문에 선전 구호는 오직 조잡한 단순화에 의해서만 작성될 수 있고 그 결과 적과 동지가 함께 동일한 구호를 사용하는 사태가 벌어지게 된다. 역사를 기술하는 일은 극히 어려운 일이기 때문에 대부분의 역사가들은 전설의 기법에 양보를 하지 않을 수 없다.

  성서 속에 그려진 다윗의 생애 가운데 많은 부분이 전설에 속하지 않고 역사에 속하는 것임은 명백하다. 가령 압살롬의 반란이나 다윗의 죽음을 앞둔 나날들을 다룬 장면에서는 개인의 경우나 일반적인 행동의 경우에서 모순과 동기의 교차가 너무나 구체적이기 때문에 전달된 사항의 역사성을 의심하는 것은 불가능하다. 그런데 역사의 부분을 작성한 사람은 옛 전설을 편집한 사람과 동일 인물인 경우가 많다. 위에서 우리가 그 기술을 시도한 바 있는 역사 속의 인간에 대한 그들 특유의 종교적 인간관은 사건을 전설에서처럼 단순화시키지 못하게 하였다. 따라서 『구약 성서』의 전설적인 대목에서 역사적 구조를 흔히 보게 된다는 것은 당연한 일이다. 그것은 과학적 비평의 방법에 의거하여 전설의 신빙성을 검토한다는 의미에서가 물론 아니다. 전설적 구조에 따라다니는 여러 동기를 단순화하려는 경향, 갈등과 풍요와 발전을 회피하는 등장인물의 정적(靜的)인 정의(定義) 경향 등이 『구약 성서』의 전설 세계를 지배하지 않는다는 의미에서다. 아브라함, 야곱, 혹은 모세조차도 호메로스 세계의 인물보다 더욱 구체적이고 직접적이며 역사적인 인상을 만들어 낸다. 그것은 감각적으로 더욱 훌륭하게 묘사되어 있기 때문이 아니라(실은 그 반대이다.) 진정한 역사가 드러내 주는 혼란스럽고 모순에 찬 다양한 사건, 심리면, 사실면에 있어서의 상반된 목적 등이 묘사 속에서 사라지지 않았을 뿐 아니라 또렷하게 알아볼 수 있도록 남아 있기 때문이다. 다윗의 이야기에서는 뒷날의 과학적 비평이 그렇게 식별한 전설적인 요소가 알지 못하는 사이에 역사적인 것으로 변해 버린다. 그리고 전설적인 것 속에서조차 인간 역사의 분류와 해석의 문제, 뒷날 역사 기술의 구조를 망가뜨리고 그것을 예언으로 범람케 한 문제는 이미 강렬하게 파악되고 있었다. 그리하여 『구약 성서』는 인간의 사건에 관계되는 한에서는 전설, 역사 기술, 해석학적 역사 신학이란 세 영역에 걸쳐 뻗어 있는 것이다.

방금 이야기한 것과 연관되어 있는 것은 행동에 관련된 인물들과 그들의 정치적 활동이라는 면에서 그리스의 원전이 한결 한정되어 있고 정적이라는 사실이다. 우리가 서두에서 보았던 알아보기 장면에는 오디세우스와 페넬로페 이외에도 가정부 에우리클레이아가 등장한다. 오디세우스의 아버지 라에르테스(Laertes)가 오래전에 산 노예이다. 그녀는 돼지를 먹이는 에우마이오스(Eumaeos)와 같이 라에르테스 집안에서 시중 드는 데 일생을 보냈다. 에우마이오스와 마찬가지로 그녀는 집안 사람들의 운명과 밀접히 연관되어 있고, 그들을 사랑하며 그들의 이해관계나 감정을 나누어 가지고 있다. 그러나 그녀는 그녀 자신의 삶을 가지고 있지 않으며 그녀 자신의 감정도 가지고 있지 않다. 그녀는 주인의 삶과 감정을 가지고 있을 뿐이다. 에우마이오스 또한 사실상으로뿐 아니라 감정상으로도 자신의 삶을 가지고 있지 않으며 전적으로 주인집 사람들의 삶 속에 휘말려 있을 뿐이다. 자유민으로 태어났으며 실상 귀족 출신(어릴 때 누가 훔쳐 간 것이다.)이라는 것을 스스로 기억하고 있으면서도 말이다. 이 두 사람은 지배 계급에 속하지 않는 인물임에도 호메로스가 묘사한 예외적인 단 두 사람인 것이다. 이리하여 우리는 호메로스 시에서는 지배 계급 사이의 생활만이 등장하며 다른 사람들은 지배 계급의 하인이란 역할로나 등장한다는 사실을 의식하게 된다. 지배 계급은 아직도 강력하게 가부장적이며 가정생활의 일상적인 활동에 참여하고 있기 때문에 독자들은 그들의 계급을 잊어버리기가 쉽다. 그러나 그들은 의심할 바 없는 일종의 봉건 귀족으로서 남성들은 전쟁, 사냥, 시장 협의회, 잔치로 삶을 보내고 여성들은 집안에서 하녀들을 감독한다. 한 사회상으로서 이 세계는 완전히 안정되어 있으며 전쟁은 지배 계급의 상이한 집단 사이에서만 일어난다. 밑으로부터 밀어닥치는 것은 없다. 『구약 성서』중 초기의 이야기에서도 가부장적 조건이 지배적이다. 그러나 등장인물들은 유목 혹은 반유목 부족의 지도자들이기 때문에 사회상은 훨씬 안정되어 있지 못한 인상을 주며 계급적 차이는 느껴지지 않는다. 이집트에서 출국한 이후 민족이 완전히 등장하게 되면서부터 그들의 활동은 언제나 분명하게 알아볼 수 있다. 그들은 흔히 소동 속에 휘말리고 전체로서 또는 개별 집단으로서 또 전면에 나타난 개개 인간들을 매개로 해서 사건 속에 흔히 개입한다. 예언의 기원은 민족의 억제할 수 없는 정치적 종교적 자발성에 놓여 있는 것처럼 보인다. 이 이스라엘, 유대 민족의 심층으로부터 대두하는 운동은 뒷날의 고대 민주 정치의 그것과는 전혀 다른 성질의 것이었음에 틀림없다는 인상을 받는다. 그것은 성질이 다르고도 한결 기본적이고 강력한 것이었다.

『구약 성서』원문의 보다 깊은 역사성이나 보다 깊은 사회 활동과 관련하여 호메로스와 구별되는 또 하나의 중요한 차이가 있다. 즉 격조 높은 스타일과 숭고성에 대한 호메로스와는 다른 개념이 나타나 있는 것이다. 물론 호메로스는 일상생활의 리얼리즘이 숭고한 것, 비극적인 것 속에 침투해 들어가도록 허용하는 것은 두려워하지 않는다. 흉터의 삽화도 그 한 보기이며 발을 씻어 주는 조용히 묘사된 일상적 가정적 장면이 어떻게 오디세우스의 귀향이라는 슬프고도 숭고한 행위 속에 통합되었나를 우리는 보게 된다. 뒷날 보편적으로 받아들여졌으며 일상생활의 사실적인 묘사는 숭고한 것과 양립할 수 없으며 희극이나 세심하게 양식화된 목가 속에나 어울리는 것이라고 규정한 스타일 분리의 법칙으로부터 호메로스는 아직도 상당히 떨어져 있다. 그럼에도 『구약 성서』와 비교해 본다면 호메로스는 스타일 분리의 법칙에 가까운 편이다. 호메로스 시에 나오는 위대하고 숭고한 사건은 의심할 바 없이 특출하게 지배 계급의 구성원 사이에서만 일어나기 때문이다. 그리고 그들은 위신 면에서 보다 형편없이 타락할 수 있는 『구약 성서』의 인물들(가령 아담, 노아, 다윗, 욥을 생각해 보라.)보다도 영웅적인 고양의 순간에도 그저 그전대로이다. 그리고 마지막으로 호메로스에서는 일상생활의 묘사인 가정적 일상적 리얼리즘은 목가의 태평스러운 영역 속에 남아 있는 것이다. 한편 처음부터 『구약 성서』이야기 속에는 숭고한 것, 비극적인 것, 문제가 있는 것은 바로 일상적이고 평범한 것 속에서 형성된다. 카인과 아벨 사이, 노아와 그의 아들들 사이, 아브라함, 사라, 하갈 사이, 리브가와 야곱 사이 등등에서 벌어지는 것 같은 장면은 호메로스의 문체에서는 생각할 수조차 없는 것이다. 갈등을 발전시키는 전혀 다른 방식이 이러한 차이를 충분히 설명할 수 있을 것이다. 『구약 성서』이야기에서는 가정, 들판, 혹은 가축들 사이에서의 일상생활의 평화가 선정(選定)이나 행복의 약속을 둘러싼 질투로 인해 파괴된다. 그리고 호메로스 인물 사이에서는 전혀 이해할 수 없었을 종류의 분규가 일어난다. 호메로스 인물들은 싸움과 평화를 위해서는 에누리 없고 분명하게 표현할 수 있는 이유를 가지고 있지 않으면 안 되며 그것은 거침없는 전투 속에서 풀려 나간다. 그러나 『구약 성서』인물들의 경우에는 항시 타오르는 질투, 일상적인 것과 정신적인 것 사이의 관계, 아버지의 축복과 신의 축복 사이의 관계 등이 갈등과 때로는 독으로 침투되어 있는 일상생활을 빚어낸다. 여기서는 신의 숭고한 영향력이 너무나 깊숙이 일상적인 것 속에 뻗쳐 있기 때문에 숭고한 것과 일상적인 것의 두 영역은 사실상 분리되어 있지 않을 뿐 아니라 기본적으로 분리할 수가 없게 되어 있다.

위에서 우리는 두 개의 원전을 비교하고 또 그들이 구현하고 있는 두 종류의 문체를 비교해 보았다. 그것은 유럽 문화에 있어서의 문학의 현실 묘사를 연구하기 위한 출발점을 마련하기 위해서였다. 서로 상반되는 두 문체는 기본적인 유형을 나타내고 있다. 한편에서는 충분히 구체화된 묘사, 균등한 조명, 중단 없는 연관, 거침없는 표현, 모든 사건의 전경 배치, 의심의 여지 없는 의미의 전시, 역사적인 발전과 심리적인 원근법의 결여 등이 특색이다. 다른 한편에서는 어떤 특정 부분을 강력히 조명하고 다른 것은 어둠 속에 버려 두는 수법, 갑작스러운 당돌함, 표현되어 있지 않은 것은 암시력, '배경'을 내포한 성질, 다양한 의미와 해석의 필요성, 보편적 만국사적 주장, 역사적 생성관의 발전, 문제가 있는 것에 대한 집념 등이 특색이 되어 있다.

호메로스의 리얼리즘은 물론 고전 고대 리얼리즘 일반과 동일한 것으로 취급될 수는 없다. 훨씬 뒷날 발전한 스타일 분리의 경향은 일상적인 사건의 유장하고 구체적인 묘사를 허용하지 않았기 때문이다. 특히 비극에는 그러한 여지가 없다. 더구나 그리스 문화는 이내 역사적 생성이란 현상과 인간 문제의 '중층성'이란 현상과 마주치게 되었으며 그 나름대로 그것을 처리하였다. 마지막으로 로마의 리얼리즘에는 새로운 로마 특유의 개념이 추가되었다. 우리는 계제가 되면 고대의 현실 묘사에 있어서의 이러한 뒷날의 변화를 검토할 것이다. 그럼에도 불구하고 대체로 우리가 작성하려고 시도한 호메로스 문체의 기본 경향은 고대 후기에 이르기까지 유력하고 영향력이 있었다.

호메로스와 『구약 성서』의 두 문체를 출발점으로 사용하고 있기 때문에 우리는 원전에 나오는 것을 완결된 작품으로 간주하였다. 그들의 기원에 관계되는 모든 것을 우리는 고려하지 않았다. 그리하여 그들의 특수성이 처음부터 그들의 것이었는지 혹은 전체적으로 혹은 부분적으로 외국의 영향이라고 해야 할 것인지에 관한 문제는 다루지 않았다. 우리의 목적의 테두리 안에서는 이러한 의문을 고려할 필요가 없다. 왜냐하면 두 문체가 유럽 문학의 현실 묘사에 결정적인 영향을 끼친 것은 두 개 문체가 일찌감치 도달한 완전한 발전이 이루어지고서의 일이기 때문이다.

포르투나타

　그 이상 아무것도 먹고 싶은 생각이 없었다. 나는 될 수 있으면 많은 소문들을 들어 볼 양으로 말을 묻기 시작했다. 그러고는 여기저기 뛰어다니는 저 여자가 누군가 하고 물어보았다. 그의 대답은 이러했다. 트리말키오의 마누라지요. 이름은 포르투나타라구. 돈을 말로 재는 처지라오. 그런데 얼마 전, 바로 얼마 전까지만 해도, 그 마누라가 어떤 여자였는지 아시오? 이렇게 말씀드린다고 뭐라고 생각지 마시오만, 그 여자 손에서 빵도 받아 먹기가 역겨웠을 거요. 어쨌든 지금은 하늘 꼭대기에 올라서 트리말키오의 둘도 없는 어허둥둥 내 사랑이 됐단 말이오. 그뿐이오, 그 여자가 대낮에 캄캄한 밤이오 하면, 트리말키오도 캄캄하지, 하고 받게끔 됐다 그거요. 그자는 이제 무얼 얼마나 가지고 있는지 일일이 헤아릴 수도 없으니까. 하여튼 더럽게 부자가 됐어. 그런데 그 여편네는 다른 사람 같으면 꿈에도 생각 못할 데를 구석구석 안 살피는 곳이 없이 영악스럽지요. 술도 안 먹고 정신은 총총하고 척척 아귀를 맞추어 나간다 그 말이오. 그런데 입이 사나워서 일단 방석에 퍼지르고 앉았다 하면 까치같이 쫑알대는 게 그칠 날이 없지. 한번 누가 맘에 든다 하면 정말 그만이고, 또 누굴 미워한다면, 잡아 죽일 듯 미워한다 하는 성미란 말이오. 독수리 나는 거리만큼은 다 트리말키오의 땅이라 이 말이오. 돈은 얼마나 되는고 하니 그집 행랑방에 놓아둔 은만 해도 웬만한 사람 전 재산에 맞먹을 거요. 거느린 노비는 또 어떻구. 정말 노비 열 놈이면 한 놈도 제 주인 얼굴 알아보지 못할 거요. 그런데 정말이지, 트리말키오는 이 종놈들을 제멋대로 부린다, 그 말이오. 그자는 돈 주고 사는 거라고는 아무것도 없다 이 말씀이란 말요. 모든 것이 자기 농장에서 산출되니까. 양털이며 기름이며 고추며 별의별 것이 다 산출된다는 말씀이야. 닭에서 짠 젖을 내놓으라면 고것도 내놓을 거요. 그것뿐이오 어디, 전에는 그 농장에서 고급 양털이 넉넉하게 안 나왔더랬소. 그래서 타렌툼에서 수컷을 사다가 제 양에다 흘레를 붙였더란 말이오. 이 방석 좀 보시오. 방석마다 붉은 털을 넣었소. 마음 푸근한 데는 그만이라니까. 같이 속량된 그 사람 친구들도 만만치 않아, 살 만하게들 됐다니까요. 저쪽 안에 앉아 있는 자 좀 보시오. 지금은 재산이 80만 냥은 되지만, 처음 시작에야 피전 한 닢 없었지. 등에다 나뭇짐 지던 것이 엊그젠데. 도깨비 요술 모자를 훔쳐가지고는 그걸로 보물을 찾았다는 소문인데 — 물론 들리는 풍문이고 내가 확실히 알고 하는 이야기는 아니지만, 이러나저러나 하늘이 내려 주신 복이니 내가 어찌 배 아파할 수야 있겠소? 그래도 속량된 지가 엊그젠데, 궁리가 많다 이거요. 얼마전에는 자기 집에다 광고를 붙였는데, "C. 폼페이우스 디오게네스는 새집을 사고자 하므로 7월 1일자로 이 집을 세놓고자 함." 척 이렇게 써 붙였더라 이 말이오. 저쪽 속량된 자들하고 앉아 있는 저 사람 있지 않소, 그자도 한밑천 톡톡하게 마련했더랬는데, 그 사람 악담을 하자는 것이 아니라, 하여튼 돈 백은 좋이, 해놓았더랬는데, 무언가 잘못돼서 그걸 놓치고 지금은 제 머리 꼭대기 털 하나도 저당 안 잡힌 게 없는 꼴이 됐단 말이오.

위의 구절은 페트로니우스(Petronius)의 소설에서 취한 것이다. 이 소설 중 지금 남아 있는 것은 속량된 자유인 트리말키오라는 부잣집의 잔치를 다루고 있는 부분뿐이다. 우리가 여기에 끌어온 것은 37장과 38장의 일부이다. 저녁을 먹으면서 화자 엔콜피우스는 옆에 앉아 있는 사람에게 방 안을 부산하게 오가고 있는 여자가 누군가 하고 물어본다. 인용한 것은 이웃 자리 사람의 대답인데, 이 대답은 같은 문체로 한동안 더 계속된다. 대답은 꽤 자세하다. 엔콜피우스가 알고 싶어하는 여자 이야기만이 아니라 주인과 잔치 손님들의 사정이 자세히 묘사된다. 게다가 화자는 자신의 모습도 그려 보여 준다. 그의 말씨라든지 묘사에 사용하고 있는 가치 기준이 그의 성품을 분명하게 느낄 수 있게 해 주는 것이다. 그가 사용하는 말은 교육 받지 못한 도시 상인의 범상하고 걸쭉한 속어로서 상투적인 표현("돈을 말로 재는", "이렇게 말씀드린다고 뭐라고 생각지 마시오", "손에서 빵도 받아 먹기가 역겨웠을 것", "하늘 꼭대기에 올라서", "어화둥둥 내 사랑", "그뿐이오"(nummos, modio metitur, ignoscet mihi genius tuus, noluisse de manuillius panem accipere, in caelum abiit, topauta est, ad summam) 등 그의 표현을 그대로 옮겨 놓고 있다.) 으로 가득 차 있다. 또 그러한 말씨는 생생하면서 너절한 감정을 드러내는 그의 입담 속에 드러난다. 거기에는 놀라움, 경이감, 억울함, 호언장담, 이러한 느낌들이 그대로 포함되어 있다. 간단히 말하여 '들큰한 잡담'(tam dulces fabulae)이 그 본성, 즉 옳은 말들이 없지는 않으면서 역시 속된 잡담으로서의 본성을 드러낸다. 동시에 그것은 그러한 말을 하는 사람이 어떤 사람인가를, 즉 자기가 묘사하고 있는 환경에 제격인 사람이란 것을 드러내 준다. 그의 가치 기준이 또 하나의 증거를 제공해 준다. 그렇다는 것은 그가 하고 있는 말에는 정녕코 세 가지 믿음이 들어 있기 때문이다. 즉 부야말로 최선의 것이며, 그것은 많으면 많을수록 좋다는 것,("마음 푸근한 데는 그만"(tanta est animi beatitudo) 인생의 행복이란 최상급의 물건을 넘쳐나게 가지고 가장 천한 방법으로 그것을 즐기는 기회를 갖는 일이라는 것, 그렇기 때문에 사람들은 모두가 물질적 이익을 생각해서만 행동하는 것이 당연하다는 것 — 이 세 가지 믿음이다. 그러면서 자기 자신은 굉장한 부자라면 진짜 외포감을 가지고 우러러보는 시시한 인물이다. 이렇게 해서 화자는 포르투나타, 트리말키오, 그리고 손님들을 묘사할 뿐만 아니라 자신도 모르게 스스로를 드러내 보인다. 보다시피 그는 일방적인 견해를 가지고 있고 논리보다는 감정과 연상을 타고 말하지만, 자세하게 또 실감 나게 이야기한다. 그는 솔직하고 화두에 관계되는 모든 것을 꼬치꼬치 들추어낸다. 그는 아무것도 감추지 않는다. 그는 할 말은 다 해 버린다. 호메로스에서처럼, 맑고 고른 조명이 모든 사람과 그들이 관계하는 모든 일을 비춘다. 또 호메로스에서처럼 그는 자기의 이야기를 환하게 밝혀낼 만한 마음과 시간의 여유를 가지고 있다. 그가 하는 말에는 한 가지 의미밖에 다른 의미가 있을 수 없다. 아무것도 배경 속에 신비스럽게 숨어 있는 것은 없다. 모든 것이 밖으로 표현되어 있는 것이다.

물론 호메로스와는 중요한 차이점들이 있다. 첫째, 여기의 이야기는 분명하면서도 완전히 주관적이다. 우리 눈앞에 펼쳐지는 것은 객관적 사실로서의 트리말키오의 동아리가 아니라 그 동아리에 속하는 한 사람인 화자의 마음 가운데 있는 주관적 이미지로서의 트리말키오의 동아리이다. 페트로니우스가 이걸 설명해 주는 것이 아니다. 페트로니우스 자신과 일치하는 것도 아니고 화자의 역을 맡고 있는 엔콜피우스와 일치하는 것도 아닌, '나'로 하여금 자신의 지각의 조명을 식탁에 앉은 사람들에게 비추게 하는 것이다. 이것은 교묘한 원근법의 기법, 일종의 이중 반사의 수법으로 현재 우리가 읽을 수 있는 고대 문학에서는 독특한 것까지는 아니라도 매우 특이한 수법이다. 외관상으로 이러한 기법은 새로운 것이 아니다. 등장인물들이 스스로 경험과 인상을 이야기하는 것은 고대 문학에 항용 있는 일이다. 그러나 페트로니우스의 이 귀결을 빼고는, 한편으로 밀도 높은 주관성(이것은 언어의 개성 때문에 한층 높은 것이 된다.)과 다른 한편으로는 객관적인 의도가(여기의 의도는 주관적인 기법을 가지고서, 화자를 포함한 식탁의 손님들을 객관적으로 기술하겠다는 것이니까) 이와 같이 결합하고 있는 예를 찾아볼 수 없다. 이러한 기법은 보다 의미 있고 보다 구체적인 현실감을 창조해 낸다. 만찬의 손님이, 자신의 소신으로나 외부적인 정황으로나, 자신도 그 일부가 되는 무리들을 묘사함에 따라, 관점은 화면의 복판으로 옮겨 들어가고, 이에 따라, 그림은 깊이를 더하게 되고 그림을 비추고 있는 빛은 안에서부터 비추어 나오는 듯한 인상을 준다. 현대 작가들, 가령 프루스트(Proust) 같은 작가도 똑같은 방법을 쓴다. 다만 이들은 조금 더 일관하여 비극적이고 문제적인 영역을 다룬다는 것이 다를 뿐이다. (이 점은 곧 별도로 생각해 볼 것이다.) 그러니까 페트로니우스의 기법은 고도로 기교적이고, 그러한 선례가 없다고 한다면, 매우 독창적인 천재의 발로라고 해야 할 것이다. 식탁의 인물들은 그 자신들의 가치 기준으로 평가된다. 이러한 기준을 표현한다는 것 자체가 여기에 판단을 내리는 것이 된다. 뿐만 아니라 이들 벼락부자의 속됨은 자기들의 만찬 석상에서 그들에 관한 이런 이야기들이 이야기될 수 있다는 바로 그러한 사실에서도 드러난다. 이러한 기법의 씨앗이 고대 풍자 문학의 다른 곳에 보이지 않는 것은 아니다. 내가 알기로는 여기에서만큼 그것이 의도적으로 또 성공적으로 시험된 예는 달리 찾을 수 없는 것이다.

　호메로스의 기법과의 중요한 차이가 또 한 가지 있다. 만찬의 손님은 사람들을 묘사하면서, 오늘날의 그들과 대조하여 그전에 그들이 어떠한 사람들이었던가를 강조하는 것을 특히 중요시하고 있다. 포르투나타를 두고 그는 "그런데 얼마 전, 바로 얼마 전까지만 해도, 그 마누라가 어떤 여자였는지 아시오?"(Et modo, modo quid fuit?) 하고 말하고, 다른 손님들을 두고는 "처음 시작에야 피전 한 닢 없었다."(denihilo Crevit), "그자도 한밑천 톡톡히 마련했더랬는데."(quam benese habuit)라고 말한다. 호메로스도 인물들의 가계, 신분, 전력들을 즐겨 이야기한다. 그러나 그가 이야기하는 사항들은 전혀 다른 종류의 것이다. 그것들은 변화의 상황, 진행 중의 과정에 연결되는 것이 아니라 그것을 기준으로 하여 만사를 살필 수 있는 고정된 점에 이어지는 것들이다. 호메로스의 그리스 청중들은 신화와 족보를 잘 알고 있었다. 호메로스는 어떤 인물의 가계를 알려 줌으로써 그 인물을 적절한 자리에 맞추어 놓을 수 있는 수단을 삼는 것이다. 마찬가지로 현대에 있어서도 배타적인 귀족이나 중산 계급의 사교계에 새로 발을 들여놓는 사람은 부계나 모계의 일가친척에 관한 정보를 통하여 적절한 자리에 맞추어질 수 있다. 이와 같이 호메로스는 역사적 변화의 느낌보다는 그에 견주어 볼 때 사람들이 바뀌고 어떤 특정인들의 재산이 불고 줄고 하는 것은 중요한 것이 아닌, 근본적으로 안정된, 변화 없는 사회 질서를 생각케 한다. 그러나 이 만찬의 손님은(이 점에 있어서나 다른 면에 있어서나 그의 감정은 그의 부류들이 가지고 있는 감정이다.) 사실상의 역사적인 변화, 재산의 영고성쇠를 마음에 두고 있다. 그에게는 세계란 끊임없는 움직임 속에 있으며, 확실한 것은 아무것도 없고, 부와 사회적 지위는 지극히 불안정한 것이다. 그의 역사 현실에 대한 감각은, 그것이 부의 소유에만 집중되어 있는 한, 편협한 것이라 해야겠지만, 진짜의 느낌임에는 틀림이 없다. (다른 손님들도 인생의 불안정에 대한 이야기를 끊임없이 하고 있다.) 세간적인 부를 얻고 잃고 하는 것이 그의 인생의 유일한 관심사인데, 그런 돈을 버는 과정이 그와 그의 동료들로 하여금 안정이라는 것을 믿지 않게 하는 교사가 된 것이다. 어제는 노예, 짐꾼, 남자 기생, 어제는 매 맞고 팔리고 추방당하다가 오늘은 문득 온갖 호사를 다 누리는 돈 많은 지주, 사업가, 그러나 내일이면 모든 것이 끝장날지도 모른다. 그가 '그런데 얼마 전, 바로 얼마 전까지만 해도 무엇을 했었는지 아느냐.'라고 묻는 것은 너무나 당연하다. 부러움이나 시새움으로 하여, 또는 그것만으로 하여 이렇게 묻는 것이 아니다. 바탕에 있어서 그는 정녕 착한 사람임에 틀림없으나, 그의 가장 절실하고 심오한 관심거리가 여기에 작용하는 것은 어찌할 수 없는 일이다.

    부귀영화의 무상함은 고대 문학에 있어서 중요한 테마이다. 옛날의 철학적 윤리학은 이 개념을 하나의 출발점으로 삼는다. 그러나 기이하게도 다른 곳에서는 이 생각은 살아 있는 역사적 현실이라는 느낌을 주지 못한다. 그것은 비극의 경우, 일상사의 흐름을 넘어서 있는, 아무 선례가 없는 갑작스러운 운명으로 나타나고, 희극의 경우, 기묘한 우연의 연쇄의 결과로 나타난다. 오래전에 예언된 저주에 걸려 극도로 비참한 지경에 떨어지게 되는 오이디푸스가 그 주인공이든, 또는 난파를 당하거나 납치당하여 죽은 것으로 쳤던 사람이 부잣집의 자식이란 것이 밝혀지고 그 덕에 마음에 생각해 두었던 사람과 결혼하게 되는 가난한 처녀나 노예가 그 주인공이든, 어느 경우에나 운명적 사건은 상궤를 벗어난 것, 특별히 예비되었던 어떤 것, 일상사의 흐름을 벗어나는 어떤 것, 단지 한 사람이나 극소수의 사람에게만 해당되는 어떤 것으로 생각되고 다른 사람들은 그것과 상관없이 따로 있으면서 구경만 한다는 그런 인상을 준다. 고대의 모방 예술에서 운명의 불안정성은 밖으로부터 가해지는 타격이며 한정된 구역에 대해서만 영향을 미치는 것으로 나타나고 진짜 역사 세계의 내적 과정에서 발생하는 운명으로 나타나지 않는다. 물론 격언이나 서민 철학의 속담에서는 운수의 성쇠가 모든 신분의 모든 사람에게 다 있다고 말하지만, 이들 격언이나 속담은 그러한 생각을 이론적으로만 표현한다. 세상의 행복의 무상함에 대한 거창한 발언들은 트리말키오의 잔치에서도 자주 행해지는 것이다. 다른 한편으로, 화자가 도깨비(incubo) 이야기를 하는 데에는, 운수의 성쇠를 외적인 요인에 돌리려는 경향이 있다고 할 수 있다. 그러나 페트로니우스의 책에 지배적인 것은 운수의 불안정에 대한 매우 실제적이고 현세적인, 말하자면, 역사 내적인 파악이다. 트리말키오가 자신이 어떻게 재산을 모았는가 하는 것을 설명하는 태도는 완전히 실제적이고 현세적이다. 그리고 이와 같은 귀결들은 다른 곳에도 있다. 그런데 지금 우리가 문제 삼고 있는 대목에서는, 예가 되는 경우들이 서로 비슷하다는 것, 너무 비슷해서 하나의 계통 분류 속에 들어갈 수 있다는 것, 이 점이 역사 내적 과정의 느낌을 전달해 준다. 세상의 다른 사람들은 조용하게 있는데, 한 사람 또는 소수의 사람이 일상사의 흐름 저 너머에 있는, 선례 없는 운명에 맞닥뜨리게 되는, 그런 이야기가 아닌 것이다. 그게 아니라 잔치 손님의 이야기에서만도 같은 처지에 있는, 부귀의 추구에 미친 사람들이 넷이나 이야기되고 있다. 그들은 각각 개인적인 운명을 가지고 있지만, 그들의 운명은 다 비슷하다. 그들의 재수는, 각각 요란한 바대로, 흔한 재수, 흔하고 속된 재수인 것이다. 이야기되고 있는 네 사람 뒤에는 손님 전부가 자리하고 있는데, 추측건대 그들도 비슷한 말로 서술될 수 있는 비슷한 운명을 가졌을 것이다. 다시 이 사람들 뒤에는, 상상해 보건대, 비슷한 인생으로 이루어져 있는 세상이 있을 것이고 드디어는, 그 뒤로 돈과 어리석은 쾌락을 좇아서 날뛰는 투기꾼들이 끊임없이 부침하는, 활발한 역사와 경제의 세계가 사리고 있을 것이다. 미천한 출신성분의 장사꾼들의 사회가 이런 종류의 묘사, 이런 종류의 인생관을 전달하는 데에는 안성맞춤이라는 것을 이해하기는 어렵지 않다. 그러한 사회는 가장 분명하게 인생의 부침을 반영해 준다. 이에 대항하여 균형을 잡아 줄 다른 아무것도 없기 때문이다. 이 사회 성원들에게는 내면의 전통도 없고 외적인 안정도 없다. 돈이 없다면, 그들은 아무것도 없는 것이다. 고대 문학을 통틀어도, 이런 의미에서 역사 내적 움직임을 이 귀결처럼 보여 주고 있는 귀결은 달리 찾기 어려울 것이다.

호메로스의 스타일과 다른 세 번째 특징, 페트로니우스의 잔치의 가장 의미심장한 특징을 살펴보자. 그것은 고대로부터 전수되어 온 어떤 것보다 이 글이 사실적 묘사에 대한 현대적 개념에 가깝다는 점이다. 이렇다는 것은 소재의 비속성 때문이라기보다는 무엇보다도 그것이 사회 환경을 정확하고 완전히 비도식적으로 포착하는 데 성공하고 있기 때문이다. 트리말키오의 잔치에 모인 손님들은 1세기 남부 이탈리아의 속량된 신흥 부자들이다. 그들의 견해는 이런 부류의 전형적인 견해이고 그들의 언어는 거의 아무런 문학적 세련을 가하지 않는 시정의 언어 그대로이다. 이와 같은 것은 다른 데서 찾아보기 어렵다. 희극도 사회 환경을 보여 주지만, 그것은 훨씬 추상적이고 도식적으로, 시간과 장소의 고유한 성질에 관계없이 그렇게 한다. 그 등장인물들은 개성적인 언어의 기본도 갖추고 있지 않은 게 보통이다. 풍자가 이런 방향을 지향하는 요소들을 많이 가진 것은 사실이다. 그러나 그 서술은 이처럼 폭넓지 못하다. 그것은 교훈적이고 어떤 특정한 폐단이나 가소로운 일을 나무라는 데에 급급하다. 염정 군담 소설(romance, fabula milesiaca, 페트로니우스의 작품도 여기에 속할 터인데), 이런 소설들은 현존하는 다른 예나 단편들로 볼 때 마술, 모험, 신화로 가득하고 색정적인 묘사가 넘치기 때문에 그 언어의 비사실적이고 수사적인 양식화를 떠나서도 당대에 존재하던 일상생활의 모방이라고 간주될 수 없다. 폭넓고 그럴싸한 일상생활의 묘사는 알렉산드리아 문학의 어떤 작품들에서 이루어졌다고 할 수 있다. 가령 테오크리토스(Theocritos)의 작품에 나오는 아도니스 축제 때의 두 여자, 헤론다스(Herondas)의 작품에 나오는 송사하는 포주 — 이런 경우가 그러한 예이다. 그러나 운문으로 쓰인 이 두 작품은 사회적 배경을 사실적으로 묘사함에 있어서 페트로니우스에 비해 조금 덜 심각하고 언어에 있어서는 조금 더 양식화되어 있다. 페트로니우스의 문학적 야심은, 현대 사실주의 작가들처럼, 무작위적이고 일상적인 당대의 생활 환경을 사회 배경 속에서 그려 내며 등장인물로 하여금 문체의 유형화 없이 그들 자신의 언어로 말하게 하자는 것이다. 이렇게 하여 그는 고대 리얼리즘의 발전에 있어서 하나의 극한점을 이룬다. 그러한 모험을 시작한 사람으로 그가 최초의, 또 유일한 작가인가, 로마의 무언극이 그의 이러한 모험에 얼마만큼의 선구적 역할을 했는가, 또는 도대체 그러한 역할을 하기는 했는가 하는 문제들은 여기에서는 따져 볼 필요가 없는 문제들이다.

페트로니우스가 고대에 있어 리얼리즘이 도달한 정점을 나타낸다고 하면, 그의 작품은 그러한 고대의 리얼리즘이 할 수 없었던 일 혹은 하고자 하지 않았던 일을 예시해 주기도 한다. 『잔치』는 순전히 희극적인 작품이다. 개개의 등장인물이나 연결하는 이야기는 의도적으로 일관하여 언어에 있어서나 처리에 있어서나 가장 낮은 스타일의 수준에 한정되어 있다. 이렇다는 것은 모든 문제적인 것, 심리적으로나 사회학적으로 심각하고 비극적인 병발(竝發) 사항이 될 수 있는 것은 배제될 수밖에 없다는 것을 뜻한다. 이러한 것이 지나치게 무거울 때, 스타일이 배겨날 수 없을 것이기 때문이다. 잠깐 멈추어 발자크, 플로베르, 톨스토이, 도스토옙스키와 같은 19세기 사실주의 작가들의 경우를 생각해 보자. 그랑데 영감(『으제니 그랑데』에서)이나 페도르 파블로비치 카라마조프는 트리말키오와 같이 희화된 인물이 아니다. 이들은 엄청난 현실의 일부이며 정면으로 심각하게 다루어져야 할 인물이다. 그들은 비극적으로 얼크러진 일 속에 끼어들어 있고 그들 자신 괴물 같은 면이 있는 대로 비극적인 존재이다. 현대 문학의 현실 묘사 기법은 인간 유형, 사회 신분에 관계없이 어떠한 인물도 심각하고 문제적이며 비극적으로 제시할 수 있고 또 사건의 경우에도 전설적이든, 넓은 정치적 폭을 가진 것이든, 좁게 가정 내에 한정된 것이든, 그것은 심각하고 문제적이고 비극적으로 제시할 수 있다. 또 그와 같이 해 왔던 것이다. 고대에 할 수 없었던 것이 바로 이것이었다. 전원시나 연애시에 과도적인 형태가 없었던 것은 아니나 대체로 본 연구의 1장에서 언급한 스타일 분리의 규칙은 그대로 준수되었다. 일상적으로 사실적인 것, 일상생활에 속하는 일체의 것은 희극의 수준 이외의 다른 문체 수준에서 다루어져서는 안 되었고 이것은 문제적인 것의 천착을 허용하지 않는다는 것을 뜻했다. 따라서 리얼리즘의 경계는 매우 좁은 것이었다. 리얼리즘이란 말을 조금 더 엄격하게 쓴다면, 일상적인 직업과 사회 계급(상인, 공인, 농민, 노예), 일상적인 장면과 장소(가정, 가게, 밭, 창고), 일상적 관습과 제도(결혼, 아이들, 일, 밥벌이), 간단히 말해 서민과 그들의 생활을 문학적으로 심각하게 다룬다는 것은 고대의 리얼리즘이 생각할 수 없었던 것이라고 결론지을 수밖에 없다. 이와 관련해서 중요한 사실은 고대의 사실적 작가는 그들이 기술하는 사실과 상황 아래 깔려 있는 사회 세력을 분명하게 밝히지 않는다는 것이다. 이러한 일은 심각하고 문제적인 것의 영역에서만 가능하다. 그러나 고대 작품의 인물들은 희극의 영역을 벗어나지 않으며 사회 전체에 대한 그들의 관계는 영리한 적응이나 과장된 고립의 형태를 취한다. 후자의 경우, 사실적으로 묘사된 개인은 그의 대사회 갈등에서 늘 그가 잘못한 것이 된다. 여기에 대해 사회 그것은 이미 주어져 있는 기정사실이고 사건의 배후에 자리 잡고 있는 불가변의 제도이다. 그 연원이나 효과에 대해서는 하등의 설명이 필요 없는 것으로 생각된다. 이것도 현대에 와서 바뀐 점의 하나이다. 고대의 사실 문학에서, 사회의 존재 그것은 하등의 역사적인 문제성도 가지고 있지 않은 것으로 생각된다. 기껏해야 윤리의 문제가 될 수가 있으나, 윤리적 문제의 경우도 사회 전체보다는 사회 성원 개개인에 더 관심을 기울인다. 아무리 많은 사람이 비행이나 우스꽝스러운 짓을 한다고 하더라도 시시비비의 판단은 개인의 문제로서만 문제를 제기한다. 따라서 사회 비판은 사회를 움직이는 내적인 세력을 밝히는 데에까지는 이르지 못한다.

그런 이유로 하여 페트로니우스가 우리 눈앞에 펼쳐 보여 주는 수다스러운 광경의 배후에, 우리는 사건을 경제적 사회적 연관 속에서 이해하는 데 도움이 될 어떠한 것도 느끼지 못한다. 위에서 언급한 역사의 움직임은 여기에서는 단지 거죽만의 움직임일 뿐이다. 물론 그렇다고 해서 페트로니우스가 『잔치』에다 국민 경제에 관한 논설을 끼워 넣었어야 한다는 말은 아니다. 발자크는 위에 든 소설 『으제니 그랑데』에서 프랑스 혁명으로부터 왕정복고에 이르는 기간 동안의 프랑스 역사를 반영하게끔 그랑데의 재산 축적 과정을 묘사하고 있지만, 이와 같은 발자크의 수법에까지 페트로니우스가 나아갔어야 된다는 말을 하자는 것도 우리의 의도가 아니다. 당대의 사건이나 상황과의 비체계적이면서도 지속적이고 의식적인 연계 관계를 상기시키는 정도면 족했을 것이다. 현대의 페트로니우스는, 모리배의 초상화를 그리면서 이를 1차 세계대전 후의 인플레이션이라든가 다른 어떤 유명한 위기에 연결시켰을 것이다. 새커리는(그의 전개 방법은 역사적이라기보다는 윤리적이지만) 그의 걸작을, 나폴레옹과 나폴레옹 이후의 시대 배경에 연결하고 있다. 이런 것은 페트로니우스에서 찾을 수 없는 것이다. 화제가 되는 것이 식품 가격이거나(44장), 도시 생활의 다른 면모이거나(44장, 45장 또 여기저기), 잔치 손님들의 내력과 재산의 역사이거나(위에 인용한 대목, 특히 57장, 75장 그리고 그 이후), 페트로니우스는 장소, 시간, 정치, 경제 상황에 대해서 아무 구체적인 언급도 하지 않는다. 물론 장소는 남부 이탈리아의 어떤 소도시이고 때는 초기 로마 황제들의 시대라는 것을 알아낼 수는 있다. 현대 역사가들은 이런 표적들을 사회학적 자료로 사용할 수도 있을 것이다. 페트로니우스의 동시대인은 이런 것을 다 알고 있었고 아마 우리가 아는 것보다는 훨씬 자세히 알고 있었을 것이다. 저자 자신은 자기 작품의 당대 역사로서의 면모에는 아무런 중요성도 부여하지 않는다. 페트로니우스가 그렇게 했더라면, 그가 그리는 개개의 사건과 초기 제정 시대의 특정한 정치적 경제적 상황 사이에 연계 관계를 수립했더라면, 독자는 분명한 역사적 배경을 얻을 수 있었을 것이고 여기에 자신의 지식을 더해 볼 수 있었을 것이다. 그랬더라면 역사적인 삼차원이 생겨났을 것이고 이에 비해 위에서 말한 페트로니우스의 원근법은 이차원적인 평면으로 보이지 않을 수 없었을 것이다. 그렇다면 우리는 단지 비교하는 뜻에서가 아니라 엄격한 의미에서 '역사의 움직임'이라는 말을 쓸 수 있었을 것이다. 그러나 그렇게 하는 것은 페트로니우스가 받아들이기로 했던 스타일을 깨뜨리는 일이 되었을 것이다. 또 그것은 페트로니우스가 생각할 수 없었던 생각, 즉 역사의 '세력'이란 개념이 없이는 불가능했을 것이다. 주어진 작품에서는, 움직임은, 그것이 아무리 활발해 보인다고 하더라도, 화면에 한정된 것이고, 화면의 배후에서는 아무것도 움직이지 않고 세계는 여전히 정태적이다. 우리에게 제시되어 있는 것은 시대적 특성이 강한 소묘, 한 시대의 초상화이지만 여기에서 시간은 현재 여기에서의 상태대로 늘 변함없이 존재해 왔던 것처럼, 언제나 주인들은 성의 경매에 응하는 노예들에게 커다란 유산을 남겨 주고 막대한 이윤을 가져다 주는 거래가 장사꾼들의 손아귀에서 놀아나고, 이러한 시대가 예로부터 변함없이 존재해 왔던 것처럼 그려져 있다. 이러한 일들의 역사성이나 이런 일들을 규정하는 것이 시대라는 사실은 그 자체로서는 페트로니우스나 그의 동시대인들에게는 하등의 흥미의 대상이 되지 못했다. 그러나 우리들 현대인은 그러한 사실에 주목하고 우리의 경제사가들은 그들의 결론을 그러한 사실로부터 끌어낸다.

여기에서 우리는 피할 수 없는 원리의 문제에 부딪친다. 고대의 문학이 일상생활을 심각하게, 즉 거기에서 나오는 문제의 중요성을 인식하고 그 역사적인 배경을 살피면서 묘사할 수 없었다고 하면, 고대의 문학이 그것을 낮은 문체로, 희극적으로 또는 기껏해야 전원시풍으로 정태적으로, 그리고 비역사적으로만 묘사할 수 있었다고 한다면, 이러한 것들은 고대 리얼리즘의 한계만이 아니라 그 역사의식의 한계까지도 드러내 주는 것이라는 추론을 할 수밖에 없다. 왜냐하면 역사의 움직임 아래 가로놓인 세력들이 드러나는 것은 바로 일상생활의 사상적, 경제적 조건 속에서이기 때문이다. 그것이 군사적인 것이든, 외교 관계의 것이든 또는 국가의 내부 조직에 관한 것이든, 이러한 역사의 세력들은 일상생활의 심부에서 일어나는 변화의 산물이고 최종적 결과에 불과한 것이다.

이와 관련하여 고대 역사 기술의 예를 하나 살펴보자. 내가 고른 대목은 『잔치』로부터 시대적으로 과히 멀지 않은 때의 것으로서, 밑바닥으로부터의 혁명적인 움직임이라고 할 만한 사건, 아우구스투스의 죽음 이후 게르만 군단의 반란이 시작하려는 때의 정황을 기술하고 있는 것이다. 이것은 타키투스(Tacitus)의 『연대기(*Annales*)』 1권 16장 이하에서 따온 것이다. 그 내용은 다음과 같다.

로마의 사정이 이러할 무렵 판노니아의 군단에서 반란이 일어났다. 새로운 원인이 있어서가 아니라 새 황제의 등극이 소요 사건을 사면케 할 것이며 내란에서 얻을 이점이 있으리라는 희망을 주었기 때문이었다. 세 군단이 같은 하기 야영지를 쓰고 있었는데, 사령관은 유니우스 블라이수스로서 아우구스투스가 몰(歿)하고 티베리우스가 등극함에 국가적 조상 또는 축하의 시기라 하여 병졸들에게 평상적인 임무를 며칠 동안 면제해 주었다. 이렇게 시작하여 그들은 방자해지고 시비조가 되어 온갖 방탕한 분자의 말에 귀를 기울이고 급기야는 방일하고 나태한 생활을 갈구하고 모든 군기와 근로를 우습게 보게 되었다. 병영에 페르켄니우스라는 자가 있었다. 이자는 일찍이 광대 패들의 우두머리였는데 그때는 병졸이었다. 혀가 사납고 굿놀이의 열광에 익숙해 있던 터라 무리의 몹쓸 정열을 끓어오르게 하는 데는 모든 차비가 되어 있던 자였다. 아우구스투스의 죽음으로 인해 군 복무의 조건이 어떻게 달라지려는지 사뭇 걱정스럽게 생각하는 자들의 얕은 마음을 이자는 밤이 깊거나 날이 저물 무렵에 여러 가지 말로 자극했다. 또 보다 온순한 성품을 가진 병졸들이 제자리에 들어간 다음이면, 이자는 모든 불순분자들을 제 주변에 모아들이곤 했다.

마지막으로 그의 음모를 지원해 줄 수 있는 반란의 방조자들이 가까이 있을 때 그는 장병들에게 엄숙하게 연설하는 장수를 흉내 내어 다음과 같이 말했다. "어찌하여 그들은 노예처럼 몇몇의 백부장(centurio)에 복종하고 그보다 더 적은 수의 군단 지휘관(tribunus)에 복종하는가? 아직도 미숙한 채 옥좌에 비틀거리고 있는 황제에게 청원이나 무기로 접근해 가지 않는다면, 그릇된 일들의 시정을 대담히 요청할 날이 언제나 올 것인가? 여태껏 너무나 여러 해 잠잠히 있었던 것이 잘못이었다. 나이 들어 쇠약하고 상처 입어 병신 되고 30년이나 40년을 수자리 산* 다음에도 간과(干戈)를 잡아야 하는 그런 팔자가 그들의 팔자가 아닌가? 비록 군대에서 풀려난 후라도 병역이 완전히 끝나는 것은 아니다. 그 후에도 군기 아래 두어 명목을 달리하여 같은 간고(艱苦)를 겪게 하는 것이 지금까지의 시책이다. 온갖 위지(危之)를 벗어나서 생명을 부지한다고 하더라도 그들은 다시 먼 곳으로 끌려가서 토지를 준다는

---

* 국경을 지키던 일.

미명하에 주어지는 늪지나 산간의 황무지를 개간해야 한다. 그런데 전쟁의 괴로움과 급여의 박함은 어떠한가? 몸값과 목숨 값이 하루에 10아수스이고, 여기에서 옷 사 입고 천막 사고 무기 사고 이 돈으로 또 백부장의 가렴주구를 달래야 하고 가끔은 휴식도 사야 하는 것이다. 그런데 여기다가 태형, 전상(戰傷), 매서운 겨울, 힘드는 여름, 유혈의 전쟁, 맹숭맹숭한 평화 — 이러한 고통들을 영겁까지 감내해야 한다. 다른 시정책은 없다. 일정한 조건을 내걸고 병역에 들어가는 길이 있을 뿐이다. 즉 임금은 하루에 10데나리우스, 복무 연한은 최고 16년, 이 기간 후에는 군에서 일할 의무가 없으며 보수는 수자리를 산 현지에서 현금으로 지불할 것 — 이러한 조건들을 내걸어야 한다. 임금을 두 배나 받는 친위 경호대, 16년 복무면 그걸로 끝이 나는 그들도 변경 군단보다 더 큰 위험을 무릅쓴다고 할 수 있는가? 이것은 경호대를 고깝게 생각하여 말하는 것이 아니다. 다만 그들 자신의 팔자가 야만인들 가운데 복무하면서 천막 바로 건너에 적을 볼 수 있는 형편이란 것을 지적하려는 것뿐이다."

무리들은 이 장광설에 환호성과 갈채를 보냈으나 그 동기는 가지가지였다. 하여튼 혹자는 매운 원한으로 매 자국을 드러내 보이고 혹자는 허옇게 센 머리와 남루가 된 옷과 벗은 몸뚱이를 드러내 보였다.

얼핏 보건대, 타키투스의 이 글은 밑바닥에 잠긴, 보이지 않는 것들의 움직임을 심각하게 표현하고 있다는, 다시 말해 일상적이고 현실적인 동기, 저변에 가로놓인 경제적 요인, 폭동의 단초가 된 실제의 사건, 이런 것들을 꼼꼼히 보여 주려 한다는 인상을 준다. 페르켄니우스의 연설이 따지고 있는 병졸들의 불만 사항, 즉 과도한 복무 연한, 어려운 복무 환경, 불충분한 봉급, 부적절한 노년 대책, 부패, 수도 경비 담당 병졸들의 편한 생활에 대한 부러움 등이 현대 역사가들의 기술에서도 쉽게 찾기 어려운 생생함으로 제시되어 있다. 타키투스는 예술가이다. 그의 손을 거치면 모든 일이 생동한 것이 된다. 현대의 역사가는, 생각해 보건대, 보다 이론적인 또 아마 보다 문헌에 충실한 실증적 서술법을 택할 것이다. 이런 경우에 페르켄니우스의 연설은 싣지 않았을 것이고 임금 기준이라든가 복지 규정이라든가 하는 것을 객관적 사실과 문헌적 증거를 갖춘 연구로 다루었을 것이다. 아니면 자신이나 다른 동료 사가의 저서 가운데에서 그러한 연구 결과를 참조하라고 했을 것이다. 현대의 사가는 이어서 병졸들의 요망 사항이 정당한가를 검토했을 것이고 이런 일에 있어서의 정부의 정책이 그 이전에는 어떠했고 그 이후에는 어떠했는가를 개관했을 것이다. 타키투스는 이런 일들을 하지 않는다. 그래서 현대의 고대사가들은 자신의 독특한 방법을 적용하기 위해 고대의 연대기 작가들이 제공하는 자료를 재구성해야 하고 이것을 비명이라든가 발굴단의 조사라든가 여러 가지 다른 간접 증거로 보충해야 한다.

 타키투스는 일상적 상황의 사실을 들추어내어 보여 주는, 병졸들의 불평과 요구를 주모자 페르켄니우스의 연설을 통해 제시한다. 그는 이를 따져 보고 거기에 정당한 사유가 있는가 없는가를 알아보고 공화정 때부터 병사들의 처지가 어떻게 변했는가 등등을 설명할 이유가 있다고 보지 않는다. 그가 이러한 것들은 따져 볼 값이 없는 것이고 독자들도 그걸 요구하지 않을 것이라고 생각하고 있음은 분명하다. 그런데 이것만이 아니다. 반란의 원인에 대하여 그가 제공하고 있는 사실적인 정보 — 주모자의 연설이라는 형식으로 제시하고 그 이상 논하지 않는 정보를 타키투스는 반란의 진정한 원인에 대한 자신의 견해를 순전히 윤리적인 관점에서 미리 말해 둠으로써 타당성이 없는 것으로 만들어 버린다. "새로운 원인이 있어서가 아니라, 새 황제의 등극이 소요 사건을 사면케 할 것이며 내란에서 얻을 이점이 있으리라는 희망을 주었기 때문이었다."라는 진술이 그것이다. 이 이상으로 경멸에 찬 진술도 하기 어려울 것이다. 사건 전부가 폭도들의 방자함과 군율의 해이함에 있다는 것이 그의 견해이다. 정규 임무를 중단한 것이 잘못이라는 것이다. (할 일이 없기 때문에 아우성을 치는 것이라는 말은 파라오가 이스라엘인을 두고 한 말이다.) '새로운'이라는 말이 있다고 해서 옛날의 불만이 정당한 근거가 있는 것이라고 인정하는 것이라고 짐작해서는 아니 된다. 타키투스의 생각은 이와는 영 동떨어져 있다. 그는 되풀이하여 좋지 못한 무리만이 반란을 도모한다는 점을 강조하고 있다. 전력이 광대 우두머리이고 굿놀이의 열광에 젖어 있고 장수의 흉내를 내고 있는 주모자 페르켄니우스에 대해서 타키투스는 철저한 경멸감을 가지고 있을 뿐이다.

이렇게 하여 병졸들의 불만과 요구 사항들을 생생하게 보여 주기는 하지만, 타키투스의 서술이 이러한 요구 사항에 대한 이해에 입각해 있는 것이 아님은 분명하다. 이것은 타키투스가 가지고 있는 전형적인 귀족적 보수주의의 입장에 기인하는 것으로 설명될 수 있다. 그에게는 반란군단은 불법 폭도 이외에 아무것도 아니며 반란 주모자가 된 상민의 병사란 법률적으로 분류 불가능한 존재이다. 로마 역사의 가장 혁명적인 기간 중에도 급진적 반란 분자들은 관리의 기존 질서에 순종함으로써만 그들의 목적을 달성할 수 있었던 까닭에 특히 그러했다. 뿐만 아니라 타키투스가 군의 세력이 증대해 가는 것을 우려를 가지고 지켜보았다고 상정할 수도 있다. 내란으로 하여 군의 세력은 위협적으로 큰 것이 되고 나중에는 그것이 국가의 근본 구조 자체를 뒤집어엎고 만다. 그러나 이러한 설명은 충분한 것이 되지 못한다. 왜냐하면 타키투스는 사실 이해를 가지지 않았을 뿐 아니라 병사들의 요구 아래 깔려 있는 사실들에 대해 아무런 관심도 가지고 있지 않다. 그는 객관적인 증거를 들어 병사들의 요구가 부당한 것이라고 주장하지 않는다. 그는 그러한 요구가 부당한 것이라고 증명하기 위한 수고를 들일 생각이 없다. 몇 가지 윤리적인 고려("방자함", "이익을 얻으리라는 희망", "온갖 방탕한 자", "미숙한 자")만으로써 이들 요구를 처음부터 거부해 버리는 것이다. 타키투스의 시대에 다른 종류의 견해, 그의 견해에 반대되는 그리고 인간 행위에 대한 보다 분명하게 사회학적이고 역사적인 해석에 입각해 있는 견해가 있었더라면, 타키투스는 이렇게 하여 제기되는 문제에 대하여 일정한 자기 나름의 입장을 세우지 않을 수 없었을 것이다. 이것은 우리 시대의 최근

몇 십 년 동안 가장 보수적인 정치가도 사회주의자 적수의 정치관이 제기하는 문제들을 고려하거나 또는 적어도 논쟁적으로 논하지 않을 수 없게 된 것과 비슷하다. (이렇게 한다는 것은 종종 사회주의자들이 제기한 문제들을 길고 정치하게 다룬다는 것을 뜻한다.) 타키투스는 그런 필요를 느끼지 아니했다. 그러한 적수가 있을 수 없기 때문이었다. 심부 역사 기술, 즉 사회적 사상적 움직임의 역사적 성장에 대한 방법적인 연구는 고대에는 전혀 알려지지 않은 것이었다. 이 사실은 현대의 사가들이 자주 언급하는 바이다. 노르덴(Norden)은 그의 『고대의 예술 산문(*Antike Kunst prosa*)』(2권, 647쪽)에서 쓰고 있다. "고대의 역사가들이 일반적인 세계를 움직이는 사상들을 서술하지 못했다는 것, 서술하려고 하지 않았다는 사실을 잊지 말아야 한다." 로스토프트제프(Rostovtzeff)는 그의 『로마 제국의 사회 경제사(*Social and Economic History of the Roman Empire*)』(88쪽)에서 쓰고 있다. "역사가들은 제국의 경제 생활에 관심이 없었다." 마음대로 골라 본 이 두 진술은 얼핏 생각하면 서로 관계가 없는 듯싶다. 그러나 이 진술들은 다 같이 고대인들의 사물을 끄는 방식에 관련된 것이다. 즉 고대인의 세계관은 세력들이 아니라 비행과 덕행, 성공과 실패만을 보았다. 문제 설정은 사상적이거나 물질적인 역사 발전에 관한 것이 아니라 윤리적 판단에 관한 것이었다. 그런데 이것은 스타일에 있어서 비극적, 문제적인 것과 리얼리즘을 분리하려는 생각과 한 덩어리가 되는 생각이다. 두 가지 생각이 다 밑바닥에서 진행되는 성장 과정에 말려들고 싶지 않다는 귀족적 혐오감에 기초해 있다. 이러한 과정은 천하고 난잡무법한 것이라 여겨졌던 것이다.

윤리적 역사 서술법은(이러한 서술은 대체로 엄격한 연대기적 순서에 따라 진행된다.) 변하지 않는 범주 체계를 사용하고 오늘날 우리가 사용하는 바와 같은 종합적, 역동적 개념을 산출하지 못한다. '산업자본주의'라든지 '부재지주 제도'라든지 하는 개념은 특정한 시기에 해당되는 특징적인 자료들을 종합한 것이고 '르네상스'라든지 '계몽주의'라든지 '낭만주의'라든지 하는 개념은 어떤 시대를 통틀어 지칭하는 것이면서 역시 특징적인 자료를 종합하는 개념이며 때로는 본래 그렇게 불리었던 시대 이외의 시대에도 적용될 수 있다. 이러한 개념들은 움직이는 현상을 가리키기 위하여 고안된 개념들이다. 처음에 간헐적으로 나타나기 시작하여 점점 밀도가 높아지며 일어나고 마지막으로 수그러지고 변하고 사라지는 과정을 통해 그러한 현상들이 추적된다. 이러한 개념들의 중요한 점은 성장과 변화, 즉 진화의 사상이 그 속에 포함되어 있고 또 그 개념적 내용의 한 부분으로 생각되어 있다는 것이다. 이에 대하여 고대의 윤리적 정치적 개념(가령 귀족 정치라든가 민주 정치라든가)은 고정된 선험적인 모형 개념이다. 비코(Vico)로부터 로스토프트제프에 이르는 이 분야의 모든 현대의 권위자들은 이러한 개념을 용해하고 거기에 감추어 있는 특징적인 자료를 수집하고 재구성함으로써 얻어낼 수 있는 어떤 개념의 정식을 추적해 내고자 한다. 위에 인용한 귀결을 다시 확인하기 위해서 로스토프트제프의 책을 펼치려니까 다음의 문장이 눈에 들어온다. "이탈리아에 비교적 많은 수의 프롤레타리아가 존재했다는 사실을 어떻게 설명할 것인가 하는 문제가 일어난다." 이러한 문장, 이러한 질문은 고대의 작가에게는 있을 수 없는 것이었다. 그것은 전경의 움직임의 뒤로 돌아가서 고대의 사가들이 보지도 못하고 체계화시키거나 일관화시키지도 못한 역사 성장의 과정으로부터 전경의 움직임에 주요한 의의를 갖는 변화를 찾아내고자 한다. 『투키디데스(*Thucydides*)』를 읽으면, 전경의 사건들에 대한 계속적인 이야기 이외에 인간성이나 운명에 대하여 정태적으로 규범적이며 윤리적인 내용을 가진, 때때로 특정한 상황에 적용되기도 하지만 그 자체로서 절대적인 타당성을 갖는 생각들을 듣게 된다.

타키투스로부터의 인용문으로 되돌아가 보자. 그가 병졸들의 요구 사항에 대하여 관심도 없고 그것을 객관적으로 따져 볼 생각도 없었다면 무슨 이유로 페르켄니우스의 연설문 속에 그것을 생생하게 재생했을까? 그 이유는 순전히 심미적인 것이다. 역사 서술의 장엄한 스타일은 화려한 연설을 필요로 하고 이러한 연설은 대개 허구적으로 꾸며 낸 것이다. 그 기능은 어떤 사건을 생생하게 극화(illustratio)하거나 때로는 중요한 정치적 도덕적 관념을 예시하는 일이다. 어느 쪽이든지 간에 그것은 서술의 수사적 장식이 되었다. 화자의 생각에 동정적으로 참여하는 것이나 어느 정도의 사실주의는 허용이 되었다. 그러나 본질적으로 그러한 연설은 수사가(修辭家) 연수원의 특정한 문체상의 전통이 만들어 낸 산물이다. 이런저런 역사적 사건에 이런저런 사람이 했을 법한 연설을 써 보는 것은 흔히 부과되는 연습 문제였다. 타키투스는 이러한 기술의 달인이었다. 그의 연설문들은 단순히 전시 효과만을 노리지 않았다. 그 연설문들에는 말하는 사람들의 인품과 상황이 참으로 생생하게 암시되어 있다. 그렇기는 하나 타키투스의 연설문도 일차적으로는 수사적인 것이다. 페르켄니우스는 자신의 언어를 쓰지 않는다. 그가 쓰고 있는 것은 타키투스어이다. 즉 그는 극히 간결하게, 문장 구성의 대가답게 극히 수사적으로 말한다. 비록 간접 화법으로 전달되어 있지만, 그의 단어들에 반란하는 병사들과 그 우두머리가 느꼈던 흥분이 그대로 살아 흔들리고 있는 것은 사실이다. 그러나 설령 페르켄니우스가 타고난 달변의 선동가라고 하더라도, 반란을 충동질하는 선전문에 그러한 간결, 요령, 정돈이 있을 수는 없다. 그리고 병사들의 속어는 여기에 흔적도 없다. 22장에 나오는 병사 비불레누스의 말의 경우도 마찬가지다. 바로 다음 장에서 그의 말은 거짓으로 취급된다. 그의 말들은 정녕코 감동적이다. 그러나 이 말들은 최고의 수사적 세련을 나타내 보여 주고 있는 것이다. 여기서 빈번히 사용되고 있는 '머리 구절 반복 수사'(anaphora)("내 형제께 삶을 다시 준 사람", "내 형제를 내게 다시 돌려준 사람"(quis fratri meo vitam, quis fratrem mihi reddit)) — 이러한 수사법이 일반 민중 사이에 널리 쓰였을 가능성이 없는 것은 아니나 그래도 그것은 품위 있는 문체의 수사적인 표현이지 병사들의 언어와는 아무 관계가 없는 것이다. 그리고 수사적이었다는 것, 이것이 고대 역사 서술법의 두 번째 특징이다. 윤리적, 수사적 고려의 결합은 고대 역사 서술에 높은 질서와 명징성과 극적 효과를 부여했다. 로마사가들의 경우, 여기에 덧붙여 정치적 군사적 사건이 벌어지는 넓은 무대에 대한 넓고 포괄적인 개관을 할 수 있는 능력이 있었다. 이러한 특징들 외에 가장 뛰어난 문필가들은 경험에 희떱지 않게 기초해 있으면서도 편협하고 천박하지 않은 인간 심성에 대한 사실적 지식을 가지고 있었다. 때로는 개인의 성품을 그 성장 과정에서 유도해 내는 듯한 경우도 볼 수 있다. 살루스티우스(Sallustius)의 카틸리나(Catilina)의 전기나 특히 타키투스의 티베리우스에 관한 묘사가 그렇다. 그러나 여기에는 넘어설 수 없는 한계점이 있다. 윤리적, 수사적 태도는 현실을 여러 가지 세력에서 빚어지는 것으로 보는 관점과는 양립할 수 없는 것이다. 고대의 역사학은 우리에게 사회사도 경제사도 문화사도 남겨 주지 못했다. 이러한 역사는 주어진 자료에서 간접적으로 짐작될 수 있을 뿐이다. 여기에서 고려해 보았던 두 글, '페트로니우스에 나오는 만찬 손님의 말'과 '타키투스에 나오는 판노니아 군단 반란'의 차이가 아무리 큰 것이라고 하더라도, 두 글은 똑같이 고대의 리얼리즘과 아울러 고대의 역사의식의 한계를 드러내 보여 준다.

이러한 한계를 확대하는 반대의 예는 현대의 문헌에서만 찾을 수 있을 것이라고 생각하기 쉽다. 그러나 여기에 페트로니우스 및 타키투스와 대체로 동시대라고 할 수 있는 유대교, 기독교 문헌의 서류들은 반대의 예로 들 수 있다. 내가 고른 것은 베드로의 부인을 다룬 이야기이다. 나는 「마가복음」의 이야기를 좇겠다. 공관(共觀) 복음서 간의 차이는 별로 중요치 않다.

예수가 체포된 다음(로마 병정들은 그의 추종자들을 도망가도록 내버려두고 예수만을 체포했다.) 베드로는 안전거리를 유지하면서 예수를 데려가는 병정들을 쫓아간다. 그는 대담하게 제사장의 저택 뜰에 들어가서 직접 관계는 없는 구경꾼의 호기심을 가장하고 하인들에 섞여 불 곁에 선다. 이렇게 함으로써 그는 다른 사람들보다 더 용기 있게 행동했다. 왜냐하면 그는 투옥된 예수의 측근이었기 때문에 그가 발각될 위험은 더 큰 것이었다. 불 곁에서 있는 그를 향하여 한 하녀가 그가 예수의 무리의 한 사람이라고 말한다. 그는 이를 부인하고 눈에 띄지 않게 불 곁을 빠져나가려고 한다. 그러나 하녀는 그를 지켜보고 있었던 듯 바깥뜰까지 그를 따라나와 같은 말을 되풀이하고 몇몇 주변에 있던 사람들이 이 말을 듣게 된다. 그는 되풀이하여 부인하지만 그의 갈릴리 사투리가 표가 나고 사태가 위태로워진다. 그가 어떻게 그 자리를 피할 수 있었던지는 이야기되어 있지 않다. 세 번째 부인하는 말이 앞의 두 번의 부인보다 특히 신용이 가는 것도 아니었을 것이다. 사람들의 주의를 다른 데로 돌릴 무슨 일이 일어났는지도 모른다. 또는 투옥된 예수의 추종자라 할지라도 반항하지 않는 자는 그대로 내버려두라는 명령이 내리고, 단지 다른 데로 가라는 소리만으로 베드로를 물러가게 했는지도 모른다.

얼핏 보아도 여기에 스타일의 분리 규칙이 적용될 수 없다는 것은 분명하다. 장소나 등장인물의 면에서 완전히 사실적인 이 사건은(인물들의 사회 신분의 낮음에 주의하라.) 문제와 비극으로 차 있다. 병졸 비불레누스나 페르켄니우스는 순전히 악당이고 사기꾼으로 묘사되었지만, 베드로는 이들처럼 예증을 위한 부차적인 인물이 아니다. 그는 가장 높고 깊고 비극적인 의미에서 인간의 전형을 대표한다. 물론 스타일의 혼합은 예술적 의도 때문에 사용된 것이 아니다. 이와 반대로 그것은 유대교, 기독교 문학의 성격 속에 뿌리내리고 있는 것이었다. 신이 가장 미천한 사회 신분의 인간 가운데 육신을 얻어 태어나고 미천한 일상적 인간들 사이에 살며 세간의 기준으로 볼 때 욕된 것이라고 해야 할 수난을 겪고 하는 사연 속에 그것은 생생하고 거칠게 극화되어 있다. 유대교, 기독교의 기록이 넓게 유포되고 후세에 깊은 영향을 주게 됨으로 하여 이것은 인간의 비극, 숭고관에 대하여 결정적인 의미를 갖는 것이 되었다. 위의 이야기는 베드로의 말이 기초가 된 것으로 생각할 수 있는데, 베드로는 가장 미천한 배경과 교육을 가진 갈릴리의 고기잡이였다. 사제장의 관저에서 일어난 사건에 참가하고 있는 다른 사람들은 하녀들과 병정들이다. 일상생활의 가장 진부한 삶으로부터 베드로는 가장 엄청난 역할을 맡으라는 부름을 받는다. 예수의 체포에 관련된 모든 것이 그렇듯이 그의 무대 등장은, 로마 제국의 세계사적 연속이라는 관점에서 볼 때, 지엽적인 삽화, 직접 관련된 몇몇 사람 이외에는 아무도 주의하지 않는, 중요성이 없는 작은 사건에 불과하다. 그러나 이 사건은 갈릴리 바다의 고기잡이들의 인생과 관련시켜 볼 때 얼마나 엄청난 일인가. 또 얼마나 굉장한 '진동'(하르나크(Harnack)는 부인 장면을 논하면서 "진폭"(Pendelausschlag)이라는 말을 쓴 일이 있다.)이 그의 마음 가운데 일고 있는가! 그는 집과 일을 버리고 스승을 따라 예루살렘에 갔다. 맨 처음으로 그의 스승을 메시아라고 인정한 것은 그였다. 재액이 닥쳤을 때, 그는 다른 사람들보다 큰 용기를 보여 주었다. 그는 저항을 시도한 사람들 중의 한 사람이었을 뿐만 아니라 그가 예상했을 것임에 틀림없을 기적이 일어나지 않고 말아버린 다음에도 전에 그랬듯이 예수를 다시 좇으려고 했다. 그것은 메시아가 그의 적들을 궤멸케 할 이적이 그래도 일어날지 모른다는 어렴풋한 희망이 동기가 되어 긴가민가 하고 주뼛거리는 마음으로 해 본 시도일 것이다. 그러나 예수를 좇겠다는 그의 시도가 마음이 내키지 않고 의심이 가는 일이기에 두려움에 싸여 눈치를 보는 베드로는 내놓고는 예수를 부인할 기회를 갖지 못했던 다른 사람들에 비해 그만큼 더 깊이 잘못을 저지른 것이다. 그의 믿음은 깊었지만 충분히 깊지는 못했기에 조금 전만 해도 믿음의 영감에 따라 행동하던 사람에게 일어날 수 있는 최악의 일, 즉 알량한 목숨을 잃을까 하여 전전긍긍하는 일이 그에게 일어나게 된다. 이 무서운 내적 경험이 다시 진자를 흔들리게 한다는 것, 이번에는 반대 방향으로 더욱 강하게 흔들리게 한다는 것은 있을 수 있는 일이다. 그의 참담한 실패에 따른 절망과 회한이 그로 하여금 기독교의 성립에 결정적인 기여를 한 환영과 미래에의 전망을 받아들일 수 있게 해 주는 것이다. 그리스도의 내림과 수난의 의미가 그에게 밝혀지는 것은 오로지 이 경험을 통해서이다.

그러한 배경에서 나온 비극의 주인공, 그러한 약점을 가진, 바로 그 약점에서 가장 높은 힘을 얻는 영웅, 그와 같은 진자의 흔들림은 고대의 고전 문학의 숭엄한 스타일과는 양립할 수 없는 것이다. 그러나 갈등의 성격과 장면도 완전히 고전 시대의 영역 밖에 있는 것이다. 피상적으로 볼 때, 사건은 경찰 사건과 그 후속 사연이라 할 수 있다. 그것은 일반 민중의 일상적인 남녀 사이에서 일어난다. 이러한 것은 고대에는 순전히 소극이나 희극의 테두리로만 이야기될 수 있는 것이었다. 그러나 어찌하여 그것은 소극도 아니고 희극도 아닌가? 어찌하여 그것은 우리 마음 가운데 가장 심각하고 가장 의미심장한 동정심을 불러일으키는가? 그것은 이 이야기가 고대의 시인이나 역사가가 그릴 생각을 하지 않았던 어떤 것을 묘사하고 있기 때문이다. 그것은 일반 민중의 발바닥에서 정신운동이 태어나는 것, 당대적 삶의 일상사의 복판으로부터 정신운동이 탄생하는 것을 그린다. 그리하여 그것은 고대 문학에서 가질 수 없었던 중요성을 갖는다. 우리가 여기에서 보는 것은 '새 마음과 새 정신'의 깨어남이다. 이 모든 것은 베드로의 부인에만 해당되는 것이 아니라 『신약 성서』에 이야기되어 있는 모든 사건에 해당된다. 여기의 모든 사건은 모든 인간이 부딪히는, 따라서 무한하며 영원히 미해결로 남아 있는 똑같은 문제, 똑같은 갈등에 관련되어 있다. 그것은 사람의 온 누리를 수런거리게 한다. 이에 비해 그리스 로마의 고대가 알고 있던 운명과 수난의 얼크러짐은 단지 한 개인, 일에 관련되어 있는 그 한 사람에만 관계되는 것이었다. 우리가 '두려움과 연민'을 느끼는 것은 가장 일반적인 관련으로 해서만, 즉 우리도 같은 사람이며 같은 운명과 수난을 경험할 수 있다는 사실에만 기인한 것이다. 그러나 베드로와 다른 『신약 성서』의 인물들은 밑바닥의 일반적인 움직임의 와중에 휩쓸리게 된다. 이 밑바닥의 움직임은 처음에는 거의 표면의 아래에만 잠겨 있다가 점차(「사도행전」은 이런 변화의 단초를 보여 준다.) 역사의 전경에 나타나고 급기야 무한한 의미를 갖는 것이 되고 모든 사람의 관심사임을 주장하게 된다. 그리고 모든 사사로운 일들을 그 안에 흡수해 버린다. 우리가 보는 것은 한편으로는 전적으로 현실적이고 평균적이며, 장소·시간·사정을 확정할 수 있으면서, 다른 한편으로는 밑바닥으로부터 흔들리기 시작하고 당장에 새로운 것이 되는 그러한 세계이다. 그들의 동시대인들이었던 『신약 성서』의 저자들에게는 일상생활의 평면에서 일어나는 이러한 사건들은 나중에 모든 사람에게 그렇게 되듯이, 곧 세계 혁명의 사건들이 된다. 예수의 가르침과 인품과 운명은 이제는 이 사람, 그 다음은 저 사람에게 충격을 주는 것으로서 되풀이하여 묘사되는데, 이 사실로 인해 이러한 사건들은 하나의 움직임으로, 역사적으로 활성화되는 동력으로서의 성격을 드러내게 된다. 이 움직임의 목표가 아직 분명하게 포착되지도 않고 표현되지도 않지만,(간단한 정의나 설명으로 요약될 수 없다는 것이 이 움직임의 중요한 특성이기도 하다.) 그 영향력은 그 맹렬한 동력으로서 민중들 사이의 여기저기에 밀물 쳐 오는 힘의 여러 가지 실례를 통해 묘사된다. 이러한 것을 그리스 로마의 필자는 하나의 순수한 사실로서 이에 비슷하게 자랑스러운 필치로 기술할 생각조차 하지 못했을 것이었다. 그리스나 로마의 필자는 민중의 움직임을 어떤 특정한 사건의 덩어리에 대한 반작용으로서만 기술한다. 투키디데스가 시칠리아 원정 계획에 대한 아테네인들의 반응을 기술하는 것 같은 것이 그 예이다. 이때의 사람들의 움직임은 전체로서 — 찬성하고 반대하고 망설이고 또는 어쩌면 난리스러운 것으로, 관찰자가 위로부터 아래를 내려다보며 기록한다는 식으로 이야기된다. 그러나 민중의 그렇게 많은 사람들 사이에 일어나는 그와 같이 다양한 반응들을 문학적 처리의 주요한 대상으로 삼을 생각은 할 수도 없는 일이었을 것이다. 「복음서」와 「사도행전」의 상당 부분이 기술하는 것은(바울의 서한들도 이를 반영하고 있지만) 틀림없이 깊은 표면하의 움직임의 단초, 역사적 세력의 전개이다. 이를 위해서는 이런저런 사람들이 수없이 등장한다는 것은 당연한 일이다. 수없는 이런저런 사람들을 말하지 않고 밀물 쳐 오는 역사적 세력을 생생하게 서술할 수가 없기 때문이다. 여기서 '이런저런' 사람들이란 모든 계급, 직업, 분야의 사람들을 가리킨다. 이 사람들이 『신약 성서』의 이야기에 나타나는 것은 역사의 움직임이 그들을 휩쓸어 가고 따라서 이렇게든 저렇게든 거기에 반응을 보일 수밖에 없었기 때문이다.

여기에 고대의 스타일상의 관습이 맞아 들어갈 수 없다는 것은 새삼스럽게 말할 필요도 없다. 그것으로 우연히 휘말려든 사람의 반응이 지극히 심각하게 서술될 수는 없는 것이다. 우연한 고기잡이, 세리, 부잣집 아들, 우연한 사마리아 사람, 창부들이 이런저런 일상생활의 환경으로부터 튀어나와 문득 예수의 사람됨에 부딪히게 된다. 이런 순간의 한 개인의 반응은 불가피하게 깊은 심각성을 갖는 사건, 종종 비극적이 되기도 하는 사건일 수밖에 없다. 사실적 묘사, 이런저런 일상사의 묘사가 희극적이어야 한다는 (또는 기껏해야 전원시적이어야 한다는) 고대의 문체상의 규율은, 역사의 세력의 묘사(그러한 묘사가 구체적인 일들을 기록하려는 순간)에 적용될 수가 없다. 왜냐하면 이러한 묘사는 민중 생활의 이런저런 일상적 밑바닥에 들어가야 하고 동시에 거기에서 마주치게 되는 것을 심각하게 대해야 하기 때문이다. 역으로 스타일의 규칙은 필자가 역사적 세력을 구체적으로 이야기하겠다는 시도를 포기하거나 그럴 필요를 느끼지 않을 경우에만 적용될 수 있다. 『신약 성서』의 글들에서 역사의 세력을 의식의 수준에까지 끌어올리려는 노력이 전적으로 '비과학적'이라는 것은 새삼스럽게 말할 필요도 없다. 그것은 구체적인 것에 매달려 새로운 개념 속에 경험을 체계화하는 데까지 나아가지 못한다. 그렇긴 하나 내면 생활의 국면이나 시대에 해당되는 범주들이 저절로 만들어지는 것에 주목해야 한다. 이들 범주들은 그리스, 로마의 역사가들의 범주보다 유연하고 역동적이다. 가령 시대 구분으로서 율법 또는 죄의 시대와 은총, 믿음, 정의의 시대가 있다. '사랑', '힘', '정신'과 같은 개념들도 있다. 정의와 같은 추상적이고 정태적인 개념도 변증법적 역동성을 띤다.(「로마서」 3장 21절 이하) 이것은 개념들을 새로 살아나게 한다. 여기에 이어 내적인 재생과 변화에 관련되는 말들이 있다. 그리하여 죄, 죽음, 정의 등등의 말은 행위, 사건, 질을 의미하는 데 그치지 않고 역사 내적인 변화의 여러 국면을 나타내게 된다. 물론 여기의 변화가 역사의 바깥 어느 곳, 시간의 끝, 또는 모든 시간의 일치점, 달리 말해 위를 향해 진행하는 변화이며 역사적 진화에 관한 과학의 개념처럼, 역사적 사건의 수평적 평면에 남아 있는 것이 아니란 사실을 우리는 잊지 말아야 한다. 이것은 결정적인 차이이다. 그럼에도 『신약 성서』의 글들이 현상의 관찰에 어떠한 움직임을 끌어들였든지 간에 중요한 점은 고대 고전 시대의 관찰자들에게는 정적인 것이었던 표면하의 심층이 움직이기 시작했다는 것이다.

이러한 사물관에서는 고대인의 의미에서의 윤리적, 수사적 기준을 운위할 여지는 없다. 베드로의 부인과 같은 사건은 한 특정한 개인의 마음속에 일어나는 엄청난 '진동'이 관계된다는 사실만으로도 정태적인 범주로 작용하는 판단 체계 속에 끼워 맞춰질 수가 없다. 외적인 업적이 아니라 믿음 속에서 정당성을 찾으려는 태도가 등장함과 더불어 고대인의 윤리주의는 그 지고의 지위를 상실했다. 수사의 경우에도 이것은 마찬가지다. 물론 『신약 성서』의 글들은 극히 강력한 효과를 낳을 수 있는 글이다. 선지자와 「시편」의 전통이 거기에 살아 있고, 그중 어떤 글에서는 — 다소간에 두드러지는 그리스적인 교양을 가진 필자들이 쓴 부분에서는 그리스적 비유를 쓰고 있는 것을 볼 수 있다. 그러나 모든 소재를 '유형'(genera)으로 구분하고 개개의 소재에 특정한 스타일을 그 본성에 맞는 유일한 의상이라고 처방했던 수사학의 정신은 그 영역을 여기에까지 확대시킬 수 없었다. 그 간단한 이유는 소재가 어떤 종류의 유형적 장르에도 끼워 맞춰질 수가 없었다는 것이다. 베드로의 부인과 같은 장면은 어떠한 고대적 장르에도 맞아 들어갈 수 없다. 그것은 희극에는 너무 심각하고, 비극에는 너무 당대적이고 일상적이며, 역사에는 정치적으로 너무 시시한 것이다. 그 이야기에 주어진 형식은 생동하는 직접성을 가진 것인데, 그에 비슷한 것은 고대 문학에는 존재하지 않았었다. 이것은 얼핏 보기에는 별 중요성이 없는 증후라고 할 직접 화법의 사용으로도 판단될 수 있는 일이다. 하녀는 말한다. "그대는 나사렛의 예수와 함께 있었다." 그는 대답한다. "나는 모르는 일이다. 뿐만 아니라 그대가 하는 말이 무슨 말인지 모르겠다." 그러나 하녀는 옆에 있던 사람들에게 말한다. "이 사람이 그 사람들과 한패다." 베드로가 부인을 되풀이하자 거기 있던 무리가 말문을 연다. "정녕코 그대는 그 패의 사람이다. 말씨가 갈릴리 사람이 아니냐!" 고대 역사가의 저술에는 직접 화법을 이와 같이 짧고 직설적인 대화 형식으로 쓰고 있는 구절이 하나라도 있지 않을 것이라고 나는 생각한다. 고대인의 저작에는 소수의 참여자가 있는 대화가 드물다. 그것은 기껏해야 일화 위주의 전기에나 쓰이지만, 거기에서 대화의 기능은 거의 전적으로 유명하고 의미심장한 대답을 유도해 내는 것인데, 이러한 대답의 중요성은 사실적이고 구체적인 내용에 있는 것이 아니고 그 수사적, 윤리적 효과에 있다. 나중에 13세기 이탈리아의 소설 이론에서 '미사'(美辭, bel parlare)라고 불리던 것이 이와 비슷한 것이다. 유명한 크로이소스와 솔론의 일화들이 그 예가 될 것이다. 대체적으로 직접 화법은 고대 사가에 있어서는 원로원이나 민중 집회나 병사들의 집회에서(이와 관련해서는 위에서 페르켄니우스의 연설을 두고 우리가 한 말을 독자는 기억할 것이다.) 행해지는 거창하고 긴 연설에 한정되어 있었다. 그러나 여기 베드로의 부인 장면에서는 등장인물이 서로 맞부딪치는 순간의 극적인 긴장에 역점과 직접성이 주어졌다. 여기에 비교해 볼 때 고대 비극의 대화(stichomythia)는 극히 양식화된 것이라는 인상을 준다. 희극, 풍자 또는 이와 비슷한 것을 비교를 위하여 여기에 끌어댈 수는 없는 일이겠으나, 이런 장르에서도 비슷한 직접성과 절실감을 주는 것은 찾아보기 어려울 것이다. 그러나 「복음서」에서는 맞상대의 대화를 수없이 볼 수 있다. 생생한 대화의 형식으로 직접 화법을 사용한다는 이 증후가 적어도 여기에서는 『신약 성서』와 고전 수사학의 관계의 예시에는 충분한 것이 아닌가 한다. 따라서 자주 토의된 바 있는 일반적인 문제에는 더 깊이 들어갈 필요가 없으리라 생각한다. (여기에 관해서는 위에 언급했던 노르덴의 '고대의 예술 산문'에 관한 저서를 참조하는 것이 좋다.)

　결국 따지고 보면 고대 저작과 초기 기독교 저작 사이에 존재하는 스타일상의 차이는 이들 저작의 관점과 대상 독자가 다르다는 사실에 의하여 규정된다. 여러 가지 점에서 페트로니우스와 타키투스는 서로 다른 필자라고 하지만, 그들은 같은 관점을 가지고 있다. 즉 그들은 위에서 아래로 내려다본다. 타키투스는 사건과 일의 전폭을 조망할 수 있는 고지에 서서 글을 쓴다. 그는 가장 높은 지위와 가장 높은 교양을 가진 사람으로서 그것들을 분류하고 판단한다. 그가 무미건조하고 비시각적인 데에 떨어지지 않는 것은 그의 개인적인 천재 때문만이 아니고 고대 자체가 시각적인 것, 감각적인 것을 더없이 성공적으로 도야해 왔기 때문이다. 그러나 그가 대상 독자로 삼았던, 그에 대등한 지위의 사람들은 시각적이고 감각적인 것이라도 오랜 전통이 고상한 취미라고 정해 놓은 것의 한계 속에 머물러 있기를 요구했다. 여기에 관련하여 우리는 타키투스에서 취미가 변해 가고 있다는 증후, 어둡고 처참한 것에 더욱 큰 역점을 두는 방향으로 변해 간다는 증후를 찾을 수 있게 됨에 주목하지만, 이 점은 다른 연관에서 별도로 논해야 할 문제이다. 페트로니우스도 자기가 그리고 있는 세계를 위로부터 내려다본다. 그의 책은 가장 높은 교양의 소산이다. 그는 독자가 높은 수준의 예절상의, 또 문학적인 세련을 가지고 있어서 의심이나 망설임이 없이 모든 예절상의 실수, 언어와 취미의 비속성의 섬세한 차이를 알아볼 것으로 기대하고 있다. 소재가 거칠고 기괴하다고는 하지만, 그것을 다루는 솜씨는 대중적인 소극의 거친 골계의 자취를 드러내지 않는다. 만찬 손님의 대답 장면이나 트리말키오와 포르투나타가 다투는 장면은 물론 가장 천하고 상스러운 생각들을 전시하지만, 그 전시는 세련된 착잡함과 사회학적, 심리학적 전제를 깔고 행해지는 것이기 때문에 일반 대중은 이를 도저히 참고 받아들일 수가 없었을 것이다. 그리고 언어의 비속함은 다수 청중들의 웃음을 자극하도록 고안된 것이 아니라 만사를 향락주의자의 편안한 태도로 위에서부터 내려보는 데 젖어 있는 사회적 문학적 엘리트의 구미에 맞는 매콤한 양념으로 고안된 것이다. 그것은 프루스트의 과거지사에 관한 소설에서 호텔 지배인 애메라든가 그와 비슷한 인물들이 즐겨 하는 잡담과 비슷하다. 그러나 현대 리얼리즘 작품과의 이러한 비교는 결코 꼭 맞는 것이 될 수는 없다. 현대의 작품은 심각한 문제들을 너무 많이 담고 있기 때문이다. 이렇게 하여 페트로니우스도 위에서 내려다보며 높은 교양을 가진 계급 — 초기 황제의 시대에는 그 수가 많았을 성싶지만 나중에는 와해되어 사라져 버린 계급을 상대로 썼다. 이에 대하여 베드로의 부인의 이야기, 대체로 『신약 성서』 거의 전부는 바야흐로 대두되는 성장의 복판으로부터 직접 보통 사람을 대상으로 쓰였다. 여기에는 넓은 조망도 없고 조리에 맞는 구성도 없고 예술적 의도도 없다. 여기에 나타나는 시각적인 것, 감각적인 것은 의식적인 모사로 이루어진 것이 아니고 따라서 완전히 형상화되는 경우가 드물다. 이야기되어야 하는 사건에 붙어 있는 것이기에, 크게 동요된 사람들의 몸짓과 말에 드러나기에 그것은 나타나는 것이다. 이것을 정치하게 손질하는 일에 노력을 쓸 필요가 없는 것이다. 압축하고 요약하는 노력을 의식적으로 행하는 타키투스도 개개 사람의 외양과 내적인 존재를 묘사하고 주어진 상황을 자세히 그려 낸다. 「마가복음」을 쓴 필자는 그로 하여금, 예를 들어 베드로의 성품을 객관적인 사실로 그릴 수 있게 할 관점을 가지고 있지 않다. 그는 일어나고 있는 일의 복판에 있다. 그는 그리스도의 존재와 사명과 관련해서 중요한 것만을 관찰하고 기록한다. 위에 든 사건에서는 사건이 어떻게 일어났는가, 즉 베드로가 어떻게 도망할 수 있었는가를 말해야겠다는 생각조차 떠오르지 않는다. 타키투스와 페트로니우스는 감각적 인상을, 전자는 역사 사건의, 후자는 특정한 사회 계층의 감각적 실감을 주려고 노력하며 그렇게 함에 있어서 특정한 심미 전통의 한계를 존중한다. 「마가복음」의 저자는 그러한 목적을 가지지 않았고 그러한 전통을 알지 못한다. 말하자면 별 노력 없이 순전히 자기가 이야기하고 있는 사건의 내적인 움직임만을 통해서 이야기가 시각적인 구체성을 띠는 것이다. 그리고 이야기는 만인을 그 말의 대상으로 한다. 만인이 다 그 말에 대해서 찬성하거나 반대할 것을 요구받는다. 그것을 무시하는 일까지도 어느 쪽인가 한편에 서는 것이 된다. 물론 한동안 현실의 장애로 하여 그 영향력을 그다지 떨치지 못했다. 한동안 가르침의 언어, 사회적 종교적 전제가 그로 하여금 유대인들 사이에 한정되게 했다. 그러나 그 가르침이 예루살렘의 유대인 지도층 인사들과 일반 대중 사이에 불러일으킨 부정적 반응으로 하여 그 운동을 비유대인들 사이에 포교한다는 엄청난 작업에 착수하게 된다. 이 일이 대이산(大離散) 유대인의 한 사람이었던 사도 바울에 의해 시작되었다는 것도 증후적인 것이었다. 이와 더불어 가르침을 보다 넓은 청중에게 맞는 것이 되게 하는 일, 유대인 세계의 특수한 관심사로부터 그것을 떼어 내는 일이 필수적인 일이 되었고 이 일은 어느 때보다도 대담하게 적용된, 유대 전통에 깊이 뿌리 박혀 있는 방법, 수정 해석의 방법으로 수행되었다. 국민적 역사와 유대인의 율법으로서의 『구약 성서』는 경시되고 그것은 일련의 상징으로서, 즉 예수 내림과 그에 부수하는 사건을 예상한 예언으로서 해석되게 되었다. 이것은 첫 장에서 간단히 논한 바 있다. 성스러운 글들의 전체 내용이 주석에 관련되고 주석은 말해진 것을 그 감각적 기초에서 떼어 내는 일을 했다. 왜냐하면 독자나 청자는 실제 일어난 감각의 사건에서 눈을 돌려 그 의미를 생각하도록 요구받았기 때문이다. 이렇게 하여 사건의 시각적인 요소는 의미의 정밀한 결에 눌려 뭉개져 버릴 위험성이 생겼다. 하나의 예를 들어 다른 많은 예들을 대신하도록 하자. 아담이 잠든 사이 그의 갈비뼈를 가지고 최초의 여자 하와를 만들었다는 것은 시각적으로 극적인 사건이다. 예수가 십자가에 매달려 있는 동안 한 병사가 예수의 옆구리를 찔러 피와 물이 흘러나왔다는 이야기도 시각적으로 극적인 사건이다. 그러나 이 두 사건이 주석을 통해 맺어져서, 아담의 잠은 그리스도의 죽음의 잠의 상징이고, 아담의 옆구리 상처로부터 육신으로 본 인류의 원초적 어머니인 하와가 태어났듯이 그리스도의 옆구리로부터 정신으로 본 모든 사람의 어머니인 교회가 태어난다는(피와 물은 성찬식의 상징물이다.) 교의가 될 때, 감각적 사건은 상징적 의미의 세력 앞에 빛을 잃어버리고 만다. 청자, 독자 또는 조형 예술에서는 관객이 감지하는 것은 감각적 인상으로는 희미한 것이 되고 우리의 모든 관심은 의미의 연관을 향하게 된다. 이에 비해 사실적 묘사로서의 그리스 로마의 실례들을 보면, 심각성이나 문제성이 약하고 역사관이 제한되어 있는 채로 그 감각적 실체성은 완전한 것이 되어 있다. 이들은 감각적 외양과 의미의 갈등을, 초기 기독교의 현실관, 아니, 기독교 전체의 현실관에 배어 있는 이 갈등을 알지 못한다.

페트루스 발보메레스의 체포

암미아누스 마르켈리누스(Ammianus Marcellinus)는 4세기의 고급 장교이자 역사가로서 그의 저작 중 현존하고 있는 부분은 350년에서 380년 사이의 사건을 묘사하고 있다. 15권 7장의 로마에서의 폭동을 다루고 있는 부분을 보기로 하자. 원문의 기묘한 바로크 문체를 가급적 충실하게 보존하려고 하면서 번역해 보면 다음과 같이 된다.

살기등등한 군중들이 모든 것이 파괴되는 파국 상태를 야기하고 있는 사이 영원한 도시 로마를 다스리는 레온티우스는 탁월한 재판관임을 가지가지로 보여 주고 있었다. 즉 심문에 있어서는 날렵했고 판결에 있어서는 공정했으며 비록 권위를 유지함에 있어서 지나치게 엄격하였고 지나치게 호색이라고 생각한 사람들도 없지는 않았으나 천성이 인정스러웠던 것이다. 그에 대한 반란의 첫 번째 원인은 하찮고 사소한 성질의 것이었다. 전차 몰이꾼인 필로코무스가 체포 명령을 받게 되자 가장 소중한 보물이라도 간수하려는 듯이 군중들이 그를 뒤따라와 야단법석을 피우며 장관에게 덤벼들고 위협을 가하였다. 그러나 그는 의연하고 단호히 경찰에게 개입을 명령하여 몇 사람을 붙잡아 태형을 가하게 했고 찍소리 하거나 저항하는 자가 없자 그들에게 귀양

살이를 선고하였다. 며칠 후 다시금 흥분 상태에 빠진 군중들은 포도주가 부족하다고 내세우며 셉템조디움에 모여들었다. 그곳은 마르쿠스 황제가 현란한 님파이움을 세워 둔, 사람들이 잘 가는 곳이다. 얼마 전의 폭동 때문에 아직도 성나 있는 뻣뻣하고 위협적인 군중들 사이를 지나지 않는 것이 좋겠다는 부하 관리들과 측근의 간절한 호소를 마다하고 일부러 그리로 나간 것이었다. 두려움을 모르는 그는 곧바로 나아갔고 이에 따라 그가 절박한 위험 속으로 들어감에도 불구하고 몇몇 측근들은 그를 버리고 달아났다. 그리하여 당당하고 자신만만한 태도로 마차에 앉은 그는 꿰뚫는 듯한 날카로운 두 눈으로 주위에서 독사처럼 날뛰고 있는 꽉 들어찬 군중들의 얼굴을 바라보았다. 그는 창피스러운 욕설을 끈질기게 견디어 냈다. 당당한 체구와 붉은 머리털 때문에 쉽게 눈에 띄는 훤칠한 사내를 알아보자 그는 세상에서 말하는 페트루스 발보메레스가 아니냐고 물었다. 사내가 허장성세로 그렇다고 대답하자 많은 사람들의 항의를 무릅쓰고 오래전부터 알려져 있던 폭동의 주모자로서 그자의 두 손을 뒤로 결박해서 매달아 놓고 태형을 가하라고 명령하였다. 동료들의 도움을 간청했지만 아무런 보람도 없이 그가 높이 매달리게 되는 것을 보자 조금 전까지 떼 지어 모여 있던 폭도들은 모두 도시의 거리로 제각기 흩어져 사라져 버렸다. 그리하여 폭도들을 격렬하게 선동했던 장본인은 마치 비밀 재판실에서처럼 옆구리를 터지도록 얻어맞고 피케눔으로 귀양을 가게 되었다. 뒷날 귀양터에서 양갓집 처녀를 겁도 없이 겁탈한 그는 집정관 파트루이누스에게 재판을 받고 사형을 당하였다.

앞의 장에서 병정들의 반란을 다룬 타키투스의 서술에 관해 언급한 것은 그대로 위의 인용문에도 해당된다. 위의 경우가 한결 두드러진다고 할 수조차 있다. 타키투스보다도 암미아누스는 훨씬 더 객관적인 문제점들에 대한 관심이 없으며 폭동이 일어나게 된 원인이나 로마 주민들의 상태에 관한 철저한 분석을 시도하려는 생각도 없다. 로마의 폭동에서 그는 폭도들의 미련한 뻔뻔스러움밖에는 보지 못하는 듯이 보인다. 암미아누스의 이러한 태도는 그 나름으로 정당한 것일 수가 있다. 도시의 대중들은 몇 백 년 동안 모든 정부에 의해서 버르장머리 없이 길들여졌고 태만하도록 훈련받았으며 따라서 그 이상의 수준에 이를 수가 없었다. 그러나 현대의 역사가라면 어떻게 해서 이러한 상태가 야기되었느냐 하는 문제를 다루었을 것이고 대중의 타락이라는 문제를 논했을 것이다. 아니 적어도 언급만은 했을 것이다. 그러나 암미아누스는 이러한 점에 대해서 전혀 관심을 가지고 있지 않다. 그리고 이 점에 있어 타키투스보다도 훨씬 극단적이다. 타키투스는 뭐니 뭐니 해도 병정들이 제시하고 이에 대해서 지휘관이나 당국자들이 일정한 입장을 취해야 하는 합리적이고 일관성 있게 구성된 요구 조건이 있다는 것을 인정하고 있다. 양쪽에서는 협상을 하며 그들 사이에는 객관적이고 인간적이기까지 한 관계가 성립되어 있다. 이것은 가령 18장 끝머리의 블라에수스의 연설이나 41장 속에 있는 아그리피나의 출발 장면에 잘 드러나 있다. 타키투스가 묘사한 병정들이 아무리 변덕스럽고 미신적이라 하더라도 타키투스는 그들 병정들이 일정한 교양과 명예 감각을 갖추고 있는 사람들임을 주저하지 않고 인정하고 있다. 이에 반해서 암미아누스의 장면에서는 당국자들과 반도들 사이에는 객관적으로 이성적인 관계라고는 전혀 엿볼 수 없고 상호 존중에 바탕을 둔 인간관계는 더 말할 나위도 없다. 불가사의한 것과 사나운 폭력에 바탕을 둔 물리적 관계가 있을 뿐이다. 한편으로는 불량소년의 떼거리와 같은 우둔하고 후안무치한 다수 군중이 있고 다른 한편으로는 두려운 것 없이 즉각 결정을 내리며 태형을 가하는 고압적인 당국자가 있다. 그리고 폭도들은 동료 중의 한 사람이 그들 모두가 당해서 마땅한 것 같은 처우를 받는 것을 보자 기가 죽어서 현장에서 도망쳐 버린다. 암미아누스는 타키투스와 마찬가지로 그들이 영위하는 삶에 대해서 거의 아무것도 알려 주는 바가 없다. 아니, 페르케니우스의 연설에 해당하는 것이 없기 때문에 한술 더 뜨고 있다. 그는 인간적인 접촉을 미루어 알 수 있는 아무런 단서도 보여 주지 않는다. 그는 민중들로 하여금 이야기를 하게 만들지도 않는다. 고작해야 타키투스의 '다시 한번'(Cedo alteram)처럼 발보메레스란 별명을 언급할 뿐이다. 그 대신 그는 음산하게 화려한 수사 속에 사건 전체를 싸 놓고 있는데 그 수사는 민중의 말씨와는 전혀 동떨어져 있다. 그러나 사건은 강력한 감각적 인상을 낳게끔 처리되어 있고 따라서 많은 독자들은 그것이 불쾌하리만큼 생생하게 그려져 있음을 알게 된다. 암미아누스는 사건을 동작으로서 파악하고 있다. 그리하여 빽빽한 군중들이 그 위에 군림하고 있는 장관과 대조를 이루고 있다. 이 감각적이고 동작적인 요소는 앞으로 다시 이야기하게 될 낱말과 직유의 선택을 통해서 처음부터 준비되어 있고 이글이글한 눈을 한 채 마차에 앉아 있는 레온티우스가 맹수 부리는 사람처럼 군중이 급히 사라져도 까딱 않은 채 독사처럼 슈웃 하는 소리를 내는 폭도들과 대결하는 셉템조디움의 장면에서 그 절정에 이른다. 폭동, 자기 눈초리로 그것을 진압하려는 한 사나이의 개입, 욕설, 높이 매달린 주모자의 큼지막한 체구, 그리고 태형, 이어 모든 것이 잠잠해지고 일종의 결론으로서 우리는 겁탈과 이에 따른 사형을 보게 된다.

    타키투스와 비교해 본다면 인간적이고 객관적으로 이성적인 것을 희생시키고 불가사의한 것과 감각적인 것이 얼마나 강력하게 나타나 있는가 하는 것이 잘 드러난다. 제정 시대의 첫 번째 세기말로부터 갑갑하고 편편치 못한 것, 생활 분위기의 암흑화가 나타난다. 그것은 세네카(Seneca) 속에 의심할 바 없이 나타나 있으며 타키투스의 역사책의 암울한 가락은 곧잘 주목되어 왔다. 그러나 암미아누스에게서는 이 과정이 불가사의하고 감각적인 비인간화의 단계에까지 이르고 있다. 인간적인 것이 마비됨으로써 사건의 감각적인 생동성이 한결 두드러진다는 것은 쉬 알아볼 수 있다. 내가 타키투스의 장면을 병정들의 반란이 아니라 군중 폭동과 비교했다고 반론을 제기할지도 모르겠다. 그럴 경우 우리가 고려해야 할 장면이 꼭 하나 있는데, 그것은 20권 첫머리에 있는 병정들의 반란이다. 그 장면은 내게도 극히 의심스러워 보인다. 그것은 병정들 편의 자연 발생적인 반응을 다루고 있는 것이 아니라 우리가 현대 역사를 통해서 너무나 잘 알고 있는 방식으로 병정들의 충동을 교묘하게 활용한 계획된 대중 시위를 다루고 있는 것처럼 생각된다. 이러한 대목은 이 책이 목적하는 바를 위해 사용될 수가 없다. 그래서 나는 로마에서의 대중 봉기를 본으로 삼지 않을 수가 없었다. 그러나 우리가 이 대목에서 우선 발견했던 암미아누스의 문체상의 특징은 그의 책 전체를 통해서 발견된다. 도처에서 인간 감정과 이성은 불가사의하며 음산하게 감각적인 것, 생생하고 동작적인 것에 밀려나고 만다. 타키투스가 그린 티베리우스(Tiberius)는 음산한 것임이 분명하나 그럼에도 본질적인 인간성과 위엄을 넉넉히 구비하고 있다. 암미아누스의 경우에는 불가사의하고 그로테스크한 것, 그리고 수사적으로 소름 끼치는 것 이외에는 아무것도 남아 있지 않는다. 이러한 방향의 천재가 실제적이고 활동적이며 진지한 고급 장교로 성공을 거두었으니 놀라지 않을 수가 없다. 그와 같은 지위와 그와 같은 생활 방식의 위인에게 이러한 재능을 발달시켰으니 당시의 분위기는 참으로 강력한 것이었음에 틀림이 없다.(암미아누스는 생애의 대부분을 고된 전쟁에 종군하는 데 보낸 것처럼 보인다.) 예컨대 갈루스(Gallus)의 죽음의 도정(14권 11장), 율리아누스(Julianus)의 유해의 도정(21권 16장), 혹은 프로코피우스(Procopius)의 황제 즉위 선언(26권 6장)을 읽어 보도록 하자.

그리하여 그는 한 썩어 가는 송장처럼 거기 서 있었다. 망토도 걸치지 않고 (황제의 망토를 아무리 찾아보아도 없었기 때문에) 마치 궁정의 시종처럼 금으로 수놓은 상의를 입고 허리 아래쪽에는 소학생 같은 복장을 하고 무덤 속에서 튀어나온 사람처럼 서 있었다. (중략) 오른손에는 창을 들고 있었고 왼손으로는 한 조각의 자줏빛 천을 흔들었다. 극장의 막에 그려 놓은 휘황하게 장식된 인물이나 희극 속에 나오는 기괴한 인물이 갑자기 살아나온 것이란 생각이 들직도 하였다. (중략) 자신이 황제의 지위에 올라오는 데 작용한 배후 인물들에게 아첨조로 인사말을 하고 논공행상을 후하게 하겠노라고 약속하였다. (중략) 그가 최고석에 올라가고 모두가 놀라움에 가득 차 음산한 침묵을 지키고 있을 때, 그는 그전에 두려워했던 것과 마찬가지로 자신의 마지막 시간이 다가왔다고 생각하였다. 그는 너무나 사지가 떨려 오랫동안 말을 하지 못하였다. 드디어 그는 떠듬떠듬하는 목소리로 말문을 열어 임종에 처한 사람인 양 몇 마디 하고 황실과의 관계를 들어 자신의 행동을 정당화하려 하였다…….

이 장면에서도 지배적인 것은 동작에 관한 것, 생생한 이미지이다. 암미아누스의 저작 속에서는 섬뜩하리만큼 기괴하고 극히 감각적이고 생생한 초상화의 화랑을 골라낼 수 있다. 즉 고개를 돌리는 법이 없고 코를 푸는 법이 없으며 침을 뱉지 않는, 마치 석상과 같은(tamquam figmentum hominis) 콘스탄티우스 황제(16권 10장과 21권 16장), 언제나 머리를 긁적이고 있으며 넓게 보이도록 좁은 가슴을 쫙 펴고 작달막한 키로는 지나치게 큰 걸음을 내딛는 염소수염을 기른 알레마니인(Alemanni)의 위대한 정복자 율리아누스 황제(17권 11장과 21권 14장), 몸집이 너무 크기 때문에(Vasta proceritate et ardura) 뜻하지 않게 종군 중 황제의 지위에 오른 뒤 몸에 맞는 황제의 좌상을 찾아내기가 힘들었고 서른세 살의 나이에 원인 불명의 죽음을 맞은 즐거운 표정의 요비아누스 황제(Jovianus, 25권 10장), 명문 집안의 자제로 애매한 혐의를 받았을 때 쓰레기 같은 하층민 사이에 숨어 지냈고 암미아누스의 많은 다른 인물들처럼 목숨을 구할 방도가 달리 없기 때문에 황제가 되려고 꾀하나 이에 성공하지 못하는, 언제나 눈을 내리깔고 있는 음침하고 우울한 음모가인 프로코피우스(26권 6~9장), 뒷날 궁정의 최고위직에 오르게 되는 판노니아 출신의 도굴꾼으로 야수와 같이 꽉 문 입에서 잔인함을 내뿜는(efflanten fernio rictu crudelitatem) 비서 레오(Leo, 28권 1장), 놀라우리만큼 성공적인 이력을 소유하였던 직업적인 밀고자로서 점쟁이 혹은

'수학자'였던 헬리오도루스(Heliodorus), 그는 이제 미식가로서 창녀들에게 뿌릴 돈을 엄청나게 가지고 있고 음산한 표정을 하고 도시를 걸어가면 누구나가 그를 무서워했다. 그는 매음굴을 터놓고 자주 출입하였다.(그는 황제의 침실 관리원(cubiculariis officiis prae positus)이다.) 그리고 국가의 사랑받는 원수의 향락이 많은 신하들을 타락시킬 것이라고도 말하고 있다. 이러한 말의 끔찍한 아이러니는 타키투스의 「나의 티베리올루스(Tiberiolus meus)」(『연대기』 6권 5장)를 상기시키나 훨씬 더 혐오스럽다. 헬리오도루스가 급사하자 궁정의 모든 사람들이 맨머리에 맨발로 합장을 한 채 엄숙한 장례에 참가하지 않으면 안 된다.(29권 2장) 또 음침한 얼굴에 사팔뜨기이긴 하지만 빼어나게 잘생긴 발렌티니아누스 황제(Valentinianus)가 있다. 기분이 언짢았을 때 그는 마부의 손을 잘라 버리라고 명령하는데 그 이유는 뒷걸음질 치는 말에 오르는 중 마부의 도움이 야무지고 재빠르지 못했기 때문이다.(30권 9장) 고트 족과 맞서 싸운 발렌스 황제(Valens)는 가무잡잡하고 한쪽 눈은 흰 막으로 덮여 있었으며 배는 불룩 튀어나오고 다리는 구부러져 있었다.(31권 14장) 이러한 초상화를 계속 열거하고 이에 못지않게 기괴하고 섬뜩한 사건이나 거동의 삽화를 예증하기는 어렵지가 않다. 그리고 이러한 모든 것의 배경이 되어 있는 것은 취급된 인물들이 유혈의 광란과 죽음의 공포 사이에서 살고 있었다는 일이다. 암미아누스가 그리고 있는 지배 계급 사람과 그들의 세계는 기괴하고 사디스틱하며 도깨비 같고 미신적이며 권력을 탐내면서도 이빨 부딪치는 소리를 감추려고 항시 노력하고 있는 것이다. 그의 야릇한 유머 감각도 언급해야 마땅할 것이다. 오만함 때문에 관습적인 인사용 입맞춤을 거절하는 귀족들의 거동을 읽어 보기로 하자.

입맞춤을 받아야 할 얼굴을 그들은 덤벼드는 황소처럼 외면하고 아첨꾼들에게 무릎이나 손을 입 맞추라고 내민다. 그것만으로도 그들을 충분히 행복하게 만들 수 있다고 생각하기 때문이다. 그리고 그들은 낯선 사람은 설령 지체 높은 사람이 그에게 은혜를 입고 있는 경우에도 어떤 집에 머무르고 있으며 어떤 뜨거운 목욕물이나 물을 쓰느냐는 질문을 받으면 많은 호의를 받는 것이라고 믿고 있다.(osculanda capita in modum taurorum minacium obliquantes, adulatoribus offerunt genua suavianda vel manus, id illis sufficere ad beate vivendum existimantes: et abundare omni cultu humanitatis peregrinum putantes, cuius forte etiam gratia sunt obligati, interrogatum quibus thermis utatur aut aquis, aut ad quam successerit domum.)

—28권 4장

혹은 기독교 교회 내부의 교의상의 논쟁에 대한 그의 말을 들어 보기로 하자.

성직자들의 떼거리가 이리저리 소위 종교회의로 분주하게 쏘다니지만 각자 믿음에 대한 자신의 해석을 타인에게 밀어붙이려고 할 뿐 이루어 놓은 것은 아무것도 없고 부담 많은 교통 수단의 완전한 붕괴만 성취할 뿐이다.

—21권 16장

이러한 유머 속에는 언제나 통렬하고 기괴한 것이 깃들어 있으며 기괴하게 섬뜩하고 비인간적으로 경련적인 것이 아주 빈번하게 엿보인다. 암미아누스의 세계는 음산하다. 그것은 미신과 피비린내 나는 광란과 탈진과 죽음의 공포, 무시무시하고 불가사의하게 뻣뻣한 동작으로 가득 차 있다. 그리고 이 모든 것을 상쇄하려는 것으로는 한결 더 어렵고 한결 더 절망적인 일을 성취하려는 똑같이 음산하고 측은한 결의, 즉 외부로부터 위협받고 내부로부터 붕괴하는 제국을 보호하려는 결의가 있을 뿐이다. 이러한 결의는 암미아누스의 무대에 등장하는 인물 중 가장 강력한 인물들에게도 유연해질 가능성이 전혀 없는 경련적인 초인성을 부여하고 있는데 그것은 예컨대 그가 율리아누스의 말이라고 전하고 있는 '선 채로 죽는다'(moriar stando) 란 말 속에 잘 표현되어 있다. "열병에 죽는 것 같은 목숨에 미련은 없으니 황제답게 나 홀로 위대한 업적의 생애를 마칠 때 선 채로 죽으리라."(ut imperatorem decet, ego solus confecto tantorum munerum cursu moriar stando, contempturus animam, quam mihi febricula eripiet una. 24권 17장)

암미아누스는 앞서 지적한 대로 극히 강력한 감각적 표현을 가지고 있다. 만약 그의 라틴 말이 그처럼 난해하지도 않고 또 번역하기 어려운 게 아니었다면 그는 고대 문학자 중 가장 영향력이 많은 작가의 한 사람이 되었을 것이다. 그러나 그의 방법은 우리의 안전에 그들 자신의 조건을 기반으로 한 인물들을 만들어 내고 이를테면 그들의 본성에 따라 생각하고 행동하고 말하게 한다는 의미에서는 결코 모방적이 아니다. 그는 그들 인물들로 하여금 그들 자신의 자연스러운 언어를 말하게 하지 않는다. 그는 위에서 내려다보며 도덕적 기준에 의거해서 판단하며 리얼리스틱한 모방의 수법이 비속한 희극의 스타일에 알맞다며 멸시하기 때문에 그것은 의식적, 의도적으로 활용하는 법이 없는 고대 역사가들, 다시 말해서 격조 높은 숭고한 스타일을 사용하는 역사가의 전통에 명백하게 속해 있다. 이러한 특수한 형태의 전통은 특히 후기 로마 시대에 숭상되었는데(이미 살루스티우스(Sallustius), 특히 타키투스의 경우에 잘 구현되어 있다.) 기질적으로는 극히 스토익하다. 그것은 고도의 도덕적 타락을 드러내는 예외적으로 음산한 주제를 즐겨 선택하고 이어서 그러한 주제를 그 전통이 가지고 있는 본래의 단순성, 순수성, 그리고 미덕에 대한 이상적 개념과 날카롭게 대조시킨다. 이것이 암미아누스가 따르려고 하는 것이 분명한 패턴으로 그것은 그의 저작 여기저기에서 도덕적인 관점에서 옛날 사람들의 행동과 말들을 대조적으로 인용하고 있는 데서 엿볼 수 있다. 그러나 아주 처음부터 우리는(암미아누스의 경우 이러한 인상은 의심할 여지가 없다.) 이러한 전통 속에서는 제재가 점차로 문체상의 의도를 지배하고 마침내 그것을 압도하고 절제와 세련을 자처하는 문체가 내용에 스스로를 적응시키도록 강요하며 그 결과 내용의 음산한 리얼리즘과 비사실적으로 세련된 문체의 경향 사이에 찢긴 말씨와 구문이 변화하기 시작하고 조화를 잃고 부담이 과중해지며 조잡해진다. 말씨는 상투적이 되고 문장은 이를테면 시들고 뒤틀린다. 균형 잡힌 우아함은 깨지고 세련된 억제는 음산한 화려함으로 자리를 물려준다. 그리고 말하자면 스스로의 의사에 반해서 문체는 무거운 분위기와 걸맞기보다는 한결 감각적이 된다. 그러나 무거운 분위기는 결코 없어지지 않고 도리어 강조되어 있다. 숭고한 스타일은 지나치게 비창해지고 섬뜩해지며 회화적이고 감각적이 된다.

이러한 발전의 최초의 흔적은 살루스티우스에서 발견할 수 있다. 이러한 방향으로 가는 데 크게 기여한 이는 세네카이다. 비록 로마의 역사 서술의 전통에 속하지는 않지만 그는 일반에게 강력한 영향을 미쳤다. 타키투스의 경우에는 그가 다루고 있는 사건들이 음산함에 의해서 더욱 두드러지게 된 역사 서술 문체의 음산함과 지겨운 무거움은 감각적인 감식력으로 가득 차 있다. 감각적 감식력은 끔찍한 사건들의 암시력에 의해서 되풀이 환기되어 늘 나타나 있지만 물체의 날카롭고 세련된 간결함 때문에 곧 억제되곤 하는데 이 간결함은 끔찍함의 폭발이 우세함을 허용치 않는다.(수많은 보기 가운데서 가령 세야누스(Sejanus)의 아이들의 처형을 들 수 있다.)(『연대기』 5권 9장) 암미아누스의 경우에는 감각적인 것, 구상적인 것이 마구 난무하고 있다. 그것은 숭고한 문체 속에 억지로 끼어들어오는데 희극적으로 혹은 통속적으로 물체를 비속화시킴으로써가 아니라 무한정 과장함으로써 그렇게 되는 것이다. 현란한 단어와 여봐란듯이 뒤바꿔 놓은 구문을 갖춘 언어가 뒤틀리고 잔혹하며 기괴한 당대의 현실을 묘사하기 시작한다.

감각적인 것을 간략하게 진술하거나 도덕적으로 그것을 암시하기만 하는 조용하고 세련된 어휘 대신에 우리는 동작을 나타내는 회화적인 어휘를 접하게 된다. 가령 로마의 폭동 묘사의 경우 태연자약함의 윤리적 표현 대신에 "조금도 겁내지 않고"(stabilis), "의연하게"(erectus), "당당한 자세와 날카로운 눈길로 관찰하고"(cum speciosa fiducia intuebatur acribus oculis)라는 표현을 보게 된다. "길은 끝나는 법이 없다"(iter non intermisit)란 표현 대신에 "서슴없이 나아가다"(recte tetendit)란 표현을 보게 된다. 태형은 "옆구리를 터트리다"(latera exarare)란 과장된 우회 용법으로 표현되어 있다. "순결을 빼앗다"(pudorem eripere)란 표현도 비슷한 효과를 내고 있다. 타키투스가 가령 "고발자의 폭력이 날이 갈수록 으시시해지면서 창궐하고 있었다." (accusatorum major in dies et infestior vis grassabatur)(『연대기』 4권 66장)라고 했던 것을 "살기등등한 군중들이 모든 것이 파괴되는 파국 상태를 야기하고 있는 사이"(dum has exititorium communium clades suscitat turba feralis)라고 표현하고 있다. 이러한 모든 보기는 이러한 틀에 박힌 과장법이 단순히 특이함을 노려서가 아니라 감각적인 선명함에 기여함을 보여 주고 있다. 우리는 개개 장면을 선연하게 눈에 떠올리게 되는 것이다. 또 사람과 동물(독사와 황소가 특히 총애를 받는다.)의 비교가 참으로 많이 나온다. 또 인간사가 무대 위의 사건이나 사자(死者) 세계의 사건과 비교되어 있기도 하다. 단어의 선택은 철저하게 연구되어 있다. 그러나 그것은 선택과 연구된 것을 감각 현상의 세련된 과장법으로 다루고 있으며 오직 시인에게만 그 묘사를 허용하고 있는(시인도 풍자시나 희극의 비속한 스타일을 피하려면 당대 현실로서의 삶으로부터는 동떨어져 있어야 했다.) 고전 문학과는 완전한 대조를 이루고 있다. 이 모든 것과 완전한 대조를 이루면서 역사 서술의 숭고한 문체 속에 있는 연구된 것은 현재 일어나고 있는 일들을 묘사하는 데 기여하고 있는 것이다. 그러나 묘사는 모방적인 성질의 것이 아니다. 도덕적으로 판단하는 역사가가 나서서 모방적 리얼리즘의 낮은 지대를 피하고 숭고한 문체로 서술한다. 그리하여 이제 정식으로 가장 현란한 색채를 사용하고 있는 것이다.

암미아누스의 구문에 관해서 그의 용어 선택에 대해서와 똑같은 말을 우리는 할 수 있다. 그의 구문 속의 많은 요소에 대해서는 리드미컬한 행문(行文)이나 그리스 식 문체를 위한 노력 때문(노든(E. Norden), 『고대 산문 예술』646쪽 이하 참조)이라고 설명할 수도 있으나 우리가 지금 사용하고 있는 접근법에 의해서만 설명할 수 있는 요소도 많다. 명사, 특히 주격 주어의 배치, 동격의 형용사나 분사를 길게 늘어놓는 용법, 동격어의 무리를 분리해서 한정하는 어순을 사용하는 그의 경향 등등 모든 것이 인상적이며, 두드러지고 흔히 동작적인 것을 시사하려는 그의 지속적인 노력을 증언해 주고 있다. 주어에 대한 각별한 고심의 예로 "살기등등한 군중"(turba feralis), "다스리는 레온티우스는"(Leontius regens), "그는"(ille), "마르쿠스 황제는"(Marcus imperator) 등을 꼽을 수 있다. 목적어에 대한 고심의 예로는 "영원한 도시 로마를"(urbem aeternam), "전차 몰이꾼인 필로코무스가"(Philocamum aurigam), "군중을"(multitudiner), "얼굴을"(vultus), "쉽게 눈에 띄는 사내"(agnitum quemdam), "그자"(eumque) 등을 꼽을 수 있다. 그는 동격을 많이 사용하고(예스퍼슨(Jespersen)이라면 extraposition이라고 부르리라.) 또 동격과 유사한 형식도 많이 사용하고 있으나 될수록 독립적으로 돋보이게 해 놓고 있다. 레온티우스에 관해서는 "다스리는"(regens), "날렵한"(celer), "인정스러운"(benevolous), "공정한"(justimus) 등의 말이 쓰여 있다. 이어서 "엄격한"(acer)이란 말이 구문상으로 좀 유달리 취급되어 있으며 마지막으로 "지나치게 호색"(inclinatior ad amandum)이라고 되어 있다. "원인"(causa)은 "하찮고"(vilissima)와 "사소한"(levis)으로 교묘히 구별되어 있고 "군중들"(plebs)은 "뒤따르는"(secuta)과 "소중한 보물을 간수하는"(defensura proprium pignus) 사람들로 구별된다. "그는"(ille) "의연하고"(stabilis) "단호하게"(erectus) 나아간다. "군중"(multitudinem)을 먼저 "뻣뻣한"(arrogant) 것이라 형용하고 얼마쯤 떼어서 서로 대조가 되게 "성나 있는"(minacem), "날뛰고 있는"(savientem) 등의 형용사를 배치하고 있다. 장관에 대해서는 곧바로 "나아갔고"(pergens), "두려움을 모르는"(difficilis ad pavorem) 위인으로서 "전차에 앉은"(insidens vehiculo) 채 "끈질기게 견디어 낸"(perpesus) 것으로 묘사가 강조되어 있다. "눈에 띄는 사내"(agnitum quemdam)는 "훤칠한"

(eminentem), "당당한 체구의"(vasticorporis), "붉은 머리털의"(rutili capilli) 위 인으로 "높이"(sublimi) 매달려 "도움을 간청"(implorante)하게 된다. 페트루스 발보메레스란 동격으로 몹시 강조되어 제시된다. 문장 중의 다른 생생한 서술 요소도 똑같이 강조되어 있다. "위협을 가하여"(ut timidum), "찍소리 하거나 저항하는 자가 없자"(nec strepente ullo nec obsistente), "현란한 건물" (operis ambitiosi), "열심히"(enixius) 등등이 그것이다. 보다 긴 어군들을 보면 이와 같은 인상은 더욱 고조된다. 동격을 나타내는 말들이 뒤따르고 있는 "영원한 도시 로마를 다스리는 레온티우스"(urbem aeternam Leontius regens) 는 의도적으로 당당하게 표현한 것이다. "마르쿠스 황제가 세운"(Marcus conditdit imperator)에 대해서도 같은 말을 할 수 있다. "그리하여 전차에 탄 채로"(insidens itaque vehiculo)란 첫머리의 어구는(심상으로서나 동작으로서 나) 극적이고 또 인상적이다. 야단스럽게 움직이면서 소리를 지르는 대상, 즉 "주위에서 독사처럼 날뛰고 있는 군중들의 얼굴"(tumultuantium undique cuneorum veluti serpentium vultus)에 앞서 나오는 "날카로운 두 눈으로 바라 본다"(contuebatur acribus oculis)는 것은 완전히 그림처럼 선연하다. 생채 없는 "눈에 띄는 사내"란 말 다음에 전개되는 "훤칠한", "당당한 체구의", "붉은 머리털의" 등등의 어구에 대해서도 같은 말을 할 수 있다. "동료들의 도움을 간청했지만 아무런 보람도 없이 그가 높이 매달리게 되는 것을 보자" (Quo riso sublimi tribuliumque adjumentum nequidquam implorante)와 같이 동 격어가 별나게 중첩된 문장을 타키투스 같으면 쓰지 않았을 것이다. 왜냐하면 중복 동격 어구(두 번째 동격 어구 자체도 이미 과중한 짐을 지고 있다.)는 고전 문학에서는 전혀 찾아볼 수 없는 것이기 때문이다. 그러나 그것은 몹시 도 눈에 선하다. 페트루스가 안간힘 쓰는 것이 눈에 선하며 그의 고함 소리가 귀에 들리는 것 같지 않은가.

고전 문학의 기준으로 판단해 본다면 용어에 있어서나 구문에 있어서나 이 문체는 과도히 세련되고 과도히 감각적이다. 그 효과는 강력하지만 왜곡되어 있다. 그 효과는 그것이 나타내고 있는 현실만큼이나 왜곡되어 있다. 암미아누스의 세계는 우리가 살고 있는 정상적인 인간 세계의 희화(戲畵)인 경우가 많으며 하나의 악몽과 같은 경우도 허다하다. 단순히 그 속에서 반역, 고문, 박해, 고발과 같은 끔찍한 일들이 일어나기 때문만이 아니다. 이러한 일들은 거의 모든 시대와 장소에 널리 퍼져 있으며 삶이 한결 견딜 만한 시대란 그리 흔치 않은 법이다. 암미아누스의 세계를 그렇듯 숨 막히게 만들고 있는 것은 이들을 상쇄하고 균형을 유지할 그 아무것도 없기 때문이다. 인간이 끔찍한 어떤 일이라도 할 수 있는 게 사실이라 하더라도 끔찍한 것이 언제나 정반대되는 것을 낳으며 잔혹한 사건이 일어나는 시대에도 인간 정신의 위대한 생명력이 스스로를 드러내게 된다는 것 또한 사실이기 때문이다. 다시 말해서 사랑과 희생, 신념을 위한 영웅적 행위, 보다 순수한 존재의 가능성에 대한 끊임없는 탐구가 있게 마련이기 때문이다. 암미아누스의 세계에서는 이런 것을 전혀 찾아볼 수가 없다. 감각적인 것의 묘사에서는 인상적이나 그 완강한 수사적 정열에도 불구하고 체념조이며 이를테면 마비 상태에 있는 그의 역사 서술의 방식은 취할 만한 그 어떤 것도 보여 주는 바가 없으며 보다 나은 미래를 가리키는 그 어떤 것도 보여 주지 않는다. 보다 큰 자유와 보다 나은 인간성의 청신한 분위기를 자극하는 어떠한 인물이나 행동을 보여 주는 법도 전혀 없다. 이러한 경향은 두말 할 것도 없이 타키투스에서 시작되었으나 이처럼 극단적이지는 않았다. 그 원인이 고대 문명이 점점 더 깊숙이 빠져들었던 속절없는 취약 상태에 있음은 의심의 여지가 없다. 내부로부터 새 희망과 새 생활을 낳을 수가 없었기 때문에 고대 문명은 기껏해야 붕괴를 저지하고 현상을 유지하기가 고작인 조처에 스스로를 한정시킬 수밖에 없었다. 그러나 이러한 조처들조차도 또한 점점 노쇠해지고 그 집행이 점점 어렵게 되었다. 이 모든 것은 잘 알려져 있기 때문에 내가 더 이상 이야기할 필요가 없을 것이다. 그러나 암미아누스는 기독교에 대해서 적대적인 것처럼 보이지는 않지만 기독교에서조차 팽배해 있던 미래

없는 어둠을 뚫고 나갈 아무런 방도도 찾지 못하였다는 것을 나는 부언해 두고 싶다.

암미아누스의 서술 방식은 세네카와 타키투스 이후 형성되고 있던 어떤 것, 즉 소름 끼치게 감각적인 것이 큰 위치를 차지하는 고도로 수사적인 문체, 고전 고대 세계에서는 전혀 찾아볼 수 없는 음산하며 고도로 수사적인 리얼리즘이 완전히 성숙하였음을 분명히 해 준다. 가장 세련된 종류의 수사적인 기교와 현란하고 대담하게 왜곡된 리얼리즘의 혼합은 훨씬 이른 시기와 훨씬 낮은 수준의 문체의 경우에 찾아볼 수 있다. 예컨대 아풀레이우스 (Apuleius)의 경우에서도 찾아볼 수 있는데 그의 문체에 관해선 우리가 여러 번 참조한 바 있는 고대 산문의 기법에 관한 저작 속에서 노든이 날카로운 분석을 보여 주고 있다. 밀레토스 이야기의 문체의 수준은 당연히 역사책의 문체와는 아주 다르다. 그러나 희롱기가 있고 호색적이며 때로 주책 없이 경박스러움에도 불구하고 '변신'(Metamorphoses)은 수사와 리얼리즘의 엇비슷한 혼합을 보여 줄 뿐만 아니라 비록 노든은 지적하지 못했지만 쉬 잊을 수 없고 몸서리쳐지는 현실의 왜곡에 대한 똑같은 기호를 보여 주고 있다. 지금 내가 염두에 두고 있는 것은 오싹하고 기괴한 것과 인접해 있는 무수한 변신담과 귀신 이야기뿐만 아니라 가령 에로티시즘과 같은 다른 많은 것들까지도 포함하고 있다. 수사적, 사실적 예술의 온갖 풍취가 독자들을 자극하도록 되어 있는 욕정을 몹시 강조하면서도 인간다운 따뜻함과 친근감은 전혀 찾아볼 수 없다. 현저하게 사디스틱한 어떤 것이 늘 혼합되어 있다. 욕정에는 공포와 끔찍함이 섞여 있다. 주책없는 일도 물론 많이 엿보인다. 그리고 이것이 책 전체 속에 흐르고 있다. 두려움과 욕정과 어리석음으로 그것은 가득 차 있다. 모든 것이 우스꽝스럽다는 느낌이 적어도 현대 독자들에게는 그리 뚜렷하지 않을지라도 예컨대 카프카처럼 소름 끼치는 왜곡의 세계가 일관성 있는 광기를 시사하는 어떤 현대 작가들을 우리는 상기하게 된다. 나는 '변신'의 별 중요해 보이지 않는 대목으로 내가 의미하는 바를 설명해 보고자 한다. 다음 구절은 첫째 권 마지막(1권 24장) 장면에서 벌어지는데 이야기꾼인 루키우스(Lucius)가 외국의(테살리아(Thesalia)) 시장에서 물건 사는 것을 다루고 있다. 그것은 다음과 같다.

　　방 안의 내 물건들을 정리하고 목욕을 할 작정이었다. 그러나 우선 시장으로 저녁 땟거리를 사러 갔다. 나는 시장에서 썩 좋은 생선을 보고 값을 물었다. 100데나리우스라는 것을 20데나리우스로 깎았다. 막 떠나려는 참에 아테네의 학교 동창생인 피티아스가 우연히 그곳을 지나갔다. 처음에는 멈칫거리다가 그는 마침내 나를 알아보고 몹시 반가워하며 내게 달려와 입맞춤을 하고 말했다. "아, 루키우스, 이게 정말 얼마 만인가! 클리티오스 선생 곁을 떠난 후로 처음이 아닌가! 하지만 여기서 무얼 하고 있나?" "내일 알려 줌세." 하고 나는 말했다. "그런데 대관절 이게 어떻게 된 셈이지? 자네에게 축하를 해야겠네. 시종들하며 권장(權杖)하며 게다가 자네는 관리의 복장을 하고 있고." "나는 시장을 관장하고 있는 감독관일세." 하고 그는 말했다. "자네가 사고 싶은 것이 있으면 기꺼이 도움이 되어 주겠네." 나는 사양하며 벌써 저녁 땟거리로 생선을 넉넉히 샀다고 말했다. 그러나 피티아스는 내 광주리를 보고는 더 잘 살펴보기 위해 생선을 흔들어 보았다. 그리고 나서 물었다. "그래 얼마를 치렀나?" "한참 동안 실랑이를 하고 나서 겨우 20데나리우스로 샀다네." 하고 나는 대답했다. 그는 내 손을 잡고 다시 시장으로 데려갔다. "이들 가운데 누구에게서 이걸 샀나?" 하고 그가 물어왔다. 나는 한구석에 앉아 있는 작은 몸집의 노인을 가리켰다. 즉각 그는 그의 직권으로 그를 호되게 꾸짖기 시작했다. "그러니 외국인들은 말할 것도 없고 우리 친구들을 이렇게 대접하는 거구료! 이런 싸구려 생선을 이렇게 비싸게 팔아먹다니! 엄청나게 비싼 값으로 당신은 이 테실리아란 번창하는 도시를 아무도 찾아오려 들지 않는 불모의 바윗덩어리로 만들고 있소. 그러나 이것은 그냥 지나쳐서는 안 될 일이야. 내 감독하에서 비행자들이 어떻게 징계되는가 본때를 보여 주어야겠소." 그러더니 그는 내 광주리에 들어 있는 것들을 땅바닥에 내동댕이치고 시종 한 사람으로 하여금 생선을 밟아서 으깨 놓으라고 명령했다. 자신의 엄중한 조처로 즐거워진 피티아스는 내게 그곳을 빠져나가라고 충고하고 나서 말했다. "루키우스, 그만하면 노인에겐 큰 창피를 준 셈이야. 그래서 이 정도로 그쳐 두려네." 이러한 일 때문에 아연실색하지는 않았으나 적잖이 놀란 나는 목욕을 하러 갔다. 내 똑똑한 동창생의 정력적인 개입으로 말미암아 나는 내 돈과 저녁 땟거리를 모두 잃어버린 것이었다.

이 이야기를 읽고 그저 웃어 넘기며 그것을 하나의 익살극 또는 우스갯감으로 생각할 독자들은 과거에도 있었고 오늘날에도 있을 것임에 틀림없다. 그러나 그렇게 치부할 수만은 없다고 나는 믿는다. 오랫동안 소식을 모르고 있었던 루키우스의 친구에 대해서 우리는 두 사람이 방금 재회하게 되었다는 것밖에 아는 것이 없는데, 어쨌든 그의 거동은 고의적으로 심술을 부리는 것이든가,(그럴 만한 이유가 그에게는 없다.) 그렇지 않으면 미친 수작이다.(그러나 그의 정신이 온전치 못하다는 언급은 없다.) 우리는 인간 생활에서 흔히 일어나는 평범한 일을 얼마쯤은 우스꽝스럽게 또 얼마쯤은 기괴하게 왜곡한 것이라는 인상을 금할 수 없다. 친구는 뜻하지 않은 해후를 몹시 반가워했고 봉사를 스스로 제의했으며 또 실제로 도움이 되어 주겠노라고 고집했다. 그런데도 자신의 행동의 결과에 대해서는 눈곱만큼의 고려도 하지 않은 채 그는 루키우스에게서 저녁 땟거리와 돈을 빼앗아 버린다. 생선 장수의 처벌이 있었던 것도 아니다. 생선 장수는 돈을 빼앗기지 않았으니 말이다. 그리고 내가 잘못 읽은 것이 아니라면 피티아스는 루키우스에게 시장을 떠나라고 재촉한다. 이런 일이 있은 후에는 장사꾼들이 그에게 아무것도 팔지 않으려 할 것이고 보복을 시도할지도 모르겠기 때문이다. 우스꽝스럽고 주책없는 사건 전체가 루키우스를 우롱하고 치사하게 속이려고 세심하게 계산된 것이다. 그러나 도대체 무엇을 위하여, 무엇 때문인 것인가? 그것은 주책없는 짓인가, 악의에 찬 심술인가, 혹은 미친 수작인가? 그 주책없는 우스꽝스러움은 독자로 하여금 곤혹스러움과 당혹감을 피하지 못하게 한다. 또 법률의 명령으로 생선을 시장의 포도 위에 밟아서 으깨 놓는다는 것은 얼마나 불쾌하고 고약스러우며 잔혹한 생각일 것인가!

이목을 끄는 회화적 리얼리즘이 숭고한 문체 속으로 잠식해 들어가는 것을 우리는 암미아누스에게서 볼 수 있으며 또 그것은 고전 문학의 스타일 분리 법칙을 점차로 와해시키게 되는데 이러한 잠식은 기독교 저자들 사이에서도 엿볼 수 있게 된다. 우리가 앞서 지적했듯 이 유대 기독교의 전통 속에는 리얼리즘과 숭고한 문체를 분리시키는 법이 없었다. 한편 많은 교부(敎父)들이 고도의 교육을 받았으며 특히 철학과 수사학에서 철저한 훈련을 받았기 때문에, 극히 강력한 영향력이 될 수 있었던 교부들에 대한 고전 문학적 수사학의 영향은 방금 언급한 와해 과정이 스타일 분리 면에서뿐 아니라 일반적인 문체상의 조화와 억제란 면에서도 크게 진척된 후에야 비로소 그 힘을 발휘하기 시작했다. 그러므로 우리는 교부들에게서도 화려한 수사와 현란한 현실 묘사의 혼합을 심심치 않게 보게 된다. 특히 히에로니무스(Hieronymus)는 이 점에 있어서 극단적인 보기가 되어 주고 있다. 호라티우스(Horatius)와 유베날리스(Juvenalis)를 뺨치는 그의 풍자적 희화(戱畵)는 지극히 회화적이다. 스스로에게 예의나 관습에 대한 경의를 조금도 과하지 않고 먹기와 마시기, 신체의 돌봄(혹은 소홀함)과 성적 절제에 이르는 사소한 사항까지도 세세히 다루고 있는 금욕적 격언을 적고 있는 대목에서는 특히나 더욱 회화적이다. 그의 과장된 문체가 소름 끼치는 것을 얼마나 생생하게 그릴 수 있는가 하는 것의 극단적인 보기를 그의 편지의 한 대목(66편 5절 『로마 교부 문헌』 22집 641쪽)에서 엿볼 수 있을 것이다. 이것은 가장 효과적인 경우이지만 이런 예는 얼마든지 있다. 명문 집안의 여인 파울리나(Paulina)가 죽고 나서 그녀의 남편인 파마키우스(Pammachius)는 재산을 가난한 사람들에게 넘겨주고 수도사가 될 작정을 하였다. 그 이야기를 들은 히에로니무스는 칭송과 권고를 곁들인 편지를 썼는데 그 가운데 다음과 같은 대목이 보인다.

    한때는 그녀의 목과 얼굴을 장식해 주었던 휘황한 보석들이 이제는 가난한 사람들의 주린 창자를 채워 주는 데 기여한다. 비단옷과 섞어 짠 금실이 이제 허영을 드러내는 것이 아니라 추위를 가려 주는 부드러운 털옷으로 변하였다. 한때는 사치의 연장이었던 것이 이제는 미덕에 의해서 부려지고 있다. 손을 뻗쳐 아무도 없는 곳에서 소리를 지르던 장님이 파울리나의 상속인이자 파마키우스와 공동 상속인이 된다. 온몸으로 자신을 질질 끌고 가던 발이 잘린 다른 어떤 사람은 다정한 소녀의 손이 받쳐 준다. 한때는 칭송객을 토해 내던 대문이 이제 가난한 사람들에게 둘러싸여 있다. 배가 불룩한 사람은 자신의 죽음을 잉태하고 있다. 혀 없는 벙어리는 애원할 방편도 없고 애원조차 할 수 없기 때문에 더욱 실감 나게 애원한다. 어릴 적부터 앓아 온 이 사람은 이미 구걸(?)할 필요도 없다. 병으로(황달?) 썩어 가는 저 사람은 산송장으로 남아 있을 뿐이다. "백 개의 혓바닥과 백 개의 입이 내 것이라 하더라도, 그들의 모든 고통의 이름을 내 열거하지 못하리라." 이 모든 사람과 함께 그는 나아간다. 사람들 속에서 그는 예수님을 돌본다. 그들의 더러움 속에서 그는 하얗게 씻긴다. 그리하여 가난한 사람들의 출납계원, 가난한 사람들의 칸디다투스(candidatus, 즉 구혼자이자 흰 토가를 걸친 사람.)는 천국으로 길을 재촉한다. 다른 지아비들은 아내의 무덤 위에 오랑캐꽃, 장미, 백합, 보랏빛 꽃을 부리며 가슴속의 슬픔을 달랜다. 우리의 파마키우스는 성스러운 재, 고귀한 뼈 위에 향유를 부린다.

    병자와 가난한 사람들의 행렬은 내용에 있어서나 감정에 있어서나 두말할 것 없이 성서에 바탕을 두고 있다. 『신약 성서』에 보이는 병자의 치유와 희생 및 겸손의 윤리와 함께 「욥기」는 이렇게 신체상의 끔찍스러운 결점을 드러내 보이는 것의 바탕이 되어 주고 있다. 아주 일찍부터 흉칙한 질병(숨쉬는 시체(spirans cadaver)란 말을 히에로니무스는 어디에선가 하고 있다.)을 앓고 있는 사람들을 위한 헌신적인 자기 희생, 그리고 특히 그들을 돌보아 주고 있는 동안의 그들과의 신체적인 접촉은 기독교적인 겸손과 성자에의 열망을 보여 주는 가장 중요한 특징에 속한다고 간주되었다. 그러나 고대 후기의 수사적인 기교가 위 대목의 괄목할 만한 효과에 그 나름으로 기여하고 있음도 분명하다. 내 생각에는 가장 큰 몫을 차지했다고 말하고 싶다. 눈에 번쩍 띄는 이 수사법의 회화적 문체는 극단적인 사치와 가장 처참한 불행을 대조적으로 표현하고 있는 서두부터 분명한데, 거기에서 문체의 극단적인 대조가 의식적으로 드러나 있는 것이다. 즉 "휘황한 보석들"과 "가난한 사람들의 주린 창자"가 날카롭게 대조되어 있다. 말과 개념상의 대조를 농하고 있는 가운데서도 똑같은 회화적 문체가 드러난다. 가령 "추위를 가려 주는 부드러운 털옷"(lanarum vestimenta quibus repellatur frigus)과 "사치의 연장이었던 비단옷"(vestes serical, quibus nudetar ambitio)이라든가 "아무도 없는 곳에서 소리를 지르던"(ubi nemo est clamitans), "애원할 방편도 없는"(nehoc qui dem hubens unde reget), "산송장으로 남아 있는"(supravivit cadaveri suo), "더러움 속에서 하얗게 씻기다"(sardibus dealbatur) 등등을 들 수 있다. 한편 눈에 번쩍 띄는 형용사와 심상을 즐겨 쓴다든가 두어(頭語) 반복(hoc, his, horum 등)의 환정(喚情)적인 용법 속에도 이 회화적 문체는 두드러진다. 물론 히에로니무스는 동시대인인 암미아누스와는 달라서 그가 보여 주는 것의 불꽃(휘황한 보석(ardente gemmae))은 사랑과 열의에 의해서 타오르고 있다. 그리하여 파마키우스가 천국으로 솟아오르고 부인의 재를 자비의 향유로 적시고 있는 마지막 문장의 서정적 고양은 장엄하며 병자들의 행렬이 있은 후라 그 효과는 배가한다. 그리고 파마키우스가 뿌리지 않으나 차례로 열거하는 꽃들은 온통 향기를 풍긴다. 그것은 뒷날 바로크라 부르게 되는 것을 애호하는 사람들에게는 기쁨의 원천이 되는 훌륭한 작품이다. 그리고 한결 엄정하고 내재적으로 냉철하게 다듬은 화려함을 지니고 있기는 하나 암미아누스는 이와 비교할 만한 것을 가지고 있지 못하다. 그러나 이렇듯 감동적인 서정의 높이에까지 그를 올라가게 할 수 있었던 히에로니무스의 희망조차도 현세적인 것과는 아무런 연관이 없다. 전적으로 금욕적인 동정(童貞)이라는 이상을 지향하고 있는 그의 전도는 생식을 반대하고 현세적인 것의 절멸을 의도하고 있다. 그는 방금 밀려들어온 저항이 그에게서 부분적인 양보를 얻어내는 것을 허용하는 경우도 있으나 그것도 마음 내키지 않은 채 가까스로 그러는 것이다. 그의 불꽃도 음산한 불꽃이다. 그에게 있어서도 언어의 회화적인 화려함과 음산한 자살 지향적 성향, 끔찍한 것과 삶의 왜곡에의 몰입 그리고 삶에 대한 적의 사이의 대조는 거의 견딜 수 없을 만큼 날카롭다. 그는 이러한 금욕주의와 살인적이랄 수 있는 세계 혐오를 과도하게 회화적인 문체로 장식한 최후의 인물은 아니다. 이러한 것은 그대로 기독교의 전통으로 남아 있다. 그러나 그에게 있어서는 바로크의 후기 형식에서 엿볼 수 있으며 가장 심오하게 몰입적인 경건함 속에서조차 찾아볼 수 있는 현세의 즐거움을 나타내는 상반되는 목소리가 거의 완전하게 결여되어 있기 때문에 그 효과는 한결 음산하며 암울하다. 암울하게 또 절망적으로 수세에 몰려 있던 몰락하는 고대는 이미 그러한 목소리를 낼 수가 없었던 것이다.

    그러나 교부들 사이에서조차 전적으로 다르게 자기 시대에 대해서 더욱 극적으로 전투적인 태도를 보여 주고 있으며 그와 함께 바로크적인 요소가 한결 적은 표현 형식을 보여 주고 한결 더 두드러지게 고전 문학 전통의 영향 하에 있음을 보여 주는 저작들이 있다. 이러한 보기로서 나는 아우구스티누스(Augustinus)의 『고백(Confessiones)』 중 6권 8장에서 다음 대목을 인용하려 한다. 여기 언급되어 나오는 사람은 알리피우스(Alypius)로 아우구스티누스의 소싯적 친구이자 제자의 한 사람이다. '당신'(tu)이라고 부르고 있는 사람은 신이다.

그는 부모들이 그를 흘려 추구하게 한 세속적인 길을 방기하지 않고 법률 공부를 위해 나보다 앞서 로마로 갔다. 그리고 그곳에서 이상하게도 곧이 들리지 않을 만큼 열심히 검사들의 시합에 빠져들게 되었다. 왜 이상하냐 하면 이러한 야단스러운 구경거리를 몹시 반대하고 혐오했던 그가 어느 날 우연히 저녁 식사를 마치고 돌아오는 여러 친구와 동료 학생들을 만났던 것이다. 그들은 이 잔혹하고 치명적인 구경거리가 벌어지고 있던 날, 격하게 저항하며 싫다는 그를 친구답게 강제로 원형극장으로 끌고 갔었다. "비록 그대들이 내 몸을 그곳으로 끌고 가서 거기 놓아둔다 하더라도 과연 그대들은 내 마음과 눈이 구경거리에 쏠리도록 강요할 수 있겠는가? 나는 있으면서도 없을 것이고 그대들과 구경거리를 모두 극복할 것이다."라고 그는 끌려가며 항변하였다. 이러한 그의 말을 들으면서도 과연 그가 큰소리 친 대로 할 수 있을까 하는 점을 아마도 알고 싶어서 그를 계속 끌고 갔다. 그곳에 당도하여 그들이 자리를 잡았을 때 그곳은 온통 비인간적인 경기로 흥분에 젖어 있었다. 그러나 그는 자기 눈을 닫아 버리고 자기 정신이 되지 못한 일에 쏠리지 말라고 타일렀다. 그가 귀마저도 틀어막았다면 오죽이나 좋았을까! 왜냐하면 시합 중 한 사람이 넘어지자 전체 관중의 큰 고함이 그를 강력하게 자극하여 호기심에 사로잡힌 그는 그것이 무엇이든 그것을 이겨낼 마음가짐이 되어 두 눈을 떴다. 그러고는 그가 보고 싶어했던 사람이 육체에 입은 상처보다 더욱 깊은 상처를 영혼에 입게 되었다. 크나큰 고함 소리를 자아냈던 사람보다 더욱 처참하게 그는 넘어졌다. 고함은 그의 귀를 꿰뚫고 들어가고 두 눈을 뜨게 했으며 그때껏 용감하기보다는 대담하였던 그의 영혼을 후려치고 두들겨 팼다. 그의 영혼은 당신에게 의지해야 했음에도 무엄하게도 자신에게 의지하려 하였으니 그만큼 더 허약하였다. 왜냐하면 피를 보자마자 그는 곧장 일종의 사나움을 들이마셨기 때문이다. 그는 외면하지 않고 골똘히 바라보며 무의식적으로 광기를 들이마시고 흉악한 시합에 열중하고 피비린내 나는 오락에 도취해 버렸다. 그는 이제 들어올 때의 그가 아니었으며 그가 섞여 있게 된 군중의 한 사람이 되었고 그를 그리로 끌고 온 사람들의 진정한 반려가 되었다. 더 이상 말해서 무엇하랴? 그는 구경하고, 고함치고, 신이 났고 열중하여 광기에 빠지게 되었는데 이로부터 그는 그를 최초로 유혹한 사람들과 함께 구경을 갔을 뿐 아니라 그들보다 먼저 가게도 되었고, 그렇지, 딴 사람들을 끌어들이게 되었다. 그리고 이 모든 것으로부터 당신은 아주 강력하고 가장 자비로운 손길로 그를 잡아당겨 자신을 믿을 것이 아니라 당신을 믿도록 가르쳐 주셨다. 그러나 이것은 오랜 뒷날의 일이다.

여기에서도 시대의 힘이 작용하고 있다. 즉 사디즘, 미친 듯한 피에의 갈망, 이성과 윤리에 대한 마력과 감각의 승리가 그것이다. 그러나 갈등이 계속되고 있다. 적이 무엇인가는 알고 있으며 영혼의 저항력이 이 적과 대결하도록 동원되어 있다. 이 경우 적은 대중 암시에 의해서 빚어졌으며 모든 감각에 동시적으로 즉각 영향을 미치는 피에의 갈망이란 허울을 쓰고 나타난다. 눈을 통해서 적이 들어오지 못하도록 길을 막으면 적은 귀를 통해 밀고 들어와 눈을 뜨지 않을 수 없게 한다. 방비하는 쪽에서는 가장 깊숙한 내부의 요새, 마음속의 결의의 힘, 거부하려는 의식의 의지를 아직도 굳게 신임하고 있다. 그러나 이 내부 의식은 잠시 동안도 버티어 내지 못한다. 그것은 즉각 붕괴해 버리고 의지의 힘으로 방비를 위해 봉사하도록 그때껏 압력을 가했던 막혀 있던 힘이 적의 편으로 돌아서 버린다. 이것이 의미하는 바를 살펴보도록 하자. 점점 증대해 가는 군중의 우세에 대해서, 비이성적이고 절도 없는 욕정에 대해서, 또 불가사의한 힘의 마력에 대해서 개화된 고전 문화는 개인주의적이고 귀족적이며 절도 있고 이성적인 자기 훈련이란 무기를 가지고 있었다. 잘 자랐고 자기의식적이며 독립적인 개인은 자신의 힘으로 절제를 지킬 수 있으며 그의 의사에 반해서는 어떠한 방종도 그 개인을 휘어잡을 수 없다는 점에서 다양한 윤리 체계의 의견이 일치하였다. 알리피우스의 입장은 당시 마니교와 그리 동떨어진 것이 아니었는데 마니교의 교의는 선과 악을 구별할 수 있는 인간의 능력에 의존하고 있다. 그래서 알리피우스는 "친구답게 강제로"(familiari violentia) 원형극장에 끌려갈 때 크게 걱정하지 않는다. 그는 자신의 감은 두 눈과 결연한 의지를 신임한다. 그러나 그의 오만한 개인주의적인 독립성은 순식간에 압도당하고 만다. 그리고 오만함이, 아니 내적 존재가 이렇게 부서지고 만 것은 단순히 아무렇게나 걸려든 알리피우스가 아니라 고전 고대의 이성적이고 개인주의적인 문화 전체인 것이다. 즉 플라톤, 아리스토텔레스, 스토아 학파의 에피쿠로스 등 모두가 해당된다. 타는 듯한 욕정의 강력한 단 한 번의 공격으로 그들을 쓸어내 버린 것이다. "그는 이제 들어올 때의 그가 아니었으며 그가 섞여 있게 된 군중의 한 사람이 되었다."(et non erat jamille qui venerat, sed unus de turba ad quam venerat.) 스스로 선택하고 방종을 경멸하던 고귀한 단독자인 개인이 군중의 한 사람이 되어 버린 것이다. 그뿐만이 아니다. 그로 하여금 타인보다 훨씬 오랫동안, 훨씬 과단성 있게 군중 심리로부터 초연할 수 있도록 했던 힘, 그때껏 그로 하여금 자기 자신의 오만스러운 생활을 영위하도록 해 주었던 기력, 이러한 힘들을 그는 이제 군중과 군중의 본능적인 충동에 맡겨 버리게 된 것이다. 그는 유혹받았을 뿐 아니라 그 자신이 유혹자가 되어 버렸다. 지금껏 멸시해 왔던 것을 이제 사랑하게 된 것이다. 그는 다른 구경꾼들과 함께 고함칠 뿐만 아니라 그들보다 앞질러 그러는 것이다. "그들보다 먼저 가게 되었고, 그렇다, 딴 사람을 끌어들이게 되었다."(non tantum cum illis, sed prae illis, et alios trahens.) 생기발랄하고 격정적인 젊은이가 당연히 그렇듯이 그는 점차로 조금씩 양보한 것이 아니라 극단적인 반대편으로 달려가 버린 것이다. 완전한 '뒤로 돌아'이다. 그리고 한쪽 끝에서 다른 쪽 끝으로 이렇게 돌아서는 것은 기독교도의 특징이기도 하다. 예수와 함께였음을 부정한 베드로와 같이(또 거꾸로 다마스커스로 가는 도중의 바울처럼) 그는 높이 서 있었기 때문에 더욱 아래로 떨어져 내린다. 그리고 베드로처럼 그는 다시 일어설 것이다. 그의 패배는 최종적인 것이 아니기 때문이다.

자신에게 의지하기보다 신에게 의지하라고 신이 그에게 가르치게 될 때(그리고 그의 패배는 이러한 깨달음으로의 첫걸음이다.) 그는 승리를 거둘 것이다. 왜냐하면 불가사의한 도취에 대한 싸움에 있어 기독교는 고대 문화의 이성적이고 개인주의적인 이상이라는 무기와는 다른 무기를 거느리고 있기 때문이다. 결국 기독교 자체도 심연으로부터의 운동, 직접적인 감정의 심연으로부터와 마찬가지로 군중의 심연으로부터의 운동인 것이다. 그것은 자신의 무기로 적과 싸울 수 있다. 기독교의 불가사의한 힘은 피에의 충동 못지 않은 마력이며 그것은 더욱 많은 희망으로 차 있기 때문에 더욱 질서정연하고 더욱 인간적인 마력인 것이다.

당대 현실의 암울한 특징을 아무리 많이 드러내 보인다 할지라도 아우구스티누스의 구절은 위에 인용한 암미아누스의 작품이나 히에로니무스의 구절과는 전혀 성질이 다르다. 첫눈에 다른 원전과 구별이 가는 것은 그것이 묘사하고 있는 극적인 인간의 투쟁의 열기이다. 알리피우스는 생기발랄하며 투쟁한다. 여기에 비하면 암미아누스가 보여 주는 인물이나 히에로니무스의 편지에 나오는 파마키우스는 내면의 세계를 전혀 드러내 보이는 법이 없는 정태적인 그림자에 지나지 않는다. 내가 아는 한 이것은 아우구스티누스를 그의 시대의 스타일과 전혀 다르게 구분시켜 주고 있는 중요한 특징이다. 그는 인간 생활을 생생하게 실감하고 직접적으로 그려 보여 준다. 그리고 그것은 우리 눈앞에 살아 있다. 위의 구절이나 다른 곳에서 그가 업수이 여기지 않고 사용하고 있는 수사적인 기교는 대체로 암미아누스나 히에로니무스에서 보게 되는 것보다는 그 이전의 고전이나 키케로 류의 작가들의 방식에 더 가깝다. "그때 그는 구경하고 고함치고 신이 났고 열중하여……"(spectavit, clamavit, exarsist, abstulit inde)와 같은 극적인 대목은 "그는 가 버렸다, 떠나 버렸다, 도망쳐 버렸다, 뿌리치고 가 버렸다."(abiit, excessit, erasit, erupit.)와 같은 키케로의 제2의 카티리나 탄핵 연설에 나오는 비유를 상기시킨다. 그러나 정녕 뜻깊은 점층법과 뒤이어 보이는 사실적인 것으로의 전환 때문에 키케로의 연설보다 훨씬 뛰어나다. 다른 곳, 특히 인용된 구절의 후반부에는 많은 비유, 대조, 병렬절 등이 보인다. 수사적인 요소가 암미아누스나 히에로니무스의 경우보다 더욱 고전적인 인상을 준다. 그러나 단 한 번 훑어보아도 분명하지만 우리가 접하고 있는 것이 고전의 원문이 아니라는 것은 명백하다. 어조는 뭔가 다급하게 충동적인 것, 뭔가 인간적이고 극적인 것을 간직하고 있으며 형식은 병렬 구문을 압도적으로 많이 가지고 있다. 개별적으로 고려해 보든 종합적인 효과 면에서 고려해 보든 이러한 특징은 둘 다 고전적이 아님이 명백하다. "시합 중 한 사람이 넘어지자"(nam quodam pugnae casu) 이하의 일련의 종속절을 포함하고 있는 문장을 살펴보면 그 클라이맥스는 극적이고 동시에 병렬적인 "눈을 떴다. 그리고 상처를 받았다."(apercuit oculos, et percussus est)임을 알게 된다. 우리가 이러한 인상을 소급해서 추적해 본다면 성서의 어떤 대목을 상기하게 되는데 라틴어 번역 성서에서는 이렇게 되어 있다. 즉 "빛이 있을지어다 하고 신이 말씀하시자 빛이 있었다."(Dixique Deus, fiat lux, et facta est lux) 혹은 "그들은 당신을 불러 구함을 받았고 당신을 믿어 수치를 당하지 않았어라!"(ad te clamaverunt, et salvi facti sunt, in te speraverunt, et non sunt confusi, 「시편」, 22장 5절) 혹은 "당신이 숨을 쉬어 바람을 보내니 바다가 그들을 뒤엎었다."(Flavit spiritus tunus, et operuit eos mare, 「출애굽기」, 15장 10절) 혹은 "주님이 나귀의 입을 열게 하자 나귀는 발람에게 말하였다."(aperuit Dominus os asinae, et locuta est, 「민수기」 22장 28절) 등등을 열거할 수 있다. 이러한 모든 보기 속에는 고전 라틴 문장에서 흔히 볼 수 있는 인과 관계나 시간 관계를 나타내는 종속(cum(함께), postquam(그 후부터) 따위의 말을 쓰는 경우도 있고 탈격의 절대 용법이나 분사 구문을 쓰는 경우도 있다.) 대신에 '그리고'(et)를 포함하는 병렬 구조가 쓰이고 있다. 이러한 표현 절차는 두 사건의 상호 의존을 약화시키기는커녕 더욱 강조하게 마련이다. 그것은 영어의 경우에 "그가 눈을 떴을 때"(when he opened his eyes)나 혹은 "눈을 뜨자마자 그는 상처받았다!"(Upon opening his eyes, he was struck)보다 "그는 눈을 떴다. 그리고 상처받았다."(He opened his eyes and was struck.)라고 하는 편이 훨씬 극적으로 효과적인 것과 마찬가지다.

문장의 클라이맥스인 "aperuit oculos, et percussus est"에 관한 이러한 소견은 그러나 보다 일반적인 상황의 징후에 지나지 않는다. 아우구스티누스는 고전기의 미문체와 여기 상응하는 비유법을 사용하고 있으며 그의『기독교 교의』 4권에 보이는 자신의 설명에서 알 수 있듯이 의식적으로 그렇게 한 것이었다. 그러나 그는 그것이 자신을 지배하도록 허용하고 있지는 않다. 그의 성격 중 성화같이 충동적인 요소가 고전 문체, 특히 위에서 내려다보며 사물을 조직하는 로마 문체의 비교적 냉정하고 이성적인 절차에 완전히 순응하는 것을 불가능하게 만들고 있다. 특히 극적인 전개를 보여 주고 있는 경우에 그가 얼마나 빈번하게 절과 절을 병치시키고 있는가 하는 것은 앞서 인용한 대목 구석구석에서 발견할 수 있다. trahitis, et ibi constitutis; adero ac superabo; interdixit, atque utinam obturavisset, aperuit, et percussus est, ceciditque; intravit et reservit; ebibit, et non se avertit, sed tixit, et nesciebat, et delectabatur, et inebriabatur, et non erat jam ille. 이러한 용법은 고전 라틴문에서는 불가능했을 것이다. 그것이 성서에서 흔히 볼 수 있는 병렬 구조임은 의심할 여지가 없다. 내적 사건의 극화나 내면의 변모와 같은 내용이 터놓고 기독교적인 것과 마찬가지로 말이다. "그는 이제 들어올 때의 그가 아니었으며 그가 섞여 있게 된 군중의 한 사람이 되었다."(Et non erat jam ille qui venerat, sed unus de turba ad quam venerat.) 이것은 내용에 있어서나 형식에 있어서나 고전 고대의 산물로는 도저히 생각할 수 없는 문장이다. 그것은 기독교적인 문장이며 특히 아우구스티누스만이 쓸 수 있는 것이다. 왜냐하면 서로 갈등을 보이면서 한편 연합되어 있는 내면의 제력(諸力)이란 현상, 그 제력의 관계와 결과에 있어서의 대립과 종합의 교체를 그보다 더욱 정열적으로 추구한 사람은 일찍이 없었기 때문이다. 그리고 그는 위의 인용문에서처럼 실제적인 맥락에서뿐만 아니라 순수한 이론적 문제에 관해서도 그렇게 했던 것이다. 그의 손길이 닿으면 순수한 이론적 문제도 하나의 극으로 화해 버린다. 그의 삼위일체론은 그 가장 인상적인 보기이다. 그러나 짤막하지만 특징적인 구절로부터 아우구스티누스가 많은 문제를 그 성장과 발전 속에서 얼마나 명백하게 파악하고 있는가를 알고자 한다면 『고백』의 1권 8장의 첫머리 문장들을 읽어 보는 것이 좋을 것이다. 여기에는 어린 시절에서 사춘기로의 전환기가 다루어지고 있는데 아우구스티누스 이전에는 이러한 구절은 생각할 수도 없었을 것이다. 병렬 구문은 흔히 내면 생활과 연관된 문제의 경우 충동적이고 극적인 것을 아우구스티누스가 표현하는 데 도움이 되어 준다. 반면에 그는 암미아누스와 기독교도를 포함한 다른 동시대 저작가들의 일차적인 관심사가 되어 주었던 것에 대해서는 아무런 흔적도 보여 주지 않고 있다. 즉 외적 사건의 생생한 감각적 묘사, 특히 불가사의한 것, 병적인 것, 끔찍한 것의 감각적인 묘사는 찾아볼 수 없다. 위의 인용문 속에는 생생한 묘사를 위한 풍부한 여건이 마련되어 있으나 몇몇 효과적인 그러나 전적으로 일반적인 것을 나타내는 말로 취급되어 있을 뿐이다.

 그럼에도 여기에서도 문제성이 있는 내적 비극적 사건은 구체적인 당대 현실에 뿌리박고 있다. 스타일의 영역을 분리하는 시대가 지나 버린 것이다. 위에서 본 것처럼 비기독교도 저작가 사이에서조차 현실 묘사가 숭고한 문체 속에 침투해 들어갔다. 그리고 보다 순수한 형식(고대 후기의 현란한 과시적 문체의 접촉을 통해서 때때로 왜곡되기 시작한다.)에 있어서는 스타일 혼합의 원리가 유대, 기독교의 전통으로부터 교부들의 글 속에 침투해 들어간다. 기독교 교리의 요체인 신의 화신과 수난의 교의는 스타일 분리의 원리와 전혀 양립할 수 없는 것이고 이 점에 대해서는 이미 이 책의 2장에서 언급한 바 있다. 예수는 영웅이나 왕으로서가 아니라 가장 비천한 사회 신분의 사람으로서 세상에 왔다. 그의 최초의 제자는 어부나 직공들이었다. 그는 팔레스타인의 지체 없는 사람들의 일상적인 환경 속에서 돌아다녔다. 그는 징세원, 창녀, 가난한 사람들, 병자, 그리고 어린이들과 이야기를 나누었다. 그럼에도 그가 한 말이나 거동은 드높고 깊은 위엄에 차 있으며 이 세상의 다른 어떤 것보다도 뜻 깊었다. 예수의 언동을 적고 있는 문체는 고대적인 의미에서의 수사적인 세련을 거의 지니지 않고 있다. 그것은 "어부의 말"(sermo piscatorius)이었다. 그럼에도 그것은 극히 감동적이고 가장 숭고한 수사적, 비극적 문학 작품보다도 훨씬 인상적이다. 그리고 가장 감동적인 것은 수난의 기록이다. 왕 중의 왕이 비천한 죄인으로 취급되었다는 것, 그리하여 조롱받고 침을 뱉는 대상이 되고 매를 맞고 십자가에 못 박혔다는 것, 이 이야기가 사람들의 의식을 지배하게 되자마자 그것은 스타일 분리의 미학을 완전히 파괴해 버리고 만다. 그것은 일상생활을 얕보지 않으며 감각적으로 사실적인 것, 아니, 추악한 것, 품위 없는 것, 육체적으로 야비한 것조차도 흡수할 태세를 갖춘 새로운 숭고한 문체를 낳는다. 아니, 거꾸로 말해 본다면 새로운 '겸허 문체'(sermo humilis)가 생겨난 것이다. 그것은 저속한 문체로 제대로 한다면 희극에나 적용할 수 있는 것이지만 이제 그 본래의 영역을 벗어나서 가장 심오하고 드높은 것, 숭고하고 영원한 것에까지 침범해 들어간다. 나는 이러한 상관 관계를 이미 딴 곳(「겸허 문체」, 『로맨스어 연구』, 63권, 프랑크푸르트암마인, 1952년)에서 검토한 바 있고 아우구스티누스가 보여 준 특별한 역할을 지적한 바 있다. 고전 수사학의 세계와 유대, 기독교의 전통 세계에 다같이 통달하였던 그는 두 세계 사이의 스타일상의 대조의 문제를 의식한 최초의 사람이었을 것이다. 그는 이 문제를 그의 『기독교 교의(De doctrina christiana)』 4권 18장에서 「마태복음」 10장 42절에 나오는 냉수잔과 관련시켜 극히 인상적으로 이론화하고 있다.

    기독교의 스타일 혼합은 초기인 이때쯤에는 이렇다 하게 두드러지지는 않고 있다.(중세에는 한결 분명하게 엿보인다.) 교부들이 당대 현실에 관여하거나 그 모방을 시도할 기회를 별로 갖지 못하기 때문이다. 그들은 시인도 소설가도 아니며 대체로 당대의 역사 기록자도 아니다. 그들은 신학상의 활동, 특히 변호와 논쟁에 전념하였으며 그들의 글은 이런 것들로 충만해 있다. 당대의 현실을 그리고 있는 히에로니무스나 아우구스티누스의 인용문 같은 구절은 그다지 흔치 않다. 그러나 우리는 제법 빈번하게 교부들이 현실의 해석을 추구하고 있음을 알게 된다. 무엇보다도 성서 해석이지만 보다 큰 역사적 맥락의(특히 로마 역사) 해석을 추구하고 있는데 그것은 이들 역사적 맥락을 유대 기독교의 역사관과 조화시키기 위해서이다. 이때 사용된 방법은 거의 전적으로 비유의 방법으로 이것은 되풀이해서 이 책에서 언급한 바 있으며,(1장과 2장) 그 의미와 영향에 관해서는 딴 곳에서(「비유」, *Arch Roman*, 22, 436) 어느 정도 해명을 시도한 바 있다. 비유적 해석은 "두 사건이나 인물 사이에 한 관계를 설정한다. 이때 첫 번째 것이 자신뿐만 아니라 두 번째 것을 의미하며 또 두 번째 것은 첫 번째 것을 포함하거나 충족시키게끔 그 관계가 설정되는 것이다. 한 비유의 두 극은 시간상으로는 동떨어져 있으나 모두 실제 사건이나 인물이기 때문에 시간의 내부에 존재한다. 양자는 모두 역사의 생명인 흘러가는 흐름 속에 포함되어 있으며 그들의 상호 의존의 이해, 정신의 통찰(intellectus spiritualis)만이 정신적 활동이다." 실제로 우리는 『구약 성서』의 해석을 거의 언제나 보게 되는데 『구약 성서』의 삽화는 『신약 성서』에 나오는 사건의 비유이거나 혹은 비범한 예언으로 해석되고 있다. 그중 한 보기를 2장에 들어 놓았고 평언을 첨가한 많은 보기를 방금 언급한 논문에 열거해 놓았다.

이러한 형태의 해석은 전혀 새롭고 이질적인 요소를 고대 역사관에 도입하였음이 명백하다. 가령 이삭의 희생과 같은 사건이 예수의 희생을 예시하는 것으로 해석되어 이삭 속에 예수가 이를테면 예고되고 약속되었으며 예수가 이삭을 '충족'(술어로는 '표상을 충족시키다'(figuram implere)이다.)시키는 것이라면 시간상으로나 인과 관계로나 관련이 없는 두 사건 사이에 한 관계가 설정된 것이다. 이 관계는 수평적 차원(시간적 외연을 나타내기 위해서 이러한 용어를 쓸 수 있다면) 속에 이성적으로 설정할 수는 없는 성질의 것일 터이다. 그것은 두 사건이 신의 섭리에 수직적으로 연결되어 있을 때에 한해서 설정될 수 있다. 그리고 신의 섭리만이 이러한 역사 계획을 마련하고 역사 이해의 열쇠를 제공할 수 있다. 사건의 수평적 관계, 즉 시간적 인과 관계적인 관계는 분해되어 버렸다. '지금 이곳의 것'은 이제 현세 사건의 연쇄 속에 있는 단순한 하나의 고리가 아니라 동시에 언제나 있어 왔던 것이며 또한 앞으로 충족될 어떤 것이다. 엄격히 말해서 신의 눈으로 본다면 그것은 영원한 어떤 것, 항구적인 어떤 것, 어떤 때나 늘 있는 것, 단편적인 현세 사건의 영역에서 이미 완성된 어떤 것이다. 이러한 역사관은 그 동질성에 있어서 웅장하지만 고전 고대의 정신에게는 완전히 생소한 것으로서 고전 고대 정신을 언어의 구조, 적어도 그 문학 언어의 구조에 이르기까지 파괴해 버렸다. 교묘하며 짙고 흐림을 나타낸 접속사, 구문 배열상의 풍부한 기교, 주의 깊게 꾸며진 시제의 체계를 갖춘 그 언어 구조는 시간, 장소, 인과 관계의 현세적인 관계가 별 의미 없어지고 모든 사건으로부터 상승해서 신에게 수렴되는 수직적 관계만이 뜻 깊은 것이 되자마자 곧 전적으로 불필요하게 남아돌아가는 것이 되어 버리고 말았다. 이 두 개의 역사관이 마주치는 곳에선 어디에서나 역사의 여러 요소를 주의 깊게 상호 연관시키고 시간적, 인과 관계적인 연쇄를 존중하며 현세적인 영역 안에 남아 있는 방법과 위로부터의 해석을 항시 추구하는 단편적이고 비연속적인 방법 사이의 갈등과 양자를 타협시키려는 시도가 필연적으로 있게 마련이다.

 고대적인 의미의 교양이 풍부하고 고대 문화에 깊숙이 통달해 있을수록 더욱 교부 시대의 저작자들은 기독교의 종교적 내용을 단순한 번역이 아니고 그들 자신의 지각과 표현의 전통 속에 순응해야 할 정신의 주형 속에 집어넣을 필요성을 절감하게 되었다. 이 점에 있어서도 아우구스티누스는 하나의 보기가 된다. 그의 『신의 도시(*Civitas Dei*)』의 많은 부분, 특히 지상에서의 신의 도시의 진척(procuvsus)을 다루고 있는 15권과 18권은 역사 속에서 일어나는 사건의 연쇄를 나타냄으로써 비유적, 수직적 해석을 보충하려는 그의 항구적인 노력을 보여 주고 있다. 성서의 이야기에 주석을 가하고 있는 어떤 장이라도 좋은 예증이 되지만 16권 12장을 읽어 보아도 좋을 것이다. 여기서는 아브라함의 아버지인 테라(Terah) 집안(「창세기」 11장 26절) 이야기가 다루어지고 있는데 아우구스티누스는 그것을 다른 성서의 대목(「여호수아기」 24장 2절)으로 보충하고 있다. 이 장의 주제는 유대, 기독교적인 것이며 해석 또한 그렇다. 그리하여 모든 것은 아담 이후 예고되었고 이제 예수 속에서 충족된 '신의 도시'의 표적 아래 서 있다. 테라와 아브라함의 시대는 신의 구제 계획의 일환으로서, 신의 도시를 앞당겨 단편적, 예언적으로 보여 주는 원형의 비유적 연속 속의 일부로 해석되고 있으며 이러한 의미에서 먼 노아 시대와 비교되어 있다. 이러한 틀 속에서 성서 이야기 중의 탈락 부분을 채우고, 성서의 다른 대목이나 독창적인 고찰로 그것을 보충하며 여러 사건의 지속적인 연관을 설정하며 본질적으로 비합리적인 해석에 대체로 고도의 합리적인 진실성을 부여하려는 항구적인 노력이 역력하다. 아우구스티누스가 성서 이야기에 덧붙인 거의 모든 것은 역사적 상황을 합리적으로 설명하고 비유적 해석을, 중단 없이 역사적 사건이 계속된다는 역사관과 화해시키는 데 기여하고 있다. 여기에 두드러져 보이는 고전 고대의 요소는 언어 속에도 드러나는데 아마 가장 두드러지게 나타나는 것이 이 언어 속에서일 것이다. 수사적인 문장은 황급하게 구성해 놓은 것 같으며 위대한 예술이라는 인상은 남기지 않는다.(관계사가 너무나 많다.) 그러나 풍부한 접속어, 정밀한 시제, 비교, 양보를 나타내는 종속 구조와 분사 구문을 갖추고 있는 수사적인 문장은 병렬 구조가 풍부하고 접속어가 드문 인용된 성서의 대목에 대해서 여전히 극히 날카로운 대조가 되어 주고 있다. 원문과 성서 인용문 사이의 이러한 대조는 교부들의 글에서 빈번하게 발견되며 아우구스티누스의 경우에는 거의 언제나 찾아볼 수 있다. 성서의 라틴어 번역이 원본의 병렬적 성격을 보존하고 있기 때문이다. 『신의 도시』의 인용문과 같은 귀결 속에서 사실의 면에서나 언어의 면에서나 두 세계가 싸우고 있음을 우리는 쉽게 알아볼 수 있다. 그것은 유대, 기독교 전통의 합리화나 구문상의 정밀화를 빚어낼 수도 있었을 싸움이다. 그러나 실제로는 그러지를 못하였다. 고대 정신은 이미 약화되어 있었다. 그리하여 가장 중요하고 가장 영향력이 큰 문학 작품인 성서의 라틴어 번역은 민중 언어 속의 우세한 경향과 타협한 채 원문의 병렬 구조를 모방할 수 있었을 뿐이었다. 그러는 사이 문학 언어는 쇠퇴하였다. 마지막으로 게르만족의 침입이 시작되는데 그들은 고대 문화에 대해서 겸손한 경의를 가지고 있었지만 그 합리성과 그 세련된 구문의 결을 흡수할 수는 없었다.

이리하여 비유적 역사 해석은 무조건적인 승리를 거두었다. 그러나 그것은 사건 사이의 합리적, 지속적, 현세적 관련의 이해를 잃어버리게 된 것에 대한 충분한 대용물이 되지 못하였다. 왜냐하면 일어난 모든 일을 위로부터의 직접적인 해석에 맡기려는 기도가 물론 많이 있어 왔지만 비유적 역사 해석은 어떤 우연한 사건에나 적용할 수는 없는 것이었기 때문이다. 위로부터의 해석에 떠맡기려는 시도는 다양한 사건과 신의 뜻의 헤아릴 수 없음을 접하고 허우적거리게 마련이었다. 그리하여 사건의 광대한 영역은 그것을 분류하고 이해할 원리도 갖지 못한 채 그대로 남아 있었다. 특히 스스로 범례를 보여 준 국가의 개념을 통해서 적어도 정치적 사건의 해석을 방향 지어 주었던 로마 제국의 몰락 후에 그러하였다. 실제적 사건의 세계에서 우연히 일어난 모든 것을 수동적으로 관찰하고 체념한 채 받아들이며 활발하게 이용하는 일(조야한 형태 속에 흡수된 조야한 원료)이 남아 있었다. 참으로 오랜 시간 후에야 비로소 기독교적 사상(스타일의 혼합, 존재의 과정에 대한 종합적인 통찰) 속의 여러 가능성이 새 민족들의 관능성에 의해서 보강된 채 그들의 활기를 보여 줄 수가 있었던 것이다.

시카리우스와 크람네신두스

이 이야기는 투르의 그레고리우스(Gregorius of Tours)의 『프랑크족의 역사(History of the Franks)』(7장 47절과 9장 19절)에 실려 있다.

그때 투르 지방의 주민들 사이에 치안을 교란하는 거센 싸움이 벌어졌더라. 다름이 아니라 죽은 요한의 아들 시카리우스가 만텔란의 마을에서 아우스트리기셀루스를 비롯한 이웃들과 성탄 잔치를 벌였더니, 그곳의 사제가 아이를 보내 몇몇 손을 청하여 술을 같이 들게 하였더라. 아이가 그곳에 이르자 초대받은 사람 중의 하나가 칼을 빼어 아이를 내려치기를 두려워하지 아니하였더라. 아이는 땅에 쓰러져 죽었더라. 사제와 교분이 있던 시카리우스는 부리는 아이가 살해되었다는 말을 듣자 무기를 들고 교회로 가서 아우스트리기셀루스를 기다렸더라. 그자도 이 말을 듣자 무장을 갖추고 맞서 싸울 참으로 갔더라. 그들이 어울려 싸워 양편이 다 해를 입은 후에 시카리우스는 승려들의 도움을 받으며 눈에 띄지 않게 자리를 벗어나 자기 마을로 도망쳤는데, 그때 사제의 집에 은과 옷과 몸을 다친 네 종복을 두고 갔더라. 그가 도망친 후 집 안으로 쳐들어간 아우스트리기셀루스는 종복들을 죽이고 금은과 다른 재물을 거두어 갔더라. 그 후 민사재판에 모였을 때, 재판 결과는 살인을 범하고 종복들을 죽인 다음 법의 판정도 기다리지 않고 물건을 거두어 간 아우스트리기셀루스가 벌을 받아야 한다는 것이었더라. 이러한 결정을 받아들인 시카리우스는 며칠 후 아우스트리기셀루스가 취한 물건들을 아우노와 그의 아들, 또 그의 형 에베룰프 집에 감춰 두었다는 말을 듣고 처음의 약정을 망각하고 아우디누스와 작당하여 질서를 문란케 하며 밤중에 무장한 무리들과 더불어 쳐들어갔더라. 사람들이 잠들어 있는 곳에 쳐들어간 그는 아비와 그 형과 아들을 다 죽이고 또 종복들을 처치한 후 재물과 가축을 취하여 갔더라. 우리가 이런 전말을 듣고 크게 마땅치 못하게 생각하고 이 일을 재판관께 전하고, 그들로 하여금 우리 앞에 나와 일의 시비를 밝히고 서로 화해하여 싸움이 더 이상 번지지 않게 하라고 전갈을 보냈더라. 그들이 우리 앞에 나오고 주민들이 모인 다음, 나는 말하기를, "여러분이 이러한 과실을 범하지 않도록 하여 이런 좋지 못한 일이 이 이상 퍼져 나가지 않도록 하시오. 이미 우리는 교회의 아들들을 잃었음에, 이러한 싸움에 달리 더 많은 사람을 잃을까 염려하는 바이오. 화목하도록 부탁하오. 죄를 지은 사람은 제발 이웃 사람을 생각해서라도 죗값을 갚도록 하오. 그리하여 평화의 아들들이 되어 주님의 은총으로 하나님의 나라를 받아들일 수 있도록 하시오. 주님이 말씀하시기를, 화평하는 자는 복이 있나니, 그들이 하나님의 아이들이라 불릴 것이기 때문이라고 하셨소. 죄를 지은 사람이 가난하다면, 교회가 그 돈으로 죄갚음을 하여 그의 영혼이 멸망하지 않게 할 것이오."라고 하였더라. 그리고 교회의 돈을 내놓겠다고 하였더라. 그러나 크람네신두스 쪽은 그 아비와 형과 숙부의 원수를 갚고자 하여 받기를 거절하였더라. 이렇게 하여 그들은 떠나가고 시카리우스는 임금을 보기 위하여 길을 떠났더라. 그래서 그의 아내를 보러 푸아티에로 갔더라. 그가 종복에게 일을 채근하면서 지팡이를 들어 때렸을 때, 종복이 허리에 차고 있던 칼을 빼어 주인을 찌르는 데 하등의 주저함이 없었더라. 시카리우스가 땅에 쓰러지자 그의 벗들이 달려와 종복을 잡고 그를 혹독하게 다루어 손과 다리를 끊어 형틀에 매어 달았더라. 한편 시카리우스가 죽었다는 소문이 투르에 퍼졌더라. 이 소문을 들은 크람네신두스는 그의 일가와 벗들을 모아 시카리우스의 집으로 달려갔더라. 그는 그 집을 약탈하고 또 그러면서 종복 몇을 죽이고 시카리우스와 그 마을의 일부 사람들의 집들에 모조리 불을 놓고 가축과 더불어 가져갈 수 있는 모든 것을 취하여 갔더라. 그런 다음 사건에 관련된 양편이 시의 재판관 앞에 불려 나와 자초지종을 설명함에, 판사들은 그 전에 죗값을 받기를 거부하고 집에 불을 지른 자는 그 전에 받기로 되어 있던 보상금의 반을 못 받을 것이며(이것은 법을 거스르는 것이었으나 그들을 달래기 위하여 내려진 판정이었더라.) 시카리우스는 남은 반만을 내라는 명령을 내렸더라. 그리고 교회가 그 돈을 지불하였더라. 보상은 판정에 따라 끝이 나고, 당사자들은 화해하고 서로 다시는 무기로 싸우지 아니할 것을 서약하였더라. 이렇게 하여 싸움은 끝이 났더라.(7장 47절)

우리가 위에서 이야기한 바 투르 주민들 간의 싸움은 다시 새로운 기세를 가지고 벌어졌더라. 다름 아니라 크람네신두스의 일가들을 죽인 다음, 시카리우스는 그와 친해졌더라.

그들은 서로 사랑하여 더러 같이 먹기도 하고 한 침대에서 자기도 하였더라. 한번은 크람네신두스가 저녁을 마련하여 시카리우스를 불렀더라. 그가 온지라 둘이는 함께 상을 맞았더라. 시카리우스는 술이 취하게 되자 크람네신두스에게 호언장담을 늘어놓다가 급기야는 "저, 형님, 내가 형님의 살붙이를 죽인 것은 형님에게 큰 은혜가 되었소. 그 때문에 형님은 보상금을 받았고, 이제 집안에 금은이 가득한 것이 아니오? 내가 형님에게 도움되는 일을 아니하였더라면 지금도 고달픈 인생을 사실 것이 아니겠소?"라고 했다고 전하더라. 크람네신두스는 시카리우스의 말을 속으로 아프게 듣고 마음속에 말하기를 "내 살붙이 원수를 갚지 않는다면 내 어찌 남자라 불리겠는가. 연약한 여자라고 불려 마땅하리라."라고 하였더라. 그리고 곧 불을 꺼 버리고 시카리우스의 골을 칼날로 두 쪽을 내었더라. 시카리우스는 죽음에 부딪혀 작은 비명을 내고 땅 위에 쓰러져 죽었더라. 그를 따라왔던 종복들은 도망하였더라.

크람네신두스는 시체에서 옷을 벗겨 울타리 말뚝에 걸고 말을 타고 임금을 보러 창황히 떠났더라……. (9장 19절)

위에 인용한 대목이 독자에게 주는 인상은 그것대로 갈피를 잡기 어려운 사건이 매우 불투명하게 이야기되었다 하는 점일 것이다. 고르지 않은 정서법과 어미 변화에 당황하지 않는다고 하더라도 사건의 전말을 분명히 이해하기는 적이 어려운 것이다. "그때 투르 지방의 주민들 사이에 치안을 교란하는 거센 싸움이 벌어졌더라. 다름이 아니라…….." 이 다음에는 응당 치안 교란의 원인이 따라 나왔어야 할 것이다. 그런데 다음에 나오는 것은 '다름이 아니라'(nam)에 딸려서 전에 일어난 사건의 경위이다. 크리스마스 잔치를 위하여 많은 사람들이 모였던 마을에서 마을의 사제가 하인을 보내어 사람들을 술자리에 청하였다. 그러나 이것은 투르에 있었던 분쟁의 원인이 된 사건이랄 수는 없다. 여기서 우리가 상기하는 것은 보통의 이야기, 특히 교양이 없거나 급하고 조심성 없는 화자들에게서 듣는 이야기의 방법, 설화의 수법이다. 가령 "어젯밤엔 사무실에서 늦게 나왔어. 스미스가 과장을 보러 와서, X일에 대해서 사무실 안에서 이야기하더란 말이야. 5시가 될락말락한데 과장이 와서 '그런데, 존스, 세목을 좀 급히 만들어 줄 수 없을까? 스미스 씨에게 자료 일체를 지금 다 줄 수 있게 말이야.'" 이런 식의 이야기가 그러한 예가 될 것이다. 마을의 사제가 낸 초대나 스미스 씨가 과장의 사무실에 있었다는 사실이 치안 혼란이나 존스의 늦은 퇴근의 직접적인 원인이 되는 것은 아닌 것이다. 다만 그러한 사정들은 화자가 바른 문맥 속에 정리할 수 없는 일련의 사건의 첫 부분을 이루고 있음에 불과하다. 그는 서두의 독립된 문장에 예시되어 있는 결과의 원인에 대해 언급하려고 한다. 그러나 여기에 필요한 자료의 복잡성이 그를 혼란시켜 버리고 만다. 그는, 종속절의 체계적인 배열에 의지하여 하나의 구문으로 그 전부를 처리할 만한 지적 능력을 가지지도 못했고 또 그러한 난점을 예견하여, 이를테면 '일의 전모는 다음과 같다.'와 같은 문장으로 간결한 도입부를 만들 만한 선견지명도 가지고 있지 못하다. 주어진 그대로 두고 볼 때 '다름이 아니라'(nam)는 정확하거나 정당하게 사용된 것이 아니다. 이것은 나중에 비슷한 맥락에서 사용된, "다름 아니라, 크람네신두스의 일가들을 죽인 다음, 시카리우스는……"(nam Sicharius cum post interfectionem……)의 대목에서도 마찬가지다. 여기에서도 '다름이 아니라'(nam)의 기능은 재발된 분쟁의 원인을 도입하는 것이 아니라 일련의 얼크러진 사실들의 첫 부분을 도입하고 있을 따름이다. 어느 경우에 있어서나 문법적으로 주어가 바뀜으로써 문장의 혼란은 더욱 심해진다. 두 번 다 문장이 시작되는 것은 시카리우스를 주어로 해서이나(두 번 다 그레고리우스가 시카리우스를 주인공으로 생각하고 있는 것은 분명하다.) 곧 그레고리우스는, 하나의 구문 속에 잡아 넣을 수 있는 만큼의 사건의, 주인공을 새로 삽입하지 않을 수 없게 된다. 그 때문에 문장들은* 문법적으로 괴물이 되어 버리고 만다. 물론 주석가들은(보네(Bonnet) 또는 『천상만보(*Peregrinatio Aetheriae*)』에 대한 뢰프스테드(Löfsted) 주석) 말하기를, 속용 라틴어에 있어서 '다름이 아니라'(nam)는 일찍이 극명정확하던 라틴의 다른 계사들과 마찬가지로, 그 본래의 뜻을 상실하고 이제는 인과 관계가 아니라 맥빠진 나열이나 전환을 나타내게 되었다고 한다. 그러나 그레고리우스의 문제의 구절에서 말의 변화가 여기에까지 이르렀던 것은 아니었다. 오히려 그레고리우스는 인과의 의미를 아직 느끼고 있는 것이라고 할 수 있다. 다만 그의 느낌은 혼란스럽고 부정확한 것일 뿐이다. 이러한 예들은 '다름이 아니라'와 같은 말이 빈번하게 함부로 사용됨으로써, 그 원인의 부사로서의 의미를 상실하게 되는 과정을 우리에게 드러내 보여 준다고 할 수 있다. 그레고리우스의 경우에 있어서 이러한 약화 작용은 아직도 진행되는 중이었다. 이러한 작용은 일상 언어에서는 늘 일어나게 마련이지만, 상류 가문의

---

* 본래의 라틴어 문장에 있어서 이것은 분명하게 나타난다.

후예이며 당대의 사회에서 유명지사인 투르의 그레고리우스와 같은 사람의 문학적인 문장에까지 이러한 작용이 스며들어갔다는 것이 주목할 만한 사실이다. 더 읽어 나가 보자. 손님을 청하러 간 하인이 "초대받은 사람 중의 하나"에 의하여 살해된다. 왜? 그 설명을 우리는 듣지 못한다. 살인자가 아우스트리기셀루스이거나 그의 무리 중의 하나라는 사실은 다음에 일어난 사건, 즉 시카리우스가 그 일로 하여 아우스트리기셀루스에게 복수하고자 한다는 사실에서 미루어 알 뿐이다. 뿐만 아니라 여러 건물, 즉 교회, 사제의 집에 대한 갑작스러운 언급과 "승려들의 도움을 받으며" 운운은 사태를 분명하게보다는 어지럽게밖에 알 수 없게 한다. 맥락을 밝혀 주는 계사들이 있었으면 하는 아쉬움이 느껴지지 않을 수 없다. 여기에 비하여 다른 사항들은 지나치게 자세하다. 그레고리우스는 왜 간단히 손님 한 사람이 하인을 죽였다라고 하지 않을까? 대신 "칼을 빼어 아이를 내려치기를 두려워하지 아니하였더라. 아이는 땅에 쓰러져 죽었더라."라고 말하고 있다. 후속된 결과와 관련해서만 의미가 있을 뿐인 사건치고는 얼마나 자세한 묘사인가! 우리의 느낌으로는 하인이 죽기 전에 쓰러졌다고 밝혀 주는 것보다는 그 살인의 동기를 설명하는 것이 훨씬 중요하게 여겨진다. 다음 문장에서 그레고리우스는 독자가 사건의 맥락을 잊어버리지 않았을까 걱정하고 있는 듯하다. 왜냐하면 "부리는 아이가 살해되었다는 말을 듣자"라는 설명이 추가될 필요가 있다고 생각하고 있기 때문이다. 집중력이 극히 제한된 독자만이 금방 이야기한 것을 이렇게 잊어버릴 수 있을 것이다. 그런가 하면, "아우스트리기셀루스를 기다렸더라." 하는 대목에서는 똑같은 독자가 앞뒤를 이어 보는 추리력을 상당히 가지고 있을 것이라고 예상하고 있다. 왜냐하면 아우스트리기셀루스가 살인에 관련되어 있다는 말은 앞에서 비친 바가 없었기 때문이다. 그런데 우리는 관련된 사람들이 모두 다 한자리에 모여 있었던 것이 아니라고 상정할 수밖에 없지만, 그레고리우스는 이러한 사실도 언급하지 않고 있는 것이다. 원문은 이러한 식으로 진행된다. 처음으로 소송 절차를 언급하는 문장 "그 후 민사재판에 모였을 때"에는 주동사도 없다.* 그 다음 문장은 어떤 문법적 질서도 따르지 않는 분사 구문을 연속하여 쌓아 올림으로써 괴물이 된다. 여기에 나타난 두 판결의 번역과 그 법적, 역사적 해석은 어려운 문제를 제기한다.(사실 이 소송 절차의 문제는 가브리엘 모노(Gabriel Monod)와 퓌스텔 드 쿨랑주(Fustel de Coulanges)의 논쟁의 대상이 되어 많은 논란을 불러 일으킨 바 있다. 《역사 평론(Revue historique)》 1886년 31호, 《역사 문제 평론(Revue des questions historiques)》 1887년 41호.) 이것은 '결정'(placito)이라는 말의 의미가 모호하기 때문만이 아니고 대체로 그 수사적 구조에 질서가 결여되어 있기 때문이다. 이것은 다시 한번, 그레고리우스가 사건들을 정연하게 배열할 만한 능력을 가지고 있는 사람이 못 된다는 것을 드러내 준다.

아우스트리기셀루스는 결국 어떻게 되었다는 말이 없는 채로 이야기에서 사라져 버린다. 그리고 느닷없이 새로운 등장인물들이 나타난다. 우리는 이들이 사건에 어떻게 관계되어 있는가를 가끔 가다 불완전하게 들을 뿐이다. 사람들의 흥분을 가라앉힐 목적으로 그레고리우스가 하는 말도 맥락에 대한 상당한 추리력을 가지고 있지 않은 독자에게는 이해하기 어려운 것이다. "죄를 지은 사람"은 누구이며, "그 영혼이 멸망하지 않아야 할" 사람은 누구인가? 그런가 하면, 시카리우스가 푸아티에에 가고 하인에게 상처를 입었다는 이야기는 기껏해야 그로 인하여 그가 죽었다는 헛소문이 났다는 정도만이 전체적인 사건 전개와 관련이 있는 삽화인데도 매우 자세하게 서술되어 있다. 다시 한번 두 번째의 법 절차 또는 조정 과정에 이를 때에도, 누구 이야기인지 또는 무슨 돈 이야기인지를 알려면 특별한 노력을 기울이지 않으면 안 된다. 첫 부분에는(7권에서 발췌한 부분) 수다한 그리고 흔히는 지극히 졸렬한 종속 구문에도 불구하고(종속 구문을 써서 장엄하고 긴장감 있는 문장을 쓰려고 하는 노력이 있음을 간과할 수 없다.) 분명하게 원인이나 양보

---

* 라틴 원문의 경우.

의 의미를 나타내는 접속사는 하나도 없다. 성경에서 인용한 부분에 '~때문에'(quoniam)라는 말이 있고 또 '~한다면'(etsi)이라는 말이 있는데, 이 정도가 예외가 될 것이다. (그런데 그 뜻이 분명치는 않지만, etsi는 여기에서 원인이나 양보의 접속사라기보다는 조건을 나타내는 접속사로 생각된다.) 둘째 부분(9권에서 발췌한 부분)의 인상은 첫 부분의 것과 다르다. 그렇다는 것은 여기에 초점이 되어 있는 것이 한 장면뿐이고 여기의 초점은 질서의 문제라기보다는 시각적 직접성의 문제이기 때문이다. 그렇긴 하나 여기에서도 "다름 아니라 시카리우스는"(……Nam Sicharius……)이라는 사건의 전개를 설명하는 문장은, 위에서 이미 토의한 바 있지만 참으로 무정형하다고 할 것이다.

고전 시대의 작가라면, 자료를 훨씬 더 명료하게 배열했으리라는 것은 새삼스럽게 말할 필요도 없다. 물론 만약 고전 작가가 이러한 자료를 다룬다고 한다면 말이지만, 이렇게 말하는 것은 가령 카이사르(Caesar)나 리비우스(Livius)나 타키투스(Tacitus) 또는 더 나아가 암미아누스가 이런 이야기를 다루었다면 어떻게 다루었을까를 생각해 보면, 곧 그들은 그러한 이야기를 다루지조차 않았을 것이라는 것이 분명해지기 때문이다. 그들에게나 그들의 독자에게 그러한 이야기는 하등의 관심의 대상이 되지 못했을 것이다. 아우스트리기셀루스, 시카리우스, 크람네신두스, 이 사람들은 누구인가? 추장도 되지 못하는 사람들이다. 로마 제국의 전성기라면, 지방 장관은 그들의 피비린내 나는 싸움질을 로마에 특별 보고서를 낼 만한 정도의 사건으로도 보지 않았을 것이다. 이렇게 보면, 그레고리우스의 지평이 얼마나 좁은 것인가, 전체를 총괄적으로 볼 수 있는 시야가 얼마나 부족한가, 또 일찍이 당연시되었던 관점에 따라서 그의 소재를 조직화할 만한 입장에서 얼마나 멀리 있었던가 하는 점들이 저절로 드러난다. 로마 제국은 이제 존재하지 않는다. 그레고리우스는, 땅 위의 모든 소식이 국가적인 의의에 따라서 수납, 분류, 정리되는 그러한 장소에 있지 않다. 그는 일찍이 존재했던 뉴스원을 가지고 있지도 않고 그 뉴스가 보고되는 방법을 정할 수 있는 자세를 가지고 있지도 않다. 그는 갈리아 지방 전체를 개관하지 않는다. 그의 저술 대부분은, 이것이 가장 값있는 것이라고 하겠는데, 자기의 교구 내에서 직접 본 것이거나 이웃 지역에서 전해 들은 것을 담고 있다. 그의 자료는 근본적으로 그의 눈앞에 가져와진 일에 한정된다. 그는 옛 의미의 정치적인 관점을 가지고 있지 않다. 그에게 정치적인 관점이 있다면, 그것은 교회의 이해관계의 관점일 뿐이다. 그러나 여기에서도 그의 시야는 제한되어 있다. 그는, 그의 저술이 그 전체성을 불가피하게 드러내게 될 그러한 방식으로 교회를 하나의 총체적인 것으로 생각하지 않는다. 모든 것이 그 내용에 있어서나 생각에 있어서나 지역적으로 한정되어 있다. 여기에 대하여, 이미 일단 처리된 보고에 기초하여 간접적으로 글을 써 냈던 고대의 선배 저술가들과는 달리 그레고리우스가 『프랑크족의 역사』에서 이야기하는 대부분의 것은 그 자신이 직접 본 일이거나 사건에 관계되었던 사람들로부터 직접 들은 것들이다. 이것은 그의 타고난 성향에도 맞는 것이다. 왜냐하면 그는 사람들이 하는 일에 큰 흥미를 가지고 있기 때문이다. 보다 넓은 관점에서 본 정치적인 의의와는 상관 없이, 그는 그의 주변에서 움직이는 사람들에게 흥미를 가지고 있다. 그의 저술에 정치가 나오는 경우가 있다고 하더라도 그는 정치조차도 일화로서 또 인간적 흥미의 관점에서 취급한다. 그리하여 그의 저술은 로마 역사가의 저술 어느 것보다도 개인적인 회고록의 성격을 띤다.(카이사르의 경우는 전혀 다르다는 점을 새삼스럽게 지적할 필요도 없을 것이다.)

그러니까 옛 저술가들은 이러한 이야기를 아예 취급하지조차 않았을 것이다. 조금 더 일반적인 정치 상황을 이해하는 데 꼭 필요한 이야기라면 석 줄 정도로 요약하여 다루었을 것이다. 일련의 폭력 사건들이 정치적인 중요성을 갖게 되는 경우(가령 살루스티우스(Sallustius)에 나오는 유구르타(Jugurtha)와 그 조카들의 이야기를 예로 들 수 있을 것이다.) 구석구석까지 합리적으로 설명되고 수사 기술로 품격을 높인 정치적 동기의 체계가 미리 서술되었을 것이다. 정치적 관심의 대상이 될 수 없는 극적인 사건은 기껏해야 간단히 암시될 뿐이다. 가령 히엠프살의 피살과 관련하여, "스스로를 여종의 집에 숨겼더라."(occultans sese tugurio muliebris ancillae) 같은 간단한 언급이 그 예가 될 것이다.(『유구르타(*Jugurtha*)』 12장) 반면 그레고리우스는 때로는 서툴고 장황하게, 그러나 종종 매우 성공적으로 사건의 진행 과정을 눈에 보듯 실감나게 묘사하려고 노력한다. "…… 그곳의 사제가 아이를 보내 몇몇 손을 청하여 술을 같이 들게 하였더라. 아이가 그곳에 이르자 초대받은 사람 중의 하나가 칼을 빼어 아이를 내려치기를 두려워하지 아니하였더라. 아이는 땅에 쓰러져 죽었더라." 이것은 소박한 종류의 것이기는 하지만 시각적으로 매우 선명한 서술이다. 아이가 도착하였다든지 땅에 쓰러졌다든지 하는 사실을 언급할 다른 이유는 있을 수가 없다. 아우스트리기셀루스에 대한 원한을 갚는 이야기의 경우도 마찬가지다. 지리적으로 그 보고는 분명치 않다. 그러나 우리는 사건의 여러 국면에서 시각적 현실감을 주려고 애쓰는 필자의 노력을 감지할 수 있다. 사건의 전개에는 아무런 관련이 없는데도 불구하고 시카리우스와 그 하인과의 분규를 이야기하고 있는 부분도 마찬가지다. 서로의 친척을 죽인 지 얼마 안 되는 두 사람이 친구가 되고 그것도 헤어질 수 없는 극진한 친구가 되어 같이 먹고 자게 되는 일, 크람네신두스가 시카리우스를 청하여 잔치를 벌이고 술김에 함부로 지껄이다가 상대방의 비위를 거슬러 상대방으로 하여금 즉석 복수를 결심하게 하고 또 사람을 죽이게 하는 이러한 이야기들은, 로마의 역사적 저작들이 추구하지도 않았고(암미아누스의 화려한 회화적 서술체는 현실을 모사하고자 하는 것이 아니었다.) 고대의 중후한 저작들에서는 전혀 발견할 수 없는 시각적 현실감을 드러내 주고 또한 사건을 직접적으로 모사하려는 노력이 있었음을 말하여 준다. 두 사람 사이에 벌어지는 놀라운 장면은 그 심리 파악의 면에서 가히 압권이라 할 수 있다. 그것은 메로빙거 왕조 시대의 기이한 분위기로 가득 차 있다. 과거에 대한 기억과 미래에 대한 모든 생각을 말소해 버리는 돌연하고 적나라한 잔학 행위, 가장 원시적인 상태로 단순화된 기독교 윤리로서도 꿰뚫을 수 없는 짐승 같은 영혼들의 암흑. 이 모든 것들이 그 장면에 뚜렷하게 부조되어 드러난다. 크람네신두스가 의도적으로 시카리우스를 꾀어 함정으로 끌어들였을지도 모르며, 그의 우정은 적을 안심시키기 위한 순전한 위선에 불과할 수 있다는 가설 같은 것은 그레고리우스의 마음속에서는 전혀 고려되지 않는다. 아마 그의 그러한 태도는 옳은 것일 것이다. 그는 자기 구역의 주민들을 잘 알고 있었다. 이 이외에도 우리는 그의 저술의 도처에서 비슷하게 전후를 가리지 않고 저질러지는 이야기를 읽을 수 있다. 진정으로 두 사람은 다정한 친구가 되었을 것이다. 그들의 의식은 그때그때의 순간에 대해서만 살아 있는 것이어서, 그러한 우정이 부자연스럽고 위험한 것이라는 생각은 꿈에도 일어나지 아니하였을 것이다. 별 생각 없이 지껄인 취중의 몇 마디가 옛일을 표면으로 부상시키고, 잊혔던 증오를 되살리고 급기야는 순간적 결심으로 살인을 범하게 했을 것이다. 다음 대목에서 알게 되는 바와 같이, 크람네신두스가 그 일로 인하여 매우 어려운 처지에 빠지는 것을 볼 때(프레데군데 여왕은 시카리우스의 강력한 후견인이 되어 주었기 때문이다.) 위의 설명은 더욱 그럴싸한 것으로 보인다. 크람네신두스는 조금만 길게 생각하였더라면, 다르게 행동했을 것이다. 그레고리우스는, 자신의 주석을 첨가하지 않고, 순전히 사건에 즉해서, 결정적인 순간에는 시제를 현재로 바꾸어 가며 이야기를 펼쳐 나간다. 그러다가 그는 술취한 시카리우스의 호언장담뿐만 아니라 크람네신두스의 마음속에 일어나는 생각을 기술할 때는 직접적인 서술법을 채택한다. 여기 두 군데의 직접 화법은 실제로 듣고 느낀 것을 수사적인 편집과 관계 없이 직접적으로 묘사한 것이다. 시카리우스의 말은 토착어로 말한 것을("……라고 하였다고 전하더라.") 그레고리우스가 서툰 라틴어로 옮겨 놓은 듯한 인상을 준다. 요즘의 토착어로 다시 옮겨놓는다면, 그것은 다음과 같이 번역될 수도 있을 것이다. "저, 형님, 내가 일가부스럭지 죽여 준 것 고맙게 아시오. 보상금 받아서 부자가 된 것 아니오. 이 일로 도움을 받았으니 망정이지, 안 그러면 등받이 할 속옷 하나 없으리다." 여기에 대한 크람네신두스의 반응은 졸렬한 대로 강력한 인상을 주는 무언의 독백으로 표현되어 있다. '내 살붙이의 원수를 갚지 않는다면, 내 어찌 남자라 불리겠는가, 연약한 여자라 불려 마땅하리라.' 그런 다음 곧 불이 꺼지고 시카리우스가 살해된다. 그의 숨넘어가는 소리도 기록이 된다. 그리고 우리는 '쓰러져 죽었다'라는 말에 이르거니와, 그레고리우스는 넘어지는 몸뚱이에 대해 언급하여야만 개운한 느낌을 갖는 듯하기도 하다.

그러니까 그레고리우스는 옛 역사가 같으면 이야기할 가치가 없다고 생각했을 장면을 가장 실감나게 기술한다. 그리고 그레고리우스가 이것을 재현할 마음을 갖게 된 것도 그 실감 때문이었던 것으로 보인다. 가령 인질로 잡혀 있던 아탈루스가 도망가는 이야기를 읽어 보면,(3장 15절, 이 이야기는 그릴파르처(Grillparzer)의 『거짓말하는 자에게 환난이 있을진저(Weh dem derüt)』의 소재가 되었다.) 도망자들이 잡목 숲에 숨어 추적자들을 피하는 장면이 있다. 말 탄 사람들이 바로 그 앞에 멈추어 선다. "말들이 오줌을 누는 동안, 한 사람이 말했다……" 어느 고전 시대의 저술가가 이와 같은 작은 일을 기록하였을 것인가. 그레고리우스는 그의 기록이 생생한 느낌을 갖도록 상상력이 시키는 대로(결국 그 현장에 그가 있었던 것은 아니니까) 그러한 작은 것들을 자연스럽게 발명해 낸다. 그가 이야기하는 것을 그는 모든 감각에 생생하게 느껴지고 지각될 수 있게 하려고 노력한다. 여기에서 그의 문체의 가장 뚜렷한 특징, 즉 직접 화법의 단편들의 빈번한 사용이 도움이 된다. 그리하여 그는 어떤 이야기이든지 할 수만 있다면 극적 장면으로 제시한다. 우리는 이미 고대의 역사적 저술에서 직접 화법이 수행하는 기능에 대하여 언급한 바 있다.(2장 「포르투나타」) 그때 그것은 거의 전적으로 수사적인 장식을 위한 연설에만 사용되었다. 이러한 연설에서 감정이나 드라마는 순전히 수사적이다. 그러한 연설은 사실을 조직화하고 정리하지만 그것을 구상화하지는 않는다. 반면 그레고리우스는 그의 등장인물들의 대화나 그에 비숫한 말들을 전달해 줄 때 말들이 튀어나오는 즉시 그 순간을 극적 장면이 되게 한다. 한두 인물이 서툰 라틴어로 말을 하는데, 그런 말은 서술의 정연함을 해치며 높은 문학적인 세련을 갖기에는 너무 현실적이면서 그래도 역시 토착 방언의 넘쳐나는 구체적 활력을 보여 준다. 그러한 수많은 장면들을 여기에서 다 헤아려 볼 수는 없다. 그러나 몇 가지 예만을 들어 보자.(이미 살펴본 살인 장면이 이미 하나의 예를 제공해 주었지만.) 아탈루스의 이야기 중 숙수와 주인의 대화("그 사람들이 깜짝 놀랄 음식을 준비해 주시오. 임금님의 궁중에서도 그런 요리는 본 일이 없다는 말이 나올 만한 요리 말이오." 즉 밤중에 숙수와 그의 사위가 주고 받는 말.(3장 15절)), 클레르몽 교구 쟁탈전에서 카토 장로가 카우티우스 집사를 협박하는 말("내 당신을 밀어내고 말테야. 욕을 보여 주고 말테다. 조금씩 조금씩 말라비틀어져 죽도록 할 테니까."(4장 7절)), 칠페릭 왕과 그레고리우스의 삼위일체에 대한 논쟁(이를테면 임금의 답변에 풍겨 있는 분노와 경멸, "이 점에서는 나와 생각을 달리하는 강력한 적수가 있는 모양인데, 힐라리우스나 에우세비우스 같은, 또는 그대보다 현명한 자에게 이 문제를 물어 보겠소. 그들은 내 말에 동의할 것이오."(5장 44절)), 프라이텍스타투스 주교의 병상에 온 프레데군디스, 그리고 그 전후의 장면(8장 31절), 자기 누이의 일에 관한 보르도의 베르트람누스 주교의 답변("제 스스로 개를 찾아서 어디든지 데려가고 싶은 대로 데려가래지. 나는 반대하지 않을 테니까."(9장 33절)), 리군디스 공주와 그 어머니 사이에 벌어지는 격렬한 논쟁(9장 34절), 군츠람보소와 트리에 주교 사이에 벌어지는 장면(9장 10절), 특히 주목되는 예로서 문데리쿠스의 죽음의 장면, 끝판에 배신자 아레기셀루스가 문데리쿠스를 인도하여 성문 안으로 들어가는 살해 직전의 서스펜스의 순간이 직접 화법으로 주어지는 대목("여러분, 여러분은 나를 왜 이렇게 쳐다보는 것이오? 그 전에 문데리쿠스를 본 일이 없단 말이오?" 하는 말로 극적인 예각화가 이루어지는 장면(3장 14절)), 이러한 부분을 예로 들 수 있을 것이다.

이러한 대화와 감탄의 장면에서 사람들 사이에 오가는 짤막하고 자연 발생적인 말들은 가장 구체적으로 극화되어 제시되는 것이다. 등장 인물들은 서로 마주 보며, 말을 주고받고 서로 맞부딪치고 숨쉬고 살아 있다. 이러한 서술 방법은 고대의 역사적 저술에서는 볼 수 없는 것이고, 또 고전극의 대화까지도 이것보다는 좀 더 이성적이며 수사적으로 만들어져 있다. 그러나 성경에는 자연 발생적인 짧은 대화가 있다. 여기에 대하여 2장「포르투나타」부분에서 이미 말한 것을 참조하여 보라. 분명코 성경, 특히『신약 성서』의 리듬과 분위기가 늘 그레고리우스의 마음을 떠나지 않고 있어서 그의 문체를 결정하는 데 영향을 주고 있는 것일 것이다. 그것들이 그레고리우스의 잠재력과 그의 시대에 잠재해 있는 힘들을 풀어놓아 준다. 그의 '역사'의 도처에서 민중의 일상적인 말이 뚜렷하게 느껴지는 것이다. 그것이 문자화될 시기는 아직 멀었지만 그것은 그레고리우스의 의식 속에 계속하여 울림을 보낸다. 그레고리우스의 라틴어는 문법적으로나 구문상으로나 퇴화 상태에 있을 뿐만 아니라 본래, 적어도 그 전성기에는 전혀 거기에 알맞는 언어 수단이 될 수 없는 것 같은 목적을 위해서, 즉 구체적인 현실을 모사한다는 목적을 위해서 사용되었다. 전성기의 문학적 라틴어, 특히 문학적 산문은 거의 지나칠 정도로 조직화의 목적을 위한 언어였다. 그리하여 이러한 라틴어에 있어서는 사실의 물질적이고 감각적인 측면은 그 물질성과 감각성의 실감을 살려서 제시되기보다는 하향 식으로 개관되고 배열되었다. 여기에 기여하고 있는 것은 수사학의 전통과 함께 로마인의 법률적, 행정적 천재이다. 황금기의 로마 산문에는 사실을 단도직입적으로 기록하되, 가능하다면 가장 일반적으로 암시하고 이를 언급하면서 초연한 자세를 유지하려는 강한 경향이 있었고, 다른 한편으로는 표현의 엄격함과 활력을 전부 짜임새 있는 구문에 경주하려는 경향도 강했다. 그 결과 극명하게 질서지어진 문장은 전략의 모습을 띠었고 다른 한편으로 소재, 질서의 마디 사이에 깃드는 현실의 자료들은 통어되기는 하면서도 그 감각적 가능성을 충분히 드러내게끔 취급되지 아니하였다. (이 점은 키케로의 편지에서도 마찬가지였는데, 때로는 특히 그의 편지에서 그러했다고 할 수도 있다. 그 예로서 P. 렌툴루스 스핀테르에게 보내는 편지에 있어서의 유명한 변명을 볼 일이다.『친구에게 보내는 편지』1권 9번째 서간 특히 21째 마디) 이렇게 하여, 통사적 맥락의 수단은 미묘함과 정밀함과 다양함의 극에 이르게 된다. 이것은 비단 접속사 등의 종속절 구문의 요소들에게만 아니라 시제, 어순, 대구, 그 이외의 수사적인 기술에 두루 해당되는 말이다. 이러한 것들은 모두 정확, 미묘, 유연, 섬세, 풍부한 의미 배열의 목적에 봉사하도록 되어 있었다. 명확한 분절 작용과 배열 수단의 풍부함은 극히 다양한 주관적 서술을 가능케 하고 사실에 대한 추리를 놀랍게 용이한 것이 되게 하고 필자에게(후세에 이르러서야 가능하게 되는바) 어떤 종류의 사실을 감추어 버리고 분명한 책임을 회피하면서 수상쩍은 사실을 암시할 수 있는 자유를 부여하였다.

 이에 대하여 그레고리우스의 언어는 사실을 조직화하는 데에는 불충분한 준비밖에 없는 언어이다. 복합적인 사건이 일정한 단순의 도를 넘어서면, 그는 이를 일관성 있게 기술하지 못한다. 언어를 졸렬하게 조직화하거나 또는 전혀 조직화하지 못한다. 그러나 그의 언어는 사건의 구체적 측면에 살고 사건 속의 인물들과 말하고 그들 속에서 말한다. 그것은 그들의 즐거움, 고통, 경멸, 분노 또는 그때그때 그들의 가슴속에 끓어오르는 각종의 격정에 표현을 준다.(하지만 때로 그레고리우스가 그의 인물들에게 내리는 판단은 대체로 조잡하고 섬세함을 결하고 있다. 가령, 9장 19절의 끝 대목, 시카리우스에게 내리는 판단과 같은 것이 그 예가 될 것이다.) 고전 작가에 비하여 그가 얼마나 감각적으로 사건 속에 개입하고 있는가는 고전 작가 가운데 가장 사실적인 작가인 페트로니우스와 비교해 보면 쉽게 알 수 있다. 페트로니우스는 그레고리우스에 비하여 훨씬 더 의식적이고 정확한 모사가로서 글에서 벼락출세 속량인들의 말을 흉내 내고 그들로 하여금 퇴락하고 상스러운 속어를 말하게 한다. 그러나 그가 그의 문체를 하나의 수사학적 전략으로 사용하며 보고서를 쓴다든지 역사서를 쓴다든지 할 때는 전혀 다른 방식으로 쓰리라는 것은 분명하다. 사회적 신분과 교양을 갖춘 상류 인사로서, 그는 모든 세련을 다하여 그의 동료들에게 하나의 소극을 보여 주고 있는 것이다. 그는 의식적으로 희극 예술 형식을 택해 쓰고 있으며, 뜻만 있다면 얼마든지 다른 방식으로도 쓸 수 있는 것이다. 그러나 그레고리우스는 부릴 수 있는 연장이 문법적으로 혼란스럽고 구문상에 있어서 빈약해진, 거의 초보적인 라틴어밖에 없다. 그는 특별 효과를 낼 만한 재간도 없고 신기한 자극제나 문체상의 변주로 관심을 끌 만한 독자층도 없다. 그러나 그에게는 그의 주변에 일어나고 있는 구체적인 사건들이 있다. 그는 이 일들을 직접 목격하거나 '금방 솥에서 구워 나온 듯' 뜨뜻한 상태로 그 이야기를 전해 듣는다. 그는 이 이야기들을 토착 방언으로 듣는다. 그레고리우스는 자신이 들은 이야기를 반무식한 라틴어로 옮겨 놓는 동안에도, 그것이 어떠한 것이었는지 우리가 분명하게 짐작해 볼 도리는 없지만, 그의 이야기의 소재로써 그의 귀에 울리고 있는 토착 방언을 느꼈을 것임에 틀림이 없다. 그가 전하는 것은 그 자신의, 그의 유일한 세계이다. 그에게 그 밖의 다른 세계는 없으며, 그는 그 세계 속에 살고 있는 것이다.

뿐만 아니라 그가 기록하는 일들의 유형도 그에게는 안성맞춤의 것으로 보인다. 그 전의 로마 역사가들이 기록하던 일들에 비교해 볼 때 그가 기록하는 일들은 모두 지방적인 사건들이며, 충동과 감정이 격렬하고 이성적 고려의 힘은 조잡하고 초보적이던 사람들 사이에 벌어지는 일들이다. 물론 그레고리우스의 저작은 정치적 사건들의 상관 관계에 대하여 분명한 이해를 제공해 주지 않는다. 그러나 그것을 읽어 보며, 우리는 갈리아 지방을 프랑크족이 통치하던 첫 세기가 어떠했던가 그 냄새를 맡을 수 있는 듯한 느낌을 얻는다. 점진이고 가공할 만한 야만화가 진행된다. 노골적인 폭력이 모든 곳에서 표면에 등장하여 여러 중앙 정부만이 폭력을 독점하지 않게 되었다는 것만이 아니라 모든 음모와 술책이 일체의 형식을 버리고 전적으로 원시적이고 조잡한 것이 되었다는 말이다. 모든 높은 문화의 특징이 되는바 인간사에 있어서의 감춤과 빗댐 — 정치적, 상업적 약탈 또는 다른 파렴치한 일을 하는 경우에도 작용하기 마련인, 예의, 수사, 우회, 체면, 법률 절차, 이러한 것들이 완전한 정지 상태에 들어가고 설령 그러한 것들의 흔적이 어딘가에 남아 있다고 하더라도 기껏해야 희화화되고 공소한 것으로 남아 있을 뿐이다. 탐욕과 격정이 모든 감춤의 의상을 상실하고 거칠고 직접적이고 노골적인 상태로 그 모습을 드러낸다. 이 야만적인 삶은 감각으로 감지할 수 있는 대상이 된다. 이를 묘사하고자 하는 사람에게 그것은 질서도 없고 질서를 부여하기도 어려운 것이지만, 감촉할 수 있으며, 현실적이며, 생생한 것으로 나타난다. 그레고리우스는 주교로서 기독교에 입각한 윤리적 태도를 발전시키는 것이 그의 의무였다. 그의 직책은 실제적이며 힘든 것으로서, 영혼을 치유하는 일은 정치적, 경제적 문제와 쉽사리 합쳐질 수 있었다. 전시대에 있어서 교회 활동의 중점은 기독교 교리의 확립에 있었다. 그리하여 그것은 과도한 지적 정교성을 발휘하게 하기도 하였다. 적어도 서유럽에 있어서는 6세기에 이르러 교회의 활동은 실제적인 일과 조직에 관계되는 문제에 집중되어 있었다. 이 변화는 그레고리우스에 의하여 생생하게 예시되어 있다. 그는 수사학적 소양을 내세우지 않는다. 그는 교리 논쟁에 아무런 관심이 없다. 그에게는 교리 회의의 결정은 한번 정해진 이상 논란의 대상이 될 수 없는 것이었다. 그러나 그는 사람들의 마음을 움직일 수 있는 모든 것, 즉 상상력의 밥이 되어 줄 성인의 전설, 유물, 이적, 폭력과 압제에 대하여 보호를 제공해 줄 수 있는 것들, 미래에 있을 보상을 내걸어 쉽게 받아들여지게 한 소박한 도덕적 교훈, 이런 모든 것을 포용할 준비가 되어 있었다. 그가 함께 살고 있던 민중들은 교의에 대해서는 아무것도 이해하지 못했고 믿음의 신비에 대해서는 극히 조잡한 관념밖에 가지지 못했다. 그들은 탐욕과 물질적 이해관계를 가지고 있었고 이런 것들은 서로에 대한 공포심 그리고 초자연적인 힘에 대한 공포심에 의해서만 다소 제어되는 것이었다.

그레고리우스는 이러한 사회 상황에 꼭 맞는 사람이었다. 그가 투르의 주교가 된 것은 서른이 갓 넘을까 말까 했을 때였다. 저작을 통해서 인간 됨 됨이를 판단해 본다면, 그는 활달하고 용감한 사람이었을 것이다. 정녕코 그는 자신이 본 일로 해서 쉽게 당황하는 사람은 아니었다. 가톨릭 교회에서 우리가 흔히 탄복하는바 활동적이고 실제적인 현실 감각, 일찍이 기독교의 교리를 땅 위의 삶에서 작용할 수 있게 한 현실 감각을 최초로 구현한 사람 가운데 하나가 그레고리우스였다. 사람의 일로서 그에게 관계가 없는 일은 없었다. 그의 빛은 모든 구석을 찾아 비춘다. 그는 사실을 사실의 이름으로 부르지만, 동시에 자신의 위엄을 유지하며 어떤 정도의 닦인 어조를 유지하는 데에 성공한다. 또 그는 정신적 수단과 더불어 세간적 수단을 사용하는 것을 주저하지 않는다. 그는 교회가 이 세상에서 장구한 도덕적 목적을 달성하기 위해서도 부와 권력을 가져야 하며, 사람의 마음을 장구하게 정복하고자 하는 사람은 실제적인 이해관계를 포함한 끄나풀로 그것을 묶어 두어야 한다는 것을 안다. 뿐만 아니라 교회는 여러 가지 통로로 하여, 즉 자선기부금을 맡고 주고 하는 일, 송사의 조정 역할, 급속하게 커져 가는 교회 소유 토지의 관리, 기타 여러 가지 정치적인 관련으로 하여 실제적 일의 세계로 끌려들어가지 않을 수 없는 형편에 있었다. 좀 더 고차적이고 직접적인 의미에서는 실제적이랄 수 없는 뜻에서, 교회는 시초부터 현실적이었다. 하층민들 사이에서 산 그리스도의 생애와 그의 수난의 역설적인 장엄성과 수치가 어떻게 고전 시대의 비극과 숭고에 대한 관념을 깨뜨려 버렸는가 하는 점은 이미 위에서 논의한 바 있다. 그러나 추측건대 그레고리우스의 저작에서 처음으로 문학적 형태로 등장하는바 교회의 현실주의는 한 발 더 깊숙이 실천적 활동 속으로, 실제적 세계로 들어가고 일상적 체험에서 그 양분을 취하고 땅 위에 그 발을 딛고 선다. 그레고리우스는 그의 직업상의 관련으로 그가 기록의 대상으로 하는 모든 사람, 그리고 모든 사람과 맞닿아 있다. 이 사람들과 상황들은 벗어날 수 없이 현존하는 그의 활동의 장인 것이다. 그는 의무 수행을 위한 행위에서 시작하여 관찰하는 능력을 얻고 관찰한 것을 기록하고 싶은 욕망을 갖게 된다. 구체적인 것을 서술하는 그의 개인적인 재능 자체가 그의 직책으로부터 저절로 발전하여 나온다. 그의 경우에 있어서 숭고와 비극 그리고 일상적이고 현실적인 것을 심미적인 관점에서 분리한다는 일 자체가 있을 수 없는 일이다. 사람들의 삶에 현실적으로 관련되어 있는 교회의 사제가 이 두 영역을 분리할 수는 없는 일이다. 그는 여러 요소가 섞여 있는 우발적인 삶의 자료 속에서 매일매일 인간 비극에 부딪치는 것이다.

물론 재능과 성품이 그레고리우스 주교로 하여금 엄격한 의미에서 인간 영혼의 관할과 교회의 실제적 문제라는 영역을 넘어서는 곳에까지 나아가게 하는 것은 사실이다. 그는 반쯤 무의식적으로 생생한 것을 거머쥐는, 작가가 되고 사물의 형성자가 된다. 이것은 승려라고 다 할 수 있는 일은 아니다. 그렇다고 또 그 시대에는 승려가 아닌 사람이 할 수 있었던 일도 아니다. 여기에 기독교에 의한 정복과 당초의 로마인들에 의한 정복의 차이가 있다. 즉 기독교의 하수인들은 위로부터 아래로 행정 체제만 조직하고 그 이외의 것은 저절로 되어 가는 대로 맡겨 두는 것이 아니었다. 그들은 의무상 일상적 사건 하나하나의 세부에 관심을 갖게 되어 있었다. 기독교화한다는 것은 개체적 인간, 개별적 사건에 직접적으로 관심을 갖는다는 것을 뜻했다. 더 나아가 그레고리우스는 자신의 저술의 의의와 그리고 그 특성까지도 의식하고 있었던 것 같다. 천학비재함에도 불구하고 붓을 드는 것을 용서하여 주시라 운운하지만(이것은 전통적으로 흔한 수사적 공식이었다.) 한 군데에서(9장 31절) 후세의 사람들에게 자신의 글을 고치지 말라는 요청을 하고 있다. 즉 "아무도 이 책을 발췌한다거나 요약하거나 하는 식으로 없애지 말도록 할 것이며 내가 남겨 둔 대로 손상함이 없이 항구적으로 남아있게 할지라."라고 요청하고 있다. 그리고 그 다음 구절에서, 마치 그 후대의 발전을 예상하듯, 스콜라 학파의 수사학을 언급하면서 이 점을 더욱 분명히 밝히고 있다. 즉 그는 "하느님의 사제여, 그대가 누구든지 간에, 그대의 학문이 지극히 깊어(이 대목에서 그레고리우스는 문학의 모든 분야를 망라하여 늘어놓는다.) 내 문장이 촌스럽다고 생각하시더라도, 부디 간청하건대, 내가 쓴 것을 없애지 않게 하소서."라고 후대의 사람에게 요청하고 있다. 그레고리우스는 문장가로 치더라도 잘 훈련된 대다수 인문학자보다도 더 귀중한 존재라는 것이 오늘날 많은 사람들의 견해이지만, 오늘에 와서 이러한 간청을 읽으면 우리는 뭉클한 느낌을 갖지 않을 수 없다. 또 한 대목에서 그레고리우스는 어머니를 꿈에 나타나게 하여 그로 하여금 글을 쓰도록 촉구하는 말을 하게 하고, 문학적 교양이 부족한데 어떻게 글을 쓰느냐는 자신의 대꾸를 기록한 다음 다시 어머니로 하여금 대답하게 하기를, "네가 말하는 방식은 민중들이 더 잘 알 수 있는 것인고로 우리가 그를 더 귀하게 친다는 것을 너는 모르느냐?"라고 한다. 그리하여 그는 민중의 갈증을 진정시키기 위하여 용기를 내어 일하기 시작한다. "주님이며 구세주인 그분께서 세상의 지혜의 허영을 타파하기 위하여 웅변가가 아니라 고기잡이를, 철인이 아니라 농사꾼을 택하신 바에, 내 어찌 학문의 얕음을 부끄러이 여기리오?" 꿈에 어머니가 나타나는 장면과 마찬가지로 이 대목은 모두 『프랑크족의 역사』가 아니라 『성 마르틴 전』의 서문에 나오고 직접적으로는 성 마르틴의 이적에 관련해 말한 것이다. 그러나 이것은 그레고리우스의 모든 저술에 아무런 주저함이 없이 해당하는 말이다. 모든 저술에서 그는 일반적이고 직접적이고 감각적이고 구체적인 이해를 위하여 글을 쓴다. 이것은 그의 재능과 성품과 직책에 맞는 것이고 '네가 말하는 방식'에 맞는 것이다.

   그의 문체는, 기독교 저술가를 포함하여 고대 말기의 저술가들의 문체와는 전혀 다른 것이다. 암미아누스와 아우구스티누스 시대 이후에 완전한 변화가 있었다. 물론 흔히 말하듯이, 이 변화는 퇴폐요, 문화와 언어 능력의 쇠퇴를 말한다고 할 수 있다. 그러나 그것만이 전부는 아니다. 그것은 직접적으로 감각적인 것의 재각성을 말한다. 고대 말기에 이르러 문체나 소재의 처리가 다같이 경직 상태에 들어갔다. 수사학 고찰의 과다한 사용이나 당대의 사건들을 에워싸고 있던 침울한 분위기가 타키투스와 세네카에서 암미아누스에 이르는 고대 말기의 저술가들에게 무엇인가 너무 공력 들이고 인위적이고 어거지라는 느낌을 준다. 그레고리우스에 이르러 경직성이 해소된다. 그는 많은 무서운 것들을 이야기한다. 모반, 폭력, 살인은 항다반사이다. 그러나 그가 이러한 일들을 기록할 때 보여 주는 소박하고 실제적인 활달성은 후기 로마의 저술가들에게 느껴지는, 그리고 기독교의 저술가들까지도 벗어나지 못한, 울적한 분위기의 형성을 막아 준다. 그레고리우스가 붓을 들었을 때, 이미 파국은 일어났고, 로마 제국은 붕괴하고, 그 조직은 와해되고, 고대 문화는 파괴되었다. 그러나 이와 아울러 긴장은 이미 해소된 다음이었다. 이제 해낼 수 없는 과업에 마음을 빼앗기지 않고, 현실이 될 수 없는 과대한 야심에 괴롭힘을 당함이 없이, 그레고리우스의 영혼은 좀 더 자유롭고 직접적으로 현실을 있는 그대로 파악하고 그 안에서 실제적인 삶을 영위할 용의를 갖추고 살아 있는 현실을 마주보았다. 다시 한 번 앞 장에서 검토한 바 있는 암미아누스의 이야기의 첫머리의 문장, "살기 등등한 군중들이 모든 것을 파괴하는 파국을 야기하고 있는 사이" 운운의 문장을 살펴보자. 이러한 문장은 다양한 국면의 한 상황을 개관하고 포착하며 여기에 추가하여 처음과 그 다음 사이에 분명한 연결을 지어 준다. 그러나 이것은 얼마나 공력을 들인 것이며 또 경직된 것인가! 이런 글을 보다가 그레고리우스의 글의 첫머리. '그때 투르 지방의 주민들 사이에 치안을 교란하는 거센 싸움이 벌어졌더라……'와 같은 문장을 읽으면, 얼마나 수월한 느낌이 드는가! 물론 '그때'(tunc) 하는 말은 허술하고 모호한 연결사임에 틀림이 없다. 그리고 언어 전체가 닦이지 않은 언어이다. '치안 교란'(bella civilia)이라는 말은 그레고리우스가 생각하고 있는 무절제한 싸움과 도둑질과 살인을 말하는 데에 적절한 용어가 아니다. 그렇기는 하나 사물들은 그레고리우스에게 자연스럽게 있는 대로 비친다. 그는 이것을 고양된 문장의 굴레 속에 억지로 밀어넣을 필요가 없다. 사물들은 제 마음대로 넘치고 심지어

난장판을 이룬다. 그리하여 그것들은 새로운 통치 권력을 가져왔을 뿐 새로운 생명을 가져오기에는 너무 늦어 버린 디오클레티아누스 콘스탄티누스 개혁의 테두리 속에 맞추어 넣어지지 아니한다. 암미아누스에 있어서는 전횡적인 규칙과 장엄한 스타일의 족쇄에 묶여 그림자처럼 또는 비유적으로만 그 모습을 비추어 보일 수 있었던 감각적 현실이 그레고리우스에 이르러 자유롭게 펼쳐질 수 있게 된다. 어떤 희생을 무릅쓰고라도 문학적인 라틴어를 써 보겠다는 그레고리우스의 야심 속에 옛 전제의 자취가 남아 있을 뿐이다. 토착 방언은 아직은 활용할 수 있는 문학의 매체가 되지 못했다. 그것은 문학적 표현의 가장 겸허한 요구 조건도 만족시켜 줄 수가 없는 것이었다. 그러나 그것은 말하여지는 일상적 현실을 다룸에 있어서 쓰여지는 언어이다. 그레고리우스의 라틴어를 통하여 토착 방언의 그러한 면이 느껴진다. 그의 문체는 우리에게 사물과 사물에 대하여 새로 깨어나는 감각적 포착의 첫 흔적을 드러내 준다. 우리가 검토 자료로 사용할 수 있는 글들로서 그레고리우스의 시대부터 또 더 나아가 기독교 기원 이후 천년의 후반기부터 지금까지 전해 내려오는 글들이 많지 않음에 비추어, 이러한 흔적은 더욱 값진 것이다.

롤랑대 가늘롱

LVIII 737 밤이 가고 환한 새벽이 나타난다……
……
당당하게 황제가 말에 오른다.
740 "경들이여." 하고 샤를마뉴(Charlemagne) 대제가 말한다.
"저 협곡과 좁은 통로를 보시오.
후군장에 누구를 남길까를 결정해 주시오."
가늘롱(Ganelon)이 대답한다.
"제 의붓자식 롤랑이지요.
그 같은 용맹은 다시 없을 테니까요."
745 왕은 이 말을 듣자 그를 사납게 노려보며
이렇게 말한다. "그대는 살아 있는 악마야.
그대 몸엔 끔찍한 앙심이 들어 있어.
하면, 내 앞의 전군은 누가 마땅하오?"
가늘롱은 대답한다. "덴마크의 오거에입니다.
750 그보다 더 적임자는 없는 줄 압니다."

LIX	롤랑(Roland) 백작은 후군장으로 선임되었단 말을 듣고
	기사에 걸맞게 말하였다.
	"의부, 황공합니다.
	저를 후군장으로 천거해 주시다니요!
755	프랑스를 다스리고 있는 샤를마뉴 대제께선 그로 하여
	타시게 될 여느 말이나 군마
	나귀나 버새 한 마리도 잃지 않으실 것이며
	그 때문에 처음 칼을 뺐던 것이 아닌 삯말이나
	노새 한 마리 잃는 법이 없을 겁니다."
760	가늘롱은 대답한다. "옳은 소리, 잘 알고말고."

LX	롤랑은 후군장이 된다고 알자
	노여웁게 의부에게 말하였다.
	"아! 야비하고 천한 못된 것 같으니라고.
	샤를마뉴 대제 앞에서 의부가 지휘봉을 떨구었듯이
765	내가 장갑을 떨굴 줄 알았나요?"

LXI	"전하." 하고 롤랑은 말하였다.
	"두 손으로 쥐고 계신 활을 제게 주옵소서.
	아무도 저를 탓하진 않겠지요.
	제가 그것은 떨군다 해도. 마치 가늘롱이
770	지휘봉을 받았을 때 오른손으로 그것을 떨구었듯이."
	황제는 고개를 숙인 채
	턱수염을 쓰다듬고 코밑 수염을 꼬았다.
	그는 눈물을 금치 못하였다.

LXX   이때 네므(Naimes)가 나와 출반주하였다.

         그는 궁정 제일가는 봉신.

         "들으셔서 아시겠지만

         롤랑 백작은 노여움이 대단합니다.

         후군장이 그에게 내려졌으니

         이제는 변경할 수 있는 (혹은 하고자 하는) 중신은 없습니다.

780   빼놓은 활을 그에게 내리소서.

         그리고 그를 도와줄 이를 찾아주시옵소서."

         왕은 활을 내리고 롤랑은 그것을 받았다.

위에 적은 것은 『롤랑의 노래(Chanson de Roland)』의 옥스퍼드 사본에서 옮긴 것이다. 스페인에서의 전투를 끝낸 후 피레네 산맥을 넘어서 돌아가는 중인 프랑크군의 후군장이라는 위험한 지위에 롤랑을 임명하는 것을 다루고 있는 장면이다. 롤랑이 선임된 것은 그의 의부인 가늘롱의 제의에 따른 것이다. 그 과정은 사라센 왕 마르실리우스(Marsilius)에게 보내는 샤를마뉴 대제의 사자로 롤랑의 제의에 따라 가늘롱이 선임되었던 삽화와 부합한다.(274행 이하) 이 두 사건은 금전과 재산 문제로 틀어져서 상대방을 서로 없애려고 하는 두 중신 사이의 해묵은 불화에 근거해 있다.(3758행) 마르실리우스에게로 파견되는 사자가 목숨을 잃을 위험에 처하게 된다는 것은 이전의 경험으로 분명하였다. 가늘롱이 사자로 파견되었을 때도 사라센 왕에게 자신의 증오와 복수심을 충족시켜 줄 반역적인 흥정을 제의하지 않았다면 그는 목숨을 보존하지 못하였을 터였다. 가늘롱은 프랑크 궁정의 호전파라고 설명해 준(맞는 말이다.) 롤랑과 그의 절친한 친구 열두 명을 포함한 프랑크군의 후군을 사라센 왕의 수중에 넘겨주겠다고 약속한 것이다. 그는 이제 마르실리우스의 겉과 속이 다른 평화와 복종의 제의를 가지고 프랑크 진지로 돌아온 것이다. 군대는 프랑스로 돌아가기 시작한 터였다. 가늘롱은 마르실리우스와 약속한 계획을 이행하기 위해서 롤랑이 후군장으로 임명되도록 조처해야 할 처지이다. 위에서 인용한 장면이 그것을 다루고 있다.

사건은 다섯 소절(laisse)로 다루어져 있다. 첫 절은 가늘롱의 제의와 샤를마뉴 대제의 즉각적인 반응을 담고 있다. 둘째, 셋째, 넷째 절은 그 제의에 대한 롤랑의 태도를 다루고 있다. 다섯째 절은 네므의 개입과 황제가 마침내 롤랑을 임명하는 것을 다루고 있다. 첫 절은 3행이 도입으로 시작되는데 새벽녘의 군대의 출발을 그리고 있고 병렬 구문(접속사 없이 절, 구 따위를 나란히 늘어놓은 구문)의 주절 3행이다.(바로 앞 절은 전날 밤과 황제의 꿈을 다루고 있다.) 다음에 제의의 장면이 따르는데 두 번에 걸친 이야기와 응답의 형태로 되어 있다. 즉 후군장이 정해져야겠다는 요구와 제의가 곁들인 응답, 이에 따라 두 번째 질문과 응답이 그것이다. 두 쌍의 응수는 가장 간단한 상투형의 뼈대로 되어 있다. 첫 번째 응수 다음에 745행이 끼어드는데 짤막한 시간 표시의 종속문을 포함하고 있다. 다른 모든 것은 덩어리처럼 병치, 대조되어 있으며 말하는 주체를 밝힘으로써 병렬적인 독립성을 가진 주절로 다루어진다.(샤를마뉴 대제가 앞 문장의 주어임에도 다시 되풀이 밝혀져 있는 740행의 경우 주어의 언급이 특히 두드러져 보인다.) 이제 대화를 각각 검토해 보기로 하자. 샤를마뉴의 요청에는 일련의 인과 관계적인 논리가 있다. 즉 우리가 어려운 지역을 통과해야 하니 나를 위해 후군장을 정해 달라는 것이다. 그러나 당당하고 자신있는 황제의 태도에 걸맞게 두 개의 주절, 즉 어려운 지역을 보라는 지시문과 명령문을 병렬시킴으로써 그것을 나타내고 있다. 이에 갑옷의 손가리개를 내던지듯 가늘롱의 제의가 나오는데 역시 세 부분의 병렬로 표현된다. 맨 먼저 이름, 다음엔 의기양양한 복수심으로 차 있는 가족관계의 언급('제 의붓자식'이란 가늘롱의 말에는 277행의 '제 의부' 및 287행의 '내 너의 의부임은 세상이 다 아는 일'이라는 응수를 상기시킨다.)이 나오고 마지막으로 의례적으로 칭찬을 하지만 경멸적인 반어의 가락이 엿보이는 롤랑 천거의 근거가 제시된다. 곧 샤를마뉴 대제의 사나운 눈길이 담긴 짤막한 극적 휴지가 이어진다. 똑같이 병렬적인 구문의 샤를마뉴의 대답은 격렬한 말로 시작되는데 그것은 샤를마뉴가 가늘롱의 계획을 간파했음을 보여 준다. 뿐만 아니라 나중 네므에 의해서 확인되듯이 가늘롱의 제의를 물리칠 적절한 수단을 가지고 있지 못하다는 것도 보여 주는 것 같다. 샤를마뉴의 물음은 '내게는 전군장으로 롤랑이 필요하다.'라는 일종의 반격이라고 해석할 수 있을 것이다. 만약 이 해석이 옳다면 가늘롱은 이 반격을 즉석에서 물리친 셈이다. 그의 첫 번째 대답과 두 번째 대답이 같은 구조라는 것은 그의 태도의 거침없는 퉁명스러움을 강조해 주고 있다. 분명 그의 위치는 강력하며 그는 승리를 확신하고 있다. 구문에 있어서도 이 절은 막상막하이다.

이렇듯 강렬하고 잘라서 말하듯하는 진술과는 대조적으로 위의 장면에는 반드시 분명치 않은 것들도 많다. 우리는 황제가 중신 단 한 사람의 제의에 꼭 매여 있다고 생각하기가 어렵다. 사실 비슷한 다른 여러 장면(가령 가늘롱을 사자로 임명하는 278~279행, 321~322행, 243행)에서는 전체 군대의 동의를 얻었다는 것이 각별히 언급되어 있다. 이번 경우에도 각별히 언급은 안 되었지만 똑같은 동의를 얻어 낸 것이라 추측할 수 있다. 혹은 그러한 동의를 얻은 것이 의심의 여지가 없다는 것을 황제가 알고 있다고 추측할 수 있다. 그러나 그렇다고 하더라도 또 프랑크인 사이에 롤랑의 적이 있었고 이 적은 전쟁을 끝내려는 결정이 그의 영향력으로 말미암아 번복될 것이 두려워 롤랑이 위험한 직위에 임명되어 황제 막료진에서 제거되기를 바랐다는 전설의 일부를 위의 원전이 감추어 두고 있다 하더라도 황제가 자기에게 쾌적한 해결책을 미리 마련하지 못했으며 이에 따라 후군 선정의 요청이 황제를 난경에 빠지게 했다는 것은 의아스럽다. 자기 신하들 사이에 어떤 생각의 흐름이 퍼지고 있는가 하는 것을 황제는 잘 알고 있었을 것이고 게다가 심상치 않은 꿈까지 꾸었던 터이다. 이것은 또 하나의 수수께끼와 연관된다. 즉 황제가 어느 만큼 가늘롱의 계획을 간파하고 있으며 앞으로 일어날 사태를 얼마만큼 예견하고 있느냐 하는 수수께끼 말이다. 그가 가늘롱의 계획을 세세히 알고 있다고 생각하기는 어렵다. 그러나 모르고 있다면, 가늘롱의 제의에 대한 그의 반응("그대는 살아 있는 악마야.")은 과장된 것으로 보인다. 황제가 놓인 입장은 분명치가 않다. 때때로 단호한 권위를 보여 줌에도 불구하고 그는 이를테면 몽유병자처럼 마비되어 있는 듯이 보인다. 기독교권 전체의 우두머리로 또 완벽한 기사도의 화신으로서 거의 신의 왕자로 나타나는 중요하고 상징적인 지위와 비교할 때 그의 이러한 무력은 이상한 대조를 이루고 있다. 그는 망설이고 눈물을 흘리기까지 하고 분명히 어느 정도까지인가는 확실치 않으나 다가오는 큰 재난을 예측하고 있지만 그것을 방지하지 못한다. 그는 중신들에게 의존하고 있으며 이들 중에는 상황을 바꿀 수 있는 이가 아무도 없다.(아니 상황을 바꾸려는 자라고 해야 할지도 모른다. 그것은 779행을 어떻게 해석하느냐에 달려 있다.) 이와 똑같이 나중 가늘롱의 재판 때에도 마지막에 단 한 사람의 기사가 그의 대의명분을 옹호하고 나서지 않는다면 그는 자기 조카인 롤랑의 죽음의 원수를 갚지 못할 뻔한다. 이에 대한 여러 가지 설명을 찾아낼 수 있다. 가령 봉건제 사회의 중앙 권력이 샤를마뉴 시대엔 아직 강력하였으나 『롤랑의 노래』가 발생하였던 시기인 뒷날엔 아주 약해진 측면이 있다. 또한 궁정 로맨스에 나오는 많은 왕후들에게서 발견되는 종류의 반(半)종교적이고 반(半)전설적인 인간상이 샤를마뉴 황제의 구상화에 수동적이며 순교자적이며 몽유병자처럼 마비된 성품을 첨가한 측면도 있을 것이다. 게다가 가늘롱에 대한 샤를마뉴의 관계는 예수 그리스도와 유다의 요소를 가지고 있는 듯이 보인다.

  시 자체는 어떠한 경우에도 이 사건 및 다른 사건의 불가해한 국면을 분석하거나 설명해 주는 법이 전혀 없다. 우리들 스스로가 분석이나 설명에 기여해야 한다. 그리고 그것은 우리의 미적 이해를 저해한다. 시인은 아무것도 설명해 주는 법이 없다. 그런데도 일어나는 일들은 병렬 구문 속에 서슴없이 명백하게 진술되어 있어 매사가 시 속에서처럼 일어나게 마련이며 달리 일어날 수가 없고 또 관계를 설명하는 연결어가 필요없다는 투로 되어 있다. 독자들도 짐작하듯이 이것은 사건에만 연관되는 것이 아니고 관련된 인물들의 행동의 기초를 이루고 있는 관점이나 원리에도 연관된다. 싸우려는 기사들의 의지, 명예관, 전우들의 상호 충성, 혈족 공동체 의식, 기독교 교의, 기독교도를 정당하다 하고 이교도를 잘못이라 하는 옳고 그름의 할당 등등은 이러한 관점 중에서 아마도 가장 중요한 것들이다. 그 수효는 많지 않다. 그것들은 사회의 어느 한 계층만이 등장하는 한정된 그림을 보여 줄 뿐이다. 그것도 몹시 단순화된 형태의 계층이다. 그것들은 마치 사실이라는 듯이 아무런 논거도 없이 정리로서 제시되어 있다. 예컨대 1015행에서 "이교도는 잘못이오, 기독교도는 옳다."라는 진술을 할 때 어떠한 논거도 대지 않고 있으며 설명을 하지도 않고 있다. 이교도 기사들의 삶이 그들이 표방하는 신의 이름을 제외하고서는 기독교인들의 삶과 다름이 없는데도 그러는 것이다. 이교도 기사는 흔히 타락하였고 끔찍한 것으로 언급되고 때때로 환상적인 방식으로 언급되지만, 그들 또한 기사이며 그들의 사회 구조는 기독교 사회의 구조와 같은 것으로 보인다. 세세한 부분에도 비슷한 비교 현상이 보이는데 이에 따라 삶의 묘사의 범위가 매우 협소하다는 것을 더욱 두드러지게 보여 준다. 기독교도들의 기독교 정신은 하나의 약정에 지나지 않으며 교의와 거기 따르는 의식의 정식 속에서 탕진된다. 게다가 그것은 극단적으로 말하면 기사들의 싸우려는 의지와 정치적 팽창에 기여하게끔 마련된 것이다. 싸움터로 나가기 전에 기도하며 면죄를 받는 프랑크 기사들의 고해성사도 잘 싸우도록 하기 위한 것이다. 전투에서 쓰러지는 자는 누구나 순교자이며 천국의 자리를 기대할 수 있다는 것이다. 저항하는 자에게 죽음을 과하는 강요된 개종도 신이 기뻐할 일로 치부되어 있다. 기독교인의 태도로서는 놀랍고 또 이전에는 없었던 이러한 태도가 여기 『롤랑의 노래』에서는 스페인에서처럼 주어진 역사적 상황에 기초한 것은 아니다. 아마 스페인에서 유래한 듯싶은데 다른 설명은 보이지 않는다. 이렇게 『롤랑의 노래』

는 극히 협소하기는 하지만 모순으로 가득 찬 정리로 구성된 병렬적 상황으로 펼쳐진다.

이제 두 번째 장면인 롤랑의 반응을 살펴보기로 하자. 그것이 세 절의 주제이다. 처음 두 절에선 롤랑이 가늘롱에게 말을 걸고 셋째 절에선 황제에게 이야기하고 있다. 롤랑의 이야기에는 다양한 강도와 다양하게 얽힌 세 모티프가 스며 있다. (1) 자기주장이 몹시 강하고 사나운 자부심, (2) 가늘롱에 대한 증오, (3) 훨씬 온건한 황제에의 헌신과 봉사의 욕망이 그것이다. (1) 과 (2)는 서로 얽혀 있어 (1)이 강력하게 먼저 나오지만 벌써 (2)와 (3)이 섞여 있다. 롤랑은 위험을 좋아하고 추구한다. 그는 공포에 빠지는 법이 없다. 더구나 자기 위신을 몹시 중요시한다. 롤랑은 가늘롱에게 잠시 동안의 승리감도 부여하기를 거부한다. 따라서 롤랑이 제일 먼저 생각한 것은 비슷한 상황에서의 가늘롱과는 달리 자기가 마음의 평정을 잃지 않았음을 모든 사람이 들도록 강력하게 알리는 일이다. 그렇기 때문에 가늘롱에게 사의를 표하는 것인데 현장의 모든 사람들 사이에 잘 알려져 있는 두 사람 사이의 반목으로 미루어 보아 그것은 반어와 조소의 효과를 자아낼 뿐이다. 또한 그렇기 때문에 갖가지 군마와 등짐 짐승을 열거하며 이들을 허술히 버리는 일이 없을 것이라고 말하는 것인데, 이것은 자신의 자부심과 용기를 강력하게 여봐란듯이 성공적으로 강조하는 것으로서 그의 용기는 가늘롱도 인정하지 않을 수 없는 것이다. 그의 용기를 인정하는 것이 가늘롱으로서는 속셈이 있는 것이긴 하다. 롤랑을 망치게 하려는 계획을 꾸밈에 있어 가늘롱은 롤랑의 대담한 자신감을 이용할 생각이었으니 말이다. 그러나 어찌 되었건 가늘롱의 순간적인 승리는 망가진다. 일단 자신의 태도를 충분히 알려 놓고 나서 롤랑은 자신의 증오와 경멸을 마음껏 토로할 수 있게 되기 때문이다. 이러한 증오와 경멸의 토로는 이제 롤랑 쪽의 모멸에 찬 승리의 형태를 취하는 것이다. "자, 악당이여, 나는 그때 너처럼 창피스럽게 거동하지 않는다." 그리고 활을 받기 위해 샤를마뉴 앞에 서 있을 때조차도 성마름이 드러나

도록 표현된 그의 충성 표현은 다시 한 번 자신의 거동과 가늘롱의 거동 사이의 모멸에 차고 의기양양한 비교가 섞여 있다.

 롤랑이 자신감을 표시하고 지속적이고 반복적으로 의기양양한 증오와 모멸의 토로가 이어져 있는 전 장면은 3절로 되어 있다. 첫 두 절은 가늘롱에게 건네는 것인데 "기사에 걸맞게"와 "노여웁게"란 수식어의 차이가 있을 뿐 아주 비슷한 허두로 시작하고 있다. 게다가 피상적이고 순전히 합리적인 검토로는 앞의 것은 우호적으로 보이고 뒤의 것은 성난 것으로 보여 내용이 일관성이 없다고 생각되었기 때문에 수많은 편찬자와 비평가들이 원본의 진정성을 의심하여 두 절 중 하나를(대개 두 번째 절을) 삭제해 버렸다. 이것이 옳지 못하다는 것은 베디에(Bédier)가 그의 주석에서 지적한 바 있다.(파리, 피아차, 1927, 151쪽) 그리고 위의 분석이 시사하듯이 나도 그것이 옳지 않다고 생각한다. 두 번째 절은 첫 번째 절을 전제로 한다. 첫 절에 드러나 있는 태도는 그 전 장면에서의 가늘롱의 태도와는 날카로운 대조를 이루고 있는데 그것은 둘째 절에서의 의기양양한 증오를 정당화해 주는 것이다. 나는 이 점을 문체상의 고찰로서 확인해 보고자 한다. 연속되는 절 속에서 같은 상황이 이렇게 되풀이되어 독자가 새 장면을 접하는 것인지 그렇지 않으면 그전 것의 보족적 처리를 접하는 것인지 처음엔 어리둥절하게 되지만 이런 종류의 되풀이는 『롤랑의 노래』에 빈번히 나온다.(그것은 다른 무공시에도 자주 나온다.) 지금 검토 중인 대목의 경우와 마찬가지로 이러한 되풀이가 놀랄 만한 전환을 일으키는 다른 사례도 있다. 40~42절에서 마르실리우스 왕이 이제 나이 먹은 샤를마뉴가 언제쯤 전쟁에 지치게 될 것인가를 거의 같은 말로 세 번이나 반복해서 묻는데 이 물음에 가늘롱은 서로 다른 방식으로 세 번 대답한다. 그중 첫 번째 대답은 나머지 대답에 대한 아무런 암시도 주지 않는다. 첫 번째 답변에서 가늘롱은 샤를마뉴에 대한 칭찬만을 늘어놓는다. 그리고 롤랑과 그의 친구들을 전쟁광이라고 부름으로써 반역에 첫발을 떼어놓는 것은 둘째와 셋째 답변에서이다. 다음 43절에서야 비로소 가늘롱은 솔직하게 이야기하는데 샤를마뉴는 이제 좋은 말로 언급되지 않는다. 이에 앞서서도 마르실리우스 면전에서 보인 가늘롱의 태도는 순전히 합리적인 관점으로는 이해할 수 없다.

적의와 오만을 드러내 보이는 가늘롱은 어떻게 해서든 왕을 노하게 하는 것이 그의 목적인 듯이 보이며 협상과 반역은 전혀 문제 밖인 듯 보인다. 다른 사례에서는(5~6절, 79~81절, 83~89절, 129~130절, 133~135절, 137~139절, 146~147절 등등) 처음 절과 다음 절 사이에 내용상의 분명한 모순은 없으나 같은 출발점에서 서로 다른 방향과 간격으로 발전해 나가는 것을 보게 된다. 80절에서 올리버(Oliver)가 산꼭대기에 올라가 사라센 군이 다가오는 것을 보고 롤랑을 불러 가늘롱의 반역을 이야기한다. 81절도 올리버가 산에 오르는 것으로 시작되는데 롤랑에 관한 언급은 없고 올리버는 프랑크인들에게 보고하기 위하여 서둘러 산을 내려온다. 83~85절에서 올리버는 롤랑에게 뿔피리를 불라고 세 번이나 요청하지만 세 번이나 똑같은 거절의 답변을 듣게 되는데 반복은 장면을 더욱 강렬하게 하는 기능을 한다. 『롤랑의 노래』는 대체로 그렇듯이 긴박한 것과 강렬한 것, 그리고 다양한 것과 동시적인 것, 그리고 종종 솜씨 있게 많은 변화를 준 개개 사건의 반복과 추가를 통해서 표현되고 있다. 연속적 전투 장면뿐 아니라 줄거리 속에 등장하는 기사들의 연속 장면도 이러한 절차의 사례들이다. 롤랑이 스스로 뿔피리를 불겠다고 자청하는(128절에서 나오며 자주 솜씨 있게 롤랑의 유감의 자의식을 표현하고 있다.) 129~131절은 등장인물들이 역할을 바꾸기는 했으나 앞서 나온 장면에 조응한다. 이번에는 올리버가 세 번에 걸쳐 거절의 대답을 하는 것이다. 세 번에 걸친 그의 대답은 심리적으로 사뭇 정교하고 솜씨 있게 구성되어 있다. 첫 번째 대답은 반어를 깐 채 롤랑 자신의 반론을 되풀이하지만 롤랑의 피 묻은 팔을 보고서는 저절로 터져 나온 동정(혹은 찬탄)으로 변한다. 두 번째 대답은 다시 반어적으로 시작하다가 노여움의 폭발로 끝난다. 세 번째에 가서야 비로소 우리는 정연하게 표현된 올리버의 책망과 그의 슬픔을 대하게 된다. 133~135절에 이르는 뿔피리 세 번 불기를 수반하는 것으로 생각되는 뿔피리 신호에 관한 세 절에서 뿔피리가 프랑크인 사이에 일으키는 효과는 그때마다 다르게 발전한다. 이 세 번에 걸친 효과는 통째로 본다면 놀라움과 혼란에서 사태의 완전한 이해(가늘롱이 방해하려고 노력하는)에 이르는 발전을 보여 준다. 이 발전은 그러나 점진적인 것이 아니라 마치 출산처럼 일진일퇴하는 투의 경련적인 것이다.

  같은 주제를 다양하게 반복하는 것은 중세 라틴 시법에서 유래한 기법이다. 그리고 중세 라틴 시법은 고대의 수사학에서 그것을 흡수하였다. 최근에 파랄(Faral)과 쿠르티우스(E. R. Curtius)가 이 사실을 다시 한 번 지적한 바 있다. 그러나 『롤랑의 노래』 속의 '역행'의 형태나 문체상의 효과는 이런 방식으로 설명할 수도 또 기술할 수도 없다. 비슷한 사건의 연속과 앞에 나온 진술의 반복은 성격상 병렬 문장 구조와 연관된 현상으로 보인다. 형식이나 진전에 있어 엇비슷한 개개 장면을 반복적으로 열거하는 것이 하나의 종합적인 묘사를 대체하고 있는 경우가 있고 동일한 출발점에서 몇 번이고 되풀이 시작되는 같은 행위(줄거리)의 반복이 하나의 강렬한 행위를 대체하는 경우도 있다. 복합적이고 서스펜스 있는 도미문(掉眉文, 주절의 완결을 끝에다 둠으로써 서스펜스의 효과를 내는 문장)의 발전 과정 대신 반복해서 출발점으로 되돌아가 그때마다 새 요소나 모티프를 정교하게 마련해 내기도 한다. 이 모든 경우에 합리적으로 조직된 압축을 피하고 주춤하고 경련적이며 병렬적이며 앞으로 나가고 뒤로 물러서고 하는 방법이 선호되고 있는데, 이 방법 속에선 인과 관계, 화법 관계, 심지어는 시간 관계까지 모호해지고 만다.(시의 첫 번째 절에서 마지막 행은 멀리 미래를 바라보고 있다.) 되풀이해서 새로운 출발이 있고 모든 계속은 그 자체로서 완결되고 독립해 있다. 다음 것은 거기에 병렬되어 있을 뿐이며 양자 사이의 관계는 허공에 떠 있는 경우가 많다. 이것은 또한 괴테나 실러가 말하는 의미로서의 '서사시적 지체'의 유형이기도 하다.(앞의 1장 참조) 그러나 그것은 삽입이나 삽화를 통해서 이루어지는 게 아니라 중요 행위(줄거리) 자체 속에서의 진척과 후퇴를 통해서 이루어지는 것이다. 이러한 설차는 서사시의 특징이며 서사시 낭송에도 걸맞는 것이다. 낭송 중에 뒤늦게 온 청중도 동일한 인상을 받게 되기 때문이다. 동시에 그것은 사건의 흐름을 많은 수의 엄밀한 소부분으로 분할하여 상투적 어구의 사용으로 그 경계를 정하는 기법이기도 하다.

　롤랑의 세 이야기는 첫째 절의 황제나 가늘롱의 이야기처럼 짧막하지는 않으나 도미문의 흐름을 가지고 있지 않다는 점에서 공통된다. 59절의 긴 문장은 중단이 되풀이되는 나열의 문장이다. 세 절 모두에서 종속절은 극도로 단순화되어 있고 또 독립해 있다. 이야기의 도도한 흐름 같은 것은 생기지 않는다. 『롤랑의 노래』의 리듬은 고대 서사시의 리듬처럼 도도하지 않다. 한 행 한 행이 새 출발을 기약하고 모든 스탠자(stanza)가 새 접근을 나타낸다. 병렬 문장이 많아서 생겨난 이러한 인상은 어쩌다가 보다 복잡한 종속문을 사용해 보려고 시도할 때마다 대체로 서투르고 문법에 맞지 않는 연결을 수행함으로써 더욱 두드러진다. 또 하나의 요소는 유음(類音)으로 절을 구성하는 패턴이다. 이 때문에 한 행 한 행이 독립된 단위처럼 보이고 절 전체는 길이가 같고 끝이 같은 막대나 창을 한데 묶은 것처럼 독립된 부분의 다발처럼 보이는 것이다. 예컨대 마르실리우스의 평화 제의 수락을 지지하는 가늘롱의 이야기(220행 이하)를 검토해 보기로 하자. 이 부분은 긴 문장을 포함하고 있다.

　　222　만약 이것이 마르실리우스 왕이 보낸 전갈이라면,
　　　　　즉 그가 손을 맞잡고 전하의 봉신이 되어
　　　　　스페인 전역을 전하의 영지로 가지며
　　225　또 우리의 신앙을 택한다 하면
　　　　　이러한 제의를 물리칩소사 아뢰는 자는
　　　　　우리가 어떻게 죽어도 아랑곳하지 않을 자이지요.

주절 '아랑곳하지 않다'는 제일 마지막에 오고 있다. 그러나 도미문의 시작은 주절의 형태가 어떻게 될 것인가를 고려하고 있지 않으며 따라서 마르실리우스의 전갈 내용을 밝힌 뒤에는 구문상의 변화가 필요하다는 것이 드러난다. 이 전갈의 내용을 포함한 종속적 진술을 지닌 quant으로 시작되는 절은 절반이 채 되기도 전에 구조를 놓치게 되어 버리는데 하나의 파격 구문으로 남아 있으며 Ki로 시작되는 절을 강렬하게 미리 시사하면서 새 패턴에 착수한다. 겉보기에는 종속적이지만 실제로는 병렬적인 구문에 더하여 개개 행에 따라서 의미가 세분되어 있다. u의 유음 때문에 경계가 분명하며 행 한가운데에는 크게 강조되어 있지는 않으나 뚜렷하게 인지되는 휴지가 있으며 이것은 그때마다 의미의 단위를 보여 준다. 도미문과 이야기의 도도한 흐름이 이러한 문체의 특징의 하나가 아님은 분명하다. 이러한 문체는 탄복하리만큼 동질적이다. 등장인물의 태도가 그들이 움직이고 있는 기성 질서의 좁은 영역에 의해서 튼튼하게 형성되고 한정되어 있기 때문에 그들의 사고, 감정, 격정이 이러한 시행 속에 들어설 여지가 있는 것이다. 호메로스의 주인공들이 그다지도 좋아하는 풍부하고 상호 연관된 토의를 이들 등장인물들은 알지 못한다. 그러니까 그들은 거침없이 도도하며 역동적이고 충동적인 표현을 갖지 못한다. 뿔피리 소리를 듣고 샤를마뉴 황제는 말한다.(1768~1769행)

> 왕은 이렇게 말했다. "롤랑의 뿔피리 소리가 들린다.
> 싸우지 않을 땐 그는 그걸 불지 않는다."

이 대목은 흔히 비니(Vigny)의 시 「뿔피리(Le Cor)」에 나오는 비슷한 구절과 비교되고는 하였다.

> 애닯다! 이것은 내 조카, 애닯다! 롤랑이 만약

도움을 청한다치면 그것은 죽음에 임해서일 뿐이기에.

비니의 구절은 우리가 검토하고 있는 것과 관련하여 가르쳐 주는 바가 많다. 그러나 굳이 낭만주의와 대조할 필요는 없다. 낭만주의 시대 이전의 유럽의 원전과 고전 고대의 원전을 비교하더라도 똑같은 목적을 달성할 수 있기 때문이다. 롤랑의 임종 기도(2384행 이하)나 발리강(Baligant)(3100행 이하)과의 전투 전에 황제가 들려주는 형식상으로 아주 비슷한 기도를 생각해 보자. 이들은 모두 예배 의식의 형식을 따르고 있어 구문상으로는 비교적 호흡이 긴 문장을 보여 주고 있다. 롤랑의 기도는 다음과 같다.

2384 거짓말하신 적이 없는 진정하신 아버지시여,
나사로를 죽음에서 소생시키시고
다니엘을 사자로부터 구하셨으니
제 영혼을 온갖 위험으로부터 구해 주소서.
살아생전에 지은 죄 때문에 비롯된 위험으로부터!

황제의 기도는 이렇다.

3100 진정하신 아버지시여, 오늘의 저를 도와주옵소서.
요나를 진정 구해 주신 그대
뱃속에 삼킨 고래로부터
니네베의 왕을 구하시고
끔찍한 고문으로부터 다니엘을
3105 그가 갇힌 사자굴로부터,
세 목숨을 끓는 가마솥에서 구하신 그대
그대의 사랑이 오늘 저와 함께 있으시옵소서!

그대의 자비로 해서 괜찮으시다면,
조카 롤랑의 원수 갚기를 허용해 주소서!

구제의 비유는 신비주의 문학이 보여 주듯이 극히 다른 역동적인 방식으로 활용될 수 있는 것이지만 위의 기도에서는 몹시 경직하게 상투적으로 사용되고 있다. 그뿐 아니라 신에의 탄원이 활력 없는 반복의 돈호법으로 이루어지고 있는데 강렬한 감정의 요소가 있는 것은 사실이다. 그러나 공간적으로 한정되어 있고 모호함이 배제된 명백한 우주관, 운명관 그리고 신관이 협소하게 결정되어 있음을 느끼게 된다. 「일리아드(Iliad)」에 나오는 기도와 비교해 보기로 하자. 305행 이하를 닥치는 대로 골라 본다.

전능한 아테네의 여신이여, 도시의 수호신이시여.
거룩한 여신이시여, 디오메데스의 창을 빗나가게 해 주소서,
그가 스카이아의 대문 앞에서 거꾸로 넘어지도록 해 주시옵소서!

신에게 탄원하는 사이 흘러나오는 강렬한 감정의 격앙에서 우리는 호메로스에게서 찾아볼 수 있는 거침없이 흐르는 절박하고 애원하는 감정의 움직임에 대한 크나큰 가능성을 발견하게 된다. 그리고 그의 세계가 한계를 분명히 가지고 있음에도 불구하고 훨씬 유연한 구조를 가지고 있음을 본다. 위의 기도에서 보게 되는 뜻깊은 특징은 고대시에서 흔히 보게 되는 끊임없이 이어지는 행간 연음이 아니라 뉘앙스가 풍부한 문장의 도도한 흐름이다. 이러한 특징은 시행이 길건 짧건 인잼먼트(enjambment, 구문상으로 맺음이 없이 생각이 행이나 스탠자를 거쳐 계속되는 것.)가 없는 압운시에서도 훌륭히 엿보인다. 중세 프랑스에서는 12세기에 벌써 궁정 로맨스나 보다 짤막한 운문 이야기의 8음절 시에 그것이 엿보인다. 고대 영웅 서사시의 8음절 시행, 즉 딱 떨어진 채 또렷하게 마디 진 나팔 소리처럼 들리는 '고르몽과 이상

바르'(Gormund et Isembard)의 단편(기사인 샤를마뉴의 아들 루이/ 병사들에게 외치며)과 유창하되 때로는 장황하며 때로는 서정적인 궁정 로맨스의 8음절 시행과 비교해 보면 경직한 연속 구문과 유창한 연속 구문 사이의 차이를 대뜸 이해하게 될 것이다. 그리고 곧이어 폭넓고 전면적인 수사적인 흐름이 궁정 문학의 스타일에 나타나게 된다. 다음 구절은 「광대 트리스탄(Folie Tristan)」(바르치(Bartsch), 『프랑스 고문선(Chvestomathie de l ncien Français)』, 12판, 24편)에서 인용한 것이다.

> 31 누구를 나는 믿어야 할까,
> 만약 이졸트가 나를 사랑하지 않는다면,
> 만약 이졸트가 나를 야하다고 생각해
> 나를 기억해 주지 않는다치면?

이것은 수사적 질문의 형식 속에 들어 있는 절박한 슬픔의 흐름이다. 두 개의 비슷하게 구성된 종속절이 있는데 그중 두 번째 절이 시야가 넓으며 인용문 전체는 상승의 리듬을 보여 준다. 형태에 있어 라신(Racine)의 『베레니스(Bérénice)』 4막 5장에 나오는 유명한 시행을 상기시켜 준다. 「광대 트리스탄」 쪽이 훨씬 단순하기는 하지만.

> 한 달 후, 한 해 후에 어떻게 우리가 견딜 수 있으리오,
> 바다가 나를 당신과 떼어놓고 있음을
> 새날이 오고 하루가 저물어도
> 티투스는 베레니스를 볼 수가 없고
> 나는 날이면 날마다 티투스를 볼 수 없음을?

이제 짤막하게 우리 원전의 분석을 끝내기로 하자. 61절 끝에서 황제는

자기 면전에 서 있는 롤랑에게 활을 건네주고 그렇게 함으로써 그에게 명령을 확정적으로 내릴 것인가 하는 것을 여전히 망설인다. 그는 고개를 숙이고, 턱수염을 쓰다듬고, 눈물을 흘린다. 이 장면을 끝맺어 주는 네프의 개입은 다시 전적으로 병렬 구문을 이루고 있다. 그의 말 속에 암시되어 있는 화법의 연결어는 문법적으로 표현되어 있지는 않다. 그렇게 되어 있다면 이렇게 되어 있을 것이다. "후군장으로 지목되어서 롤랑이 노여워하고 있다는 것은 들으셨겠지요. 그러나 그의 자리를 대신할 수 있는 (아니면 대신하려는) 중신은 없으니 그에게 활을 건네소서. 그러나 병사만큼은 후하고 넉넉하게 붙여 주소서." 아름다운 끝맺음의 시행도 병렬 구문으로 되어 있다.

고전어에서는 병렬 구문은 저속한 스타일에 속한다. 문어체 글투라기보다는 구비적인 것이며 숭고한 스타일이라기보다는 희극적이며 현실적이다. 그러나 여기서는 병렬 구문이 숭고한 스타일에 속해 있다. 이것은 새로운 형태의 숭고 문체로서 도미 구문이나 수사적 비유에 의존하지 않고 독립한 어군을 서로 나란히 놓음으로써 생기는 힘에 의존하고 있다. 병렬 구문의 요소를 가지고 작동하는 숭고 문체가 그 자체로서 유럽에서 새로운 것은 아니다. 성서의 문체도 이러한 특징을 가지고 있다.(1장 참조) 여기서 우리는 롱기누스가 쓴 것으로 되어 있는 「숭고함에 관해서」와 관련해서 부알로(Boileau)와 유에(Huet)가 17세기에 "신이 빛이 있으라 하였다. 하니 빛이 있었다."(창세기 1장 3절)란 문장의 숭고성을 두고 진행시킨 토론을 상기해 보는 것도 좋을 것이다. 창세기에 나오는 이 문장 속의 숭고성은 기복 진 도미 구문의 장엄함이나 풍부한 비유의 화려함 속에 들어 있는 것이 아니라 인상적인 간결성 속에 담겨 있다. 이 인상적인 간결성은 그 무한한 내용과 날카로운 대조를 이루고 있으며 바로 그 때문에 듣는 자에게 섬뜩한 외경심을 불어넣어 주는 모호한 어조를 지니고 있다. 인과 관계의 연결사가 없이 일어난 일을 수식 없이 진술(이해하려고조차 하지 않은 채 그저 놀라워하며 바라보는 것이 추리나 이해를 대치하고 있는 진술)하고 있는 것이 이 문장에 숭고함을 부여하고 있다. 그러나 『롤랑의 노래』의 경우는 이와 전혀 다르다. 여기서의 주제는 창조와 창조자의 외경스러운 수수께끼, 피창조자인 인간의 창조와 창조자에 대한 관계가 아니다. 『롤랑의 노래』의 주제는 협소하며 그 속에 등장하는 인물들에게 있어 근원적인 의미를 갖는 그 어떠한 것도 문제성 있는 것으로 드러나지 않는다. 현세와 내세의 모든 범주는 경직하게 규정되어 있어 모호함이 없이 딱 고정되어 있다. 합리적 이해가 그들에게 직접 끼어들지 못한다. 그러나 그것은 우리들 자신의 관찰일 뿐, 이 시와 당대의 청중들은 이러한 것에 개의치 않았다. 그들은 경직하고 협소한 기성 질서 속에서 안전하게 확신을 가지고 산다. 그 질서 안에서 삶의 의무, 신분에 따른 의무의 분담,(기사와 수사 사이의 분업에 관해서는 1877행 이하를 참조) 초자연적인 힘의 성격, 초자연적 힘에 대한 인류의 관계 등등은 극히 단순한 방식으로 규정되어 있다. 이러한 틀 안에는 풍부하고 섬세한 감정이 있다. 외적 현상 속에 가지각색 얼룩이 있음도 사실이다. 그러나 틀 자체가 극히 한정되어 있고 경직되어 있기 때문에 비극은커녕 제대로 문제성이 있는 상황은 생겨나지 않는다. 비극적이라 부를 만한 갈등이 없는 것이다.

우리에게 전해지는 초기 독일의 서사시 원전도 또한 병렬 구문을 보여주고 있다. 여기서도 명예, 정의, 전투를 통한 시련 등에 관한 엄격한 정의를 가지고 있는 귀족의 무사 윤리가 지배하고 있다. 그런데도 최종적 인상은 전혀 딴판이다. 어군들은 보다 느슨히 병렬되어 있고 사건 주변의 공감과 사건 위의 하늘은 비할 수 없으리만큼 더 넓으며 운명은 보다 불가해하고 사회 구조는 그렇듯 경직하게 형성되어 있지 않다. 『힐더브란트의 노래(*Hilderbrandslied*)』에서 『니벨룽겐의 노래(*Nibelungenlied*)』에 이르는 가장 유명한 독일 서사시가 확고하게 자리를 굳힌 봉건 시대의 구조보다는 민족 대이동의 거칠고 너른 시대를 역사적 배경으로 가지고 있다는 단순한 사실이 이들 서사시에 보다 넓은 폭과 자유를 부여하고 있다. 민족 이동 시대의 게르만적 주제는 갈로로맨스어(Gallo Romance)의 영역에까지 도달하지 않았다.

아니 적어도 그곳에 뿌리를 내리지는 않았다. 그리고 기독교는 독일의 영웅 서사시에게 있어 거의 아무런 의미도 없었다. 정해진 형식에 의해서 채 제어되지 않은 자유분방하고 직접적인 힘이 그 속에선 더욱 강력하며 인간의 뿌리는(적어도 나에게 그렇게 여겨진다.) 더 깊이 박혀 있다. 『롤랑의 노래』에 대하여 비극적이며 문제성 있는 요소가 부족하다고 말했는데 일련의 독일 영웅 서사시 시편에 관해서 그렇게 말할 수는 없다. 『힐더브란트의 노래』는 『롤랑의 노래』보다도 한결 직접적으로 인간적이고 비극적이다. 그리고 『니벨룽겐의 노래』의 갈등에는 롤랑과 가늘롱 사이의 증오보다도 한결 더 깊은 동기가 주어져 있다.

초기의 로맨스어(語) 종교 원전을 펼쳐보면 그러나 우리는 이와 똑같이 한정되어 있고 확고하게 굳어 있는 우주와 마주치게 된다. 연대적으로 『롤랑의 노래』보다 앞서는 몇몇 이러한 원전을 우리는 가지고 있다. 가장 중요한 것은 한 성자전인 『알렉시우스의 노래(*Chanson d'Alexis*)』인데 11세기에 중세 프랑스어로 구체화되었고 현재에도 몇몇 사본이 전한다. 성자전에 의하면 알렉시우스는 로마 귀족 가문의 늦게 둔 외아들이었다. 그는 정성스레 교육받은 후 황제에게 출사했으며 아버지의 소망에 따라 같은 귀족 집안의 처녀와 결혼하기로 되어 있었다. 그는 하라는 대로 하였다. 그러나 첫날밤 아내의 몸에 손도 대지 않은 채 집을 나가 타관에서(시리아 동북방의 에데사(Edessa)로 지금에는 터키의 우르파(Urfa)) 17년간 가난한 거지 생활을 하였다. 오직 신에게 봉사할 수 있기 위해서였다. 성자로 존경받는 것을 피하기 위하여 은신처를 떠난 그는 폭풍 때문에 로마로 불려 왔다. 로마에서 그는 다시 17년을 신분을 속이고 자기 아버지 집 층계 밑에서 홀대받는 거지 생활을 하였다. 부모와 아내의 탄식을 자주 들었지만 그들의 슬픔에 동하지 않고 자기 신분을 밝히지 않았다. 죽은 후에야 비로소 그의 신분이 마침내 기적적으로 밝혀져 그후 성자로서 존경을 받았다. 이 원전 속에 반영되어 있는 태도는 『롤랑의 노래』의 그것과 전혀 딴판이다. 그러나 그것은 똑같이 병

롤랑 대 가늘롱 177

렬적이며 경직된 문체, 똑같이 협소하고 의론의 여지 없이 고정된 범주를 보여 주고 있다. 흑이냐, 백이냐, 신이냐, 악이냐, 하는 투로 모든 것은 고정되어 있으며 그 이상의 추구나 정당화는 필요치 않게 되어 있다. 유혹이 있는 것은 사실이나 문제성을 띠고 있는 영역은 없다. 한편으로는 속세를 버리고 영원한 축복을 추구하는 신에의 봉사가 있고 다른 한편으로는 '크나큰 슬픔'으로 이르게 마련인 속세에서의 통상적인 삶이 있다. 의식의 다른 차원은 찾아볼 수 없으며 우주 속에 자리 잡고 있어 이야기 속에 나오는 사건을 위한 틀을 이룩하고 있어야 할 많은 부가적인 현상들인 외적 현실은 아주 축소되어 있어 성자의 생애의 흐릿한 배경을 제외하고선 아무것도 남아 있지 않다. 그의 주변에는 그의 아버지, 어머니, 신부(新婦)가 그의 행동에 따라 적절한 무언극을 보여 주며 들러리가 되어 주고 있다. 줄거리가 요구하는 몇몇 다른 등장인물들이 나오지만 이들은 더욱 흐릿한 그림자일 따름이다. 다른 모든 것은 사회학적으로도 지리학적으로도 완전히 도식화되어 있다. 무대가 전 로마 제국의 범위와 다양한 장소를 포함하고 있는 듯이 보이는 만큼 이것은 한결 더 놀랍다. 교회, 하늘에서 들려오는 목소리, 기도하는 다수의 사람들을 제외하고서는 동로마에서건 서로마에서건 남아 있는 것이 없다. 성자 생활의 항구적으로 동일한 환경밖에는 아무것도 보이는 것이 없다. 『롤랑의 노래』에서와 같이 봉건 제도라고 하는 동일한 사회 구조와 동일한 기풍이 기독교도 사이에서건 이교도 사이에서건 한결같이 지배적이다. 그러나 여기선 그것이 한결 더 뚜렷하다. 세계는 아주 작아지고 좁아졌다. 그리고 그 속에서 모든 것은 단 하나의 의문을 두고 경직되어 있고 변함없이 회전하고 있다. 그 의문은 미리 대답이 주어졌고 그 물음에 올바르게 대답하는 것이 인간의 의무인 것이다. 그는 어떤 길을 따라가야 하는지를 알고 있다. 아니 그보다는 그에게 열린 길은 하나가 있을 뿐이며 딴 길은 없는 것이다. 그는 또한 자기가 세 거리 갈림길에 이르리라는 것을 알고 있으며 유혹자가 왼쪽으로 가라고 꾈지라도 오른쪽으로 가야 한다는 것도 알고 있다. 무한한 가능성과 형태와 계층을 지니고 있는 외부 세계와 내면 세계의 광막한 무한 전체를 포함하여 다른 모든 것은 사라져 버렸다.

이것이 독일적인 것이 아님은 의심의 여지가 없다. 기독교적인 것도 아니라고 나는 믿는다. 왜냐하면 다양한 전제에서 생겨난 기독교 정신은 다양한 현실을 파악하여(이 시기 이전에나 이후에나) 더할 나위 없이 탄력성 있으며 한결 풍요롭고 한결 복잡하게 층을 이루고 있음을 스스로 드러냈기 때문이다. 앞에 말한 협소함은 원형적인 것이 전혀 아니다. 그것은 너무나 많고 너무나 다양한 상속 요소를 포함하고 있기 때문에 원형적이라 할 수는 없다. 그것은 협소성이라기보다는 좁아져 가는 협소성의 과정이다. 그것은 고대 말기가 경험하였고 이전의 장에서 우리가 보았던 경직화와 쇠미의 과정이다. 기독교가 야만족이나 쇠망한 민족과의 충돌 속에서 갖게 된 단순화되고 축소된 형식이 이 원전에서 의미 깊은 역할을 한다는 것은 사실이다.

중세 프랑스어로 된 『알렉시우스의 노래』에서 이 시의 정점의 하나인 첫 날밤의 장면은 아래와 같다.(바르치, 12판, 11~15연)

11 날이 저물고 밤이 왔을 때
    그의 아버지는 말했다. "아들아. 이제 잠자리에 들거라.
    네 색시와 함께. 하느님이 이르시는 대로."
    아들은 아버지를 노엽게 하는 게 싫어
    다소곳한 아내와 방으로 간다.

12 잠자리를 보자 그는 처녀를 바라보았다.
    그때 그는 하늘의 주님을 생각했다.
    땅 위의 누구보다도 소중히 여기는.
    "아, 주님." 하고 그는 말했다. "얼마나 무거운 죄가 나를 짓누르는지요!
    지금 도망치지 않으면 주님을 잃게 될까 두렵습니다."

13 두 사람만이 방 안에 있게 되자
    알렉시우스는 그녀에게 말하기 시작하였다.
    그녀에게 현세의 삶을 타박하였고
    천국의 삶의 진실을 말하였다.
    하지만 무엇보다 그곳을 떠나고 싶어하였다.

14 "내 말을 들어요, 처녀여, 그분을 배필로 삼으시오.
    소중한 피로 우리를 구해 주신 분을.
    이 세상에 완전한 사랑이란 없는 법,
    삶은 덧없고 오래가는 명예도 없느니
    기쁨도 크나큰 슬픔이 될 뿐이오."

15 마음을 그녀에게 탁 털어놓은 뒤
    그는 대검의 가죽끈과
    결혼반지를 건네주었다.
    그러고는 아버지 집의 방을 나섰다.
    한밤중에 그는 고향에서 도망쳤느니.

취지는 딴판이지만 『롤랑의 노래』와 이 시의 문체상의 유사점은 현저하다. 이들 시에서 병렬의 원리는 단순한 문장 구조의 기법 이상의 것이다. 새로운 출발로의 반복적인 복귀, 똑같이 경련적인 진행과 후퇴, 개개 사건과 그 구성 부분의 독립성 등이 공통된다. 13연은 12연의 시작의 상황을 되풀이하고 있으나 줄거리를 다른 방향으로 더욱 진척시킨다. 14연은 13연에서 진술한 것을 구체적으로 또 직접 화법으로 되풀이한다.(그러나 13연의 마지막 시행은 벌써 앞서가 있다.) '두 사람만이 방 안에 있게 되자, 그는 생각났다……, 그리고 말하였다. 들어 봐요……'라고 하는 대신에 (1) '그가 방에 있자 그는 생각났다…….' (2) '그 사람이 방에 있을 때, 그는 말했다…….' (간접 화법) (3) '들어 봐요.(그는 말했다.)'라는 배열이 되어 있다. 그리고 개개 연은 제각기 완결되고 자립적인 장면을 보여 준다. 점진적으로 진전되는 사건, 즉 그 진전이 여러 가지 요소를 묶어 놓고 있는 점진적이며 통일된 사건은 아주 약하고 비슷한 동떨어진 장면을 병렬시키고 있다는 인상이 한결 강하다. 이러한 인상을 근거로 해서 이렇게 일반화해서 말할 수 있을 것이다. 『알렉시우스의 노래』는 느슨하게 상호 관련되어 있으나 독립된 일련의 사건 모음이며 성자의 생애에서 서로 독립된 일련의 장면을 엮은 것이다. 개개 장면은 표현이 풍부하기는 하나 단순한 거동을 포함하고 있다. 알렉시우스에게 신방으로 들어가라고 명령하는 아버지, 침대 곁에서 신부에게 이야기하는 알렉시우스, 자기 물건을 가난한 사람들에게 나누어 주는 에데사에서의 알렉시우스, 그를 찾아 나섰으나 알아보지 못하고 그에게 시주를 주는 하인들, 어머니의 한탄, 어머니와 신부 사이의 대화 등등이 그것이다. 그것은 장면의 모듬이다. 개개 사건은 앞에 왔거나 뒤에 오는 사건과의 시간적 관련이나 인과 관계가 매우 느슨한 하나의 결정적인 거동을 포함하고 있다. 많은 사건(가령 어머니의 한탄)이 비슷하나 제각기 독립해 있는 몇몇 장면으로 세분되어 있다. 개개 장면의 그림이 이를테면 제 자신의 틀을 가지고 있다. 개개 장면이 새롭거나 의외로운 어떤 일도 그 속에서 일어나지 않고 또 다음 장면을 요청하는 추진력을 가지고 있지 않다는 의미에서 혼자 서 있는 셈이다. 그리고 장면 사이사이의 막간은 텅 비어 있다. 그 텅 비어 있음은 많은 것이 일어나고 많은 것이 준비되며, 우리가 숨을 죽이고 몸을 떨면서 기대하는 그러한 캄캄하고 심오한 텅 빔이 아니다. 우리로 하여금 곰곰히 생각하게 하는 막간을 가지고 있는 성서의 문체 속에서 때로 환기되는 그러한 텅 빔이 아닌 것이다. 그렇지 않고 어떤 때는 순간, 어떤 때는 17년간 또 어떤 때는 전혀 종잡을 수 없는 길이의 돋보이는 것도 실질도 없는 맥없는 막간일 뿐이다.

이리하여 사건의 결과는 일련의 그림 장면으로 변형되어 있다. 이를테면 분할되어 있는 셈이다. 전체적으로 보아 『롤랑의 노래』는 한결 압축되어 있고 일관성도 뚜렷하다. 개개 그림 장면도 때때로 더욱 많은 움직임을 보여 준다. 그러나 묘사의 기법(이것은 단순한 기교상의 절차 이상을 뜻한다. 그것은 시인과 청중이 이야기되는 사건에 적용하는 구조란 개념을 포함한다.)은 정확하게 동일하다. 그것은 독립된 그림 장면을 구슬처럼 꿰어 놓고 있다. 『롤랑의 노래』 속의 막간은 반드시 그렇게 텅 비고 맥없는 것은 아니다. 때때로 풍경이 끼어든다. 골짜기나 산길을 말 타고 가는 군대를 보기도 하고 듣기도 한다. 그런데도 사건들은 되풀이해서 완전히 독립되고 자기 충족적인 장면이 야기되게끔 꿰어져 있는 것이다. 줄거리를 유지시키고 있는 등장인물의 수는 『롤랑의 노래』에서 아주 적다. 다른 이들은 『알렉시우스의 노래』에서보다 한결 다양한 것은 사실이나 단순한 유형일 뿐이다. 개개 장면의 줄거리 속에 참여하고 있는 인물들은 그 장소에 고정되어 있다. 새 사람이 끼어드는 일은 매우 드물다.(네므나 튀르팽(Turpin)이 중개자 구실을 하는 경우) 그런 일이 생길 때엔 날카로운 전환이 생긴다. 많은 인물 사이의 다양하게 변화하는 관계, 그리고 이에 따른 개입과 모험의 요소가 다른 서사시의 경우에는 특징이 되어 있는데 여기선 거의 찾아볼 수 없다. 알렉시우스와 롤랑 모두 인상적인 거동의 요소는 훨씬 강하며 관계를 설정하고 발전을 추구하려는 충동이 약하다. 개개 장면 안에서조차 발전이라 할 만한 것이 있는 경우에도 그것은 불완전하고 또 가까스로 이루어지고 있다. 그러나 장면의 극적 순간의 거동은 고도로 단순하면서도 유연하게 인상적이다.

　이러한 인상적인 거동과 태도가 사건의 과정을 분할된 장면의 모자이크로 나누어 놓는, 우리가 지금 검토 중인 기법의 목적임이 분명하다. 거동을 보여 주는 극적 순간은 강력한 힘이 부여되어 도덕적 모범의 무게를 지닌다. 영웅, 반역자, 혹은 성자의 이야기의 다양한 국면은 거동 속에 구체화되어 있어, 그려진 장면들은 그들이 빚어내는 인상에 있어서 상징이나 비유 형상의 성격에 아주 가까워지고 있다. 상징적 의미나 비유 형상의 표의를 추적하기가 불가능한 경우에조차 그러하다. 그러나 그러한 표의를 추적해 낼 수 있는 수가 흔하다. 『롤랑의 노래』에서는 샤를마뉴의 됨됨이와 이교도 기사들에 관한 많은 특징 묘사, 그리고 말할 것도 없이 기도 속에 그러한 표의가 들어 있다. 『알렉시우스의 노래』로 말하면 쿠르티우스(E. R. Curtius)의 탁월한 해석(《로맨스어 연구 학보》, 56권, 113쪽 이하, 특히 122쪽, 124쪽)이 내세에서의 영생 실현의 비유 형상이라고 결론짓고 있다. 이러한 비유 형상의 전통은 사건 사이의 수평적, 역사적 연관을 평가절하하고 모든 범주를 경직화하는 데 적지 않은 역할을 하였다. 그리하여 앞에서 인용한 기도는 완전히 경직화된 구제의 비유 형상을 보여 준다. 『구약 성서』의 사건들은 그 역사적 맥락에서 고립된 채 비유적으로 해석되고 있는데 이 사건들을 분할하는 것이 하나의 공식이 되었다. 고대 후기의 석관 그림에서와 마찬가지로 비유 형상은 나란히 병렬적으로 배치된다. 이들은 아무런 현실성을 지니지 않는다. 표의를 지닐 뿐이다. 현세에서 일어나는 사건과 관련해서도 비슷한 경향이 우세하다. 그들을 수평적인 맥락에서 떼어놓고 개개 단편들을 고립시키고 고정된 틀에 억지로 집어넣고 그 틀 안에서 거동을 통해 인상적으로 만들어 버린다. 그 결과 사건들은 모범적인 전범으로, 뜻깊은 것으로 보이며 모든 '다른 것'을 미결 상태로 버려 두는 것이다. 이러한 절차가 오직 매우 작고 좁은 현실 영역, 즉 기성 범주의 구체화된 관용구만이 전달할 수 있는 현실 영역에만 시각적 조소성을 허용한다는 것은 쉽게 알 수 있다. 그러나 비록 작고 좁다 할지라도 그것은 시각적 조소성을 가지며 이것은 경직화 과정의 정점이 지나갔음을 보여 준다. 소생의 싹은 바로 외따로 고립된 장면 속에서 찾을 수 있는 것이다.

 프랑스어로 된 『알렉시우스의 노래』의 원천이었다고 생각되는 라틴어 원전(성자전 7월 17일자에 보인다. 여기서의 인용은 푀르스터 코슈비츠(Förster Koschwitz)의 『중세 프랑스어』 7판, 1921년, 299쪽 이하를 따랐다.)은 프랑스 것보다 그리 오래된 것은 아니다. 왜냐하면 시리아에 기원을 두고 있는 이 전설의 자취를 서양에서 추적해 올라갈 수 있는 것은 비교적 뒷날의 일이기 때문이다. 그러나 그것은 고대 후기의 성자전의 형태를 한결 순수하게 보여주고 있다. 라틴어 원전의 첫날밤의 처리는 프랑스의 그것과 극히 특징적인 방식으로 다르게 되어 있다.

저녁이 되었을 때 에우페미아누스는 아들에게 말하였다. "침실로 들거라, 아들아, 아내에게로 가거라." 그러나 들어서자 고귀한 청년은 아내에게 그리스도에 관해서 아주 의젓하게 설법을 시작하였다. 그리고 많은 거룩한 일들을 설명하였다. 이어서 그의 금반지와 자줏빛 비단에 싼 대검의 가죽끈을 건네주었다. 그러고는 말하였다. "이것을 가지시오. 그리고 주님이 뜻하시는 한 오래 보관하시오. 우리 사이에 주님이 계시기를." 그러고는 얼마쯤의 재물을 들고 바다로 내려갔다.

라틴어 원전도 똑같이 거의 전적으로 병렬 구문이다. 그러나 병렬 구문의 가능성을 이용하고 있지 않다. 아직 그 가능성을 모르고 있는 것이다. 그것은 전 장면을 단조롭게 평준화하여 완전한 획일로 만들어 놓았다. 이야기는 어떠한 기복도 없이 어투의 변화도 없이 '단조롭게' 진행된다. 그리하여 틀뿐만 아니라 그 속에 있는 그림마저 꼼짝 않고 있고 경직되어 있으며 역동성을 갖지 못하고 있다. 유혹이 알렉시우스의 영혼 속에 야기되며 프랑스어 원전이 극히 단순하고도 아름답게 표현하고 있는 내적 갈등은 언급조차 안 되어 있다. 아무런 유혹도 없는 듯이 보인다. 자기 신부에게 직접 화법으로 이야기하는 알렉시우스의 말(내 말을 들어요, 처녀여.)의 격한 움직임(그것은 프랑스어 원전 전체 가운데서도 가장 강력한 것이며 그 속에서 알렉시우스는 자신의 위엄을 충분히 드러낸다. 또 그것은 그의 진정한 성품의 최초의 폭발이다.)은 프랑스 시인이 전거(典據)인 가냘픈 라틴어 원전을 토대로 해서 전혀 새롭게 창작해 낸 것임이 분명하다. 도망도 프랑스어 원전에서 비로소 극적으로 된다. 라틴어 원전은 한결 원활하고 보다 획일적으로 진행되어 나간다. 그러나 인간의 움직임은 약하고 거의 언급도 되지 않는다. 마치 이야기가 살아 있는 사람을 다루는 것이 아니라 망령을 다루고 있는 것 같다. 읽어 나감에 따라서 똑같은 인상이 계속된다. 참다운 인간 형상화는 지방어 원전에서만 발견할 수 있다. 지방어 원전에 새로 보이는 것은 가장 중요한 항목만을 이야기한다면 빈 방에서의 어머니의 탄식과 훨씬 뒤 폭풍이 그를 로마로 되돌려놓았을 때의 성자의 내적 갈등이다. 여기서 알렉시우스는 자기 아버지 집에서 낯모르는 거지 생활을 한다는 가장 어려운 시련을 스스로에게 떠맡기기 이전에 사뭇 망설인다. 아버지 집에서는 아주 가까운 친척들이 자기를 애통해하는 것을 날마다 목도해야 하는 것이다. 그는 그러한 쓴잔이 자기 곁을 떠나기를 간절히 소망하나 그럼에도 그 잔을 받아들인다. 라틴어 원전은 첫날밤의 장면처럼 이 장면에서도 망설임이나 내적 갈등을 보여 주지 않는다. 알렉시우스는 짐이 다른 사람의 어깨 위에 떨어지기를 바라지 않기 때문에 자기 아버지 집으로 가는 것이다.

개개 장면을 돋보이게 하고 그 결과 등장인물이 생명과 사람다운 풍만함을 지니도록 한 것은 지방어로 쓰인 시임을 두 원전의 비교는 보여 주는 것 같다. 이 생명이라는 것도 변함없이 끈질기게 남아 있는 범주의 경직성과 협소함에 의해서 한정되어 있음은 분명하다. 그리하여 점진적인 움직임이 부족하여 너무나 쉽사리 휘청거린다. 그러나 경직한 범주의 틀에 의해서 제공된 저항을 통해서 그것은 인상적인 힘을 얻고 있다. 인간을 처음으로 살아 있는 존재로 보고 병렬 구문이 시로서의 힘을 갖게 되는 형식을 발견한 것은 지방어의 시인들이었다. 엷고 단조하고 오종종한 병렬 구문 대신에 갑작스러운 전진과 후퇴, 정력적인 새 출발이 풍부한 시 절(節)의 형태를 갖게 되는데 이것은 새로운 숭고 문체이다. 이러한 문체적 처리가 포착할 수 있는 삶과 생명이 몹시 제한되어 있고 또 다양하지 못하다손 치더라도 그것은 충만된 삶이며 인간 감정을 지닌 삶이며 강력한 생명이요 삶인 것이다. 고대 후기 전설의 흐릿하고 실체 없는 문체를 접하고 나서 보면 이것은 크나큰 위안이다. 지방어의 시인들은 어조와 거동이라는 관점에서 직접 화법을 활용하는 법도 알고 있었다. 우리는 이미 자기 신부에게 하는 알렉시우스의 이야기와 그의 어머니의 탄식에 관한 것을 위에서 살펴보았다. 거기에 덧붙여 로마로 돌아온 후 성자가 아버지에게 숙식을 요청하는 말들을 살펴보는 것도 좋을 것이다. 프랑스어 원전에서 그의 말은 라틴어 원전이 도저히 지니지 못하는 구체적이고 직접적인 호소력을 가지고 있다. 프랑스어 원전은 이렇다.

> 유복한 귀족이신 에우페미아누스여,
> 신의 이름으로, 나에게 댁에서 유하도록 하여 주소서.
> 댁의 층계 아래 나의 병상을 마련해 주소서.
> 크나큰 슬픔이 되어 있는 아드님을 위하여서도.
> 나는 병든 몸입니다. 아드님을 위해서라도
> 나에게 먹을 것을 내려 주소서.

라틴어 원전은 이렇다.

> 신의 축복이여, 나를 보고 불쌍히 여겨 주소서. 가난한 나그네입니다. 나를 댁에서 받아들이도록 분부해 주소서. 댁의 식탁에서 떨어진 빵 부스러기로 끼니를 잇도록. 신이 당신의 눈물을 축복하고 집을 떠나 헤매고 있는 이에게도 신의 자비가 내릴 수 있도록.

고대 후기의 전설 문학에 나타나며 지방어로 된 원전이 오직 점진적으로만 거기에 해방될 수 있었던 경직성과 협소함을 단순히 기독교 탓으로 돌리는 것이 잘못이라는 것은 이미 위에서 말한 바 있다. 이 책의 앞의 장들에서 현실 세계에서 일어나는 사건을 다루는 유대적 기독교적 전통의 최초의 효과가 경직성과 협소성이 아니었다는 것을 우리는 보여 주려고 시도하였다. 숨어 있는 신, 신의 재림, 일상생활 속의 평범한 형태로 신이 현신하고 있다는 등의 관념은 삶의 기본적인 개념에 역동적인 움직임을 초래하였고 도덕과 사회학의 영역에 추의 흔들림을 야기시켰다. 그것은 실제의 삶과 인간 성장의 모방을 위한 고전 고대의 규범을 훨씬 넘어서는 것이었다. 특히 아우구스티누스가 그렇지만 교부들조차도 경직하게 미리 정해진 길을 가는 도식화된 인물로 우리에게 전해진 것은 결코 아니었다. 그리고 앞의 장에서 우리가 그의 검투사 경기에서의 정신적 격변을 토의하였던 아우구스티누스의 친구인 알리피우스(Alypius)는 바둥거리면서 생생하게 살아 있고 패배했다가 마침내는 회복한다. 경직하고 협소하고 문제성이 없는 도식화는 원래 기독교의 현실관에는 생소한 것이다. 경직화 과정이 현실의 사건의 비유적 해석에 의해 상당한 정도까지 촉진되었다는 것은 과연 사실이다. 현실 사건의 비유적 해석은 기독교가 공인되고 전파됨에 따라 그 영향력이 커져 갔으며 실제 사건을 취급할 때 그 현실적 내용을 용해시켜 그 의미 내용만을 남겨 놓게 되었다. 기독교 교의가 확립되고 교회의 소임이 점점 더 조직의 사항이 되며, 기독교의 원리를 전혀 알지 못하며 그쪽으로 준비가 되어 있지 않은 사람들을 설복하는 것이 문제가 됨에 따라 비유적 해석은 불가피하게 단순하고 경직한 도식이 되지 않을 수 없다. 그러나 경직화 과정의 문제는 전체적으로 보다 깊은 곳에 미쳐 있다. 그것은 고대 문화의 쇠퇴와 관련되어 있다. 기독교가 경직화 과정을 초래한 것이 아니라 경직화 과정으로 끌려들어간 것이라고 할 것이다. 서로마 제국이 붕괴하고 그것이 구현하고 있던 질서의 원리(오랫동안 석회 침전으로 굳어진 것 같은 노쇠함의 특징을 보여 주었던 원리)가 붕괴함에 따라서 전 세계의 내적 일관성도 또한 무너졌다. 새 세계는 그 분할된 산산조각으로부터만 재건될 수 있었다. 이 과정에 있어서 새로이 대두하는 민족의 정치적, 사회적으로 조야한 기풍은 도처에서 로마 제국의 잔존 제도 및 고대 문화의 잔재들과 충돌하였다. 이들은 쇠퇴와 경직화에도 불구하고 엄청난 위세를 떨치고 있었던 것이다. 그것은 젊은 세대와 노년 사이의 충돌이었다. 처음 젊은 세대는 마비되었으나 마침내는 전통의 잔재와 절충되고 그 잔재에 자신의 생기를 불어넣음으로써 새로운 개화를 초래케 하였던 것이다. 경직화의 과정이 고대 후기 문화가 지배적인 역할을 한 적이 없는 지방, 다시 말해서 게르만족의 중심권에 속하는 지방에서 두드러지지 못하였다는 것은 자연스러운 일이었다. 경직화 과정은 실제로도 충돌이 심하였던 로맨스어권에서 상당한 정도로 현저하였다. 어떤 로맨스어권에서보다 게르만족의 영향이 강하였던 프랑스가 그러한 영향으로부터의 자기 해방을 처음으로 시작했다는 것은 우연한 일이 아니다.

 유럽 중세의 최초의 숭고 문체는 단일한 사건이 생명감으로 충만되어 있는 순간에 생겨난 것이라고 나는 생각한다. 이 문체가 몹시 효과적인 개개 장면, 매우 적은 수효의 등장인물만이 상호 대결하며 짤막한 거동과 대화가 두드러지게 돋보이는 그러한 개개 장면을 풍부하게 가지고 있는 것은 그 때문이다. 움직임의 공간이 별로 없음에도 불구하고 아주 가까이에서 대면하고 있는 등장인물들이 서로 뚜렷하게 판별되는 개인으로 서 있다. 등장인물에 관해 서술되어 있는 것도 단순한 지껄임으로 떨어지는 법이 없다. 그것은 언제나 모든 대화 언어, 모든 어구, 심지어 단어 하나까지도 그 자신의 독특하고 명확한 가치를 가지고 있으며 연약함이나 해이한 흐름을 찾아볼 수 없는 엄숙한 진술이 되어 있다. 삶의 현실과 대결했을 때 이러한 문체는 그 넓이와 깊이를 다룰 수도 없고 다루려고 하지도 않는다. 그것은 시간, 장소, 사회 환경 어느 것에 있어서나 한정되어 있다. 그것은 양식화하고 이상화함으로써 과거의 사건들을 단순화한다. 그것이 청중들에게 환기시키려고 하는 감정은 멀리 동떨어져 있는 세계에 대한 탄복이요 경탄이다. 이 세계의 본능과 이상이 청중 자신의 것으로 남아 있다는 것은 분명하다. 그러나 그것들은 현실 생활의 마찰이나 저항과 비교해 볼 때 청중의 실제 생활이 도저히 도달할 수 없으리만큼 완강하고 순수하고 자유롭게 전개된다. 인간의 움직임과 위대하고 압도적인 모범적 인물들이 강렬한 효과를 지닌 채 나타난다. 그러나 청중 자신의 삶은 거기에 없다. 『롤랑의 노래』의 갖가지 어조에 당대적인 요소가 많다는 것은 사실이다. 그것은 사건을 머나먼 과거로 옮겨 놓는 허두로 시작하지 않는다.(오랜 옛날에 벌어졌느니…… 그 옛일을 나는 노래하련다.) 그러나 우리의 위대한 황제인 샤를마뉴가 아직도 살아 있기나 한 것처럼 극히 직접적인 어조로 시작되는 것이다. 3세기 전의 과거의 사건을 십자군 초기 봉건 사회의 기풍 속으로 옮겨 놓는 소박함, 교회와 봉건 사회의 선전을 위해 소재를 활용하는 것이 이 시에 살아 있는 현재의 성격을 부여하고 있다. 민족의식의 대두 비슷한 것이 그 속에 엿보이기도 한다. 간단한 예로 롤랑이 프랑크 기사들의 임박한 공격을 조직하려고 하는 시행을 읽을 때,(1165행)

    경들이여, 보통 걸음으로, 서서히

  우리는 당대 봉건 기병의 비근한 기동 장면의 메아리를 듣게 되는 것이다. 계급적 한계, 이상화, 단순화 그리고 전설의 어렴풋한 베일이 시 전체에 퍼져 있다.

  프랑스 영웅 서사시의 문체는 숭고 문체로서 그 속에서 현실의 구조는 극히 경직하게 파악되어 있다. 그리고 이 숭고 문체는 시간상의 거리, 원근법의 단순화, 계급적 한계 등에 의해서 한정되어 있는 객관적 삶(현실)의 좁은 영역만을 묘사하는 데 성공하고 있다. 결코 새로운 이야기가 아니며 여러 번에 걸쳐 이야기한 바 있는 것을 다시 공식화하는 것이지만 굳이 덧붙여 놓으면 이렇다. 즉 이 숭고 문체에서는 영웅적이고 숭고한 것의 영역을 실제적이고 일상적인 영역과 분리시키는 것이 당연지사로 되어 있는 것이다.

봉건 제도의 최상층 이외의 사회 계층은 전혀 등장하지 않는다. 사회의 경제적 기초는 언급조차 되지 않는다. 이것은 초기 게르만족과 중고 독일어 (1050~1500년경까지 독일 중부와 남부에서 사용된 독일어) 시대의 영웅 서사시에서 보다 더욱 철저히 지켜지고 있으며 조금 뒤져 나타난 스페인의 영웅 서사시와도 날카로운 대조를 이루고 있다. 그러나 무공시 특히 『롤랑의 노래』는 인기 있었다. 무공시들이 봉건 사회 상류 계층의 공적만을 다루고 있다는 것은 사실이다. 그러나 이들이 일반 민중에게 또한 호소했다는 것은 의심의 여지가 없다. 그것은 아마 다음과 같이 설명될 수 있을 것이다. 성직자 아닌 일반인 사회 계층 사이에 있는 뚜렷한 물질적 및 법률적 차이에도 불구하고 그들은 지적으로는 본질적으로 동일한 수준에 있었다. 또 사람들이 품고 있는 이상은 획일적이었다. 아니 적어도 기사도의 이상이나 영웅주의를 제외한 세속적 이상은 실천에 옮겨지거나 말로 표현될 대세를 갖추고 있지 못하였다는 것이 그것이다. 무공시가 모든 사회 계층에게 하나의 영향력이었고 힘이었다는 것은 11세기 말에 성직자들(지방어로 된 세속 문학에 대한 그들의 태도는 그러므로 호의적이지 않았다.)이 자신들의 목적을 위해서 영웅 서사시를 이용하기 시작했다는 사실이 잘 보여 주고 있다. 이러한 주제들이 몇 세기 동안이나 남아 있었으며 번번이 새 형태로 개작되고 빠른 속도로 시골장의 오락 수준으로 내려갔다는 것은 하층 계급 사이에서의 무공시의 장기간의 인기를 증명해 준다. 11~13세기의 청중들에게 있어 영웅 서사시는 역사였다. 그 속에서는 지난 시대의 구전 역사가 살아 있었다. 적어도 이러한 청중들이 접근할 수 있는 다른 어떤 구전도 존재하지 않았다. 최초의 지방어 연대기는 1200년경에 이르러 비로소 작성되었다. 그러나 이 연대기는 과거를 말하지 않는다. 그들은 당대 사건의 목격자의 기술이었다. 그럼에도 그들은 서사시 문체의 영향을 크게 받았다. 그리고 사실 영웅 서사시는 역사이다. 적어도 그것이 실제의 역사 상황을 상기시키고(아무리 그것을 왜곡하고 단순화한다 하더라도) 그 등장인물들이 역사적, 정치적 기능을 수행하는 한 역사인 것이다. 이러한 역사적, 정치적 요소를 궁정 소설은 방기해 버린다. 그 결과 그것은 객관적 현실 세계에 대하여 완전히 새로운 관계를 갖게 되는 것이다.

궁정 기사의 출정

12세기 후반의 크레티앵 드 트루아(Chrétien de Troyes)의 궁정 로맨스 『이뱅(Yvain)』의 첫머리에, 아서 왕의 기사 하나가 그에게 일어난 사건을 이야기하는 대목이 있다. 이야기는 다음과 같다.

175　한 7년쯤 되었는가, 나는
　　　촌사람처럼 단신으로
　　　모험을 찾아 나섰다.
　　　기사가 하는 무장을 갖추고.
　　　바른편으로 굽돌아
180　빽빽한 숲길로 들어섰다.
　　　길은 험하고 고르지 않아
　　　찔레와 가시가 가득했다.
　　　아프고 괴로웠으나 나는
　　　길을 따라 걸음을 재촉했다.
185　거의 하루 종일 말을 타고
　　　숲에서 빠져나갈 때까지.

이것이 결국 보르스리앙드의 숲이었다.
　　　숲에서 들녘으로 나와서
　　　웨일스 거리로 1리되는 곳에
190　나는 한 성채를 보았다.
　　　먼 것도 이내 가까워
　　　발걸음보다 빠른 속도,
　　　가까이 다가가니, 성벽과
　　　그 주변에 깊고 넓은 못이 있었다.
195　다리 위에 서 있는 것은
　　　성의 주인, 그 팔 위에는
　　　털갈이한 사냥 매.
　　　인사를 드리고 나자,
　　　주인은 등자를 고정하며,
200　나에게 하마하길 청하였다.
　　　청하는 대로 내림은
　　　잠자리가 필요함이 분명함에.
　　　주인은 곧 백 번도 더 되풀이하여 말하길
　　　내가 온 길은 축복의 길이라고.
205　그러는 사이 우리는 다리를 지나
　　　문을 지나 마당으로 들어섰다.
　　　기사의 마당 한가운데,
　　　(그날 밤 나에게 베풀어 준
　　　기쁨과 영예를 하늘은 그에게 돌려주시길,)
210　한 종이 매여 있는데, 이것은
　　　내 생각이건대, 무쇠도 아니요,
　　　나무도 아니요, 순 구리종이라.

옆에 있는 기둥에 매어 놓은 망치로,
기사가 종을 치기를 세 번,
215 집 안에 있던 사람들이
그의 소리와 종소리를 듣고
집 안에서 아래 마당으로
황급히 내려왔다.
그중의 어떤 자들이
220 기사가 잡고 있던 내 말을 잡는데,
상냥하고 고운 처녀 하나
나를 향해 나아왔다.
내 그녀를 자세히 보니
키가 크고 맵시 있고 곧바르다.
225 그녀는 내 무장을 날래게 벗기고
민첩하고 슬기로운 솜씨로,
나에게 공작 털을 박은
두루마기를 입혀 주었다.
그리고 나니 모두들 물러가고
230 그녀와 나만이 단둘이 남았다.
기분이 좋은 것은 내 그녀 이외
달리 보고자 함이 없음이라.
그녀는 나를 이끌어 세상에도
가장 고운 풀밭에 앉게 하였다.
235 풀밭을 에워싸고 벽이 감싸고,
그녀는 기품 있고, 말씨 좋고 배운 바 있어,
고운 자태, 슬기로운 품성,
나 거기에 있는 것만도 즐거움이라,

　　　　그 자리를 뜨지 않게
240　되기를 간절히 빌었다.
　　　　허나 땅거미는 내 소원을 막아
　　　　저녁 식사 때가 되고 기사는
　　　　나를 찾아 뜰에 나왔다.
　　　　그 이상 머물 수는 없어,
245　나는 그의 부름을 따라 일어났다.
　　　　저녁 식사는 간단히 말하여,
　　　　나의 마음에 흡족하였다.
　　　　어여쁜 그 처녀 내 맞은편에
　　　　앉아 저녁을 함께 하였기에.
250　저녁이 끝난 다음 주인 기사는
　　　　말하기를, 떠도는 기사도 많이 보았으나,
　　　　모험을 찾아 나선 기사에게
　　　　잠자리를 마련해 준 것이
　　　　얼마 만인지를 알지 못하노라고.
255　그리고 그럴 수만 있다면
　　　　돌아오는 길에 제발 이 집에
　　　　들러 주기를 바란다고 말했다.
　　　　내 대답하여 "기쁘게 그러하오리다."
　　　　달리 대답하는 것은 실례되는 일.
260　그것은 주인을 위한 조그만 예의.
　　　　그날 밤 나는 참으로 편히 쉬고,
　　　　새벽 동이 틀 무렵 일어나니,
　　　　전날 밤에 청한 바 그대로
　　　　말에는 안장이 올려져 있었다.

265 이와 같이 그들은 내 청을 들었다.
훌륭한 주인과 그 딸을 위하여
하나님의 축복을 빌고, 나는
작별을 고하고 급히 길을 떠났다.

기사의 이야기는 계속된다. 이 기사는(그의 이름은 칼로그르낭이라고 한다.) 한 떼의 황소들을 만나고 기괴하게 생긴 거인 농부 소몰이로부터 그곳에서 얼마 떨어지지 아니한 곳에 요술 샘물이 있다는 말을 들었던 일을 이야기한다. 이 샘물은 무성한 나무 아래에 흐르는데, 거기에는 황금의 잔이 걸려 있고, 이 잔으로 물을 떠서 그 곁에 있는 비취상 위에 쏟으면 숲에서 거대한 폭풍이 일어나는데, 지금껏 이 폭풍을 견디어 낸 사람이 없었다는 것이다. 칼로그르낭은 모험을 시험한다. 그는 폭풍우를 이겨 내고 새 우는 소리도 명랑한 햇살을 즐기게 된다. 그런데 한 기사가 나타나서 폭풍우와 그로 인하여 일어난 재산의 피해를 들어 따지면서, 그와 싸워 이긴다. 그로 인하여, 칼로그르낭은 말도 타지도 못하고 무기도 없이 잠재워 주었던 주인에게로 돌아간다. 그곳에서 다시 그는 환대를 받는다. 주인은 칼로그르낭이 그 모험에서 온전하게 살아 돌아온 첫 번째 사람이라고 말한다. 칼로그르낭의 모험담은 아서 왕의 궁전의 기사들에게 큰 감명을 준다. 왕은 많은 종자들을 거느리고 친히 요술의 샘물로 쳐들어갈 결심을 한다. 그러나 기사 중의 한 사람인, 칼로그르낭의 사촌 이뱅이 앞질러 가서 샘물의 기사와 싸워 이기고 그를 주살한다. 그런 다음 마법과 자연스러운 방법을 반반 써서, 죽은 기사의 미망인의 사랑을 얻는다.

이 이야기의 텍스트는 이 앞의 텍스트(「롤랑 대 가늘롱」 참조)와 70년 정도의 시간적 거리밖에 나지 않는 봉건 시대의 서사시이지만, 얼핏 보기만 하여도 스타일의 움직임이 전혀 달라져 있는 것을 알 수 있다. 이야기는 유려하게 흐른다. 그것은 경쾌하고 편안하다. 이야기는 서두르는 것 없이 나아가지만, 그 나아감은 차질이 없다. 각 부분은 틈이 없이 서로 묶여 있다. 허나 여기에도 엄격하게 조직화된 단계는 없고, 이야기는 한 부분으로부터 다음 부분까지 느슨하게 아무런 계획이 없이 진전한다. 여기서도 접속사의 의미는 확정되어 있지 않다. 특히 'que'(하여)는 너무나 여러 가지 기능을 수행하고, 그 결과 많은 인과 관계(225, 229, 231행을 보라.)는 불분명하게 작용하고 있다. 그러나 그로 인하여 이야기의 진전이 장애에 부딪히는 것은 아니다. 오히려 느슨한 연계 관계는 매우 자연스러운 이야기 스타일을 가능하게 한다. 그리고 자유롭고 의미 연관에 매어 있지 않은 압운(押韻) 방식은 불필요하게 거칫거리지 아니한다. 그것은 시인으로 하여금 가끔 채워 넣기 시행이나 자세한 둘러말하기를 하게 하는데(가령 189행, 또는 199~211행), 이러한 것은 화자의 스타일에 쉽게 흡수되고 신선하고 자연스럽고 편안한 인상을 높여 준다. 여기의 언어가 '무용시가'(武勇詩歌, 샹송 드 제스트, Chanson de geste)에 비하여 얼마나 유연하고 활달하며, 아직도 유치하기는 하지만 이미 다양하게 변조할 수 있는 설화적 운동을 드러내며 얼마나 능숙하게 이야기를 풀어 나가는가 하는 것은 거의 모든 문장에서 볼 수 있다. 가령 235행에서 240행까지를 예로 들어 보자. "기품 있고, 말씨 좋고 배운 바 있어, 고운 자태, 슬기로운 품성, 나 거기에 있는 것만도 즐거움이라, 그 자리를 뜨지 않게 되기를 간절히 빌었다."(La la trovai si afeitiee, si bien parlant et anseigniee, de tel semblant et de tel estre, que mout m'i delitoit a estre, ne ja mes por nul estovoir ne m'an queïse removoir.) La로 앞 문장과 이어지는 이 문장은 연속 복합문(Konsekutivperiode)을 이룬다. 상승 부분은 세 단계로 되어 있고, 이 세 단계 중 맨 마지막 부분은 대칭적으로 구성된 요약(즉 '자태와 품성')을 담고 있다. 이러한 짜임새는 사람을 판단함에 있어서, 이미 당연시되고 있는바 높은 분석 능력을 드러내 주는 것이다. 하강 부분은 조심스럽게 서로 대비되는 두 쪽으로 되어 있는데, 첫 쪽은 매력의 현실을 직설법으로 진술하고, 둘째 쪽은 가설적 소망을 가정법으로 진술한다. 이야기의 중간에 자연스럽고 유연하게 끼워넣어진 이러한 세련된 구성은 궁정 로맨스 이전의 속어에는 있을 수가 없는 것이었다. 이 기회에 말하자면 종속문과 복합문을 보다 많이 활용하는 구문의 점진적 성장에 있어서 단테에 이르기까지 연속 복합문의 역할이 큰 것이었음에 우리는 주목할 수 있다.(앞의 『광대 트리스탄(Folie Tristan)』에서 인용한 문장은 연속문의 움직임으로 끝난다.) 다른 어법의 종속 구문은 아직 발달되지 않고 있을 때에도, 이 구문법은 활짝 피어나 고유한 표현 기능을 발전시켰던 것이다. 그러나 그것은 이러한 후에 다시 사라지고 말았다. 이 문제는 근자에 핫처(A. G. Hatcher)의 논문에서 다루어진 바 있다.(『인구어평론(Revue des Etudes Indo-euréennes)』 II, 30)

칼로그르낭은 아서 왕의 원탁의 기사들에게 7년 전, 기사에 어울리는 그러한 무장을 하고 모험을 찾아 홀로 나섰다가 깊은 숲을 가로질러가는 바른쪽으로 난 길에 들어섰다고 말한다. 우리는 여기에서 놀라서 주춤한다. 바른쪽으로? 여기에서처럼 절대적인 의미로 사용할 때, 그것은 기이한 방위 지시법에 틀림이 없다. 지상의 방위를 가리키는 말로서는 상대적으로 사용될 때만 의미 있는 말이다. 따라서 여기에서 그것은 도덕적인 의미를 갖는다. 그것은 틀림없이 칼로그르낭이 찾아낸 '바른길'을 말하는 것일 것이다. 이것은 곧 증명이 된다. 왜냐하면 그 길은 험한 길임이 드러나는데, 바른길은 대체로 그러하다. 칼로그르낭은 종일 가시덤불이 가득한 깊은 숲을 간다. 저녁 무렵에 그는 바른 목적지, 즉 한 성에 이르게 되는데, 거기에서 그는 오래 기다렸던 손님처럼 환대를 받는다. 다시 저녁 때 숲을 벗어나면서야 칼로그르낭은 자기가 있는 곳을 알아보는 것 같다. 즉 그는 보르스리앙드의 들판에 있는 것이다. 대륙의 아르모리카에 있는 보르스리앙드는 브르타뉴의 전설에 유명한, 요술 샘과 마술의 숲이 있는 요괴의 나라이다. 어떻게 브리튼도의 아서 왕궁에서 출발한 칼로그르낭이 대륙에 도착했던가, 이 점에 대해서는 아무런 설명이 없다. 바다를 건넌 일에 대해서는 아무런 언급이 없다. 정녕코 웨일스의 카두얼(Carduel)에서 출발한 이뱅의 경우-(760

행 이하)에도 여기에 대해서는 아무런 설명이 없다.(이러나저러나 보르스리앙드의 '바른길'을 간 그의 여행담은 막연히 동화처럼 이야기되어 있을 뿐이다.) 칼로그르낭은 그가 있는 곳이 어디인가를 알자마자 곧 그를 반기는 성을 본다. 성의 다리 위에는 사냥매를 팔 위에 앉힌 성주가 서 있어서, 손님을 반기는 통상적인 의례를 넘는 기쁨을 표현하면서 그를 맞아들인다. 이것으로도 '바른길'이 여기에 관여되어 있음이 확인된다. "주인은 백 번도 더 되풀이하여 말하길 내가 온 길은 축복의 길이라고" 말하는 것이다. 그 다음의 대접은 그 화사한 형식이 이미 오래전부터 확립되어 있던 기사의 예절에 따라서 행해진다. 주인은 구리종을 세 번 때려 종자들을 부른다. 종자들이 손님의 말을 받아 끌어가고 성주의 딸인 아름다운 처녀가 나타난다. 그녀의 임무는 손님의 장비를 풀고 그 대신 편하고 아름다운 두루마기를 입혀 주고 그런 연후 아름다운 정원으로 안내하여 저녁 시간이 될 때까지 즐거운 시간을 보낼 수 있게 해 주는 일이다. 저녁을 마친 다음 성주는 전부터 모험을 찾아 방랑하는 기사들을 접대해 온 바 있다고 말한다. 그는 돌아오는 길에 자기의 성을 다시 찾아 달라고 간청한다. 그러나 기이하게도 그는 샘물의 모험에 대하여 알고 있고, 또 그의 손을 기다리고 있는 위험이 정녕코 기대하는 재방문을 어렵게 할 것임을 알고도, 손님에게 그것에 대하여는 아무 말도 하지 아니한다. 그러나 이것은 당연한 일인 듯하다. 적어도 그것은 칼로그르낭이, 나중에는 다시 이뱅이, 주인의 접대 예절과 기사적인 후덕을 찬양하는 데 아무런 방해가 되지 않는다. 칼로그르낭은 아침에 길을 떠나고 숲의 귀신처럼 생긴 농부를 만나서야 요술의 샘 이야기를 듣게 된다. 농부는 물론 '모험'(aventure)이 무엇인지를 알 턱이 없지만(기사가 아니니 알 까닭이 있겠는가?) 마술의 샘물은 알고 있으며, 그가 알고 있는 것을 감추지 않는다.

분명 우리는 요술 동화의 한복판에 있다. 가시 숲 가운데의 바른길, 땅에서 솟아난 듯한 성, 손님 접대의 방법, 아름다운 처녀, 성주의 기이한 침묵, 숲의 귀신, 요술의 샘 — 이 모든 것이 동화의 분위기를 자아낸다. 공간의 표지들에 못지않게 시간의 표지들도 동화적이다. 7년 동안 칼로그르낭은 그 모험에 대하여 입을 다물고 있었다. 일곱이라는 숫자는 동화의 숫자이다. 『롤랑의 노래』의 머리에 나타나는 일곱 해는 그것에 전설의 분위기를 부여한다. "만 일곱 해를"(set anz tus pleins) 카를 황제는 스페인에서 보냈다. 그러나 『롤랑의 노래』에 있어서는 그것은 참으로 '만' 7년 동안이다. 그 7년은 꽉 찬 7년이었다. 그동안 황제는 사르가소를 제외한, 바다에 이르는 모든 땅을 정복하고 성과 도시를 획득하였던 것이다. 칼로그르낭의 요술 샘의 모험으로부터 그것을 이야기할 때까지의 7년 동안에는 아무것도 안 일어난 것으로 보인다. 적어도 우리는 아무 이야기도 듣지 못한다. 이뱅이 같은 모험을 겪기 위하여 갔을 때에도 모든 것은 칼로그르낭이 묘사한 그대로이다. 같은 성주, 성주의 딸, 흉칙하게 생긴 거인 소몰이가 거느린 황소의 무리, 요술의 샘물, 그것을 지키는 기사 — 이런 것들을 그대로 발견한다. 아무것도 바뀐 것이 없다. 7년은 아무 흔적이 없이 흘러갔다. 흔히 동화에서 그렇듯이 모든 것은 옛날과 똑같은 것이다. 풍경은 동화의 풍경이다. 신비가 떠돌고, 두런대는 소리, 속삭이는 소리가 사방에서 들려온다. 궁정 로맨스의(특히 브르타뉴 연속물의) 성과 궁성과 싸움과 모험은 동화 세계의 것들이다. 나타날 때마다 그것들은 땅에서 솟아나는 듯 나타난다. 알려진 세계에 대한 지리적인 관계, 그 사회적 경제적 토대는 해명되지 않은 채 있다. 그 도덕적 또는 상징적 의미까지도 확실하게는 알아볼 도리가 없다. 요술 샘물의 모험에는 어떤 숨은 의미가 있는 것일까? 그것이 아서 왕의 기사들이 겪어 온 모험의 종류에 속한 것은 틀림이 없다. 그러나 요술 샘물의 기사와의 싸움을 정당화해 주는 도덕적 근거는 어디에도 없다. 궁정 로맨스의 다른 삽화들에서는 때로 상징적, 신화적, 종교적 주제가 알 만하게 나타나기도 한다. 『랜슬롯(*Lancelot*)』에서의 지하행, 많은 경우에 보이는 해방과 구원의 주제, 무엇보다도 『성배 전설』에서의 기독교적인 은총의 테마 — 그러나 의미는, 적어도 본래적인 궁정 로맨스에 있어서는 분명하게 포착되지 아니한다. 신비스러운 것, 땅으로부터 문득 솟아난 것, 뿌리를 감추고 있는 것, 합리적 설명이 불가능한 것 — 이러한 것들을 궁정 로맨스는 브르타뉴의 민간 전설에서 빌려 왔다. 이를 빌려 기사적 이상의 완성에 쓸모 있는 것이 되게 하였던 것이다. '브르타뉴의 이야기'(La matière de Bretagne)는 분명 이러한 이상의 전개에 가장 적당한 수단으로 거의 같은 무렵에 등장했다가 곧 후퇴하는 고대의 이야기들보다 적당했던 것이다.

봉건 기사 계급의 생활 형식과 이상을 그려 내는 것이 궁정 로맨스의 근본적인 의도이다. 삶의 외적 형태도 꼼꼼하게 묘사된다. 그런 경우에 묘사는 당대의 시대 풍습을 그려 내기 위하여 동화의 안개가 자아내는 거리감을 거두어 버린다. 궁정 로맨스의 다른 삽화들은 우리 텍스트보다 훨씬 화려하고 자세한 정경을 그려 준다. 그러나 우리의 텍스트도 그 사실적 성격의 특성을 보여 준다. 사냥매를 가진 성주, 구리종을 두드려 불러내는 종자들, 기사의 장비를 벗기고 편안한 옷을 입혀 주고 저녁 식사 때까지 사랑스럽게 즐거운 시간을 보낼 수 있게 해 주는 성주의 딸 — 이 모든 것은 하나의 확립된 관습, 궁정 사회의 정교하게 발달된 생활 스타일을 보여 주는 의전(儀典)의 화사한 풍속도가 된다. 사회의 틀은 정태적이고 고립적이어서, 『롤랑의 노래』의 세계와 마찬가지로 다른 사회 계층의 생활 형식과 확연히 구분되어 있다. 그러나 여기에서 그것은 더 세련되고 우아하게 되어 있다. 여성들은 중요한 역할을 한다. 문화 계층의 사회생활의 유족함이 발달한 것이다. 그것은 오랫동안 프랑스적 취미의 특징을 이루었던 한 성격 — 화사하고 어쩌면 지나치게 정교한 성격을 띠고 있다. 성주의 딸이 나오는 장면 — 그녀의 모습, 그녀를 보는 기사의 태도, 장비를 풀어놓는 일, 잔디 위에서의 교환 — 이러한 것들은 충분히 발전된 예는 아니면서도, 이 점에서는 크레티앵 드 트루아가 대가라고 할 수 있겠는데, 저 사랑스럽고 화사하고 맑고 가벼우며 신선하고 우아, 담박한 사랑의 유희의 양상을 충분히 보여 준다. 이러한 종류의 풍속화는 프랑스 문학에서는 일찍부터 ─『치장 노래』, 『롤랑의 노래』에도 한 번, 즉 세비야의 마르가리즈를 말하는 부분에 나타나지만, 그것은 궁정 문화가 발전시킨 것이다. 그리고 크레티앙의 매력은 다분히 이러한 느낌을 여러 방식으로 지속시켜 나갈 수 있는 재능에서 온다. 이러한 양식이 가장 뚜렷하게 나타나는 것은 정식으로 사랑의 유희가 주제가 되는 곳에서이다. 이러한 유희의 장면 군데군데에, 얼핏 보기에 소박하지만 그런대로 우아하고 능숙한 솜씨의 대칭적 심리 분석들이 나온다. 가장 유명한 예는 『클리제스(Cligès)』의 서두, 알렉상드르와 소르다 모르의 사랑이 주저와 곡절을 지나서 막힘없이 터져 오를 때까지 아름다운 정경과 분석적 독백들을 통해서 묘사되어 있는 부분이다. 신선한 매력과 함께 번설함과 어리석은 교태와 냉담의 위험을 가진, 이러한 스타일의 화미함은 그 순수한 형태로는 고대 문학에서는 발견되지 않는 것으로서, 중세 프랑스의 창조물이라고 해야 할 것이다. 그리고 이 스타일은 사랑의 에피소드에만 한정되는 것이 아니다. 크레티앙에 있어서, 또 더 나중의 모험 로맨스나 더 짧은 운문 설화시에 있어서 봉건 사회의 생활상의 묘사는 12세기뿐만 아니라 13세기에 있어서도 같은 음조에 맞추어져 있다. 화미하게 채색되고 투명한 시행들 속에 기사 사회의 모습이 드러나고, 수많은 작은 장면과 그림들이 우리에게 그 관습, 그 견해, 그 사교 생활의 느낌을 전달해 준다. 그 선명한 색채, 사실적 분위기, 심리적 섬세성, 유머 등이 이러한 그림에 두드러진다. 이 세계도 한 사회 계층의 세계에 한정되어 있는 것이지만, 그것은 『롤랑의 노래』의 세계에 비하여 훨씬 더 풍부하고, 다양하고 가득한 세계이다. 때로는 크레티앙은 계급적 한계를 꿰뚫고 벗어나는 듯하다. 가령 펨 성의 모험(『이뱅』 5107행 이하) 부분 300인의 여성들의 일터의 묘사, 또는 그 시민들이 고뱅이 갇혀 있는 성을 공략할 것을 계획하는 번성한 도시의 묘사(「페르스발(Perceval)」 571행 이하)에 있어서 그러하다. 그러나 그러한 삽화들은 기사적 삶을 돋보이게 하는 화려한 무대에 불과하다. 궁정 사실주의는 한 계층 ─ 당대의 다른 계층으로부터 멀찌감치 있으면서 다른 계층으로 하여금 때로 다채로우면서도 기껏해야 희극적이거나 괴이한 장식물로서 등장하는 것을 허용하는 하나의 계층의, 극히 화려하고 풍미 있는 생활도를 제공해 준다. 그리하여 한쪽으로 중요한 것, 의미 있는 것, 높은 것과 다른 한쪽으로, 낮고 기괴하고 희극적인 것 사이의 계급적 구분은 소재에서 엄격하게 유지되어 있다. 앞쪽의 범위에 들어선 것은 봉건 계층뿐이다. 그러나 본래적인 의미에서 스타일의 분리를 이야기할 수는 없다. 궁정 로맨스는 '고양된 스타일'(hoher Stil), 즉 표현 양식의 높이의 차이라는 것을 알지 못하기 때문이다. 편하고 유연하고 탄력성 있는 각운팔음절 행은 모든 대상, 모든 감정과 생각의 높이에 쉽게 맞아 들어간다. 그것은 이미 수많은 목적, 우스개 이야기나 성인 전기에나 적절하게 쓰여 왔던 것이다. 이 시행으로 심각하거나 무서운 주제를 다룰 때면, 그것은 딱한 순진성과 유치함에 떨어질 수 있다. 이미 다양한 분화 속에 들어간 삶을, 아직도 그렇게 어리고, 이론의 무게를 지니지 않으며, 방언의 잡다함으로부터 해방되지 않은 문학어로서 제어하고자 시도한 신선한 감각에는 어린애의 용기가 있다고 할 수 있다. 지방어(Vulgärsprache)의 경우 스타일의 높이의 문제는 훨씬 후에 가서, 단테 이후에야 등장하는 문제이다.

 궁정 로맨스의 리얼리즘의, 계급적 제약보다 더 큰 제약은 그 동화적 분위기에서 온다. 그 결과 당대 현실의 다채롭고 생생한 그림은 땅에서 솟아난 듯, 즉 동화의 땅에서 솟아난 듯 나타난다. 그리하여 그것은 이미 말한 바와 같이 모든 현실적, 정치적 바탕을 결하고 있다. 그 근거가 되는 지리적, 경제적, 사회적 관계는 결코 설명되지 아니한다. 그것은 매개됨이 없이 동화와 모험에서 직접 나온다. 이미 위에서 언급한 바 있는 『이뱅』에 나오는, 놀랍게 사실적인 작업장도, 작업 조건이라든가 노동 임금에 대한 이야기까지 나오기는 하지만, 어떤 구체적인 경제 관계로 설립하는 것이 아니라, 처녀섬의 젊은 왕이 사악한 요괴 형제들의 손에 잡혔다가 매년 30명의 처녀를 보내어 강제 노동에 종사하게 하겠다는 약속을 하고 풀려났기 때문에 설립된 것이다. 동화적 분위기는 궁정 로맨스가 숨쉬는 분위기였다. 그것은 12세기 말엽의 봉건 사회의 외적인 생활 형식뿐만 아니라 무엇보다도 그 이상을 표현하고자 하였다. 그리고 이것과 함께 우리는 궁정 로맨스의 핵심에 이른다. 현실의 문학적 파악에 있어서 이 점이 중요하다.

칼로그르낭은 공적 임무가 있는 것도 아니고, 관직을 가진 것도 아니다. 그는 그냥 모험을 찾는다. 즉 그는 자신의 능력을 시험하고 증명할 위험스러운 해후를 구한다. 이것은 '샹송 드 제스트'에는 없는 것이다. 거기에서 말 탄 기사는 관직을 가지고 있고, 정치적, 역사적 맥락 속에 있다. 전설에서 그렇듯이, 이 맥락이 단순화되고 왜곡되어 있기는 하다. 그러나 이것은 유지되어 있다. 행동하는 인물들이 현실 세계 속에서 수행하여야 할 기능, 가령 이교도들로부터 샤를마뉴의 왕국을 방어하고 그들을 정복하고 귀의케 하는 기능을 가지고 있는 한 맥락은 유지되는 것이다. 기사들이 신봉하는 봉건 계층의 윤리, 전쟁의 윤리는 그러한 정치적, 역사적 목표에 봉사한다. 여기에 대하여 칼로그르낭은 아무런 정치적 역사적 임무를 가지고 있지 않다. 아서 왕궁의 다른 기사들의 경우도 이것은 마찬가지다. 봉건 윤리는 아무런 정치적 기능에도 또 대체로 아무런 실제적 일에도 기여하지 않는다. 그것은 절대적인 것이 되었다. 그것은 자기실현 이외의 다른 목표를 갖지 않은 것이 된 것이다. 이로 인하여 그것은 전적으로 다른 것으로 바뀌게 된다. 그것을 나타내는 말로서,『롤랑의 노래』에서 가장 빈번히 그리고 일반적 용법에서 보이던 말, '바슬라즈'(vasselage, 봉신 신분)라는 말까지도 점점 쓰이지 않게 된다. 크레티앵은 이 말을『에렉(Erec)』에서 세 번 쓴다.『클리제스』와『랜슬롯』에는 각각 한 군데에만 이 말이 보이고, 그 후에는 전혀 보이지 않는다. 그가 즐겨 쓰는 말은 이제 '코르테지'(corteisie, 정신의 예의)인데, 이 말의 의미심장하고 긴 역사는 유럽의 신분적, 인간적 이상에 대하여 가장 완전한 해석을 제공해 준다.『롤랑의 노래』에는 이 말이 아직 나타나지 않는다. 형용사 '쿠르테스'(curteis)라는 말만이 세 번 쓰이는데 그중 두 번은 'li proz et li curteis'라는 조합 속에 올리비에와 관련하여 나타난다. '코르테지'는 궁정 문화에서 비로소 그 종합적인 의미에 이른 것으로 보인다.(궁정 문화라는 말도 여기에서 나온다.) 거기에 표현된 바 『롤랑의 노래』에 비하여서는 심히 변형이 되고 승화된 내용 — 접전의 규범의 세련화, 궁정적 사고의 관습, 여성에 대한 예의 — 이러한 것들은 모두 하나의 개인적이고 절대적인 이상을 향한다. 절대적이라는 것은 이상의 완성이라는 관점에서나 세간적, 실제적 무목적성이라는 점에서 그렇다는 것이다. 궁정적 덕목 가운데 개인적인 것은 단순히 자연스럽게 주어지는 것도 아니고, 또는 태생에서 부여받은 실제적 지위가 그 덕성들이 저절로 정상적으로 발전될 수 있는 실제적 조건을 조성했다는 의미에서 혈통에 의하여 얻어지는 것도 아니다. 거기에는 혈통 이외에 그것을 심어 줄 수 있는 교육과 그것을 유지하기 위한 계속적이고 자발적이고 쉼없는 자세로 이를 새로이 시험하려는 노력이 필요하다. 시험과 유지의 수단이 모험, '아방튀르'(aventure) — 궁정 문화가 발전시킨 극히 특징적이며 희귀한 형식의 사건인 모험인 것이다. 알려진 세계를 넘어서 먼 미지의 땅으로 방황해 들어가는 사람을 기다리고 있는 경이로운 일과 위험의 환상적 묘사는 옛날부터 있었다. 지리적으로 알려진 세계 안에서도 신들과 귀신과 요괴와 또다른 마술적 세력들의 작용을 통하여 사람을 위협하는 신비스러운 위험에 대한 표상과 이야기도 있었다. 궁정 문화 훨씬 이전에도 힘, 덕, 꾀, 신의 도움으로 그러한 위험을 이겨 내고 그로부터 다른 사람들을 구출해 낸, 두려움 없는 영웅들이 있었다. 그러나 전성기에 있는 한 계층 전체가 그러한 위험을 이겨 내는 일을 그들의 고유한 임무, 이상의 관점에서 배타적인 임무로 생각한다는 것, 이 계층이 여러 전설의 유산, 그중에도 브르타뉴의 전설을 받아서 그들 고유의 그들을 위한 기사적 경이의 세계를, 마치 어셈블리 라인에서 공급되어 나오듯 환상적 해후와 위험이 기사를 향해서 줄지어 나오는 세계를 창조한다는 것 — 이러한 사태는 궁정 로맨스의 전적으로 새로운 창조물이다. '아방튀르'라고 불리는 위험스러운 해후가 아무런 경험적 근거를 가지고 있지 않다고 하더라도 그것을 사실상의 또는 실체적으로 생각할 수 있는 정치 체제에 맞추어 넣을 수 없다고 하더라도, 그것이 아무런 이성적 맥락이 없이 연속적으로 긴 행렬을 이루며 나타난다고 하더라도, 우리는 모험이라는 말의 현대적 의미에 의하여 그것을 '우연적'이라고 생각하게끔 오도되어서는 아니 된다. 불안정한 것, 주변적인 것, 무질서한 것 또는 짐멜(Simmel)이 존재 특유의 느낌 밖에 있는 어떤 것이라고 부른 것, 오늘날 사람들이 모험이라는 말에 부쳐 연상하는 것, 이러한 것들은 궁정 로맨스에서의 모험이 의미하는 것이 아니다. 이와 반대로 모험을 통한 시험은 기사의 이상적 삶의 핵심적 의미이다. 기사적 인간의 본질이 모험에서 드러난다는 것은 에버바인(E. Eberwein)이 몇 년 전에 마리 드 프랑스(Marie de France)의 『노래(*Lais*)』와 관련하여 증명하여 보여 주려고 한 바 있다.(『중세적 생존의 해명을 위하여(*Zur Deutung mittelalterlicher Existenz*)』 본, 쾰른, 1933년, 27쪽 이하) 이것은 궁정 로맨스에서도 증명된다. 칼로그르낭은 바른길을 찾고자 한다. 그리고 위에서 밝힌 바와 같이 바른길을 발견한다. 그것은 모험으로 가는 바른길이다. 그리고 바른길을 구하고 발견한 것은 이미 그가 선택된 자, 아서 왕의 원탁의 참된 기사라는 것을 계시한다. 그는 모험의 자격이 있는 참된 기사로서, 그 스스로도 기사인 성주에 의하여 기쁨과 바른길을 찾은 데 대한 축복과 더불어 맞아들여진다. 주객은 함께 하나의 종단에 비슷한 공동체에 속한다. 이 공동체에 가입하는 것은 선택의 의식을 통하여 행해지고, 가입한 회원은 상호 협조의 의무를 진다. 주인의 고유한 사명, 이곳에서 살고 있는 유일한 의미는 모험을 찾는 기사에게 기사적인 접대를 베푸는 일로 보인다. 그러나 그가 손에게 제공하는 도움은, 칼로그르낭의 앞에 놓여 있는 모험에 대하여 침묵함으로써 매우 신비한 것이 된다. 이 신비는 그의 기사로서의 의무에 이어져 있다. 이것은 자신이 아는 것에 대하여 아무것도 감추지 않는 농군에 대조된다. 농부가 알고 있는 것은 모험의 물질적 상황이다. 그러나 그는 '모험'이 무엇인지는 알지 못한다. 기사적 교양은 그에게 전혀 이질적인 것이기 때문이다. 칼로그르낭도 참된 기사이며, 선택된 자이다. 그러나 선택에도 여러 가지 등급이 있다. 그는 모험을 이겨 내지 못한다. 이뱅은 이에 성공한다. 선택의 등급과 어떤 특정한 모험을 위한 특정한 선택은 때때로 『랜슬롯』과 『퍼시발』에서 더 분명하게 주장되어 있다. 그러나 궁정시가 있는 곳이면 어디에서나 그 주제는 눈에 띄는 것이다. 그리하여 일련의 모험들은 운명적이며 단계적인, 선택의 시험이라는 의미를 가지게 된다. 이것은 이렇게 하여 운명에 의하여 부과된 발전을 통한 개인의 완성이라는 가르침의 기초가 되고, 이것은 나중에 궁정 문화의 테두리를 벗어나는 사상이 된다. 물론 궁정 문화와 같은 때에 선택의 단계적 시험이라는 현상과 사상의 이론에 더욱 엄밀하고 명증한 표현을 부여한 다른 움직임, 즉 성 빅토르*파와 시토회**파의 신비주의를 잊어서는 안 될 것이다. 이것은 계급에 매인 것도 아니었고 모험을 필요로 하는 것도 아니었다.

기사적 시험의 세계는 모험의 세계이다. 그곳에는 거의 끊임없이 이어지는 모험만 있을 뿐 모험에 속하지 않는 것은 존재하지 않는다. 그러한 모험의 전시와 준비가 아닌 다른 어떤 것도 거기에서는 발견되지 아니한다. 그것은 유독 기사의 시험을 위하여 창조되고 준비된 세계이다. 칼로그르낭의 출발 장면은 이것을 분명하게 보여 준다. 그는 온종일 말을 달려가지만 그를 맞이할 준비가 되어 있는 성 이외의 다른 어떤 것도 보지 못한다. 완전한 고립 속에 그러한 성이 존재할 수 있게 하고 그것을 통상적 경험에 이어 줄 수 있는 실제적 조건과 사정에 대해서는 아무것도 이야기되지 아니한다. 그러한 이상화는 현실의 모사와 멀리 떨어진 것이다. 궁정 로맨스에서는 기능적인 것, 역사적·현실적인 것은 이야기되지 아니한다. 이러한 시에는 사교 예

---

* 1110년 파리에 창립된 승단의 창시자.
** 1098년 프랑스의 시토에 창립된 승단.

절과 대체로 외부적 삶의 형식에 대한 문화사적 세부사들이 풍부하게 들어 있지만, 단지 기사 계급에 관해서만이라도 당대적 현실에 대한 깊이 있는 관찰을 볼 수는 없다. 현실을 묘사하는 경우, 단지 현란한 표면만이 묘사될 뿐이다. 피상적이 아닐 때는 시의 대상과 목표는 현실 이외의 다른 어떤 것이다. 그러나 그것은 현실 세계에서의 인정을 요구하고 인정을 받은 계급 윤리를 가지고 있다. 그렇다는 것은, 내 생각이 옳다면, 무엇보다도 두 개의 특징에 기초한 커다란 매력을 가지고 있기 때문이다. 즉 그것은 모든 세간적인 우연성을 넘어서는 절대성과 그것에 승복하는 사람에게 선택된 자의 공동체, 즉 다수 대중으로부터 분리된 공동 집단(이것은 동방학자 헬무트 리터(Hellmut Ritter)의 표현이다.)에 속한다는 귀속감이다. 그리하여 봉건 윤리, 완전한 기사에 대한 이상화된 표상은 매우 크고 오래 지속된 영향력을 얻게 되었다. 기사와 더불어 생겨난 이상들, 즉 용기, 명예, 충성, 상호 존중, 귀족적 예의, 여성 존중 등은 문화가 전혀 달라진 시기의 사람들까지도 사로잡았다. 나중에 상승 계층이 된 도시 부르주아 계층은, 이것이 계급적이고 배타적일 뿐만 아니라 현실적 내용이 없음에도 불구하고 이 이상을 채택하였다. 그것이 사교 예절을 넘어가고 현실 세계의 문제에 관계되자, 그것은 불충분한 것이 되고 가장 격렬한 모순을 드러내 주는 보충을 필요로 한다. 그러나 그것은, 현실적 내용에서 떨어져 있는 만큼, 하나의 이상으로서 어떤 상황에도, 적어도 지배 계급이라는 것이 존재하는 한은 어떤 상황에도 맞아 들어갈 수 있는 것이다. 그래서 기사적 이상은 수세기 동안 봉건 제도가 겪게 된 재난을 헤치고 살아남는다. 그것은 그 문제점에 가장 철저한 방법으로 해석을 가한 세르반테스의 『돈키호테』를 넘어서까지 살아남는다. 돈키호테가 처음으로 길을 떠나 저녁때, 그가 성으로 착각하는 주막에 도착하는 장면은 칼로그르낭의 출정에 대한 완전한 패러디이다. 돈키호테가 마주치는 것이 기사의 시험을 위하여 특별하게 준비된 세계가 아니라 일상적이고 현실적인 여느 세계이기 때문에 패러디가 되는 것이다. 주인공의 생활 환경을 자세히 묘사함으로써, 세르반테스는 그의 작품의 첫머리에서 돈키호테의 혼란이 어디에 있는가를 분명히 한다. 돈키호테는 사회 계층 분화의 한 희생물이다. 이 분화된 사회에서 그는 기능 없는 신분 계층에 속한다. 돈키호테는 자신이 속한 계층으로부터 해방될 수 없다. 그러나 재산도 없고 높은 연줄도 없는, 단순한 이 계층의 일원으로서, 그는 맡은바 일도 역할도 가지지 않았다. 그는 마비된 사람처럼, 그의 삶이 의미 없이 흘러가 버린다고 느낀다. 농부보다 더 잘살지도 못하면서 교양을 가지고 있고 농부처럼 일할 수도 없고 일을 해서도 안 되는 사람에게만, 기사 소설들이 그러한 혼란을 가져올 수 있었다. 그의 출정은 견딜 수 없는, 그러나 너무 오랫동안 견디어야 했던 상황으로부터의 도피이다. 그는 자신의 신분에 맞는 역할을 억지로 요구하고자 한다. 350년 전 프랑스의 상황은 말할 것도 없이 전혀 다른 것이었다. 봉건 기사 계급은 군사 문제에 있어서 결정적 중요성을 가지고 있었다. 도시 시민 계급의 발달이나 중앙 집권적 절대주의의 발달은 아직도 맹아기에 있었다. 그렇기는 하나, 칼로그르낭도 그가 묘사하고 있는 바대로 길을 실제로 떠났더라면, 그가 보고하는 것들과는 다른 것들을 만났을 것이다. 제2차 또는 제3차 십자군 시기에 있어서, 앙리 2세나 루이 7세나 필립 오귀스트의 세계에서 사태는 궁정 로맨스에 그려진 것과는 달랐다. 궁정 로맨스는 시로 그려 놓은 현실이 아니고 동화에로의 도피이다. 맨 처음부터, 그 문화의 전성기에, 이 지배 계층은 그 현실적 기능을 은폐하는 윤리와 이상을 채택하고 그들의 생존을 초역사적으로, 무목적적으로, 절대적인 심미적 이상으로 그렸다. 물론 이 위대한 세기에 있어서의 샘 솟는 상상력과, 현실로부터 절대에로 저절로 솟구쳐 가는 힘에, 그러한 희귀한 현상에 대한 하나의 설명이 있다. 그러나 이것은 너무나 일반적이어서 꼭 맞는 설명이 될 수 없다. 특히 궁정 서사시는 모험과 절대적인 이상화만이 아니라 화미한 습속과 화려한 예절을 보여 주기 때문이다. 봉건 계급의 오랜 기능적 위기가 그때, 궁정시의 최성기에 이미 느낄 수 있었으리라는 추측도 가능하다. 바로 그때 상품 시장이 전 유럽에서 주도적인 중요성을 띠게 된 샹파뉴에서 살다가 알프스의 북쪽에서는 다른 어느 곳보다도 먼저 시민 계급이 경제적, 정치적 중요성을 얻게 되었던 플랑드르에서 살았던 크레티앵 드 트루아는 봉건계급이 유일한 지배 계급이 아니라는 사실을 일찍이 감지했을 수도 있다.

궁정, 기사 로맨스의 넓고 오랜 번성은 문학의 사실주의에 의미 깊고, 또 참으로 그것을 좁히는 영향을 미쳤다. 후에는 고대의, 스타일의 높이, 구분의 이론이 비슷하게 좁히는 방향의 영향을 미쳤다. 종국에 가서 두 흐름은 르네상스 시대에 발전했던, 높은 스타일의 이념에서 만나게 된다. 여기에 대해서는 나중에 가서 다시 언급하게 될 것이다. 여기서는 기사적 이상을 특징짓는 바와 같은, 주어진 현실의 전체적 파악에 장애가 되는 영향에 대하여만 언급하겠다. 여기에서 이야기하는 것은, 이미 위에서 말한 대로 좁은 의미의 스타일이 아니다. 궁정 서사시는 아직 시적 언어의 높은 스타일을 만들어 내지 아니하였다. 오히려 그것은 영웅시의 병렬구문법(Parataxis)이 가지고 있는 장엄성의 요소들까지도 활용하고 있지 않다. 그 스타일은 장엄하다기보다는 평이한 설화체이다. 그것은 각종의 내용에 유연하게 적응된다. 나중에 나타나는 스타일 분리의 경향은 궁정, 기사 문학이 아니라 고대의 이론의 영향에 관계되는 것이다. 그러나 그런 만큼 내용상의 좁아듦은 더 심하다.

그것은 계급적으로 정해진 것이다. 기사적, 궁정적 인간만이 모험을 할 수 있는 자격을 갖는다. 심각하고 의미 있는 일은 그들에게만 일어날 수 있다. 이 신분에 속하지 않는 사람은 하나의 장치물로서, 희극적이거나 기괴하거나 천한 역할을 맡는 사람으로 등장할 수 있을 뿐이다. 고대에 있어서나 중세의 더 오랜 영웅시에서는 이러한 상황이 여기에서만큼 두드러지지 아니한다. 여기서 보는 것은 계급적 결속이 강한 공동체 내에서의 의식적 배타성과 고급 교양이다. 물론 다음 시기에 가서 이러한 공동체를 출생이 아니라, 개인적 품성, 기품있는 행동과 예절에 기초하게 하려는 경향이 생긴다.

그 맹아는 이미 기사적 인간에 대한 극히 내면화되고 개인적 선택과 수련에 기초한 기사도를 그린, 궁정 서사시의 중요한 작품들에 들어 있다. 나중에 도시 출신의 문화 계층, 특히 이탈리아에 있어서 이 계층이 궁정적 이상을 계승하여 개조할 때, 귀족적 인간의 이념은 더욱 개인적인 것이 되고 그것은 출생에만 기초해 있는 귀족의 이념에 여러 가지로 논쟁적인 대립을 가지게 된다. 그렇다고 해서 그것이 덜 배타적이 되는 것은 아니다. 그것은 늘 선택된 자의 계층, 때로는 비밀 결사의 성격을 유지한다. 그리하여 계층적, 신비적, 정치적, 사회적, 교육적 동기는 가장 복합적으로 서로 얼크러지게 된다. 그러나 무엇보다도 중요한 것은 이 내면화가 세속적 현실에의 근접을 가져오지 않았다는 것이다. 오히려 그 반대로 현실 세계와의 관계가 갈수록 허구적이 되고 무목적이 된 것은 적어도 부분적으로는 기사적 이상의 내면화에 의하여 조건지어졌다. 이제는 충분히 보여 준 셈이라고 생각하는데, 궁정적 이상에 처음부터 들어 있던 허구적이며 무목적적 요소는 현실과의 관계를 결정한다. 오랫동안 유럽에 작용해 온 생각, 즉 드높고 크고 뜻있는 것은 보통의 현실에서 결코 찾을 수 없다는 생각은 궁정 문화에서 비롯한 것이다. 이것은 스토아주의의 윤리가 보여 준 바와 같은 현실 회피의 고대적 형식보다도 훨씬 더 감정적이고 마음을 잘못 사로잡는 성향이 있다. 물론 고대에는 더욱 강렬하게 사람의 마음을 사로잡는 현실 회피의 형식, 즉 플라톤주의가 있었다. 플라톤주의의 요소가 궁정적 이상의 형성에 하나의 보조적 작용을 하였다는 것을 증명해 보여 주려고 한 시도가 많이 있었다. 후대에 가서 궁정적 이상과 플라톤주의는 두드러지게 상호 보완 관계를 가지게 된다. 카스틸리오네(Castiglione) 백작의 「정신(廷臣, Cortegiano)」이 아마 가장 유명한 예가 될 것이다. 그러나 궁정 문화가 창조한 특정한 현실 회피의 방식은, 계급적 또는 계급적·인격적 시험과 유지로 이루어진 가상 세계의 구축과 더불어, 그 위에 서려 있는 플라톤적인 광채에도 불구하고, 전적으로 중세 고유의 이상이라고 하여야 한다.

여기에 관련되어 있는 것은 궁정 서사시에 보이는 특정한 대상의 선택이다. 이 선택은 유럽의 시가에 오랫동안 결정적 영향을 끼치게 된다. 오직 두 가지 대상만이 기사의 신분에 맞을 수 있는 것으로 생각된다. 즉 무술과 사랑이다. 이 가상의 세계로부터 더 밝은 가상의 세계를 만들어 낸 아리오스토(Ariosto)*는 그의 서사시의 머리에 이것을 훌륭하게 표현한 바 있다.

> 귀부인, 기사, 무기와 사랑
> 예절과 뛰어난 용기를 나는 노래하니……
>
> ———————
>
> Le donne, i cavalier, l'rme, gli amori,
> Le cortesie, l'udaci imprese io canto……

무술의 발휘와 사랑 이외의 어떤 것도 궁정적 세계에서는 일어날 수 없다. 그리고 이 둘은 매우 특별한 것으로서, 시간적으로 계속 남아 있을 수 있는 사건도 아니고 감정도 아니다. 그것은 완전한 기사 개인과 지속적으로 결부되어 있다. 그것은 기사의 정의 그것에 속한다. 그리하여 그는 어느 때고 싸움의 모험과 사랑과 관계 없이 존재할 수는 없다. 그런 경우, 그는 자기 자신을 잃어버리는 것이며, 기사이기를 그치는 것이다. 다시 한 번 이러한 허구적 삶의 형식을 가장 극명하게 해석하여 주는 것은, 아리오스토이든 세르반테스이든, 그것의 보다 밝은 변용이나 풍자적 패러디이다. 무술의 발휘(Waffen taten)에 대하여서는 나는 이 이상 덧붙여 말할 것이 없다. 독자는 내가, 아리오스토의 관례를 따라 이 무술의 발휘라는 말을 골라쓰고 전쟁(Krieg)이라는 말을 사용하지 않은 까닭을 이해할 것이다. 그것은 아무데서나 아무렇게나 행해지는 일이지 어떤 정치적인 목적의 맥락에 이어지는 행

———
* 르네상스기의 이탈리아 시인.

위가 아닌 것이다. 중세 문학사에서 가장 많이 다루어지는 테마의 하나인 궁정적 사랑에 대해서는 내가 하고자 하는 취지에 필요한 말만을 하면 족할 것이다. 우선 기억하여야 할 것은 궁정적 사랑 하면 곧 생각하게 되는 궁정적 사랑의, 소위 고전적 형식, 즉 연인이 섬김의 대상이 되는 사람이고, 기사는 용감한 행위와 전적인, 나아가서는, 노예적인 헌신을 가지고 그 총애를 얻고자 한다는 고전적 형식이 결코 궁정적 서사시의 최성기에 나타나는 유일한 형식도 또는 가장 두드러진 형식마저도 아니라는 점이다. 트리스탄과 이졸데, 에렉과 에니트, 알렉상드르와 소르다모르, 퍼시발과 블랑쉬포르, 오카생과 니콜레트, 이러한 아무렇게나 골라 본 유명한 사랑의 주인공들을 살펴보면, 어떤 경우도 알려진 정형에 잘 맞아 들어가지 않거나 또는 그중의 어떤 것은 전혀 맞아 들어가지 않는다. 실제에 있어서 궁정 서사시는 다양하고, 구체적이고, 현실 세계에 젖어 있는 사랑의 이야기로 가득 차 있다. 이 이야기들은 독자로 하여금 그것들이 벌어지고 있는 세계의 허구성을 완전히 잊어버리게 하기도 한다. 손이 미치지 않으며 구애를 해 보아야 부질없는, 멀리서부터 주인공의 마음을 움직이는 여주인공의 — 프로방스의 시정시에서 시작하여 이탈리아의 '신문체'에서 완성되는 플라톤주의적 구도는 궁정 서사시에서 처음부터 지배적인 것이 아니었다. 사랑에 빠지게 되는 정황의 묘사, 연인들의 대화, 연인들의 아름다움의 묘사, 그 외 사랑의 삽화의 배경이 되는 것들은, 특히 크레티앵에 있어서 매우 우아하고 감각적인 기교를 드러내 주지만, 사교 예절의 과장을 보여 주지는 않는다. 이 후자는 궁정 서사시가 보여 주는 것보다 더 높은 스타일을 요구하는 것이다. 사랑의 이야기에 있어서 허구적인 것, 비현실적인 것은 그 이야기들 자체에 있는 것이라기보다는 시의 전체 구조에 있어서의 그 기능에 있는 것이다. 궁정 로맨스에 있어서 사랑은 영웅적 행위를 위한 직접적인 동기가 된다. 정치적, 역사적 맥락을 통한 행동의 동기 부여가 없는 마당에 이것은 이해할 만한 일이다. 기사적 완성의 본질적이며 필수적인 구성 요소로서의 사랑은 여기에 결여되어 있는 다른 동기 가능성에 대한 대치물이 된다. 이와 더불어, 귀부인의 총애를 위하여 벌어지는 허구적인 사건이 핵심을 이루는 이야기의 배열 질서가 기본적으로 주어진다. 동시에 유럽 문학에 있어서 사랑이 시적인 소재로서 가장 높은 위치에 놓이게 되는 중요한 관습이 여기서 시작된다. 고대 문학은 사랑을 기껏해야 중간 정도의 값이 있는 것으로 간주하였다. 비극에 있어서나 대서사시에 있어서나 사랑은 소재로서 지배적인 것이 아니었다. 궁정 문화에 있어서의 사랑이 차지했던 중심적 위치는 유럽의 지방어에서 점진적으로 형성되는 높은 스타일의 원형이 되었다. (단테가 그의 『지방어 문학론(De Vulgari Eloguentia)』 2장 2절에서 확인하고 있는 바와 같이) 사랑은 높은 스타일의 소재가 되었고, 또 흔히 가장 중요한 소재가 되었다. 이와 더불어 사랑의 승화 작용이 비롯되고, 이것은 신비주의와 여성 숭배의 예절로 나아간다. 어느 쪽이거나 그것은 세계의 구체적 현실로부터는 멀어져 가는 것이다. 사랑의 승화에는 궁정 서사시보다도 프로방스인과 이탈리아의 '신문체'가 더 결정적인 역할을 한다. 그러나 이것은 사랑의 격상 작용에 중요한 기여를 한다. 그것은 신분적, 영웅적인 것 가운데 사랑을 도입하여 그것과의 혼합 합성을 이룩하였던 것이다.

그리하여 우리의 해석과 그에 따르는 평가의 결과는, 현실을 넓고 깊게 포착하려고 하는 문학 예술의 발전에 궁정 문화는 결단코 불리한 영향을 끼쳤다는 것이다. 그러나 12세기, 13세기에는 그러한 발전을 도와줄 수 있는 다른 세력들도 살아 있었다.

아담과 이브

아담은 악마가 이브와 이야기한 것이 노여워 이브에게로 가서 말한다.

아담　지어미여, 말해 봐요. 고약한 사탄이 그대에게서 원하는 것이 무엇인가를. 그가 찾고 있는 것이 무엇이란 말이오?
이브　우리의 복리에 관해 이야기했어요.
아담　그자를 믿지 마시오. 그가 배반자임을 나는 잘 알고 있소.
이브　어떻게 안단 말입니까?
아담　나는 시험해 보았소.
이브　그렇다고 내가 다시 만나 보지 말란 법이 어디 있어요. 그는 당신의 마음도 바꿔 놓을 거예요.
아담　그럴 리 없소. 내가 시험해 보지 않은 어떤 일에도 그의 말을 곧이듣지 않을 테니까. 다시는 그대 곁에 오지 못하도록 해요. 신의 없는 놈이니까. 그는 주님을 배반하고 주님의 높은 자리에 앉으려 하였소. 그대가 그런 불한당과 상종하는 것을 나는 원치 않소.

그때 정교하게 모양낸 뱀이 나무줄기를 따라 오른다. 이브는 그의 충고에 귀 기울이는 양 뱀에게 귀를 갖다댄다. 이어 이브는 사과를 따서 아담에게 내민다. 아담이 그것을 받으려 하지 않자 이브가 이렇게 말한다.

    이브 드세요, 아담, 이것이 무엇인지 모르고 계세요. 우리를 위해 마련된 이 좋은 것을 취합시다.
    아담 그렇게도 좋은 거란 말이오?
    이브 곧 알게 될 거예요. 맛을 보지 않으면 몰라요.
    아담 나는 그러기가 두렵소.
    이브 자, 받으세요.
    아담 그러지 않겠소.
    이브 겁쟁이라서 망설이는 거예요.
    아담 그렇담 받겠소.
    이브 드세요! 그러면 선과 악을 알게 될 거예요. 내가 먼저 맛보겠어요.
    아담 그다음엔 내가 맛보겠소.
    이브 그러세요.

여기서 이브는 사과 한 조각을 먹고 아담에게 말한다.

    이브 맛을 보았어요. 하느님, 이 맛이란! 이렇게 달콤한 것은 처음 맛봅니다. 이 사과에 이런 맛이 있다니!
    아담 어떤 맛이란 말이오?
    이브 아무도 맛보지 못했던 맛이에요. 이제 눈이 아주 밝아져 내가 마치 전능한 신처럼 여겨져요. 이왕에 있었고 앞으로 있게 될 모든 것을 나는 송두리째 알고 있고 또 마음대로 주무를 수 있어요. 드세요, 아담, 주저하지 말아요. 지금이야말로 제때예요.

그러자 아담이 이브의 손에서 사과를 받아들고 말한다.

아담 나는 그대를 믿으리다. 그대는 나와 동체이니까.
이브 드세요. 두려워할 게 없잖아요.

그러자 아담이 사과를 입에 문다.

이 대화는 12세기 후반의 크리스마스극인 「아담의 기적극(Le Mystère d' Adam)」의 한 대목이다. 현존하는 유일한 초고본에서 따온 것이다. 극히 초기의 예배극 혹은 예배로부터 발생한 연극이 지방어로 전해진 경우는 극히 드문데 그 근소한 가운데서 「아담의 기적극」은 가장 오래된 것 중의 하나다. 극의 대부분을 차지하는 인간의 타락 장면(그다음에 아벨의 살해와 그리스도의 강림을 알리는 예언자의 행진 장면이 나온다.)은 악마가 아담을 타락의 길로 인도하려는 순조롭지 못한 기도를 하는 것으로 시작된다. 이어 악마는 이브에게 접근하여 이번엔 얼마간의 진척을 본다. 그리고 나서 곧 악마는 지옥으로 도망치는데 그사이에 아담은 악마의 모습을 흘낏 보게 된다. 악마가 사라진 뒤에 위에 인용한 장면이 벌어진다. 이러한 대화 형식의 장면이 창세기에는 보이지 않는다. 아담을 타락시키려는 악마의 그 앞의 기도도 마찬가지다. 창세기는 대화 형식으로 이브와 뱀 사이에 벌어지는 장면을 보여 줄 뿐인데 뱀은 오래된 전설에 의하면 악마와 동일한 것이라 한다.(「묵시록」 12장 9절 참조) 그다음을 잇고 있는 대목은 전적으로 이야기조로 되어 있다. "여자가 그 나무를 본즉 먹음직도 하고 보기에도 좋고 지혜롭게 할 만큼 탐스럽기도 한 나무인지라 여자가 그 실과를 따 먹고 자기와 함께한 남편에게도 주매 그도 먹었더라." 위의 장면은 이 마지막 말에서 발전되어 나온 것이다.

이 장면은 두 부분으로 나뉘어 있다. 첫 부분은 악마와의 상종이 소망스러운 것인가에 관해서 아담과 이브가 주고받는 대화를 포용하고 있다. 사과는 채 언급되지 않고 있다. 둘째 부분에서 이브는 사과를 나무에서 따고 아담에게 먹기를 권한다. 두 부분은 뱀(정교하게 모양낸 뱀(serpens artificiose compositus))의 개입으로 양분되어 있는데 이 뱀이 무엇인가 이브의 귀에 대고 소곤거린다. 무어라 소곤거렸는지는 적혀 있지 않으나 우리는 쉬 상상할 수 있다. 곧이어 이브가 사과를 따서 탐탁히 여기지 않는 아담에게 건네며 나중 그녀의 되풀이되는 주요 모티프가 되는 말을 하기 때문이다. "드세요, 아담!"(Manjue, Adam!) 이리하여 이브는 악마와의 상종에 관한 대화가 채 끝나기도 전에 그 첫 번째 대화를 끊어 버린다. 즉 아담의 마지막 말에 대답을 하지 않은 채 완전히 새로운 상황을 기정사실로 도입하는 것이다. 이 새 상황은 그때까지의 대화에 사과가 언급된 바 없기 때문에 더욱 아담을 놀라게 한다. 이브는 뱀의 충고에 따라서 행동하는 것 같고 뱀이 이 순간에 개입하는 것 또한 바로 그 때문이다. 왜냐하면 목적을 달성키 위해 이브를 제 편으로 끌어들이는 것은 이제 필요 없는 일이기 때문이다. 이것은 이에 앞서는 이브와 악마 사이에 벌어지는 장면에서 이미 이루어졌고 이브는 사과 맛을 보고 아담에게도 사과를 주기로 결심한 터였다. 아담과 이브가 나누는 대화 도중에 뱀이 개입하는 것은 바로 그 순간에 필요한 지령을 이브에게 주기 위해서이다. 즉 악마의 관점에서 본다면 위험하고 불필요하게 되어 가는 토론을 중단하고 곧장 행동으로 나아가라는 지령이 그것이다. 악마의 관점에서 볼 때 토론이 위험하고 불필요하다는 것은 그것이 아담을 설득하지 못하고 이브 자신조차도 다시 설득하지 못하고 다시 주저하기 시작할지 모르는 위험이 있기 때문이다.

악마와 상종하는 것이 소망스러운 일인가에 관한 대화인 윗 장면의 첫 부분을 검토해 보기로 하자. 집에 돌아온 프랑스의 농부나 시민이 마음에 들지 않는 일을 목도하고 그러듯이 아담은 아내에게 해명을 요구한다. 불쾌한 경험을 가진 바 있어 더 이상 상종하기가 싫은 사내와 아내가 이야기하는 것을 보았을 때와 같은 투다. "지어미여."(mullier) 하고 그는 그녀에게 말한다. "저자는 여기서 무얼 하고 있단 말이오? 그대에게 바라는 것이 뭐란 말이오?" 이브는 아담의 가슴을 치려는 투로 대답한다. "우리의 복리에 관해 이야기했어요." 여기서 '복리, 이익, 향상' 등은 '명예'의 뜻과 비슷해 보인다. 무공시(chansons de geste)에서조차 이 말은 극히 물질주의적인 가치를 가지고 있다. "그자를 믿지 마시오." 하고 아담은 힘주어 말한다. "그가 배반자임을 난 잘 알고 있소." 이브도 그를 잘 알고 있다. 그러나 그런 일이 배반이랄 수 있다는 생각을 해 본 적이 없었다. 아담에게 있는 도덕의식이 이브에게는 없다. 그 대신 소박하고 어린애처럼 완강하며 깊은 생각 없고 죄많은 호기심을 가지고 있다. 아담이 악마와 그의 책략을 명석하게 평가하고 공박하자 그녀는 당황한다. 그녀는 진실성 없고 뻔뻔스러우나 난처한 질문으로 도피한다. 본능의 지배를 받는 소박하고 충동적인 사람들이 비슷한 상황에 처하여 수없이 되풀이한 종류의 질문이다. "어떻게 안단 말입니까?" 이러한 물음은 그녀에게 아무런 도움도 되지 않는다. 아담은 자신만만하다. "나는 시험해 보았소." 한 원전 비평가가 최근에 가정했듯이(이 점에 관해선 다시 거론할 것이다.) 이 말은 이브가 한 말일 수가 없다. 오직 아담만이 이런 경험을 의식적으로 가졌을 터이기 때문이다. 그리고 이 힘찬 대답 속에서 우리가 듣는 것은 아담의 목소리다. 반면 이브는 악마와 나눈 자기의 대화를 악마의 배반의 경험으로 해석하지 않는다. 그녀의 장난기 있는 호기심은 윤리적 문제를 파악하지 못하는 것이다. 지금도 그녀는 파악을 못하는데 그것은 파악하기를 원치 않기 때문이다. 이브는 상대방 악마를 한 번에 한하여 시험해 보기로 결심하였다. 그러나 아담이 악마가 배반자라고 말할 때 아담의 말을 정식으로 거스를 수 없음을 직감한다. 그래서 그녀는 "어떻게 안단 말입니까?"란 물음과 함께 취하였던 방향을 포기하고 그 대신 반쯤은 두려워하며 반쯤은 염치없이 자기의 본심을 드러내는 것이다. "그렇다고 내가 다시 만나 보지 말란 법이 어디 있어요. 그는 당신의 마음도 바꿔 놓을 거예요."('마음을 바꿔 놓다'(changer saver)는 '잘 알고 있다' (bien lesai)에 걸리는 말이다. 즉 아담만이 알고 있는 악마의 배반에 대한 지식에 걸리는 말이다.) 그러나 이것은 실수였다. 아담이 이제 정식으로 화를 냈기 때문이다. "그럴 리 없소. 난 그의 말을 곧이듣지 않을 테니까!" 집안의 주인이라는 권위와 사실을 옳게 파악하고 있다는 확신에서 그는 자기 생각에 대한 이유를 분명하게 개진하고 이브에게 악마와 상종하기를 금한다. 즉 "그대가 그런 불한당과 상종하는 것"을 금하는 것이다. 왜냐하면 아내에 대해 해야 할 신이 명령한 역할을 그는 기억하고 있기 때문이다. "그대 이성에 의한 지배자"(Tu la governe par raison)(21행)란 것이 그것이다. 이때 악마는 자기 계획이 빗나가고 있음을 눈치 채고 개입한다.

　내가 이 대목을 상세히 검토한 것은 필사본의 원문이 두 대화자 사이에 시행을 배분하는 점에 있어 얼마간 혼란스럽고 특히 에티엔(S. Etienne)이 『로마니아(Romania)』(1922, 592~595쪽)에서 샹마르 판(chanmard, 파리, 1925)이 채택한 대로 280~287행을 읽을 것을 제의하고 있으나 나로서는 동조하기가 어렵기 때문이다. 그 부분은 다음과 같다.

　　280　아담　배반자는 믿지 마시오!
　　　　　　　그자는 배반자요.
　　　　　이브　잘 알고 있어요.
　　　　　아담　그대가 어떻게?
　　　　　이브　시험해 보았으니까요.
　　　　　　　그렇지만 그 때문에 그를 못 만나란 법은 없어요.
　　　　　아담　그는 그대 마음을 바꾸어 놓을 거요.
　　　　　이브　그는 성공 못해요.
　　　　　　　난 그의 말을 믿지 않으니까요.
　　　　　아담　그를 가까이 말도록……

280 Adam   Ne creire ja le traitor!
           Il est traitre.
    Eva   Bien le sai.
    Adam   Et tu comment?
    Eva   Car l'asaiai.
           De ço que chalt me del veer?
    Adam   Il te ferra changer saver.
    Eva   Nel ferra pas, car nel crerai.
           De nule rien tant que l'asai.
    Adam   Nel laisser mais……

　이것은 가당치 않다고 생각한다. 두 등장인물의 아주 다른 어조가 전혀 뒤죽박죽이다. 이브가 "잘 알고 있어요."라고 말하는 것도 있을 수 없고 아담이 "어떻게?"라고 묻는 것도 있을 수 없다. 이브가 이전의 경험을 이야기하는 것도 그렇다. 더구나 "악마는 결코 성공 못할 거요."란 아담의 힘찬 대답을 대화에서 빼돌려 아담의 의구심을 진정시키기 위해 이브가 하는 말로 해석하는 것은 가당치 않다. 자기 해석의 증거로 에티엔은 아담의 주장인 "시험해 보았소."(이전의 편자나 나는 이렇게 이해하고 있다.)에 대한 이브의 대답인 "그렇지만 그 때문에 그를 못 만나란 법은 없어요."가 생각할 수 없는 실수(d'une maladresse inconcevable)라고 주장한다. 그건 이브가 악마와 내통하고 있음을 아담에게 자인하는 셈이라는 것이다. 이렇듯 유혹자 사탄과의 공모를 아담에게 알려 주고 난 뒤 다음 장면에서 그녀는 아담이 그녀의 내통자에게는 거부한 것을 그녀로부터는 받아들이도록 설득해서 성공을 거둔다. 이것은 있을 수 없는 일이라고 에티엔은 주장한다. 사탄이 그대의 마음을 바꾸어 놓을 것이라고 이브가 말하는 것도 가당치 않다. 왜냐하면 사탄은 더 이상 개입하지 않을 것이며 아담을 타락시키는 것은 결국 이브이기 때문이라는 것이다. 에티엔이 이브를 몹시 능란하고 외교적인 인물로 파악하고 있음은 분명하다. 즉 아담을 구슬러 편견을 가지고 있는 유혹자 사탄을 잊게 하거나 혹은 적어도 자기가 사탄에게 맹목적으로 의존하고 있는 것이 아니라 그의 약속이 과연 실현되는가를 기다려 보려 한다는 것을 아담이 이해하도록 하려는 목적을 가진 인물로 파악하고 있는 것이다.

그러나 위의 대화는 아담을 구슬리려 계산된 것도 아니고 또 사탄이 다시 나타나지 않는다는 사실이 사탄이 아담의 마음을 바꾸어 놓을지도 모른다는 이브의 말에 대한 반론이 되어 주는 것도 아니다. 이러한 사소한 결함을 치지도외하더라도 에티엔의 관점은 그가 뱀의 개입의 의미와 이브가 뱀의 권고를 따름으로써(즉 나무에서 사과를 땀으로써) 아담에게 불러일으킨 엄청난 효과를 이해하지 못하고 있음을 보여 준다. 이것이 장면 전체의 열쇠가 되어 있는데도 말이다. 어째서 뱀이 개입하는가? 사태가 자기 쪽에 유리하게 전개되고 있지 않음을 눈치 챘기 때문이다. 실상 이브는 아주 서투르다. 그 서투름이 이해하기 어려운 것은 아니지만 말이다. 왜냐하면 악마의 각별한 도움이 없다면 호기심 많고 따라서 죄 많기는 하되 극히 허약한 위인이다. 남편보다 한결 떨어지며 남편에게 쉽사리 좌지우지되는 위인인 것이다. 신은 아담의 갈비뼈로 그녀를 창조하지 않았던가. 그리고 신은 아담에게 그녀를 인도하라고 명령하였고 이브에게는 아담에게 복종하고 봉사하라고 명하였다. 아담과 마주치면 이브는 겁에 질리고 다소곳하고 수줍어하였다. 그녀는 자기가 아담의 명석하고 사리에 맞고 남자다운 의지와 대거리할 수 없다고 느낀다. 뱀만이 이 모든 것을 변화시킨다. 뱀은 신이 설정해 놓은 사물의 질서를 뒤집어 놓고 여자를 남자의 주인으로 만들고 또 남자와 여자를 모두 파멸로 인도한다.

뱀은 이론적인 토론을 중단하고 전혀 예기치 않은 기정사실로서 아담과 대거리하라고 이브에게 조언해 줌으로써 이 일을 성취한다. 그 이전에 악마가 이브에게 "그것을 먼저 따고 다음 아담에게 주라."(primes le pren, Adam le done!)란 지령을 내린 바 있었다. 뱀이 지금 이브에게 상기시키고 있는 것은 이 지령이다. 아담이 강한 곳으로 접근해선 안 되고 약한 곳으로 접근해야 한다. 그는 착한 사람이고 프랑스의 농부 혹은 시민이다. 정상적인 삶의 도정에서의 그는 믿을 만하고 또 자신에 차 있다. 그는 자기가 해야 할 일과 해서는 안 되는 일을 잘 알고 있다. 신의 명령은 분명하며 그의 정직한 의젓함은 수상쩍은 분규에 말려들지 않게 하는 이러한 투명한 확실성에 뿌리박고 있다. 그는 또한 자기가 아내를 지배하고 있음도 알고 있다. 그는 아내가 이따금 보이는 변덕도 두려워하지 않고 있으며 그것을 유치하긴 하나 위험한 것으로 간주하지는 않는다. 갑자기 예기치 않은 일, 그의 생활 체계 전체를 뒤엎는 일이 일어난다. 바로 조금 전까지 찍고도 자국 없는 유치한 소리나 지껄였고 따끔한 소리로 나무라도 말대답조차 없던 바로 그 여자가 갑작스레 그의 의지와는 무관하게 자기 고집과 의지를 드러내고 있는 것이다. 그녀는 그것을 상서롭지 못한 듯이 보이는 행동을 통해 보여 주고 있는 것이다. 그녀는 마치 그것이 세상에서 가장 손쉽고 자연스러운 일이나 되듯이 나무에서 사과를 따서 그에게 건네주며 "드세요, 아담!" 하고 네 번이나 되풀이하며 채근하는 것이다. 두려움에 찬 아담의 거절을 라틴어 무대 지시는 "그러나 그는 처음 그것을 받으려 하지 않았다."(Ispe autem nondum eum accipiet.)란 말로 적고 있는데 결코 과장될 수 없는 겁에 질린 거절이다. 전에 보여 주었던 침착한 자신은 완전히 사라졌다. 충격이 너무나 컸기 때문에 두 사람의 역할이 뒤바뀌었다. 이브가 상황의 지배자인 것이다. 가까스로 더듬거리는 말들은 그가 완전히 혼란 상태에 빠져 있음을 보여 준다. 그는 공포와 욕망 사이에서 주저한다. 사과에 대한 욕망이 아니라 자기 자신을 증명하고 주장하고 싶은 욕망이다. 자기는 한 남자로서 여자가 성공적으로 행한 일을 행하기를 두려워한단 말인가? 마침내 그가 두려움을 극복하고 사과를 잡았을 때 그는 강렬한 감정의 운동을 절감하면서 그랬던 것이다. 아내가 하는 일은 자기도 하리라. 아내를 믿으리라. "그대를 믿으리라, 그대는 나와 동체이니."(jo t n crerrai, tu es ma per.) 클레르보의 베르나르(Bernard de Clairvaux)*가 적었듯이 "파멸을 부르는 연민"(Perniciose misericors, 로마 교부 문헌 183, 460)이다. 여기서 우리는 악마의 동패로서의 이브가 악마 자신도 성공하지 못한 아담의 타락을 성사시켰다는 것을 놀라운 일로 여기고 있는, 앞서 거론한 에티엔의 상황의 공식화가 얼마나 잘못된 것인가를 알게 된다. 실상 악마의 도움을 받아 성공한 그녀 말고 그 일을 성사시킨 이는 아무도 없다. 이브만이 아담과 특별한 관계로 밀접히 연결되어 있어 그녀의 행동이 그에게 자연스럽고도 깊은 영향을 미치기 때문이다. 그녀는 그와 동체이며 악마는 그렇지가 못하다. 아담의 유혹에 있어서의 본질적인 요소는 나무에서 따 내어 그에게 건네진 사과라는 기정사실이며 사과를 따는 것은 악마가 아니라 사람이어야 한다는 사실을 떠나서도 그녀가 그와 동체라는 사실은 중요하다. 이 장면의 둘째 부분에서 아담이 당황하고 혼란스러운 모습임에 반하여 이브는 운동 용어를 빌린다면 최상의 상태에 놓여 있다. 악마는 이브에게 지아비를 이기는 방법을 가르쳐 주었으며 그녀가 어떤 점에서 지아비를 능가하는가를 보여 주었다. 앞뒤를 안 가리는 행동과 타고난 도덕 감각의 결여에 있어 그녀는 뛰어나며 그렇기 때문에 지아비가 그녀에 대한 통제력(sa dscipline, 36행)을 잃게 되자마자 어린애처럼 무모하게 한정된 테두리를 벗어나는 것이다. 손에 사과를 든 이브가 유혹하면서 당황해하고 뿌리 뽑힌 가엾은 아담을 희롱한다. 약속을 펼쳐 보이며 그의 두려움을 조롱하며 그를 채근하고 인도하다가 마침내 그녀는 영감을 갖게 된다. 즉 그녀가 먼저 베어 먹을 것을 생각해 내고 실제 먼저 베어 먹는다. 그리하여 과일의 맛과 효과를 신들린 듯이 칭송하면서 "드세요, 아담." 하고 다시 접근할 때 그가 도망칠 길은 없게 된다. 그는 우리가 위에서 인용한 감동적인 말과 함께 사과를 받아 든다. 마지막으로 다

---

* 성자로서 시토 수도회의 창시자임. 라틴어 이름은 베르나도스.

시 한 번 그녀는 말한다. "자, 드세요. 두려워 마세요!" 그리고 모든 것은 끝난 것이다.

연극의 형태로 여기 제시되어 있는 삽화는 기독교 구제극(救濟劇)의 출발점이다. 따라서 작자와 관중의 관점에서 보면 가장 중요하고 가장 숭고한 주제이다. 그러나 연출은 민중의 취향에 맞기를 희구한다. 옛적의 숭고한 사건은 현재적이고 즉시적인 것이 되어야 한다. 어느 때나 일어날 수 있고 모든 관중이 상상할 수 있고 친숙할 수 있는 당대의 사건이 되어야 한다. 그것은 당대 프랑스인이라면 누구나의 마음과 심정 속에 깊이 뿌리박을 수 있어야 한다. 아담은 어떤 관중이라도 자신이나 혹은 이웃 사람의 집에서 친숙한 투로 말하고 행동한다. 강직하기는 하나 그다지 똑똑하지 못한 남편이 파렴치한 사기꾼에게 속아 넘어간 허영심 많고 야심 많은 아내 때문에 어리석고 운명적인 행동을 저지르고 만 어떤 시민의 집안이나 농부의 집안에서 일어나듯이 꼭 그렇게 매사가 진행된다. 아담과 이브 사이의 대화, 즉 세계사적인 중요성을 지닌 이 최초의 남녀 사이의 대화는 가장 단순한 일상 현실의 장면으로 바뀌어 있다. 숭고하기는 하지만 그것은 단순하고 격이 낮은 문체로 이루어진 장면이 되는 것이다.

고대 이론에서는 숭고하고 격조 높은 문체를 장중 문체(sermo gravis) 혹은 숭고 문체(sermo sublimis)라 부른다. 격이 낮은 문체는 해이 문체(sermo remissus) 혹은 겸손 문체(sermo humilis)라 부른다. 양자는 또 엄격히 분리하였다. 기독교 세계에서는 그러나 양자를 병합했는데 특히 예수의 나심과 수난에서 그러하였다. 예수의 나심과 수난은 숭고(sublimitas)와 겸손(humilitas)을 압도적이리만큼 구체화하고 결합하고 있다.

이것은 아주 오래된 기독교의 모티프이다.(3장 참조) 그것은 12세기의 신학적 문학 그리고 특히 신비주의 문학에 되살아난다. 클레르보의 베르나르와 빅토린느파에게서 자주 보이는데 예수와 관련하여 혹은 그런 관련 없이 대칭적인 대조로 겸손 문체와 숭고 문체가 자주 사용되는 것이다.

겸손은 미덕의 여왕이며 가장 높은 왕의 빼어난 공주로 하늘의 주님과 함께 가장 높은 하늘에서 강림한다. …… 미덕을 축복받게 하고 영원하게 하는 것은 오직 겸손뿐이다. 그것은 천국을 강요하고 주님을 죽음으로까지, 십자가의 죽음으로까지 낮추었다. 숭고 속에 살아 있는 하느님의 말이 우리에게 강림한 것도 겸손에 의해서 처음 재촉된 것이다.(베르나르)

그의 설교에도 겸손과 숭고의 대조는 거듭 나타난다. 예수의 나심에 대하여 「누가복음」 3장 23절 "사람들의 아는 대로는 요셉의 아들이니."에 촉발되어 그는 이렇게 소리친다. "오 예수의 덕인 겸손이여! 아 겸손의 숭고함이여! 우리들의 허망한 오만을 어찌나 떨게 하느뇨!" 또한 예수의 수난과 사명 자체를 겨룸의 대상으로 생각하고 설교할 때도 역시 그러하다. "그러므로 사랑하는 이여, 스스로에게 부과한 규율을 끈기있게 지키시오. 그리함으로써 겸손으로 하여 그대는 숭고함에 이를지니 이것이 곧 길이요, 달리 길은 없는 것이오. 달리 길을 찾는 이는 오르지 못하고 떨어지나니 높이는 것은 겸손뿐이요, 삶으로 인도하는 것 또한 겸손에 있을 뿐이기 때문이오. 왜냐하면 예수 그리스도는 신다운 성품으로 하여 신 위에 아무것도 없으니 성장할 곳도 오를 곳도 없는 채 내리심으로 하여 성장할 길을 찾으셨던 것이고 육신으로 나시어 고통받고 죽기 위해 오신 것이오. 우리가 영원히 죽지 않도록 하기 위하여……."

그러나 이러한 종류의 것 가운데서 가장 아름다운 대목이자 신비가 베르나르의 특징이 가장 잘 나타나 있는 것은 「아가(雅歌)」에 대한 그의 논평에서 뽑은 다음과 같은 구절일 것이다.

오 겸손이여, 오 숭고여! 그대는 케다르(kedar)의 장막이며 신의 성역.(「아가」 1장 5절) 땅 위의 짐이고 천국의 궁전. 흙으로 빚어진 육신의 짐이고 왕의 궁전. 죽음의 육체이자 빛의 사원. 마지막으로 오만한 자에게 웃음거리면서 예수 그리스도의 신부. 그녀는 비록 검으나 아름답다, 아, 예루살렘의 여자들아.(「아가」1장 5～6절) 오랜 망명의 노고와 고통이 그녀를 변색게 하지만 천상의 미가 그녀를 치장해 주고 솔로몬의 장막이 그녀를 치장해 준다. 그녀의 검음에 움칠하지만 또한 그녀의 아름다움을 칭송한다. 그녀의 겸손을 업신여길지라도 그녀의 숭고함을 보라. 신부를 이렇듯 떨어뜨려 놓고 또 이렇게 드높여 놓은 것이 이 지상에서 서로 벌충이 된다는 것은 얼마나 사려 깊고 신중하며 조화로운 섭리라 할 것인가. 그리하여 이 지성의 면전 속에서 숭고는 겸손한 이를 높이 올려 역경에 빠지지 않도록 하고 겸손은 오만한 이를 견제하여 번영 속에서 우쭐대지 않도록 한다! 그들은 모두 몹시 아름답다. 비록 대조되는 입장이나 그들은 모두 신부의 복리를 위해 협력하고 그녀의 구제에 이바지하기 때문이다.

이 뜻깊은 구절이 다루고 있는 것은 사실 자체이지 사실의 문학적 처리가 아니다. 숭고와 겸손은 여기서 전적으로 윤리적 신학적 범주이며 미적 양식적인 범주가 아니다. 그러나 양식적인 의미에서도 숭고와 겸손의 대조적 융합은 성서의 특징으로서 일찍이 교부 시대부터 강조되었고 특히 아우구스티누스에 의해 강조되었다.(3장 참조) 그 출발점이 된 것은 신이 이러한 것을 지혜롭고 신중한 이들에게 숨기고 어린이들에게 계시했다는 성서의 원문(「마태복음」11장 25절, 「누가복음」10장 21절)이나 예수 그리스도가 지위와 학문 있는 이들보다는 어부나 세금징수원이나 그같이 지체 없는 사람들을 제자로 삼았다는 사실(「고린도 전서」1장 26절 이하)이다. 그러나 기독교의 전파가 성서와 기독교 문헌 일반을 고도의 교육을 받은 이교도들의 심미적 비판에 노출시켰을 때 양식의 문제가 날카롭게 대두되었다. 이들 교육받은 이교도들은 자기네 안목으로는 말할 수 없이 조야한 언어로 양식상의 범주에 전혀 무지한 채 쓰인 글 속에 가장 높은 진실이 담겨 있다는 주장에 대경실색하였다. 이러한 비판은 어느 정도 수용되어서 교부들은 대체로 초기의 기독교 문헌보다는 고전 양식의 전통적인 기준에 한결 더 관심을 가지고 있었다. 그러나 바로 이 같은 비판은 성서의 특징이 되어 있는 참다운 위대함에 그들의 눈을 뜨게 하였다. 즉 성서가 일상적인 것과 격이 낮은 것을 배제하는 것이 아니라 포용함으로써 전혀 새로운 종류의 숭고성을 창조하여 내용이나 문체에 있어 가장 격이 높은 것과 가장 격이 낮은 것을 직접 연결시켰다는 것을 알게 된 것이다. 이와 함께 성서의 많은 구절의 불가사의한 성격과 그 해석의 어려움에 기초한 또다른 일련의 사고가 한데 어울려 있다. 성서는 한편으로 어린이에게 말하듯 알기 쉽게 이야기하지만 다른 한편으로는 극소수에게나 뜻을 드러내는 수수께끼와 비밀을 포함하고 있다. 그러나 이러한 구절조차도 고도로 교육받고 지식을 자랑하는 사람들만이 이해할 수 있도록 현학적이고 격식 차린 문체로 쓰여 있는 것은 아니다. 겸손하고 믿음에 찬 사람이면 누구나 이해할 수 있도록 쓰여 있다. 아우구스티누스는 성서 이해에 이르는 자신의 진전을 『고백』(특히 3권 5장과 6권 5장)에서 적고 있지만 볼루시아누스에게 보인 편지(137편 18절)에서는 이렇게 표현해 놓고 있다. "가난한 자가 부자에게 근접할 수 없는 것처럼 아둔하고 학식 없는 자가 좀처럼 근접할 수 없는 높은 곳에 불가사의한 것으로 숨어 있는 것을 성서는 숭고한 언어로 올려놓고 있지조차 않고 있다. 도리어 어려운 것을 쉽게 만들면서 명백한 진리만을 즐기지 않고 숨어 있는 진리에 의해서도 인도되도록 쉬운 말로 설득하고 있다." 또 『삼위일체에 관하여(De trinitate)』의 첫 장에서 이렇게 적는다. "어린이도 읽을 수 있는 성서는 어떠한 종류의 말을 쓰는 것도 사양치 않는다.(이것은 고대의 스타일 분리를 염두에 두고 한 소리다.) 마치 성장의 과정에서처럼 점차로 우리의 이해력은 이 어린이의 상태에서 성스러운 것, 숭고한 것으로 올라가는 것이다." 아우구스티누스가 이 주제를 다양하게 변주하고 있는 수많은 유사한 구절 가운데서 하나만 더 언급하겠다. 겸손하고 소박한 사람들에게 열려 있는 이해의 전형을 묘사하고 있기 때문이다. 그것은 『시편 주석(Enarrationes in Psalmos)』에 보이는 대목으로 「시편」 146편의 "여호와께서 비굴한 자를 일으키시며"에 관한 주석이다. "사람의 목소리여, 조용하라. 사람의 생각이여, 쉬어라. 이해하기 어려운 것을 파악하려 함에 있어 이해력은 미치지 않는다. 동참이 필요한 것이다." 이 구절은 신비적 요소와 소유에 동참하려는 구체적이고 감각적인 욕구(그것은 이해를 고집하는 사람들의 '오만'한 지적 교만에 반대한다.)가 극히 아름다운 융합을 보여 주고 있다. 경구의 거장인 페트루스 롬바르두스(Petrus Lombardus)*는 12세기 중엽에 쓰인 「시편」에 대한 주석에서 이 구절을 사실상 복사해 놓고 있다. 그리고 신비주의로 완전히 옮겨 간 베르나르는 이해의 기초를 예수 그리스도의 삶과 수난에서 거의 전적으로 찾고 있다. "주님이 설교와 명상 속에 성서를 극히 감미롭게 또 극히 기적적으로 계시하였다는 것을 경험으로 아는 자는 축복받은 자다."

복잡하게 상호 의존하고 있는 몇몇 사상이 위의 구절들 속에 표현되어 있다. 성서는 마음이 소박하고 믿음으로 차 있는 사람들을 선호한다는 것, 이러한 마음은 성서에 '동참하는 데' 있어서의 전제 조건이니 그 까닭은 순전히 이성적인 이해가 아니라 동참이야말로 성서가 제공하려고 하는 것이기 때문이라는 것, 성서가 포용하고 있는 불가사의하고 모호한 요소도 똑같이 격조 높은 문체(eloquio superbo) 속에 표현되어 있지 않고 쉬운 말로 되어 있다는 것, 그리하여 누구나 단순한 것에서 숭고한 것, 신에 관한 것으로 단계적으로 올라갈 수 있으며 아우구스티누스가 『고백』에서 말하고 있는 대로 어린아이가 읽듯이 성서를 읽어야 한다는 것(verum tamen illa erat, quae cresceret cum parvulis) 등등이 그것이다. 그리고 이러한 점에 있어서 성서가 고대의 위대한 세속 작가와 다르다는 생각은 중세를 통해서 면면히 이어졌다. 14세기의 후반에 이르러서조차 벤베누토 다 이몰라(Benvenuto da Imola)는 베아트리체가 말하는 투가 묘사된 단테의 시행 "지극히 우아하고

---

* 12세기 이탈리아 신학자.

조용히 그녀는 말하기 시작했다."(e communiciommi a dir soave e piana!) 「지옥」편, 2장 56행)에 대해 논평하면서 이렇게 적고 있다. "잘 쓰인 문체로서 쉽고도 매력 있으며 베르길리우스나 시인들의 문체처럼 격조 높은 것이 아니어서 훌륭하다."(et bene dicit, quia sermo divinus est suavis et planus, non altus et superbus sicut sermo Virgilii et poetarum!) 신의 지혜를 전하는 대변자로서 베아트리체도 어렵고 어두컴컴한 것을 많이 이야기했는데도 이렇게 적어 놓은 것이다.

중세의 기독교 연극은 완전히 이 전통에 속해 있다. 본래 연극적 요소를 지니고는 있으나 예배 의식 속에 포함되어 있는 성서의 일화를 생생하게 보여 주는 중세의 기독교 연극은 소박하고 배운 것 없는 사람들을 받아들여 구체적이고 일상적인 것에서 숨어 있는 진실로 이들을 인도하려 하였다. 그 점에 있어 중세 기독교 연극은 말르(E. Mâle)의 유명한 이론을 따르면 종교극인 기적극으로부터 결정적인 자극을 받아들였다고 여겨지는 중세 교회의 위대한 조형 예술과 비슷한 역할을 하였다. 예배극 혹은 보다 일반적으로 기독교 연극의 목적은 극히 초기로부터 정의되었다. 10세기의 윈체스터의 사교인 에텔왈드(Saint Ethelwold)는 몇몇 성직자가 "배운 것 없는 민중이나 새로 영세받은 사람들의 믿음을 공고히 하기 위해"(ad fidem indocti vulgi ac neofitorum corroborandam) 사용한 부활제 의식의 연극화를 묘사하고 그것이 본받을 만한 것이라고 추천하고 있다.(체임버스(E. K. Chambers), 『중세 연극(The Mediaeval Stage)』 2권, 308쪽) 그리고 12세기에는 생드니의 쉬제(Suger de Saint Denis)가 흔히 인용되는 그의 시 속에 더욱 심오하고 더욱 일반적으로 표현해 놓고 있다. "나약한 정신은 구체를 통해서 진리로 향한다."(Mens hebes ad verum per materialia surgit.)

이제 앞서 거론한 우리의 원문인 아담과 이브 사이에 벌어지는 장면으로 돌아가기로 하자. 그것은 겸손한 문체로 마음이 가난한 소박한 사람들에게 이야기한다. 숭고한 사건을 그들의 일상생활 속에 집어넣어 자연스럽게 그들

앞에 나타나게 한다. 그러나 그것은 주제가 숭고한 것임을 잊고 있지는 않다. 그것은 가장 단순한 현실로부터 직접 가장 드높고 가장 은밀한 신과 관계되는 진실로 옮아간다. 「아담의 기적극」은 성서 창세기의 예배식 낭송으로 시작되는데 낭송자와 화답의 코러스가 딸려 있다. 이어서 원죄와 타락이 극으로 진행되고 신도 극중인물 중의 하나로 등장한다. 이야기는 아벨의 살해까지 진행된다. 그리고 연극은 예수의 강림을 알리는 구약 예언자들의 행진으로 끝이 난다. 일상적인 당대 현실을 보여 주는 장면(그 가장 훌륭한 장면은 악마와 이브 사이의 장면과 우리가 검토 중인 장면인데 모두 더할 나위 없이 순수하고 능란한 장면으로서 샤르트르(Chartres), 램스(Reims), 파리(Paris) 혹은 아미앵(Amiens)에 있는 가장 완벽한 조각품과 맞먹는 것이다.)은 따라서 성서적 세계사적 틀 속에 맞추어 들어가 있는데 이러한 정신이 온통 충만해 있다. 그리고 이들 장면을 에워싸고 있는 틀의 정신은 역사의 비유적 해석의 정신이다. 이것은 일상적 현실에서 일어나는 모든 사건은 동시에 모든 부분이 다른 부분과 관련된 세계사적 맥락의 일부이며 따라서 항구적인 것이면서 동시에 초시간적인 것으로 간주되어야 한다는 것을 의미한다. 우선 신 자신을 검토해 보기로 하자. 신은 세계와 인간을 창조한 후 아담과 이브를 낙원으로 인도하고 자신의 의사를 그들에게 알리기 위해 등장한다. 그는 형상(figura)이라 불린다. 이 말은 신의 역할을 할, 즉 신을 나타내는 성직자를 가리키는 것이라고 해석할 수 있다. 다른 배우들은 아담이나 이브라고 불렀지만 신의 역할을 맡은 이를 신(Deus)이라 부르기는 주저하였던 것이다. 그러나 참으로 비유적인 해석이 이 경우에는 더 그럴싸해 보인다. 즉 「아담의 기적극」에서 벌어지는 일 중에서 신의 역할은 단순히 입법자의 역할과 범법자를 처벌하는 재판관의 역할이지만 그의 내부에는 벌써 구세주가 비유적으로 현존하고 있기 때문이다. 신의 등장을 알리는 무대 지시는 다음과 같다. "그때 구세주가 달마티카*

---

* 넓으나 짤막한 소매가 달린 헐렁한 옷으로 흔히 사제들이 입었음.

를 차려입고 나와 아담과 이브 앞에 선다. …… 그리하여 두 사람은 그 형상 앞에 서 있다."(Tunc venient Salvator indutus dalmatica, et statuantur choram eo Adam et Eva…… Et stent ambo coram Figura…….) 이렇게 신은 처음에는 구세주(Salvator)라 했다가 다음에는 형상(Figura)이라 하였다. 그렇다면 그것은 구세주의 형상(figura salvatoris)이라고 설명해도 좋을 것이다. 이러한 초시간적인 비유적 개념은 다시 후에도 채택된다. 아담은 사과를 먹고 나서 즉각 가장 심각한 후회를 경험한다. 그는 절망적인 자기 책망에 휩쓸리는데 그것은 마침내 이브에게로 향했다가 다음과 같이 끝난다.

그대의 권고 때문에 나는 불행에 빠졌다. 까마득한 높이에서 깊은 나락으로 떨어졌다. 지어미에게서 태어난 인간의 힘으로는 나는 다시 이곳을 빠져나가지 못한다. 신의 힘이 아니고서는. 아 나는 무슨 말을 하고 있는 것인가? 왜 그분을 부른 것인가? 그분이 나를 도와주실까? 나는 그분을 진노케 하였다. 마리아에게서 태어난 아들을 제외하고는 아무도 나를 도와주지 않으리라. 누구에게서도 난 비호받을 수 없다. 우리는 신을 믿지 않았으므로. 매사가 신의 의사에 따르기를! 죽는 수밖에 딴 도리가 없다.

이 원문으로 미루어 특히 "마리아에게서 태어난 아들을 제외하고는"(for le filz qu'istra de Marie)이라는 말로 미루어 아담이 기독교적 세계사 전체에 관한 사전 지식 혹은 예지를 가지고 있다는 것은 분명하다. 적어도 예수의 강림과 자기가 방금 저지른 원죄로부터의 구제를 알고 있다는 것도 분명하다. 절망의 한가운데서도 그는 벌써 때가 되면 성취될 은총을 알고 있다. 비록 미래의 일이며 역사적으로 꼬집어 말할 수 있는 특정한 미래의 일이기는 하나 그럼에도 그 은총은 모든 시간에 대한 현재의 지각 속에 포함되어 있다. 왜냐하면 신에게 있어 시간의 구분은 없기 때문이다. 신에게 있어 모든 것은 동시적 현재일 뿐이며 따라서 아우구스티누스가 이왕에 말했듯이 신은 예지 혹은 사전 지식을 가지고 있지 않고 그저 지식을 가지고 있을 뿐인 것이다. 미래가 현재 속으로 뻗치어 있는 듯이 보이는 이러한 시간 순서의 침해를 일종의 중세적인 단순성의 증거에 지나지 않는 것으로 해석하는 것은 경계해야 한다. 이러한 해석이 아주 틀린 것이 아니라고 생각하는 것도 당연하다. 왜냐하면 이러한 시간 순서의 침해가 마련해 주는 것은 실상 극히 단순한 이해에 알맞게 맞추어진 극히 단순화된 개관이기 때문이다. 그러나 이 동시적인 개관은 동시에 독자적이며 고양되고 숨겨진 진실의 표현, 즉 세계사의 비유적 구조의 진실의 표현인 것이다. 중세에 예배식으로부터 발전한 연극 속의 모든 것은 하나의 그리고 언제나 동일한 맥락의 일부이다. 즉 그 시초가 신의 세계 창조이고 그 절정은 예수의 나심과 수난이며 그 예측되는 결말이 예수의 재림과 최후의 심판으로 되어 있는 하나의 거대한 극의 일부인 것이다. 극의 시작과 결말 사이의 간격은 일부는 예수의 비유에 의해서 일부는 예수의 모방에 의해서 채워져 있다. 예수의 등장 이전에는 구약, 즉 율법 시대의 인물과 사건이 보이는데 구세주의 강림이 비유적으로 계시되어 있다. 이것이 예언자들의 행진의 의미다. 예수 그리스도의 나심과 수난 뒤에는 그의 길을 따르려는 성자들이 보이고 기독교 일반(예수의 약혼자)이 신랑의 귀환을 기다리고 있다. 대체로 이 거대한 극은 세계사에서 일어나는 모든 것을 포함하고 있다. 그 속에서 모든 높고 낮은 인간 행위와 높고 낮은 모든 양식적 표현이 도덕적 미적으로 확립된 존재 권리를 가지고 있다. 따라서 숭고한 것과 격이 낮고 일상적인 것을 분리할 근거가 없다. 왜냐하면 이들은 예수의 삶이나 고통과 뗄 수 없이 얽혀 있기 때문이다. 시간, 장소, 줄거리의 통일에 괘념할 근거 또한 없다. 왜냐하면 세계라는 유일한 장소가 있을 뿐이고 인간의 타락과 구제라는 단 하나의 줄거리가 있을 뿐이기 때문이다. 물론 세계사의 과정 전체가 늘 제시되는 것은 아니다. 초기에는 분리된 단편, 흔히는 예배식에서 발전한 부활절 연극과 성탄절 연극이 있었을 뿐이다. 그러나 전체는 항시 유념의 대상이었고 비유적으로 표현되었다.

14세기 이후부터는 기적극 속에 전 과정이 나타나는 것이다.

일상적인 것과 현실적인 것은 이렇듯 중세 기독교 예술 특히 기독교 연극의 본질적인 요소이다. 그 계급 생활의 현실에서 영웅들의 이야기와 모험의 세계로 멀어져 가는 궁정 로맨스라는 봉건 시대의 문학과는 대조적으로 기독교 문학에서는 반대 방향으로의 운동이 보인다. 즉 동떨어진 전설과 그 비유적 해석으로부터 당대의 일상적 현실로 옮아가는 것이다. 우리가 검토 중인 원문에서 사실적인 요소는 가정적인 삽화, 아내와 보비위하는 유혹자 사이의 대화, 지아비와 지어미 사이의 대화의 구체화라는 테두리 안에 한정되어 있다. 조야하리만큼 사실적인 요소나 익살극의 요소는 아직 보이지 않는다. 기껏해야 악마들이 들락날락하는 것이 조야한 농담의 계기가 되어 줄지 모른다.("그사이 악마들은 분수에 맞는 몸짓과 함께 그곳을 들락날락하였다."(interea Demones discurrant per plateas, gestum facientes competentem.)) 그러나 뒷날에 가서는 사정이 달라진다. 결이 거친 사실주의가 번창하기 시작한다. 그리고 다양한 혼합 문체, 수난과 거친 익살극의 노골적인 공존이 발전하게 되어 우리에게는 이상하고 격에 맞지 않아 보인다. 언제 이러한 발전이 실제로 시작되었는가 하는 것을 정확하게 확인할 길은 없다. 그러나 현존하는 연극 원본이 시사하는 것보다 훨씬 이전부터라고 생각된다. 왜냐하면 예배극의 증대하는 조야함에 대한 불평(이것은 예배극의 정면 비난과 혼동해선 안 된다. 그것은 전혀 별개의 문제인데 여기서 다룰 성질은 아니다.)은 벌써 12세기에 일어났기 때문이다. 예컨대 헤럴드 폰 란츠베르그(Herald von Landsberg)에게 보이는 것이다. 벌써 이 당시에 이런 현상이 많이 있었다고 생각된다. 왜냐하면 대체로 이때는 민중의 리얼리즘이 되살아난 시대이기 때문이다. 고대 무언극 전통이 문학 아래의 수준에서 면면히 계승되었다는 사실, 12세기에 시작하여 하층 계급 사이에 밀어닥친 듯이 보이는 보다 의식적이고 보다 비판적이며 보다 강력한 인생 관찰, 이것들이 당시에 민중의 익살극의 눈부신 발전에 기여하였다. 이 민중 익살극의 정신이 종교극 속으로 곧 흘러 들어갔다고 생각할 수 있다. 청중은 동일하였다. 그 문제에 있어선 하위 성직자도 민중의 취향을 공유했던 것 같다. 어쨌거나 기독교 연극 문학의 현존하는 문서는 사실적이며 특히 그로테스크한 익살극의 요소가 점점 퍼지면서 15세기에 이르러 절정에 도달했다는 것을 보여 준다. 그리하여 이에 대한 반대 운동의 공격에 충분한 근거를 마련해 주었음도 보여 준다. 이 반대 운동은 인문주의의 취향과 위클리프 이래의 보다 엄격한 종교 개혁의 태도에 의하여 촉발되어 기독교 신비극을 기품 없고 상스러운 것으로 간주하였는데 궁극적으로는 승리를 거두게 되는 것이다.

민중의 익살극은 그 리얼리즘이 순전히 희극적이고 문제성이 없는 범위 안에 한정되어 있어 여기서는 검토하지 않는다. 그러나 우리는 리얼리즘의 각별히 현저한 발전을 촉발한 기적극의 장면들을 열거할 것이다. 우선 베들레헴의 마구간에서의 예수 탄생의 장면에는 소나 당나귀뿐 아니라 산파나 대모들이 격에 맞는 대화와 함께 보이며 때로는 요셉과 여인들 사이에 벌어지는 지극히 솔직한 삽화를 보여 준다. 이어 목동에의 통지, 세 나라 왕의 도착, 어린아이의 살해 등의 사실적인 장식이 곁들여져 있다. 한결 충격적이고 뒷날의 취향으로는 한결 상스러운 것은 수난과 관련된 솔직한 장면이다. 예수가 가시 면류관을 쓰고 채찍질을 받으며 십자가를 지고 가는 동안에 병정들 사이에선 조야하고 때로는 익살스러운 대화가 벌어진다. 마지막으로 십자가에 못 박히는 시각에도 예수의 옷을 노린 주사위놀음이나 롱기누스의 창 등속이 묘사된다. 부활과 연관된 삽화 가운데서는 예수의 몸에 바를 향유를 사기 위해 세 사람의 마리아가 양초 장수네 가게를 방문하는 것, 묘지에 당도하기 위해 제자들이 달음박질치는 것(「요한복음」 20장 3절 및 4절에 의거) 등등이다. 전자는 시장터의 장면이 되어 있고 후자는 장난기 많은 난장판이 되어 있다. 죄짓고 사는 시절의 마리아 막달레나의 묘사는 때로 상세하고 정확하다. 예언자의 행진 속에는 그로테스크한 장면을 위해 마련된 인물들이 보인다.(발람과 당나귀!) 다 열거하자면 한량이 없다.

가령 바벨탑을 건설할 때와 같이 일꾼들이 나누는 대화도 보이는데 그들은 그들의 막일과 어려운 시절을 토론한다. 주막집에서의 소란스러운 난장판이 있고 익살스러운 농담과 음담패설도 많이 나온다. 이 모든 것은 결국 욕설과 혼란으로 이어지며 당대의 생기 있는 세속 세계에 점차적으로 역점이 주어진다고 해도 틀린 것은 아니다. 그러나 흔히 그러하듯이 기독교 수난극의 세속화가 진척되는 것이라고 말하는 것은 오도적이다. 왜냐하면 세속 세계(saeculum)는 이 극 속에서 처음부터 하나의 원리로 포함되어 있으며 과다의 문제가 원리의 문제는 아니기 때문이다. 그 틀이 부서지고 세속 행동이 독립하게 될 때야 비로소 진정한 세속화가 일어나는 것이다. 즉 타락, 수난, 최후의 심판에 의해서 결정된 기독교적 세계사 밖의 인간 행위가 진지하게 묘사될 때, 또 그것만이 유일하게 진실한 방법이라는 자부를 지닌 기독교적 세계사의 틀 안에서 인간 사건을 파악하고 표현하는 방법에 추가해서 다른 파악과 표현 방법도 가능해졌을 때 비로소 진정한 세속화가 일어난 것이다. 기독교 세계사적 사건을 당대의 배경과 당대의 생활 형식 속으로 옮겨 놓는 것은 우리의 느낌으로는 시대착오적으로 보이지만 나무랄 것은 없는 일이다. 동시대로 옮겨 놓은 일은 「아담의 기적극」에서는 아담과 이브가 12세기 프랑스의 평민처럼 이야기한다("이런 고얀 놈이"(tel paltonier qui ço ad fait))는 정도로 한정되어 있다. 그러나 뒷날 딴 곳에서는 이 옮겨 놓기가 훨씬 현저해진다. 13세기 초기의 것으로 역시 오직 하나의 필사본만이 남아 있는 한 프랑스 부활절 연극(푀르스터 코쉬비츠(Förster Koschwitz), 『중세 프랑스 말 독본(Alfranzösisches Übungsbuch)』, 6판, 1921년, 214쪽 이하 참조) 속에서 주제는 아리마데의 요셉과, 예수의 피로 낫게 되는 눈먼 롱기누스의 장면이다. 여기서 필라트의 병정들은 기사(chivalers)라 언급되어 있고 또 봉신(vaissal)이라 부른다. 그리고 예컨대 필라트와 요셉 사이의 대화나 요셉과 니고데모(Nicodemos) 사이의 대화에서처럼 개인 간의 교제의 기풍은 의심할 수 없으리만큼 두드러지게 13세기 프랑스의 기풍이다. 동시에 사건의 비유적 편시성은 이 사건들을 민중의 일상생활이라는 친숙한 환경 속에 편입해 놓는다는 목적을 극히 조화롭게 또 효과적으로 수행하고 있다. 물론 스타일 분리를 지향하는 극히 수수하고 소박한 기도를 찾아볼 수 있음도 사실이다. 이러한 기도는 극히 초기의 예배극에 보이며 예배극의 선구자로서 중요한 「부활절의 희생(victimal paschali)」에도 보인다. 즉 교리를 따지는 도입부의 시 다음에 "마리아가 우리에게 말하시다"(Dic nobis Maria……)의 대화가 시작되는 부분이 그것이다. 비슷한 현상은 12세기 초의 몇몇 연극에서 라틴어와 중세 프랑스어를 번갈아 사용하고 있는 데서도 찾아볼 수 있다. 가령 「사귀(Sponsus)」(『로마니아』 22편 177쪽 이하) 같은 것이 그 보기다. 「아담의 기적극」은 각별히 무게 있는 귀결을 10음절의 각운 4행시로 담아서 다른 부분에서 쓰고 있는 8음절 각운 2행시보다 한결 무게 있는 가락을 띠게 하고 있다. 훨씬 뒷날 「구약의 신비극(Mystére du vieil Testament)」에서는 신과 천사가 고도로 라틴어화한 프랑스어를 사용하는 반면 일꾼과 도둑들 특히 나귀와 이야기하는 발람은 아주 상스러운 구어체로 말한다. 그러나 이 모든 경우에 있어서 양자는 너무 근사해서 진정한 스타일 분리라는 인상을 주지 못한다. 분리는커녕 두 영역을 접근시킨다는 효과를 빚어내고 있다. 두 영역을 접근시키는 스타일 혼합은 기독교 연극 문학에 한정되어 있는 것은 아니다. 그것은 중세를 통해서 기독교 문학의 도처에서 발견된다. 즉 기독교 문학이 보다 폭넓은 향수층을 지향할 때 그렇게 되는데 몇몇 나라 특히 스페인 같은 곳에서는 그 이후에조차도 그러하다. 이것은 특히 대중 설교의 영역에서 그러하다. 그러나 이런 설교의 많은 예증으로 우리가 가지고 있는 것은 훨씬 뒷날의 것들이다. 이러한 설교에서 성서의 비유적 활용과 대담한 리얼리즘의 공존은 후세의 취향에는 그로테스크하게 느껴진다. 이 점에 관해서는 질송(E. Gilson)의 극히 유익한 논문 「중세 설교의 기법(La Technique du sermon médièval)」을 참조하기 바란다.(질송의 논문집 『사상과 문학(Les Idées et les Lettres)』 파리, 1932년, 93쪽 이하)

13세기 초의 이탈리아에는 우리가 지금 논의하고 있는 숭고와 겸손의 혼합을 모범적인 형태로 구현하고 있는 인물이 나타난다. 그는 무아지경에서의 숭고한 신에의 몰입과 겸손한 구체적 일상성의 혼합을 구현하여 그 결과 행동과 표현, 내용과 형식이 불가분으로 융합되게 된다. 그는 아시시의 성자인 성 프란체스코이다. 그의 존재의 핵심과 그의 삶의 충격은 예수 그리스도를 근본적 실천적으로 모방하려는 의지에 집중되어 있다. 순교자의 시대가 끝난 후 유럽에서는 예수 그리스도의 모방이 주로 신비적 명상적 형태를 띠게 되었다. 성 프란체스코는 예수의 모방에 실천적, 일상적, 공적, 민중적인 것에 대한 지향을 부여하였다. 그 자신은 자기 방기적이며 명상적인 신비가였으나 그와 그의 동료들에게 있어 가장 결정적인 것은 민중 속에 사는 일, 또 가장 지체 없고 가장 천대받는 사람으로서 지체 없는 사람들 속에서 사는 일이었다. 그는 신학자가 아니다. 그의 지식은 그 자체로서 상당하였고 그의 시적 능력에 의해서 기품 있게 되었지만 본질적으로 민중적인 것이어서 직접적이고 구체적으로 접근할 수 있는 성질의 것이었다. 그의 겸손은 공중과의 접촉이나 공중 앞에 나서기를 두려워하는 종류의 것이 전혀 아니었다. 그는 자신의 내적 충동을 억지로 외적 형식이 되게끔 하였고 그의 존재와 삶은 공적인 사건이 되었다. 현세의 방기의 표시로 주교와 아시시 전체 시민의 면전에서 꾸짖는 아버지에게 자기 옷을 되돌려준 날로부터 임종을 당하여 벌거벗은 대지에 자기 자신 알몸으로 누워 있던 그날에 이르기까지, 그리하여 첼라노의 토마스의 표현을 빌리면 "악마가 마구 날뛰는 마지막 시각에도 벌거벗은 적과 알몸으로 싸울 수 있었던"(ut hora illa extrema, in qua poterat adhuc hostis irasci, nudus luctaretur cum nudo, 「제2의 전설(Legenda secunda)」214장) 그때까지 그가 한 모든 일은 하나의 생생한 사건이었다. 그리고 그가 보여 준 사건은 너무나 강렬하였기 때문에 목격하거나 이야기들은 사람들을 온통 넋 잃게 만들었다. 12세기의 위대한 성자인 클레르보의 베르나르 또한 사람을 당기는 힘이 있었고 뛰어난 웅변가였다. 그도 또한 인간 지혜의 적(sapienta secundum carnem)이었으나 그의 문체는 훨씬 귀족적이고 또 수사적으로는 박식이었다. 나는 이 점을 실례로 보여 주고 싶다. 그래서 비슷한 내용을 가진 두 개의 편지를 골라 보았다. 편지 322(로마 교부 문헌(Pat. Lat.) 182, 527~528)에서 베르나르는 자유의사로 속세를 버리고 수도원에 들어온 젊은 귀족을 축복한다. 그는 하늘에서 주신 젊은이의 지혜를 칭송한다. 그는 젊은이에게 지혜를 내려 준 데 대하여 신에게 감사한다. 그는 청년을 격려하고 예수 그리스도의 도움을 언급하면서 장차의 시련에 대비하게 한다.

만약 유혹의 가시를 감촉하게 되면 장대 위에 달아 놓은 놋쇠 뱀(「민수기」 21장 8절)을 생각하라. 십자가에 못 박힌 예수의 상처보다는 젖을 빨게나. 그분이 그대의 어머니 되고 그대 그분의 아들이 되리니. 그분의 수족을 통해 그대의 수족에 박힐 때나 못은 그분을 아프게 하리라. 그러나 사람의 원수가 곧 자기의 집안 사람이리로다.(「미가」 7장 6절) 그들은 그대를 사랑하지 않고 그대에게서 나오는 그들 자신의 기쁨을 사랑한다. 그렇지 않으면 그들은 젊은이의 말을 들을 것이다. "저를 사랑하신다면 기뻐해 주실 겁니다. 저는 아버지에게로 가니까요." "만약 그대의 아버지가 문지방에 엎드려 있다면, 만약 그대 어머니가 젖가슴을 내놓고 그대를 빨리던 젖을 보인다면, 만약 그대의 어린 조카가 그대의 목에 매달리거든, 아버지를 마다하고 어머니를 마다하고 조카를 마다하고 마른 눈으로 십자가의 깃발 밑으로 달려가라. 이럴 때 인정 많음은 그분을 위해 매몰차지는 것"이라고 성자 제롬은 말한다. 그대가 지옥의 아들에서 신의 아들로 되었다 해서 슬퍼하는 벽창호들의 눈물을 보고 동색하지 말지어다. 아, 이들 가련한 자들은 무슨 망녕된 욕망을 가지고 있는 것인가!(베르길리우스, 『아이네이스』, 6권 721행) 얼마나 잔인한 사랑, 얼마나 부당한 기쁨을 가지고 있는 것인가! 나쁜 친구는 좋은 사람을 망치게 한다.(「고린도 전서」 15장 33절) 그러므로 내 아들아, 그대 주인과의 대화를 피할지어다. 그들은 그대의 귀를 채우면서 그대 마음을 비우느니라. 신에게 기도하기를 배우라. 그대 두 손을 들 때 그대 가슴을 들어 올리기를 배우라. 탄원의 눈길을 하늘로 향하는 것을 배우라. 고난이 내리면 그대 가련한 얼굴을 연민의 신에게 보이는 것을 배우라. 신이 당신의 가슴을 그대에게 닫아 버리며 그대의 흐느낌과 외마디 소리에 당신의 귀를 봉하리라고 생각하는 것은 방자한 것이다. 매사에 교부의 조언에 따름을 잊지 말라. 신의 명령 못지않게 충실히 따르라. 이를 행하면, 그대는 살게 되리니. 이를 행하면, 축복이 그대에게 내리리니, 그리하여 하나를 버리면 백을 이승에서도 누리게 되리라. 서두를 것 없이 늘그막에 가서 행해도 늦지 않다고 말하는 이의 조언을 믿지 말라. 젊어서 멍에를 메는 것이 좋다고 말하는 이의 말을 믿으라.(「예레미야서」 3장 27~28절) 그는 홀로 있으리라. 그가 스스로 떠메었으므로. 잘 지내게, 끈기를 찾게나. 그것만이 영광을 안으리니.

이것은 확실히 생생하고 감동적인 글이다. 몇몇 생각이나 정식화, 예컨대 그대를 사랑하지 않고 그대에게서 나오는 그들 자신의 기쁨을 사랑한다는 집안사람들이나 이승에서조차 백배의 보답이 내려질 것이라는 것 등은 내가 잘못 알고 있는 게 아니라면 전형적인 베르나르의 투다. 그러나 전체의 구성은 극히 의식적이며 이것을 이해하기 위해서는 참으로 많은 예비지식이 필요하고 또 참으로 많은 수사의 방책이 포함되어 있는 것이다. 물론 우리는 시토 종단*에 속하는 사람들 사이에선 성서에 대한 언급의 비유적 의미를 즉각 파악한다는 사실을 고려에 넣어야 할 것이다.(그리스도의 모습으로서의 구리 뱀, 그리스도의 상처에서 나오는 피를 젖이라 여기는 것, 십자가의 고통에의 동참과 그리스도의 수족을 꿰뚫는 못에의 동참을 수난의 합일(unio passionalis)에서의 황홀한 사랑의 위안이라고 보는 것 등등이 그것이다.) 이러한

---

* 성 베네딕트의 규정을 엄격하게 해석하는 수도회에 속하는 수도사나 수녀를 가리킴.

유형의 해석과 사고는 평민들 사이에서도 뿌리를 박았음에 틀림이 없다. 왜냐하면 모든 설교들은 이들로 가득 차 있기 때문이다. 그러나 수많은 성서 구절, 그 구절들이 연결된 방식, 제롬과 베르길리우스로부터의 인용은 이 사사로운 편지에 고도의 문학적인 외양을 부여해 주고 있다. 그리고 수사적 질문, 대조 어구, 머리글자 반복의 사용에 있어서 베르나르는 제롬과 대등하다. 베르나르는 제롬의 고도로 특색 있는 구절을 인용하고 있는데 그 때 그 수사적 세련은 더욱 두드러져 보인다. 가장 현저한 대조 어구와 머리글자 반복의 예를 들어 보기로 하자. 대조 어구로 말하면 다음과 같은 것을 들 수 있다. "상처에서보다 유방에서, 그분은 그대의 어머니 되고 그대는 그분의 아들이 되리."(non tam vulnera quam ubera, ipse tibi in matrem, tu ei in filium), "그분의 수족과 그대의 수족", "그대가 아니라 그대에게서 나오는 자신의 기쁨을"(nonte, sed gaudium suum ex te), 제롬의 구절에서는 "인정 많음과 매몰참"(pietus crudelis), "지옥의 아들과 신의 아들"(filius gehennae, filius Dei), "잔인한 사랑과 부당한 기쁨"(crudelis amor, iniqua dilectio), "귀를 채우면서 마음을 비우다"(dum aures implent, evacuant mentem) 등등이 그것이다. 머리글자 반복의 예로 말하면 제롬의 구절에서 시작되는 이 구절은 그 나름으로 장관이다. "만약 넘어져 있다면, 만약 젖을 내보인다면, 만약 어린 조카가 …… 아버지를 마다하고, 어머니를 마다하고 마른 눈으로……"(si prostratus, si nudato, si parvulus-per calcatum, per calcatum, et siccis oculis…….) 그다음엔 베르나르 자신의 것이 온다. "얼마나 잔인한 사랑, 얼마나 …… 기도하기를 배우라, 들어 올리길 배우라, 보이는 것을 배우라, 이를 행하면 그대는 살게 되리니, 이를 행하면 축복이……."(quis tam crudelis amor, quae …… disce orare, disce levare, disce erigere, hoc fac et vives, hoc fac et veniet.) 거기 더하여 말의 희롱도 보인다. "그대 가련한 얼굴을 연민의 신에게 보이라." (patri misericordiarum miserabilem faciem repraesenture.)

이제 아시시의 성 프란체스코를 들어 보기로 하자. 분명히 그의 것이라 할 수 있는 것으로 사신(私信) 두 통이 있을 뿐이다. 하나는 1223년에 어느 수도회장에게 보낸 것이고 다른 하나는 그의 만년의 애제자인 아시시의 레오(페코렐라(Pecorella))에게 보낸 것이다. 이렇듯 두 통이 모두 그의 만년의 소산이다. 성 프란체스코는 1225년에 죽었으니 말이다. 나는 첫 번째 것을 골랐다. 이 편지는 큰 죄를 저지른 수도회원의 처리에 관해서 수도회 내부에 있던 견해 차이에 관한 것이다. 나는 보다 일반론엔 머리 부분을 인용하겠다.

교우 N이여, 신의 축복 있기를. 최선을 다해 그대의 영혼에 관해서 그대에게 이야기하고자 하오. 주님에 대한 그대 사랑에 장애가 되는 모든 것들, 그대의 길을 훼방하는 모든 사람들,(설사 교우가 되든 아니든) 이들이 그대를 친다 할지라도 그대는 그것을 은총이라고 생각해야 할 것이오. 그리 생각해야 되고 달리 생각해선 안 될 것이오. 그리고 그것을 주님과 나에 대한 그대의 진정한 순종이라고 생각해야 할 것이오. 왜냐하면 그것이 진정한 순종이라 확신하기 때문이오. 그리고 그대에게 이런 짓을 하는 사람들을 사랑하시오. 그리고 신이 그대에게 베푸는 것 이외에는 아무것도 그들에게서 바라지 마시오. 그들을 그 때문에 사랑하고 그들이 보다 훌륭한 기독교도가 되기를 바라지 마시오. 그리고 이것이 그대에게 은둔보다도 더 소중한 것이 되게 하시오. 그대가 그렇게 하는 속에서 나는 그대가 주님을 사랑하는가, 또 주님과 그대의 종인 나를 사랑하는가의 여부를 알아보겠소. 온갖 죄를 다 지은 교우가 그대의 얼굴을 보려고 와서 그대의 동포애를 받지 않은 채 가 버리는 일이 없도록 하시오. 그가 동포애를 구한다면 말이오. 그가 동포애를 구하지 않는다면 그가 그걸 원하는가를 알아보시오. 그리고 만약 그 후에 그가 천 번을 그대 앞에 나타난다 하더라도 그대가 이 순간 나를 사랑하는 것 이상으로 그를 사랑하시오. 그를 주님에게로 끌어가고 늘 이런 이에게 동포애를 가지시오……. (뵈머(Boehmer) 편, 『아시시의 프란체스코 어록(*Analekten zur Geschichte des Franciscus von Assisi*)』, 튀빙겐과 라이프치히, 1904년, 28쪽)

이 대목에는 성서 주석도 없고 비유도 보이지 않는다. 문장 구조는 급히 서두른 투이며 어색하고 꼼꼼히 생각한 구석이 없다. 모든 문장이 '그리고'로 시작하고 있다. 그러나 서둘러 이 글을 쓴 사람은 다루는 주제에 의해서 영감받고 있음이 분명하다. 주제는 그의 마음을 완전히 사로잡고 있으며 의사 전달을 해서 이해받고 싶은 욕구가 너무나 강렬하기 때문에 병렬 구문이 웅변의 무기가 되어 있다. 끊임없이 몰려오는 파도처럼 이 '그리고'로 시작되는 구문은 성자의 가슴에서 수신자의 가슴으로 내달린다. 첫머리의 "최선을 다해 그대의 영혼에 관해서"(sicut possum, de facto anime tue)에 잘 나타나 있다. "최선을 다해"는 겸손과 함께 있는 힘을 완전히 바친다는 것을 나타낸다. 그리고 "그대의 영혼에 관해서"는 토론 중인 사실상의 문제가 그 문제를 결정하는 사람의 정신의 구제까지도 수반한다는 것을 시사한다. 그리고 그것이 "나와 그대 사이"의 문제라는 것은 편지 전체를 통해서 성 프란체스코가 잠시라도 방심하지 않고 있는 취지다. 그는 상대가 자기를 사랑하고 탄복한다는 것을 알고 있다. 그리고 그는 상대를 바른길로 인도하기 위하여(ut trahat eum ad Dominum) 줄곧 상대의 사랑을 활용한다. "그렇게 하는 속에서 나는 그대가 주님을 사랑하는가, 또 주님과 그대의 종인 나를 사랑하는가의 여부를 알아보겠소."(et in hoc volo cognoscere si diligis Deum et me servum suum et uum.) 하고 그는 간청한다. 그는 타락한 죄인이 천 번이나 상대를 찾아오더라도 "이 순간 나를 사랑하는 것 이상"으로 죄인을 사랑하라고 명령한다. 편지의 내용은 악을 피해도 안 되고 맞서도 안 된다는 교리를 극단까지 몰고 간 것이다. 그것은 세계를 등질 것이 아니라 세계의 고통에 동참하고 정열적인 헌신으로 악을 견디어 내라는 권고이다. 그 이외의 것을 소망해서는 안 된다. "그리 생각해야 되고 달리 생각해선 안 될 것이오." (et ita velis et non aliud.) 그리고 성 프란체스코는 윤리신학의 관점에서 본다면 거의 수상쩍기까지 한 극단론에 도달한다. 그는 이렇게 적고 있는 것이다. "그들을 그 때문에 사랑하고 그들이 보다 훌륭한 기독교가 되기를 바

아담과 이브 243

라지 마시오."(et in hoc dilige eos et non velis quod sint meliores christiani.) 고통을 통한 자기 시련을 위해서 동포가 보다 훌륭한 기독교도가 되기를 바라는 소망을 억압하는 것이 과연 허용될 수 있는 일까? 성 프란체스코의 확신을 따르면 악에의 굴종을 통해서만 사랑과 순종의 힘의 자기 증명이 가능하다. "왜냐하면 그것이 진정한 순종이라 확신하기 때문이오."(quia firmiter scio quod illa est vera obedienta.) 이것은 단순한 세계로부터 동떨어진 고독한 명상이 아니다. 그 이상의 것이다. "그리고 이것이 그대에게 은둔보다 더 소중한 것이 되게 하시오."(et istud sit tibi plus quam heremitorium.) 이러한 관점의 극단적 성격은 언어에도 반영되어 있다. 즉 '바로 이것이며 다른 아무것도 아님'을 나타내는 수다한 지시사 혹은 '그리고 설사'란 뜻을 가진 'quicumque', 'etiamsi', 'quantumcumque', 'et si millies'로 유도되는 절 속에 그것이 반영되어 있는 것이다.

  구어와 밀접히 연관된 전혀 비문학적인 표현의 직접성은 매우 급진적인 내용을 지탱해 주고 있다. 그것이 새로운 것이 아님은 사실이다. 왜냐하면 처음부터 세계 속에서의 고통과 악에의 굴종은 중요한 기독교의 모티프에 속하기 때문이다. 그러나 강조점은 다르다. 고통과 순종은 수동적인 순교의 형식이 아니고 일상 과정 속에서의 가차 없는 자기 비하인 것이다. 베르나르가 위대한 교회정치가로서 세속사를 취급하고 그리스도의 모방이란 경험을 얻기 위해 세속사로부터 명상의 고독 속으로 은퇴하였음에 반하여 성 프란체스코는 세속사를 그리스도의 모방을 위한 본래의 무대라고 생각하였다. 물론 성 프란체스코의 경우 세속사란 베르나르가 주요한 역할을 담당했던 크나큰 정치적 사건들이 아니라 수도회 내부나 혹은 민중들 사이에서의 평범한 사람들의 일상적인 행동이라는 차이가 있는 것은 사실이다. 탁발수도회, 특히 성 프란체스코가 창립한 수도회의 전체 구조는 구성원들을 일상적인 공공생활과 민중 속으로 내몰았다. 그리고 고독과 명상이 아시시의 성 프란체스코의 경우에도, 그의 후계자들의 경우에도 크나큰 종교적 중요성을 잃은 것이 아님은 사실이지만 그렇다고 명상이 수도회의 두드러진 민중적 성격을 박탈하지는 않았다.

앞에서도 언급했지만 성 프란체스코가 공중 앞에 나타날 때 그것은 인상적이고 생동적이며 화려하기까지 하다. 그것을 전해 주는 일화가 굉장히 많은데 그 가운데는 후세의 취향으로는 그로테스크하고 익살극 같아 보이는 것도 있다. 가령 그레치오의 마구간에서 성탄절을 축하할 때 소와 나귀와 구유통 옆에서 노래하고 설교하면서 그는 베들레헴이란 단어를 어린 양 우는 소리를 흉내 내어 발음하였다. 또한 발병하여 좋은 음식을 가려 먹고 나서 아시시에 돌아갔을 때 그는 교우의 한 사람으로 하여금 자기를 마치 죄수처럼 밧줄로 끌고 시가를 다니면서 이렇게 외치게 하였다. "남몰래 닭고기로 배때기를 가득 채운 대식가를 보시오!" 그러나 그때 그 고장에서 이러한 광경은 익살극의 효과를 빚지 않았다. 이목을 끄는 이러한 과장과 생생함은 상스럽게 보이지 않고 성자 생활의 생생하고 범례적인 계시로 여겨졌다. 즉 직접적으로 밝혀 주며 누구에게나 이해되고 누구나 비교를 통해 자신을 검토하고 경험해 동참하기를 고무해 주는 계시로 여겼던 것이다.

이렇듯 이목을 끌고 극히 설득력 있는 사건과 함께 섬세함과 부드러움을 증거하며 순전히 직관적인 심리적 재능을 소홀치 않게 보여 주는 일화들도 있다. 결정적인 순간에 성 프란체스코는 타인의 마음속에 일어나고 있는 일을 항상 파악하고 있었다. 따라서 그의 개입은 핵심을 건드리기가 예사였다. 심금을 울리고 놀라게 한다. 이렇듯 강렬하고 모범적이며 잊혀지지 않는 효과를 자아내는 것은 어디서나 놀랄 만큼 생생하고 직접적인 그의 성품이다. 그가 공중 앞에 나타날 때의 특징을 가장 잘 보여 주기는 하나 배경 자체는 비교적 하찮고 예사로운 일화 하나를 첼라노의 토마스가 쓴 「제2의 전설(Legenda secunda)」(P. 에두아르두스 알렌코니엔시스 교열, 『아시시의 성 프란체스코의 생애와 기적』, 로마, 1906년, 217~218쪽)에서 인용한다.

어느 부활절날 그레치오의 은자의 집에서 수도사들이 식탁을 탁자보와 유리 제품으로 평소보다는 호사스럽게 차려 놓았다. 수도원장이 독방에서 내려와 식탁으로 가자 그는 식탁이 헛되이 장식되어 있음을 본다. 그러나 보기 좋은 탁자가 그는 탐탁지 않아 은밀하고 소리나지 않게 발길을 돌려 우연히 그곳에 있는 가난뱅이의 모자를 쓰고 그의 지팡이를 짚고 집을 나간다. 바깥에서 그는 수도사들이 식사를 시작할 때를 기다린다. 수도원장이 신호를 받고도 오지 않으면 먼저 시작하는 것이 관례였기 때문이다. 식사를 시작하자 이 가난뱅이는 대문께를 향해서 소리친다. "신의 사랑을 위해 저 가련한 병든 순례자에게 보시를 해요." 수도사들이 대답한다. "들어오시오, 그대의 이름을 부른 사람의 사랑을 위해." 그리하여 그는 재빨리 들어와서 식사하는 사람들 앞에 나타난다. 이 나그네를 보고 좌중들이 얼마나 놀랐는지! 요청에 따라 주발이 주어진다. 혼자서 그는 맨바닥에 앉아 접시를 재 속에 놓는다. "이제 난 프란체스코회 수도사처럼 앉아 있다……."

앞서도 말했듯이 하찮은 사건이다. 그러나 가난뱅이의 모자와 지팡이를 짚고 거지처럼 구걸한다는 것은 얼마나 영감받은 멋있는 생각인가! 그가 주발을 들고 재 속에 자리를 잡고 "이제 난 프란시스코회 수도사처럼 앉아 있다."라고 말할 때의 수도사들의 당황과 창피를 우리는 상상하기 어렵지 않다.

성자의 생활 양식과 표현 양식은 수도회에 의해 인수되었고 특수한 분위기를 빚어내었다. 좋은 의미에서도 궂은 의미에서도 그것은 아주 민중적이 되었다. 과도하리만큼 생생하고 대담한 표현 방식은 수도회원들로 하여금 극적이며 기지에 차 있으나 빈번히 조야하고 난잡한 일화를 만들어 내게 하고 또 그 소재가 되게도 하였다. 중세 후기의 조야한 리얼리즘은 프란체스코 수도회원들의 행동이나 등장과 흔히 연관된다. 이러한 방향으로의 그들의 영향은 르네상스에 와서도 찾을 수 있다. 이 점 역시 에티엔 질송이 몇해

전에 쓴 논문 속에 증명되어 있다.(『사상과 문학』 중 「프란체스코파의 라블레」, 197쪽 이하) 이 점에 관해선 뒤에서 다룰 것이다. 한편으로 프란체스코파의 표현력은 인간 사건의 직접적이고 강렬한 묘사로 나아갔다. 그것은 민중의 종교시에서 자기주장을 하고 있다. 민중의 종교시는 13세기에 프란체스코파와 여타 민중의 무아경을 찾는 운동의 영향을 받아 수난 장면 특히 십자가 곁의 마리아를 생생한 극적 인간적 삽화로 처리하였다. 많은 사화집 속에 수록되어 있는 가장 유명한 작품은 야코포네 다 토디(Jacopone da Todi, 1230년생)라는 매우 표현력이 풍부한 신비가이며 단테 바로 이전 시대의 시인이 쓴 것이다. 그는 만년에 프란체스코 수도회원이 되었고 특히 과격파인 정신파에 속하였다. 그의 수난시편은 대화 형식으로 되어 있다. 화자는 사자, 동정녀 마리아, 군중, 그리고 그리스도 자신이다. 그 첫머리를 인용한다. 모나치(E. Monaci)의 『이탈리아 고문선(*Crestomazia italiana dei primi secoli*)』(치타 디 카스텔로, 1912년, 479쪽)을 따왔다.

사자 천국의 마님이시여.
       아드님이 잡히셨습니다. 축복받은 예수 그리스도께서. 마님, 서둘러 살피십시오. 사람들이 함부로 다루는 모양을. 돌아가실 것 같습니다. 매질이 너무 심했으니까요.
동정녀 어찌 된 일이오? 그가 붙잡히다니. 나의 희망인 예수는 잘못을 저지르지 않았거늘.
동자 마님, 배반당하신 겁니다. 유다가 아드님을 팔았어요. 서른 냥을 받고 말입니다. 큰 흥정이었지요.
동정녀 도와다오, 막달레나. 내게 재앙이 내렸어요. 내 아들 그리스도가 끌려가고 있어요. 귀띔 받았듯이.
사자 도와주세요. 마님, 우리를 도와주세요. 저들은 아드님께 침 뱉고, 그리고 끌어갔어요. 저들은 그분을 필라트에게 넘겼어요.

동정녀	오 필라트, 그러지 마시오, 내 아들을 괴롭히지 말아요. 이들이 무고로 고소되었음을 증명해 드릴 테니까요.
군중	십자가에 올려 처형하라. 스스로 왕이 된 자를. 우리 율법으로는, 그는 원로원에 반역하는 자.
동정녀	간청합니다. 내 말을 들어요. 내 고통을 생각해 주세요. 여러분은 곧 바꿀 겁니다. 지금껏 한 말을.
사자	저들은 도둑들을 끌어내고 있어요. 그의 길동무가 될 이들을.
군중	가시 면류관을 씌우라, 왕으로 자처한 자를.
동정녀	아 아들이여, 아들이여, 아들이여! 내 아들, 사랑스러운 백합, 아들이여, 누가 조언해 주리, 괴로운 내 가슴에? 아들이여, 기쁨의 두 눈, 어찌 그대는 대답이 없는가? 아들이여, 젖을 준 젖가슴을 어찌 피하는가?
사자	이게 십자가입니다. 저들이 가져온 이 십자가 위에 진정한 광명이 올려질 겁니다…….

이 인용문은 이 장 첫머리에서 살펴본 중세 프랑스어의 원문과 마찬가지로 숭고하고 성스러운 사건을 당대의 이탈리아의 것이자 동시에 편시적인 현실 속에 완전히 편입해서 보여 주고 있다. 그 민중적 성격은 우선 쓰인 언어에서도 엿보인다. 사투리 형식뿐 아니라 사회학적 의미로서의 표현의 '대중성'(예컨대 동정녀의 입에서 나오는 "내게 재앙이 내렸어요."(jonta m'è edosso pena.) 같은 말)을 말하는 것이다. 성서의 삽화를 마음대로 고쳐 놓고 있는 점에도 민중적 성격이 엿보인다. 그리하여 마리아는 「요한복음」에서보다 한결 중요하고 적극적인 역할을 맡고 있으며 그 결과 그녀의 불안, 고통, 비탄이 극적으로 전개되는 기회가 부여되고 있다. 이것과 밀접히 연관되어 있는 것이 장면과 등장인물을 떼거리로 혼합시켜 놓은 수법으로 이 때문에 마리아가 직접 필라트에게 애기도 할 수 있고 십자가를 운반하는 장면도 보여

줄 수가 있는 것이다. 도움의 요청을 받는 막달레나와 예수가, 어머니를 맡기는 요한이 한 때의 친구나 이웃사람처럼 마리아와 함께 등장한다. 그리고 마지막으로 민중적 요소는 비논리적이고 시대착오적인 착상에도 엿보이는데, 이 점은 중세 프랑스의 타락의 처리에서 우리가 논의한 바 있다. 한편으로 마리아는 걱정스럽고 의지가지없이 비탄하는 어머니로서 출구가 없어 그저 호소할 뿐이다. 그러나 다른 한편으로 사자는 그녀를 "천국의 마님"(donna del paradiso)이라 부르고 모든 것은 그녀에게 미리 귀띔이 되어 있는 것이다.

이 모든 점에 있어서, 즉 줄거리를 민중적 일상적인 것에 편입시키는 점에 있어서는 두 개의 원문은 1세기나 상거해 있으면서도 긴밀히 연관되어 있다. 그러나 두 원문 사이에 중요하고도 근본적인 양식상의 차이가 있다는 것도 분명하다. 야코포네의 시에서는 「아담의 기적극」의 매혹적이면서 투명한 진솔함을 별로 찾아볼 수가 없다. 반면에 그것은 한결 간결하며 직접적이고 비극적이다. 이것은 소재의 차이, 야코포네의 주제가 어머니의 비탄이라는 사실에서 비롯되는 것이 아니다. 아니 13세기 이탈리아의 종교적인 민중시가 이 장면의 처리에서 가장 아름다운 작품을 산출했다는 것은 결코 우연이 아니라고 하는 것이 좋겠다. 야코포네가 호격과 명령과 다급한 의문의 축적을 통해 성취한 바와 같은 고통, 불안, 호소의 거침없는 흐름과 참으로 극적인 폭발은 13세기에는 유럽의 다른 어떤 지방어로서도 불가능했으리라고 나는 믿는다. 그것은 자의식적인 억제로부터의 자유, 감미롭고 격정적인 감정에의 탐닉, 공개적 표현에 있어서의 소심증으로부터의 탈피를 보여 주고 있다. 이와 비교해 본다면 중세의 그 이전의 작품이나 동시대의 대부분의 작품들은 어색하고 무언가 걸리는 듯이 보인다. 푸아티에의 길헴(Guilhem de Peitieu) 이후 처음부터 폭넓은 표현의 자유를 가지고 있던 프로방스 문학조차도 이런 작품에는 떨어진다. 이렇게 위대한 비극적 주제를 가지고 있지 않다는 점만으로도 그러하다. 이탈리아 문학이 지닌 극적 표현의 자유가 성 프란체스코 때문이라고 말하는 것은 성급한 일일 것이다. 그것은 민족성에 은연중 내재해 있는 것이기 때문이다. 그러나 위대한 시인이며 자기 존재를 행동으로 나타내 보여 주는 기술의 본능적인 대가였던 그가 이탈리아인의 감정과 이탈리아어의 극적인 힘을 일깨워 준 첫 번째 사람이라는 것은 부정할 수 없을 것이다.

파리나타와 카발칸테

"오, 이 불꽃의 고장을 살아 지나시는,
점잖은 말씨의 토스카나 사람이여,
24 이곳에 멈추심을 거절 마시라.
그대의 말씨로 짐작건대,
아름다운 그 고장 사람이 분명하니,
27 내 부질없이 너무나 괴롭혔던 고장의."
갑작스레 궤짝 하나에서
이런 소리가 일어나므로 소스라쳐
30 놀란 나는 길라잡이 곁으로 붙어섰다.
"뒤돌아보오, 왜 그러오?" 그는 말했다.
"몸을 곧추세운 파리나타의 모습을.
33 허리 위의 몸통을 볼 수 있을 것이오."
나는 벌써 그의 모습을 보고 있었다.
지옥과 같은 것을 우습게 보는 듯,
36 그는 가슴과 얼굴을 꼿꼿이 쳐들었다.
길라잡이는 듬직한 손으로 나를 밀어

무릎 사이 그쪽으로 밀며 말했다.

39 "말을 헤아려 짧게 하시오."
내가 그 무덤의 발치에 이르름에,
나를 잠시 바라보더니, 그는 차갑게 물었다.

42 "그대의 선조가 누구시오?"
나는 순순히 따를 마음에 사실대로
모든 것을 털어 말하였다.

45 그러자 이마를 찌푸리며 답하기를,
"나와 나의 선조와 나의 당에,
맹렬히 적대하는 사람들이었군,

48 그리하여 나는 두 번 그들을 쳤던 거요."
나는 대답하여 말하길, "쫓겼어도
그들은 되돌아왔오. 처음이나 그다음이나,

51 그대의 선조들은 기술이 미숙했던 거요."
그러자 그때 한 그림자 몸을 일으켰다.
턱까지 눈에 보이는 이 망령은,

54 무릎을 꿇고 몸을 일으킨 듯 여겨졌다.
행여 다른 사람이 나와 함께 있는가,
살피려는 듯 그는 내 주변을 둘러보았다.

57 그의 생각이 빗나감을 알자 그는,
울며 말했다. "이 눈먼 감옥을
그대 높은 천재로 하여 지나갈 수 있다면,

60 내 아들은 어디에? 그대와 함께 오지 않고."
내 답하여, "여기 옴은 내 힘에 인함이 아니라,
저기 기다리는 이, 나를 인도함이니,

63 아마 그대의 아들 귀도는 그를 존경치 않았던 까닭이라."

그의 말과 그의 형벌이 이미 나에게

그 사람의 이름을 알게 하였더라.

66 내 대답은 허심탄회하였다.

곧바로 꼿꼿이 서며 그가 말하길,

"무슨 말씀인가? 않았다니? 살았는가, 죽었는가?

69 아름다운 햇빛이 이제 그의 눈에 비치지 않는가?"

내 대답에 주저함을 보고 그는

이내 덜퍼덕 엎드리더니

72 다시는 그 모습을 보이지 않았다.

그러나 나를 멈추게 했던 다른 이,

도량 큰 자는 얼굴도 변하지 않고 목도 돌리지 않고

75 그 허리도 굽히지 않고,

처음의 말을 이어, "내 조상이

그 기술에 미숙했다고 한다면

78 지금 그것은 이 자리보다 더 나를 괴롭게 하오."

"O Tosco che per la città del foco

vivo ten vai così parlando onesto,

24 Piacciati di restare in questo loco.

La tua loqucla ti fa manifesto

di quella nobil patria natìo

27 a la qual forse fui troppo molesto."

Subitamente questo suono uscìo

d'una de l'arche; però m'accostai,

30 temendo, ut poco piú al duca mio.

Ed el mi disse: "Volgiti: che fai?

Vedi là Farinata ches'è dritto:

33 da la cintola in su tutto 'lvedrai."

I'avea già il mio viso nel suo fitto;

ed els'ergea col petto econ la fronte

36 com'avesse l'inferno in gran dispitto.

El'animose man del duca e pronte

mi pinser tra le sepulture a lui,

39 dicendo: "Le parole tue sien conte."

Com'io al piè de la sua tomba fui,

guardommi un poco, e poi, quasi sdegnoso,

42 mi dimandó "Chi fur li maggìor tui?"

Io ch'era d'ubidir disideroso,

non gliel celai, ma tutto gliel'apersi;

45 ond'ei levò le ciglia un poco in soso.

Poi disse: "Fiermente furo avversi

a me e a miei primi e a mia parte,

48 sì che per due fiate li dispersi."

"S'ei fur cacciati, ei tornar d'ogni parte"

rispuosi lui "l'unae l'altra fiata;

51 mai vostri non appreser ben qull'arte?

Allor surse a la vista scoperchiata

un' ombra lungo questa infino at meno:

54 credo che s'era in ginocchie levata.

Dintorno mi guardó come talento

avesse di veder s'altri era meco;

57 e poi che ils ospecciar fu tutto spento

piangendo disse: "Se per questo cieco
carcere vai per altezza d'ingegno,
60 mio figlio ov'è? perchè non è ei teco?"
E io a lui: "Da me stesso non vegno;
colui ch'attende là perqui mi mena,
63 Forse cui Guido vestro ebbea disdegno."
Le sue parole e l'modo de la pena
m'avean di costui già letto il nome;
66 peró fu la risposta così piena.
Di subito drizzato griò "Come
dicesti? elli ebbe? non viv'elli ancora?
69 non fiere li occhi suoi il dolce lome?"
Quando s'accorse d'alcuna dimora
ch'io facea dinanzi a la risposta
72 Supin ricadde, epiù non parve fora.
Ma quell'altro magnanimo a cui posta
restato m'era, non mutò aspetto,
75 nè mosse collo, nè piegó sua costa;
E, "Se," continuando al primo detto,
"elli han quell'arte," disse, "mal appresa,
78 ciò mitormenta piùche questo letto⋯⋯"

단테(Dante Alighieri)의 「지옥(Inferno)」 10가에 나오는 이 에피소드의 처음에 베르길리우스와 단테는 뚜껑이 열려 있는 불타는 관들 사이로 난 좁은 길을 간다. 여기에 있는 것들은 이단과 무신론자들의 묘지라고 베르길리우스는 설명하고, 저기에 묶여 있는 자의 한 사람과 이야기했으면 하는 단테의 반쯤 말하여진 소원을 성취시켜 주겠다고 약속한다. 여기에 대답을 하려는 찰나, 단테는, "오 토스카나 사람이어." 하는 어두운 '오' 소리들로 이루어진 말소리가 관 속에서 튀어나오는 것에 놀란다. 지옥의 죄인 하나가 관에서 불끈 일어나 지나가는 자에게 말을 거는 것이다.

베르길리우스는 그의 이름이 파리나타 델리 우베르티라고 일러 준다. 그는 기벨리니 당(황제파)의 지도자이며 피렌체의 군인으로서 단테가 탄생하기 직전에 죽은 사람이다. 단테는 관의 발치에 가까이 간다. 그리고 대화가 시작된다. 그러나 대화는 몇 줄 뒤에,(52행) 그 앞에 단테와 베르길리우스의 대화가 중단되었듯이 갑작스럽게 중단된다. 여기에 끼어드는 것은 또다른 관 속의 인물인데, 단테는 그의 말씨와 처지로 미루어 그가 누구인가를 알아본다. 그는 카발칸테 데이 카발칸티로서, 단테의 젊은 시절의 친구인 시인 귀도 카발칸티의 아버지이다. 카발칸티와 단테 사이에 벌어지는 장면은 극히 짧다.(21행에 불과하다.) 카발칸티가 다시 관 속에 누워 버리자, 곧이어 파리나타는 중단된 말을 계속한다.

70행 정도의 좁은 공간에서 세 번의 사건 변화가 일어난다. 힘과 내용으로 가득한 네 개의 장면이 좁은 공간에 몰려 있다. 이 장면들의 어떤 것도 단순히 예비적인 설명을 이루지 아니한다. 이것은 비교적 조용한 단테와 베르길리우스의 대화(여기에는 인용하지 않고 있는)의 경우도 마찬가지다. 물론 여기에서 독자와 단테는 새로 펼쳐지는 장면, 지옥 제6구역을 소개받는다. 그러나 이 소개는 그 자체로서, 대화자 사이의 심리적 과정을 드러내 보여 준다. 이 예비적 장면의 이론적인 평화와 영적인 온화함은 두 번째의 극적 장면에 날카롭게 대조된다. 이것은 갑자기 울려 나오는 소리와 관 속에 일어선 몸뚱이의 갑작스러운 출현, 단테의 경악, 베르길리우스의 고무하는 말과 몸짓으로 시작한다. 여기에서 그의 몸뚱이처럼 꼿꼿하고 높다랗게, 죽음과 지옥의 고통도 손상할 수 없는, 파리나타의 거대한 도덕적 품격이 펼쳐 보여진다. 그는 죽어서도 살아 있을 때와 다름이 없다. 단테의 입에서 나온 토스카나의 말씨가 그를 깨워 일어서게 하고, 오만하면서 적절한 예절을 지키며 지나가는 자들에게 말을 걸게 한다. 가까이 간 단테에게 그는 우선 그의 가면을 물어, 상대가 누구인가, 유수한 집안의 사람인가, 친구인가 적인가를 확인하고자 한다. 그리고 단테가 궬피 당(왕당파)의 자손이란 것을 듣고, 그는 적의 당을 두 번이나 도시에서 축출한 사실을 엄격한 만족감을 가지고 상기한다. 피렌체라는 도시와 기벨리니 당의 운명이 아직도 그의 골똘한 생각의 대상이다. 장기적인 안목으로 볼 때 궬피 당을 축출한 것이 기벨리니 당에게 도움이 되지 못했으며, 결국 그들이 유배자가 되었다는 내용의 단테의 답변은, 단테의 말소리에 그를 알아본 카발칸테의 등장으로 중단된다. 주시하는 눈의 카발칸테의 머리가 나타나는데, 그의 머리는 파리나타의 몸보다는 훨씬 작은 몸에 붙어 있다. 그는 그의 아들이 단테와 더불어 왔으면 하고 바란다. 그리고 아들이 보이지 않자, 걱정스럽게 질문한다. 그가 살아 있을 때와 마찬가지의 성격과 고뇌 ─ 물론 파리나타와는 전혀 다른 종류의 성격과 고뇌를 가지고 있는 것이 드러난다. 세속적 삶에 대한 사랑, 인간 정신의 자유로운 위대함에 대한 믿음, 무엇보다도 자기 아들 귀도에 대한 사랑과 경탄, 이러한 것들이 그대로 있음을 알 수 있는 것이다. 흥분하여, 거의 애원하는 듯 간청하며, 그리하여 파리나타의 중후하고 자기 기율적인 태도와는 전혀 다른 모습을 보여 주며, 카발칸테는 초조하게 묻는다. 그는 단테의 말로 미루어 그의 아들이 죽었다고 생각할 수밖에 없게 되자,(이것은 틀린 생각이었다.) 무너지듯 스러져 버린다. 그러자 파리나타는 전혀 흔들리지 않는 자세로, 중간의 사건에 아무런 주의도 하지 않고 전에 단테가 하였던 말을 받아 답변한다. 이것은 그의 성격을 잘 표현한다. 단테가 말한 바와 같이 기벨리니 당의 사람들이 피렌체로 돌아갈 수 없게 되었다면, 그것은 그가 지금 처해 있는 자리에 있는 것보다도 더 큰 고통을 주는 일이다. 그는 이렇게 대답하는 것이다.

    우리가 이 책에서 지금까지 살핀 어떤 이야기에서보다 여기에는 많은 것이 집약되어 있다. 다만 그렇게 좁은 공간에 더 많은 것이 있고, 더 무겁고 더 극진인 것이 있을 뿐만 아니라, 그 자체로 더 복합적으로 다양하다는 말이다. 여기에 있는 것은 한 개의 이야기가 아니라 세 개의 이야기이다. 그리고 그중에 파리나타의 두 번째 에피소드는 세 번째의 이야기로 중단되어 둘로 쪼개어진다. 여기에는 여느 의미의 사건의 통일성이 없다. 이것은 첫 장의 호메로스의 이야기에서, 오디세우스의 상처에 대한 언급으로 하여 본론에서 멀리 벗어난 길고 자세한 중간 삽화가 펼쳐지게 되는 부분과도 다르다. 여기서는 이야기의 주제는 빠르게 또 갑작스럽게 바뀐다. 파리나타의 말은 "갑작스레"(subitamente) 베르길리우스와 단테의 대화를 무질러 버린다. 52행의 "그러자 그때 한 그림자 '몸을 일으켰다.'"(allor surse)는 아무런 변화의 전주 없이 파리나타 장면을 동강내 버린다. 그리고 이야기는 "그러나 나를 멈추게 했던 다른 이,/ 도량 큰 자"와 더불어 다시 갑자기 시작된다. 이야기 전체의 통일성은 무대의 단일성, 이단과 무신론자들의 지옥 구역의 물리적 도덕적 지형의 단일성에 의존한다. 각각 독자적 성격을 가진, 서로 연결되어 있지 않는 장면들의 연속은 『신곡』 전체의 통일적 구조에 의존한다. 그것은 한 개체가 그의 안내자와 더불어 하나의 세계를 —그 주민들이 정해진 자리에 머물고 있는 세계를 여행하고 있는 광경을 보여 준다. 장면들의 빠른 전환에도 불구하고, 어법은 스타일의 병렬적 연결이 아니다. 각 장면은 문맥을 잇는 접속어가 풍부하다. 그리고 여기의 경우처럼 장면들이 날카롭게 서로 연결됨이 없이 중첩되었을 때, 중첩은 병렬이라기보다는 전환이라고 해야 할 다양하고 교묘한 표현 방식을 활용한다. 그리하여 장면들은 뻣뻣하게 또는 같은 음조로 병치되어 있지 않다.(여기서 우리는 라틴어로 된 알렉시우스 전설(5장) 또는 롤랑의 노래까지도 생각해 볼 수 있다.) 장면들은 주조(主調)의 특정한 형식의 깊은 곳으로부터 우러나오면서 서로서로 대위법의 다성 음악을 이룬다. 이것을 더 분명히 밝히기 위하여 장면의 전환이 이루어지는 부분을 면밀히 검토해 볼 필요가 있다. 말을 주고받으며 지나는 사람들을 파리나타는, "오, 이 불꽃의 고장을 살아 지나시는 …… 토스카나의 사람이여,"(O Tosco, che per la città del foco vivo ten vai,) 하는 말로 걸음을 멈추게 한다. 이 부름은 '오'로 시작하는 호격인데, 여기에 이어, 부름에 비하여 더 심중(深重)한 관계절이 따라 나온다. 그리고 똑같이 심중하고 조심스러운 예절을 지닌 요청의 문장이 이어진다. 토스카나 사람은 서라고 말하는 것이 아니라, "……의 토스카나 사람이여, 이곳에 멈추심을 거절 마시라." 이렇게 말하는 것이다. '……하는 누구여' 하는 형식의 구문은 화려한 스타일로, 고대 서사시의 높은 스타일에서 유래하는 것이다. 단테의 귀는 베르길리우스나 루칸이나 스타티우스의 다른 많은 구절들과 더불어, 이러한 구문의 울림을 기억한다. 그것은 단테 이전의 중세 지방어에서 일찍이 사용된 일이 없는 것일 것이다. 이를 사용하는 단테의 수법은 독특하다. 그는, 대체로 고대의 기도 형식과 비슷한 탄원조로, 또 그만이 할 수 있는 간결한 관계절로 이를 사용한다. 지나가는 사람에 대한 파리나타의 느낌과 태도는 세 개의 수식어 "불꽃의 고장을……지나시는"(per la città del loco ten vai,), "살아"(vivo), "점잖은 말씨의 토스카나말을 하며"(così parlando onesto)로 강력하게 표현되어 있어서, 그의 스승 베르길리우스도 이 표현을 들었더라면 이 장면에서 단테가 놀라는 이상으로 놀랐을지 모른다. 베르길리우스 자신의, 호격에 연결된 관계 문장은 참으로 아름답고 조화된 것이지만, 단테의 문장처럼 집약적이고 간결하지는 않다.(가령 『아이네이스』 1권 436행의 "이미 그들의 도시의 성곽이 쌓여지고 있는 그대들 행운의 인간들이여!"(O fortunati quibus iam moeniasurgunt!) 또 수사적 화려함으로 하여 더 흥미로운 경우는 2권 638행이다. "한창때의 피를 가지고 굳건한 자신의 힘으로 서 있는 그대들이여, 그대들이나 급히 피하라."(ros o quibus integer aevi/asnuis, ait, solidaeque suo stant robore vireo,/vos agitate fugam.)) 또한 "불꽃의 고장을 지나시는"과 "살아"의 대조가 후자의 위치로 하여 얼마나 더 훌륭하게, 효과적으로 표현되는가에도 주의하여야 한다. 돈호(頓呼)의 삼행에 이어 파리나타가 단테와 동향임을 밝히는 3행 연 부분이 있고 그다음 그의 말이 끝나고 난 후에야, "갑작스레" 운운하는 문장이 나오는데, 이러한 문장은 대체로 놀라운 사건을 도입하는 역할을 하는 것이 보통이나, 여기에서는 일이 일어난 다음 그것을 해명하는 비교적 조용한 기능을 수행한다. 그리하여 이 부분은 낭송의 경우는 나지막하게 읽혀야 할 것이다. 여기의 어법은, 두 여행자의 대화에 파리나타의 에피소드가 병렬적으로 첨가되는 식의 것일 수가 없다. 다른 한편으로 그것은 베르길리우스의 담화에서 조용하게 예고된 바 있다는 것을 우리는 잊지 말아야 한다. 그러나 다른 한편으로 그것은, 지역적, 도덕적, 심리적, 미적인 의미에 있어서, 전적으로 다른 구역의 강력하고 압도적인 침입을 뜻하기 때문에, 앞의 일과 단순한 병치의 관계에 있을 수 없고, 살아 있는 반대 명제의 기능을 수행할 수밖에 없다. 그리고 그것은 일찍이 조용히 예감되었던 것의 돌연한 출현이라는 양상을 띤다. 여기서 사건들은, 롤랑의 노래나 알렉시우스의 전설의 경우에 본 바와 같이 작은 동아리들로 쪼개어져 있는 것이 아니고, 대립과 대립을 통한 공존 속에 살아 있는 것이 되어 있다. 두 번째의 장면 전환은 "그러자 그때 …… 일으켰다."(Allor surse)로 시작하는 52행에서 이루어진다. 이 전환은 첫 번째의 것보다 더 단순하고 덜 눈에 띄는 것인 듯하다. '그러자 그때 …… 하는 일이 있었다.' 하는 말로, 불쑥 일어나는 일을 도입하는 것보다 더 자연스러운 일이 달리 있겠는가? 그러나 단테 이전에 '그러자 그때' 하고 진행 중인 일을 중단하는 어법을 찾아보자면, 그러한 예는 매우 찾아보기 어려울 것이다. 나는 그러한 예를 달리 알지 못한다. 문장의 서두에 나오는 'allora'는 단테 이전의 이탈리아어에서, 가령 '노벨리노'(Novellino, 풋나기) 이야기에서 흔히 보이는 말이지만, 이런 데에서는 매우 약한 뜻으로 쓰인다. 그렇게 날카로운 돌발적 전환은 단테 이전의 이야기의 문체나 시대의식에 맞지 않는 것이다. 또 그것은 비슷하면서 더 약한 뜻을 가졌던 프랑스 서사시의 '그리고 그대들'(ea vos 또는 etant vos)과도 다른 것이다.(가령 『롤랑의 노래』 413행 및 그외) 극적으로 고조되어 있는 사건의 전환이 얼마나 딱딱하면서 자세하게 서술되는가는 빌아르두앵(Villehardouin)*이 콘스탄티노플 공략에 있어서의 베네치아 총독의 행동을 묘사하는 장면에서 볼 수 있다. 군사들이 상륙을 주저하는 것을 보고 늙고 눈먼 총독은 성 마르코의 깃발을 가지고 자신을 맨먼저 상륙시키라는 명령을 내리고 이를 따르지 않으면 죽음의 벌을 내리겠다고 말하는데, 이 장면은 "그리고 이상한 일이었는데"(porrez oir estrange proece)라는 말로 도입된다. 이것은 마치 단테가 '그때'(allora)라고 하는 대신, '그때 굉장히 놀라운 일이 일어났다.'라고 쓰는 것과 비슷한 일이다. 우리가 갑작스러운 전환을 나타내는 '그때'라는 말에 해당하는 라틴어 표현을 찾고자 한다면, 중세 프랑스어의 'ez vos'는 바른 방향을 지시해 준다. 곧 그 표현은 tum 또는 tunc(그때)가 아니고 더 많은 경우에 차라리 sed(그러나)나 iam(그러자)이다. 그러나 똑같은 어세를 가지고 있는 더 적절한 표현은 ecce(보시오) 또는 et ecce(그리고 보시오)이다. 이것은 높은 스타일에서보다는 플라우투스(Plautus), 키케로(Cicero)의 편지, 아풀레이우스(Apuleius), 그리고 무엇보다도 라틴 구어역의 성경에서 자주 보이는 표현이다. 아브라함이 칼을 손에 쥐고 그의 아들 이삭을 죽여 제물을 삼으려고 할 때, 다음 문장을 보게 된다. "……더니, 여호와의 사자가 하늘에서부터 그를 불러 가라사대 아브라함아, 아브라함아."(et ecce Angelus Domini de raelo clamavit, dicens, Abraham, Abraham) 내 느낌으로는 이와 같은 돌연한 변화를 지시하는 말의 쓰임새는 고전 라틴에서 유래했다고 하기에는 너무 조잡한 것으로 보인다. 그러나 성경적 높은 스타일에는 완전히 맞아 들어가는 것이다. 뿐만 아니라 단테는, 그렇게 극적이지는 않지만 갑작스러운 사건으로 중단이 일어나는 상황에서, '성경의'(et ecce)라는 표현을 그대로 쓰고 있다.(「연옥」 21가 7행 "그러자, 누가가 썼듯……거기에 보았다."(ed eocco, si come no scrive Luca …… ci apparve.)는 「누가복음」 24장 13절의 "그러자 그들 가운데 두 사람이……"(et ecce duo ex illis)

---

* 12세기 프랑스의 사가.

에 따른 것이다.) 그러나 나는, 단테가 돌연한 전환을 나타나는 '그때'라는 어법을 높은 스타일에 처음으로 도입했으며 이 어법이 성경에서 나오는 메아리 때문이라고 자신 있게 주장할 생각이 없다. 그러나 극적인 전환을 유도하는 '그때'라는 말은 단테가 글을 쓰던 시기에는 오늘날처럼 자명하고 흔히 볼 수 있는 표현 방법이 아니었다. 이 정도는 틀림없는 사실일 것이다. 단테가 그 전의 어떤 사람과도 판이한 수법으로 이것을 썼다는 것은 확실한 것이다. 이와 더불어, 우리는 '일어나다'(surse)라는 말의 의미와 소리를 고려해 보아야 한다. 단테는 이 말을 갑작스러운 출현을 기술하는 말로 다른 곳에서도 사용하고 있다.(「연옥」 6가 72~73행. "완전히 자기 속에 침잠해 있던 그림자 하나가/ 그를 향해 우뚝 일어섰다……"(l'ombra tutta in se romita/surse vêr lui……)) 그러니까 52행의 '그때 …… 일어섰다'(allor surse)는 첫 번째 중단을 도입하는 파리나타의 말에 못지않은 무게를 가진 것이다. '그때'(allor)는, 그로 하여 연결되는 부분들을 동적인 상호 관계 속에 들어가게 하는 병렬 형식(die parataktischen Formen)에 속하는 것이다. 파리나타와의 대화가 끊기는 데에서 카발칸테는 마지막 말을 듣자 그 말이 끝나기를 기다리지 못하고 자제력을 잃어버린다. 무엇을 찾는 듯한 눈길, 우는 듯한 말, 성급하게 절망하고 드러눕는, 이러한 행동은 파리나타의 조용한 중후함과 날카로운 대조를 이룬다. 파리나타는 세 번째 전환 이후에 다시 말을 잇는다. "그러나 나를 멈추게 했던 다른 이,/ 도량 큰 자"(ma quell'altro magnanimo)로 시작되는 세 번째 전환은 첫 번째보다는 훨씬 덜 극적이다. 그것은 고요하고 의젓하고 중후하다. 이 장면은 완전히 파리나타가 지배한다. 그러나 앞부분에 대한 대조는 그만큼 뚜렷하다. 단테는 파리나타를 "도량 큰 자"(magnanimo)라고 부른다. 이 말은 아리스토텔레스의 용어로 토마스 아퀴나스 또는, 더 가능성이 있기로는 브루네토 라티니(Brunetto Latini)*의 글에서 단테가 생생하게 느꼈을 법

---

* 13세기 이탈리아의 문인.

한 것인데, 앞에서 베르길리우스의 성격을 말하는 데도 썼던 것이다. 이것은 틀림없이 카발칸테("그 사람"(costui))와의 대조를 돋보이게 하려는 것이다. 파리나타의 부동성을 표현하는, 같은 구조의 세 독립구("얼굴도 변하지 않고, 목도 돌리지 않고, 그 허리도 굽히지 않고"(non mutò aspetto, nè mosse collo, ne piegò sua costa))는 파리나타의 모습만을 그리려는 것보다는 그의 몸가짐을 카발칸테의 몸가짐에 대조시키려는 것이다. 청자가 카발칸테의 성급하고, 균형 없고 애송(哀訟)하는 식의 질문을 기억할 때, 이 대조는 균형 있는 문장의 구성 그것에서 이미 소리로서 나타나는 것이다.(58~60행, 67~69행의 질문의 표현은 『아이네이스』 3권 310행의 안드로마케가 등장하는 부분, 즉 여자의 탄식 후에 등장하는 장면을 모형으로 삼은 것으로 보인다.)

여기에서 여러 일들이 갑작스럽게 바뀌어 일어나기는 하나, 그 어법을 병렬적 스타일의 구성이라고 할 수는 없다. 살아 있는 움직임이 간단없이 전 구절에 일관되어 있는 것이다. 단테는 그 이전의 유럽의 지방어가 가지고 있던 것과는 비교할 수 없는 풍부한 스타일의 자료를 활용할 수 있었다. 그리고 그는 이 자료들을 따로따로가 아니라 밀접히 연결시켜 사용하였다. 31행에서 33행까지의 베르길리우스의 고무하는 말은 접속사를 통한 형식상의 연결이 없는, 주문장들로만 이루어져 있다. 즉 짧은 명령문, 짧은 의문문, 또 목적어와 관계문의 설명절을 포함하는 명령문, 그리고 그에 따른 행동을 권유하는 부사구의 수식어가 있는 미래 시제의 문장으로 이루어져 있는 것이다. 그러나 빠른 속도의 진행, 개개 부분의 간결한 포착, 그것들의 상호 견제와 균형 — '뒤돌아보오, 왜 그러오? 운운'의 이러한 특성들은 구어의 생생한 율동을 잘 드러내 준다. 그뿐만 아니라 거기에는 가장 미묘한 종류의 분절 구성이 있다. 흔히 보는 인과관계의 접속어 'però'(하므로), 시간이거나 원인과 결과 어느 쪽인지 분명치 않은 관계를 나타내는 'onde'(그러자), 가설적 인과와 어떤 옛날의 주석자들의 의견으로는 긍정적 겸양을 나타내는 'fcorse che'(아마 …… 까닭에) 등의 사용을 우리는 여기에서 볼 수 있다. 또 동사 형태의 삽입과 어순의 변화에 있어서의 최대의 유연성이 뒷받침되어, 시간, 비교, 가설의 느낌을 갖가지로 나타내는 말들이 변화무쌍하게 연결되어 있다. 예를 들어, 카발칸테가 나타나는 장면에서, 우리는 그의 첫 번째 말이 끝나는 대목까지(60행) 세 개의 3행 연(聯)에 하나의 흐름이 관류하고 있음을 보거니와, 이런 곳에서 우리는 단테의 문맥상의 통제가 얼마나 자연스러운가를 볼 수 있는 것이다. 여기의 구문의 통일성은 세 개의 동사, surse(일어났다), guardò(둘러보았다), disse(말했다)에 달려 있다. 첫 번째 동사에 주어와 부사 한정구와 설명적인 삽입절, "'무릎을 꿇고 몸을 일으킨'(credo che) 듯 여겨졌다."가 받쳐져 있다. 두번째 동사는 '……듯' 하는 구절이 있는 두 번째 3행 연의 두 번째 행까지를 떠받치고, 또 이 연의 세 번째 줄은 disse(말했다)와 카발칸테의 첫 번째 말을 향하여 나아간다. 그리고 이 카발칸테의 첫 번째 말에서, 강력하게 시작하여 약화되었다가 제57행부터 다시 격앙되는 움직임이 클라이맥스에 이르는 것이다.

  중세에 지방어로 쓴 저작들을 잘 알지 못하는 독자는 이러한 분석을 보고 오늘날 약간의 재능이라도 있는 저작자뿐만 아니라 약간의 언어적 훈련을 받은 서간문 필자라도 어려움 없이 사용하는 문장 구조를 끌어내어, 구태여 특출한 것으로서 추켜세우는 것에 의아한 마음을 가질지 모른다. 그러나 단테 이전의 저술가로부터 출발하여 본다면, 단테의 언어는 거의 불가해한 기적이 되는 것이다. 그들 중에는 대시인도 있었건만, 이들에 비교해 볼 때 단테의 언어는 비교도 할 수 없는 풍부성, 실감, 힘, 유연성을 가지고 있다. 그는 비교할 수 없이 많은 어형을 사용하고, 다양하기 짝이 없는 사상과 내용을 비교할 수 없이 확실한 힘으로 파악한다. 그리하여 우리는 이 사람이야말로 그의 언어를 통하여 세계를 새로 발견했다는 생각을 갖지 않을 수 없게 되는 것이다. 어디에서 이런저런 표현 형식이 나왔는가 하는 것은 증명되거나 추정될 수 있다. 그 출처는 많다. 단테는 이것들을 듣고, 적절하고 독창적으로 전용한다. 그러나 그러한 증명이나 추정은 그의 언어 능력의 천재성에 대한 경탄을 높일 뿐이다. 우리가 인용한 『신곡』의 어떤 부분을 보아도 마찬가지다. 거기에서 우리는 그 당시까지 지방 언어의 문학에서는 상상도 할 수 없었던, 놀라움을 발견한다. 가령 "여기 옴은 내 힘에 인함이 아니라"(Da me stesso non vegno)와 같은, 별 중요성이 없는 문장을 보라. 그러한 생각의 그렇게 간결하고 완벽한 파악과 그렇게 예리한 사고의 조직을, 또 옛날의 지방 언어의 저술가들의 시에서, 'da'(인하여)를 생각이나 할 수 있는가? 단테는 'da'를 다른 곳에서도 이런 뜻으로 사용한다.(「연옥」 1가 52행 "내 스스로로 인하여 옴이 아니라"(da me non venni), 또 「연옥」 19가 143행 "본성으로 인하여 착한"(buona da sè), 「천국」 2가 58행 "그러나 그대 스스로로 인하여 생각하는 것을 말하라."(ma dimmi quel che tu da te no peni)) '스스로의 힘으로', '자발적 동기에서', '스스로'의 뜻은 '……으로부터'라는 뜻으로부터 발달했을 것으로 보인다. 귀도 카발칸티는 「사랑은 나에게 바라기를(Donna mi prega)」이라는 노래에서, "사랑은 덕이 아니라 기질에서 온다."((Amore) non è rertute ma de quella vene)라고 쓰고 있다. 물론 단테가 새로운 의미를 창조했다고 주장할 수는 없다. 옛 문헌에 이러한 용법이 전혀 발견되지 않는다고 하더라도 그것은 단순히 그러한 증거가 상실되어 버린 것이라고 할 수 있고, 또 그 비슷한 용법이 단테 이전에 쓰인 일이 없다고 하더라도, 그것이 일상 구어 속에는 살아 있었을 수도 있는 것이다. 아마 후자의 가능성이 클 것이다. 그렇다는 것은 학문적 토양에서는 '……로써'(per)가 더 자연스러웠을 것이기 때문이다. 어쨌든 확실한 것은 이 짧은 표현을 스스로 만들어 냈든, 다른 데에서 취했든, 그가 그것에 그때까지는 생각도 할 수 없던 힘과 깊이를 부여하였다는 사실이다. 지금 우리가 분석하는 구절에서는, 이중의 대조 구조, "높은 천재로 하여"(per altezza a'ingegno)와 "저기 기다리는 이"(colui ch'a ttende là), (둘 다 정면으로 이름을 말하는 것을 피하고 둘러말하는 수사법으로서 하나는 위의(威儀)를, 다른 하나는 존경을 나타내는 것인데) 이 두 개의 대조로 하여 이러한 점이 더욱 두드러지는 것이 된다.

'Da me stesso'는 구어에서 나왔기가 쉽다. 다른 곳에서도 단테가 구어적 용법을 전혀 기피하지 않았다는 증거들이 보인다. "뒤돌아보오, 왜 그러오?" 베르길리우스의 입에서, 특히 파리나타의 화려하게 구문된 돈호에 잇따라 나오는 마치 일상적 대화의 한순간을 나타내는 듯한 이러한 말은 양식화되지 않은 자연 언어의 강한 효과를 갖는다. "그대의 선조가 누구시오?"(chi fur li maggior tui?) 하는 아무런 장식도 없는 직설적인 물음이나, 카발칸테의 "무슨 말씀인가? 않았다니? 운운"(come dicesti? egli ebbe? etc.)의 경우도 마찬가지이다. 이 10가를 더 읽게 되면, 베르길리우스가, "왜 그대는 그와 같이 어리둥절한가?"(perche sei tu si smarrito,)(125행) 하고 묻는 부분에 이르게 된다. 이러한 부분들은 그 맥락에서 떼어만 낸다면, 낮은 스타일의 차원에서의 일상적 회화의 일부로서 생각될 수 있는 것들이다. 여기에 나란히 우리는 가장 격조 높은 표현, 언어의 면에서 고대적 의미의 숭고미를 나타내는 표현들을 발견한다. 대체로 『신곡』의 스타일상의 의도가 숭고미를 겨냥하고 있음은 의심할 여지가 없다. 단테의 직접적인 선언은 없다 하여도 이것은 시의 모든 행에서, 구어적인 시행에서까지도 느낄 수 있는 것이다. 단테의 어조의 중후한 격(graritas)은 일관하여 간단없이 유지되어 있다. 그리하여 읽어 나가면서 우리가 어떤 높이의 스타일 수준에 서 있는가에 대하여 잠시도 의심을 가질 수 없는 것이다. 또 의심할 수 없는 것은 그에게 모델을 제공해 준 것이 고대의 시인들이라는 사실이다. 이 점에서 그는 효시가 된다. 『신곡』과 『지방언어론(De vulgari eloguentia)』의 여러 곳에서, 그는 지방어의 높은 스타일이 얼마나 많이 고대의 시인들에 힘입고 있는가를 말하고 있다. 이것은 이 책에 인용한 부분에서도 비치고 있는 것이라고 할 수 있다. 논란이 많은 시행인 "……귀도는, 아마 그를 존경치 않았던 까닭이라."라는 행은, 대부분의 옛 주석자들은 심미적 의미로만 취해 왔지만, 여러 가지 뜻 가운데 이러한 언어관을 내포하고 있는 것으로 볼 수 있는 것이다. 그러나 이와 함께 단테의 숭고미의 개념이, 언어 표현에서나 소재에 있어서 고대의 귀감과는 다른 것이었다는 것을 부정할 수 없다. 『신곡』이 보여 주는 소재와 사상들은 고대의 관점에서는 기괴하달 수밖에 없는 방식으로 높은 것과 낮은 것을 뒤섞어 놓고 있다. 그의 등장인물에는 조금 앞 시대나 당대의 역사에서 나온, 그리하여 흔히 인구에 회자되지 않는 자의적 인물들이 있다.(「천국」 17가 136~138행 같은 것은 예외가 되겠지만) 이들은 흔히 낮은 현실의 일상 세계에서의 모습 그대로 가차 없이 묘사된다. 독자들이 알고 있듯이 단테는 일상적이고 기괴하고 불쾌한 것을 직접적으로 자세하게 묘사함에 어떤 한계를 두지 아니한다. 고대적 의미에서 숭고한 것으로 간주될 수 없었던 것이, 단테의 손에 의하여 숭고한 것이 된다. 단테에 있어서의 스타일의 혼합은 이미 주목을 받은 바 있다. 가령 「천국」의 가장 장엄한 부분에서의 "아무데나 가려우면 가려운 대로 긁으라지."(17가 129행)를 생각해 보면, 우리는 단테와 베르길리우스의 거리를 알 수가 있다. 많은 중요한 비평가들과 고전주의 취향의 시대 전부가 이와 같은 숭고함에 있어서의 지나친 현실적 근접성을, 단테의 "불쾌하고, 때로는 혐오감을 주는 위대성"(이것은 괴테의 「편년 일기(Annalen)」의 1821년 초에 나오는 표현이다.)을 당혹스럽게 생각했다. 이것은 이해할 만한 일이다. 다른 어디에서도, 이 두 개의 전통, 고대적 스타일의 분리와 기독교적 스타일 혼합의 전통의 대치가 단테의 강한 성품에서처럼 — 고대적인 것을 추구하면서 동시에 다른 것을 포기하기를 원치 않았던 까닭에 두 가지를 다 새삼스럽게 의식하게 된 단테의 강한 성품에서처럼 뚜렷해지는 사례를 찾아볼 수 없다. 그리하여 다른 어떤 곳에서도 스타일 혼합이 단테에 있어서처럼 스타일 파괴에 가까워지는 예를 찾아볼 수 없다. 고대 후기의 교양인들은 성경에서 스타일의 파괴를 보았거니와, 후기의 인문주의자들은 그들의 최대의 선구자의 작품에 대하여 같은 반응을 보였다. 단테는 처음으로 고대의 시인들을 그 시적 기술을 위하여 읽고 그 어조를 흡수하고, '숭고한 지방어 스타일'(Volgare illustre)에 대한 생각, 지방어로 쓴 위대한 시의 이념을 배태하고 그것을 작품으로 실현했다. 바로 단테가 이러한 일을 해냈기 때문에, 후속 작가들은 그렇게 느꼈던 것이다. 스타일을 혼합하고 있는 중세의 시들, 가령 기독교 극의 경우, 스타일의 혼합은 그러한 작품들이 유치하고 순진한 것이기 때문에 허용될 수 있는 것이었다. 거기에는 높은 가치가 있다는 주장이 일어나지를 아니하였고, 그 민중적 목표와 성격이 그것을 정당화해 주거나 아니면 적어도 용서해 주는 것이었다. 그것은 주목되고 진지하게 판단을 받을 만한 범위에 들어오는 것이 아니었다. 그러나 단테의 경우, 순진성이나 가치 주장의 결여를 말할 수는 없었다. 모든 단테의 언표, 베르길리우스의 선례에 대한 호소, 시신(詩神), 아폴론, 신을 향한 기구, 시의 여러 곳에서 비추어 나오는 긴장되고 극적인 자신의 작품에 대한 관계, 이 모든 것보다도 더 분명하게 작품의 구구절절에 느껴지는 격조 — 이러한 것들이 가장 높은 평가 기준을 이 작품이 요구하고 있음을 나타낸다. 『신곡』이라는 엄청난 현상이 나중의 인문주의자들과 인문주의적 교육을 받은 사람들을 불편하게 한 것은 하등 놀랄 일이 못 된다.

    단테의 이론적 발언에도 그 자신 『신곡』(*La Divina Commedia*, 신의 희극)의 스타일상의 범주에 대하여 그가 마음을 정하지 못하고 있음이 드러난다. 『지방언어론』에서 — 여기에서 그는 서정시(canzone)만을 다루고 있어서 『신곡』은 그의 생각에 전혀 영향을 미치고 있지 않지만, 하여튼 이 소론에서 그는 나중에 『신곡』에서 실제 충족시키는 것과는 전혀 다른 요구를 높고 비극적인 스타일에 대하여 내놓고 있다. 그는 대상과 주제의 선정에 있어서는 훨씬 좁게, 형식이나 언어의 선정에 있어서는, 좀 더 순수하게 또 스타일의 분리를 염두에 두고 문제들을 생각한다. 그는 그때 철저하게 기교적이며 선택된 전문 기호가를 목표로 한 후기 프로방스의 시와 이탈리아의 '신체시'(stil nuovo)의 영향 아래 있었고, 여기에다 중세의 수사 이론가들이 명맥을 유지시켜 온 고대의 스타일의 분리(Stiltrennung)의 이론을 연결시켰다. 단테는 이런 견해를 내내 떨쳐 버리지 못하였다. 그랬더라면 그의 시를 정녕코 '높은 비극'(alta tragedia)으로서의 베르길리우스의 『아이네이스(*Aeneis*)』에 대조시키는 뜻에서, 희극(Commedia)이라고 부르지 아니하였을 것이다.(「지옥」, 20가, 113행) 그래서 그는 이 위대한 시에 높은 비극의 스타일의 값을 요구하는 것이 아닌 것으로 보인다. 그가 칸그란데(Cangrande)에게 보내는 편지의 10문단에서 이 시에 희극이라는 명칭을 부여한 이유를 설명하는 부분은 이 점에 관련하여 생각해 보아야 한다. 그는 말하기를, 우선 비극과 희극은 사건의 추이에 의하여 — 비극에 있어서는 조용하고 높은 시작에서 가공할 끝으로 진행하는 사건의 경과에 의하여 구분된다고 한다. 그리고 지금 우리에게는 이것이 더 중요한 것인데, 그것은 스타일, '말하는 방법'(modus loquendi)에 의하여 구분된다. 그리하여 '비극은 고양되고 숭고하고, 희극은 참으로 느슨하고 낮다.' 이러한 까닭으로 하여 그의 시는 한편으로는 나쁜 시작과 좋은 결말로 하여, 다른 한편으로는 말하는 방법으로 하여 — '여자들까지도 그것으로 말을 주고받는 속된 말(locutio vulgaris)이기에 느슨하고 낮은(remissus et humilis) 말씨가 되어' 희극이라고 불리어 마땅한 것이다. 얼핏 보아, 이것은 이탈리아어를 사용하는 일을 두고 하는 말로 생각할 수 있다. 그런 경우, 희극은 라틴어가 아니라 이탈리아어로 쓰였기 때문에, 그 스타일이 낮은 것으로 간주된다고 할 것이다. 그러나 『지방언어론』 이후 지방어의 고귀함을 변호하고 그의 서정시를 통해서 지방어의 높은 스타일의 비조가 되었으며, 칸그란데에 보내는 서한을 쓸 무렵에 『신곡』을 완성했던 단테가 그러한 말을 했다고 믿을 수는 없는 일이다. 그렇기 때문에 현대의 여러 연구가들은 locutio를 '말'이란 뜻이 아니라 '표현 방식'이란 뜻으로 이해하고 그의 작품의 표현 방식인 격조 높은 이탈리아어, 자신 말로 "정치와 법과 궁정에서 쓸 수 있는 높고 빛나는 말"(vulgare illustre, cardinale, aulicum et curiale)(『지방언어론』 1장 17절)이 아니라 아무렇게나 하는 여느 민중 언어의 그것이라고 하는 것이 단테의 진의라는 것이다. 어쨌든 단테는 자신의 작품이 높은 비극적 스타일을 사용하고 있다고 주장하지 않는다. 그것은 아무리 높이 보아야 중간 높이의 스타일로 쓰여 있다. 단테 자신은 이 정도도 분명히 말하고 있지 않다. 그는 단지 호라티우스의 『시학(ars poetica)』에서, 희극도 때로는 비극적 음조를 사용할 수 있고 또 비극도 그 반대를 사용할 수 있다고 한 것을 인용하고 있을 뿐이다. 대체로 그는 그의 작품을 낮은 스타일의 작품이라고 말하였다. 다만 이렇게 말하기 전에 그는 작품의 의미의 다양성을 말한 바 있고,(이것은 낮은 스타일의 작품에는 맞지 않는 속성이다.) 편지와 더불어 그가 칸그란데에 헌정한 부분인 「천국」을 '숭고한 노래'(cantica sublimis)라고 하고 그 소재를 '경이로운 것'(admirabilic)이라고 특징지었던 사실들이 여기에 안 맞을 뿐이다. 이러한 불확실성은 『신곡』 자체에서도 드러나는 것이다. 여기에서는 대체로 소재나 형식으로 보아 그것이 최고의 시적인 평가를 요구할 수 있는 것이라는 의식이 두드러진다. 시 속에서 그는 그의 작품을 희극이라 부른다. 그러나 우리는 이미 『신곡』의 스타일의 특성과 높이에 대하여 단테가 어떤 생각을 가지고 있었는가를 잘 나타내 주는 부분들을 지적하였다. 그는 베르길리우스를 그의 길잡이로 삼고, 아폴론과 시신의 가호를 기원한다. 그러나 단테는 자신의 시를 고대적인 의미에서 숭고하다고 특징짓는 것을 회피한다. 그 고유한 숭고성을 나타내기 위해서 그는 특별한 말을 만들어 낸다. 그것은 "하늘과 땅이 손을 댄, 성스러운 시"(il poema sacro, al quale ha posto mano e cielo e terra)(「천국」 25가, 2~3행)라는 이름이다. 이러한 표현 공식을 발견하고 『신곡』을 완성한 다음에 단테가 위에서 말한 칸그란데에 보내는 편지에서 그 본질을 새삼스러운 현학 취미를 가지고 따져 말했다는 것은 믿기 어려운 일이다.(칸그란데의 편지의 진품성을 의심하는 사람도 많다.) 다만 비록 현학적 체계화로 불투명해지기는 했지만 고대의 전통에 대한 존경과, 우리가 보기에는 우스꽝스러운, 이론 취미가 너무나 강한 것이었기 때문에, 그러한 것이 가능했을 수도 있을 것이라는 것을 부정할 수는 없다. 동시대의 또는 그에 후속하는 평자들도 스타일의 문제에 대하여 똑같이 현학적 토의를 벌였다. 물론 얼마간의 예외가 있기는 하다. 보카치오가 그 하나이지만, 그의 활발하고 순수한 인문주의적 고대 인식의 증좌를 보여 주고 있는 『신곡』론은 이러한 문제를 정면으로 다루고 있지 않기 때문에 별로 만족할 만한 것이 되지 못한다. 또 하나의 예외는 극히 벤베누토 다 이몰라(Benvenuto da Imola)의 생생한 『신곡』인데, 그는 고전적인 스타일의 삼분(높은 비극의 스타일, 중간 높이의 논쟁적·풍자적 스타일, 낮은 희극의 스타일)을 설명한 다음 아래와 같이 논의를 계속한다.

　이미 말한 바와 같이 이 책에는 각종의 철학이 들어 있거니와 그에 비슷하게 각종의 시도 들어 있다는 점을 간과해서는 아니 된다. 그러니까, 조심스럽게 이 작품을 검토하는 사람은 여기에 비극과 풍자와 희극이 있음을 안다. 우선 비극이 있다 함은 그것이 전편을 통하여 법황, 왕공, 귀족, 기타 유력자와 장상(將相)의 행적을 기술하기 때문이다. 풍자이기도 한 것이 이 책은 어느 누구의 존엄도 힘도 귀함도 고려함이 없이 온갖 패덕을 힐난하고 있기 때문이다. 따라서 그것은 비극이나 희극이라기보다는 풍자라 함이 마땅하다. 그러나 희극이라고도 할 수 있는 것이, 이시도루스(Isidorus)에 따르면 희극은 슬픈 일로 시작하여 기쁜 일로 끝나는 것인데, 이 책은 슬픈 소재, 즉 지옥에서 시작하여 기쁜 소재, 즉 천국 또는 신으로 끝나기 때문이다. 허나 독자는, 저자가 이미 그것을 희극이라고 부른 바 있거늘 어찌하여 다른 이름을 붙이려고 하는가 물을지도 모른다. 저자가 그것을 희극이라고 부른 것은 낮은 지방어 스타일 때문에 그러한 것이다. 사실상 『신곡』은 스타일에 있어서 낮다고 해야 할 것이나 그 종류에 있어서는 숭고하고 높은 것이라고 해야 할 것이다.(*Benvenuti de Rambaldis de Imola Comentum Super D. A. Comoediam* …… *Curante Jacobo Philippo Lacatia*. Tomus Primus, Florentiae, 1887, 19쪽)

벤베누토의 기질은 교훈주의적 이론을 헤치고 그 가운데로 일직선의 길을 낸다. 그는 이 책이 모든 지혜와 함께 모든 종류의 시를 포용하고 있다고 한다. 이 책의 저자가 그것을 희극이라고 한 것은 그 문체가 낮고 민중 언어적이기 때문이다. 그렇긴 하나, 그것은 특유한 방식으로 숭고미의 시에 속한다는 것이다.

『신곡』의 소재의 다양성은 이미 희극에 있어서의 높은 스타일의 문제를 전혀 새로운 방식으로 제기한다. 프로방스의 시인들과 '신체시'의 시인들에게는 지고한 사랑만이 유일하게 중요한 테마였다. 단테는『지방언어론』에서 세 가지 테마(무공(salus), 사랑(Venus), 덕(virtus))를 들어 이야기하였다. 그러나 두 개의 테마는 대부분의 서정시(canzoni)에서 사랑의 테마에 종속되었거나 사랑의 알레고리의 의상을 입고 있었다.『신곡』에서도 이 틀은 베아트리체의 존재와 기능을 통해서 유지되어 있다. 그러나 이 틀은 굉장히 넓은 범위를 포괄하게 된다. 달리 이야기할 수도 있겠으나『신곡』은 무엇보다도 백과사전적인 교훈시로서, 물리적, 우주론적, 윤리적, 역사적, 정치적 세계 질서를 묘사한다. 나아가 그것은 생각될 수 있는 모든 현실의 구역을 다 나타내고 있는, 현실 묘사의 예술 작품이다. 과거와 현재, 숭고한 장대성과 낮은 통속성, 역사와 전설, 비극과 희극, 인간과 지리가 두루 나타나는 것이다. 최종적으로『신곡』은 개체적 인간의, 즉 단테 자신의 발전사이며 구원의 역사이다. 그럼으로써 또 인간 일반의 구원에 대한 비유가 된다. 거기에 고대 신화의 인물들이, 흔히 악마로 탈바꿈한 모습으로 등장한다. 고대 후기와 중세에 연원을 둔 의인화된 알레고리의 인물과 상징적 동물도 등장한다. 기독교 세계에서는 천사, 성자, 복자들이 의미의 전달자로 나온다. 또 아폴론, 사탄, 그리스도, 운명의 여신, 청빈의 여신, 지옥권 바닥의 상징으로서의 메두사, 연옥의 수호자로서의 우티카의 카토가 나온다. 그러나 높은 스타일의 작품이라는 테두리에서 참으로 문제적이고 혁신적인 것은 당대적인 것 — 심미적 기준으로 선별되고 정리된 것이 아닌, 당대적 삶을 대담하게 도입한 점이다. 이것으로 하여 높은 스타일에서는 보지 못하던 직설적 표현 형식들이 쓰이게 되고, 그 직접성에 고전주의적 취미 기준이 충격을 받는 것이다. 뿐만 아니라 이 모든 리얼리즘은 하나의 사건 속에 움직이는 것이 아니다. 다양한 사건이 여러 높이의 어조 속에 연달아 나오는 것이 이 리얼리즘의 특징이다.

그럼에도 이 시에는 믿을 만한 통일성이 있다. 그것은 공통된 주제 '사후의 영혼의 상태'(status animatum post mortem)라는 주제에 기초해 있다. 이 상태는 신의 최종적 판단으로서, 이론 체계의 관점에서나 실제적 현실 또는 심미적 영상의 관점에서도 하나의 정연한 통일성을 보여 주어야 한다. 그것은 신의 세계의 질서를 현세나 현세적 사상들보다는 훨씬 더 순정하고 실제적인 형태로 묘사하여야 한다. 피안의 세계는, 그것이 비록 최후의 부분까지 완성되지는 않았다고 하더라도 적어도 현세가 노정하는 정도로 진화와 잠재성과 잠정적 성격을 보여 줄 것이 아니라 신의 구도의 완성을 보여 주어야 하는 것이다. 단테가 형상화해 낸 피안 세계의 통일된 질서는, 피안삼계와 그 구역에 배치된 영혼의 모습에 드러나는 도덕 체계로서 가장 직접적으로 이해될 수 있다. 이 체계는 대체로 아리스토텔레스, 토마스 아퀴나스의 윤리를 따르고 있다. 이 체계는 죄인들을 사악한 의지의 정도에 따라 그리고 잘못된 행위의 경중에 따라 지옥에 배치한다. 연옥의 참회자들은 그들의 나쁜 충동에 따라 배치되거니와, 그들은 이 충동을 깨끗이 씻어 내야만 한다. 천국의 복자들은 '하느님을 보는 것'에 참여한 정도에 따라 배치되어 있다. 이러한 도덕 체계에, 다른 종류의 물리적·우주적 그리고 역사적·정치적 질서 체계가 편입되어 있다. 지옥과 연옥과 천국의 위치는 도덕적 세계와 함께 물리적인 세계상을 제시한다. 도덕적 질서의 밑에 놓여 있는 영혼론은 동시에 생리학적이며 심리적인 인간학을 이룬다. 또 여러 가지 방식으로 도덕적 질서는 물리적 질서와 근원적으로 연결되어 있다. 역사적, 정치적 질서도 마찬가지다. 천상의 백장미 속에서 이루어지는 복자들의 공동체는 동시에 구원의 역사의 목표이며, 모든 역사적, 정치적 이론의 원천이며, 모든 역사적·정치적 사건이 그에 의하여 판단되는 척도이다. 이것은 전편(全篇)에 계속해서 표현되어 있고 때로는 군데군데(가령 연옥의 꼭대기, 지상 천국에서의 상징적 사건에서) 곡진하게 표현되어 있다. 그리하여 도덕적, 물리적, 역사·정치적 세 질서의 체계는 어느 때에나 현존적이며 명백한 것으로서 하나의 심상을 형성하며 나타난다.

피안적 질서의 통일성이 어떻게 높은 스타일의 통일성으로 작용하는가를 구체적으로 이해하기 위하여 우리의 인용 부분으로 돌아가 보자. 파리나타와 카발칸테의 현세적 삶은 종결되었다. 그들의 운명의 전환은 끝이 났다. 이제 그들은 최종적이며 변화 없는 상태에 들어와 있다. 다만 하나의 변화, 즉 마지막 심판의 부활에 즈음하여 육신을 되찾는 일만이 일어날 수 있는 한 가지 변화이다. 그리하여 여기에 등장하는 모습에서는, 그들은 육체를 떠난 영혼이다. 다만 단테는 이들에게 육체의 그림자를 주어 그들로 하여금 알아볼 수도 있고, 말을 할 수도 있고 괴로워할 수도 있게 한다.(「연옥」 3가 31행 이하 참조) 현세의 삶에 대하여 그들은 추억의 관계만을 가지고 있다. 단테가 여기의 칸토(10가)에서 밝히고 있듯이, 그들은 지상의 척도로는 예외적으로 풍부한 과거와 미래에 대한 지식을 가지고 있다. 그들은 천리안을 가진 듯, 얼마 전에 일어났거나 미래에 일어날 지상의 일들을 분명하게 볼 수 있고 미래의 일을 예언할 수 있다. 그러나 그들은 현세의 현재는 보지 못한다. 이것이 자기의 아들이 아직 살아 있는가를 묻는 카발칸테의 물음에 단테가 당황하는 이유이다. 카발칸테의 무지가 그를 놀라게 하는 것이다. 이미 앞에서 다른 영혼들이 미래를 예언한 바 있으므로 특히 그러한 것이다. 그들은, 그것이 이미 끝나 버린 것임에도 불구하고 그들 자신의 삶을 기억을 통하여 완전히 장악하고 있다. 그들의 처지가 실제적으로나(그들은 불타는 관 속에 누워 있다.) 또는 시공간적 변화가 정지되었음으로 하여, 원칙적으로 어떠한 지상의 처지하고도 그들의 처지는 다른 것이나, 그들은 죽은 자들처럼 행동하는 것이 아니라 살아 있는 것처럼 행동하였다. 여기에서 우리는 단테의 리얼리즘이라고 부르는 것의 경이, 아니 역설에 부딪친다. 현실의 모사는 현세적 삶의 감각적 체험을 모사하는 것이며, 현세의 삶의 가장 두드러진 특징은 그 역사성과 변화 그리고 진화라고 할 수 있다. 현실적 시인에게 아무리 형상화의 자유를 허용한다고 하더라도 현실의 본질을 이루는 이러한 특성을 없애 버릴 수는 없는 것이다. 단테의 삼계(三界)의 주민들은 "변화 없는 현존" 속에 있다. (이것은 일찍이 헤겔이 『미학』에서 단테에 관하여 쓴 글 가운데 가장 아름다운 글에서 사용한 바 있는 말이다.) 그러나 단테는 "인간 행위와 고뇌의 생생한 세계, 특히 개인적 행위와 운명의 세계를 이 변화 없는 현존 속에 투입하는 것이다." 우리의 인용 구절을 두고 이것이 어떻게 가능한가를 물어보자. 두 관의 거주자의 현존과 그 현존의 장소는 최종적이며 영원하다. 그러나 그것이 역사가 없는 것은 아니다. 아이네이스와 바울 그리고 그리스도가 지옥에 간 일이 있다. 베르길리우스와 단테도 지옥에 간다. 거기에는 풍경이 있고 풍경 속에 지옥의 혼령들이 움직인다. 일과 사건 그리고 변화까지도 우리의 눈앞에 벌어진다. 벌 받은 영혼들은 그림자의 육체를 가지고 영원한 장소에 출현하며, 언어와 자유를 가지고 또 어느 정도는 움직임의 자유도 갖는다. 그리하여 변화 없음 가운데 어느 정도의 자유를 누린다. 우리는 현세를 떠나 영원한 장소에 있다. 그러나 여기에서 우리는 구체적 현상과 구체적 사건을 보게 된다. 이것은 지상에서 나타나고 일어나는 일과는 다른 일이다. 그러면서도 이것은 지상의 일과 필연적이며 결정적 관계 속에 있는 것으로 보인다. 파리나타와 카발칸테의 출현의 현실성은 그들의 처지와 그들의 말에서 감지된다. 불타는 관의 거주자로서의 그들의 처지에, 그들과 같은 죄인들의 범주, 이단자와 믿음 없는 자들에게 내린 하느님의 심판이 표현되어 있다. 그러나 자신들의 말에는 그들의 개인적인 특성이 분명하게 나타난다. 이것은 파리나타와 카발칸테의 경우에 특히 뚜렷하다. 죄인으로서 그들은 같은 범주에 속하지만 그리고 같은 장소에 배치되어 있지만 전생에 있어서 상이한 성품과 상이한 운명, 또 상이한 성향을 가졌던 개체로서 극단적으로 대조적인 인물로서 묘사되어 있는 것이다. 그들의 영원하고 변함없는 운명은 동일하다. 그러나 동일하다는 것은 단순히 객관적인 뜻에서 그들이 같은 종류의 형벌을 받아야 한다는 의미에서 그렇다는 것이다. 그러나 그들은 그들의 운명을 전혀 다르게 받아들인다. 파리나타는 그의 처지에 전혀 개의치 않는다. 카발칸테는 어두운 감옥에서 밝은 빛을 그리워하며 운다. 둘은 완전한 모습으로 그 몸짓과 말을 통하여 각자에게 고유한 성격, 그들이 현세에서 가졌던바 이외의 다른 것일 수 없는 뚜렷하게 개체적인 성격을 드러내어 보여 준다. 그보다도 삶은 끝나고 그럼으로 하여 그 이상 발전할 것도 변할 것도 없으나, 그들의 삶을 움직였던 정열과 성향은 행동으로 해소될 가능성이 없는 채 그대로 지속된다. 그런 까닭으로 하여, 말하자면 굉장한 압축이 일어난다. 영원 속에 확대되고 고정된, 변함없는 개체적 특성의 강한 모습이 지상의 생애에서는 있을 수 없었을 순수성과 조소성을 가지고 드러난다. 이것이 또한 신이 그들에게 내린 형벌이라는 것은 의심의 여지가 없다. 신은 영혼들을 범주별로 분류하여 그것에 맞추어 그들을 삼계의 적절한 곳에 배치하는 데 그친 것이 아니다. 개체의 형식을 파괴하지 않았을 뿐만 아니라 그것을 영원한 심판의 결과로 고정함으로써, 신은 각각의 영혼에게 영원한 특수 상황을 부여한 것이다. 더 나아가 신은 이렇게 하여 비로소 그 개체적 형식을 완성하고 눈앞에 선명하게 보이게 한 것이다. 파리나타는 지옥의 복판에서 어느 때보다도 장대하고 강력하고 당당하다. 그는 현세의 삶에서는 그와 같이 그의 담력을 보여 줄 기회를 갖지 못했던 것이다. 그의 생각과 소망이 아직도 변함없이 피렌체와 기벨리니 당과 지나간 일의 공과에 집중되어 있다면, 차안에서의 성격의 이러한 지속 — 장대한 모습으로 또 허망한 노력의 모습으로의, 이러한 지속은 의심할 나위 없이 신이 그에게 내린 심판에 속하는 것일 것이다. 차안적 본질의 희망 없고 허망한 지속은 카발칸테에게도 나타난다. 그는 살아 있는 동안 그의 인간 정신의 고귀함에 대한 신념, 아름다운 빛에 대한 사랑, 아들 귀도에 대한 사랑을, 이러한 것들이 다 부질없는 것이 된 지금처럼 강력하게 느끼고 사무치게 표현한 일이 없었다. 또 죽은 자의 영혼들에게는 단테의 여행이 영원 가운데서 산 사람에게 이야기할 수 있는 유일하고 최종적인 기회라는 사실을 우리는 기억해야 한다. 이러한 사정이 죽은 자들로 하여금 가장 열렬한 자기 표현을 시도하게 하는 것이다. 이것은 영원한 운명의 무변화 속에 극적 역사상의 순간을 도입하는 사정인 것이다. 마지막으로 지옥의 거주자들의 특징은 기묘하게 축소되고 또 확대된 그들의 앎의 영역이다. 그들은, 땅 위와 연옥과 천국의 모든 존재가 정도가 다르게, 거기에 참여하고 있는, 신의 직관(die Anschauung Gottes)을 상실하였다. 그와 더불어 그들은 모든 희망도 상실하였다. 그들은 세간적 경과에 있어서의 과거와 미래를 안다. 이와 더불어 하느님의 공동체 속으로 합류되지 않고 그대로 잔존하는 개인적 존재 형식의 허망함을 안다. 그리고 그들은 그들에게는 차단되어 있는 지상의 일들의 현상에 뜨거운 관심을 가지고 있다.(이 점에 있어서 강한 인상을 남기는 것은, 카발칸테와 그외의 다른 사람들과 더불어 27가의 귀도 몬테펠트로의 모습이다. 그는 머리 끝으로 솟구쳐 나오는 불꽃 사이로 어렵게 말을 하면서 추억과 비탄에 찬 넋두리를 통하여 베르길리우스에게 걸음을 멈추고 말해 줄 것을 간청하는데, 그의 말은 28행의 "말해 주오, 로마에 평화가 있는가 전쟁이 있는가!"(dimmi se i Romagnuoli han pace o guerra!)에서 클라이맥스에 이른다.)

이와 같이 단테는 그의 역사성을 피안에까지 가지고 간다. 그의 죽은 자들은 현세의 현재성과 변화로부터 차단되어 있지만, 추억과 뜨거운 참여는 그들을 너무나 강하게 충동하여 피안의 세계는 그것으로 가득 찬다. 연옥과 천국에서는 이것이 그처럼 강하지는 않다. 거기에서는 눈길이 지옥에 있어서처럼 뒤를 돌아보며 현세를 향해 있는 것이 아니라 앞과 위로 향해 있는 것이다. 그리하여 높이 올라가면 갈수록 더욱 분명하게 그는 현세적 생존을 신을 향하는 종착점과 더불어 보게 된다. 그러나 어디까지나 지상의 삶은 살아지지 아니한다. 그것은 신의 심판과 영원한 영혼의 상태의 기초가 된다. 이 영혼의 상태는 참회자나 복자의 특정한 집단에 배치되는 것을 뜻하는 것이 아니라, 전생의 지상적 삶의 본질과 하느님의 구도 가운데 그것이 차지하는 일정한 자리를 의식 속에 새기는 일을 말한다. 마지막으로 주어진 자리에서 전생의 지상적 삶의 성격을 완전히 연출하는 것이야말로 하느님의 심판을 이루는 것이다. 대체로 어디에서나 죽은 자의 영혼은 자신의 특수한 성격을 드러낼 자유를 가지고 있다. 물론 많은 경우 이것은 어려움에 부딪친다. 그렇다는 것은 흔히 그들이 받는 벌이나 그들의 참회 또는 그들의 지복한 상태의 눈부신 빛이 현시와 표현을 어렵게 만들기 때문이다. 그러나 이 자기 표현은 장애물을 극복함으로써 더욱 강하게 발현하게 된다.

여기의 생각들은 위에서 언급한 바 있는 헤겔의 글에 나오는 것이다. 이것은 내가 15년 전에 출간한, 단테의 리얼리즘에 관한 연구의 기초가 되었다.(『현세의 시인으로서의 단테(*Dante als Dichter der irdischen Welt*)』, 1929) 그 이후 나는 어떤 사건의 구조에 대한 관점, 어떤 역사관이 단테의 영원 속의 리얼리즘의 기초가 되었는가를 물어보았다. 그렇게 함으로써 나는 단테의 높은 스타일의 기초에 대하여 좀 더 날카로운 인식을 갖게 되기를 바랐다. 왜냐하면 그의 높은 스타일은 개체적인 것, 때로는 징그럽고, 보기 싫고 그로테스크하고 일상적인 것을, 현세적 숭고함을 초월하는 하느님의 심판의 존엄 가운데 통일하는 데에 기초해 있기 때문이다. 정녕코 인간사에 대한 그의 이해는 오늘날의 세계의 통념적 이해와는 다른 것이다. 그는 사건을 현세적 발전으로, 지상의 일의 체계로 보는 것이 아니고 하느님의 일의 구도와 항상적 관계 속에 있는 것으로, 이 구도의 최종 목표에 모든 지상의 일들은 항상적으로 관계되어 있는 것으로 본다. 인간 사회가 전체적으로 움직이면서 세계의 종말에, 하느님의 왕국의 완성을 향하여 나아가고, 모든 일들이 수평적으로 미래를 지향해 나아간다는 뜻으로만 이것을 이해해서는 아니 된다. 그것은 모든 현세적 사건과 현상이 미래 지향적인 움직임과는 관계없이 하느님의 구도에 항시적이며 직접적인 연결을 가지고 있다는 뜻으로도 생각되어야 한다. 그래서 다양한 수직적 연계를 통하여 모든 현세의 현상은 곧

바로 신의 섭리의 구원의 구도에 관계되는 것이다. 그리하여 피조(被造)의 세계는 통틀어 신적인 사랑의 증식이며 폭사(輻射)이다.("우리의 주께서 사랑으로 태어나게 한 이념의 찬란한 빛에 불과하다."(non è se non splendor di quella idea che partorisce amando il nostro sire.)「천국」13가 53~54행) 그리고 이 사랑은 무시간적으로 모든 현상 속에 어느 때나 작용한다. 구원의 역사의 목표, 천상의 백장미, 감추어지지 않은 하느님의 눈길 속에서 구원된 자들의 공동체—이것은 미래의 희망에 그치는 것이 아니다. 그것은 예로부터 하느님 가운데 완성되어 있으며, 마치 아담 가운데 그리스도가 예시되었듯이 인간을 위하여 예시되어 있는 것이다. 시간이 없이 또는 어느 시간에나 천국에서는 그리스도의 승리가 일어나고 마리아의 대관식이 일어난다. 그리고 그의 사랑이 거짓된 목표를 향하고 있지 아니하는 한, 영혼은 어느 때고 그의 사랑하는 자에게로, 피로써 정혼한 그리스도에로 향한다.

『신곡』은 많은 현세적 사건들의, 신의 구원의 계획과의 관계를 자세히 펼쳐 보인다. 그 가운데는, 현대의 관찰자에게는 가장 이상한 일이지만, 정치적·역사적으로 가장 중요한 로마의 세계 제국이 있다. 단테의 생각에, 로마 제국은 신의 왕국의 구체적 현세적 예고이다. 아이네이스의 지하행은 이미 로마의 현세적, 정신적 승리가 예견된 까닭에 허용된 것이다.(「지옥」2가 13행 이하) 로마는 처음부터 세계를 지배하게끔 운명지어져 있었다. 그리스도는 때가 무르익어, 즉 세계가 아우구스투스의 통치하에 평화를 누리고 있을 때 출현한다. 카이사르의 살해자인 브루투스와 카시우스는 유다와 함께 루시퍼의 복수를 받으며 속죄한다. 세 번째 로마 황제 티베리우스는 그리스도를 대변하는 인간의 심판관으로서 원죄를 앙갚음하는 자이다. 티투스는 유대인들에게 형벌을 집행하는 자이다. 로마의 상징인 독수리는 신의 새이다. 단테는, 천국이란 "그리스도가 로마인이 되어 있는, 그러한 로마" (quella Roma onde Cristo è Romano)라고 말한다.(「천국」 6가, 「연옥」 21가 82행 이하, 「지옥」 34가 61행 이하, 「연옥」 32가 102행, 『국가론(De Monarchia)』의 여러 군데 참조) 뿐만 아니라 이 시에서 베르길리우스의 역할은 이러한 전제하에서만 이해될 수 있다. 이것은 지상적, 천상적 예루살렘의 예시적 비유적 예시(피구라(figura))를 상기케 한다. 여기의 사고는 전체적으로 예시적 비유법을 따른다. 유대교와 기독교적인, 바울과 교부들이 시종일관『구약 성서』에 적용한 해석의 방법에 따르면, 아담은 그리스도의 '비유적 예시 피구라'이고, 이브는 교회의 '피구라'이듯이, 또 대체로『구약 성서』의 모든 현상과 사건은 그리스도의 육화의 현상과 사건을 통하여 완전히 실현되는, 또는 통상적 표현을 빌려 '이루어지는' 비유적 예시로 생각되듯이, 여기에서 로마의 세계 제국은 하느님의 왕국의 천상적 실현에 대한 세간적 '비유적 예시, 피구라'로 생각되는 것이다. 이미 언급한 바 있는 필자의 '피구라' 논문에서(73쪽,『신곡』이 예시적 비유법의 관점에 기초해 있다는 것을 (적어도 내 생각으로는) 확실하게 증명해 보인 바 있다. 가장 중요한 세 등장인물, 우티카의 카토, 베르길리우스, 베아트리체를 통하여 나는, 피안 세계에 나타난 인물들은 그들의 차안 세계에서의 현신의 완성이며, 후자는 또한 피안 세계에서의 출현의 '피구라'임을 증명하려 하였다. 그리고 나는, 피구라의 구조는 그 양극을 이루는 상징적 또는 알레고리적 형식과는 달리 예시적 비유(피구라)와 그 완성 양편에 다같이 구체적 역사적 현실의 성격을 허용한다는 점을 강조하였다. 그리하여 피구라와 그 완성이 상보적으로 서로를 '의미할' 수 있으며, 또 그 의미 내용이 그 현실성을 배제하지 않는다고 말하였다. 예시적인 뜻을 가지는 사건은 사실적이고 역사적인 의미를 그대로 지닌다. 그것은 단순한 기호가 되지 아니한다. 그것은 사건으로 남아 있다. 이미 교부들, 특히 테르툴리아누스, 히에로니무스, 아우구스티누스는, 정신적·알레고리적 해석 경향에 반대하여 예시적 비유의 리얼리즘을, 즉 예시적 인물이나 일들의 역사적 현실성의 근본적 정당성을 성공적으로 옹호하였다. 사건의 역사적 성격을 공허하게 하고 거기에서 오로지 초역사적 상징과 의미만을 보는 경향은 고대 후기에서 중세까지 계속되었다. 중세의 상징주의와 알레고리주의는, 주지하다시피, 때로는 전적으로 추상적인 것인데, 『신곡』에도 그 흔적이 많이 남아 있다. 그러나 중세의 최성기에 기독교적 삶에서 압도적인 것은 예시적 비유의 리얼리즘으로서, 우리는 이것이 설교, 성가, 조형 예술, 종교극(앞 장(章)을 참고할 것)에서 찬란하게 개화한 것을 볼 수 있다. 단테의 관점을 지배하고 있는 것도 이것이다. 위에서 이미 본 바와 같이 피안은 신의 구도의 완성이다. 이에 관련시켜 볼 때 세간적 현상은 전적으로 비유적 예시이며, 잠재적이며, 완성을 필요로 하는 것이다. 이것은 죽은 자들의 개체적 영혼에도 해당된다. 피안에서 비로소 영혼은 완성을, 그들의 존재의 참다운 실재성을 획득한다. 그들의 지상에서의 일은 이 완성에 대한 예시적 비유에 불과하다. 그리고 그들은 이러한 완성에서 벌과 참회와 보상을 받는다. 지상에서의 인간 존재의 잠정성과 그것의 피안적 완성이 필요하다는 생각은, 에티엔 질송의 견해가 옳다면, 토미스트의 인간 이해에 맞아 들어가는 것이다. 질송은 이에 대하여 다음과 같이 쓰고 있다. "약간의 간격이 우리를 확실한 자기 규정에 이르지 못하게 한다. 우리 어느 누구도 인간적 본질, 또는 자기 자신의 고유한 개성의 완전한 이념을 구현하지 못한다."(『토마스주의(Le thomisme)』, 3판, 파리, 1927, 300쪽) 바로 이 '자기 자신의 고유한 개성의 완전한 이념'(la notion complète de sa propre individualit)을 단테의 피안의 영혼들은 하느님의 심판을 통하여 얻는 것이다. 이것을 예시적 비유의 관점이나 아리스토텔레스와 토마스 아퀴나스의 형식 개념대로, 실재의 현실로서 얻는 것이다. 단테의 사자들에 있어서 차안적 과거와 그 완성된 '피구라' 사이의 관계는 성격과 본질뿐만 아니라 이미 지상의 '피구라'에서 인지될 만한 의미가 완성되는 사람들의 경우에 가장 쉽게 제시될 수 있다. 가령 세간에서 정치적 자유의 수호자였다가(이것은 단지 비유적 예시였다.) 연옥의 산 아래에서 선택된 자의 영원한 자유를 수호하는 자가 된, 우티카의 카토가 그런 경우이다.(「연옥」 1가 71행 이하. "자유를 찾아가리" (libertà va cercandon), 그의 「로마 고문서(Archiv. Romano)」, 22, 478~48쪽 참조) 놀랍게도 카토와 같은 이교도가 그곳에 나타나게 된 수수께끼는 이러한 '피구라'의 해석 방법에 의하여 풀린다. 그러한 해석이 언제나 가능한 것은 아니다. 그러나 그러한 해석이 가능한 경우만으로도 우리는 피안과 차안에서의 개인에 대하여 단테가 가지고 있던 기본적인 생각을 이해할 수 있다. 사람의 성격과 기능은, 지상에서 예시되고 천상에서 이루어지게끔, 하느님의 구도에서 일정한 자리를 가지고 있는 것이다.

이미 말한 바와 같이 '피구라'와 그 완성은 둘 다 현실적, 역사적 현상과 사건의 본질을 갖는다. 물론 완성은 이것을 조금 더 높고 강렬한 정도로 가지고 있다. 그것은 '피구라'에 비하여 더 완전한 '형상'(forma perfectior)이기 때문이다. 여기에서 단테적 피안의 압도적인 실재성이 설명된다. '여기에서……설명된다'고 말한다고 하여 그러한 형상화를 이룩해 낸 시인의 천재를 무시하자는 것은 아니다. 옛날 주석가들의 방법으로, (보에티우스가 한 대로) 시의 '동인, 질료인, 형상인, 목적인'(causa efficiens, materialis, formalis)을 나누어 말한다면, "집을 짓는 데 건축가가 있는 것처럼, 이 작품의 동인은 피렌체의 단테 알리기에리, 위대한 신학자이며, 철학자이며, 시인인 단테 알리기에리이다."(피에트로 알리기에리의 말이다. 또 야코포 델로 라나도 이와 비슷한 말을 한 바 있다.) 그러나 그의 현실주의적 천재가 형상을 얻은 것은 예시적 비유의 관점으로 설명된다. 피안이 영원하나 현상적이며, 변화 없이 항시적이나 동시에 역사로 충만하다는 것을 이것이 이해하게 해 준다. 또 이것이 피안의 리얼리즘이 순수한 지상적 리얼리즘과 다른 것이라는 것을 밝힐 수 있게 해 준다. 피안의 세계에서 사람은, 인간사의, 순수하게 지상적인 모사와는 다르게, 세간적 행동이나 얼크러짐에 붙잡혀 있지 않다. 그보다는 그는 영원한 상황 속에 매여 있다. 이 상황은 그의 모든 행동의 결산이며 결과이고, 그에게 그의 생애와 본질에 있어서 무엇이 결정적이었던가를 계시해 준다. 그것을 통하여, 그의 기억은, 지옥의 주민에게는 따분하고 헛된, 그러나 대체로는 인생의 결정적 요인을 내보여 주는 정당한 길로 그들을 인도

한다. 죽은 자들은 이러한 상황 속에서, 살아 있는 단테에게 그들의 모습을 보여 준다. 모든 현세적 상황과 그것의 예술적 모사에 있어서, 특히 극적이며 진실되며, 문제적인 모사에 있어서, 밝혀지지 않은 미래에 대한 서스펜스는 빼놓을 수 없는 것인데, 그것은 여기에서 중지된다. 『신곡』에 있어서 단테만이 그러한 서스펜스를 느낀다. 많은 끝나 버린 드라마는 하나의 커다란 드라마로 모인다. 그것은 그와 인간 모두에게 관계되는 것이다. 모든 지나간 드라마는 영원한 지복을 얻느냐 잃느냐에 대한 귀감, '사례'(exempla)가 된다. 그러나 정열과 고통과 기쁨은 그대로 남고, 죽은 자의 상황과 몸짓과 말에 표현된다. 단테의 눈앞에 모든 드라마가 굉장히 집중된 형태로, 가령 피아 데 톨로메이의 경우처럼 단 몇 줄에 요약되어,(「연옥」, 5가, 130행) 다시 한번 연출된다. 흩어지고 조각난 듯하면서도 하나의 구도 속에 거두어져서 피렌체와 이탈리아와 세계의 역사가 펼쳐진다. 서스펜스와 발전, 세간사의 표적인 이러한 것들은 끝났다. 그렇긴 하나 역사의 물결은 피안에까지 밀려간다. 그것은 세간적 과거에 대한 추억으로, 세간적 현재에의 참여로, 세간적 미래에 대한 걱정으로, 그러면서 언제나 무시간적 영원 속에 지속되는 시간성 속에 있어서의 비유적 예시로서 물결치는 것이다. 죽은 자는 피안에서의 그의 처지를, 그들의 세간적 드라마의 계속되며 항시적인 최후의 막으로 경험한다.

시의 1가에서 단테는 베르길리우스에게 말한다. "나에게 명성을 가져다 준 아름다운 문체는 오로지 당신의 덕택으로 가능했다."라고. 그것은 정녕코 맞는 말이다. 이것은 초기의 작품과 서정시(canzoni)보다는 오히려 『신곡』에 맞는 말이다. 지하 여행의 주제, 개별적 모티프들의 많은 것, 많은 언어 표현법들이 베르길리우스에게서 온 것이다. 『지방언어론』으로부터의 그의 스타일관의 변화 — 그리하여 단순히 서정적, 철학적인 것에서 대서사시로, 그와 더불어 인간사 일반의 묘사에로 나아가게 된 것은, 고대의 모범, 그 중에도 특히 베르길리우스의 모범에 기초하여서만 이루어질 수 있었다. 우리가 아는 작가들 가운데, 단테는 베르길리우스의 작품에 직접 접할 수 있었던 최초의 작가였다. 중세의 이론보다는 베르길리우스를 통하여 그의 스타일 감각이 형성되고 숭고의 개념이 생겨났다. 그를 통해서 단테는 너무나 좁은 프로방스와 당대적 이탈리아 풍의 '고상한 구문'(suprema constructio)에서 벗어날 수 있었다. 그러나 베르길르우스의 모범에 따라 쓰고자 했던 높은 저작을 시작함에 있어서, 단테는 그것과는 다른 현재에 살아 있는 전통에 압도되었다. 그 결과 그의 높은 시는 스타일 혼합적이고 '피구라'적인 것이 되었다. 다시 말하여 '피구라'적 관점에서 스타일 혼합적인 것이 된 것이다. 또 그것은 희극이 되고, 스타일의 면에서, 총체적으로 기독교적인 것이 되었다. 우리의 해석 작업 중 많은 것을 이야기하고 난 지금에 와서, 소재나 표현에 심미적 제한을 두지 않고 세간사 일체를 숭고하고 예시적 비유의 창조물로서 보고 이를 혼합된 스타일을 통하여 파악하는 일이 기독교적 정신과 기독교적 기원에서 나오는 일이라는 것, 또 왜 그런 것인가를 새삼스럽게 설명할 필요는 없을 것이다. 수많은 소재와 행동을 하늘과 땅을 잇는 하나의 보편적 구조 속에 놓는, 시 전체의 통일성도 기독교적인 것이다. 이 시는 '하늘과 땅이 손을 댄 성스러운 시'인 것이다. 그리고 다른 한편으로는, 높은 스타일의 고대적 '엄숙성'(gravitas)을 느끼고 구현하고 이것을 넘어서기도 한 최초의 시인이 단테이다. 단테가 무슨 말을 하든지, 아무리 그가 속되고 그로테스크하고 징그럽고 조소에 찬 말을 하더라도, 그는 격조 높은 어조를 벗어나지 아니한다. 『신곡』의 리얼리즘은, 기독교의 연극이 그러하듯이, 소극으로 떨어지지 아니하고 또 민중놀이의 수단이 되지도 아니한다. 단테의 어조의 높이는 그 이전의 중세 서사 작품에서는 생각할 수 없는 것이다. 그것은 많은 예를 통하여 알 수 있듯이, 고대의 모범에서 배운 것이다. 단테 이전의 민중 언어의 시, 특히 기독교의 시는 스타일의 문제에 있어서 근자에 강조된 바 있는 중세 수사학의 영향에도 불구하고 대체로 지극히 순진하고 단순했다. 단테는, 비록 소재를 당대의 생생한 민중 언어에서, 때로는 가장 낮은 언어에서 취하고는 있지만, 이 순진성을 가지고 있지 않다. 그는 모든 표현을 어조의 장중성에 굴복시킨다. 신의 세계 질서를 노래할 때, 그는 거대한 생각의 덩어리와 사건의 연쇄를 다스릴 수 있는 복합문과 기타 문장 연결의 도구를 이 작업에 봉사하게 한다. 고대 이래, 시에 이러한 것은 존재하지 않았다.(「지옥」 2가, 13~36행. 이와 같은 한 예로 많은 예를 대신할 수 있을 것이다.) 그 자신이 말하는 대로 또 숭고미의 영역에서도 그리스도교적 스타일이 그래야 하듯이, 단테의 스타일은 '느슨하고 낮은 언어'(sermo remissus et humilis)인가? 여기에 대한 대답은 아마 그렇다는 것일 수 있을 것이다. 교부들 자신, 아우구스티누스까지도 의식적인 수사 기술을 멸시하지 아니하였다. 중요한 것은 예술적 수단이 어떠한 일, 어떠한 태도에 봉사하느냐 하는 것이었다.

우리의 인용 부분에는 두 죄인이 등장하는데, 이들은 높은 스타일로 도입된다. 그리고 피안의 장소에서도 그들의 세간적 성격은 완전한 현실성을 가지고 유지되어 있다. 파리나타는 예나 마찬가지로 장대하고 오만하다. 그리고 카발칸테는 세상의 광명과 그의 아들 귀도를 조금도 덜 사랑하는 것이 아니다. 아니, 그의 절망으로 하여 지상에 있을 때보다 더 뜨겁게 사랑한다. 이것은 하나님이 뜻하신 바이다. 또 이것은 기독교 전통의 예시적 비유의 리얼리즘 속에서 일어나는 일이다. 다만 이 리얼리즘이 이전에 이 정도까지 추구된 바가 없다. 일찍이 이만큼의 기교와 표현 능력이 사용되어, 고대에 있어서까지도 이만큼 사용되어, 인간 생존의 세간적 형상을 거의 고통스러울 정도로 강한 모습으로 부각시킨 일이 없다. 바로 전인간의 불파괴성이라는 기독교적 관념이 이를 가능하게 한다. 이것을 그와 같이 강하게 또 현실감 있게 수행해 냄으로써, 그는 모든 현세적 존재의 자율성에 대한 갈망에 길을 터놓았다. 그는 피안 세계의 한복판에 그 강렬한 효과로 인하여, 테두리를 벗어나 자존적이 되는, 현세적 존재와 정열의 세계를 창조하였다. '피구라'는 그 완성을 넘어간다. 또는 더 적절하게는, 완성이 '피구라'

로 하여금 더 강력하게 나타나게 하는 데 봉사한다고 말할 수도 있다. 우리는 파리나타에 경탄하지 않을 수 없고, 카발칸테와 더불어 울지 않을 수 없다. 우리를 감동케 하는 것은 신이 그들을 지옥에 보내어 정죄했다는 사실이 아니라, 그중의 한 사람은 꺾이지 않고 꿋꿋하며, 다른 한 사람은 그 아들과 아름다운 빛을 두고 그렇게 애끓게 비탄한다는 사실이다. 그들의 정죄의 가공할 처지는, 말하자면 전적으로 현세적인 감정의 효과를 높이기 위한 수단에 불과한 것이다. 이것이 오로지 지옥의 몇몇 주민에 대한 단테의 경탄 또는 동정에 연유한 것이라고, 흔히 하듯이 생각한다면, 문제를 너무 좁게 파악한 것일 것이다. 우리가 생각하는 핵심적인 것은 지옥이나 또는 단테의 동정심이나 경탄에 좁힐 수 없는 것이다. 현세적 생존의 모습과 현세적 운명의 작용이 영원한 상황의 작용을 넘어가는, 또 그것을 부차적인 것이 되게 하는 예가 어디에서나 발견된다. 프란체스카 다 리미니, 파리나타, 브루네토 라티니 또는 피에르 델라 비냐와 같은 고귀한 지옥인들도 내가 말하는 것의 좋은 예가 된다. 그러나 이러한 것만을 이야기한다면, 그것은 역점을 잘못 두는 것이 될 것이다. 왜냐하면 은총과 참회가 영원에서의 운명을 결정한다고 하는 구원의 가르침의 관점에서 볼 때, 지옥의 입구, 림보에 덕이 높은 이교도들이 존재하게 되는 것은 당연한 것이기 때문이다. 그러나 우리가 어찌하여 그러한 인물들의 비극성을 강하게 느끼게끔 그것을 그의 모든 재능을 다 발휘하여 표현한 최초의 시인이 단테인가를 묻는다면, 우리의 생각의 영역은 아주 넓어지게 된다. 왜냐하면 단테는 그가 다루는 모든 현세적인 것을 균등하게 강력한 힘으로 다루기 때문이다. 카발칸테는 큰 인물이 아니다. 식도락가 치아코 또는 격분가 필리포 아르젠티와 같은 인물을 단테는 동정적 경멸이나 혐오감을 가지고 다룬다. 그러나 이 경우에도 여전히 현세적 정열이 피안에서 개체적인 충족에 이르는 모습은 전체적인 형벌의 모습을 넘어간다. 또는 후자는 전자의 인상을 더욱 강하게 하는 일을 한다. 이러한 점은 연옥과 천국에 있는 선택된 자의 경우와 천국에 있는 선택된 자의 경우에도 그대로 해당된다. 단테의 노래를 읊고 있는 카셀라와 그 청중,(「연옥」 2가) 자신의 죽음과 시신의 운명을 이야기하는 부온콘테,(「연옥」 5가) 스승 베르길리우스 앞에 무릎 꿇는 스타티우스,(「연옥」 21가) 단테에 대한 우의를 아름답게 이야기하는 헝가리의 젊은 왕 카를 마르텔 폰 앙주,(「천국」 8가) 오만하고 구식의, 그리고 피렌체의 역사로 가득한 단테의 선조 카치아귀다,(「천국」 15가에서 17가) 또 사도 베드로까지,(「천국」 27가) 그 외에도 얼마나 많은 인물들이 우리 눈앞에 현세적이고 역사적인 삶과 행동, 노력, 느낌, 정열을 펼쳐 보이는가. 이 세상의 무대도 그와 같이 다양하고 강력한 힘의 인물들을 보여 주지 못할 것이다. 물론 이들은 모두 신의 질서 속에 정위되어 있다. 물론 위대한 기독교도적 시인은 현세적 인간계를 피안에 지속시키고 '피구라'를 그 완성 속에 유지하며, 자기 힘 닿는 데까지 이것들을 완벽하게 보여 줄 권리가 있다. 그러나 단테의 예술은 이것을 최대한으로 밀고 나간다. 그리하여 효과는 현세로 되돌아오고, 완성 속에서 '피구라'는 독자를 너무나 강력하게 사로잡는다. 그리하여 피안은 인간과 인간의 정열의 무대가 된다. 성경적 역사에 의하여 곧바로 주어진 것을 결코 또는 극히 조심스럽게밖에 넘어가지 않고, 오로지 성경의 일을 생생하게 살리기 위하여서만 현실과 개인들을 모사하던, 단테 이전의 예시적 비유의 예술, 신비극, 교회의 조카들을 생각해 볼 일이다. 그 곁에 전 역사적 세계, 그 안에서 그가 마주치는 거의 개개의 인간 모두를 '피구라'의 테두리 안에 살아나게 하는 단테를 대조해 보라. 물론 이것은 유대적, 기독교적 역사 해석이 애초부터 요구하던 것에 불과하다고 할 수 있다. 그것은 보편적 타당성을 요구한다. 그러나 해석 속에 편입되는 삶의 풍요함은 너무나 넘치고, 센 것이기 때문에 그 모습은 모든 의미 해석에서 떨어져나와 독자의 영혼 가운데 그 나름의 자리를 잡아 버리고 만다. 카발칸테의 "아름다운 햇빛이 이제 그의 눈에 비치지 않는가?"(non fiere li occhi suoi il dolce lome?) 하는 외침을 듣고 또는 피아 데 톨로메이가 단테에게 지구로 돌아간 후 자신을 기억해 달라고 간청하기 직전에 말하는 아름답고 부드럽고 구성지게 여성다운 시를 읽을 때 (「연옥」 5가, 131행, "긴 나그네길에 쉬고 나면"(e riposato de la lunga via) 우리가 느끼는 것은 이 사람들에 대한 것이지, 이 사람들이 그 안에서 완성을 얻는 신의 질서에 대한 것이 아니다. 신의 질서에 있어서의 그들의 영원한 상태는 단지 배경으로만 인식되고 그 불가역성은, 한껏의 힘으로 보존되어 있는 인간적인 면의 효과를 더한층 높일 뿐이다. 그 결과 남는 것은 모든 것을 압도하는 직접적인 삶의 체험, 넓고 깊게 감정의 뿌리에까지 파고드는 인간 이해, 인간의 충동과 정열의 해명이며, 그 결과 우리는 아무 장애 없이 그것에 참여하고, 그 다양성과 위대성에 경탄하는 방향으로 이끌리게 된다. 그리고 직접적이고 경이로운 인간에의 참여로 인하여, 하느님의 질서에 기초해 있는 역사적 개체적 인간의 모든 것의 불파괴성은 하느님의 질서 그것을 거스르게 된다. 그것은 이 질서를 자신에 봉사하게 하고 그것을 불분명하게 한다. 인간의 이미지가 신의 이미지의 전면으로 나오는 것이다. 단테의 작품은 인간의 기독교적, 예시적 본질을 형상화하고 이 형상화, 실재화 속에 그것을 부숴 버린다. 튼튼한 테두리가 그 안에 매어 두려 한 심상들의 힘으로 하여 깨어진다. 중세 후기에 종교극의 소극적(笑劇的) 리얼리즘이 재래하였던 거친 난잡성은, 예시적, 기독교적 역사관의 존속하는 일에 인간의 자기 인식을 보여 주는 시인의 높은 스타일보다 훨씬 덜 위험한 것이다. 이 완성에서, 예시적 비유는 독립성을 얻는다. 그리하여 지옥에도 위대한 영혼이 있게 된다. 그리고 연옥의 어떤 영혼들은 시 한 편 또는 인간의 창조물의 아름다움으로 하여 잠시 동안 죄닦음의 여로를 잊어버린다. 그리고 피안적 자기완성의 특수한 조건으로 하여 인간의 모습은, 예를 들어 고대의 시에서보다도 더 강하게, 구체적으로, 개성적으로 드러난다. 왜냐하면 모든 지나간 남의 삶을 객관적으로 또 추억으로 포괄하는 자기완성은 개인사적 발전, 개인의 계속적 성장의 역사를 포함하기 때문이다. 그 결과는 우리 앞에 완성되어 보여지고, 그 발전의 단계도 많은 경우 자세하게 제시된다. 그것은 잊히는 법이 없다. 우리는 일찍이 고대의 '시가 할 수 없었던 일로서, 무시간의 있음 가운데 펼쳐지는 내면사를 가진 성장을 보는 것이다.

수사 알베르토

보카치오(Boccaccio)는 『데카메론(*Decameron*)』 중의 유명한 한 단편 (Novella는 흔히 중편의 뜻으로 쓰이고 있다. 그런데 보카치오의 『데카메론』에 나오는 이야기나 단편도 Novella라 한다.) 제4일 두 번째 이야기 속에서 이몰라 출신의 사나이 이야기를 들려준다. 그는 악덕과 부정직으로 말미암아 고향에서 배척당하는 몸이 되어 고향을 떠나기로 한다. 그는 베네치아로 가서 프란체스코파의 수사 그리고 사제가 되어 수사 알베르토라 자칭하면서 속죄와 경건한 행동과 설교로 이목을 끌어 독실하고 믿을 만한 사람이라는 세평을 얻게 되었다. 그러던 어느 날 그는 각별히 미련하고 오만한 고해자이며 남편이 장사 일로 출타 중인 유부녀에게 천사 가브리엘로가 그녀의 아름다움에 반하여 그날 밤 그녀를 찾아갈 것이라고 말하였다. 그는 천사 가브리엘로가 되어 그녀를 찾아가 그녀와 재미를 본다. 한동안 그런 상태가 계속된다. 그러나 끝이 재미없게 된다. 자초지종은 다음과 같다.

그러나 어느 날 리제타 부인은 수다쟁이와 여성의 매력에 관해서 논쟁을 하다가 자기의 매력이 다른 어떤 사람들보다 월등하다는 것을 드러내기 위해 머리가 좀 비어 있는 여자답게 말하였습니다. "내 아름다움이 누구를 기쁘게 해 주고 있는지를 안다면 정말이지 그대는 다른 여자 이야기는 입에 올리지 않을 거예요." 부인을 잘 알고 있던 수다쟁이는 이야기가 듣고 싶어 견딜 수 없어 말하였습니다. "부인, 아마 사실일 테지요. 그러나 그가 누구인지를 모른다면 그렇게 쉽게 생각을 바꿀 수는 없지요." 그러자 꾀 없고 쉬 넘어가는 리제타는 말하였습니다. "더 이야기해선 안 되는 것이지만 그인 천사 가브리엘로예요. 천사님은 이 세상 어디에서고 최고의 미녀로서 자기 자신보다 이 나를 더 사랑하신다고 말씀하셨거든." 수다쟁이 말벗은 웃음이 나왔으나 억지로 참았습니다. 그리고 리제타가 계속 이야기하도록 말하였습니다. "정말이지 부인, 천사 가브리엘로가 당신의 애인이라면 또 부인이 그렇게 이야기한다면 사실임에 틀림이 없지요. 하지만 천사님들이 그런 짓을 하리라고는 생각지 못했어요." 이에 부인은 대답하였습니다. "그건 잘못된 생각이에요. 주님을 두고 맹세코 천사님은 우리 집 서방님보다 능란하고요. 또 천국에서도 그런다고들 하셔요. 그러나 천국의 어느 여성보다도 내가 예쁘다고 생각되어 나에게 혹하게 되어 자주 찾아와선 함께 눕지요. 자 어떻게 생각해요?" 이런 이야기를 되풀이할 수 있는 계제에 이르려면 천년은 기다려야 한다고 생각한 수다쟁이는 리제타 부인에게서 떠나갔지요. 그리고 수다쟁이 말벗은 어느 잔치놀음에 많은 부인들이 모여 있는 계제에 자초지종을 차근차근히 들려주었습니다. 이들은 그 이야기를 남편과 다른 여인들에게 말해 주었고 이틀도 안 가 베네치아는 온통 그 소문으로 꽉 차게 되었지요. 이 이야기를 들은 사람들 가운데는 리제타의 시동생들이 있었습니다. 이들은 그녀에게 아무 소리 하지 않은 채 문제의 천사를 찾아내어 그가 날 줄 아는가를 알아보기로 작정하였습니다. 그리하여 그러한 목적으로 그를 기다려 며칠 밤을 잠복하고 있었습니다. 그러나 우연히 이 이야기가 수사 알베르토의 귀에 들려왔습니다. 그래서 그는 그녀를 혼내 주려고 어느 날 밤 부인 집에 갔습니다. 그러나 그가 옷을 벗자마자 그가 들어가는 것을 보았던 그녀의 친척들이 침실 문께로 와서 문을 열려 하였지요. 이 소리를 들은 수사 알베르토는 사태를 짐작하고 벌떡 일어나 딴 도리가 없어 운하 쪽으로 나 있는 창문을 열고 물속으로 뛰어들었습니다. 운하는 깊었고 그는 수영을 잘했기 때문에 다친 데 없이 맞은편 제방으로 가서 문이 열려 있는 집으로 황급히 들어갔습니다. 그러고는 집 안에 있는 가난한 사내에게 제발 목숨을 살려 달라고 간청하고 어째서 이 시각에 알몸으로 거기 당도해 있는가를 꾸며서 들려 주었습니다. 착한 사내는 연민감이 동해서 자기는 볼일이 있었기 때문에 그를 자기 침대에 들여 놓고 자기가 돌아올 때까지 거기 눌러 있으라고 일렀습니다. 그러고 나서 그를 가둬 두고 볼일을 보러 갔던 거지요. 그러는 사이 부인의 시동생들은 그녀의 침실로 들어갔습니다. 그리고 천사 가브리엘로가 날개를 남겨둔 채 날아가 버린 것을 발견하였어요. 그러자 뜻이 좌절되었음을 알고 그녀에게 온갖 욕설을 퍼부었습니다. 그리고 슬픔에 잠긴 그녀를 남겨 놓은 채 천사의 장식품을 들고 자기 집으로 돌아들 갔습니다.

앞서 말했듯이 이야기는 수사 알베르토에겐 아주 고약하게 끝나 버리고 만다. 그를 숨겨 준 주인은 리알토(Rialto) 다리에서 그날 밤 리제타 부인 집에서 어떤 일이 일어났는지에 대해 듣고 자기가 받아 주었던 위인이 누구인가를 알아차린다. 그는 수사 알베르토에게서 많은 액수의 돈을 갈취하고 나서 그를 배반하고 만다. 그는 그것을 아주 고약스럽게 해치워서 수사는 공적인 추문의 대상이 되고 그 결과 도의적으로나 실제적으로나 회복할 길이 없게 되어 버린다. 우리는 수사가 참 안되었다는 느낌을 갖게 된다. 특히 보카치오가 수사 알베르토보다 나을 것도 없는 다른 성직자들의 색정적 모험을 재미있고도 관대하게 들려주고 있음을 생각할 때 그러하다. (가령 제3일 네 번째 이야기인 수사 돈 펠리체의 이야기가 그러하다. 그는 유부녀 애인의 남편에게 우스꽝스러운 속죄를 행하도록 설득하는데 이로 해서 남편은 며칠 밤이나 집을 비우게 되는 것이다. 혹은 제3일 여덟 번째 이야기도 그러한데, 한 수도원장이 남편을 잠시 연옥으로 데려가서 거기서 속죄를 하게 하는 이야기다.)

위에 옮겨 놓은 대목은 그 단편의 위기적 상황을 포용하고 있다. 그것은 리제타 부인과 수다쟁이 사이의 대화, 그리고 그 대화가 빚어낸 결과로 구성되어 있다. 즉 시내에 퍼지고 있는 야릇한 소문, 그 이야기를 듣고 천사를 잡을 것을 결심하는 친척들, 그리고 수사가 대담하게 운하 속으로 뛰어 들어가 잠시 동안 도망치는 밤의 장면으로 성립되어 있다. 두 여인 사이의 대화는 심리적으로나 문체상으로나 생생한 일상생활의 장면을 능란하게 처리하고 있다. 웃음을 억지로 참으면서 리제타가 이야기를 계속하도록 상냥함을 가장하여 의심을 토로하는 수다쟁이도 또 허영심 때문에 타고난 멍청함의 한계를 넘어 꾀임에 빠져 들어간 여주인공도 자연스럽고 진실하다는 인상을 준다. 그러나 보카치오가 사용하고 있는 문체상의 방책들은 순수하게 통속적인 것은 아니다. 흔히 분석된 바와 같이 보카치오의 산문은 고대의 모범과 중세 수사학의 규칙에서 배운 바를 반영하여 이들의 온갖 기교를 보여 주고 있다. 그것은 복합적인 상황을 단일한 완결 문장으로 요약하여 중요한 것을 강조하고, 줄거리의 속도를 늦추거나 가속시키는 일, 혹은 리듬과 멜로디의 효과에 기여하는 어순의 변화 등을 보여 준다.

최초의 도입 문장 자체가 풍부한 완결 문장이다. 두 개의 동명사 essendo 와 guistionando(하나는 글 첫머리에 다른 하나는 끝판에 가 있고 그 사이에는 유장한 공간이 있다.)는 리듬상으로 아주 비슷한 구조의 두 억양의 첫 번째 맺음말인 '자기의 매력'(la sua)의 통사론적 강조와 마찬가지로 썩 잘 계산된 것이다. 그리고 두 번째 맺음말은 '다른 어떤 사람'(ogni altra)이다. 실제 대화가 시작되면 우리들의 속없는 리제타는 심한 자기도취에 빠져 있어 갑작스레 노래가 터져 나오는 것 같다. "내 아름다움이 누구를 기쁘게 해 주고 있는지를 안다면⋯⋯"(se voi sapeste a cui la mia bellezza piace⋯⋯) 한결 멋있는 것은 그녀의 두 번째 말로서 그것은 이른바 '짤막한 대목'(cursus velox)이 떨치고 있는 많은 짤막하고 실러블이 비슷한 단위로 구성되어 있다. 그중 가장 아름다운 "그이는 천사 가브리엘로예요."(ma l'intendiménto mío èl'àngolo

Griéllo.)는 수다쟁이 말벗의 대답 속에 메아리치고 있다. "천사 가브리엘로가 당신의 애인이라면."(se l'ágnolo Gabriéllo/è vóstro intendiménto) 이 두 번째 말 속에 처음으로 구어가 나온다. "애인"(intendiménto)이 그것으로서 지방색을 나타내기보다는 사회적인 색채의 말로서 여기서 쓰이고 있는 의미(욕망의 대상(desiderium)의 뜻으로 영어의 sweet heart와 대체로 비슷하다.)로는 점잖은 문맥에서는 쓰일 수 없다. 똑같이 아름다운 억양을 이루고 있는 "이 세상 어디에서고"(nel mondo o in maremma)도 마찬가지이다. 리제타 부인은 신이 날수록 구어에 사투리까지 쓰게 된다. 그것은 천사 가브리엘로의 성적 능력을 "주님을 두고 맹세코"(per le piaghe di Dio)란 상투 어구를 사용해서 강력히 칭찬하고 있는 멋있는 문장의 베네치아 사투리 '서방님'(marido)과 절정의 효과를 이루고 있는 "자, 어떻게 생각해요?"(mo vedi ru?)이다. 이 대목의 비속하고 의기양양한 가락은 바로 전에 노래하듯이 감미롭게 "그러나 천국의 어느 여성보다도 내가 예쁘다고 생각되어 내게 혹하게 되어 자주 찾아와선 함께 눕지요."(ma perciocchè jo gli paio più bella che niuna che ne sia in cielo, s'è egli innamorato di me……)라고 말했던 터라 한결 더 유머러스하다.

다음의 두 완결 문장은 시내에 소문이 퍼지는 것을 두 단계로 나타내고 있다. 첫 번째 문장은 "수다쟁이 말벗"(la comare)에서 "많은 부인들"(brigata di donne)로 계속되고 두 번째 문장은 "이들은"(queste donne)에서 "베네치아"(Vinegia)로 이어지고 있다. 이들은 각각 움직임의 원천을 가지고 있다. 첫 번째 문장은 이야기를 누구에겐가 털어놓으려는 성마름, 즉 그 초급함과 다음에 이어지는 이완이 동사들의 동작 속에 현저하게 잘 나타나 있다.(partita …… le parve mille anni che ella fosse …… dove potesse …… e ragunatasi …… ordinatamente raccontò) 두 번째 문장은 병렬적으로 표현된 소문의 범위의 점차적인 확장 속에서 움직임을 얻고 있다. 여기서부터 이야기는 점점 속도 있게 전개되고 점점 더 극적으로 되어 간다. 바로 다음의 문장은 사실의 추가적인 세목과 심리적인 묘사를 위한 공간이 끼여 있기는 하지만 친척들이 소문을 듣는 순간부터 한밤중의 잠복까지를 다루고 있다. 그러나 이 문장은 다음에 이어지는 두 개의 문장과 비교한다면 비교적 공소하고 조용하다. 이 두 개의 문장은 리제타 부인 집에서의 밤의 장면과 수사 알베르토의 대담한 물속 뛰어들기를 두 개의 완결 문장 속에 전개하고 있지만 이 두 개는 단일한 동작을 구성하고 있을 뿐이며 문법적으로는 종속 문형을 얽어 놓은 것으로서 보카치오가 선호하는 분사 구문이 가장 중요한 역할을 하고 있다. 첫 번째 문장은 아주 조용히 동사 '……일어났다'(avenne)와 거기 이어지는 주절 '들어갔다'(che……venne)로 시작되고 있다. 그러나 거기 달려 있는 관계절 '그는'(il quale), 즉 이차적인 종속절에서 파국이 터져 나온다. "……에 갔다. 그가 옷을 벗자마자, 친척들이 문께로……."(andatovi, appena spogliato s ra, che i cognati …… furono all' uscio.) 그다음엔 동사의 폭풍이 온다. '들었다, 판단했다, 벌떡 일어났다', (딴 도리가) 없었다, 뛰어들었다.(sentendo, e avvisato, levatosi, non avendo, aperse, e si gittò) 모여 있는 단위가 짤막하다는 것만 가지고도 예사롭지 않은 속도와 극적인 조급함의 효과를 낳고 있다. 똑같은 이유로 해서 고전에 기원을 두었고 학문적 조예가 엿보이는 문체상의 기교를 채용하고 있음에도 불구하고 그 효과는 문어체가 아니다. 어조는 문어체가 아니라 구비 이야기체의 그것이다. 이러한 효과는 동사의 위치 때문에 증가되는데 이 때문에 한결 침착한 동사 사이에 낀 대목들의 길이와 속도는 예술적으로 자연스럽게 변화를 보여 주고 있다. '들었다'(sentendo)와 '판단했다'(avvisato)는 인접해서 놓여 있고 '일어났다'(levatosi)와 '없었다'(non avendo) 역시 그러하다. 바로 뒤에 '열렸다'(aperse)라고 이어진다. 그러나 창문을 가리키는 관계절 다음에야 맺음말이 되는 '뛰어들었다'(si gittò)가 나온다. 어째서 보카치오가 퍼져 나가고 있는 소문이 수사의 귀에 들어가도록 했는지 나는 잘 모르겠다. 위험이 있다는 것을 눈치 챘다면 그와 같이 빈틈없는 악당이 리제타에게 야단을 치기 위해 그러한 모험을 했을 리가 없다. 무슨 일인가가 터지려고 한다는 것을 그가 전혀 눈치 채지 못하고 있었다면 모든 일이 한결 자연스러웠을 것이라는 생각이 든다. 그의 재빠르고 대담한 도망은 미리 구체화되어 있던 의혹이라는 동기 유발을 요구하지 않는다. 그렇지 않으면 보카치오는 그런 말을 해야 할 다른 이유가 있었던 것일까? 필자가 보기에 그런 이유는 없어 보인다.

수사가 운하에서 헤엄치는 동안 이야기는 잠시나마 한결 조용해지고 느슨해지고 속도도 더디어진다. 본동사는 병렬적으로 배열되어 있는데 반과거로 묘사되어 있다. 그러나 수사가 대안에 당도하자마자 동사들이 다시 서로 부딪치기 시작한다. 특히 그가 낯선 집에 들어갈 때가 그러하다. "황급히 들어갔다 …… 간청하고 …… 제발 목숨을 살려달라고 …… 꾸며 들려주었다. 어째서 …… 있는가를."(prestamente se n'entrò, pregando …… che per l'amour di Dio gli scampasse la vita, sue favole dicendo, perchè …… fosse) 동사와 동사 사이의 간격은 똑같이 짤막하고 긴박하다. 특히 간결하고 다급한 것은 "이 시각에 알몸으로"(quivi a quella ora e ignundo)라는 대목이다. 여기서부터 썰물이 시작된다. 그다음으로 이어지는 문장은 사실의 정보로 가득 차 있고, 따라서 종속적 분사 구문으로 차 있다. 그러나 '그리고'로 연결되어 있는 주절들의 점차적으로 느슨해지는 호흡에 의해서 지배되고 있다. '침대에 들여놓고 일렀다, 갔다'(mise, et dissegli, e and.), '들어갔다 …… 발견하였다'(Entrati …… trovarono cIne …… se n ra volato)는 아주 극적이다. 그러나 그다음에 오는 "퍼부었다, 그리고 슬픔에 잠긴 그녀를 남겨 놓은 채 집으로 돌아들 갔다."(dissero, e ultimamente lasciarono stare, e tornarsi)에서 병렬 구문은 긴장의 점차적 이완을 보여 주고 있다.

그 이전의 설화 문학에서는 이러한 기교의 흔적을 찾아볼 수 없다. 우선 운문으로 된 중세 프랑스어 우스개 이야기 가운데서 그 보기를 아무렇게나 골라 보기로 하자. 이들의 대부분은 보카치오보다 약 100년 전에 생겨난 것이다. 나는 우스개 이야기「어머니를 구박한 사제에 대하여」에서 한 대목을 인용하겠다.(베를린 사본 해밀튼 257. 롤프스(G. Rohlfs)의『여섯 개의 중세 프랑스어의 우화(*Sechs altfranzösische Fablels*)』1925년 할레(Halle) 발행의 원본 12쪽 참고.) 여기서는 아주 고약하고 추악하며 인색한 어머니가 있는 성직자가 주제이다. 그는 자기 어머니를 집에 모시지 않는 반면 자기 정부에게는 잘해 주는데 특히 입성에 관해서 그러하다. 툭하면 싸우기 잘하는 늙은 어머니가 이 점을 불평하자 성직자가 대답한다.

    "잠자코 계세요." 그는 말한다. "주책이세요.
25 제 빵을 먹고 스프를 마시며
    또 제 콩까지 드시면서
    뭣 때문에 투덜대세요?
    그것조차도 내겐 짐인걸요.
    늘 내게 욕만 해 대니깐요."
30 노파가 말하였다. "그런 말 해 봐야
    네게 좋을 게 없다. 지금부터는
    네가 나를 어머니로서 꼭
    공경해 주기를 바란다."
    사제가 말했다. "거룩한 아버지를 두고 맹세하지만
35 이제부턴 내 것을 못 먹게 하겠어요.
    무슨 고약한 짓을 하건
    인심을 쓰건 마음대로 해요."
    "네가 그런다면 나도 그러마."
    노파가 말한다. "왜냐하면 나는
40 주교님한테 가서 말하겠다.
    너의 비행과 너의 생활
    네 정부가 얼마나 호강하는가를.
    그녀는 먹을 것도 많고 입성도 많고

나는 빈말로 먹이고 있다고.
45 너의 부에 나는 관계없다고."
이렇게 말한 노파는 달려갔다.
아주 슬퍼하며 또 아주 화가 나서
곧장 주교에게로 그녀는 갔다.
그녀는 주교에게로 가서 불평했다.
50 그녀를 개만큼도 사랑하지 않는,
어미를 위해 아무 일도 하지 않는
그녀 아들에 관해서.
"그는 무엇보다도 그의 정부를 사랑해요.
자기 친척보다도 더 사랑한다우.
55 그 정부는 입성도 많지요."
노파가 주교에게 할 수 있는 모든
것을 다 고해 바치자
주교는 한마디만 대답하였다.
그저 한마디만 할 뿐이었다.
60 그녀 아들을 소환하겠고
그가 지정한 날에 법정에 와야 한다고.
노파는 고개 숙여 인사를 하고
더 이상 대답도 듣지 않고 나가 버렸다.
그리고 주교는 아들에게 소환장을 보냈다.
65 법정에 출두해야 한다고.
어머니에게 해야 할 일을 안 한다면
주교는 아들을 고삐로 제어할 작정인 것이다.
아들이 혼날 것이 나는 두렵다.
그날 그 시각이 왔을 때

70 즉 주교가 법정을 열었을 때
　　많은 성직자와 사람들이 있었고
　　200명도 넘는 사제들이 있었다.
　　노파는 잠자코 있지 못하였다.
　　그녀는 곧장 주교에게로 가서
75 다시 한 번 자기 속사정을 말했다.
　　주교는 곧 가 버리지 말라고 하였다.
　　왜냐하면 아들이 나타나자마자
　　주교가 그를 휴직 처분하고(soupendra)
　　성직록을 빼앗을 것임을 알게 될 터이니까…….

　　"Tesiez", dist il, "vos estes sote,
25　De quoi me menez von dangier,
　　Se du pein avez a mengier,
　　De mon potage et de mes pois,
　　Encor est ce desor mon pois.
　　Car von m'avez dit mainte honte."
30　La vieille dit. "Rien ne vos monte
　　Que ie vodre d'ore en avant
　　Que vos me teigniez par covent
　　A grant honor com vostre mere."
　　Li prestre a dit. "Par seint pere,
35　James du mien ne mengera,
　　Or face au pis qu'ele porra
　　Ou au mieus tant com il li loist!"
　　"Si ferai, mes que bien von poist."

Fet cele, "car ie m'en irai
40 A l'evesque et li conterai
Vostre errement et vostre vie,
Com vestre meschine est servie
A mengier a ases et robers,
Et moi volez postre de lobes,
45 De vostre avoir n'ai bien ne part."
A cest mot la vieille S'en part
Tote dolente et tot irée.
Droit a l'evesque en est allée.
A li s'en vient et si se claime
50 De son fiuz qui noient no l'aime,
Ne plus que il feroit un chien,
Ne li veut il fere nul bien.
"De tot en tot tient sa meschine
Qu'il eime plus que sa cosine.
55 Cele a des robes a plenté"
Quant la vieille ot tot conté
A l'evesque ce que li pot,
Il li respont a un seul mot,
A tant ne li vot plus respondre,
60 Que il fera son fiz semondre,
Qu'il vieigne a court le jour nommé.
La vieille l'en a encliné,
Si s'en part sanz autre response.
Et l'evesque fist sa semonse

65　A son fil que il vieigne a court,
　　Il le voudra tenir si court,
　　S'il ne fet reson a sa mere,
　　Je criem trop que il le compere.
　　Quant le termes et le jor vint,
70　Que li evesques ses plet tint,
　　Mout i ot clers et autres genz,
　　Des proverres plus de deus cens.
　　La vieille ne s'est pas tue,
　　Droit a l'evesque en est venue
75　Si li reconte sa besoigne.
　　L veaque dit qu'el ne s'esloigne,
　　Car tantost com ses fiz vendra,
　　Sache bien qu il le soupendra
　　Et toudra tot son benefice……

　노파는 '휴직처분하다'(soupendra)란 단어를 오해한다. 그녀는 자기 아들이 교수형을 당하는 것이라 생각한다. 아들을 고소한 것을 이제 후회하는 그녀는 걱정스러워서 마침 들어서는 한 사제를 가리키며 그가 자기 아들이라고 주장한다. 이 영문을 모르는 희생자에게 주교가 심한 질책을 가하는 바람에 가엾게도 그는 말 한마디 할 기회도 갖지 못한다. 주교는 그에게 늙은 어머니를 모셔 가서 이후부터는 성직자에 걸맞게 봉양을 잘하라고 명령한다. 만약 아들의 거동에 관해서 다시 호소가 들어온다면 그때는 큰 재난이 있으리라! 어리둥절해진 사제는 노파를 자기 말에 태운다. 집으로 가는 도중 그는 노파의 진짜 아들을 만나 자기가 겪은 일을 이야기한다. 노파는 자기 아들에게 정체를 밝히지 말라는 신호를 보낸다. 원하지 않는 짐을 벗게 해 주는 사람에게는 기꺼이 40파운드를 희사하겠다고 애꿎은 사제는 말한다. "좋아, 흥정은 끝났소." 하고 아들이 말한다. "돈을 내놓으시오, 그러면 그 노부인을 떠맡을 테니까요." 그리고 실제로 그렇게 하였다.

여기에서도 인용된 부분의 이야기는 사실적인 대화, 일상의 장면, 어머니와 아들 사이의 말다툼으로 시작된다. 그리고 여기에서도 대화의 과정은 매우 생생한 점강음(漸强音)으로 진전한다. 허두의 이야기에서 리제타의 수다쟁이 말벗이 아주 상냥스럽게 대꾸함으로써 리제타가 이야기를 계속해서 마침내 비밀을 털어놓게 하듯이 여기서도 노파가 심술궂은 불평으로 아들의 화를 돋구어 그때껏 대 주던 음식의 공급을 끊어 버리겠다고 위협하게 만들어 버린다. 그러자 역시 화가 나서 정신이 나간 어머니는 주교에게로 달려 나가게 된다. 이 작품의 사투리가 어디 사투리인지 분명히 확인할 수는 없지만(롤프스는 일드프랑스(Ile-de-France)의 사투리이기가 쉽다고 생각한다.) 대화의 어조는 보카치오의 경우보다 한결 양식화되지 않은 채 터놓고 구어체이다. 그것은 한결같이 민중의 일반 회화체이다.(그리고 민중은 하급 성직자를 포함한다.) 구문은 완전히 병렬적이고 질문과 외침 소리는 생생하며 지나치리만큼 속어적인 표현으로 가득 차 있다. 화자의 어조도 등장인물들의 어조와 본질적으로 다를 바가 없다. 화자도 똑같이 소박한 어조로 이야기를 들려준다. 똑같이 감각적으로 생생하게 이야기하고 가장 소박한 방편과 가장 일상적인 낱말을 통해서 상황의 생생한 그림을 보여 주는 것이다. 화자가 스스로에게 허용하는 유일한 양식화 현상은 두 줄을 한 단위로 해서 압운을 하고 있는 8음절의 시행으로서 극히 단순하고 짤막한 문장을 선호하나 아리오스토(Ariosto)와 라퐁텐(Lafontaine)의 운문 형식과 같은 뒷날의 설화 운문 형식이 가지고 있는 다양한 리듬은 없다. 그리하여 대화에 뒤이어 나오는 이야기의 배열은 참신해서 유쾌하기는 하지만 기교상으로는 아주 소박하다. 병렬적인 구문이 단일하게 전개되어 복잡하게 하거나 풀어헤치는 일도 없으며 부차적 중요성의 부분을 압축하는 법도 없고 속도의 변화도 없이 이야기는 진행되거나 혹은 주춤한다. '휴직처분하다'에 관한 우스개를 도입하기 위하여 노파와 주교 사이의 장면이 되풀이되어 있고, 주교는 자기 견해를 세 번이나 진술하지 않으면 안 된다. 물론 이 때문에 또 각운의 난점을 해결하기 위하여 삽입된 많은 세목과 군말 시행들이 이야기에 상쾌하고 여유 있는 폭을 제공하고 있는 것은 의심할 여지가 없다. 그러나 그 구성은 조잡하고, 글의 성격은 화자 자신이 소재 대상이 되어 있는 민중 또 이야기의 청중인 민중에 속하고 있다는 의미에서 민중적이다. 화자 자신의 지평은 작중 인물 그리고 화자가 이야기를 통해 웃기려고 하는 청중들의 지평처럼 사회적으로나 윤리적으로나 비좁다. 화자, 이야기, 그리고 청중이 동일한 세계에 속하고 있는데 그것은 미적 도덕적 자부를 가지고 있지 않은 교육 받지 못한 평민들의 세계이다. 등장인물의 성격 묘사 및 그들이 거동하는 방식의 묘사도 이 점과 궤를 같이하는데, 묘사가 확실히 생생하고 사실적이기는 하나 또한 조잡하고 단조롭다. 온갖 종류의 세속적 쾌락에 쉽사리 빠지는 막된 사제나 심술궂은 노파와 같이 당시 누구에게나 낯익은 인물들이라는 의미에서 등장인물들은 민중 취향적이다. 군소 인물들은 특정 개인으로 전혀 묘사되고 있지 않다. 우리는 오직 상황에 의해서 결정된 그들의 거동을 보게 될 뿐이다.

반면 수사 알베르토의 경우엔 그의 이력을 독자들이 미리 듣고 있는데 그것은 수사의 고약하고도 간교한 약빠른 성품을 보여 주고 있다. 리제타 부인의 미련함과 자기의 여성적 매력에 대한 주책없는 자부심은 그 뒤얽힘에 있어서 가히 유니크한 것이다. 그것은 부차적 인물의 경우에도 마찬가지다. 리제타의 수다쟁이 말벗이나 혹은 수사 알베르토가 몸을 숨긴 집의 '착한 사나이'나 독특한 생명과 성품을 가지고 있다. 이것들이 그저 황급하게 시사되어 있는 것은 사실이나 분명히 알아볼 수 있는 것이다. 독자들은 리제타 부인의 친척들이 어떤 종류의 사람들인가에 관한 암시까지도 얻고 있다. 왜냐하면 그들이 "문제의 천사를 찾아내어 그가 날 줄 아는가를 알아보기로 작정하였다."라는 끔찍한 농담 속에 사람됨이 날카롭게 드러나 있기 때문이다. 마지막의 "날 줄 아는가를"은 독일 비평이 최근 '자유 간접 화법'(erlebte Rede)이라 부르는 형식에 근접해 있다. 배경 또한 프랑스의 우스개 이야기에서보다 한결 특정적이다. 프랑스 이야기에서 벌어지는 사건은 프랑스의 시골 어디에서나 일어날 수 있는 것이나 그 사투리의 특징은 설사 더 정확하게 어느 지방 것임이 밝혀진다 해도 전혀 우발적인 것이며 중요성을 갖고 있지 못하다. 보카치오의 이야기는 갈 데 없는 베네치아의 것이다. 프랑스 이야기가 농부와 소시민들의 특정 환경으로 한정되어 있다는 것, 또 관찰할 수 있는 한에서의 환경의 변화가 해당 작품의 기원이 되어 있는 우연한 장소로만 한정되어 있다는 것도 유의해야 할 점이다. 이에 반해서 보카치오의 경우에는 베네치아라는 배경뿐만 아니라 수다한 다른 장소를 이야기의 배경으로 선택하고 있는 것이다. 예컨대 앤드루치오 다 페루지아(Andreuccio da Perugia)에 관한 단편 속에 나오는 나폴리,(제2일 다섯 번째 이야기) 사바에토(Sabaetto)에 관한 단편 속에 나오는 팔게르모,(제8일 열 번째 이야기) 기다란 일련의 우스개 이야기에 나오는 피렌체와 그 근교 등이 그것이다. 배경에 관한 이야기는 사회 분위기에 관해서도 적용될 수 있다. 보카치오는 아주 구체적인 방식으로 자기 시대의 모든 사회 계층, 모든 계급, 모든 직업들을 개관하고 묘사한다. 프랑스 이야기의 기법과 보카치오의 기법 사이의 거리는 문체의 국면에서만 드러나 있는 것은 아니다. 등장인물의 특징, 사회적 배경과 지역적 배경은 한결 날카롭게 개별화되어 있고 한결 광범위하다. 기법 원리의 의식적인 파악은 보카치오로 하여금 자기 소재를 넘어서 있는 것을 가능케 하고 또 자기가 선택하는 경우에만 소재 속에 자신을 함몰케 하고 있다. 요컨대 그는 자신의 창조적 의지에 따라서 자기 작품에 형태를 부여하고 있는 것이다.

보카치오 이전의 이탈리아 설화 문학으로 우리에게 알려진 보기들로 말하면 대개 재치 있거나 설교조의 삽화라는 성격을 가지고 있다. 이들의 관점과 구상의 궤도와 양식상의 기교는 너무나 제한되어 있어 등장인물과 배경이 개별화되어서 묘사되고 있지 못하다. 깨지기 쉬운 섬세한 표현을 번번이 보여 주지만 감각에 대한 직접적 호소력이란 점에선 프랑스 이야기보다 훨씬 떨어진다. 예를 들어본다.

어느 사나이가 고해 신부에게 고해하러 가서 이것저것 이야기하는 중에 말하였다. 형수가 한 분 계신데 형님은 출타 중이십니다. 그런데 제가 집에 돌아가면 형수가 흠허물 없이 제 무릎 위에 올라앉는 거예요. 어쩌면 좋을까요? 고해 신부는 대답하였다. 그녀가 내게 그리한다면, 본때를 보여 주는 것인데! (레테리오 디 프란치아 엮음, 『노벨리노(Novellino)』, 토리노, 1930년, 87편 146쪽)

이 소품에서 가장 중요한 것은 고해 신부의 모호한 답변이다. 다른 모든 것은 단순한 준비에 지나지 않으며 진술하고 쉽게 단조한 병렬 구문으로 표현되어 있다. 눈에 선한 감각적 구체성은 전혀 없다. 『노벨리노』 속의 많은 이야기는 엇비슷하게 짤막한 삽화로서 재치 있는 말이 소재를 이루고 있다. 이 책의 부제 중 하나는 '이야기와 아름다운 말의 책'(Libro di Novelle e di bel parlar gentile)인데 제격이라 하겠다. 그중에는 긴 이야기들도 있는데 대부분 우스개 이야기가 아니라 설교조의 교훈담이다. 그러나 문체는 한결같이 똑같다. 단조한 병렬 구문으로서 사건들은 실 하나에 꿴 듯하여 이렇다 할 폭도 없고 또 등장인물들이 숨쉴 공간도 없다. 서술되는 사건의 중요 사실들을 짤막하고 인상적으로 명확히 표현하는 것만이 『노벨리노』의 부인할 길 없는 기법 감각이 관심을 두고 있는 것이다. 이 점에 있어 『노벨리노』는 이른바 '범례집'(exempla)이라 하는 라틴말로 된 중세의 도덕 범례집의 본을 따르고 있다. 그리고 구성, 우아함, 표현의 참신성에 있어서 '범례집'을 능가하고 있다. 감각적 구체화에 대해서는 무관심하지만 당대 이탈리아의 다른 작품들과 마찬가지로 이러한 한계는 당시 떨치고 있던 언어적 지적 상황의 결과일 뿐이다. 이탈리아의 토속어는 유연성이 너무나 부족하였고 개념과 판단의 지평이 아직 너무나 협소하고 한정되어 있어서 사실상의 자료를 신축성 있게 처리할 수도 없었고 다양한 현상을 감각적으로 묘사할 수도 없었다. 감각적으로 생생하게 구체화할 수 있는 능력은 온통 클라이맥스에서 단일한 재치를 낳는 데 집중되었는데 아까의 보기에서는 고해 신부의 대답에서 그 사정을 엿볼 수 있다. 프란체스코파의 수도사로서 극히 재능 있는 라틴어 연대기 작가인 수사 살림베네 드 아담(Salimbene de Adam)의 단일한 보기에 근거하여 판단을 내리는 것이 허용된다면 13세기 말에 이르러 라틴말은 살림베네가 그랬듯이 이탈리아 속어를 듬뿍 혼합하면 이탈리아 문어보다 한결 강력한 감각성을 보여 줄 수 있었던 것으로 보인다. 살림베네의 연대기는 삽화로 가득 차 있다. 그중 내 자신뿐 아니라 다른 이들도 되풀이 인용했던 삽화 하나를 여기서 인용하겠다. 데트살브(Detesalve)라고 하는 프란체스코파 수사에 관한 이야기로서 다음과 같다.

    어느 겨울날 그가 피렌체 시내를 산책하고 있을 때 우연히 언 바닥에 넘어지게 되었다. 이것을 보자 농담을 몹시 즐기는 피렌체 시민들은 웃기 시작하였다. 그중 한 사람이 그곳에 누워 있는 탁발 수도사에게 밑에 무엇인가 깔고 싶지 않느냐고 물었다. 이에 탁발 수도사가 그렇게 물은 사내의 아내를 그러고 싶다고 대답하였다. 이 말을 듣자 피렌체 시민들은 기분을 상하지 않고 탁발 수도사를 칭찬하면서 말하였다. 됐어, 그는 우리의 동패야! 어떤 이들은 이렇게 말한 사람이 파울루스 밀르무스크(Paulus Millemusce, 천 마리의 파리)라는 이름을 가진 또다른 피렌체인으로 프란체스코파 수사라고 주장한다.(1233년 연대기, 게르만 역사 기록 총서, 저작자 32편 79)

여기서도 중요한 것은 기지 있는 말대꾸(bel parlare)이다. 그러나 동시에 우리는 겨울 풍경, 미끄러져서 땅 위에 누워 있는 수사, 그를 조롱하면서 곁에 서 있는 피렌체 시민 등과 같은 현실의 장면을 접하고 있다. 등장인물들의 성격 묘사는 한결 생생하다. 클라이맥스를 이룬 농담인 "그렇게 물은 사내의 아내를"(interrogantis uxorem) 이외에도 재치 있는 말과 비속어들이 있다. 즉 "밑에 무엇인가 깔고 싶지 않은가, 됐어, 그는 우리의 동패야, 수사 파울루스 밀르무스크, 농담을 몹시 즐기는"(utrum plus vellet habere sub se; benedicatur ipse quia de nostris est; frater Paulus Millemusce; trufatores) 등등이 그것인데 이들은 라틴말을 위장하고 있어 이중으로 재미있기도 하고 감칠맛이 있다. 감각적인 구상성과 표현의 자유는 『노벨리노』에서보다 훨씬 발전되어 있다.

그러나 그 이전의 어떤 작품도, 즉 파블리오(fabliaux, 프랑스의 짤막한 이야기로서 운문으로 되어 있고 리얼리즘이 특색임)의 조야하고 막된 감각적 폭이든, 『노벨리노』의 남루하며 감각적으로 빈약한 세련됨이든 혹은 살림베네의 생생하고 활기찬 재치이든 그 어느 것도 보카치오와 견줄 수는 없다. 감각적 현상의 세계가 최초로 정복되고 의식적인 예술적 구상에 따라서 조직되고 언어로 포착된 것은 보카치오에게서이다. 고전 고대 이후 최초로 그의 『데카메론』은 당대의 생활 세계에서 실제로 일어난 이야기가 품위 있는 소일거리가 될 수 있는 특정한 문체 수준을 고정시켜 놓았다. 이야기가 이제 도덕적 범례 구실도 하지 않게 되고 또 웃고 싶다는 평민들의 소박한 욕망에 보비위하지도 않게 되었다. 이야기와 설화는 이제 삶의 관능적 놀이에서 즐거움을 찾고 감각과 취향과 판단력을 지닌 신사 숙녀와 상층 계급의 행실 좋은 젊은이들에게 즐거운 소일거리 구실을 하게 되었다. 보카치오가 이야기를 담고 있는 '액자'를 창조해 낸 것은 그의 설화 문학의 이러한 목적을 공표하기 위해서였다. 『데카메론』의 문체적 수준은 비슷한 고대 종류인 고대 연애 소설 『파불라 밀레시아카(*Fabula Milesiaca*)』를 강력히 상기시킨다. 이것은 결코 놀라운 일이 아니다. 왜냐하면 주제에 대한 작자의 태도 그리고 독자층을 형성하는 사회 계층이 두 시대에 있어서 아주 밀접하게 일치하기 때문이다. 또 보카치오도 작가의 기법이란 수사학적 기법이라고 생각했기 때문이다. 고대 소설의 경우와 마찬가지로 보카치오의 문학적 기법은 산문의 수사적 처리에 기초하고 있다. 고대 소설에서와 마찬가지로 문체는 때로 시적인 것에 근접하고 있다. 그도 또한 대화에 질서정연한 웅변의 형태를 부여하는 경우가 있다. 그리고 리얼리즘과 에로티시즘이 우아한 말씨로 분명히 표현되어 있는 중간적 혹은 혼합적인 문체의 전반적인 인상은 두 경우에 아주 흡사하다. 그러나 고전 고대의 소설이 벌써 오래전에 최상품을 산출해 버린 언어로 빚어진 후기 형태임에 반하여 보카치오의 문체상의 노력은 새로 생겨났으되 아직껏 거의 형체가 정해지지 않은 문학 언어와 대결하고 있다. 중세 때의 실천 속에서 노쇠한 메커니즘으로 경직되어 버린 수사학의 전통은 고대 작가의 최초의 번역자들에 의해서 단테의 시대에서도 소심하게 또 유연성 없이 이탈리아 토속어로 시도되었지만, 보카치오의 손에서 홀연 기적적인 도구로 변해서 이탈리아의 산문 예술, 고전 고대 이후 최초의 유럽의 문학적 산문을 일거에 탄생시켰다. 그것은 그의 젊은날의 처녀작과 『데카메론』 사이의 10년 사이에 탄생된 것이다. 풍요하고도 감미롭게 움직여 나가는 산문 리듬에 대한 그의 각별한 재능은 비록 고전 고대의 유산이기는 하지만 그가 처음부터 지니고 있던 재능이었다. 그러한 재능은 그의 최초의 산문 작품인 『필로콜로(*Filocolo*)』에서도 발견된다. 그리고 그것은 그에게서 잠복해 있다가 고전 작가와의 최초의 접촉을 통해서 드러나게 된 재능인 것으로 보인다. 그가 최초에 가지고 있지 못했던 것은 문체상의 기교를 사용함에 있어서나 문체의 수준을 결정함에 있어서 절제와 판단력이었다. 주제와 문체의 수준 사이의 건전한 관계는 힘들여 획득된 것이고 그 후 직관적인 소유물이 된 것이다. 고대 작가들이 실천한 숭고 문체 개념과의 최초의 접촉은 아주 쉽사리(특히 그 개념이 아직도 중세적 관념에 영향받고 있었기 때문에) 문체 수준의 만성적 과장 그리고 박식한 장식의 과도한 사용이라고 말할 수 있는 경향을 낳게 되었다. 이러한 경향은 거의 지속적으로 딱딱하게 격식 차린 언어를 야기시켰는데 이러한 언어는 딱딱하게 격식 차렸다는 바로 그 이유 때문에 그 대상에 바싹 근접할 수가 없었고 이러한 형태는 장식적이고 웅변적인 목적 이외에는 거의 아무것에도 적합하지가 못하였다. 그렇듯 과도하게 격조 높은 언어로는 삶을 보내는 것의 감각적 실제를 포착한다는 것이 완전히 불가능하였다.

보카치오의 경우 상황은 처음부터 전혀 달랐다. 그의 타고난 성향은 자연스럽게 감각적이었고 관능성에 차 있는 우아하고도 매력 있게 움직이는 형식을 창조하는 쪽으로 기울어 있었다. 처음부터 그는 숭고한 문체보다는 중간적 문체가 어울렸다. 그리고 그의 타고난 성향은 그가 젊은 시절을 보냈었고, 이탈리아의 다른 어떤 지방에서보다도 북부 프랑스의 희롱조로 우아한 기사 문화의 후기 형식이 단단한 기반을 가지고 있었던 나폴리의 앙주뱅(Angevin) 궁전의 분위기에 의해서 강력히 촉진되었다. 그의 초기 작품들은 후기 궁정의 양식으로 쓴 기사도적 사랑과 모험을 다룬 프랑스 로맨스의 번안(rifacimenti)이었다. 거기에는 극히 프랑스적인 특징이 개재되어 있는 것으로 내게는 생각된다. 즉 그의 묘사의 폭넓은 리얼리즘, 애인들의 희롱의 천진한 세련됨과 섬세한 뉘앙스, 사회 묘사에 보이는 봉건 후기의 세속성, 그 짓궂은 기지가 그것이다. 그러나 그가 점점 성숙해짐에 따라서 위의 요소와 겨루는 시민적 인문주의 요소가 강해지고, 또 특히 건장한 민중적인 것의 숙달도 현저해진다. 어쨌거나 젊은 시절 그의 작품에 나타나는 수사적 과장의 경향(보카치오의 경우에도 하나의 위험이었다.)은 관능적인 사랑의 묘사에서만 역할을 하였다. 마치 몇몇 작품에서 보게 되는 과도한 신화적 박식이나 관습적인 우의화가 그랬듯이 말이다. 그리하여 테세이다(Teseida)의 경우에 그렇듯이 때로는 그 이상의 것에 대한 시도가 있기는 하였으나 보카치오는 중간적 문체의 범위 안에 머물러 있다고 단언해도 좋을 것이다. 그것은 목가적인 것과 리얼리스틱한 것을 결합하면서 관능적인 사랑을 묘사하도록 마련된 스타일이다. 젊은 시절의 작품 중 가장 아름다우면서 제일 마지막 작품인 『피에솔레의 님프(Ninfale fiesolano)』는 중간적인 목가적 문체로 쓰였다. 그리고 이 중간적 문체는 100개의 이야기를 담은 위대한 작품에서도 채용되어 있다. 문체의 수준을 측정하는 데 있어서 그의 젊은 시절의 작품 중 어느 것이 부분적으로 혹은 일률적으로 운문으로 쓰였느냐 혹은 어느 것이 산문으로 쓰였느냐 하는 것은 중요하지 않다. 어느 작품에서나 분위기는 동일하기 때문이다.

물론 중간적 문체라는 범위 안에서 데카메론의 뉘앙스는 극히 다양하며 그 범위는 결코 협소한 것이 아니다. 그러나 이야기가 비극적으로 흘러갈 때조차도 어조와 분위기는 섬세하게 관능적이며, 엄숙하고 숭고한 것을 피하고 있다. 그리고 앞서 인용한 보기에서보다 한결 조야하게 익살극(farce)의 모티프를 사용하고 있는 이야기 속에서 언어와 묘사 방식은 화자와 청중이 의심할 바 없이 소재를 초월해서 서 있고, 위에서 비판적인 눈으로 바라보면서 경쾌하고 우아한 방식으로 즐거움을 얻고 있는 한에서는 귀족적인 것이다. 중간적이면서도 우아한 문체의 특성이 가장 분명하게 드러나는 것은 민중 취향의 사실적인 소재 그리고 조잡한 익살극의 소재를 다룰 때이다. 왜냐하면 이러한 이야기의 예술적 처리는 일상생활이란 초라한 환경을 넘어서 있기는 하지만 그것을 생생하게 묘사하는 데 기쁨을 느끼는 사회 계급이 존재한다는 것을 가리킨다. 그리고 이때의 기쁨의 대상은 사회적으로 계층화되어 있는 유형이 아니라 개별적이고 구체적인 인간인 것이다. 모든 칼란드리노(Calandrino), 치폴라(Cipolla), 피에트로(Pietro), 페로넬라(Peronella), 카테르니아(Caternia), 그리고 벨콜로레(Belcolore)들은 수사 알베르토나 리제타와 마찬가지로 때때로 궁정시 속에 입장이 허용되었던 여자 목동이나 농노와는 전혀 다른 개별화되고 살아 있는 인간인 것이다. 이들은 민중의 익살극에 나오는 등장인물보다도 사실상 한결 생생하고 또 그들 특유의 모습이란 점에서는 한결 적확하다. 이러한 사실은 위에서 시사한 것으로 미루어 보더라도 분명한데 이들이 기쁘게 해 주려던 청중은 전혀 다른 계급인데도 그러한 것이다. 보카치오의 시대에는 분명히 지위는 높으나 봉건적이지 않고, 도시 귀족층에 속하며 삶의 다채로운 현실이 명백히 드러날 때마다 거기서 기품 있는 즐거움을 얻었던 사회 계급이 존재하고 있었다. 사실적인 작품은 대개 하층 계급을 배경으로 하였고, 한결 섬세하고 비극에 가까운 작품은 상층 계급을 배경으로 했다는 점에서는 두 영역의 분리가 유지되고 있었음은 사실이다. 그러나 이것조차도 엄격하게 준수된 규칙은 아니다. 왜냐하면 시민적인 것과 감상적이고 목가적인 것은 두 영역의 경계선을 이루기가 첩경이기 때문이다. 그리고 다른 곳에서도 같은 종류의 혼합이 종종 보이기 때문이다.(「그리셀다(Griselda)의 이야기」, 제10일 열 번째)

고전 고대적인 의미에서의 중간적 문체가 성립될 수 있는 사회적 전제 조건은 이탈리아에서는 14세기 전반부터 충족되었다. 도시에서는 유서 깊은 가문의 상층 시민 계층이 두각을 나타내었다. 그들의 습속은 여러 면에서 봉건적 궁정 문화의 형식과 이념에 여전히 이어져 있었던 것이 사실이다. 그러나 초기 인문주의 경향의 영향을 받은 데다 전적으로 다른 사회 구조의 결과로 그들은 점차 소속 계급에 얽매이지 않게 되고 개성적이며 현실적인 경향을 띠게 되면서 새로운 특징을 갖게 되었다. 내적, 외적 이해력이 넓어지면서 계급적 제한이라는 굴레를 벗어던졌으며 학문의 영역에까지 침범해 들어갔다. 그때까지 학문은 성직에 있는 전문가들의 특권이었던 것이다. 이에 따라 학문은 사교에 이바지하는 개인적 교양이라는 쾌적하고 매력적인 형태를 갖게 되었다. 바로 얼마 전까지 주체적이고 융통성 없는 도구였던 언어가 유연해지고 풍부해지고 미묘해지고 발랄해졌고 우아한 관능성으로 차 있는 식별력 있는 사회생활의 요청에 스스로를 적응시킬 수 있게 되었다. 사교계의 문학은 그전에 갖지 못했던 것을 획득했다. 즉 현실 세계와 현재의 세계를 갖게 된 것이다. 이 소득이 한 세대 전에 보다 높은 문체 수준에서 이루어진 훨씬 더 중요한 소득인, 단테의 세계 정복과 엄격하게 연관되어 있다는 것은 이제 의심할 여지가 없다. 이제 우리는 이러한 연관을 분석할 것인바 이를 위해 당초의 원전으로 되돌아갈 것이다.

우리가 그 원전을 그보다 이전의 설화들과 비교해 본다면 가장 현저한 특징은 이해에 있어서나 구문 구조에 있어서나 복합적인 사실의 자료를 다룰 때의 확신과 사건들의 내적 운동 및 외적 운동에 이야기의 속도와 어조의 수준을 적응시킬 때의 정교한 솜씨이다. 우리는 위에서 이 점을 자세히 보여 주려고 시도한 바 있다. 두 여인 사이의 대화, 시중에 퍼져 나간 소문, 리제타 집에서의 극적인 밤의 장면은 그 속에서 각 부분이 그 자체로 풍부하고 자유로운 독립된 동작을 가지고 있으며 분명하게 개관할 수 있는 일관성 있는 전체로 되어 있다. 단테가 수많은 구성 요소와 다양한 뉘앙스를 가진 실제 상황을 마음대로 구사할 수 있는 동일한 능력을 가지고 있다는 것, 단테가 우리가 알고 있는 다른 어떤 중세 작가도 감히 근접할 수 없을 정도의 능력을 가지고 있다는 것을 「지옥」 10가의 첫머리에 나오는 사건을 예로 사용하여 앞 장에서 보여 주려고 한 바 있다. 전체의 일관성, 예컨대 서두의 대화와 파리나타의 출현 사이에서, 혹은 카발칸테의 갑작스러운 출현과 그의 어조와 리듬의 맥박 변화, 언어의 구문적 기교의 탁월한 구사 등을 나는 최대한 주의 깊게 분석하였다. 단테가 보여 주는 현상의 자유로운 처리는 보카치오의 상응하는 능력보다 한결 유연성이 적어 보이나, 한편 한결 더 의미 깊다. 엄격한 각운을 지키는 3행시의 묵직한 음보 자체가 보카치오가 스스로에게 허용한 것 같은 자유롭고 경쾌한 움직임을 단테에게는 허용하지 않는다. 그러나 단테는 그것이 가능했다 하더라도 거절했을 것이다. 그러나 단테의 작품이 인간 현실의 일반적인 중층적 세계의 파노라마를 열어 보인 최초의 것이라는 사실은 의심할 여지가 없다. 고전 고대 이후 처음으로 단테의 작품 속에서 그 세계는 다각적으로 또 자유롭게 관찰될 수 있었다. 즉 계급적 제한도 시야의 한계도 없이, 아무런 장애 없이 어느 쪽으로나 향할 수 있는 시계 속에서 모든 현상을 살아 있는 질서 속에 배치하는 정신으로, 또 현상의 감각적인 국면과 그 복합적이며 정연한 해석을 모두 표현할 수 있는 언어를 통해서 그 세계를 볼 수 있었던 것이다. 『신곡』이 없었다면 『데카메론』은 쓰일 수 없었을 것이다. 이것은 아무도 부정하지 못할 것이다. 그리고 단테의 풍요한 세계가 보카치오에 와서는 보다 수준 낮은 문체로 옮겨졌다는 것 또한 명백하다. 이 점은 우리가 비슷한 두 동작을 비교해 본다면 특히 두드러져 보인다. 가령 우리의 원전 가운데서 리제타의 문장, "더 이야기해선 안 되는 것이지만 그인 천사 가브리엘로예요." (Comare, egli non si vuol dire, ma l'i ntendimento mio 1'a gnolo Gabriello)와 「지옥」 18가 52행에서 베네디코 카치아니미코(Venedico Caccianimico)가 말하는 대목인 "그것을 말하는 것도 언짢은 일이지만 그대의 분명한 말은 나로 하여 옛날 세계의 일을 상기시킨다."(Mal volontier to dico, ma stforzami la tua chiara favella,/ Che mi fa sovvenir del mondo antico.)가 그것이다. 보카치오가 단테에게 빚지고 있는 것이 관찰력이나 표현력이 아니라는 것은 말할 필요도 없다. 이러한 품성은 보카치오가 생득적으로 가지고 있었고 단테의 그것과는 전혀 성질을 달리한다. 보카치오의 관심은 단테가 관여하려고 하지 않았던 현상과 감정에 집중되어 있었다. 그가 단테에게 빚지고 있는 것은 자기의 재능을 거침없이 구사할 수 있는 가능성이다. 또 현존하는 현상 세계 전체를 개관하고 그 세계를 다양성 속에서 파악하며 그것을 유연하고도 표현력이 풍부한 언어로 재생시키는 것을 가능케 하는 유리한 위치를 획득하는 가능성이다. 작품 속에 등장하는 가지가지 인물들, 즉 파리나타와 브루네토(Brunetto), 피아 드 톨로메이(Pia de' Tolomei)와 솔델로(Sordello), 아시시의 성 프란체스코(Francesco d'Assisi)와 카치아귀다(Cacciaguida) 등을 공정히 다룰 수 있었고 그들로 하여금 각자의 특정한 조건에서 벗어나 그들 자신의 말을 할 수 있게 한 단테의 역량이 보카치오로 하여금 그의 등장인물을 위해 똑같은 결과를 성취하는 것을 가능케 하였다. 즉 보카치오는 안드레우치오(Andreuccio)와 수사 치폴라(Frate Cipolla) 혹은 그의 하인인

치아펠레토(Ciappelletto)와 빵구이 치스티(Cisti), 리제타 부인과 그리셀다(Griselda) 등의 등장인물에게 단테와 같은 역량을 발휘했던 것이다. 세계를 종합적으로 바라볼 수 있는 능력과 공존하는 것은 추상적인 도덕적 해석 없이 모든 현상에 제각기 특정한 그리고 세밀히 구별된 도덕적 가치를 배당하는 확고하면서도 유연한 시각의 비판 의식이다. 이 비판 의식은 도덕적 가치가 현상들 자체로부터 솟아나게 하는 종류의 것이다. 우리의 이야기에서 친척들이 "천사의 장식품"(con gli arnesi del agnolo)을 가지고 집에 당도한 뒤를 보카치오는 다음과 같이 계속하고 있다.

날이 밝았습니다. 수사 알베르토가 피신하였던 집의 착한 사내는 리알토 다리 위에서 천사 가브리엘로가 전날 밤 동침을 위해 리제타 부인 집엘 갔는데 그녀 친척들의 기습을 받고 무서워서 운하로 몸을 던졌는데 그후 어떻게 되었는지 모른다는 이야기를 들었습니다.

베네치아 사람들이 리알토 다리 위에서 웃음을 참지 못했다는 사실을 언급하지 않는, 언뜻 보아 진지한 어조는 한마디의 도덕적, 미적, 혹은 다른 종류의 비판을 가함이 없이, 이 사건이 정확하게 어떻게 평가되어야 하는가, 또는 베네치아 시민들의 기분이 어떤 것인가를 암시하고 있다. 그렇지 않고 만약 보카치오가 수사 알베르토의 행위가 얼마나 비열하며 리제타 부인이 얼마나 미련하고 잘 속으며 모든 게 얼마나 우스꽝스럽고 어리석은가, 또 리알토 다리 위의 베네치아 시민들이 그 때문에 얼마나 재미있어 했는가를 적었다면 이 과정이 훨씬 더 볼품없이 되었을 뿐만 아니라 많은 형용사로도 이루 표현할 수 없는 도덕적 분위기는 지금과 같이 힘차고 효과 있게 드러나지 못했을 것이다. 보카치오가 채택하고 있는 문체상의 기교는 고대인들이 극히 숭상했던 것으로 아이러니라 불렀던 것이다. 이렇게 간접적으로 암시하는 중간적인 이야기 형태는 사건과 함께 그 효과도 시사하는 시각의 의식뿐만 아니라 있을 수 있는 평가의 다양하고 복합적인 체계를 전제로 하고 있다. 이와 비교해 본다면 살림베네가 위에 인용한 삽화 속에서 "농담을 즐기는 피렌체 시민들이 이를 보자 웃기 시작하였다."(videntes hoc, Florentini, qui trufatores maximi sunt, ridere ceperunt.)란 문장을 끼워 넣은 것은 아주 소박해 보인다. 위의 보카치오 인용문에 보이는 짓궂은 아이러니의 어조는 특히 개성적인 것이다. 그런 것은 『신곡』에는 보이지 않는다. 단테는 짓궂지 않다. 그러나 폭넓은 시야, 간접적인 암시로 분명하게 정의된 복잡한 상황을 날카롭게 평가하는 일, 사건을 효과와 연결시킴에 있어서 시각의 의식 등등은 단테가 창조해 낸 것이다. 그는 카발칸티가 누구이며 무엇을 느끼는지 또 그의 반응을 어떻게 판단해야 할지 말해 주지 않는다. 단테는 그가 등장해서 말하도록 하고 나서 그저 이렇게 덧붙일 뿐이다. "그의 말과 형벌의 양식은 그의 이름을 벌써 내게 가르쳐 주었다."(le sue parole e il modo de la pena m'avean di costui giàletto il nome.) 세목을 보여 주기 훨씬 전에 단테는 브루네토 삽화와 도덕적인 어조를 고정시켜 놓고 있다.(「지옥」 15가)

> 이렇게 그 일단의 눈에 뜨인 나를
> 그중 한 사람이 알아보고 내 소매를 잡고
> 말하였다. "참으로 놀라운 일이로고!"
> 그리고 나는 그가 팔을 내미는 사이
> 그의 타 버린 모습에 눈을 주었는데
> 그의 탄 얼굴도 나의 정신이
> 그를 알아보지 못하게는 하지 않았다.
> 그리하여 나는 얼굴을 그에게로 돌려
> 대답하였다. "여기 계십니까 브루네토님?"
> 그리고 그는 대답했다. "아 내 아들아!······"

Così adocchiato da cotal famiglia
fui conosciuto da un che mi prese
per lo lembo e gridò: Qual maraviglia!
E io, quando'l suo braccio a me distese,
ficcai li occhi per lo cotto aspetto,
sì che 'l viso abbrucciato non difese
la conoscenza sua al mio intelletto;
echinando la mia a la sua faccia
respuosi: Siete voi qui, ser Brunetto?
E quelli: O figliuol mio······

단테는 한마디 설명도 없이 피아 드 톨로메이의 모습을 그려 자신의 말로 우리들에게 보여 준다.(「연옥」 5가)

제발, 그대가 세계로 돌아가
긴 나그네길에서부터 휴식할 때
(제3의 혼령이 제2의 혼령을 뒤이어 말하였다.)
나를 기억해 주세요, 이 피아를······.

Deh, quando tu sarai tornato al mondo
e riposato de la lunga via,
(Seguitò il terzo spirito al secondo),
ricorditi di me che son la Pia······

단테가 현상의 효과를 예증하고 혹은 효과를 통해서 현상을 예증하는

316

수많은 보기 가운데서 나는 양 우리에서 나오는 유명한 양의 직유를 선택하기로 한다. 이 직유로 단테는 베르길리우스와 단테를 목도하고 연옥 맞은편에 있던 군중이 겪었던 놀라움이 서서히 흩어지는 것을 묘사하고 있다.(「연옥」3가) 개별적인 것의 정확한 지각과 가장 다양하고도 섬세한 표현 수단을 통해 작동하는 이러한 특징 묘사의 방법과 비교해 볼 때 그 이전의 모든 것은 그것이 현상에 근접하려고 시도하자마자 편협하고 조잡하고 무질서해 보인다. 가령 앞서 인용한 우화의 작가가 성직자의 어머니를 묘사하고 있는 시행을 보기로 하자.

그에겐 늙은 어머니가 있었다.
끔찍하고 탐욕스러웠다.
곱사등에 새까맣고 무시무시했다.
좋은 일이라면 번번이 맞섰다.
누구나 그녀를 싫어했다.
사제 자신조차 그녀의 터무니없음에
어떠한 일이 있더라도 그녀가
자기 집에 들어오지 못하게 했다.
수다쟁이에다 정나미가 떨어지는……

Qui avoit une vieille mere

Mout felonnesse et mout averse;

Bochue estoit, noire et hideuse

Et de touz biens contralieuse.

Tout li mont l'avoit centre cuer,

Li prestres meisme a nul fuer

Ne vosist pour sa desreson

> Qu'el entrast ja en sa meson;
> Trop ert parlant et de pute ere……

이 대목에는 생생한 사실적 요소가 없지는 않다. 일반적인 성격 묘사에서 주위 사람에 대한 영향 및 아들의 태도 묘사로의 점층적인 변전은 자연스럽고도 생생한 연속성을 보여 주고 있다. 그러나 모든 것이 가장 조잡스럽고 가장 거친 방식으로 서술되어 있다. 개성적인 이해도 정확한 이해도 찾아볼 수 없다. 성격 묘사의 주요 과업을 떠맡고 있는 형용사들도 정신적 특징과 신체적 특징의 묘사가 잡동사니를 이루고 있는 시행 속에 음절 수와 각운이 허용하는 대로 아무렇게나 흐트러져 있는 것이나 다름없다. 물론 성격 묘사 전체는 직접적이다. 말할 것도 없이 단테는 형용사를 이용한 직접적인 성격 묘사, 때로는 막연한 내용의 형용사를 이용한 직접적인 성격 묘사를 경멸하지는 않는다. 그러나 그것은 다음과 같은 효과가 있을 때이다.

> 내 누이는 아름답고 착했지만
> 어느 편이 한결 더했는지 나는 모른다…….

> La mia sorella che tra bella e buona
> non so qual fosse più……

「지옥」 24가 13~14행

보카치오도 직접적 성격 묘사의 방법을 경멸하지 않는다. 우리의 원전 첫머리에서 우리는 리제타의 미련함을 직접적으로 생생하게 드러내는 두 개의 속어 어구를 발견한다. "머리가 비어 있다"(che poco sale area in zucca)와 "꾀없고 쉬 넘어가는"(che piccola levature avea)이 그것이다. 그 단편의 첫머리를 읽으면 형식과 내용이 비슷한 속어들을 듬뿍 보게 된다. "어리석고 미련한 가시내"(una giovane donna bamba e sciocca), "미련함을 알아보고"(sentiva dello scemo), "국자 부인"(donna mestola), "어느 편인가 하면 주책이 없는 부인"(donna zucca al vento, la quale era anzi che no un poco dolce di sale), "한적 부인"(madonna baderla), "작은 아씨"(donna poco fila) 등등 말이다. 이러한 속어 모음은 보카치오가 재미있는 속어 관용구 지식을 가지고 장난치고 있는 즐거운 놀이처럼 보인다. 혹은 바로 전에 들은 이야기 때문에 눈물을 머금은 좌중의 기분을 일신할 생각이 있는, 화자 팜피니어(Pampinea)의 기분을 묘사하는 듯 보이기도 한다. 어쨌거나 보카치오는 일반 민중의 활력에 찬 상상력의 언어에서 뽑아낸 다양한 구어 관용구와 이렇게 희롱하는 것을 좋아한다. 가령 제6일의 열 번째 이야기에서 수사 치폴라가 하인 구치오의 성격을 부분적으로, 또는 직접적으로 묘사하는 방식을 들어 보기로 하자. 그것은 민중적인 요소와 섬세한 짓궂음을 보카치오 특유의 방식으로 혼합한 현저한 보기인데, 그가 써낸 가장 아름답게 이어지는 완결문의 하나인 "그러나 더러운 구치오는……"(ma Guccio Imbrata il quale era)에서 끝나고 있다. 여기에서 문체의 수준은 극히 매혹적인 서정적 움직임("꾀꼬리가 푸른 가지 위에 머물러 있으려는 것 이상으로 부엌에 있는 것을 좋아하고"(più vago di stare in cucina che sopra i verdi rami l signolo))에서 시작하여 극히 조야한 리얼리즘("비곗덩이에다 통통하여 몸집이 작고 볼품없고 마소의 똥을 넣는 광주리 같은 한 쌍의 젖이 있는……"(grassa e grossa e piccola e mal fatta e con un padio di poppe che parevan due ceston da letame))을 거쳐 잔혹한 것으로("독수리가 짐승의 시체에 덤벼들듯이"(non altramenti che si gitta l'avoltoio alla carogna)) 변화하고 있다. 그러나 모든 부분이 도처에서 번뜩이는 작자의 짓궂음 때문에 하나의 전체를 형성하고 있다.

    단테가 없었더라면 이렇듯 풍부한 뉘앙스와 시작 또는 전망은 불가능했을 것이다. 그러나 단테의 지상 및 인간 세계의 모방 속에 미만해 있으며 단테의 모방에 힘과 깊이를 부여하고 있는 비유적 기독교적인 개념의 흔적은 보카치오에게서는 찾아볼 수 없다. 보카치오의 작중 인물은 지상에서 그리고 지상에서만 살고 있는 것이다. 그는 풍요한 현상을 지상의 형태가 풍부하게 존재하는 세계로서 직접적으로 파악하는 것이다. 그렇게 한 것은 정당한 일이었다. 왜냐하면 그는 위대하고 중량감 있고 숭고한 작품을 쓰려고 한 것이 아니었기 때문이다. 그가 자기 책의 문체를 "겸손하게 또 느슨하게" (umilissimo et rimesso)(제4일 이야기의 머리말)라 한 것은 단테의 경우보다 훨씬 근거 있어 보인다. 왜냐하면 그는 정녕 교육받지 못한 사람들의 오락을 위해서 또 로마나 아테네나 볼로냐로 공부길을 떠나지 못하는 귀부인들에게 위안과 즐거움을 주기 위해서 작품을 썼기 때문이다. 진지하고 무게 있는 유력 인사(ad un uom pesato e grave)가 농담과 어리석은 짓 투성이인 책을 쓰는 것을 격에 맞지 않는 일이라고 주장하는 사람들에 대해 그는 결론에서 재치 있고도 우아하게 자기 변호를 하고 있다.

나는 무게 있는 유력 인사이며 그렇게 인정받아 왔음을 고백한다. 그래서 나를 대수롭지 않게 여기는 부인들에게 이야기할 때 내가 결코 무겁지 않으며 물속에 떠 있는 오배자(五倍子)처럼 가볍다고 말한다. 사람들의 죄를 꾸짖기 위해 수사들이 하는 설교가 요즘 대체로 경구, 말놀이, 심한 농담투성이라는 것을 고려할 때 여인들의 우울증을 달래기 위해 쓴 내 이야기 속에 경구, 말놀이, 심한 농담이 끼여 있는 것도 괜찮은 것이라고 나는 생각한다.

설교하는 수사들에 대한 보카치오의 심술궂은 혹평은 단단한 근거가 있는 것일 터이다.(어조는 전혀 다르지만 단테도 거의 똑같은 말을 하고 있음을 보게 된다. 「연옥」 29가 115행) 그러나 그는 민중적인 소박한 설교의 익살스러움이 이미 타락하고 평판이 좋지 않기는 하나 기독교적 비유적 리얼리즘의 한 형태(7장 참조)임을 잊었거나 알지 못하고 있다. 보카치오의 경우에는 이런 것이 해당되지 않는다. 그리고 그의 관점에서 볼 때 그를 정당화해 주는 바로 그 요소(설교자들조차 농담하고 놀리는데 재미를 위주로 한 책에서 내가 그렇지 못한다는 법이 어디 있단 말인가?)가 그의 모험을 기독교적 중세적 관점에서 볼 때 수상하게 만들고 있는 것이다. 기독교적 비유법의 보호 아래 설교가 지니고 있던 우스개나 농담 도입의 완전한 권리가(과장이 타기할 만한 극단으로 흐를지도 모르지만) 세속적 작가에게는 없기 때문이다. 그의 작품이 궁극적으로는 자기 자신이 주장하듯 그렇게 가벼운 것이 아니기 때문에 더욱 그러하다. 보카치오의 작품이 민중 익살극처럼 소박하거나 기본 태도가 결여되어 있는 것은 아니다. 만약 소박하거나 기본 태도가 결여되어 있었다면, 기독교적 중세적 관점에서 보면 인간의 본능과 소일거리의 필요가 낳은 일종의 용서할 수 있는 변칙으로, 또 인간의 불완전성과 취약성의 증거로 간주되었을 것이다. 그러나 『데카메론』의 경우는 그렇지가 않았다. 보카치오의 책은 중간적 문체로 되어 있는데 그 경박스러움과 우아함에도 불구하고 아주 확고한 태도를 나타내고 있으며 그것은 기독교적인 태도가 아닌 것이다. 내가 지금 염두에 두고 있는 것은 미신과 성인 유물을 조롱하고 있는 보카치오의 방식이나 남성의 성적 흥분을 가리키는 '육신의 부활'(la resurrezion della carne)과 같은 신성 모독이 아니다. 이러한 것들은 중세 익살극 레퍼토리의 본질적인 부분을 이루고 있으며 반드시 기본적으로 중요한 것은 아니다. 반기독교적이고 반교회적인 운동이 일단 진행되자 이들이 크게 선전적인 효과를 얻게 된 것은 사실이지만 말이다. 예컨대 라블레(Rabelais)가 이들을 무기로 사용하고 있는 것은 의심할 여지가 없다.(비슷하게 신성 모독적인 농담은 『가르강튀아(Gargantua)』 60장 끝부분에서 볼 수 있다. 여기서는 「시편」 24편에 나오는 '내 그대를 향해 눈을 치뜨다'(ad te levari)가 같은 뜻으로 사용되고 있는데 이것은 이런 종류의 농담이 얼마나 전통적이며 상례적인 레퍼토리의 일부를 이루고 있는가 하는 것을 보여 주는 사실이다. 또다른 예를 『팡타그뤼엘』 31장 끝부분에서 볼 수 있다.) 『데카메론』 속에 반영되어 있는 가장 특징적이고 중요한 태도, 중세 기독교적 윤리에 정반대되는 것은 비록 가벼운 어조로 표현되어 있는 것이 보통이기는 하나 그럼에도 불구하고 자신에 차 있는 사랑과 자연의 교의이다. 기독교의 교리와 그 삶의 형태에 대한 근대인의 반항이 성도덕의 영역에서 그 실천력과 선전적 효과를 성공적으로 증명할 수 있었던 이유는 기독교의 초기 역사와 그 본질적 성격에 뿌리박고 있다. 성도덕의 영역에서 세속적인 삶에의 의지와 삶의 기독교적인 묶인 사이의 갈등은 세속적인 삶에의 의지가 자의식을 성취하면서부터 날카로워진다. 본능적인 성생활을 찬양하고 그 해방을 요구하였던 자연의 교의는 1270년대 파리에서의 신학의 위기와 관련하여 이미 중요한 역할을 수행하였다. 그것은 또한 장 드 묑(Jean de Meun)의 『장미 이야기(Roman de la Rose)』 2부에서 문학적 표현을 얻고 있기도 하다. 이러한 모든 것이 보카치오와 직접 관련이 있는 것은 아니다. 그는 몇 십 년 전에 있었던 이들 신학적 논쟁에 관심이 없었다. 그는 장 드 묑과 같은 절반은 스콜라학파인 교사가 아니다. 그의 사랑의 윤리는 궁정의 사랑의 개정(改正)으로서 문체의 수준에서는 몇 단계 낮게 잡았고 관능적이고 구체적인 것에만 관심을 두고 있다. 이제 문제가 되는 것이 지상의 사랑임은 의심할 여지가 없다. 보카치오가 자기 태도를 가장 분명하게 표현하고 있는 몇몇 단편에 아직도 궁정의 사랑의 마술의 반영이 엿보이고 있음은 사실이다. 이리하여 그 이전의 아미토(Ameto)처럼 사랑을 통한 교육이라는 핵심적 주제를 가지고 있는 치모네(Cimone, 제5일 첫 번째 이야기) 이야기는 그것이 궁정 서사시에서 유래한 것임을 분명하게 보여 주고 있다. 사랑이 모든 미덕과 인간에게 있는 고상한 모든 것의 모태이며 용기와 자기 의존과 희생을 할 수 있는 능력을 전해 주며 또한 명민함과 사교적 재능을 발전시켜 준다는 교의는 궁정 문화와 참신 문체(Stil nuovo)의 유산이다. 그러나 이 작품에서 사랑은 모든 계급에게 유효한 실천적 도덕률로 제시되어 있다. 사랑하는 사람은 이미 접근할 수 없는 여주인이거나 신성한 이념의 화신이 아니라 성욕의 대상인 것이다. 일관성 있는 것은 아니지만 세목에 있어서도 일종의 사랑의 윤리를 식별할 수 있다. 예컨대 질투하는 경쟁자, 부모, 그 밖에 사랑의 기도를 훼방하는 사람들과 같은 제삼자에 대해서는 어떤 종류의 불성실이나 속임수를 써도 되지만 사랑의 대상에게는 안 된다는 것이 그것이다. 수사 알베르토가 보카치오의 동정을 거의 받지 못하는 것은 그가 위선자인 데다가 정직하지 못한 비열한 수단으로 리제타 부인의 사랑을 획득했기 때문이다. 『데카메론』은 사랑할 수 있는 권리에 뿌리박은 완전히 실제적이고 세속적이며 확연한 도덕률을 발전시키는데, 그것은 본질적으로 반기독교적인 것이다. 그것은 교의적 타당성에 대한 강력한 주장이 없이 우아하게 제시되어 있다. 『데카메론』은 가벼운 소일거리의 문체 수준을 버리는 법이 거의 없다. 그러나 보카치오가 공적에 대해서 자기변호를 할 때 때로는 그것을 버리기도 한다. 제4일의 서문에서 부인들에게 말하는 형식으로 이렇게 적고 있을 때가 그 보기이다.

있는 힘을 다해서 지금까지 당신들의 마음에 들려고 나는 노력해 왔지만 앞으로도 이에 못지않게 노력할 것이다. 왜냐하면 당신들을 사랑하는 사람들은 나 자신이건 타인이건 자연을 따라서 그렇게 하는 것이기 때문이다. 자연의 법칙에 항거하면 굉장한 힘이 필요할 뿐만 아니라 때로는 헛된 일이 되고 말며 그렇게 한 사람은 크게 다치게 된다. 이러한 힘을 나는 가지고 있지 않으며 이런 목적을 위해 갖고 싶지도 않다는 것을 실토한다. 설사 그것을 가지고 있다 할지라도 내 자신을 위해 사용하기보다는 타인에게 기꺼이 빌려 주겠다. 따라서 독설가들은 잠자코 있을 것이며 격앙하지 않기를 바란다. 그들은 마비된 상태에서 그들의 쾌락 속에 아니 차라리 그들의 타락한 욕망 속에 머물러 있기를 바란다. 내게 배당된 짤막한 이 생애 동안 나를 내 쾌락 속에 머물러 있게 해 다오.

이것은 보카치오가 자기의 사랑의 윤리를 옹호하기 위해서 쓴 가장 공격적이고 가장 정력적인 대목의 하나이다. 그가 표현하려고 하는 견해는 오해의 여지가 있을 수 없다. 그러나 그것이 무게가 없다는 것도 명백하다. 이러한 싸움은 거역할 길 없는 자연의 힘에 대한 몇 마디나 개인적 적수의 사사로운 비행에 대한 악의에 찬 언급을 통해 진지하게 수행될 수는 없다. 보카치오가 이런 의도를 가지고 있었던 것도 아니다. 그의 작품이 말하고 있는 삶의 질서를 단테의 기준이나 충분히 발달된 후기 르네상스 작가들의 작품으로 측정한다면 보카치오를 부당하게 취급하는 것이며 잘못된 기준으로 판단하는 것이다. 세속 세계의 비유적 통일성은 단테 속에서 지상적 현실에 대한 완전한 지배를 달성한 순간에 무너지고 만다. 감각적으로 다양한 현실에 대한 지배는 영속적인 전리품이 되었지만 그것을 그 테두리에서 파악해야 했던 질서는 이제 사라졌고 그것을 대체할 아무것도 없었다. 이것이 앞서 말했듯이 보카치오에 대한 비난이 되어서는 안 되지만 개인으로서의 보카치오를 넘어서는 하나의 역사적 사실로 기록되지 않으면 안 된다. 초기 인문주의는 삶의 현실과 대결했을 때 건설적, 윤리적인 힘을 잃어버린다. 초기 인문주의는 리얼리즘을 다시 중간적이고 문제성이 없으며 비극적이지 않은 문체 수준으로 끌어내린다. 이러한 문체 수준은 고전 고대에서 극단적인 상한으로서 리얼리즘의 몫이었던 것이다. 그리고 초기 인문주의는 고전 고대에서와 마찬가지로 에로틱한 것을 그 주요한, 아니 거의 유일한 주제로 삼고 있다. 그러나 이 주제는 고전 고대에서는 포용할 생각도 못하였던 극히 유망한 문제와 갈등의 맹아를 포용하고 있다. 즉 중세 기독교 문화에 대항하는 초기 반대 운동의 실질적인 출발점을 포용하고 있었다. 그러나 최초엔 단순히 그 자체로서 에로틱한 것은 현실을 문제성 있는 것으로 혹은 비극적으로 처리할 만큼 강력하지 못하였다. 보카치오가 당대 생활의 모든 다양한 현실을 묘사하려고 했을 때 그는 전체의 통일성을 포기해 버린다. 그는 많은 것들이 나란히 서 있고 기품 있는 소일거리라는 공통적인 목적에 의해서 겨우 통일이 유지되는 이야기책을 썼다. 단테의 비유법이 완전히 침투하여 가장 일상적인 현실로 융합하였던 정치적, 사회적, 역사적인 문제들은 내팽개쳐진다. 형이상학적이고 에로틱한 문제에 무엇이 일어나며 이러한 문제가 보카치오의 작품에서 어떠한 문체의 수준과 인간적 깊이를 성취하느냐 하는 것은 단테와의 비교를 통해서 쉽사리 확인할 수 있다.

「지옥」 편에는 저주받은 영혼들이 신에게 도전하고 신을 조롱하고 저주하는 몇몇 대목들이 있다. 테베를 포위했던 일곱 왕 중의 하나인 카파네우스(Capaneus)가 불비 한가운데 서서 "죽어 있는 나도 살아 있는 나와 같다."(Qual jo fui vivo tal son morto)라고 신에게 도전하며 외치고 있는 14가의 중요한 장면도 좋은 보기이다. 혹은 뱀에게 물려 끔찍하게 변했다가 회복하자 교회 도둑 바니 푸치(Vanni Fucci)가 보여 주는 25가에서의 경멸에 찬 몸짓도 좋은 보기이다. 두 경우 모두 항거는 의식적인 것이며 두 죄인들의 역사, 성격, 그리고 상황과 일치하고 있다. 카파네우스의 항거는 프로메테우스와 같은 모반의 불굴의 도전이며 초인적인 신에 대한 적의이다. 바니 푸치의 항거는 절망에 의해서 측량할 수 없으리만큼 과장된 악의이다. 보카치오의 첫 번째 단편(제1일 첫 번째 이야기)은 집을 떠나 피렌체의 두 고리대금업자의 집에서 중병에 걸린 고약한 사기꾼 공증인 세르 치아펠레토(Ser Ciapelletto)의 이야기다. 그가 묵고 있는 집의 두 주인은 그가 고약한 삶을 영위해 왔다는 것을 알고 있고 고해와 사면 없이 자기들 집에서 그가 죽었을 때 닥칠지 모르는 최악의 사태를 두려워하고 있다. 그가 진정한 고해를 하더라도 사면받지 못하리라는 것을 그들은 믿어 의심치 않는다. 두 주인을 이 어려운 상황에서 빠져나오게 하기 위해 치명적인 중병에 걸린 노인은 지나치게 경건한 거짓 고해로 순진한 고해 신부를 속인다. 자기 자신을 과장된 양심의 가책에 시달리는 흠 없는 총각이며 모든 미덕의 화신으로 보이게 한 것이다. 이렇게 해서 그는 사면을 받을 뿐만 아니라 죽은 후에는 고해 신부의 증언으로 성자에게 주어지는 존경을 얻게 된다. 죽음의 시작에 있어서의 고해에 대한 이러한 조소적인 경멸은 회개자 쪽의 기본적인 반기독교적 태도나 개재된 문제에 대한 작자의 입장(그것이 기독교적이고 따라서 비난하는 것이건 혹은 반기독교적이어서 지지하는 것이건)의 취택이 없이는 처리될 수 없는 주제인 듯이 보인다. 그러나 이 작품에서 그것은 익살극처럼 희극적인 두 개의 장면을 마련하기 위해 보조 역할을 할 뿐이다. 즉 그로테스크한 고해와 성자라고 생각된 사나이의 엄숙한 매장 장면이 그것이다. 문제는 제기되지도 않고 있다. 세르 치아펠레토는 자기 과거에 값하는 교활한 책략으로 그저 주인들을 임박한 위험으로부터 해방시켜 주기 위하여 아주 가볍게 자기 행동 절차를 결정한다. 그것을 위해 그가 내세우는 변명은 너무나 미련하고 경박한 것이어서 그가 신이나 자신의 삶을 진지하게 생각해 본 적이 없음을 증명해 주고 있다.("나의 생애 중 나는 신을 너무나 노엽게 했기 때문에 죽음에 임해서 더함과 덜함이 전혀 문제가 되지 않는다.") 그리고 똑같이 경박하고 당장의 편의에만 관심을 가지고 있는 것이 그 집의 주인인 두 사람의 피렌체인이다. 이들은 고해에 귀를 기울이며 서로에게 "늙고 병들어 바야흐로 신의 심판을 받으려는 때에조차 고약한 책략을 팽개치지 못하고 여태껏 살아온 것처럼 죽기를 원하니 대체 이 사내는 어떤 위인이란 말인가."라고 말하는 것은 사실이다. 그러나 이들은 그에게 기독교인으로서의 매장을 보증해 준다는 목적이 성취되자 그 문제는 더 이상 생각하지 않는다. 많은 사람들이 가장 중요한 행동을 이러한 행동에 어울리는 충분한 확신이 없이 그저 순간적인 상황, 습관의 힘, 순간적인 충동의 결과로 취한다는 것은 분명한 사실이며 또 보통 경험과 일치한다. 그러나 이런 종류의 문제를 이야기하는 작가에게서 우리는 비교에 의한 평가를 기대하는 법이다. 그리고 사실 보카치오는 화자인 판필로(Panfilo)가 결론 부분에서 자기 입장을 취하는 것을 허용하고 있다. 그러나 그의 말은 불충분하고 모호하며 무게가 없다. 그의 말은 주제가 요구하는 것처럼 무신론적인 것도 아니고 결정적으로 기독교적인 것도 아니다. 보카치오가 오직 뒤에 언급한 두 장면의 희극적 효과를 위해서만 그 소름끼치는 모험을 전하고 있으며 진지한 평가나 입장의 천명을 피하고 있다는 것은 의심할 여지가 없다.

리미니의 프란체스카(Francesca da Rimini) 이야기에서 단테는 그의 존재 방식이나 발전 단계에 걸맞게 위대함과 진실성을 표현하였다. 중세에 있어 처음으로 기사 모험담이 아니며 요정과 마법의 이야기가 아닌 것이 나타난 것이다. 그것은 궁정 문화의 특색이었던 매력 있고 재치 있는 교태나 계급적인 사랑의 의식에서 자유롭다. 그것은 신문체에서처럼 은밀한 의미의 베일 뒤에 숨어 있지도 않다. 그렇지 않고 그것은 가장 높은 수준의 어조로 된 현재의 행동으로서 지상에서의 운명의 기억으로도 내세에 있어서의 해후로서도 똑같이 직접적이며 리얼하다. 보카치오가 비극적으로 혹은 숭고하게 제시하려는 사랑 이야기에서(이들은 주로 제4일의 단편 가운데서 찾아볼 수 있다.) 가장 흔한 요소는 모험적인 것과 감상적인 것이다. 동시에 여기서의 모험은 궁정 서사시의 전성기 때처럼 이상적인 계급관 속에 충분히 동화된 요소로서 하나의 내적 필연성이 되었던(6장 참조) 선택받은 소수의 시련이자 시험이 아니라 급속히 또 격렬하게 변화하는 사건의 예기치 않은 소산인 우연의 일치에 지나지 않는다. 모험의 우연성의 정교화는 비교적 사건이 일어나지 않는 단편에서조차 증명될 수 있다. 가령 제4일의 첫 번째 이야기인 귀스카르도(Guiscardo)와 기스몬다(Ghismonda)의 이야기를 통해서 말이다. 단테는 프란체스카와 파올로가 프란체스카의 남편에게 들키고 마는 상황은 언급하지 않았다. 이러한 주제를 처리함에 있어 그는 온갖 종류의 정교하게 꾸며진 우연을 경멸한다. 그리고 함께 책을 읽는 애인들의 경우처럼 그가 묘사하는 장면은 세상에서 가장 비근한 것이며 오직 그 결과 때문에 관심을 끄는 종류의 것이다. 보카치오는 그의 이야기의 상당 부분을 훼방받지 않고 접하도록 하기 위해 애인들이 사용하지 않을 수 없는 복잡하고도 모험적인 방법 그리고 아버지 탄크레디(Tancredi)에게 결국 발견될 때까지의 우연한 사건의 연쇄를 서술하는 데 바치고 있다. 이것은 예컨대 크레티앵 드 트루아의 로맨스에 나오는 클리제스(Cligés)와 프니스(Fenice)의 사랑 이야기와 같은 궁정 로맨스의 모험과 같다. 그러나 궁정 서사시의 요정 이야기

같은 분위기는 볼 수 없고 기사에게 과하는 시험에 대한 윤리관은 극히 감상적 형태로 표현된 일반적인 자연과 사랑의 도덕률이 되어 버렸다. 흔히 물리적 대상(애인의 심장, 독수리)과 연결되며 그러한 한에서 요정 이야기 모티프를 상기시키는 감상적 요소는 대부분의 경우 과도하게 많은 수사로 장식되어 있다. 가령 기스몬다의 긴 변명이 그러하다. 이들 단편은 모두 결정적인 문체와 통일성을 가지고 있지 못하다. 이들은 너무나 모험에 차 있고 요정 이야기를 상기시켜 리얼하지 못하다. 또 너무나 마술이 없고 수사적이어서 요정 이야기일 수 없으며 지나치게 감상적이어서 비극적이지 못하다. 비극적인 것을 노리는 단편은 현실의 영역에서나 감정의 영역에서나 직접적이고 즉시적이지가 않다. 기껏해야 그들은 이른바 감동적일 뿐이다.

   보카치오의 초기 저작에서 인문주의의 모호함과 불안정성이 두드러지는 것은 그가 바로 문제성이나 비극의 영역으로 들어가려 할 때이다. 자유롭고 풍부하고 현상의 지배에 있어 자신만만하며 중간적 문체의 범위 안에서 완전히 자연스러운 그의 리얼리즘은 문제성 있거나 비극적인 것에 접촉할 때 취약해지고 피상적이 되고 만다. 단테의 『신곡』에서 기독교적 비유적 해석은 인간적 비극적 리얼리즘을 포용하였고 그 과정에 자신은 파괴되었다. 그러나 그 비극적 리얼리즘도 즉각 다시금 상실되고 만다. 보카치오 같은 사람들의 세속성은 아직도 너무나 불안정하고 또 기반이 없었기 때문에 단테의 비유적 해석과 같이 세계를 하나의 현실로서 또 전체로서 질서지어 주고 해석하고 표현하는 기초적인 역할을 할 수가 없었던 것이다.

마담 뒤 샤스텔

프로방스 출신의 봉건 시대 후기형의 기사, 군인, 정신(廷臣), 왕자의 사부이자 문장과 무술 시합의 권위자였던 앙투안 드 라살(Antoine de la Sale)는 1390년경에 태어나 1461년에 죽었다. 그는 1440년경까지 생애의 대부분을, 나폴리 왕국을 방어하는 전쟁에 참여하고 프랑스에 광대 한 영지를 가지고 있던 앙주(Anjous) 가의 심부름을 하는 일로 보냈다. 그는 1448년에 생 폴 백작인 루이 드 뤽상부르(Louis de Luxembourg)의 아들들의 사부가 되기 위하여 앙주 가를 떠났다. 루이 드 뤽상부르는 프랑스 왕과 부르고뉴 사이의 복잡한 관계에 중요한 몫을 했었다. 앙투안 드 라살은 젊은 시절에 포르투갈 북아프리카 원정에 참여했고, 앙주 가 사람들과 자주 이탈리아를 여행했으며, 프랑스와 부르고뉴의 궁정을 잘 알고 있었다. 그가 글쓰기를 시작한 것은 왕자를 가르치는 데 필요한 개요들을 작성하는 일 때문이었던 것으로 보인다. 그로 하여 자신의 이야기 소질과 취미를 발견하였던 것 같다. 가장 잘 알려진 그의 작품은 프랑스 후기 봉건기의 가장 발달한 문학적 기록이라고 할 수 있는 염정 교양 소설,『시동 장 드 생트레의 이야기와 유쾌한 행장기(*L'Hystoyre et plaisante Cronique du Petit Jehan de Saintré*)』이다. 라살 고유의 특징과 성격이 없는데도 불구하고『결혼의 열다섯 가지 기쁨(*Quinse Joyes de*

Mariage)』와 『백 가지 새 이야기(Cent Nouvelles Nouvelles)』도 한때는 그의 작품으로 생각되었다. 근년에 와서, 특히 15세기 프랑스 이야기에 대한 쇠더헬름(W. Söderhjelm)의 연구서가 나온 이래(파리, 1910년) 대다수 연구가들은 생각을 바꾼 것으로 보인다.

그가 첫아이를 잃은 한 부인을 위하여 위로서를 쓴 것은 일흔 살쯤 되어서였다. 『마담 뒤 프렌느의 위로(Le Réconfort de Madame du Fresne)』라는 글은 네브(J. Nève)의 앙투안 드 라살 연구에 부쳐 출간되었다.(파리 및 브뤼셀, 1903, 101~155쪽) 열의와 진중함을 보여 주는 서문으로 시작되는 이 글은 신앙을 권려하는 구절들 이외에 성경, 세네카(Seneca)*, 베르나르 드 클레르보(Bernard de Clairvaux)**의 글을 인용하고, 그리스도의 시의(屍衣)에 관한 전설과 조금 전에 죽은 한 성자에 대한 예찬을 포함하고 있다. 그다음에 용기 있는 어머니에 대한 두 이야기가 나온다. 이 이야기들 중, 첫 번째 것이 월등 중요하다. 많은 오류와 왜곡이 있기는 하지만, 백 년 전쟁 중의 한 일화를 전하는 이야기이다.

영국인들이 '검은 왕자'(The Black Prince)의 지휘 아래 브레스트(Brest)의 성채를 공략한다. 성주 샤스텔은 이에 맞서다가 결국 협약을 맺지 않을 수 없게 되는데, 그 내용은 일정한 날짜까지 원군이 오지 않는다면 성채를 검은 왕자에게 내놓겠다는 것이다. 그리고 그는 열세 살짜리 외아들을 볼모로 주게 된다. 이러한 조건으로 검은 왕자는 휴전에 동의한다. 정해진 날짜의 나흘 전에 보급선이 항구에 도착한다. 큰 기쁨이 일고, 성주는 왕자에게 사자를 보내어, 원군이 도착했으니 볼모를 돌려주고 기사의 예절에 따라 항구에 도착한 보급품에서 필요한 것을 뜻대로 취할 것을 통고한다. 곧 손에 들어오게 되었다고 믿고 있던, 오래 원하던 노획물이 물거품이 되자 노한 검은 왕자는 보급품의 도착을 협정에서 말한 원군의 도착으로 인정하지 아니하

* BC 4?~AD 65, 로마의 철학자.
** 1090~1153, 프랑스의 수도승.

고, 정해진 날에 성을 내놓거나 볼모를 포기하라고 재촉한다. 매우 인상적으로, 조금 장황하게, 여러 가지 전갈을 가져오는 사자들의 영접 절차에 대한 자세한 묘사를 포함하여, 사건 전개의 각 단계 하나하나가 자세히 이야기된다. 왕자가 딱히 분명하지는 않으나 거절의 회답을 보내고, 성주 샤스텔이 불길한 예감이 들어 일가친척과 벗들을 불러 상의한다. 이들도 처음에는 할 말이 없이 서로를 마주 볼 뿐이다. 이들은 검은 왕자의 진의가 아닐 것이라고 말하고, 설사 진의가 그렇다고 하더라도, "완전한 굴욕을 피하면서 성을 내놓는 방법 외에는 종내 충성되이 상주할 말이 없다고 결론을 내리며" (Toutefoiz, conclurent que rendre la place, sans entier deshonneur, à loyalement conseillier, n'en voient point la fachon) 뾰족한 대책을 내놓지 못한다. 밤에 성주의 수심에 찬 모습을 본 성주의 처가 그로부터 걱정의 진상을 듣게 된다. 이에 그녀가 실신한 일, 정해진 날짜의 전날에 왕자의 사자가 나타나서 협정을 이해할 것을 분명하게 요구했는데, 주고받은 말들의 가혹한 내용과는 대조적으로 사자들을 예절 바르게 영접하고 또 송별한 일, 성주 샤스텔이 일가친척과 벗들에게 태연하고 결연한 얼굴을 보인 일, 그러나 밤에 침상에서 아내와 단둘이 있을 때 평정을 잃고 절망에 빠지게 되는 일들이 이야기된다. 이야기의 클라이맥스는 다음과 같다.

성주와 그 명예를 잃게 되거나, 누구나 열셋의 나이에 그와 같이 빼어나고 조신이 바른 아이는 본 일이 없다고 말하는 아들을 잃을 것을 걱정하여 한편으로 큰 신음 소리를 내면서, 부인은 남편이 그로 하여 분사하지나 않을까 걱정하였다. 그런 생각 중에 그녀가 혼자 말하기를, "아, 슬프구나! 그 양반이 죽는다면, 그대는 온갖 것을 다 잃는 것이거늘!" 하였다. 이런 생각을 하며 부인은 남편을 불렀으나 그는 이를 듣지 못하였다. 이에 그녀는 소리를 크게 하여 말하기를, "서방님, 당신의 불쌍한 마누라, 저를 가련히 여기세요. 불평없이 충실히 당신을 사랑하고 돕고 공경한 당신의 마누라가 두 손을 모아

비노니, 일거에 당신의 아들과 마누라를 폐망하게 하지 마시옵소서."라고 하였다. 성주는 이 말을 듣자, 그녀에게 대답하여 말하였다. "아, 사랑하는 부인, 이것은 무슨 일이오? 이와 같은 궁경에 당하여 사느니보다는 죽기를 원하지 않는 사람이 있겠소?" 그러자, 현숙한 부인은 슬픔을 고덕한 말로 바꾸어 말하기를, "서방님이 옳지 않으시다는 말씀은 아닙니다. 그러나 하느님의 뜻이 그러하심에, 좋지 않은 일 가운데, 그래도 나은 쪽을 택하라고 하심이 하느님의 뜻이고 분부이기도 합니다."라고 하였다. 이에 성주는, "그렇다면, 그대 생각에 둘 가운데 어느 쪽이 덜 나쁜 것인지를 말씀하시오."라고 말하였다. 부인이 답하여, "서방님, 이것은 대사이므로, 두 손 모아 비오니, 덕이 높은 남자의 고귀한 마음에서 결단이 나와야지, 하느님의 정하신 바에 따라 남자에 순종하게 되어 있는 여자가, 특히 어머니와 아내가 되어 있는 여자, 나와 같이 당신의 아내이고 아들의 어머니인 여자가 촌탁할 일이 아닙니다. 바라옵건대, 서방님은 이런 결정은 저로 하여금 사양할 수 있게 하소서."라고 말하였다. 성주는 답하여, "아, 사랑하는 부인, 사랑과 의무의 명하는바, 나의 모든 중대사에 있어서, 하느님의 뜻과 같이 이신동체로서, 당신이 거기에 함께 참여하여 마땅하오. 이것이 부인의 덕에도 맞는 일이오. 그대는 하나의 좋은 선택이 있다 하였소. 그대는 어머니이고, 나는 그대의 낭군이오. 그런 연고로, 몇 마디 말로 그 선택을 분명히 이야기하여 주기를 바라오."라고 하였다. 그래서 시름에 빠진 부인은 남편에 순종키 위하여 답하였다. "당신이 선택을 말하기를 청하니 말하리다." 여기까지 말하고 그녀는 남편에 대한 사랑의 힘으로 그녀의 마음의 지혜를 더하여, 계속하였다. "서방님은 제가 무어라고 하든 그 허물을 용서하여 주시기를 바랍니다. 두 가지를 말씀드리니, 여기에 우선 하느님과 성모와 천사장 미카엘이 내 생각과 말에 함께하시기를 빕니다. 첫째로 그대의 슬픔과 탄식과 생각을 떨쳐 버리라는 것입니다. 그러면 저도 그와 같이 하겠습니다. 그리고 모든 것을 하느님께 맡기십시오. 하느님이 뜻대로 가장 좋은 길로 이끄실 것입니다. 둘째로 또 끝으로 말씀드릴 것은 서방님 당신과 목숨 가진 남자나 여자는 모두, 하늘의 권리와 눈의 경험으로, 아이들이란 뱃속에 그들을 품었고, 또 낳은 어머니의 아이들이라고 함이 그들을 선사받은 남편이나 또는 다른 사람의 아이들이라 함보다는 합당함이 분명한 일입니다. 제가 이렇게 말씀드림은 우리의 아들이 당신이 아들이라기보다는 우선 저의 아들임이 분명하다는 것입니다. 정녕코 그 애가 당신의 아들임이 틀림없는 일이겠으나,(이 점은 무서운 최후의 심판일에 하느님께서 증언해 주실 것입니다.) 말씀드린 까닭으로 그 애는 저의 아들입니다. 저는 그 애를 뱃속에 아홉 달이나 지니고 수많은 날 온갖 시름을 견디었고, 그 애를 낳았을 때는 거의 목숨을 잃을 뻔했고, 또 그 애를 내놓는 날까지 먹이고 사랑하고 아껴 왔던 것입니다. 그러나 이제 영원히 그 애를 하느님의 손에 맡기고, 이제 그 애는, 일찍이 본 일도 없는 양, 나에게는 아무것도 아닌 남이 되는 양, 마음으로부터, 자유롭게 강제됨이 없이, 억지 없이, 힘으로 인한 바 없이, 당신에게, 어머니가 외아들에게 가질 수 있는 모든 자연스러운 사랑과 정과 권리를 주고 양도하고 옮기겠다는 것이 저의 뜻하는 바입니다. 이에 대하여는, 그 애를 13년 동안이나 저에 빌려 주시고, 당신의 명예를 유지하고 지키게 한 참다운 하느님, 전능한 하느님이 증거하실 겁니다. 하느님의 뜻하시는바, 당신은 오직 하나의 명예, 아내와 아들과 다른 어떤 것보다도 사랑하여야 할 명예가 있습니다. 그리고 똑같이 오직 하나의 아들이 있습니다. 이제 어느 쪽을 잃음이 더 큰 손실인지 생각해 보십시오. 진정코, 서방님, 큰 결단이 요구됩니다. 하느님의 뜻이 그러하시다면 우리는 아직도 다른 아들을 얻을 수도 있는 나이입니다. 하나 당신의 명예는 일단 잃어버린 연후면 다시 돌이킬 길이 없습니다. 당신이 저의 말을 좇으면, 살았을 때나 돌아가신 후에나, 사람들은 당신이 명예롭고 충실한 기사였다고 말할 것입니다. 그러하므로 저의 모든 겸손함을 다하여 비노니, 저와 같이 하시어, 일찍이 그 애가 없었던 양, 이 이상 그 애를 생각지 마소서, 마음을 굳게 잡수시고 하느님이 당신에게 명예를 되찾게 하여 주심을 감사하소서."

그리하여 성주는 그 부인이 이와 같이 고결하게 말함을 듣고, 한숨을 쉬며 예수 그리스도와 가장 높고 전능하신 하느님에게 감사하기를 하느님께서 연약한 여자로 하여금 사랑하는 외아들에 대한 사랑을 버리고 남편만을 사랑하여, 그와 같이 고결한 말을 하게 하셨다 하였다. 그리고 그는 간단히 말하였다. "사랑하는 아내여, 내 마음의 사랑이 미치는 한껏, 그대가 나에게 준 고결하고 처량한 선물에 지극한 감사를 드리겠소. 금방 새벽 나팔이 불었소. 밤잠을 못 잤으나, 일어나야 하겠소. 이제 조금 눈을 붙여 보시오." "아, 서방님, 눈을 붙이다니요." 하고 부인이 말하였다. "내 몸의 심장도, 눈도 사지도 그럴 수 있는 부분은 하나도 없어요. 나도 일어나겠으니, 우리 함께 미사에 나아가 이 모든 일에 대하여 하느님께 감사를 드립시다."

위의 장면 이후에도 이야기는 한참 계속된다. 다시 한 번 검은 왕자의 사자가 도착하여 투항할 것을 요구하고 볼모를 처형하겠다고 위협한다. 그 요구는 거절된다. 그리고 성주는 무력으로 아들을 구조하기 위하여 출진을 결심한다. 그런 다음 이야기의 장면은 적진으로 옮겨 간다. 적진에서 왕자는 아이를 사슬에 묶어 처형장으로 끌고 가게 하고 샤스텔 성주의 사자(그의 이름도 샤스텔이다.)로 하여금 그의 항의에도 불구하고 그 행렬을 따르게 강요한다. 다시 성채 안에서는 성주의 부인이 성주의 출진을 막으려다 실신하고, 그러는 사이 파수꾼들이 아이의 처형장에 갔던 적의 부대가 돌아오는 것을 보게 되고 이래저래 계획된 전투가 너무 늦었음이 드러나고, 성주는 그 아내를 침상으로 떠메어 오게 하여 위로하고, 사자 샤스텔은 성으로 돌아와 일의 경위를 보고하는(여기에서 다른 형태로 이미 이야기된 것이 되풀이된다.) 등의 사건이 순차로 이야기된다. 사자가 아이의 죽음 장면을 그리는 부분을 다음에 인용해 보자.

경비병들이 위로하는 말대로 이제 성으로 자기를 데리고 가려니 하고 생각하던 도련님은 레옹 산으로 향해 가는 것을 알자 더없이 놀랐습니다. 그러자 도련님은 겁을 내어 울면서, 경비대장인 토마에게 말했습니다. "아, 친구 토마여, 그대는 나를 죽이려 데려가는가. 나를 죽이려 데려가는가. 오호라, 나를 죽이려 데려가는가. 토마여, 나를 죽이려 데려가는가. 오호, 아버님, 나는 죽으러 가요. 아, 어머님, 나는 죽으러 가요. 나는 죽어요. 오호, 오호, 오호, 나는 죽어요, 죽어요, 죽어요, 죽어요!" 이렇게 울면서 앞을 보고 뒤를 보고, 또 둘러보다가, 내 옷의 문장을 보고, 애닯게도, 나를 향해 한껏 목소리를 높여 외치기를, "아, 내 친구, 샤스텔이여, 나는 죽어요. 내 친구여, 나는 죽어요."라고 하였습니다. 이러한 부르짖음 소리에, 나는 죽은 듯 땅 위에 쓰러졌습니다. 그리고 명령이 내려서 그들은 나를 떠메고 그를 뒤따르게 하고, 그가 최후를 마칠 때까지 여러 사람이 나를 억누르고 있었습니다. 그리고 그들은 도련님을 산 위에 내려놓고, 한 수도승을 나아오게 하여 하느님의 은총의 희망에 대한 아름다운 말로써 조금씩 고해를 받게 하고 그의 작은 죄들을 사하게 하였습니다. 그리고 그가 죽음을 순순하게 받으려 하지 아니하므로, 머리를 잡고 팔과 다리를 묶었는데, 나중에 들은 바로는 쇠사슬이 뼈에까지 파고 들었다고 합니다. 이 참혹한 형벌이 가해지는 동안 나는 정신을 잃었다가 되찾고 그런 연후 나는 문장이 있는 옷을 벗어 그의 시신 위에 놓았습니다……

사자는 성주 아들의 시신을 빌려 받을 때 검은 왕자와 주고받은 준엄한 말로써 그의 보고를 끝낸다. 그리고 성주가 이 모든 것을 듣고 난 다음 기도하는 장면이 묘사된다.

훌륭하신 하느님, 지금까지 나에게 그 애를 빌려 주셨던 하느님, 그 애의 영혼을 거두어 주시고, 어린 것이 죽음을 순순히 받아들이지 아니하였음을 사하여 주시고, 올바름을 위하여 이런 처지에 들게 된 저를 또한 용서하여 주소서. 불쌍한 어미여, 비록 당신이 내 명예를 구하고자 그를 내 손에 내놓았지만, 이 일을 들으면 당신 무어라 말하리까! 훌륭하신 하느님, 그를 위로할 내 말에 함께 계셔 주소서.

다음에 엄숙한 장례가 이야기되고, 성주가 여러 사람이 모인 식탁에서 그때까지 감추어 두었던 아이의 죽음을 그 아내에게 이야기하는 장면이 나온다. 그녀는 평정한 자세를 지킨다. 며칠 후 검은 왕자는 성의 포위를 풀 수밖에 없게 되고, 성주는 좋은 기회를 잡아 성공적인 기습 공격을 가하여 적을 상당수 생포한다. 그중에 신분이 가장 높은 열두 사람을 골라, 많은 액수의 몸값을 내겠다는 것에도 불구하고, 멀리 보일 수 있는 높은 교수대에 매어 달아 이들을 처형한다. 나머지는 오른 눈을 도려내고 오른 귀를 짜르고 오른손을 절단하여 적진으로 다시 돌려 보낸다.

너의 주인 헤롯에게 돌아가서, 내가 그대로 남겨 준 왼쪽 눈, 귀, 팔에 대하여 감사함을 표하라. 나의 죄없는 아들의 시신을 나의 사신 샤스텔에게 내어 준 보답이니.

내가 여기 조금 자세하게 인용한(이 글은 자세한 것이 중요한 특징이기도 하고, 이미 언급한 구절들에 비하여 대부분의 독자들에게는 접하기가 쉽지 않을 것이기 때문에, 조금 자세하게 인용한) 텍스트는 보카치오와 『데카메론』보다 100년 이상 뒤에 나온 것이다. 그러나 그 인상은 비할 수 없게 중세적이고 비현대적이다. 이 전체적 인상은 자연스럽고 강력하다. 나는 그 원인이 되는 여러 요인들을 아래에서 밝혀 보고자 한다.

형식 면에 있어서, 문장의 구조나 전체의 구성은 고대적이고 인문주의적인 조소성, 다양성, 명증성, 정연성을 보여 주지 아니한다. 문장들은 전체적으로 병렬 구문(Parataxis)이 아니지만, 종속 구문(Hypotaxis)은 종종 서툴고, 둔중한 강조가 많고, 때로는 연결어들이 불분명하다. 성주 부인의 말에 나오는 다음과 같은 부분, "그러한 까닭으로 그 애는 저의 아들입니다. 저는 그 애를 뱃속에 아홉 달이나 지니고 수많은 날 온갖 시름을 견디었고, 그 애를 낳았을 때는 거의 목숨을 잃을 뻔했고, 또 그애를 내놓는 날까지 먹이고 사랑하고 아껴 왔던 것입니다."(Et car pour ce il est mon vray filz, qui moult chier m'a cousté a parler l'espasse de IX mois en mes flans, dont en ay receu maintes dures angoisses et par maints jours, et puis comme morte à l'enffanter, lequel j'ay si chierement nourry, amé et tenu chier jusques au jour et heure que il fut livré.)* 이러한 부분의 얼크러진 관계사의 인쇄는 종속 관계의 불명료성을 드러낸다. "그 애를 낳았을 때는 거의 목숨을 잃을 뻔했고"(puis comme morte à l'enffanter)의 구절은, 어지러운 격정적 표현이 아니라 조심스럽게 격식을 갖춘 말을 의도하는 것이지만, 통사적 질서를 완전히 벗어난다. 여기의 문체의 정교한 격식, 화려한 의식은 따지고 보면 고대의 수사학 전통에 기초한 것이라 할 수 있으나, 그것은 중세의 현학적 변용을 거친 것으로서 인문주의에 의하여 그 원천적 성격을 갱신했던 그러한 전통에 기초해 있는 것은 아니다. 동의어 또는 거의 동의어적 표현, 가령 "먹이고 사랑하고 아끼고"(noury, amé et tenu chier)와 같은 말의, 의례적이고 주술적인 집적도 같은 원인으로 돌릴 수 있다. 이러한 특징은 가령 다음에 곧 이어지는 문장에서도 볼 수 있다. "마음으로부터, 자유롭게, 강제됨이 없이, 억지 없이, 힘으로 인한 바 없이 당신에게 …… 모든 자연스러운 사랑과 정과 권리를 주고 양도하고 옮기겠다……."(liberalement de cuer et franchement, sans force, contrainte ne viollence aucune, vous donne, cede et transporte toute la naturelle amour, l'affection et le droit…….) 이것은 법률이나 정부 문서의 화려체를 생각나게 하는데, 하느님이나 성모나 성자에 부치는 기도문과 같은 것도 여기에 잘 맞아떨어진다. 그러한 문서에서처럼, 요점은 공식과 인사말과 부사적 한정사

---

* 원문에 보이는 수많은 관계사는 우리말 번역에서 생략할 수밖에 없었다.

와 때로는 긴 예비어의 행렬이 잔뜩 나온 다음에 등장한다. 마치 왕공 귀족이 사자, 친위대, 정신, 기수 등을 앞세워 등장하는 것과 비슷하다. 밤중의 대화 부분은 여기에 대한 충분한 예시가 된다. 또한 사자가 전달 사항을 가지고 오는 장면에서도 그러한 예를 많이 볼 수 있다. 물론 이 경우에 그런 절차는 상황 자체에서 나오는 것이라고 할 수 있지만, 라살이 기회만 있으면 얼마나 한껏 즐기면서 거기에 몰두하는가를 간과할 수는 없다. "이곳의 성주님, 우리의 가장 위엄 있는 주인이신 갈(Galles)의 왕자의 은덕으로 군인이며 관인인 우리는, 그대에게 왕자의 자비를 빌어 정녕코 요청하노니, 그대에게 의표하고 선언하고 요청하노니……."(Monseigneur le cappitaine de ceste place, nous, comme officiers d'armes et personnes pubicques, de par le prince de Galles, nostre très redoubté seigneur, ceste foiz pour toutes à vous nous mande, de par sa clemence de prince, vous signifier, adviser et sommer…….) 이러한 부분을 읽을 때, 그가 사뭇 마음이 흔들리고 검은 왕자의 잔인성에 크게 분개한 순간에도 이 강조적이고 문맥상 혼란스러운 계급 의식을 절로 신명이 나서 기록하고 있는 라살의 모습을 우리는 놓칠 수 없다. 그의 언어는 계급 언어이며, 모든 계급적인 것은 비인문적이다. 우리는 이렇게 말할 수 있다. 모든 것이 그 자리가 있고 형식이 있고 그것을 지키게 되어 있는, 삶의 경직된 계급적 질서가 화려하고 장황하고, 의식적이며, 제스처와 맹세 짓거리에 가득한 수사에 반영되어 있는 것이다. 모든 사람은 적절한 경칭을 가지고 있다. 마담 뒤 샤스텔은 남편을 '몽세뇨르'(Monseigneur, 성주님)라 부르고, 그는 아내를 '마미'(m'amye, 애인)라고 부른다. 신분과 사정에 맞는 영원한, 변할 수 없는 모델로 고정된 동작이 모두에게 있다.('두 손을, 모아 비노니') 검은 왕자가 사자로 하여금 아이의 처형에 참석할 것을 강요할 때,(이 장면은 두 번 이야기되어 있다.) 우리는 다음과 같은 말을 듣는다. "무릎을 꿇고 두 손을 모아 간청하며, 말하였습니다. '아! 엄하신 왕자시여, 나의 불행한 눈의 밝음이 나의 주인 영주님의 죄 없는 아드님의 가련한 소식을 내 가슴에 전하지 않게 하소서. 귀로 들어 혀로 하여금 그 사실을 영주님께 전하게 하면, 그로 서 족할 것입니다.' 그러자 왕자는, '원하든 원하지 않든, 가야 되오.'라고 말 하였다." 여기의 전통은, 이미 말한 바와 같이, 말의 요점이 의례적인 예비적 공식들의 성채에 둘러싸여 있는, 특히 화려한 구절에서 가장 분명하게 감지 되는 것이다. 이런 구절에서 분명해지는 것은 이것이 초기 중세부터 신분 문 화로서 발전되었던 문화의 쇠퇴기에 속한다는 사실이다. 지방 언어에 있어 서 이 전통은 스트라스부르 서약(서기 842년, 로트헤어 2세에 대항하기 위해 서프랑크 왕 샤를 2세와 독일인 루트비히 사이에 교환된 동맹. 가장 오래된 프랑스 어 문헌으로 간주됨.)으로부터 왕의 포고령의 전문(신의 은총으로 인하여 루이 는 운운(Lis par la grâce de Dicu etc))에 이르는 서류들을 포괄한다. 이야기의 구조라는 면에서는 여기에 어떤 의식적인 짜임새가 있다고 말하기는 어렵 다. 연대기적으로 이야기를 하려는 노력은 많은 혼란과 반복을 낳는다. 편 찬자가 노인이란 점을 참작하더라도,(이 작품의 스타일에는 노인의 장황함 같 은 것이 있다.) 병렬적이며 약간 혼란된 구성은, 그보다 몇 년 앞서 쓰였던『시 동 장 드 생트레의 이야기』에도 이미 보이는 것이다. 그것은 사건들을 하나 하나 순차적으로, 한 장면에서 다른 장면으로 자주 또 돌연스럽게 나열해 나가는 연대기의 스타일이다. 이러한 방법의 순진성은 장면이 바뀔 때마 다 등장하는 공식, 이것에 대하여 이야기하기를 그치고 이제 저것에 대하 여 말하자는 공식에 의하여 더욱 부각된다. 화려하고 장중한 언어와 구성 에 있어서 나열의 순진성의 혼합은 지리하고 무거운 템포의 단조로움을 느 끼게 한다. 거기에 그 나름의 장대함이 없는 것은 아니다. 그것은 높은 품격 의 문체이다. 그러나 그것은 계급적이며, 비인문주의적이며, 비고전적이고 철저하게 중세적이다.

 계급적이며 중세적인 관점은 이야기의 내용에서는 똑같이 느껴진다. 특 히 여기서 나는, 역사와 관련하여 잘 알려져 있는 정치적 군사적 사건의 경 위가 순전히 신분적 문제로서 간주되어 있다는 사실이 현대의 독자에게 얼마나 괴이하게 보일 것인가를 지적하고 싶다. 성채의 현실적 의미라든가, 성의 함락이 프랑스와 프랑스 왕에게 미칠 영향이라든가 하는 것은 전혀 이야기하고 있지 않다. 다만 샤스텔 성주의 명예, 약속의 말과 그 해석, 봉건적 신용 관계, 맹세와 그에 대한 개인적 책임 등이 문제시될 뿐이다. 성주는 검은 왕자와 기사적 단기 접전으로 협정의 해석상의 차이를 해결할 것을 제안하기도 한다. 사실적인 것은 모두 기사적 의식의 무성함에 감추어져 있다. 그러나 그렇다고 해서 현대적이며, 합목적이며, 말하자면 합리적인 것이 아닌, 오로지 개인적이며 감정적인 잔인성이 세를 떨치는 것을 무성한 의식이 방해하지는 않는다. 어린아이의 처형은 완전히 무의미한 야만 행위이다. 똑같은 야만 행위라고 해야 할 것은 100명의 무고한 사람들에 대한 성주의 복수로서, 그들은 공연히 처형되거나 병신이 된다. 그들은 성주의 개인적인 복수심이 없었더라면 몸값을 받고 송환될 수 있었을 것이다. 그리하여 정치적 군사적 전쟁 수행은 아직 합리화되지 않았고, 작전 일반에 대한 전체적인 통수가 존재하지 않아서 작전은 대체로 대치하고 있는 지휘관들의 개인적 관계, 감정, 기사적 명예에 대한 이해에 달려 있다는 인상을 준다. 이것은 백 년 전쟁 때에도 아직 그러했다. 더 뒤늦게 기사도의 관습이 오랫동안 유지되던 절대주의의 번성기에도, 전쟁에 있어서는 적과 친구 사이에 완전히 개인적이고 기사적인 관계의 흔적이 상존했었다. 그러나 라살의 시대인 15세기에 바로 변화가 나타나기 시작한다. 기사도의 정치적 군사적 수단은 효력을 잃고 그 관습은 간헐적이 되고 그 기능은 점차적으로 장식적인 것이 된다. 라살의 『시동 장 생트레의 이야기』는, 물론 의도적인 것은 아니지만, 이 시기에 있어서 기사도의 무술 행위의 의장적이고 기생적인 무의미성에 대한 웅변적 증언이 된다. 그러나 다가오는 변화를 라살은 전혀 알아보려고 하지 않았다. 그는 신분 사회의 분위기와 명예 관념과 예절과 문장(紋章) 전시 의식에 싸여 살았다. 『마담 뒤 프렌느의 위로』에서보다 다른 저작에서 더 두드러지게 나오는 그의 학식도 기본적으로 후기 스콜라 철학적인 교훈적 인용문의 모자이크이고, 봉건 기사 교육에 쓰이는 계급적, 스콜라적 편찬물에 불과하다 할 수 있다.

라살은 14세기에 이탈리아의 위대한 저술가들로 하여금 당대의 현실 전부를 수용하게 유도했던 저 정신 운동의 영향을 받지 않았다. 그의 언어, 그의 예술은 대체로 계급적이고, 그의 지평은 여행을 널리 한 사람임에도 불구하고 좁다. 그는 여러 곳에서 많은 주목할 만한 것을 보았지만, 거기에서 궁정적이고 기사적인 것만을 보았다. 『마담 뒤 프렌느의 위로』도 이러한 정신에서 쓰였다. 그러나 위의 텍스트가 보여 주는 바와 같이, 후기 봉건기에 벌써 조금 취약해진 화려체 가운데는, 가장 가치 있는 비극적 사건, 우리 취미로는 조금 너무 의식적이고 장황하지만, 소재에 적절하게 어울리는 커다란 감정과 단순성을 가지고 이야기되어 있는 비극적 사건이 보이기도 한다. 중세 문학에서 이와 같이 단순하고 실감나고, 모범적으로 비극적인 갈등을 달리 찾아보기는 어려운 일이다. 나는 종종 이런 아름다운 작품이 널리 알려지지 않은 것을 이상하게 여겼다. 갈등은 전혀 도식적이 아니다. 그것은 궁정시의 전통적 모티프와는 아무런 관계가 없다. 그것은 한 여성의 이야기이지만, 이 여성은 애인이 아니라 어머니이다. 그것은, 가령 그리셀다의 이야기(『데카메론』의 낭만적 이야기, 앞 장 「수사 알베르토」)에서처럼 낭만적 감동을 주는 것이 아니라, 실제적이고 사실적으로 받아들여질 수 있는 사건이다. 기사적 의식적 배경은 이야기의 단순한 위대성을 손상하지 아니한다. 우리는 쉽게 이 시대의 여성이 주어진 환경에 의하여 조건지어져 있음을 인정할 수 있다. 그녀의 예속 상태, 순응, 남편의 뜻을 좇는 양순한 태도는 어려움 속에서 고양되는 그녀의 존재의 순수한 힘과 자유를 더욱 효과적으로 내보여 준다. 참다운 의미에서 갈등은 그녀에게만 관계된다. 샤스텔 성주는 걱정에 차 있고 결단을 내리지 못하고 있지만, 그가 결국 어떠한 결단을 내려야 할 것인가 하는 점은 분명한 것이다. 그러나 그가 충격을 견딜 수 있을 것인가, 어떻게 견딜 것인가 하는 것은 그녀의 태도에 달려 있다. 그녀는 지각 있게, 빠르고 분명하게 상황을 받아들인 후 '그 양반이 죽는다면, 그때는 모든 것을 다 잃는 것이거늘!' 하는 논리로 자제력을 회복한다. 그런 연후 곧장 그를 쓸데없는 고뇌에서 구출하기로 결심한다. 자신이 그 길을 갔기에 그도 가야 할 것으로 알고 있는 길을 그에게 보여 주겠다고 생각하는 것이다. 그녀는 그의 주의를 끄는 데 성공하자마자, 그가 가장 필요로 하는 것, 즉 그의 생각 속에 질서를, 그가 해야 할 과제에 대한 의식을 준다. 과제는 두 악 중에 하나를 선택하여야 하는 것이고, 그중에 더 작은 악을 선택하는 일이다. 생각을 분명히 정하지 못하고 어느 쪽이 더 작은 악인가 하고 묻는 남편의 질문에 대해 그녀는 답변을 피하며, 그것은 연약한 여자가 답할 것이 못 되고, 남성적 덕성과 남성적 용기로 결정해야 할 것이라고 말한다. 그렇게 함으로써, 그녀는 그에게 그녀의 생각을 말하라고 명령하게 만든다. 또 그렇게 함으로써, 비록 외면상만이라도 그를 지도자와 결정자의 위치에 되돌려놓게 된다. 이렇게 하는 것 자체만으로도, 그녀는 그의 힘과 의식을 마비시키는 우수로부터 그를 구해 내게 된다. 그러고는 그가 좇아야 할 모범을 보여 준다. 아이들이란 아버지의 아이들이라기보다는 그들을 뱃속에 지니고 낳고 기른 어머니의 아이들이다. 우리 아들은 당신의 아들이라기보다 나의 아들이다, 나는 아들이 없었던 양, 그에 대한 사랑을 버리겠다. 우리는 또다른 아이들을 얻을 수도 있으므로 그에 대한 사랑을 희생으로 바치겠다. 그러나 당신의 명예는 일단 잃어버리면 그것은 다시 얻을 수 없게 된다. 그리고 당신이 나의 충언대로 하게 되면 사람들은 당신을 '명예롭고 충실한 기사였다고' 칭송할 것이다. 그녀는 이렇게 말한다. 이러한 부인의 말의 어느 면을 높이 쳐야 할지, 무아의 희생정신, 또는 자기 억제의 힘, 높은 선덕 또는 과단성, 어느 것을 골라 칭찬하여야 할지, 독자는 알기가 어렵다. 어려운 상황에서 여자로서 자포자기의 비탄에 빠지지 않고, 주어진 상황을 분명하게 인식하는 것, 성채를 내놓는 것은 생각할 수도 없는 일이며, 검은 왕자가 그럴 생각을 참으로 한다면, 아이는 어떤 경우에나 잃어버린 것과 같다는 것을 재빨리 간취한 기민성, 남편에게 자신의 간여를 통하여 내적인 지주를, 자신의 모범을 통하여 결단의 용기를 주고 앞으로 얻게 될 명성에 대해 언급함으로써 약간의 위로와 그의 행동 전체를 용이하게 할 수 있는 긍지와 자의식을 준 것, 이 모든 것은 어느 고전 작품에서 볼 수 있는 것에 못지않게 단순한 아름다움과 위대성에 차 있는 것이다. 그리고 이에 못지않게 아름다운 것은 긴장이 이완되고 나서 기도와 감사를 드릴 수 있게 된 남편이 아내에게 쉬도록 권하는 마지막 장면이다.

"아, 서방님, 눈을 붙이다니오." 하고 부인이 말하였다. "내 몸의 심장도 눈도 사지도 그럴 수 있는 부분은 하나도 없어요……."

봉건 시대 후기의 화려체가 이와 같이 오롯한 비극적 장면, 그와 같이 오롯한 현실적 장면을 형상화해 낼 힘이 있었던 것은 분명하다. 정치와 군사면에 있어서는 극히 피상적이며 사실적 관계와 상황의 파악은 극히 초보적이라고 하여도, 단순하고 직접적인 인간 행위의 묘사에는 그 나름의 힘이 있었다. 특히 주목할 만한 것은 이 경우에 있어서 무대가 가정적, 일상적 장소이고, 등장인물이 밤에 침상에서 자신들의 근심거리를 이야기하고 있는 부부라는 점이다. 고전적 관념으로는 높은 문체의 비극적 행동의 무대가 될 수 없는 장소이다. 그러나 여기에 비극적이며 진지하게 문제적인 것이 가족의 일상사 속에 나타나는 것이다. 봉건적 예절과 전통에 엄격하게 매어 있는 상류 귀족 사람들의 일이라고는 하지만, 이들이 처해 있는 상황, 즉 밤에 침상에서, 연인으로가 아니라 결혼한 부부로서 어려운 고비를 당하여 걱정스레 그 구제책을 찾아보려고 하는 사람들의 상황은 봉건적이라기보다는 부르주아적 또는 차라리 인간적이라고 할 수 있는 상황이다. 엄숙하고 의식적인 언어에도 불구하고 벌어지는 일은 단순하고 소박하다. 몇 개의 생각과 느낌이 서로 어울려서 또는 서로 갈등하면서 등장한다. 비극적인 것과 일상적이고 현실적인 것을 분리하는 문체 분리(Stiltrennung)는 도대체 논의될 수가 없다. 12세기의 전성기에 봉건 문학은 이와 같이 사실적이고 인간적인 것을 산출하지 못하였다. 침상 속의 부부는 기껏해야 민중의 놀이에나 등장할 수 있었을 것이다. 울부짖으면서 형장으로 끌려가는 어린아이의 묘사는 어떻게 생각할 수 있을까? 나는 그것을 칭찬하지는 않겠다. 독자에게나 사자의 보고를 듣는 아버지에게나, 사건의 자세한 경위를 그렇게까지 감각적으로 그려 낼 필요는 없는 일이다. 놀라운 것은 이 중세의 화려체 속에 그렇게 많은 솔직한 인간적 현실과 비극적 사건이 통일될 수 있었다는 사실이다. 여기서 겨냥하고 있는 것은, 어린아이의 무죄와 가공할 사형, 지금까지의 보호받았던 삶과 갑자기 닥쳐든 무자비한 현실의 대조를 두드러지게 하고, 아이가 잠깐 볼모로 있는 동안 그와 친근하게 된 경비병들의 안쓰러운 마음, 같은 말을 되풀이하며 현장에 있거나 없거나 모든 보호자에게 매달리려는 듯 두 번이나 청자에게 쏟아놓는, 어린아이의 세상 모르는 고통의 외침 소리, 그의 참회를 듣고 위로하는 승려들에도 불구하고 그 절망적 고집으로 하여 발의 뼈가 상할 지경이 될 때까지 발버둥치며 최후의 순간까지 죽음에 저항하는 어린아이의 모습을 그리는 일이다. 샤스텔의 성주에게나 독자에게 이 모든 것이 빠짐 없이 이야기된다.

 기사적 의식적 화려체와 함께 거친 사실적 효과에 놀라기보다는 오히려 그것을 즐기는, 가차 없는 인간적 현실주의가 혼재한다는 우리의 관찰은 전혀 새로운 것이 아니다. 낭만주의 이래 이러한 결합은 통상적인 중세관의 일부를 이루어 왔다. 더 정밀한 연구는 이것이 발전하고 특징적인 것으로 등장한 것은 중세 말인 14세기, 그보다도 15세기 중엽이었다는 것을 밝혔다. 20여 년 전에는 이 시대에 대한 뛰어나고 광범위한 연구인 호이징가의 『중세의 가을(*Der Herbst des Mittalters*)』이 나와 이 현상을 여러 관련 속에서 분석하였다. 두 요소를 결합하고 있는 공통된 요소는 감각적 취미, 무겁고 어두운 것, 느린 템포와 강한 색채에 대한 시대적 취미이다. 그리하여 그 화려체는 때로는 지나치게 강한 감각성을 띠고, 그 리얼리즘은 가다가는 형식적 둔중성을 드러내면서 동시에 직접적으로 육신적이며, 인간적이며, 전통적인 성격을 띤다. 많은 사실적 형식, 가령 죽음의 무도 같은 것은 행렬, 축제 행진의 형식을 가지고 있다. 이 시대의 육신적, 인간적 리얼리즘의 전통적 성격은 그 근원에 의하여 설명될 수 있다. 그것은 기독교의 비유적 예시(figura)의 전통에서 나온다. 그리고 그 사상적 예술적 모티프의 거의 대부분을 기독교적인 전통에서 가져온다. 번뇌하는 육신의 인간은, 점점 더 노골적으로 묘사에 기우는 한편, 점점 더 강하게 감각적, 신비적 의미를 내비춘 그리스도 수난극이나 순교자 수난극으로부터 나온 것이다. 집안의 내밀한 정경,(활계극의 실내에 대비하여 '엄숙하다'는 말을 쓴다면) 엄숙한 실내의 정경은 성서에 나온 수태고지를 비롯한 다른 실내의 장면에서 발전되어 나온 것이다. 15세기에는 당대적 일상생활에의 성사(聖史)의 침투가 최고조에 이르러, 종교에 있어서 사실주의는 과도와 조잡한 타락의 증후를 노정할 지경이었다. 이것은 앞에서 언급한 바 있다. 또 이것은 자주 설명된 바 있는 일인데, 가령 호이징가가 예리하고 철저하게 설명했기 때문에, 여기에서 이 이상 자세하게 다룰 필요는 없을 것이다.

그러나 중세 말기의 리얼리즘과의 관련에서 몇 가지 밝혀 둘 점들이 있다. 우선 말할 것은 기독교적 문체 혼합(Stilmischung)에 의하여 산출된 살아 있는 현실 인간의 묘사가, 즉 육신적 인간의 묘사가 좁은 의미의 기독교적 영역 밖에서도 나타난다는 점이다. 우리는 봉건적 군사적 사건을 묘사하는 우리의 이야기에 그것이 나타나는 것을 보았다. 나아가 현재적이고 사실적인 삶의 묘사가, 신변적이고 가정적이며 일상적인 가족생활에 각별한 애정과 대단한 솜씨를 가지고 사용된다는 점에 주목하여야 한다. 이것도 이미 말한 바와 같이 기독교적 문체 혼합에서 연유한다. 마리아의 탄생과 그리스도의 탄생에 관계되는 모티프에서 그러한 발전의 전형이 주어진다. 이러한

'사실주의적' 묘사에는 대체로 유형적 상징*이 오랫동안 작용하고 있었다.

리얼리즘의 발전은, 중세 말엽에 특히 북부 프랑스와 부르고뉴 지방에 강하게 대두한 대(大)부르주아 문화의 융성에 의하여 촉진되었다. 이 문화는 아직 스스로를 의식하지는 못하고 있었다.(현실 관계에 상응하는 '제3계급'이 이론적으로 분화될 때까지 이러한 상태는 오래 지속되었다.) 이 계급은 그 상당한 부와 힘에도 불구하고 그 태도와 생활 양식에 있어서 오랫동안 대부르주아적이기보다는 소부르주아적인 상태로 남아 있었다. 그러나 그들은 모방 예술에 신변적이고 가정적인 모티프를 제공하였다. 그리하여 가정적이고 경제적인 상황과 문제의 묘사와 마찬가지로 보기 좋은 실내 공간의 모티프가 가능해졌다. 사사로운 삶의 가정적이고 신변적이고 일상적인 것은 봉건적, 귀족적, 군주적 인간 관계에 초점을 맞춘 상황에서도 자주 나타난다. 우리의 텍스트 또는 프루아사르(Froissart)**, 샤스틀랭(Chastellain)*** 등과 같은 연대기작가에서 볼 수 있듯이, 그전보다 한결 더 자주, 더 자세하게 더 일상적으로 신변적인 일들이 기술된다. 그리하여 예술과 문학은, 봉건적 의식의 화려함에 대한 선호에도 불구하고, 중세 초기보다 한결 더 부르주아적 성격을 띤다. 마지막으로 우리가 주목하여야 할 세 번째의 것은 중세 후기에 본질적인 것으로서, 그것은 나로 하여금 이 장에서 지금껏 사용되지 않던 말 '육신적, 인간적'(Kreatürlich)이란 말을 사용하게 한 원인이 되는 것이다. 기독교적 인간학은 처음부터 그 고유한 특징으로서 인간 존재가 고통과 무상에 내던져져 있음을 강조했다. 성사(聖史)와 관련해서는 그리스도의 수난의 전형을 통해 강력하게 암시되었던 것이다. 그러나 12세기, 13세기에는 이것과 현세의 삶의 가치 절하와 격하가 우리 시대에서만큼 강하게 결부되어 있지는 아니하였다. 중세 초기 수세기 동안은, 현세가 가치와 목적

---

* typologische symbolismus, 성경의 많은 사건을 다른 일들의 원형적인 상징으로 보는 관점.
** ?1333~?1400, 프랑스의 시인, 연대기 작가.
*** 1405~1475, 프랑스의 연대기 작가.

을 가지고 있다는 생각이 아직 살아 있었다. 현세는 이런 특정한 기능을 수행해야 했다. 그것은 사람이 하느님의 나라에 가게 하는 작업을 위하여 지상에서 어떤 이상적 형태를 구현하여야 하는 기능을 맡고 있었다. 본 연구의 범위 안에서 말하건대, 단테는, 어떻게 인간 하나하나와 사회의 현세에서의 계획과 정치 행동이 중요하고, 윤리적 의미를 가지며 구원의 관점에서 핵심적인 것으로 그와 그의 동시대인에게 비쳤던가를 잘 알게 하는 좋은 예가 된다. 처음 몇 세기의 사회적 이상이 여러 사건들과의 괴리로 하여 그 힘과 명성을 잃게 되고, 그것들에 맞아 들어갈 수 없는 새로운 역사적 진로가 트이기 시작했는지도 모른다. 또는 사람들이 새로 열리기 시작한 정치적, 경제적 삶의 형식을 이해하고 조직할 방도를 알지 못하였는지도 모른다. 또는 민중적, 무당적 경향, 점점 격정적이며 사실적이 되어 가는 예수 수난 신앙, 끊임없이 미신과 물신주의로 변형되는 신앙이 현세적, 실제적 삶의 이론적 이해를 위한 의지를 마비시켰는지도 모른다. 어쨌든 중세 말기의 몇 세기에 구조적 이론적 사고의 피폐와 불모가, 특히 실제적 삶의 질서와의 관련에서 두드러져 나타나게 되고, 그리하여 기독교적 인간학의 육신적, 인간적 측면, 번뇌와 무상에 내던져져 있는 측면이 조잡하고 노골적인 형태로 강조되어 나타나게 된다. 고대적, 고전적 인간상에 날카롭게 대조되는 이 극단적으로 육신적인 인간상의 특징은 사람이 입고 있는 세간적 신분의 의상에 많은 존경심을 보이면서도 그 의상을 벗는 순간 그 사람에 대한 아무런 존경심도 갖지 않는다는 점에 있다. 이 신분의 의상 밑에는, 나이와 병이 상하게 하고 죽으면 썩어 없어질 육체 이외에 아무 다른 것도 없는 것으로 생각된다. 말하자면 극단적인 인간 평등론인데, 적극적이고 정치적 의미에서가 아니라 직접적으로 모든 인생의 가치 절하라는 의미에서의 평등론이다. 사람이 무엇을 하고 무엇을 추구하는가는 전혀 의미 없는 일이다. 그의 본능이 그로 하여금 행동하게 하고 현세적 삶에 집착하게 하지만, 그것은 아무런 가치도 격도 없는 것이다. 사람은 상호 관계 속에서 또는 '법 앞에서' 평등한 것이 아니다. 반대로 신의 섭리는 사람들로 하여금 이 생의 삶에서 불평등하게 하고, 죽음 앞에서, 육신적 쇠퇴 앞에서, 하느님 앞에서 동등하게 한다. 물론 이러한 평등론으로부터 (가령 영국에서 강력하게 대두되었던 것처럼) 정치적, 경제적 추론을 끌어내었던 예외적인 경우를 볼 수도 있다. 그러나 지배적인 것은 인간의 육신적 성격(die Kreatürlichkeit des Menschen)에서 모든 현세적 노력의 허무와 공허만을 읽어 내는 경향이었다. 알프스 북부 나라들의 많은 사람들에게 그들과 그들의 작업의 필연적인 조락(凋落)에 대한 의식은, 현세적 삶의 실제적 계획을 목표로 하는 지적 노력을 마비시켰다. 현세에 있어서의 미래를 예상하는 활동은 가치도 격도 없는 것, 충동과 격정의 부질없는 장난으로 여겨졌다. 그들의 세간적 현실에 대한 관계는, 그것의 감각적이고 표현적 연극성의 수긍과 동시에 그것의 무상함과 허무함의 폭로라는 양면적 태도에서 정립된다. 그리하여 삶과 죽음, 건강과 병, 그 나름의 역할을 가진 화려하고 부질없는 과시와 가차 없는 파멸에 대한 비탄과 번뇌에 찬 저항과의 대조가 극단적인 수단으로 연출된다. 암울하게 또는 통렬하게, 경건하게 또는 냉소적으로, 이 단순한 주제들이 여러 가지로 변조된다. 이것은 매우 강력한 힘을 가질 수 있다. 보통의 일상적 삶과 감각적 애환, 노년과 병으로 인한 쇠약과 죽음이 이 시대만큼 강하게 묘사된 예도 흔하지 않다. 이 묘사들의 문체적 성격은, 너무 자명하게 고대의 예술과 구분될 뿐만 아니라, 중세 초기의 사실적 예술과 확연히 구분되는 것이다.

   이 시기에, 부부 사이의 밤중의 대화를 문학적으로 묘사한 예는 여럿을 볼 수 있다. 내가 아는 예들 가운데, 『결혼의 열다섯 가지 기쁨(*Quinzes Joyes de Mariage*)』에서 아내가 새 옷을 사겠다고 하여 일어나는 갈등의 장면이 매우 특징적이다. 엘제비렌 문고판(파리, 1857년, 2판, 9쪽 이하)에서 이를 인용해 보기로 한다.

   그리고 그녀는 남편에게 일을 터놓을 시간과 장소를 궁리한다. 마누라들은 흔히 남편들이 가장 고분고분하고 청을 들어줄 성심은 곳에서 이야기를 털어 놓게 마련이다. 그것은 잠자리에서인데, 여기에서 위에 말한 남편은 재미를 볼 생각만 있을 뿐 그 외의 다른 볼일은 없는 듯싶다. 그리하여 마누라는 다음과 같이 말문을 열었다. "그만두라고요, 나는 속이 편칠 않아요." "마누라, 무엇 때문이지?" 남편은 이렇게 말한다. "그럴 만한 일이 있어요." 그녀는 말한다. "그러나 말하지 않겠어요. 언제 내 말에 귀를 기울인 적이 있나요?" "왜 나한테 그런 말을 하지?" 남편의 대답이다. "하느님께 맹세컨대," 마누라가 말한다. "당신한테 말해 보아야 소용이 없어요. 아무 말도 안하는 것이 좋지. 말해 보아야 콧방귀도 안 뀔 일일 것이고, 다른 마음이 있어 그런 말을 했다고 할 터이니까요." "말해나 봐요." 하고 남편이 말한다. 그녀가 말한다. "그러라니까 말을 하지요. 여보, 요전에 말예요, 난 가고 싶지 않았지만, 당신이 가라고 한 잔치 있지 않아요? 가 보니까, 아무리 신분 낮은 집의 여자라도 나만큼 옷을 못 입은 사람이 없더란 말예요. 내 칭찬으로 하는 소리가 아니지만, 귀부인이든 영부인이든 장삿집 여편네든, 나만큼 좋은 집안에서 온 사람도 그리 많지는 않지요. 족보에 밝은 사람이면 다 알지요. 이건 나 때문에 하는 소리가 아네요. 당신 때문에 또 아는 친구들 때문에 창피하더라구요." 남편이 말한다. "그래? 여보, 다른 여자들은 무엇을 입었습디까?" 그녀가 말한다. "정말, 지체로 치면 형편도 없는 여자라도 진홍빛 드레스, 레이스, 푸른 모시에 회색 다람쥐 모피를 받치고, 넓은 소매, 그리고 구색을 맞춘 모자, 땅에까지 끌리는 붉거나 푸른 실로 만든 베일, 모두 최신 모양의 것들을 걸쳤더란 말예요. 그런데 나는 결혼 의상을 그대로 입었다구요. 입다 지치고, 그걸 지은 후로 키가 커져서 짧기까지 한 걸요. 당신한테 올 때만 해도, 나는 소녀였더랬는데, 그동안 신산스러운 일도 많아, 이제 늙은이가 되어, 나는 많은 여자들의 어머니 같더라구요. 내가 그 여자들의 딸이라도 괜찮을 나이인데, 정말 그 사람들 사이에 끼어 있으려니 너무 부끄러워서, 몸둘 바를 모르겠더군요. 그런 데다가 모모 부인, 모모의 아내가 만좌 중에 옷을 더 잘 입어야지 창피하다고 말을 해서 정말 괴로웠어요. 다시는 그곳에는 안 갈 테니까. 그 사람들이 나를 다시 보지 못할 거지만." "여봐요!" 남편이 말한다. "당신도 잘 알지 않소, 우리 일이 한 짐이 아니오. 살림을 차릴 때, 세간은 아무것도 없다 싶은 형편이었고, 그래서 침대며, 침구며, 또다른 것들을 사다 보니, 지금은 돈이 얼마 남지 않게 된 것이 아니오. 그런 데다가 모모처의 우리 소작인에게 소도 한 쌍 사 주어야 하지 않소. 저번에는 지붕이 잘못되어 헛간의 합각머리가 무너져 내렸는데, 당장에 지붕도 손을 보아야겠고. 그리고 모모에 있는 법원에 가서 당신 토지 문제도 해결해야겠고, 그 땅은 아무것도 벌어들인 것은 없이, 거의 아무것도 없이, 이번에 돈푼이나 들 게 되었단 말이오."
"아! 그래요. 또 그 땅 이야기를 끄집어낼 줄 알았어요, 달리 할 말이 없으니까요." 이와 같이 말하며 그녀는 고개를 돌렸다. "제발 그만두세요, 그것은 다시 말하지 않을 테니까." 남편이 말한다. "여보, 당신은 공연히 토라지지?"
"왜 공연히 그래요?" 그녀가 말한다. "그 땅에서 생긴 것이 없다고, 그것이 내 잘못인가요? 처녀 때, 나는 모씨나, 또 모모씨나 그 밖에도 스무 사람 정도는 골라서 결혼할 수 있었는데, 다 내 몸 이외에는 아무것도 바라는 것이 없었어요. 허나 당신이 노상 우리 집에 진을 치고 드나들다 보니, 나는 당신만을 원하게 되었지요. 그걸로 해서 아버지와 틀어지고, 지금도 그렇지요. 그것이 양심에 편할 리가 있어요? 나는 세상 여편네들 중에 가장 불행한 사람이어요. 그러니 여보, 당신, 나를 못 잡아 안달하는 모씨와 모모씨의 마누라에게 물어보세요. 그들이 나 같은 꼴을 하고 있는가. 출신은 나와 비교할 수 없는 데도 말예요. 성 요한도 아실 거예요. 그 사람들이 하녀들에게 던져 주는 옷도 내 주일 나들이옷보다 나아요. 죽는 사람이 왜 그렇게 많은가 나는 모르겠어요. 안되기는 안되었지만, 제발, 하느님, 이제 나를 그만 살아 있게 하세요. 나 죽으면, 당신은 나 없어 속 시원할 거고, 머리 아픈 일도 없겠지요." 그가 말한다. "정말, 무슨 말을 그렇게 하오? 당신을 위해서라면, 내가 하지 않을 일이 있겠오? 다만 우리 형편을 생각해 보오, 이쪽으로 돌아 보아요. 당신 원하는 대로 하리다." "아, 하느님, 나를 내버려두세요. 나는 전혀 그럴 마음이 없어요. 당신도 그런 마음이 없게 되기를 빌겠어요. 이제 나에게 결코 손대면 안 되어요." "안 돼?" 그가 말한다. "정말 안 돼요." 그녀의 대답. 그러자 자기 나름으로 그녀를 시험하기 위하여, 그가 말한다. "내가 죽으면, 당신은 곧 다른 남자와 결혼하겠지." "결혼을 해요?" 그녀가 말한다. "결혼 재미가 알뜰히도 좋았으니까 결혼을 해요? 하느님께 맹세하건대 다시는 남자의 입술이 내 입술에 닿지 않게 하겠어요. 내가 당신보다 오래 살 명을 타고 났다면, 당신 먼저 죽을 도리를 해야지요." 그리고 그녀는 울기 시작한다.

이 텍스트는 『마담 뒤 프렌느의 위로』보다 몇 십 년 전에 쓰였을 것으로 생각되는데, 그것은 분명 다른 종류의 사건 영역에 속하며, 그런 만큼 샤스텔의 성주와 부인 사이의 대화와는 전혀 다른 스타일의 높이에서 쓰인 것이다. 샤스텔의 성주 부부는 외아들의 목숨을 두고 이야기하고 있고, 『결혼의 열다섯 가지 기쁨』에서 문제가 되는 것은 새 옷이다. 『마담 뒤 프렌느의 위로』에서 남편과 아내는 조화 속에 사실상의 공동체적 관계 속에 있다. 『결혼의 열다섯 가지 기쁨』의 남편과 아내 사이에는 신뢰가 없다. 각자는 자신의 충동에 따라 행동한다. 서로 상대의 충동을 살피기는 하지만, 그것을 더 잘 이해하거나 거기에 상대하기 위하여서가 아니고 그것을 자신의 목적에 이용하기 위해서이다. 여자는 매우 능란하나 유치하고 어리석은 기교를 부리고, 남자는 매우 조잡하지만 스스로를 잘 의식하지 않는 기교를 가지고 행동한다. 그러나 그에게 있어서도 참다운 사랑에 속하는 감정, 즉 어떻게 하면 다른 사람을 기쁘게 하는지에 대한 느낌이 결여되어 있다. 그가 아내의 옷 걱정을 받아들이는 태도는, 사실상 그가 옳다고 할 수 있겠지만, 조금 덜 어리석은 아내라도 마음을 상하게 했을 성싶다. 마지막으로 샤스텔 부부의 이야기에서는 아내가 영웅적 주인공이다. 『결혼의 열다섯 가지 기쁨』에서도, 아내가 주인공이긴 하지만, 그 마음의 크고 맑음 때문이 아니라, 영원한 싸움으로 그려져 있는 결혼의 투쟁에서 술책과 힘이 뛰어나 주인공이 된다. 여기에 맞게 스타일의 높이도 전혀 다르다. 『결혼의 열다섯 가지 기쁨』에는 고양된 목소리를 표방하는 것이 전혀 없다. 남편과 아내의 대화는 일상적 회화의 목소리를 그대로 재현할 뿐이다. 다만 도입부에 교훈적 도덕주의가 있기는 하지만 그것도 대부분의 중세의 도덕주의보다 한결 현실적, 심리적, 구체적 경험에 의하여 길러진 것이다. 『마담 뒤 프렌느의 위로』의 신분과 계급적 특성을 이루는 의식적이고 엄숙하게 고양된 것은, 새 옷을 두고 주고받는 이야기의 노골적으로 평균치적이며 부르주아적인 표현 방식, 수작 방식에 분명히 대조된다.

그러나 역사적 성찰은 여기에서 두 개의 스타일이 서로 가까이 가고 있었다는 것을 드러내 준다. 전성기의 중세 문학이 샤스텔 부부의 장면과 같은 사실적이며 가정적, 신변적인 것을 보여 준 바 없다는 것은 위에서 이미 언급한 바 있다. 남편과 아내의 한밤의 대화를 통해 기술된 하나의 비극적 문제는 너무나 직절적인 것이어서, 옛 프랑스풍의 언어의 계급적 격식은 인간적, 육신적 측면의 인상을 약화시키기보다는 오히려 고양시켜 준다. 한편으로, 『결혼의 열다섯 가지 기쁨』에서 밤에 잠자리에서 남편으로 하여금 새 옷을 사 주게 만드는 여자의 이야기는 원래 골계극의 소재이다. 그러나 여기에서 이 테마는 진지하게, 본보기의 예화로서 대략적이고 일반적으로 다루어진 것이 아니라 주어진 물질적 정신적 상황을 충분히 서술해 주는 뉘앙스와 특수한 명암을 살려 가면서 취급되어 있다. 비록 편찬자가 일화 모음으로 만든 것이기는 하지만, 그 전의, 전혀 비사실적이고 오로지 교훈적 예화 모아 놓은 『일곱 현인(*Die Sieben Weise Meister*)』이나 『목자의 교육(*Disciplina Clericalis*)』과 같은 글들과는 관계가 없는 저술이다. 그러기에는 너무 구상적인 글이다. 또 그것은 골계와도 별 관계가 없다. 그러기에는 그것은 너무 진지하다. 저자를 알 수 없는 이 소품은 현대 리얼리즘의 전사(前史)에 있어서 매우 중요한 문헌이다. 그것은 일상생활, 아니면 적어도 그 가장 중요한 부분의 하나인 결혼과 가족의 현실적이고 감각적인 모습을 묘사한다. 또한 이 일상적 소재를 진지하게, 또는 더 나아가 문제적인 것으로 받아들인다. 물론 이 진지성이 특별한 것이기는 하다. 일찍이 정신적 도덕주의의, 여자와 결혼에 대한 적대적인 경향이 일종의 사실주의 문학을 태어나게 한 바 있는데, 이는 따분하고 답답한 도덕주의적 태도로, 우화와 예로 장식하면서, 결혼 생활, 가정 경영, 자녀 양육의 괴로움과 위험을 이야기하였다. 15세기 초 무렵에 죽은 우스타쉬 데샹(Eustache Deschamps)은 이러한 테마들을 특히 강력하게 또 때로는 매우 구상적으로 다룬 바 있다. 『결혼의 열다섯 가지 기쁨』의 편찬자는 이 전통으로부터 그의 저술의 개개의 모티프를 취하였을 뿐만 아니라, 아직도 반은 도덕주의적이면서 풍자적이고, 비극적으로 진지하다기보다는 차라리 꽤 까다로운 태도를 배워 온 것이다.

그러나 우스타쉬 데샹도, 의식의 심부로부터 두 사람이 맞물려 들어가는 놀이인, 결혼의 놀이를 형상화해 내는, 부부간의 사실적 장면을 그려 내지는 못하였다.(「결혼 귀감(Miroir de Mariage)」의 15, 17, 19, 38, 40질 참조) 그에 있어서 리얼리즘은 피상적인 수준에 머물러, 19세기에 '시대물 장면' (Genreszene)이라고 불리던 것에 비슷했다. 위에 인용한 장면에 나와 있는 모티프들은 모두 데샹의 저작에서도 발견된다. 거기에서도 아내는 새 옷을 탐내고, 다른 여자들이 출신이 자기만 못하건만 옷을 더 잘 입었다는 주장을 편다. 그러나 모든 일은 밤에 잠자리에서 벌어지지 아니한다. 그것은 성관계의 동기와 남편 사후의 재혼이라는 모티프와 결혼 때의 상황, 결혼 지참금으로 가져온 재산이 그때까지 아무런 소득도 없고, 비싼 송사만 물게 된 일에 대한 풍자적 언급 등과 함께 짜여 들어가지 아니한다. 데샹은 그의 모티프들을 나열한다. 그것은 어떤 때 아주 생생하지만, 대체로는 지나치게 수다스럽다. 『결혼의 열다섯 가지 기쁨』의 편자는 결론이 무엇이라는 것을 안다. 그는 그 좋은 점, 궂은 점을 두루 안다. 그리하여 『열네 번째 기쁨 (Quatorziesme Joye)』에서, "그들은 하나이며 둘이고, 자연의 힘의 부드러운 작용으로 하나가 아프면, 다른 하나가 느끼게 되었으니……." 하는 말을 그는 하고 있는 것이다. 그는 결혼한 부부가 참으로 함께 살게 한다. 그는 그의 모티프들을 능숙하게 결합하여, '하나이며 둘'(deux on une chose)인 것을 실감 나게 형상화한다. 물론 이것을 서로 깊은 상처를 입힐 수 있는 가능성으로서, 함께 철쇄에 묶여 단련되는 사람들의 영원한 투쟁으로서, 공동 유대의 배신과 사기로서, 주로 나쁜 면에서 그리기는 한다. 하여튼 그의 책은 이를 통하여 하나의 비극적 성격을 띤다. 그러나 그것은 고양된 것도 아니고 철저한 것도 아니다. 그러기에는 문제 하나하나가 너무 좁고 왜소하고, 무엇보다도 희생자의, 남편의 인물됨이 너무 활달하지 못하다. 그는 높은 덕성도 품격도 없고, 유머도 극기심도 없다. 그는 괴로운 가부장 이상의 인물이 아니다. 그의 마누라에 대한 사랑은 완전히 이기적이며, 그녀의 성품을 이해하지도 못하고 있다. 그는 자신을 소유권을 위협받는 소유주로 생각한다. 그러나 비극적이란 말을 쓰는 것이 부적절하다고 하더라도, 적어도 우리는, 일상생활에서 겪는 인간의 실제적 어려움이 일찍이 볼 수 없었던 문학적 표현을 얻었음을 인정하여야 한다. 그리고 실제로 봉건 전통 속에서 쓰인 『마담 뒤 프렌느의 위로』의 높은 차원의 스타일과, 다른 한편으로 소극과 하급 승려의 교훈주의로부터 그 모티프를 만들어 낸 『결혼의 열다섯 가지 기쁨』의 스타일 사이에 수렴이 일어난 것은 사실이다. 여기에 당시의 일상적 장면에 그 나름의 값어치를 주는 스타일의 높이가 생겨난다. 이것은 때때로 위로는 비극적인 데 미치고, 아래로는 거의 풍자적, 교훈적인 것에 닿고, 그 전보다는 한결 예리하게 인간 실존의 직접적 현실 ─ 육체적, 감각적인 것, 가정적인 것, 일상적 삶의 즐거움, 그 쇠퇴, 끝장을 다룬다. 그리고 이 스타일은, 이런 묘사에 있어서, 조잡한 현실의 충격을 두려워하지 아니한다.

    이렇게 해서 부상하는 감각적 현재성은 어디까지나 당대의 신분적 형식 속에 움직인다. 그러면서 그것은 인간의 공통된 육신적 인생 조건(나중에 사람들이 '인간의 조건'(la condition de l'homme)이라고 부르게 된 것)을 통하여 모든 사람을 묶는 보편적 현실로서 밝혀지게 된다. 이미 14세기 이후 이보다 직접적이고 감각적이고 자세한 리얼리즘의 예가 나타난다. 이러한 예는 우스타쉬 데샹에 무수히 많다. 프루아사르는 라살이 어린 샤스텔의 죽음을 이야기할 때 볼 수 있는 것과 크게 다르지 않은 감각적 철저함을 가지고 죽음과 삶에 관계된 일화들을 이야기한다. 칼레의 일곱 유지가 내의와 바지만 입고, 목에 밧줄을 걸고, 손에는 도시의 열쇠를 들고, 그들을 사형에 처하려는 영국 왕 앞에 무릎을 꿇을 때, 우리는 왕이 이를 악무는 소리를 들을 수 있다. 포로들에게 자비를 베풀기를 빌며 여왕이 임금의 발아래 엎드릴 때, 여왕은 만삭의 몸이다. 임금은 말을 들어 주지 않는다면 행여 왕비의 몸에 무슨 일이라도 생길까 두려워하여, "아, 왕비여! 당신은 제발 여기가 아니고, 다른 곳에 있었으면 좋겠소."라고 내뱉으며, 왕비의 간청을 들어준다.(『연대기(Chroniques)』 I, 321쪽) 그 정황적 리얼리즘에서 더욱 두드러진 것은 가스통 드 푸아(Gaston de Foix)의 이야기를 다루고 있는 3권의 삽화들이다. 이것은 릴케도 경탄한 바 있는 것인데, 호이징가는 여기에 '거의 비극적인 힘'이 있음을 인정했다.(『중세의 쇠퇴』, 404쪽) 주제는 남프랑스의 어느 영주의 궁정에서 일어난 가정 비극인데, 그것은 일련의 매우 생생하고 선명한, 하나하나의 세부가 자세히 그려져 있는 장면들을 통하여 이야기된다. 아버지와 아들 사이에 일어나는 참혹한 사건은 궁정 풍속도를 통하여(도박하고 싸우고 하는 왕공들, 식탁에 사냥개를 올려놓고 있는 영주 등등) 완전한 직접성을 얻는다. 15세기를 거치면서 리얼리즘은 보다 감각적이 되고, 색채는 보다 요란해진다. 그러면서도 묘사는 언제나 중세의 계급적 성격과 기독교적 성격의 한계 속에 있다. 육신적, 인간적 리얼리즘(der kreatürliche Realismus)의 극단적 완성 — 감각적이면서, 그 감정과 표현의 급진주의 가운데 어떤 사고를 통하여 질서를 부여한다거나 혁명적 전환을 피한다거나 하는 능력도 보여 주지 않는, 다시 말하여, 현세를 다른 어떤 것으로도 개조하고 싶은 의사가 전혀 없는, 육신적 인간적 리얼리즘의 극단적 완성은 프랑수아 비용(François Villon)에서 볼 수 있다.

비용에서 분명하게 알 수 있는 바와 같이, 우리가 지금 말하고 있는 것은 기독교적 스타일 혼합의 결과들이다. 이것 없이는 우리가 육신적, 인간적이라고 부른 리얼리즘은 생각할 수도 없는 것일 것이다. 그러나 그것은 기독교적 보편 질서 개념에 봉사하는 의무로부터 해방된 것이다. 그것은 대체로 어느 질서 개념에도 봉사하지 않는다. 그것은 자립하여 그 자신의 목적이 되었다. 우리는 위에서 이 연구 중에 하나의 부부, 아담과 이브를 『아담의 기적극(Le Mystère d'Adam)』에서 만나 본 바 있다. 거기에서 당대적 현실의 직접적 묘사는 무시간적이고 보편적인 목적, 즉 성사의 예증에 봉사하였고, 그 목적을 벗어나지 아니하였다. 아직도 여기와 거기, 현세와 영원한 구원이 결코 단절된 것이 아니었다. '육신적 인간성'(die Kreatürlichkeit)은 신의 질서에 대한 그러한 관계를 필연적으로 요구한다. 그것은 그 질서에 계속적으로 관련되어야 한다. 뿐만 아니라 15세기는 수난극의 성황기로서, 육신적 사실적 이미지들을 탐닉하는 신비주의의 영향 아래 있었다. 다만 역점이 옮겨 갔다. 그리하여 이제는 현세에 역점이 강하게 주어졌다. 현세의 삶은 더욱 두드러지게, 더욱 효과적으로, 영원한 구원이 아니라 현세적 쇠퇴와 현세적 죽음에 대조된다. 이제 구체적 예시는 한결 직접적으로 세간적 일들에 봉사한다. 그것은 그 감각적 내용 속으로 파고 들어가고 그 수액과 맛을 찾으며, 세간적 삶에 넘치는 기쁨과 아픔을 찾는다. 이와 더불어 사실주의의 예술은 제한 없는 소재의 영역과 보다 정교한 표현 가능성을 얻는다. 그러나 이 시기에 있어서 리얼리즘의 발달은 감각적인 것에 한정된다. 구질서가 쇠퇴하지만, 프랑스, 부르고뉴의 리얼리즘에는 새로운 질서의 구축에 단초가 될 아무것도 없다. 이 리얼리즘은 사상에 궁하고 새로운 구축을 위한 성향도 의지도 없다. 그것은 현상의 현실성, 현상 속에 있으면서 그대로 덧없는 과거가 되는 현실성을 캐낸다. 그것은 그것을 밑바닥까지 캐낸다. 그리하여 감각에 의하여 자극된 감정은 직접적인 삶을 맛보게 된다. 그리고 그 이상 다른 어떤 것도 원하지 않는다. 감각과 표현의 강렬성에도 불구하고 매우 좁다. 그 지평은 한정된 것이다. 이 문화권의 어떤 작가도 단테가 하였듯이 또는 보카치오 정도로도, 그 시대의 세계 현실 전체를 조감하고 제어하지 못한다. 각자가 각자의 영역을 알 뿐이다. 이 영역은, 앙투안 드 라살과 같이 여행을 많이 한 사람의 경우에도 매우 좁다. 하나의 성향, 세계에 모양을 주려는 능동적 의지가 있어서 비로소, 인생의 현상을 이해하고 서술하고자 하는 능력은 개인적 삶의 좁은 범위를 넘어갈 수 있는 힘을 얻는다. 어린 샤스텔의 죽음이나 왕자 가스통 드 푸아의 죽음은 젊음과 기구한 사연과 고통스러운 죽음의 구체적 경험 이상의 것을 보여 주지 않는다. 그것이 끝났을 때, 독자에게 남는 것은 인생의 허무함에 대한 감각적인, 거의 육감적인 경악뿐이다. 작자는 그 외의 다른 어떤 것도 우리에게 주지 않는다. 거기에는 중요한 판단도 관점도 의도도 없다. 나아가 때로는 매우 강력하게 직접적이고 특수한 것에 초점을 맞춘 심리 묘사까지도(『결혼의 열다섯 가지 기쁨』의 부부간의 대화를 상기할 일이다.) 개체적이라기보다는 일반적인 의미에서 육신적, 인간적이다. 이들 작가들이 그들의 인생권에서 제공되는 감각적 경험을 필요로 하긴 했으나 다른 한편으로 그것을 넘어가고자 하지 않았던 것은 분명하다. 각자의 인생권은 육신적, 인간적 운명에 대한 충분한 자료를 제공했던 것이다. 보카치오는, 특히 로랑 드 프레미에르페(Laurent de Premierfait)를 통하여(1414) 프랑스에 알려져 있었다. 『마담 뒤 프렌느의 위로』와 거의 같은 시기에 부르고뉴 사회에 『데카메론』을 본뜬 소설집, 『백 개의 새로운 이야기(Les Cent Nouvelles Nouvelles)』라는 소설집이 나왔다.(라이트판, 파리, 1857/58) 그러나 보카치오의 고유한 특성은 모방되지 않았고, 아마 이해되지도 아니한 것일 것이다. 『백 개의 새로운 이야기』는 영웅들의 식탁에 내놓아질 표한한 이야기들이다. 이 영웅들은 궁정적이고 고도로 봉건적이고, 또 일부는 제후의 신분을 가진 사람들이지만, 민중적 골계 문체에 대하여 전혀 스스럼을 느끼지 아니하였다. 보카치오의 우아하고 인문적인 '중간 문체'(Der mittlere Stil), 그의 사랑의 이론, 그의 여성 봉사 이념, 『데카메론』의 인간적이고 비판적이며 넓은 영역을 포괄하는 관점, 그 장면과 인생 정보의 다양성, 이런 것들 가운데 남아 있는 것은 아무것도 없다. 말할 것도 없이 언어는 감칠맛이 있고 걸죽하지만, 인문적 형성과는 무관하고 시적인 것과는 인연이 멀다. 그보다 20여 년 전에 죽은 알랭 샤르티에(Alain Chartier)의 산문이 차라리 훨씬 더 세련되고 운율적으로 능숙하다. 그 이야기들 가운데는 『데카메론』에 나오는 모티프를 다룬 것들이 적지 않다. 천사 가브리엘의 모티프는, 어느 은자가 속 빈 막대를 벽 속으로 들이밀어 그것을 통하여 한 신앙심 깊은 홀어미께 자기에게 딸을 데려오라는 신의 명령을 전한다는 형태의 이야기로 나타난다. 은자가 그렇게 말하는 것은 두 사람의 결합으로, 법황이 되어 교회를 개혁할 운명을 가진 아이가 태어날 것이기 때문이다. 어미와 딸이 명령을 좇아 행동하고, 은자는 그들의 청을 어렵사리 들어주는 체한다. 그러나 은자가 홀어미의 딸과 재미를 본 다음에, 그녀는 아이를 갖게 되거니와, 낳은 아이는 딸이다. 이야기는 매우 조잡하게 구성되어 있다.(밤마다 전해지는 명령이 세 번, 은자를 찾아가는 일이 세 번 반복된다.) 어머니와 딸과 은자의 인물 묘사는 수사 알베르토나 리제타 부인에 비교해 볼 때, 순수하게 '육신적, 인간적'이다. 그렇다는 것은 생생함이 없는 것도 아니고 박진감이 없는 것도 아니나, 개성화가 없다는 말이다. 이야기는 희극적 사건의 감각적 재현으로서는 매우 효과적이다. 그것은 민중적이고 입심 좋은 유머를 많이 담고 있다.("늙은이는 신의 두 다리를 잡았거니 생각하고 마냥 좋아서…….") 그러나 그것은 보카치오에 비한다면 말할 수 없이 조잡하고 좁고, 생각과 형식에 있어서 훨씬 수준이 낮다.

15세기의 프랑스, 부르고뉴의 사실성은 이와 같이 좁고, 중세적이다. 그것은 새로이 현세적 세계를 형성할 의향을 전혀 가지고 있지 않다. 그리고 중세적 질서가 그 구성적 힘을 점진적으로 상실해 가고 있다는 것을 거의 의식하지 못한다. 그것은 삶의 구조에 어떻게 의미심장한 변화가 일어나고 있는가에 주목하지 못하며, 지평의 넓이에 있어서, 언어의 세련과 형성적 기술에 있어서, 중세 후기, 초기 인문주의 시대의 번성기의 이탈리아가 단테와 보카치오를 통하여 이룩했던 것에 저 멀리 뒤지는 것이었다. 다만 감각적, 육신적인 것을 심화하여 뚜렷하게 새기고, 이 기독교의 유산을 구해서 르네상스에 전승한 것이다. 이탈리아에서 보카치오와 초기 인문주의는 삶의 경험에서 육신적, 인간적 진지성을 느낄 수 없었다. 프랑스에서 또 대체로 알프스 북부에서 모든 진지한 사실성은 알레고리의 덩굴에 쌓여 질식사할 위험에 놓여 있었다. 그러나 감각의 자발성의 힘은 그보다도 힘이 세었다. 그 힘에 의지하여 중세적, 육신적 리얼리즘은 16세기까지 뻗어 갈 수 있었다. 그것은 르네상스 때에 인문주의적 고대 모방으로부터 나온 스타일 분리의 세력에 맞서는 무게를 형성했다.

팡타그뤼엘의 입 안의 세계

라블레(François Rabelais)는 그의 책 2권(그러나 2권 쪽이 먼저 쓰이고 출판되었다.) 32장에서 팡타그뤼엘(Pantagruel)의 군대가 '소금기 밴 사람들'(Almyrodes)에 대한 작전 도중에 길에서 소나기를 만나는 장면을 들려준다. 팡타그뤼엘은 병사들에게 바싹들 조이라고 명령한다. 구름 위에서 보아 짤막한 소나기에 지나지 않으니 그동안 비를 피하게 해 주겠다는 것이다. 그러고는 혀를 내밀어(그저 반쯤(seulment à demi)) 마치 암탉이 병아리를 감싸 주듯이 병사들을 감싼다. 벌써 딴 곳에서 비를 피한 작자 자신(그대들에게 참말로 이야기를 하고 있는 나(je, qui vous fais ces tant veritables contes))은 거기를 벗어나서 혓바닥 지붕 아래 들어갈 자리가 없음을 알게 된다.

그래서 나는 어렵사리 혓바닥 위로 올라가 거기서 20리는 되게 걸어 나가 마침내 그의 입 안에 당도하였다. 그러나, 하느님 맙소사, 내 눈에 띈 것이라니! 내가 거짓말을 한다면 유피테르 신이 세 갈래 불벼락을 내리시길! 내가 콘스탄티노플의 소피아 교회를 거닐듯 걸어가니 덴마크의 산악 같은 큰 바위가 보이는 것이었다. 그건 팡타그뤼엘의 이빨이었을 게다. 나는 또한 보기 좋은 목초지와 광활한 수풀과 리옹이나 포아체에 못지않게 웅장하고도 단단한 도시들을 보았다. 내가 그곳에서 처음으로 만난 사람은 배추를 심고 있는 한 사내여서 놀란 나는 물어보았다. "노형, 여기서 무얼 하는 거요?" "배추를 심는 거요."라고 그는 대답하였다. "그러나 어떻게, 또 무얼로?" 나는 말했다. "나으리, 누구나가 유발(乳鉢)만 한 묵직한 불알을 찰 수도 없는 것이고, 또 우리 모두가 부자가 될 수는 없는 것이죠. 이렇게 나는 생계를 유지하고 뒤쪽에 있는 시내에서 팔려고 시장으로 물건을 가져가지요." 하고 그는 말했다. "어렵쇼, 여기가 신세계란 말인가?" 나는 말했다. "전혀 새것은 아니죠. 하지만 이곳 바깥쪽에는 새 땅덩이가 있다는 소문이던데요. 또 그쪽 사람들은 햇볕과 달빛을 즐기고 갖가지 일용품들이 그득하다는 소문이고요. 그러나 이쪽이 그쪽보다 훨씬 오래됐습지요." "한데 노형이 배추를 팔러 가는 도시 이름이 무엇이지요?" 하고 나는 말했다. "목구멍(Aspharage)이라고 하는데 주민들은 모두 기독교도랍니다. 아주 정직한 사람들이죠. 성찬을 대접하리다." 한마디로 말해 나는 그곳으로 갈 작정이었다. 그런데 도중에 비둘기를 잡으려고 망을 보고 있는 사내를 만났다. 그래서 물어보았다. "노형, 비둘기가 어디서 날아온단 말이오?" "나으리, 저쪽 세계에서 오지요." 하고 그가 말하였다. 그래서 나는 생각하였다. 팡타그뤼엘이 하품을 할 때 비둘기 한 떼가 비둘기 집이라 생각하고 그의 입 안으로 들어간다고.

그래, 도시 안으로 들어갔는데 그 도시는 보기 좋고 단단하고 터를 잘 잡고 있었다. 그러나 내가 들어가자 문지기가 내게 건강증명서를 보자고 하였다. 이에 나는 크게 놀라 흑사병의 위험이라도 있느냐고 물어보았다. "사실 근방에서 사람들이 너무나 빨리 죽어 가기 때문에 영구차가 거리를 휩쓸고 다닌답니다." "맙소사, 그게 어디요?" 하고 내가 말했다. 그러자 그들은 대답하였다. "후두와 인두요. 루앙이나 낭테 같은 두 개의 대도시인데 부유한 상업 도시요. 그리고 흑사병의 원인은 근자에 깊은 샘 속에서 새어 나온 썩은 내 나는 독기 때문인데 이 때문에 일주일 동안에 226만 16명이나 죽었어요." 그래 내가 곰곰이 생각하고 요량하여 결국 앞서 말했듯이 팡타그뤼엘이 마늘을 너무나 많이 먹어서 그의 밥통에서 나온 고약한 독기가 장본이라는 걸 알아내었다.

그곳을 떠나 나는 바위 사이를 지나갔다. 그건 그의 이빨이었지만 계속 걸어서 바위 위에 올랐다. 거기서 나는 세상에서 가장 유쾌한 장소를 발견하였다. 넓다란 정구장, 보기 좋은 복도, 향내 나는 목초지, 많은 포도 덩굴, 기쁨과 즐거움이 가득 찬 들판에는 이탈리아식 여름 별채가 있었다. 나는 거기서 넉 달이나 머물렀는데 그때처럼 성찬을 대한 적이 일찍이 없었다. 그다음 뒤쪽 이빨을 따라 볼 안쪽까지 갔다. 그러나 도중에 귀 근방의 큰 수풀에서 강도들에게 도둑을 맞았다. 그러다가 내리막길로 들어서서 예쁘장한 마을에 당도했다. 정말이지 마을의 이름을 잊어버리고 말았다. 거기에서 나는 흥겨웠고 또 생활비도 벌었다. 어떻게 벌었느냐고? 잠을 자서 번 거였다. 그곳에선 잠자는 사람을 일당으로 고용하는데 하루에 5 내지 6수(sous)는 벌 수 있다. 그러나 코를 몹시 고는 사람은 적어도 2수는 번다. 골짜기에서 도둑맞은 이야기를 했더니 원로원 나리들 말이 저쪽 사람들은 고약한 생활을 하는 자들로서 타고난 도둑이라는 거였다. 그래 마치 우리에게 산 이쪽 나라 산 너머 저쪽 나라가 있듯이 그들도 이빨 이쪽 나라와 저쪽 나라가 있다는 것을 알았다. 그러나 이빨 이쪽이 훨씬 살기 좋고 공기도 한결 맑아 거기서 나는 생각하기 시작하였다. 세계의 반쪽에 살고 있는 이들은 나머지 반쪽에 살고 있는 이들이 어떻게 사는지를 모른다는 속담이 진실이라고. 나 이전에 아무도 이 나라에 관해서 글 쓴 바가 없으니까. 이 나라에는 사막이나 넓은 바다 말고도 25개 이상의 왕국이 있다. 이 나라에 관해서 나는 『인후인의 역사』란 두툼한 책을 썼다. 그런 이름을 붙인 것은 그들이 나의 나으리이신 팡타그뤼엘의 목구멍 속에 살고 있기 때문이다.

종당에 나는 돌아가고 싶은 마음이 생겼다. 그래서 그의 턱수염을 지나며 어깨 위로 올라가 거기서 땅으로 굴러내려 그의 앞으로 떨어졌다. 팡타그뤼엘은 나를 보자마자 물었다. "알코프리바스, 어디서 왔느냐?" "나으리의 입

안에서 왔습니다." "얼마 동안 거기 있었더냐?" "소금기 밴 사람들에 대한 작전을 하신 후부터입니다." 하고 난 말하였다. "그건 벌써 6개월 전 일인데 어떻게 살았더란 말이냐? 무얼 마셨느냐?" "나으리가 자신 것과 똑같은 겁니다. 나으리의 목을 통과하는 맛있는 음식에서 통행세를 받아냈습지요." "으음, 그러나 어디에다 똥을 누었더란 말이냐?" "나으리의 목에 누었습지요, 나으리." "허허 넌 재미있는 놈이구나." 하고 그는 말하였다. "신의 가호로 우리는 인후국 전역을 정복하였다. 내 그대에게 고기잡채국을 주겠노라." "황공하옵니다. 나으리, 세운 공 없는 제게는 과분한 생광이올시다." 나는 말하였다.

라블레 자신이 이 희극적인 모험의 주제를 만들어 낸 것은 아니다. 거인 가르강튀아(Gargantua)의 보급본(나는 레기스(Reqis)의 라블레 번역의 바이간트(W. Weigand) 판본으로 드레스덴에 보관되어 있는 책의 중판본 3판 베를린, 1923, 2권 398쪽 이하를 사용하고 있다. 기타 아벨 르프랑(Abel Lefranc)의 개정판 4권 330쪽 주 7 참조)에는 잠자고 있는 가르강튀아를 목졸라 죽이려던 2943명의 무장 군인들이 이빨을 높다란 벼랑으로 잘못 알고 그의 벌린 입 안으로 들어간 자초지종이 나온다. 또 잠이 깬 가르강튀아가 갈증을 풀었을 때 세 사람만 남고 모두 익사했으며 이 세 사람은 치아에 난 공동(空洞) 속에서 살아난 이야기가 나온다. 보급본의 훨씬 뒷장면에는 가르강튀아가 이 치아 공동 속에 50명의 포로를 임시 수용하고 있다. 포로들은 그곳에서 재미있게 놀기 위한 실내 테니스(jeu de paume) 구장조차 발견한다.(라블레는 1권 38장에 있는 장면에서도 치아 공동을 활용하고 있는데 여기서는 가르강튀아가 6명의 순례자와 상치의 결구를 삼켜 버린다.) 이러한 프랑스의 전거 이외에도 라블레는 앞서 인용한 대목과 관련하여 몹시 존경하였던 고대 작가 루키아누스(Lucianus)를 염두에 두고 있었다. 그의 『진담』(1권 30쪽 이하)에는 승무원과 함께 배 한 척을 송두리째 삼켜 버리는 바다 괴물 이야기가 나온다. 그 괴물의 목구멍 속에는 수풀과 산과 호수가 있으며, 반은 동물이고 반은 사람인 갖가지 괴물과 함께 27년 전 난파당한 아버지와 아들 두 사람이 살고 있다. 이들 또한 배추를 심고 바다의 신 포세이돈을 위한 신전을 세워 놓았다. 라블레는 자기 나름으로 이 두 개의 원형을 결합하여 거대한 규모에도 불구하고 입의 특징을 모두 잃어버린 것은 아닌 거인의 입을 보급본에서 취하는 한편 그 속에 루키아누스의 자연 풍경과 사회상을 집어넣은 것이다. 사실 그는 루키아누스보다 한술 더 떴다.(루키아누스가 수천을 헤아리는 괴물들을 보여 주고 있음에 반하여 라블레는 대도시가 있는 25개의 왕국을 말하고 있다.) 라블레는 그러나 이 두 개의 주제를 결합하는 데 별달리 애쓰지도 않는다. 인구 밀도가 높은 입의 당연한 크기와 귀환 여행의 속도에 대한 고려는 보이지 않는다. 알코프리바스의 귀환 후 거인이 그를 알아보고 이야기를 건넨다는 사실도 그렇다. 알코프리바스가 입 안에 머물러 있는 동안 식사나 배설은 어떻게 해결했는지 들려주는 정보는 그가 거기서 보았던 고도로 발달된 농경 생활이나 가정생활과는 전혀 일치하지 않는다. 그저 잃어버렸거나 그렇지 않으면 일부러 언급을 않고 있는 것이다. 아마 이 장면을 끝내는 거인과의 대화는 마음씨 좋은 팡타그뤼엘의 희극적인 성격 묘사 구실만을 하는 것 같다. 팡타그뤼엘은 자기 친구의 건강 그리고 특히 고급 술을 넉넉하게 공급받았느냐는 점에 각별한 관심을 표명했다. 그리고 자기의 배설에 관한 서슴없는 고백에 대해서 선선히 영지의 선물로 보답해 준다. 정직한 알코프리바스는 이를테면 전쟁 기간 중에 편한 자리를 지키고 있었는데도 말이다. 선물의 수령자가 사의를 표명하는 방식(세운 공이 없습니다.)은 이 경우 단순한 인사치레가 아니고 그 계제에 아주 합당한 것이다.

　문학적 원형의 선례는 분명하지만 라블레는 전혀 독자적으로 거인의 입 안에 세계를 건설해 놓은 것이었다. 알코프리바스는 절반이 동물인 괴물도 또 환경에 고통스럽게 적응하고 있는 한 줌의 인간도 발견하지 않는다. 그가 발견한 것은 모두 프랑스와 똑같이 진행되고 있는 충분히 발전된 사회요, 경제이다. 처음 그는 그곳에 사람이 살고 있다는 것에 놀란다. 그러나 그를 가장 놀라게 한 것은 사물이 기이하고 다르다는 것이 아니라 자기가 알고 있는 세계의 사물과 같다는 것이다. 이것은 그의 첫 번째 만남에서부터 시작된다. 그는 이곳에서 사람을 보고 놀라는 것이 아니라(그는 벌써 도시를 먼발치에서 보았던 터이다.) 그 사람이 조용히 배추를 심고 있어 마치 투렌(Touraine)에 있는 것 같아 놀란 것이다. 그래서 그는 "깜짝 놀라"(tout esbahy) 그에게 묻는다. "노형, 여기서 무얼 하는 거요?" 그리고 투렌의 농부에게서 나옴직한, 또 라블레의 많은 작중 인물을 대표하는 유형에게서 볼 수 있는 자기만족적인 빈정대는 대답을 듣게 된다. "나는 배추를 심는 거요." 하고 대답하는 것이다.(Je plante, dist il, des choulx.)

그것은 필자에게 이전에 엿들은 적이 있는 어린 소년의 말을 떠오르게 했다. 소년은 다른 도시에 살고 있는 할머니가 자기 목소리를 들어 보도록 난생처음으로 전화를 걸고 있는 참이었다. "그래 무얼 하고 있느냐?"라는 질문을 받자 소년은 자랑스럽게 또 사실대로 대답하였던 것이다. "전화 걸고 있어요." 라블레의 경우에 사정은 약간 다르다. 농부는 순박하고 약간 모자랄 뿐 아니라 극히 프랑스적이고 또 각별히 라블레다운 은근한 유머를 가지고 있다. 그는 이 낯선 사람이 자기가 소문으로 들은 바 있는 딴 세계에서 왔다는 것을 잘 알고 있다. 그러나 농부는 아무것도 눈치 채지 못한 체하며 그저 놀라움의 탄성에 지나지 않는 두 번째 질문(그것은 그저 "왜?" 하는 거나 같다.)에 대해 첫 번째 질문 때처럼 흥미 있는 비유를 섞어서 순박하게 자기가 부자가 아님을 시사하는 대답을 한다. 즉 배추로 생계를 꾸리며 그것을 이웃 도시에 판다고 대답하는 하는 것이다. 마침내 방문객은 상황을 파악하게 된다. "어럽쇼, 이것이 신세계란 말인가?" 그는 외친다. "아니요, 전혀 새것이 아니오." 하고 농부는 말한다. "사람들이 그러는데 해와 달과 온갖 좋은 것이 있는 새 땅이 저쪽에 있답니다. 그러나 이곳이 더 오래된 곳이지요."

사나이는 투렌이나 서유럽 혹은 중앙 유럽에 살고 있는 사람들이 당시 새로 발견된 아메리카나 인도를 말하듯이 '신세계'를 이야기한다. 그러나 그는 낯선 사람이 다른 세계의 주민임을 간파할 정도로 교활하다. 도시 사람들에 관해서 낯선 사람을 안심시켜 주고 있기 때문이다. 그들은 착실한 기독교도들이며 당신을 박대하지는 않으리라는 것이다. 이때 '착실한 기독교도'란 칭호가 낯선 사람에게 안도감의 보증이 될 것이라고 전제하고 있는데 이 전제는 옳은 것이다. 요컨대 목구멍(Aspharage) 근교의 주민들은 투렌에 살고 있는 그 비슷한 사람이 처신하듯이 처신하고 있는 것이다. 매사가 이렇게 진행되는데 균형을 고려하지 않는 그로테스크한 설명으로 이따금씩 중단이 되고는 한다. 팡타그뤼엘이 많은 도시와 왕국을 포함하고 있는 입을 벌렸을 때, 그 입 벌림이 비둘기집과 쉽사리 혼동된다는 것은 가당치 않으니까 말이다. 그러나 '모든 것이 고향에서와 같다'는 주제는 변함없이 계속된다. 도시 입구에서 알코프리바스는 건강증명서 제시를 요구당한다. 대도시에서 흑사병이 창궐하고 있기 때문이다. 이것은 1532년과 1533년 사이 프랑스 북부 도시에서 창궐하였던 흑사병을 시사한다.(르프랑 판의 서문 31쪽 참조) 이빨의 수려한 산악 풍경은 서유럽 농업 지대의 그림이고, 이탈리아식으로 건조된 시골 저택은 당시 프랑스에서도 유행하기 시작한 것이었다. 알코프리바스가 팡타그뤼엘의 입 안 체재의 마지막 나날을 보내게 되는 마을에서도 잠을 자서 일당 5 내지 6수씩 벌고 크게 코를 골 때는 과외수당을 받는다는 것(유서 깊은 중세 유럽의 유토피아를 상기시켜 준다.)을 제외한다면 상황은 완전히 유럽과 같다. 수풀을 지나는 길에 도둑맞은 것을 위로할 때 원로원 의원들은 '이빨 저쪽' 사람들이 인생 사는 법을 모르는 교양 없는 야만인들임을 이해시킨다. 그리하여 알코프리바스는 마치 고향에서 산 이쪽과 산 너머 저쪽 나라가 있듯이 팡타그뤼엘의 입 안에는 이빨 이쪽과 저쪽 나라가 있다는 것을 미루어 알게 되는 것이다.

    루키아누스가 본질적으로는 환상적인 여행기와 모험담을 마련해 내었으며 보급본이 그로테스크하게 확대된 규모를 강조하고 있을 뿐임에 반해서 라블레는 상이한 장면, 상이한 주제, 상이한 문체 수준의 상호 작용을 끊임없이 보여 준다. 본질의 요약자라고 할 알코프리바스가 팡타그뤼엘의 입을 통해서 발견 여행을 하는 사이에 팡타그뤼엘과 그의 군대는 '소금기 밴 사람들'과 '인후국'에 대한 전쟁을 계속한다. 그리고 발견 여행 자체 속에서도 세 개의 상이한 경험의 범주가 번갈아 뒤섞인다. 잠시도 시야에서 사라지지 않으며 항시 새롭고 터무니없는 희극적 기상에 의해서 상기되는 거대한 규모의 그로테스크한 주제가 전체적인 뼈대를 제공해 주고 있다. 하품을 할 때 거인의 입 안으로 날아 들어가는 비둘기들, 팡타그뤼엘이 마늘을 먹은 탓에 그 뒤 그의 위장에서 올라오는 독기 때문에 흑사병이 생겼다는 설명, 산악 풍경으로 변형되는 이빨, 귀환 여행의 방식, 마지막 대화 등이 그것이다. 그러는 한편 생판 다르고 전혀 새로우며 또 당시에는 지극히 시사적인 주제가 전개되어 간다. 바로 신세계 발견이라는 주제인데, 이러한 발견에 따르기 마련인 지평의 확대와 세계상의 변화가 놀라움과 함께 전개되고 있다.

 이 주제는 르네상스와 그 뒤를 잇는 2세기 간의 모티프의 하나로서 정치, 종교, 경제, 철학상의 혁명에 지렛대 구실을 했다. 그것은 두 가지 방식으로 끊임없이 되풀이하여 나타났다. 첫째, 작가가 줄거리를 아직도 태반은 미지로 남아 있는 신세계에 배치하는 것인데 그 까닭은 유럽의 환경보다 한결 순수하고 한결 원시적인 환경을 조성할 수가 있기 때문이다. 이것은 고국의 상황을 비판하는 데 효과적이면서 동시에 통쾌하게 은밀한 방법을 제공하는 하나의 방책이 된다. 또 하나는 생소한 이방인을 유럽 세계에 데려와 유럽의 기성 질서에 대한 비판이 그의 순박한 놀라움과 그가 구경한 것에 대한 일반적인 반응으로부터 생겨나게 하는 것이다. 그 어느 경우든 이 주제는 기성 질서를 뒤흔들고 그것을 보다 넓은 맥락 속에 배치하여 상대적인 것으로 만드는 혁명적인 힘을 가지고 있다. 위에 인용한 대목에서 라블레는 이 주제를 그저 퉁겨 볼 뿐 발전시키지는 않는다. 알코프리바스가 입 안의 첫 주민을 보았을 때의 놀라움은 이러한 경험 범주에 속한다. '세계의 절반은 나머지 절반이 어떻게 사는지를 모른다고 사람들이 말하는 것이 옳다는 것은 내게도 분명해졌다.'라는 여행 끝 무렵의 그의 의견도 이러한 경험 범주에 속한다. 라블레는 즉각 이 주제를 그로테스크한 우스개 농담 속에 묻어 버린다. 그리하여 그것은 삽화 전체 속에서는 지배적인 비중을 갖지 못하고 있다. 그러나 우리는 라블레가 그의 거인의 나라를 처음 유토피아(Utopia)라고 불렀다는 것을 잊어서는 안 된다. 이 이름은 16년 전에 나왔던 토마스 모어(Thomas More)의 책에서 빌린 것이다. 또 동시대인 가운데서 라블레가 가장 많이 빚지고 있는 토마스 모어가 위에서 서술한 개량주의적 방식으로 머나먼 나라란 주제를 하나의 모험으로 활용한 최초의 사람이라는 것도 잊어서는 안 된다. 이름만이 아니다. 가르강튀아와 팡타그뤼엘의 나라는 그 정치, 종교, 교육 체제와 더불어 유토피아라고 불리고 있을 뿐만 아니라 사실상 유토피아이다. 모어의 유토피아처럼 동방 어느 곳에 놓여 있는 아직 발견되지 않은 머나먼 나라이다. 물론 때때로 프랑스 한복판에서 발견됨직한 땅이기도 하지만 말이다. 이 점은 나중에 다시 거론할 것이다.

위의 인용문 속에 포함된 두 번째 주제는 이만큼 해 두기로 하자. 그것은 거기에서 자유롭게 전개될 수가 없다. 첫 번째 주제인 그로테스크한 우스개 농담이 끊임없이 훼방 놓기 때문이기도 하고 세 번째 주제에 의해서 즉각 가로채여 마비되기 때문이기도 하다. 세 번째 주제는 '모두 우리쪽과 같다.'(tout comme chez nous.)는 것이다. 이 고르지아의 세계에 관한 가장 놀랍고도 가장 우스꽝스러운 것은 그것이 우리 세계와 전혀 다르지도 않고 도리어 자질구레한 세목에 있어서도 닮아 있다는 점이다. 그 세계는 우리가 그것을 전혀 모르고 있음에도 우리 쪽 세계를 알고 있기 때문에 우리 세계보다 우월하다. 그러나 다른 점에서는 무척 똑같다. 그리하여 라블레는 역할을 교환하는 기회를 스스로에게 부여한다. 다시 말해서 배추 심는 농부를 외부 세계의 이방인을 유럽인다운 순박함으로 맞아들이는 토박이 유럽인처럼 보이게 만들고 있는 것이다. 무엇보다도 또 라블레는 일상생활의 사실적 장면을 전개하는 가능성을 스스로에게 부여하고 있다. 이것이 세 번째 주제인데 이것은 다른 두 주제(거인들의 그로테스크한 익살맞음과 신세계의 발견)와 전혀 걸맞지가 않으며 다른 두 주제와 의도적으로 우스꽝스러운 대조를 이루고 있다. 거대한 규모와 대담한 발견 여행이라는 뼈대 전체는 그저 우리에게 배추 심기에 종사하고 있는 투렌의 농부를 보여 주기 위해서 작동된 것처럼 보인다.

장면과 주제가 변하듯이 문체 또한 변화한다. 지배적인 문체는 뼈대 구실을 하는 그로테스크한 주제에 대응하는 그로테스크하고 희극적인 민중 문체인데 가장 정력적인 형태 속에 가장 강력한 표현이 드러나 있다. 이와 나란히 혹은 한데 섞여서 사무적인 이야기가 전개되며 철학적인 생각이 번뜩이고 그로테스크한 뼈대 사이에 사자가 마차로 도시에서 실려 나가는 흑사병의 끔찍한 동물적인 묘사가 보인다. 이러한 종류의 문체 혼합은 라블레가 발명한 것은 아니다. 라블레는 물론 그것을 자기 기질과 자기 목적에 적응시켰다. 그러나 그것이 기독교 전통이 문체 혼합을 극단적으로 과장하였던 중세 말기의 설교에서 유래했다는 것은 역설적이다.(7장 「아담과 이브」 참조) 이 설교들은 극히 조잡하게 민중적이고 동물적으로 사실적이며 동시에 비유 구상적 성서 해석에 있어서는 박학하고 교화적이었다. 중세 말기의 설교 정신으로부터, 특히(좋은 의미에서나 궂은 의미에서나) 민중적인 탁발수도회를 에워싸고 있던 분위기로부터 인문주의자들은 이 문체 혼합을 받아들였던 것인데 특히 그들의 반교회적, 논쟁적, 풍자적인 글의 경우에 그러하였다. 젊은 시절 프란체스코파 수사였던 라블레는 똑같은 샘으로부터 다른 누구보다도 '한결 순수하게' 그것을 길어 올렸다. 그는 탁발승의 삶의 형식과 표현 형식을 그 원천에서 연구하였고 나름대로 독특하게 자기 것으로 만들었다. 이제 그는 그것을 떠나서 살 수가 없게 되었다. 비록 탁발수도회를 증오하기는 하였지만 우스꽝스러울 정도로 생생한 그들의 멋있고 소박한 문체는 그의 기질과 목적에 정확하게 들어맞았다. 그리고 라블레처럼 거기서 많은 것을 얻어 낸 사람도 없다. 이 점에 소상하지 못한 사람들을 위해서 질송이 「프란체스코파의 라블레(Rabelais Franciscain)」(7장 참조)란 훌륭한 논문에서 이러한 파생 관계를 지적하고 있다. 우리는 나중에 이 문제도 또한 거론할 것이다.

우리가 검토하고 있는 인용문은 비교적 단순한 대목이다. 장면, 주제, 그리고 문체 수준의 상호 작용은 관찰하기 쉬우며 그것을 분석하는 데 상세한 연구를 요하지 않는다. 다른 대목들은 한결 복잡하다. 라블레가 자기의 박식, 당대의 사건과 인물에 대한 무수한 암시, 태풍 같은 합성어를 마음껏 구사하는 대목들이 그러하다. 우리의 분석은 별로 힘들이지 않고 그가 세계를 바라보고 이해하는 방식의 본질적인 원리를 알아보게 해 준다. 즉 규모와 문체뿐만 아니라 사건, 경험, 지식의 범주들을 마구 혼합하는 원리 말이다. 작품 전체나 작품의 부분에서 그러한 보기는 얼마든지 열거할 수가 있을 것이다.

아벨 르프랑(Abel Lefranc)은 1권의 사건, 특히 피크로콜(Picrochole)과의 전쟁이 라블레의 부친 일가의 소유지인 라 드브니에르(La Devenère) 주변 지역 몇 십 리 안에서 일어나는 것임을 보여 주었다. 이 점을 자세히 모르거나 몰랐던 독자에게조차도 지명과 지방의 수수한 사건들은 시골의 한정된 배경을 시사한다. 그러나 동시에 수만 명의 군대가 등장하며 포탄이 마치 이(蝨)처럼 머리카락에 들어붙는 거인들이 전투에 참가하는 것이다. 무기와 식량의 수량은 크나큰 왕국도 그 당시엔 모아들일 수 없을 정도로 집계되어 있다. 스이이(Seuillè) 수도원의 포도밭에 들어갔다가 수사 장(Frére Jean)에게 살해당한 병사의 수효만도 1만 3622명으로 되어 있는데 아녀자의 수효는 계산에 넣지 않은 것이다. 거대한 규모라는 주제는 라블레에게 원근법적인 대조 효과를 낳는 구실을 하는데, 이것은 은밀하게 유머러스한 방식으로 독자의 균형감을 교란시킨다. 독자는 시골의 감칠맛 나는 수수한 생활 형태, 그로테스크하게 정상을 벗어난 어마어마한 사건, 그리고 유토피아적이며 인문주의적인 사고 사이에서 끊임없이 휘둘러진다. 독자는 낯익은 사건에 머물러 있지 못한다. 강렬하게 사실적이거나 외설스러운 요소 또한 서술의 속도에 의해서 지적인 소용돌이처럼 뒤끓게 마련이다. 그리고 끊임없이 이어지는 암시와 이런 대목이 환기하는 웃음의 폭풍은 당시의 일반적인 질서관과 품위관을 밀고 넘어가고 있다. 1권 42장에 있는 수사 장 데 장롱뫼르(Frére Jean des Entommeures)의 충고와 같은 짤막한 원문을 읽어 보면 독자는 두 개의 감칠맛 나는 우스개 농담을 발견하게 된다. 첫 번째 농담은 큰 대포로부터 보호해 준다는 주문에 관한 것이다. 수사 장은 그것을 믿지 않는다고 말할 뿐만 아니라 힘들이지 않고 관찰의 차원을 바꾸어 신앙을 신의 도움의 조건으로 강요하는 교회의 차원에 서서 말한다. "주문은 나를 도와줄 수 없어요. 나는 그것을 전혀 믿지 않으니까요." 두 번째 농담은 수도승의 법의에 관한 것이다. 수사 장은 겁쟁이임을 드러내는 사람이라면 누구에게나 자기의 법의를 덮어씌우겠다는 위협으로 이야기를 시작한다. 누구나 처음에는 그것을 처벌이자 치욕으로 생각하는데, 자연스러운 일이다. 법의를 걸친 사람은 즉각 온당한 인간의 품성을 박탈당하는 셈이 된다. 그러나 천만에. 순식간에 수사는 관점을 바꾼다. 법의는 사내답지 못한 남자들에겐 약이어서 그것을 걸치자마자 그들은 남자가 된다는 것이다. 서약이나 수도 생활에 의해서 강요된 금욕은 특히 용기와 성적 능력과 같은 남성 능력을 증대시켜 준다는 것이다. 그리고 그는 드 믈르 대감(Sieur de Meurle)의 '고삐 느슨한' 사냥개에게 법의를 덮어씌운 일화로 자기의 충고를 끝맺고 있다. 법의를 씌운 순간부터 어떤 여우나 토끼도 그 사냥개로부터 무사할 수 없었고 또 그 개는 모든 암캐와 교미하였다. 그전까지는 불감증이자 저주에 따른 불능(frigidis et maleficiatis, 이것은 교령집의 제목이다.)에 속했는데 말이다. 또는 어린 가르강튀아가 1권 13장에서 들려주는, 밑을 닦는 데 사용하는 것들에 관한 길고 장황한 서술을 읽어 보라. 참으로 풍요한 즉흥이 아니고 무엇인가! 우리는 시와 삼단 논법, 의학, 동물학, 식물학, 당대 풍자, 의상에 관한 민간 전설 등을 보게 된다. 마지막으로 솜털이 보송보송한 어린 거위 새끼의 목으로 밑을 닦았을 때 내장과 온몸이 감촉했던 상쾌함은 사후 세계 낙원의 영웅이나 반신(半身)의 행복과 연관지어져 있다. 또 그랑구저(Grandgousier)는 자기 아들이 그때 보여 준 재치를 플루타크의 유명한 일화에 나오는 젊은 날의 알렉산더의 재치와 비교한다. 일화에 따르면 알렉산더만이 말이 난폭한 이유가 제 그림자를 두려워해서라는 사실을 알아차렸다는 것이다.

우리는 책의 보다 뒷부분에서 몇몇 대목을 골라 검토해 보기로 하자. 3권 31장에서 의사 롱디빌리스(Rondibilis)는 결혼 계획과 관련하여 파뉘르주(Panurge)의 상담을 받고 강렬한 성적 충동을 가라앉히는 방법을 열거한다. 첫째 무절제하게 술 마시기, 둘째 혹종의 약 먹기, 셋째 지속적인 육체 노동, 넷째 열심히 공부하기이다. 이 네 가지 방법은 각각 몇 페이지에 걸쳐서 엄청난 의약적, 인문주의적 박학을 통해서 설명되는데 이때 세목과 인용과 일화가 마치 소나기처럼 쏟아져 나오는 것이다. 다섯째로 성행위 자체라고 롱디빌리스는 말한다. "잠깐," 하고 파뉘르주는 말한다. "그것이 내가 기다리고 있던 것입니다. 그게 내게 맞는 방법입니다. 나머지 방법은 원하는 사람들에게 맡기겠습니다." "그래요." 하고 듣고 있던 수사 장은 말한다. "마르세유 근처의 생 빅토르 수도원장 실리노(Scyllino)가 그 방법에 이름을 붙였어요. 육신을 죽게 하는 방법이라고······."* 모든 것이 미치광이 같은 소극이지만 라블레는 끊임없이 변하는 생각의 흐름, 문체와 지식의 모든 범주를 의도적으로 뒤죽박죽으로 혼성하는 기발한 생각으로 그것을 채우고 있다.

3권 39~42장에 나오는 판사 브리도와(Bridoye)의 그로테스크한 변호의 경우도 마찬가지다. 이 판사는 재판을 신중히 준비하고 몇 번이고 연기하다가 주사위를 던져서 결정을 내렸지만 40년 동안 지혜롭고 공정한 판결만을

---

* 후기 라틴말 혹은 중세 프랑스말에서 mortificāre(mort+ficāre)는 '죽게 하다'의 뜻이 된다. 성욕 억제 및 극복의 뜻을 갖고 있다.

수행한 것이다. 그의 이야기에는 늙은이의 허튼소리가 섬세한 반어적 지혜와 어울려 있으며 가장 놀라운 일화가 담겨 있다. 온갖 법률 용어가 그로테스크한 말의 폭포 속에서 독자에게 쏟아져 내리며 온갖 자명한 의견이나 우스꽝스러운 의견이 로마법과 그 용어해설집에서 인용의 소용돌이에 의해서 옹호되어 있다. 그것은 기지, 법률 경험, 인간 경험, 당대의 풍자, 당대 습속과 도덕의 불꽃놀이이며 웃음에 관한 교육이며 다양한 관점 사이의 재빠른 이동에 관한 교육이다.

마지막 사례로 4권 6~8장에 나오는 배 위의 장면을 보기로 하자. 이때 파뉘르주는 양(羊) 장수 댕드노(Dindenault)와 흥정을 한다. 이 장면은 아마도 라블레 작품 중에서 두 인물 사이에 벌어지는 것치고 가장 생생하고 효과적인 장면이다. 양 떼의 주인인 생통주의 상인 댕드노는 잘 성내고 뽐내는 위인이다. 그러나 동시에 라블레의 거의 모든 작중 인물에게 나타나는 특유의 교활하고 섬세하며 관용구를 잘 구사하는 재치를 지니고 있다. 처음 만났을 때 그는 수더분하고 익살스러운 파뉘르주를 마음껏 조롱한다. 배의 선장과 팡타그뤼엘이 개입하지 않았다면 두 사람은 치고받고 하였을 것이다. 나중 두 사람이 겉보기에 화해가 되어 다른 사람들과 함께 술을 마실 때 파뉘르주는 다시 댕드노에게 양 한 마리를 팔라고 조른다. 그러자 댕드노는 몇 페이지에 걸쳐 자기 양 떼를 추어올린다. 이야기를 하는 사이 그는 처음 파뉘르주에게 보였던 모욕적인 어조를 눈에 뜨이게 확연히 보인다. 그는 의심, 건방짐, 재미, 생색이 뒤섞인 태도로 파뉘르주가 이렇듯 훌륭한 상품에 전혀 값하지 못하는 얼간이나 야바위꾼인 것처럼 대한다. 그러나 파뉘르주는 이제 침착하고 상냥한 태도로 양 한 마리를 팔라고 조를 뿐이다. 구경꾼들의 채근을 받자 마침내 댕드노는 엄청나게 비싼 값을 부른다. 파뉘르주는 사람들이 너무나 조급하게 부자가 되려다가 잘못되는 수가 많다고 그에게 경고한다. 댕드노는 격노하여 파뉘르주에게 욕설을 퍼붓기 시작한다. "좋소." 하더니 파뉘르주는 돈을 치르고 잘생긴 퉁퉁한 숫양을 고르더니 댕드노가 아직도 욕설을 퍼붓는 사이 느닷없이 그 숫양을 바다로 내던져 버린다. 양 떼 전부가 뒤를 따라 배에서 뛰어내린다. 절망한 댕드노는 이를 막으려 하나 헛된 노릇이다. 기운 센 숫양이 그를 바다로 밀쳐 버려 그는 오디세우스가 옛날 폴리페머스의 동굴에서 도망친 것과 똑같은 자세로 물에 빠진다. 그의 목동과 양치기도 똑같은 방식으로 배에서 밀려 떨어진다. 파뉘르주는 긴 노를 집어들고 배로 헤엄쳐 오려는 자들을 밀어 버린다. 그러는 한편 허우적거리는 사람들에게 영생의 기쁨과 이승의 삶의 비참에 관해서 멋진 연설을 들려준다.

이렇듯 우스개 농담은 음산하게 끝나 버린다. 늘 명랑한 파뉘르주의 강렬한 복수심을 고려한다면 자못 끔찍하게 끝난 셈이다. 그러나 그것은 흔히 그렇듯이 라블레가 몹시 다양하고도 그로테스크한 박식으로 채워 놓은 우스개 농담인 것이다. 이번 경우엔 양털, 양가죽, 그 내장, 양고기, 기타 모든 부분을 망라한 양에 관한 해박한 지식이 동원되어 있는데, 흔히 그렇듯이 신화와 의약, 그리고 기이한 연금술의 민간 전승으로 치장을 해 놓고 있다. 그러나 이번 경우 흥미의 중심은 양을 추어올릴 때 댕드노에게 떠오르는 다양한 생각의 소나기가 아니라 그가 자기 위인됨에 대해서 보여 주며 또 그의 종말 방식의 설명이 되어 주고 있는 풍부한 성격 묘사이다. 그는 상황에 적응하지 못하고 자신을 변화시키지 못하며 맹목적인 어리석음과 허영 때문에, 피크로콜(Picrochole)이나 리무쟁의 학생(colier limousin)처럼 외곬수의 마음이 주위 상황을 마음에 새겨 두지 못하고 곧장 달리기만 하기 때문에 속아 넘어가 파멸하고 만다. 파뉘르주가 자신보다 더 약은 사람일 수도 있고 또 복수를 위해 돈을 희생할지도 모른다는 생각이 그에게 떠오르지 않는다. 실제 상황의 복잡성을 보지 못하게 하는 우둔함, 적응에 있어서의 무능, 외곬수의 오만이 라블레에게는 악덕이다. 이것이 그가 조롱하고 추구하는 우둔함의 형태이다.

라블레의 문체 속에 통합되어 있는 모든 요소는 중세 후기에부터 알려져 있던 것들이다. 조야한 우스개 농담, 인간 육체의 동물적 파악, 성 문제에 있어서 절도와 유보의 결여, 리얼리즘과 풍자적 교훈적 내용의 혼합, 다루기 어렵고 때로는 난해한 박학의 어마어마한 축적, 우의적 비유의 사용 등과 이외의 많은 것이 중세 후기에 발견된다. 그리고 라블레에게 있어서 유일하게 새로운 것은 그가 이것들을 과장하는 정도와 이것들을 혼합하는 특이한 방법뿐이라고 생각하고 싶어진다. 그러나 그렇게 생각한다는 것은 문제의 본질을 놓치는 셈이 된다. 이러한 요소들이 과장되고 짜이는 방식은 전혀 새로운 그림을 마련해 낸다. 게다가 잘 알려져 있다시피 라블레의 목적은 중세적 사고방식과 정면으로 상충된다. 이것은 개개 요소에조차 다른 의미를 부여한다. 중세 후기의 작품들은 사회적으로, 지리적으로, 우주론적으로, 종교적으로 또 윤리적으로 일정한 뼈대 안에 한정되어 있다. 이들은 한 번에 사물의 한 국면만을 제시한다. 다양한 사물과 국면을 취급해야 할 때는 일반적인 질서라는 일정한 뼈대 속에 이들을 억지로 집어넣으려고 시도한다. 그러나 라블레의 전체적인 노력은 사물이나 사물의 있을 수 있는 다양한 국면과의 희롱을 향해 나아간다. 그리고 완전한 혼란상을 띠고 있는 현상을 독자에게 보여 줌으로써 현상을 바라보는 일정한 습관에서 벗어나도록 하는 데 집중되어 있다. 그리하여 비록 위험을 무릅써야 하기는 하지만 자유롭게 헤엄칠 수 있는 세계의 큰 바다로 독자를 꼬여 내는 데 힘쓴다.

기독교 교리로부터의 라블레의 결별이야말로 라블레 해석의 결정적인 요소라고 생각하는 많은 비평가들은 본질적인 핵심을 놓치는 것이라고 필자는 생각한다. 교회가 뜻하는 의미에서 라블레가 이미 신자가 아니라는 것은 사실이다. 그러나 그는 뒷날의 합리주의자처럼 확고한 신앙 부인의 입장에 서 있는 것은 결코 아니다. 기독교적 주제에 대한 그의 풍자로부터 지나치게 광범위한 결론을 유도하는 것도 용인될 수 없는 일이다. 왜냐하면 라블레의 독신적(瀆神的)인 우스개 이야기와 본질적으로 다를 바 없는 풍자의 사례를 중세는 벌써부터 보여 주고 있었기 때문이다. 그의 사고방식에서 혁명적인 것은 기독교에 대한 반대가 아니라 사물과의 항구적인 희롱이 마련해 내는 비전과 감정과 사고의 자유분방함이다. 그리고 이러한 자유분방은 독자로 하여금 세계와 세계의 풍요한 현상을 직접 대하도록 요청한다. 물론 라블레는 어느 한 점에서 자기 입장을 취하고 있다. 그리고 그것은 기본적으로 반기독교적인 입장이다. 그에게 있어 자기 본성을 따르는 사람은 착한 사람이며 인간에 관해서건 사물에 관해서건 자연스러운 삶은 선이다. 그가 텔레므(Théléme)의 승원 건립 이야기를 통해서 보여 주고 있는 이러한 확신을 각별히 확인할 필요는 없다. 그의 작품 도처에 그 확신이 표현되어 있기 때문이다. 이러한 확신과 연관되어 있는 것은 그의 인류의 동물적 처리가 이와 유사한 중세 쇠퇴기의 리얼리즘의 경우처럼 육체 및 현세의 사물 일반의 연약함과 비참을 이미 그 주조로 마련하고 있지 않다는 사실이다. 라블레에서 동물적 리얼리즘은 중세의 동물적 리얼리즘과는 정반대되는 새 의미를 획득하고 있다. 그것은 육체와 그 기능의 활력론적, 역동적 승리라는 의미다. 라블레에게는 벌써 원죄나 최후의 심판이 없으며 이에 따라 죽음에 대한 형이상학적인 공포도 없다. 자연의 일부로서 사람은 자기의 숨쉬는 삶, 신체의 기능, 지적 능력을 즐기며 자연 속의 다른 피조물처럼 자연스럽게 소멸한다. 인간과 자연의 숨쉬는 삶은 온통 라블레의 사랑, 지식에 대한 갈증 그리고 언어를 통한 표현 능력을 불러들여 사용한다. 그것은 그를 시인으로 만든다. 왜냐하면 그는 시인이며 비록 감정은 결여되어 있으나 진정 서정시인이기 때문이다. 그의 리얼리스틱하고도 리얼리즘을 넘어서는 미메시스를 야기시키는 것은 의기양양한 현세의 생활이다. 그리고 그의 미메시스는 완전히 반기독교적이다. 그것은 중세 말의 동물적 리얼리즘이 우리에게 환기하는 사고의 범위와 아주 반대되기 때문에 라블레의 중세로부터의 소외가 가장 현저하게 드러나 있는 것은 바로 문체의 중세적 특징 속에서이다. 라블레 문체의 중세적 특징의 목적과 기능이 완전히 바뀌어 버린 것이다.

자연계 전체 속으로의 인간의 부상, 동물적, 금수적인 것의 이러한 승리는 개인주의란 말이 얼마나 모호한 것이며 따라서 얼마나 오해받고 있는 것인가를 보다 자세히 언급할 기회를 제공해 준다. 개인주의란 말은 흔히 르네상스와 관련하여 쓰이는데 이는 정당화될 수 없는 것은 아니다. 모든 가능성이 열려 있고 또 모든 국면과 희롱하는 라블레의 세계관 속에서 인간이 사고하고 본능과 소망을 충족시키고 실현함에 있어 이전보다 한결 자유로운 존재라는 것은 의심의 여지가 없다. 그러나 그렇다고 해서 그가 더욱 개인주의적인 것일까? 그것은 쉽게 말할 수가 없다. 적어도 그는 자신의 특유한 사고 내지는 행동 방식에 한정되어 있는 바가 한결 작으며 변신이 자유로우며 또 쉽게 남의 입장이 되어 보려고 한다. 그리고 그의 일반적이고 초개성적인 특징, 특히 동물적 본능적 특징은 크게 강조되어 있다. 라블레는 틀릴 여지가 없는 강렬한 특징을 가진 작중 인물들을 창조하였다. 그러나 그는 그들을 반드시 틀릴 여지 없는 인물로 남아 있게 하려는 것은 아니다. 그들은 변화하기 시작하며 상황이나 작자의 일시적인 기분에 따라서 갑자기 다른 인물이 그들 속에서 나타나기도 하는 것이다. 작품이 진행함에 따라서 팡타그뤼엘과 파뉘르주는 얼마나 큰 변모를 보여 주는 것인가! 자기만족적인 간지, 재치, 인문주의를 배경에서 항시 깜박이고 있는 기본적으로 가차 없는 잔인성과 혼합시키고 있는 당장에서도 라블레는 작중 인물의 통일성에 별로 관심을 갖지 않는다. 2권 30장의 그로테스크한 저승(그 속에서 라블레는 현세의 상황과 인물들을 거꾸로 뒤집어 놓고 있다.)과 단테의 내세를 비교해 보면 라블레가 인간의 개성을 얼마나 간략하게 다루고 있는가를 알 수 있다. 그는 그것을 넘어뜨리는 것을 낙으로 삼고 있다. 실상 기독교의 통일적 우주관과 신의 심판에 있어서의 지상 인간의 구상적(具象的)인 유지는 소멸될 수 없는 영속적인 개인이라는 강력한 이념을 낳게 하였다.(이것이 가장 두드러진 것은 단테의 경우이지만 다른 데서도 볼 수가 있다.) 기독교의 통일적 우주관과 기독교의 불멸 개념이 유럽의 우주관을 더 이상 지배하지 않게 되었을 때 소멸될 수 없는 영속적인 개인이라는 이념은 이제 처음으로 위태롭게 되는 것이다.

위에서 언급한 저승의 묘사는 또한 루키아노의 대화(*Mennipus seu Nekyomantia*)에서 영감을 받은 것이다. 그러나 라블레는 우스개 농담을 한결 멀리까지 끌고 가서 실상 신중함과 품위의 한계를 넘어서고 있다. 고대 문학에 대한 그의 인문주의의 관련은 그에게 주제, 인용, 일화, 사례 및 비교를 제공해 주는 저자들에 대한 비범한 지식 속에 드러나 있다. 그리고 다른 인문주의자들의 경우와 마찬가지로 고대 사상의 영향하에 있는 정치, 철학, 교육 문제에 관한 그의 사고 속에 드러나 있다. 그리고 특히 중세의 특징이 되어 있던 기독교적이며 계층 사회적인 준거틀에서 자유로운 그의 인간관 속에 잘 드러나 있다. 그러나 그가 고대 세계에 빚지고 있다고 해서 고대 개념의 한계 안에 갇혀 있는 것은 아니다. 라블레에게 있어 고대는 해방과 지평의 확대를 의미하며 결코 새로운 제한이나 예속을 뜻하지는 않는다. 고대의 문체 분리처럼 그에게 생소한 것은 없었다. 문체 분리는 그의 생전에 벌써 이탈리아에서 그리고 곧이어 프랑스에서 순수주의와 '고전주의'로 나아가게 된다. 라블레에게 미적 기준은 없다. 모든 것이 모든 것과 어울린다. 일상적 현실이 전혀 있음직하지 않은 환상 속에 놓여 있고 가장 조야한 우스개 농담이 박식으로 가득 차 있으며 도덕적 철학적인 교화가 음란한 표현과 음담패설 속에서 흘러나온다. 이 모든 것은 고대보다는 훨씬 더 중세 후기의 특징이다. 적어도 고대에서 '웃으며 진실 말하기'는 이렇듯 양 극단으로 폭넓은 추의 진동을 보여 주지는 않았다. 그것을 위해서는 중세 후기의 문체 혼합이 필요하였던 것이다. 그러나 라블레의 문체는 단순히 괴팍스럽게 과장된 중세인 것만은 아니다. 중세 후기의 설교가처럼 그가 혼란스럽게 넘치는 박학과 조야한 비속성을 혼합할 때 이 박학은 어떤 독단적 교리나 윤리를 권위에 의해서 지지하는 기능을 이제 갖지 못한다. 그리하여 그때그때의 주제를 우스꽝스럽고 무의미한 것으로 보이게 하거나 혹은 대체 라블레가 얼마만큼 진지하게 진담을 하고 있는가 하는 문제를 제기하는 그로테스크한 놀이를 촉진할 뿐인 것이다. 민중에 대한 그의 호소력도 중세의 그것과는 다르다. 라블레가 민중에게 호소한다는 것은 의심할 바 없다. 왜냐하면 교육받지 않은 대중은, 그의 언어를 이해하는 한 라블레의 이야기를 몹시 재미있어 하기 때문이다. 그러나 그의 작품이 진정으로 상대하는 사람들은 지적 엘리트들이지 민중은 아니다. 설교가들은 민중을 상대하였으며 그들의 생생한 설교는 직접적인 연설을 위한 것이었다. 라블레의 작품은 인쇄를 위한 것이었다. 다시 말해서 독서용이었다. 16세기에 독서는 여전히 극소수의 소수파를 위한 것이었다. 그리고 라블레는 그 소수파 가운데서도 보급본이 상대하였던 계층을 상대한 것은 아니었다.

라블레는 자기 작품의 문체 수준에 대한 자기 의견을 스스로 토로하고 있다. 그때 그는 중세가 아니라 고대의 사례를 인용하고 있는데 다름 아닌 소크라테스이다. 그 원문은 라블레의 작품 가운데서 가장 아름답고 완숙한 것의 하나인 『가르강튀아』 1권 프롤로그이다. 앞서도 언급했듯이 1권은 2권 후에 쓰이고 출판된 것이다. "고명한 주정꾼들, 그리고 귀하신 창병 환자 그대들, 이렇게 말씀드리는 것은 내 책이 다름 아닌 그대들을 위한 것이기 때문······."(Beuveurs tres illustres, et vous, Verolez tres précieux car à vous, non a aultres, sont dediez mes escriptz······.) 이렇게 유명한 원문은 시작한다. 그 풍부한 다성음 및 작품의 다양한 주제를 알리고 있다는 점에서 원문은 음악의 서곡에 비유할 수 있다. 이런 방식으로 독자에게 말을 건 저자는 그 전에는 거의 없다시피하였다. 한편 갑작스럽게 주제가 나타나서 프롤로그는 더욱더 괴이한 것이 되어 간다. 위에서 본 프롤로그 다음에 오는 주제는 전혀 뜻밖의 것이다. "플라톤의 『향연(Symposium)』이라는 대화에서 알키비아데스는 이론의 여지없는 철학의 왕인 자기 스승 소크라테스를 칭송하면서 말을 하는 중에 그가 실레누스(Silenus)의 조상 비슷하다고 말한다."(Alcibiades ou dialogue de Platon intitutlé Le Bancquet, louant son precepteur Socrates, sans controverse prince des philosophes, entre aultres parolles le dict estre semblable es Silenes.) 르네상스의 플라톤주의적인 신비가, 이탈리아, 프랑스, 독일의 정신적인 자유사상가에게 있어서 플라톤의 『향연』은 거의 성전이었다. 그리고 라블레가 "고명한 주정꾼들 그리고 귀하신 창병 환자들"에게 말하려고 하는 것은 이 『향연』에 나오는 어떤 것이다. 바로 이 문장을 통해 그는 가장 괴상하고도 분방한 장르 혼합의 대조를 설정하는 것이다. 이어서 바로 그 속에 신의 조그만 도상이 있는 실레누스의 조상(『향연』에는 조각가의 상점에서 가장 나이 많은 숲의 신이며 말의 귀와 다리를 가진 실레누스의 조상을 파는데 그것을 열면 신의 도상이 들어 있다는 이야기가 나온다.)과 소크라테스를 비교하는 대목을 불손하고 그로테스크하게 바꾸어 말하는 구절이 뒤따른다. 왜냐하면 숲의 신처럼 소크라테스는 외양이 흉측하고 우스꽝스러우며 촌스럽고 초라하고 언동이 어색해 보이는 그로테스크한 위인이며 그저 천덕스러운 어릿광대이기 때문이다.(『향연』에서 알키비아데스가 그저 짧막하게 시사한 비교 부분을 라블레는 길게 설명하고 있다.) 그러나 그의 내면에는 가장 경이로운 보배가 들어 있다. 초인적 통찰, 놀라운 덕성, 불굴의 용기, 변함없는 만족, 완벽한 단단함, 사람들이 그 때문에 잠 못 이루고 달음질치며 분발하며 다투고 여행하는 그 모든 것에 대한 믿을 수 없을 정도의 모멸이 그것이다. "그리고 이 프롤로그를 통해 내가 이루려고 한 것은 무엇인가?" 라블레는 사실상 이렇게 계속한다. 내 책의 모든 유쾌한 제목을 읽을 때(여기서 그로테스크한 책 속의 제목이 열거된다.) 농담과 우스갯감과 조롱감 이외엔 아무것도 없겠다고 생각하지 말라는 것이다. 단순히 외양만 보고서 성급한 결론을 내려선 안 된다. 법의를 걸친다고 승려가 되는 것은 아니다. 독자는 책을 펴고 이 속에 무엇이 들어 있는가를 신중하게 고려하지 않으면 안 된다. 그러면 들어 있는 내용물이 용기가 기약하는 것보다 훨씬 값어치 있으며 주제는 제목이 시사하는 것처럼 하찮은 것이 아님을 알게 될 것이다. 그리고 설사 문자 그대로의 뜻으로서의 내용에서 제목이 기약하는 바와 같은 종류의 우스갯감을 발견한다 하더라도 그것으로 만족해서는 안

된다. 더 깊이 천착해야 한다. 뼈의 골수를 찾아내는 개를 본 적이 있는지? 그렇다면 개가 얼마나 경건하게 그것을 지켜보며, 얼마나 격렬하게 그것을 잡아채고 얼마나 신중하게 다루며 얼마나 은근하게 그것을 뜯어 발리며 얼마나 부지런하게 그것을 빠는가를 관찰하였을 것이다. 개는 왜 그 짓을 하는가? 그러한 수고의 보답으로 기대하는 것은 무엇인가? 얼마 안 되는 골수일 뿐이다. 그러나 얼마 안 되는 그것이야말로 가장 소중하고 완벽한 영양분이다. 그 개처럼 독자도 "이 양질의 지방질의 좋은 책"을 냄새 맡을 날카로운 코를 가지고 있어서 그 내용을 알아차리고 존중해야 한다. 그러려면 부지런한 독서와 빈번한 명상으로 뼈를 뜯어 발리고 골수를 빨아야 한다. 이 골수는 본질 혹은 내가 피타고라스의 기호(記號)로 의도하려는 것을 가지고 있는데 이렇게 골수를 빨 때는 이러한 독서로 총명함과 용기를 얻을 수 있다는 희망을 가지고 임해야 한다. 왜냐하면 독자는 책 속에서 한결 세련된 취향과 보다 심오한 가르침을 발견하게 될 것이기 때문이다. 그리고 그것은 우리의 종교와 정치 생활, 경제 생활에 관련하여 깊은 비밀과 무시무시한 신비를 계시해 줄 것이다. 이렇게 그는 말하는 것이다.

프롤로그의 마지막 대목에서 사실 그는 모든 심오한 해석을 다시 희극으로 만들어 버린다. 그러나 소크라테스의 사례를 들고 독자를 뼈를 뜯어 발리는 개로 비유하고, 자기 작품을 '양질의 지방질 책'이라 부르는 등 그의 의중에 있는 목적을 표시하려고 했다는 것은 의심할 여지가 없다. 소크라테스를 실레누스의 조상에 비유한 것(크세노폰(Xenophon)도 언급하고 있다.)은 르네상스 시대인에게 깊은 인상을 주었던 것 같다.(에라스무스(Erasmus)는 그것을 그의 『격언집(*Adagia*)』에 포함시키고 있는데 이것이 아마도 라블레의 직접적인 출전이다.) 그것은 소크라테스의 인물과 문체에 대한 하나의 개념을 제공해 주고 있으며 이 개념은 중세의 유산인 장르의 혼합에 그리스 철학자 중 가장 인상적인 인물의 권위를 부여하는 듯이 보인다. 몽테뉴(Montaigne) 또한 그의 책 3권 열두 번째 에세이의 첫머리에 같은 취지를 위한 탁월한 증인으로 소크라테스를 내세우고 있다. 이 대목의 어조는 라블레의 그것과 전혀 다르다. 그러나 토론 주제는 똑같은 문체의 혼합이다.

소크라테스는 자기 마음을 자연스럽고 친숙한 동작으로 움직이게 한다. 농부도 이렇게 말하고 부인도 이렇게 말한다. 그는 마차꾼, 가구장이, 신기료장수, 석수장이 이야기밖에 하지 않는다. 그의 귀납적 결론과 직유는 인간의 가장 평범하고도 잘 알려진 활동에서 찾아낸 것이다. 그래서 누구나 그를 이해한다. 그렇듯 검소한 형태 아래 그의 경탄할 만한 사상적 고결함과 빼어남이 있다는 것을 우리 같으면 알아내지 못하였을 것이다…….

강렬한 민중적인 문체에 대한 선호를 표명하기 위해서 몽테뉴나 라블레가 소크라테스를 증인으로 불러들이는 것이 얼마만큼 정당한 것인가 하는 것은 여기에 거론하지 않아도 될 것이다. 그들에게 있어 '소크라테스적'인 문체는 자유분방한 어떤 것, 일상생활에 가까운 어떤 것을 의미했다는 것으로 충분하다. 특히 라블레에게 있어서는 어릿광대 짓에 가까운 어떤 것을 의미했다는 것으로 충분하다.(ridicule en son maintien, le nez pointu, le reguard d'un taureau, le visaige d'un fol …… tousjours riant, tousjours beuvant d'autant à un chascun, tousiours se guabelant…….) 그리고 그 속에 신 같은 지혜와 완벽한 덕성이 숨겨져 있다. 그것은 문학의 양식이면서도 이 못지않게 삶의 스타일이요, 양식이다. 그것은 소크라테스에서와 마찬가지로(또 몽테뉴에서도 그러하다.) 인간의 표현이다.(문체의 수준으로서 이러한 혼합은 라블레에게 특히 적합하였다.) 첫째 순전히 실제적인 바탕에서 그것은 당대의 반동적 당국자들에게 충격을 줄 사물을 취급하고 또 그것을 농담과 진담 사이의 어스름 속에 제시하는 것을 허용해 주었다. 이것은 필요한 경우 전적인 책임을 회피하는 것을 용이하게 해 주었다. 둘째 그것은 그의 기질과 아주 일치한다. 그의 마음속에 현존하고 있었던 그 이전의 전통에도 불구하고 양식 혼합은 절대적으로 특유한 하나의 현상으로서 그의 기질로부터 생겨난 것이다. 그리고 무엇보다도 그의 목적에 정확하게 부응하였다. 즉 사물의 관습적인 국면과 균형을 혼란시키며 현실적인 것을 초현실적인 것, 지혜를 어리석음, 반항을 명랑하고 풍미 있는 삶의 긍정 속에 나타나게 하며, 가능성의 희롱을 통해서 자유의 가능성에 광명의 조짐을 던지는 효과적인 아이러니에 기여하였다. 라블레의 숨은 의미, 즉 뼈의 골수에 천착하여 분명하고도 윤곽이 뚜렷한 교의를 찾아내려는 것은 잘못이라고 나는 생각한다. 그의 작품 속에 숨겨져 있으나 수많은 방식으로 전달되고 있는 것은 스스로 팡타그뤼엘리즘이라고 부르는 하나의 지적인 태도이다. 그것은 정신적인 것과 관능적인 것을 동시에 이해하며 어떠한 삶의 가능성도 소홀히 하지 않는 삶의 파악이다. 그것을 더욱 상세히 서술한다는 것은 현명한 기도가 아니다. 왜냐하면 그럴 경우 자신도 모르게 즉각 라블레와 경쟁하는 처지가 될 것이기 때문이다. 라블레 자신이 항시 그것을 서술하고 있으며 우리보다 더 잘 그 일을 해낼 수 있다. 나는 그저 한 가지만을 덧붙이고 싶다. 그의 도취적인 다양한 희롱은 형태 없는 광란으로, 그리하여 삶에 해로운 어떤 것으로 타락하는 법이 없다. 그의 책 속에서 폭풍이 때로 사납게 몰아치기는 하지만 하나의 단어, 하나의 글줄은 모두 엄격하게 통제되고 있다.

그의 풍요한 문체에 한계가 없는 것은 아니다. 그로테스크한 뼈대는 그 자체로 벌써 깊은 감정과 고도의 비극을 배제한다. 그리고 그가 깊은 감정과 고도의 비극에 이를 수 있었을 성싶지는 않다. 따라서 라블레를 우리의 연구에 포함한 것이 정당화될 수 있을는지는 의문이다. 우리가 추구하고 있는 것은 일상적인 것과 비극적인 진지함의 결합이기 때문이다. 라블레에게 일상적인 것이 없다고 아무도 말할 수 없다는 것은 분명하다. 그의 초현실적 세계의 배경 속에 항시 그것이 나타나도록 하고 있으며 일상적인 것을 묘사할 때 그가 시인이 되기 때문이다. 그 무엇보다도 그가 서정시인이며 리얼리스틱한 상황에 다성적(多聲的)인 시인이라는 것은 흔히 주목되었으며 그것을 예증하기 위해서 수많은 구절이 인용되었다. 가령 잔디밭 위에서의 무도를 그리고 있는 1권 4장 끝머리의 경탄할 만한 문장이 그것이다.

우리는 라블레의 서정적, 일상적인 다성음의 적어도 하나의 보기를 인용하는 즐거움을 물리치지 않을 것이다. 그것은 미련하고 의심 없는 댕드노가 야비한 말재주로 파뉘르주를 염치없이 조롱하는 동안, 흥정 장면과 뜻하지 않게 숫양을 바닷속으로 내던지는 장면 사이의 짤막한 순간에 라블레가 슬쩍 집어넣은 양(羊)의 시다.(4권 7장의 끝)

파뉘르주는 상인에게 돈을 치르고 나서 양 떼 가운데서 최상의 반듯한 양 한 마리를 골랐다. 그가 매애 하고 울어 대는 양을 잡아끌 때 나머지 모든 양들은 그것을 듣고 일제히 매애 소리를 내며 자기의 동패가 어디로 끌려가는가 말똥말똥 쳐다보았다.

분사가 많은 짤막한 문장은 하나의 그림이며 시다. 이어 어조와 주제가 변한다.

그러는 사이 상인은 그의 양치기에게 말하고 있었다. 저런! 저 악당이 썩 잘 골라냈구먼. 후레자식이 짐승을 볼 줄 알아. 정말이지 진정 정말이지, 나는 저 양을 캉칼르(Cancale) 나리의 성품을 잘 알고 나리를 위해 아껴 두었던 거야. 나리는 왼손에 든 라켓처럼 제법 큼지막한 보기 좋은 양의 어깨 고기를 한 손에 쥐면 온통 기분이 좋아 흥분하시거든. 게다가 한 손엔 부엌칼을 들고. 그다음엔 참 멋진 칼질이고!

이 캉칼르 나리의 인물 묘사는 전혀 다른, 그러나 똑같이 인상적인 그림을 보여 준다. 극히 구체적이고 재미있으면서도 동시에 완전히 적절하다. 왜냐하면 청중 모두가 알지 못하는 어떤 인물의 노골적인 묘사 그리고 자기와의 관계를 서술하는 모습은 댕드노의 조야하면서도 동시에 재치 있는 거만함을 분명히 보여 주기 때문이다. 이어 숫양은 바닷속으로 던져지고 즉각 서정적인 주제 "매애 하고 울어 대는"이 다시 들린다.(8장의 서두)

어떻게 일이 벌어졌는지 모르게 갑자기, 눈여겨볼 틈도 없이 파뉘르주는 아무 말도 없이 매애 하고 울어 대는 그의 양을 바다 한복판으로 던져 버렸다. 이에 배 안에 있는 다른 모든 양들이 똑같은 가락으로 매애 하고 울어 대면서 그를 뒤쫓아 차례차례 서둘러 바닷속으로 뛰어들었다. 누가 먼저 지도자 뒤를 따를 것인가, 양 떼는 야단이었다. 그들을 막는 것은 불가능하였다.

그리고 갑작스레 그로테스크한 박식 자랑으로 탈선한다.

왜냐하면 어디로 가든 언제나 선두를 뒤따르는 것이 양의 성품이기 때문이다. 그 때문에 아리스토텔레스는 그의 『동물학』 9권에서 양이 세상에서 가장 어리석고 지각 없는 동물이라고 특징짓고 있다.

일상적인 것에 관해선 이만큼 해 두기로 하자. 그러나 진지함은 모든 가능성을 잉태하고 있으며 현실의 영역에서건 초현실의 영역에서건 모든 것을 실험할 태세를 갖춘 발견의 기쁨 속에 있다. 이 발견의 기쁨은 라블레가 살았던 르네상스 전반기의 특징이었으며, 자기 책을 위해 스스로 창조한 언어로 라블레처럼 그것을 감각적으로 훌륭히 번역해 낸 사람은 없다. 그의 문체 혼합과 소크라테스적인 어릿광대 짓을 숭고 문체라 부를 수 있는 것은 바로 그 때문이다. 라블레 자신이 자기 책의 숭고 문체에 대한 매력 있는 용어를 찾아내었다. 그리고 그 용어 자체가 그 문체의 한 사례이다. 그것은 가축을 살찌게 하는 사육법에서 따온 것으로 위에서 이미 인용한 바 있다. "이 양질의 지방질의 좋은 책."(ces beaux livres de haulte gresse)

인간 조건

다른 사람들은 인간을 만든다. 나는 그에 대하여 말한다. 충분히 잘못 만들어진 한 사람을 묘사한다. 이 사람은 내가 새로 만든다면, 전혀 다르게 만들 것이다. 그러나 기성사실을 어찌하랴. 그런데 내 그림이 나타내는 특징은 비록 변화하고 다르다고 하더라도 틀린 것들은 아니다. 세상은 끊임없는 널뛰기에 다르지 않다. 모든 것이 쉼 없이 흔들린다. 땅, 코카서스의 바위, 이집트의 피라미드가 다 같이 움직이고 각각 움직인다. 항구성이라는 것도 매우 느린 움직임에 불과하다. 나는 나의 대상을 확실히 포착할 수 없다. 그것은 본래의 만취 상태로 하여 탁해지고 요동한다. 나는 대상을, 그것을 가지고 놀게 되는 그 순간, 그 시점에서 있는 그대로를 포착한다. 나는 있음이 아니라 지남을 그린다. 한 시대에서 다른 시대로, 또는 사람들이 말하듯, 일곱 해에서 또 한 번의 일곱 해로 지나는 것이 아니라 하루에서 또 하루로, 한 순간에서 다른 한 순간으로 지나는 것을 그린다. 내 이야기는 그때그때의 시간에 맞추어야 한다. 나는 우연한 사정으로만이 아니라 의도적으로도 변할 수 있다. 그것은 다양하고 변화무쌍한 사건들, 미결단의, 또는 사정에 따라서는 모순되는 생각들의 기록이다. 나는 다른 나일 수도 있고 또는 다른 사정과 고려해서 소재를 파악할 수도 있는 것이다. 나는 되는대로 내 스스로의 말을 어길 수도 있다. 그러나 드마드(Demades)가 말한 바와 같이 진리를 어기지는 아니한다. 내 마음이 확실한 터를 잡고 설 수 있다면, 나는 어림으로 말하지 않고 결단을 내릴 것이다. 내 마음은 늘 도제의 지위에 있고 시험 상태에 있다.

나는 낮고 광채 없는 한 삶을 보여 주고자 한다. 그것은 상관이 없는 일이다. 대중적이고 사사로운 삶에도, 가장 내용이 풍부한 삶과 마찬가지로 모든 도덕 철학이 적용될 수 있는 것이다. 개개의 인간은 인간 조건의 모든 형태를 가지고 있다. 글쓰는 사람은 무언가 특별나고 기이한 특징을 통하여 자신을 표현한다. 나는 문법학자라거나, 시인이라거나 법률가로서가 아니라, 하나의 보편적 인간으로서, 미셸 드 몽테뉴로서 스스로를 표현하는 최초의 저술가이다. 내가 내 자신에 관하여 지나치게 말함을 세상이 불평한다면, 나는 세상이 스스로에 대하여 한 번도 생각하지 않음을 불평으로 삼는다. 그러나 나처럼 특이한 습관을 가진 사람이 나를 지적인 대상으로 공개하는 것이 옳은 일일까? 또 유행과 기교가 그와 같이 통용되고 세를 떨치는 세상에서, 조잡하고 소박한 타고난 대로의 자연, 그것도 매우 약한 자연의 여러 결과를 그대로 세상에 공개하는 것이 옳은 일일까? 지식도 재주도 없이 책을 쓰는 것은 돌이나 그 비슷한 물건이 없이 담을 쌓는 것이 아닐까? 음악의 악상은 예술의 기법에 의하여 인도되고 나의 생각은 우연에 이끌려 간다. 적어도 학문의 규칙으로도 나는 한 가지 점을 가지고 있다. 즉 아무도 지금껏 자신의 소재를 나보다 더 잘 이해하고 알고 다룬 일이 없다는 것과 내가 다루는 이 소재에 있어서는 내가 생존해 있는 가장 유식한 사람이라는 것이다. 두 번째로, 어느 누구도 지금껏 자신의 소재를 더 깊이 들어가고, 그 구성 요소와 관련 사항을 더 자세히 분석하고, 의도한바 목표에 더 정확하고 더 분명하게 도달한 사람이 없다는 것이다. 완전히 하는데, 나는 오로지 충실성을 발휘함으로 족하였다. 거기에는 세상에 가장 진지하고 순수한 진실함이 있다. 나는 진실을 말한다. 실컷은 아니지만, 감히 할 만큼은 진실을 말한다. 늙어 가며 때로 나는 더 대담해진다. 노년에는 요설의 자유를, 스스로에 대하여 말하는 실수를 허용하는 것이 세상 풍습이기 때문이다. 다른 데에서 흔히 보는 일, 즉 장인(匠人)과 그의 일이 서로 모순되는 일이, 여기에서는 일어나지 아니할 것이다. …… 유식한 사람은 모든 일에서 유식하지 않다. 그러나 능한 사람은 모든 일에서 무지함에서조차 능하다. 여기에서 우리는, 내 책과 나는, 보조를 맞추어 함께 간다. 다른 경우에 있어서, 사람들은 작자와는 별도로 작품을 칭찬할 수도 헐뜯을 수도 있다. 여기에는 그런 일은 없다. 하나를 건드리는 사람은 다른 것을 건드리는 것이 된다.

이것은 몽테뉴(Michel Montaigne)의 『에세(Les Essais)』 3권 2장의 서두이다. 앞으로 인용시에는 이 판의 쪽수에 따를 것인데, 비이 판(paris, Alcan, 1930)에 따르면, 이것은 3권 39쪽에 나온다. 이것은 몽테뉴가 에세이의 대상에 대하여, 그 자신을 묘사하겠다는 의도에 대하여 말한, 수많은 구절 중의 하나이다. 우선 그는 그의 대상이 흔들리는 것, 무상한 것, 변화하는 것임을 강조한다. 그리고 그와 같이 흔들리는 대상을 다룸에 있어서 사용할 절차를 기술한다. 최종적으로 그는 그의 시도의 쓸모의 문제를 논의한다. 첫째 문단의 생각의 흐름은 하나의 삼단논법으로 쉽게 포착된다. 나는 나 자신을 기술한다. 나는 항상 변화하는 존재이다. 그리하여 기술도 그것에 맞아야 하고 항상 변화하여야 한다. 우리는 이제 삼단논법의 각 부분이 텍스트에서 어떻게 표현되는가 분석해 보고자 한다.

'나는 나 자신을 기술한다.' 이것을 몽테뉴는 직접적으로 말하지 아니한다. 그는 '다른 사람들'과 대조함으로써 직접적 진술로 가능한 것보다 훨씬 적극적으로, 곧 예시하겠지만, 훨씬 뉘앙스가 풍부하게 이 점을 드러나게 한다. "다른 사람들은 사람을 만든다. 나는……" 대조가 이중적임은 여기에 분명하다. 다른 사람은 만든다. 나는 말한다.(조금 더 내려가서 그는 말한다. "나는 가르치지 아니한다. 나는 이야기한다."(je n'enseigne pas, je raconte.)) 다른 사람들은 '인간'을 형성한다. 나는 '한 인간'을 말한다. 여기에는 대조의 두 단계가 있다. 만든다(forment) / 말한다(recite), 인간(l'homme) / 특정인 (un particulier). 특정인이란 그 자신이다. 그러나 이것도 그는 직접적으로 말하지 아니하고, 조심스럽고 아이러니하고 약간은 자기만족적인 겸손을 가지고 설명할 뿐이다. 그 설명은 세 쪽으로 되어 있다. 그 두 번째 쪽은 주문장과 부문장으로 이루어져 있다. 즉 '충분히 잘못 만들어진'(bien mal ferm), '내가 ……다면 …… 것이다'(si j'avoy …… je ferois ……), '그러나 기성사실을 어찌하랴'(meshuy c'est fait)가, 그 세 쪽이다. 그리하여 삼단논법의 대전제는 그 구성에 있어서 최소한 세 가지 생각의 무리군, 상호 보완적이거나 대립적인 여러 움직임을 통하여 그것을 구축하고 해석하는 세 가지 생각의 무리를 포용하고 있다. (1) 다른 사람은 만들고, 나는 말한다. (2) 다른 사람은 인간을 형성하고, 나는 한 인간에 대하여 보고한다. (3) 이 한 인간(나)은 '유감스럽게도' 이미 형성된 바 있다. 이 세 가지이다. 이 모든 생각들은 전혀 혼란이 일어날 가능성이 없이 하나의 율동이 움직임 속에 파악되어 있다. 문장의 연결 장치, 접속사나 접속사적 연계가 거의 없이 묶여 있는 것이다. 단순한 연관성, 정신적 유대, 의미의 통일성과 문장의 리듬에 의하여 쌓인 연관성으로 족하게 되어 있다. 내 말을 더 분명히 하기 위해서 몇 개의 연결사를 보충해 보자. 다른 사람들이 인간을 만든다.(고 할 수 있는 데 대하여.) 나는 그에게 대하여 말한다. (여기에 추가하여 말하건대) 나는 …… 한 사람을 묘사한다. (이 특정한 한 사람은, 곧 나 자신인데, 나는 알거니와) 충분히 잘못 만들어진 사람이다. (틀림없이) 이 사람을 내가 새로 만든다면, 전혀 다르게 만들 것이다. 그러나 (유감스럽게도) 그것은 기성사실이다.((Tandis que) les autres forme l'homme, je le recite ; (encore fat-il ajouter que) je represente un particulier ; (ce particulier, c'eat mo-même qui suis, je le sais,) bien mal formé ; (soyez surs que) si j'avais à la façonner de nouveau, je le ferais vrayment bien autre qu'il n'est. (Mais, malheuresment) meshuy c'est fait.) 물론 내가 보충한 말들은 대략적인 가치만을 가진 것이다. 몽테뉴가 생략을 통하여 표현한 뉘앙스들을 전부 포착할 도리는 없다.

　삼단논법의 소전제(나는 항상 변하는 존재이다.)를 몽테뉴는 곧 표현하지 않는다. 그는 논리적 과정을 미결정의 상태로 두고, 우선 결론으로 놀라운 주장, "그런데 내 그림이 나타내는 특징은 비록 변화하고 다르다고 하더라도 틀린 것들은 아니다."(Or toes traits de ma peinture ne fourvoyent pas, quoy qu'ils se changent et diversifient.)라는 주장을 내놓는다. '그런데'(Or)라는 말은 논리의 연관이 중단되었으며, 새로이 시작되리라는 것을 나타내 준다. 동시에 그것은 내놓은 주장의 돌연함, 그 놀라움을 완화시킨다. '⋯⋯하더라도'(quoique)라는 말은, 문장의 연계사로서 두드러지게 사용되어, 문제를 강력하게 부각시킨다.

　그다음 소전제가 나온다. 그것은 직접적으로가 아니라 부차적인 삼단논법의 결론으로 나온다. 그 부차적 삼단논법은 다음과 같다. 즉 세상은 항상 변한다, 나는 세상의 일부이다, 그러므로 나는 항상 변한다. 대전제는 여러 가지 예시가 주어져 있다. 세상의 변화 방식은 이중적인 것으로 분석된다. 즉 만물은 보편적이고, 이에 더하여 독자적인 변화를 겪는다. 그러고는 다성적 움직임이 나오는데, 그것은 항구성이라는 것도 보다 느린 속도의 움직임이라는 역설적 주장으로 시작한다. 그 다성적 움직임은 그 문단의 남은 부분을 채우는데, 이 움직임 속에 두 번째 삼단논법의 소전제는 자명한 명제로서 매우 희미하게밖에 들리지 않는다. 여기에 얽혀 있는 두 개의 주제가 중심 개념의 소전제와 결론이다. 즉 나는 항상 변하는 존재이다, 그러므로 서술도 거기에 알맞는 것이 되게 하여야 한다는 것이 그것이다. 여기에서 몽테뉴는 그 특유의 영역의 복판, 나와 나, 저술가로서의 몽테뉴와 저술의 대상으로서의 몽테뉴의 놀이 속에 있다. 한쪽, 또는 다른 쪽, 또는 동시에 양쪽에 관계되는, 풍부한 의미와 소리의 구절이 쏟아져 나온다. 어떤 구절을 가장 예리한 것으로, 가장 특유한 것으로, 가장 진실한 것으로 생각하고 어떤 것을 가장 경이로운 것으로 생각할 것인가, 각자가 골라

잡아 볼 수 있을 것이다. 본래의 만취 상태에 대한 구절, 변화를 묘사하는 구절, 밖에서 오는(우연적(fortune)) 변화와 내적(의도적(intention)) 변화에 대한 구절, 드마드로부터의 인용, 어림짐작으로 말하는 것(s'essayer)과 결단을 내리는 것(serésoudre)의 대조, 마음이 확실한 터를 잡고 선다(si mon âme pouvait prendre pied)는 좋은 이미지, 이런 것들을 골라잡을 수 있을 것이다. 호라티우스가 완전한 작품을 두고 한 말, "열 번을 되풀이해도 즐겁기만 할 뿐"(decies repetita placebit)이라는 말이 과연 구구절절 해당된다고 해야 할 것이다.

문단을 삼단논법으로 분석한 것을 독자가 너무 현학적이라고 생각하지 말기를 바란다. 이것은, 이 생생하고 의표를 찌르는 움직임으로 가득한 글이 정확하고 논리적이며, 완성하고, 분할하고, 심화하고, 약간은 양보하며 역류도 하는 움직임의 많은 것들이, 그의 생각을, 말하자면 그 실제적인 효력의 면에서 제시하는 것이며, 나아가 순서가 자주 깨어지고, 어떤 부분은 미리 나오고 다른 어떤 부분은 생략되어 독자가 보완하여야 한다는 점들을 보여 주는 것이다. 독자는 동참하여 노력할 것이 요구된다. 독자는 생각의 움직임에 깊숙이 말려든다. 그러면서도 수시로 뒷받침하고 증험하고 보완하는 일을 할 것이 기대된다. 독자들은 '다른 사람들'(toes autres)이 누구인가 추측하여야 한다. 특정한 '한 사람'(particulier)의 경우도 마찬가지다. '그런데'로 시작하는 문장은 독자를 샛길로 멀리 이끌어가는 것처럼 보인다. 그러다가 이윽고 그것이 어디로 가는지를 점차로 깨닫게 된다. 물론 본질적인 것은 풍부한 표현 형식으로 제시되어, 독자의 상상력을 사로잡는다. 그러나 그런 가운데에도 독자는, 표현 형식 하나하나가 독특한 것이어서 다시 손질 가공되기를 요구하는 것이어서, 능동적인 상태에 머물러 있어야 한다. 아무것도 상투적인 사고 또는 표현 도식에 맞지 않는 것이다.

문단의 내용은 사색적이고 엄밀하게 논리적이기까지 하며, 또 자기 성찰의 문제를 독창적으로 심화하는 예리한 지적 작업에 관계되는 것이지만, 너무나 생생한 표현 의지로 하여 스타일은 이론적 서술의 테두리를 깨뜨려 버린다. 몽테뉴를 숙지할 만큼 읽은 사람은 누구나 나와 같은 경험을 했을 거라고 짐작되는데, 나는 한동안 그를 읽고 그의 방식에 익숙해진 다음에는 그의 말소리를 듣고 그의 몸짓을 보는 듯한 느낌이 드는 경험을 했다. 이것은 옛 이론가들에게는 거의 얻을 수 없는, 아무한테서도 몽테뉴만큼의 느낌은 얻을 수 없는 경험이다. 그는 종종 접속사나 그 밖의 문장 연결사들을 생략한다. 그러면서 그것들을 암시한다. 그는 사고의 부분들을 건너뛴다. 그러나 논리적으로는 엄밀하게 이어져 있는 것은 아닌 부분들 사이에 생겨나는 자연스러운 연결과 같은 것에 의하여 결여되어 있는 것을 보충한다. "항구성이라는 것도"(la constance mesme n'est autre chose……)라는 말과 그 다음의 문장, "나는 나의 대상을 확실히 할 수 없다."(je ne puis pas asseurer mon objet……)라는 문장 사이에는 얼핏 보아 마땅히 있었어야 할 한 부분, '나의 관찰의 대상인 나도 세상의 한 부분으로서 이중의 변화에 처할 수밖에 없다.'라는 문장이 결여되어 있다. 그는 이것을 나중에 자세히 말하지만, 여기에서 그는 이미 그러한 연결을 잠정적으로 수립하는 분위기를 만들고 독자를 능동적 긴장 상태에 두게 된다. 그는 때로 그에게 중요한 생각을 여러 차례 새로운 표현 방법으로 되풀이하는데, 그럴 때마다 새로운 관점, 새로운 특성, 새로운 이미지를 고안하여 생각이 모든 방향으로 방사되게 한다. 이 모든 것은, 이론적 내용의 인쇄된 저작물보다도 대화에서(물론 특출하게 생각과 표현이 풍부한 사람과의 대화에서) 흔히 발견되는 특성들이다. 우리는 그러한 효과를 위하여서는 육성의 억양, 몸짓, 즐거운 담소를 가능하게 하는 대화 상대자와의 정감 등이 필수적이라고 생각한다. 그러나 몽테뉴는 혼자 있으면서도 그 자신의 사고 속에서 충분한 생동감, 말하자면 육체적 온기를 얻을 수 있어, 말하듯이 글을 쓰는 것이다.

   이것은 몽테뉴가 자신의 대상인 그 자신을 포착하려고 노력하는 방식, 즉 위의 문단에서도 그가 서술하고 있는 방식에 연관되어 있다. 그것은 자신 속에 울리는 변화하는 목소리에 항상 귀 기울이는 일이다. 그것은 그 높이에 있어서 과묵하고, 조금은 자기만족적인 아이러니로부터 심각한, 존재의 근본에 이르려는 진지한 사이를 왔다 갔다 한다. 그가 드러내어 보이는 아이러니에는 여러 가지 동기가 섞여 있다. 인간을 비극적으로 보는 것을 싫어하는 마음,(사람은 "놀랍게 허영심이 많고 변덕스럽고 무상한 소재"(un subject merveilleusement vain, divers et ondoyant — 1권 1장 10쪽, "우습고 우스꽝스러운" (autant ridicule que risible) 존재 — 1권 50장, 582쪽, "소극의 광대"(le badin de la farce — 3권 9장 434쪽)) 저술 활동에 대한 귀족의 오만한 경멸의 느낌,("내가 만일 책 만드는 사람이라면"(si j'e tais faiseur de livres — 1권 20장 162쪽 그리고 다시 2권 37장 902쪽) 마지막으로, 또 이것이 핵심인데, 자신의 독자적인 관찰의 방식을 비하하는 마음이 섞여 있다. 몽테뉴는 자신의 책을 "이 잡문 다발"(ce fagotage de tant de diverses pièces — 2권 37장, 850쪽), "내가 여기에 뭉쳐 놓은 이 잡탕요리"(cette fricassé que je barboille icy — 3권 13장, 590쪽)라고 부른다. 그리고 한 번은 그것을 늙은 사람의 똥에 비교하기도 한다. "여기에는 늙은 정신의 배설물, 때로는 굳고, 때로는 무르고, 언제나 소화되지 않은 배설물들이 있다."(ce sont icy …… des excrements d'un vieil esprit, dur tantost, tantost lasche, et toujours indigeste. — 3권 9장 324쪽)라고 그는 말하고 있다. 그는 마치 그것에 대하여 변명이 필요한 듯, 그의 글쓰는 방식인 무기교, 사사로움, 자연스러움, 직접성을 지치지 않고 강조한다. 그리고 그러한 겸손의 아이러니는 우리 텍스트의 두 번째 문단에서 가장 완전하고 분명하게 드러난다.(이 두 번째 문단은 아래에서 더 자세히 분석할 것이다.) 아이러니에 대하여는 우선 그만큼만 해 두자. 그것은 완전히, 극히 매력적이며 대상에 적합한 맛을 그의 스타일에 준다. 그러나 그것에 너무 정신을 빼앗길 것은 아니다. 그의 기술이 비록 변화 많고 다층적이긴 하지만 결코 길을 잃는 일이 없고, 자기 자신의 말에 어긋나는 수는 있지만 진리에 어긋나는 법이 없다는 그의 말은 심각하고 진지한 뜻에서 나온 것이다. 이러한 말이 나타내고 있는 것은 매우 현실적이며 경험, 특히 자아에 대한 경험에서 연유한 인간 파악이다. 즉 인간을 환경과 운명과 자신의 내적인 움직임의 변화에 던져져 있는, 흔들리는 존재라는 인간 파악이다. 그리하여 그의 존재의 변화를 그대로 유연하게 좇아가는, 얼핏 보기에 기분 내키는 대로이고 아무런 계획이 없어 보이는 몽테뉴의 작업 방법은, 근본에 있어서 하나의 실험적 방법, 그러한 대상에 적합한 유일한 방법인 것이다. 끊임없이 변하는 대상을 정확히 또 사실적으로 기술하고자 하는 사람은 변화 그것을 정확하고 사실적으로 추적하여야 한다. 그는 가능한 한 많은 실험을 통하여 드러난 대로 대상을 기술하여야 한다. 그리하여 이러한 방식으로 가능한 변화의 범위를 정하고 궁극적으로 하나의 종합적 이미지를 가질 수 있게 될 것을 희망할 수 있다. 그것은 하나의 엄밀한 현대적인 의미에서의 과학적 방법이다. 몽테뉴는 바로 그것을 지키고자 하였던 것이다. 그는 너무나 과학적임을 주장하는 '방법'이란 말에 거부감을 느꼈을는지 모른다. 그러나 그것은 방법임에 틀림이 없다. 그리고 현대 비평가 두 사람, 비이(Villey, 『몽테뉴의 「에세」의 근원과 성립(Les sources et l'e volution des Essais de Montaigne)』, 2판, 파리, 1933년, 2권, 321쪽)와 랑송(Lanson, 『몽테뉴의 「에세」(Les Essais de Montaigne)』 파리, 연도 미상, 265쪽)은 몽테뉴의 일에, 비록 여기에서 쓰인 바와 같은 뜻에서는 아니지만, 그 말을 사용한 바 있다. 몽테뉴는 그의 방법을 정확히 기술하였다. 우리가 말한 부분 이외의 곳도 주목할 만한 가치가 있다. 우리의 문단은 자신의 방법이 필요하며, 왜 필요한가를 분명히 표현하고 있다. 즉 자신의 대상에 맞추기 위하여 필요하다는 것이다. 나아가 그는 『에세』라는 제목을 해명한다. 그것은 적절하게 그러나 썩 아름답지는 않게 '자신에 대한 탐구' 또는 '자아 탐구'로 옮겨질 수 있다. 다른 곳에서는(2권 37장 850쪽) 그의 방법에 의도되어 있는 발전론적 사고가 강조되어 있다. 또 거기로부터 전반적으로 몽테뉴의 특징이 되는 결론, 아이러니한 의미를 가졌다고만은 전혀 볼 수 없는 결론이 유도된다. "나는 나의 기분의 진전을 묘사하고자 한다. 각각의 기분이 발생할 때 사람들이 볼 수 있기를 바란다. 더 일찍 시작하고 내 변화의 추이를 관찰할 수 있었더라면 즐거운 일이었을 것이다. ……그 일을 시작한 후로 일곱이나 여덟 살 더 먹게 되었다. 그동안 새로 얻은 것이 없지 않다. 세월의 너그러운 덕으로 신장결석증을 얻었는데, 그놈과 오래 교통하고 사귀고 보니, 거기에서도 어떤 소득 없이 지나갈 수 없다……."
(Je veux representer le progrez de mes humeurs, et qu'on voye chaque piece on sa naiss ance. Je prendrois plaisir d'avoir commencé plus tost, et à recognoistre le train de mes mutations …… Je me suis envieilly de sept ou huict ans depuis que je commençay, ce n'a pas esté sans quelque nouvel acquest. J'y ay pratiqué la colique, par la liberalité des ans, leur commerce et longue conversation no se passe aysément sans quelque tel fruit…….) 몽테뉴는 이렇게 결론을 내린다. 다른, 보다 중요한 부분에서,(2권 6장 93~94쪽) 몽테뉴는 아이러니 없이, 몽테뉴의 스타일의 한계로는 상한을 나타내는, 조용하면서도 생생한 진지함을 가지고(그는 이 이상으로 목소리를 높이는 법이 없다.) 그의 시도에 대하여 얼마만큼의 높은 의미를 부여하는가를 말한다. "우리 정신의 발길처럼 정처없는 발길을 쫓아가고, 그 겹겹이 접힌 속단의 뿌연 깊이를 꿰뚫어 나아가고, 그 흔들림의 세세한 양태를 고르고 고정하는 일. 이것은 얼핏 생각한 것보다는 어려운, 가시 사이를 헤쳐 가는 조심스러운 일이다. 그것은 새롭고 기발한 도락으로서 우리로 하여금 세상의 여느 일로부터 또는, 그렇다! 가장 상찬되는 일로부터 물러나 앉게 한다. 나의 사색의 목표로서 나 자신만을 두고, 내 자신만을 조사하고 연구한 지가 여러 해가 되었다. 설령 다른 것을 연구한다 하더라도 그것은 곧 나에게 또는 내 안에 관계시키기 위해서이다……."(C'est une espineuse entreprinse, et plus qu'il ne semble, de suyvre une allure si vagabonde que celle de nostre esprit; de penetrer dans les profondeurs opaques de ses replis internes; de choisir et arrester tant de menus airs de ses agitations; et est un amusement nouveau et extraordinaire qui nous retire des

occupations communes du monde, ouy, et des plus recommandées. Il y a plusieurs années que j'ay que moi pour visée à mes pensées, que je no contrerolle et estudie que moy; et si j'estudie autre chose, c'est pour soudain le coucher sur moy, ou on moy······.) 이 문장들은 몽테뉴의 시도의 한계를 지칭한다는 점에 있어서도 주목할 만하다. 그가 하겠다는 것뿐만 아니라 하지 않겠다는 것, 즉 외부 세계에 대한 탐구를 하지 않겠다는 것을 말하고 있기 때문이다. 몽테뉴에게 외부 세계는 자신의 움직임에 대한 무대와 계기로서만 관심의 대상이 된다. 여기에서 우리는 잘못 보기 쉬운 그의 과묵한 아이러니의 또 하나의 형태에 이르게 된다. 외부 세계의 일에 관한 무지와 무책임을 되풀이하여 주장하는 것을 보게 되는 것이다. 외부 세계를 그는 '일들'(les choses)이라고 부르기를 즐긴다. "나는 내 말을 가지고 다른 사람에게 책임을 질 수 없다. 내 자신에게 책임을 질 수도 없는 형편이니 ······ 이것들은 나의 환상에 불과한 것으로, 그걸로 나는 세상의 일이 아니라 나 자신을 알게 하려는 것이다."(A peine respondroys-je à autruy de mes discours qui m'en responds pas à moy ······ ce sont icy mes fantasies, par lesquelles je ne tasche point à donner à connoistre les choses, mais moy······. —2권 10장 152쪽) '세상의 일'은 그에게 자기 시험의 수단이다. 그것은 "타고난 기능을 시험하는 데"(à essayer ses facultés naturelles) (같은 곳) 소용이 닿는다. 그리고 그는 그것에 대하여 하등 책임 있는 입장을 취할 의무가 없다고 느낀다. 이것도 그 자신의 말로 들어 보는 것이 가장 좋다. "개개의 사물이 가지고 있는 100가지 부분과 얼굴에서 나는 하나를 취한다. ······ 나는 한 점을 건드려 본다. 넓게가 아니라 내가 아는 한 깊게 ······ 계획도 없이 기약도 없이, 나는 그것을 잘해 내야 할 의무가 있는 것도, 고수해야 할 의무가 있는 것도 아니다. 마음 내키는 대로 변주하고, 의심과 불확실에 몸을 맡기고, 나의 주된 특성인 무지에 몸을 맡긴다." (De cent membres et visages qu'a chaque chose, j'en prens un ······ J'y donne unto poincte, non pas le plus largement, mais le plus profondément que je scay ······

sans dessein, sans promesse, je ne suis pas tenu d'en faire bon, ny de m'y tenir moi mesme, sans varier quand il me plaist, et me rendre au doubte et à l'incertitude, et à ma maitresse forme qui est l'ignorance……—1권 50장 578쪽) 여기에서 우리는 그의 무지가 어떤 의미를 가지고 있는가를 살필 수 있다. 자신에 대한 아이러니와 겸손 뒤에는 그의 주된 의도에 관계되어 있는 분명한 자세가 숨어 있다. 그는 이 자세를 그 특유의 애교와 유연성을 가진 끈질김으로 견지한다. 다른 곳에서 그는 그의 주된 특성인 무지가 무엇을 말하는가를 더 잘 드러내 보여 준다. 즉 그는 "강하고 너그러운 무지"(ignorance forte et genereuse—3권 11장 493쪽)를 알고 있다고 한다. 그것을 그는 박식보다 높이 평가한다. 그것을 얻으려면 과학적 지식을 얻을 때보다 더 많은 앎이 필요하다. 그것은 그가 중요시하는 인식, 즉 자아 인식에의 길을 터놓는 수단에 불과한 것이 아니라, 그의 연구의 최후의 목적, 즉 바르게 사는 일로 나아가는 직접적인 길이다. "사람의 위대하고 영광스러운 주업은 적절하게 사는 일이다." (le grand et glorieux chef d'oeuvre de l'homme, c'est vivre à propos.—3권 13장 651쪽) 그리고 이 발랄한 인간의 자연과 운명에 대한 귀의는 완전한 것이어서, 그는 자연과 운명이 우리에게 스스로를 알려 주려고 하는 이상으로 그에 대한 인식을 더하려 하는 것은 부질없는 일이라고 생각한다. "자연에 천진하게 순응함은 가장 현명하게 순응하는 것이다. 무지와 무호기심은 잘생긴 머리를 눕히는 데 얼마나 부드럽고 향기롭고 건강한 베개인가!"(Le plus simplements se commettre à nature, c'est s'y commettre le plus sagement. Oh! que c'est un doux et mol chevet, et sain, que l'ignorance et l'incuriosité, à reposer une teste bien faicte!—3권 13장 580쪽) 그리고 조금 앞에서 그는 말한다. "나는 무식하게, 무심코 세상의 일반 법칙에 의지한다. 그것을 몸소 느낄 때 절로 잘 알게 될 터인데."(……je me laisse ignoramment et negligement aller à la loy generale du monde; je la sçauray assez quand je la sentiray.)

사물에 대한 의도적 무지와 무관심은 그의 방법에 속한다. 그 가운데에서 그는 자신만을 추구한다. 수시로 행해진 수많은 실험을 통하여 그는 이 대상을 시험하고, 그것을 모든 각도에서 조명하고, 말하자면, 그것을 포위한다. 그러나 결과는 서로 관계 없는 순간 촬영의 집합이 아니라 자연스럽게 포착된 여러 관찰로부터 하나로 연결된 인품의 통일성이다. 궁극적으로 통일성과 진실이 나타난다, 그가 변화를 기술하는 사이에 드러나는 것은 본질이다. 그러한 방법으로 자신을 추적하는 것, 그것은 이미 자아 소유의 도정이 된다. "시도는 그 목표로 하는 일의 성질의 영향을 받는다. 그것은 결과의 상당 부분이며, 그 동질적 일부이다."(l'entreprise se sent de la qualité de la chose qu'elle regarde; car c'est une bone portion de l'effect, et consubstantielle. —1권 20장 148쪽) 몽테뉴는 변화의 순간마다 그의 인격의 일관성을 소유한다. 그도 이것을 안다. "자신에 귀기울이면, 누구나 자기에게서 그의 형식, 자신의 주된 형식을 발견한다."(Il n'est personne, s'ei s'ecoute, qui ne decouvre ea soy une forme sienne, une forme maitresse. —3권 2장 52쪽) 또다른 곳에서 그는 말한다. "내가 가지고 있는 가장 견고한 상상력, 또 일반적인 상상력은 말하자면, 나와 더불어 태어난 상상력이다. 그것은 타고난 것이며 전적으로 나의 것이다."(les plus fermes imaginations que j'aye, et generalles, sont celles qui, par maniere de dire, nasquirent avec moy; elles sonts naturelles et toutes miennes. —2권 17장 652~653쪽) 물론 '그 자신의 형식'(la forme sieune)이라는 것이 정확한 몇 마디 말로 한정될 수 있는 것은 아니다. 하나의 정의로서 해명되기에는 너무나 다양하고 너무나 살아 움직이는 것이다. 그러나 몽테뉴에게 진리는, 아무리 그 나타남이 여러 모양을 취한다고 하더라도 하나이다. 그는 그 자신의 말에 어긋날 수는 있으나 진리에 어긋나지는 아니한다.

『에세』의 고유한 형식도 몽테뉴의 방법에 속한다. 그것은 자서전도 아니고 일기도 아니다. 어떤 예술적 구도가 거기에 숨어 있는 것도 아니고, 연대적 순서를 따르고 있는 것도 아니다. 그것은 우연을 따라간다. "음악의 환상은 예술의 기법에 의하여 인도되고, 나의 생각은 우연에 이끌려 간다."

(les fantasies de la musique sont conduictes par art, les miennes parsort.) 엄밀하게 취한다면, 그를 이끌어 가는 것은 세상의 사물이다. 그는 사물 사이에서 움직이고, 사물 속에 살며, 사물 속에서 만난다. 왜냐하면 그는 열려 있는 눈과 쉽게 인상을 받는 마음을 가지고 세상의 복판에 있기 때문이다. 그러나 그는 그 경위를 시간 속에 추적하지 아니한다. 또 일정한 사물 또는 사물의 무리에 대한 지식을 목표로 하는 방법을 좇지 않는다. 그게 아니라 그는 그 자신의 내면의 리듬을 좇는다. 그것은 사물에 의하여 늘 새로이 움직여지고 길러지지만 그것에 의하여 묶이지 않고 이것에서 저것에로 쉽게 옮겨 간다. 그는 "도약하고 뛰노는 시적인 보조"(une alleure poetique, sauts et gambades — 3권 9장 421쪽)를 선호한다. 비이는, 『에세』의 형식이 예화, 인용, 격언집 등에서 나왔으며, 이것은 고대 후기와 중세에 애용되고 16세기에는 인문적 지식을 전파하는 데 봉사한 저작 형식의 한 종류라는 것을 밝힌 바 있다.(「연원(Les Sources)」…… II, 3쪽 이하) 몽테뉴도 같은 방식으로 시작했던 것이다. 그의 책은 원래는 독서의 소득을 독후평과 더불어 모아 놓는 것이었다. 테두리는 금방 깨지고 말았다. 독후평이 더 중요해졌다. 자료나 계기가 된 것은 읽은 것만이 아니고 경험한 것이 되었다. 그것은 그 자신이 경험한 것, 다른 사람에게 들은 것, 또는 그의 주변에서 일어난 것이었다. 그러나 구체적인 사물, 실제 일어난 일에 밀착하는 원칙은 결코 버리지 아니하였다. 똑같이 하나의 사실 연구의 방법에 사건의 시간적 경과에 묶이지 않는 자유를 견지하였다. 그는 사물로부터 그 생생함을 취하였다. 이것은 그로 하여금 추상적 심리 탐색이나 실질 없는 자기 착반을 하는 일을 피할 수 있게 하였다. 그러나 그는 어떤 사물의 법칙에 지배되어, 스스로의 내적 리듬이 둔해지고 마침내 상실되는 것을 경계하였다. 그는, 우리가 위에서 몇 마디를 그로부터 인용한 바 있는 3권의 아홉 번째 에세이에서 이 방법을 높이 칭찬하고 그의 선구자로서 플라톤과 다른 고대의 작가들을 대고 있다. 그 구조가 정녕코 느슨하고, 그 주제가 추상적으로 동뜬 것이 아니라 대화

자들의 인간성과 상황 속에 붙박혀 있는 것으로 보이는 플라톤의 대화편의 모범을 끌어들이는 것은 그 나름의 정당성이 없는 것은 아니다. 그러나 사실 꼭 들어맞는 것은 아니다. 몽테뉴는 새로운 현상이다. 사람됨의 풍미, 한 개인의 사람됨의 풍미는 훨씬 더 강력하고, 표현 방식은, 비록 대화 형식을 취하지는 아니하였지만, 훨씬 더 자연스럽고 일상적 회화에 가깝다. 우리가 라블레를 취급한 장에서 인용한 바 있는, 열두 번째 에세이의 다른 장소에서 몽테뉴가 묘사하는 소크라테스의 스타일은 몽테뉴적인 색채가 강하게 배어 있는 소크라테스이다. 자신의 구체적인 실존의 의지로부터, 그와 같이 촉촉하게, 육감적으로, 자발성 있게 글을 쓰는 것은 어떤 고대의 철학자도 하지 못하였던 것이다. 소크라테스의 담소하는 모습을 그리면서도 플라톤조차 하지 못하였던 것이다. 몽테뉴도 내심으로는 이 점을 알고 있었다. 그 자신의 말솜씨에 대한 칭찬을 사양하고 독자에게 의미와 대상에 주목하라고 말하는 대목에서(1권 40장 483쪽) 그는 부언하고 있다. "어떤 다른 사람들이 '나보다' 실속을 더 많이 제공한다면, 잘했든 못했든 어떤 다른 저작자가 종이에 더 많은 자료를 심었다면, 적어도 더 빽빽이 심었다면, 내가 잘못 생각하는 것일 것이다."(Si suis je trompé si gueres d'autres dounent plus à prendre on la matiere; et comment que se soit, mal on bien, si nul escrivain la samée ny gueres plus materielle, ny au moins plus drue en son papier.)

서두에 인용한 텍스트의 두 번째 부분은 그의 작업이 정당하고 필요한 것인가 하는 문제, 주지하다시피 파스칼이 강력하게 부정한("자신을 그린다는 그의 어리석은 기획"(le sot projet qu'ila de se peindre!)) 문제를 논의한다. 다시 그의 글의 배치와 표현은 자기비하적이고 아이러니컬한 겸손함으로 차 있다. 그는 그 물음에 분명한 긍정적 답변을 감히 할 수 없는 듯, 변명을 하고 정황 참작을 호소하려는 듯한 인상을 준다. 인상은 우리를 오도한다. 그는 그 물음에 대하여, 그것을 따로 결정하기 전에 이미 답변을 정해 놓고 있다. 나중에 변호처럼 들리는 것은("적어도 …… 나는 ……"(au moins j'ay

……)) 뜻밖에 근본적인 자신의 고유한 특성을 의식하는 강한 주장으로 바뀐다. 그리하여 겸손과 변명은 언급할 만한 것이 아니게 되어 버린다. 그가 그의 생각을 제시하는 순서는 마음과 같다.

(1) 나는 낮고 광채 없는 삶을 기술하고자 한다. 그러나 그것은 상관없는 일이다. 낮은 인생에도 인간적인 것의 전부가 들어 있다.

(2) 나는 다른 사람들처럼 내가 얻은 바 있는, 전문적 지식 또는 특수한 기능을 기술하지 아니한다. 나는 최초로 나 자신, 몽테뉴의 사람됨을 전폭적으로 노출한다.

(3) 사람들이 내가 나 자신에 관하여 너무 수다스럽게 말한다고 비난한다면, 나는 그대들은 그대들 자신에 대하여 한 번도 생각하지 않는다는 비난으로 이를 공박한다.

(4) 이제 처음으로 그는, 하나의 제한된 경우를 일반적이고 공적인 지식으로 끌어들이는 일이 외람된 일이 아닌가 하는 물음을 제기한다. 형식과 기교를 존중하는 세상에 그렇게 무기교적이고 소박한 자연의 산물, 게다가 그렇게 사소한 자연의 산물을 제공하는 것이 사리에 맞는 일인가?

(5) 대답 대신에 참작할 만한 정황이 제시된다. ①내가 내 대상에 대하여 아는 만큼 어떤 사람도 자신의 대상에 대하여 사실적 이해를 갖지 못하였다. ②지금껏 아무도 자기의 대상에 그와 같이 깊이 들어가지 않았고, 그 각 부분과 가지를 깊이 추적하지 않았다. 아무도 그의 의도를 그렇게 면밀하고 완전하게 실천에 옮기지 못하였다.

(6) 이것을 이룩해 내는 데 나는 사심 없는 진실성만을 필요로 한다. 나는 이 점에 부족한 바 없다. 관습이 나를 조금 억제하는 것은 사실이다. 그러나 때때로 나는 그것을 넘어가고자 한다. 그러나 나이가 들어 감에 따라 나는 이 점에서 노인의 경우에 용서해 주는 자유를 나 자신에게 허용한다.

(7) 나의 경우에는 많은 전문가들의 경우에 일어나는 일이 일어날 수 없다. 즉 인간과 작품이 조화가 안 된다거나, 작품은 훌륭한데 인간은 그 일상

적 차원에서 범용하다거나 또는 그 반대라거나 하는 일이 일어날 수 없다. 공부가 있는 사람은 전반적으로 공부가 있는 것이 아니다. 그러나 하나의 전인적 인간은 전반적으로, 그의 무지한 그런 부분에서까지도 전인적이다. 나의 책과 나는 일체이다. 그 하나에 대하여 말하는 사람은 다른 하나에 대하여서도 말하는 것이다.

이러한 조감은 그의 겸손이 얼마나 불투명한 것인가를 드러내 준다. 그것은 절단되고 말라 비틀어져 표현의 상냥함이 없기 때문에 오히려 원문보다 그의 겸손의 모습을 분명히 보여 준다. 그러나 원문도 충분히 결연하다. '나와 다른 사람'의 대비, 전문가에 대한 반감, 무엇보다도 '내가 맨 처음으로', '아무도 일찍이' 하는 주제는 놓칠 수가 없다. 그리고 다시 읽을 때마다 더 분명하게 돋보인다. 이제 위에 든 일곱 가지 생각들을 낱낱이 이야기해 보고자 한다. 이것은 물론 매우 궁색한 방책에 불과하다. 생각들이 분리되기가 어렵고 서로 계속 얽혀 들어간다는 점만으로도 그렇다. 그러나 텍스트에 들어 있는 모든 것을 끌어내고자 한다면 필요한 일이다.

그가 낮고 광채 없는 삶을 기술하고자 한다는 주장은 매우 과장되어 있는 주장이다. 몽테뉴는 지체가 있는 사람이었다. 그는 존경도 받았고 영향력도 있었다. 그가 자신의 신분을 정치적으로 절제하고 꺼려하며 활용하였다면, 그것은 순전히 그 자신의 선택에 의한 것이었다. 그러나 그가 되풀이하는 겸손의 과장은 그의 주안점을 선명하게 부각시키는 데 도움을 준다. 즉 전격으로 임의적인 인간 운명, "대중적이고 사사로운 삶"(une populaire et privée)도 그의 목적에는 충분하다는 것이다. 다른 곳에서(3권 13장 580쪽) 그는 말한다. "씨자의 삶도 우리에게는 우리의 삶 이상의 예가 되지 못한다. 왕후이든 보통 사람이든, 그들의 삶은 모든 인간의 환난이 노리는 똑같은 하나의 삶일 뿐이다. 거기에 귀를 기울이기만 하라……."
(La vie de cesar n'a point plus d'exemple que la nostre pour nous; et emperiere et populaire, c'est tousjours une vie que tous accidens humains regardent. Escoutonsy

seulement…….) 그러고는, 어떤 사람이고 간에 실현해 보여 주기 마련인 '인간 조건'(L'humaine condition)에 대한 유명한 문장이 나온다. 얼핏 보아 그는 이 글로써 그의 작업의 의미와 효용에 대한 물음에 대한 답변을 끝낸 것이다. 어떤 사람이나 전 도덕 철학에 대한 계기와 자료로 충분한 것이라면, 임의적인 한 인간의 정확하고 솔직한 자아 탐구는 더 이상 말할 필요도 없이 정당화된다. 한 발자국 더 나아가 그것이 요청된다고 할 수도 있다. 그것은, 몽테뉴에 따르면, 도덕적 존재로서의 인간에 대한 과학이 따라야 하는 유일한 길일 것이다. 귀 기울여 듣는 방법은("거기에 귀를 기울이기만 하라"(escoutonsy)) 자기 자신에게만 정확하게 적용될 수 있다. 그것은 본래 자기 자신에게 청진기를 대는 방법, 자신의 내면의 움직임을 관찰하는 방법이다. 다른 사람은 그와 같이 정확하게 관찰할 수가 없다. "당신이 비겁하고 잔인한가, 신의가 있고 믿음이 있는가를 아는 것은 당신뿐이다. 다른 사람들은 당신을 보지 못한다. 그들은 불확실한 추측으로 당신을 헤아린다."(Il n'y a que vous qui sçache si vous estes lasches et cruel on loyal et devotieux; les autres no vous voyent point, ils vous devinent par conjectures incertaines…….―3권 2장 45~46쪽) 사람이 거기에 귀 기울여 들어야 하는 자신의 삶이란 언제나 임의적인 삶이다. 왜냐하면 하나의 삶이란 인간의 삶에 가능한 변종 수백 만 가지 가운데 하나에 불과하기 때문이다. 몽테뉴의 방법의 불가피한 근거는 임의적인 자신의 삶이다.

그리고 이 임의적인 자신의 삶은 전체로서 취해져야 한다. 이것이 그의 주장 두 번째 항목으로 지칭된 것이다. 이 요청은 명백하다. 모든 전문화는 도덕적 초상을 거짓되게 한다. 그것은 우리를 우리의 역할의 하나 가운데에서만 보여 주고, 의식적으로 우리의 삶과 우리의 운명의 넓은 구역을 어둠 속에 두게 한다. 그리스어 문법이나 국제법에 관한 책에서 저자의 개인적 삶은 알 수 없다. 또는 저자의 기질이 강하고 특이해서 모든 인생 표현에서 뜻하지 않게 알려질 뿐이다. 몽테뉴의 사회적, 경제적 상황은 자신을 전체적으로 수련하고 유지하는 것을 용이하게 하였다. 그의 시대에는, 사회의 상층에 있어서는 전문화된 일의 의무와 기술과 윤리가 완전히 형성되지 아니하고, 오히려 반대로 고대의 과두적 문명의 영향 아래 보편적이고 인간적 교양이 지향의 대상이 되었는데, 이것은 그가 필요로 하는 것에 맞아 들어가는 것이었다. 그러나 알려진 동시대인 중 누구도 이 점에 있어서 그만큼 나아간 사람이 없었다. 그와 비교해 볼 때, 그들은 모두 신학자, 언어학자, 철학자, 정치가, 의사, 시인, 예술가 등 전문가이다. 모두가 "무언가 특별나고 기이한 특징을 통하여"(Par quelque marque particuliere et estrangiere) 스스로를 세상에 드러낸다. 몽테뉴도 때로는 사정의 압력에 쫓겨, 법률가, 군인, 정치가였다. 그는 수년 동안 보르도의 시장이었다. 그러나 그는 이러한 일들에 자신을 완전히 내맡기지 아니하였다. 그는 때로 부름에 따라 자신을 빌려 주고, 그에게 일을 주는 사람들에게 "그것을 손으로 잡기는 하지만, 폐나 간에까지 취하지는 않겠다고"(de les prendre en main, non pas au poulmon et au foye — 3권 10장 438쪽) 약속했다. 임의적인 자신의 삶 전체를 도덕 철학의 출발점으로, 인간 조건 연구의 출발점으로 삼겠다는 방법은, 많은 사람을 일정한 구도에 따라, 말하자면 어떤 특성을 가졌는가 갖지 않았는가 하는 것에 기초하여, 또는 어떤 상황에서의 그들의 행위에 기초하여 연구하고자 하는 많은 방법과는 두드러지게 대조되는 것이다. 이 모든 방법들은 몽테뉴에게는 현학적이고 공허한 추상으로 보인다. 이 추상에서 그는 인간을, 다시 말하여 자기 자신을 인지할 수 없다. 그것들은 인간을 위장하고 단순화하고 체계화하여 급기야는 현실성이 사라지게 된다. 몽테뉴는 한 예, 즉 자신을 정확히 연구하고 기술하는 데에 자신을 한정했다. 그리고 이 연구에 있어서, 어떠한 방안으론가 대상을 유리해 내고, 그때그때 존재하기 마련인 우연적 상황과 조건에서 이를 분리해 내어, 어떤 방식으론가 그 고유의 지속적이고 절대적인 본질을 얻어 낼 생각이 전혀 없었다. 그때그때의 우연적 요인으로부터 분리하여 본질을 얻어 내려는 그러한 시도는 그에게 의미 없는 것이었을 것이다. 왜냐하면 그의 소신에 따르면 그것을 그때그때의 우연성에서 떼어 내는 즉시, 본질은 사라져 버리기 때문이다. 바로 그런 까닭으로 그는, 불가피하게 추상적이게 마련인 자신에 대한 또는 인간에 대한 최종적 정의를 포기할 수밖에 없었다. 그는 늘 새롭게 스스로를 탐색하는 데 자신을 한정하고 "결단을 내리는 것"(se resoudre)에 대하여 체념한다. 그러나 그는 이러한 체념이 어렵지 않은 인간이다. 왜냐하면 그는, 인식의 전체가 표현될 수는 없다고 생각하기 때문이다. 뿐만 아니라 그의 방법은, 표면상 비약이 많음에도 불구하고 스스로를 관찰에 한정한다는 점에서 매우 엄밀하다. 그것은 보편적 원인에 대한 탐구를 하는 것이 아니다. 몽테뉴가 원인을 드는 경우 그것은 비근한 것이고 관찰이 가능한 것이다. 이 점에 대해서는 오늘에 있어서도 의의가 있는 논쟁적 주장을 펼친 부분이 있다. "그들은 사물들을 제쳐 두고 원인을 다룸으로써 재미를 느낀다. 도락적 담소가들이 그렇다. 원인에 대한 지식은 사물들을 주재하는 자에 속하는 일이고, 그것을 받기만 하는 우리, 원인이나 본질까지 투시하지 못하면서, 우리의 자질대로 사물의 완전한 활용을 즐길 수 있는 우리에게 속하는 일이 아니다. …… 그들은 흔히 이렇게 운을 뗀다. 이것은 어떻게 하여 일어나는 것인가? 그게 아니고 일어나는 것일까? 이렇게 말하는 것이 마땅하다……."(Ils laissent là les choses et s'amusent à traicter les causes, plaisans causeurs! La cognoissance des causes appartient seulement à celuy qui a la conduicte des choses, non à nous qui n'en avons que la souffrance, et qui on avon l'usage parfaictement plein selon nostre nature, sans on penetrer l'origine et l'essence …… Ils commencent ordinairement ainsi. Comment est ce que cela se faict? Mais se faict il? faudroit il dire……. —3권 11장 485쪽) 그의 방법에 대하여 여러 가지 말을 하면서 우리는, 그것에 대하여 유사 관계나 반대 관계를 가지고 있는, 현대 철학의 방법에 쓰이는 전문 술어를 쓰는 것을 의도적으로 피하였다. 여기에 밝은 독자는 스스로 이 술어를 보완할 것이다. 우리가 그것을 피하는 것은 그 들고남이 평탄하게 골라지지 아니하기 때문이고, 자세한 해명은 본제로부터 너무 멀어지는 일이 될 것이기 때문이다.

　아직까지 우리는, 몽테뉴가 인간 조건의 연구라는 목표를 위하여 자신의 임의적 인생 전체를 기술하는 데 사용한 방법을 이야기하는 것과 관련하여 문장의 구성이라는 점에서 두드러진 장소에 배치한 한마디의 말에 대하여 아무런 언급을 하지 않았다. 그것은 '내가 맨 처음'이라는 말인데, 이 말은 우리에게 두 가지 물음을 제기한다. 즉, 그는 이 주장을 진지하게 내놓은 것일까? 그리고 그것은 맞는가? 첫 번째 물음은 쉽게 대답될 수 있다. 그가 자주 그것을 되풀이하는 것으로 보아 그의 뜻은 진지한 것으로 생각된다. 우리의 텍스트에서 조금 후에 나오는 '아무도 아직'이라는 테마는 그것의 변종일 뿐이다. 우리가 이미 위에서 그 일부를 인용한 일이 있는 다른 자리에서, 즉 "겹겹이 접힌 속단의 뿌리를 꿰뚫어 나가는 새롭고 기발한 도락"("l'amusement nouveau et extraordinaire", "de penetrer dans les profondeurs des replis internes")에 관한 대목에서, 그는 서두를 다음과 같이 떼고 있다. "이 일을 개척한 고대 작가로 우리는 두세 사람에 관해서 들었을 뿐이다. 그리고 이것도 비슷한 방법으로 한 것이었는지 알 수가 없다. 우리가 알고 있는 것은 그들의 이름뿐이므로 그후 아무도 그들의 자취를 열심히 따른 사람은 없다."(Nous n'avons nouvelles que deux ou trois anciens qui ayent battu ce chemin; et si ne pouvons dire si c'est du tout on pareille maniere à cette-ci, n'en connoissant que leurs noms. Nul depuis ne s'est jeté sur leur trace……. —2권 6장 93쪽) 그리하여 몽테뉴가 겸손과 자기 아이러니에도 불구하고, 자신의 주장을 진심으로 내세운 것에는 의심의 여지가 없다. 그러나 그의 말이 옳은가? 참으로 고대에 이에 비슷한 종류의 작품이 하나도 없는가? 나는 아우구스티누스가 생각난다. 몽테뉴는 아무 데에서도 『고백』에 대해 언급한 일이 없다. 비이의 견해로는(『연원』(*Les Sources*) I, 75쪽) 몽테뉴가 그것을 잘 알지 못했던 듯하다고 한다. 그러나 이 유명한 책의 존재와 성질에 대하여 그가 전혀 아는 바가 없었으리라는 것은 생각할 수도 없는 일이다. 어쩌면 이러한 비교를 사양했을 수도 있다. 어쩌면 그는 순정하고 전혀 아이러니 없는 겸손으로, 교부 가운데도 가장 중요한 교부와 자신을 연결시키는 것을 삼갔을 수도 있다. 그리고 전혀 '비슷한 방법'(en pareille maniere)이 아니었다는 것은 옳은 말이다. 의도와 입장이 매우 다르다. 그러나 이전의 어떤 저자의 저작물도 아우구스티누스의 일관되고 가차 없는 자기 탐구만큼 몽테뉴의 방법에 근본적인 것이 되어 있는 것은 없다.

그의 주장의 세 번째 부분(당신들은 당신 자신에 대하여 한 번도 생각해 본 일이 없다는 반박)의 경우는, 거기에 '나 자신'에 관한 몽테뉴 특유의 개념이 들어 있다는 것을 지적해야 한다. 그러한 이야기의 대상이 되어 있는 사람들은 통상적인 의미에서 자기 자신에 대하여 많이, 사실 너무 많이 생각한다. 그들은 그들의 이익 관계에 대하여, 그들의 욕구에 대하여, 그들의 걱정에 대하여, 그들의 앎에 대하여, 그들의 활동에 대하여, 그들의 가족에 대하여, 그들의 친구에 대하여 생각한다. 몽테뉴로는, 이 모든 것은 '그들 자신'이 아니다. 이 모든 것은 '나 자신'의 한 부분에 불과하다. 그것은 자아의 혼미와 상실에 이르는 것일 수 있다. 즉 이러한 것들의 한 가지에 다른 것에, 또는 여러 가지에 자신을 내맡기고, 그러는 중에 자신의 생존 전체에 대한 현재적 의식, 자신의 삶에 대한 완전한 의식이 스러져 없어지게 될 때 그럴 수 있는 것이다. 자신의 삶에 대한 완전한 의식에는 죽음에 대한 의식도 속한다. "그들은 가고 오고 달리고 춤춘다. 죽음에 대해서는 아무런 듣는 바도 없다."(Ils vont, ils viennent, ils trottent, ils dansent; de mort, nulles nouvelles. —1권 20장 154~155쪽)

주장의 네 번째와 다섯 번째 부분, 그러한 저작을 공개하는 것이 정당한가 하는 회의, 그리고 이 회의에 답하는 자기변호는 함께 다룰 수 있다. 이 물음에 대한 다른 답변은 그가 이미 앞에서 준 바 있다. 여기서 물음을 다시 제기하는 것은 몇 개 잘 구성된 대조로서(특이한 습관과 지적인 공개(particulier en usage/public en cognaissance), 예술의 기법과 우연(par art/part sort)) 그의 작업의 특이성을 다시 한 번 확연하게 부각시키기 위한 것이다. 나아가 여기의 텍스트는, 변명조의 말이 자신의 중요성에 대한 느낌의 분명한 인정으로 예기치 않게 바뀌는 것을 보여 준다는 점에서도 중요하다. '지금껏 아무도'(jamais homme) 또는 '지금껏 어느 누구도'(jamais aucun)라는 모티프로 유도되는 이러한 인정은 그의 방법의 새로운 측면을 보여 준다. 어떤 사람도 그의 대상에 그와 같이 통달한 일이 없고, 그것의 세부와 관련해 그렇게 깊이 들어간 일이 없고, 그의 의도를 그렇게 가차 없이 이룩한 일이 없다. 말하자면 그는 이렇게 말하고 있는 것이다. "이 소재에 있어서는 내가 생존해 있는 가장 유식한 사람"(en celuy làje suis le plus s avant homme qui vive)이라는 표현에 적이 들어 있을지도 모르는 가벼운 자기 아이러니에도 불구하고, 여기의 문장들은 놀라웁게 공개적으로, 분명하게 또 강력하게 자신의 책의 독자성을 강조한다. 그리고 이 글귀들은 앞에서 이야기한 '내가 처음'(moy le premier)이라는 것을 넘어가는데, 그것은 그렇게 완전하고 철저하게 얻을 수 있는 지식이나 학문으로 자아 인식만 한 것이 있을 수 없다는 몽테뉴의 소신을 그 글귀들이 드러내 주기 때문이다. 그에게는 '너 자신을 알라'는 것은 단순히 실천적 도덕적 요청일 뿐만 아니라 하나의 인식론적 요청인 것이다. 바로 그런 까닭에 그는 자연과학적 지식에 대하여 별다른 관심도 또 아무런 신뢰도 가지고 있지 않다. 도덕적 인간에 관계되는 것만이 그를 매혹한다. 소크라테스처럼, 나무는 그에게 아무것도 가르쳐 줄 수 없다. 오로지 도시의 인간만이 그럴 수 있을 뿐이라고 그는 말할 수 있다. 스스로의 자연과학적 지식을 자랑스럽게 생각하는 사람을 말할 때면, 그는 사색에 논쟁의 날카로움을 부여한다. "이 사람들이, 그들 자신에 대한 지식에 있어서, 또 항상 그들의 목전에 있고 그들 가운데 있는 자신의 상황에 대한 지식에 있어서 합의를 보지 못하고 있는 터에 …… 내가 어찌 그들이 나일 강의 간만의 원인에 대하여 말하는 것을 믿을 수 있을 것인가?"(Puisque ces gens la n'ont pas peu se resoudre de la connaissance d'eux mesmes et de leurs condition, qui est continuellement presente à leurs yeux, qui est dans eux······, comment les croirois je de la cause du flux et du reflux de la riviere du Nil? —2권 17장 605쪽) 그러나 자아 인식의 우선적 위치는 인간의 도덕적 연구에서만 적극적으로 인식론적인 의미를 갖는다. 왜냐하면 임의적인 자신의 삶을 탐구함에 있어서 몽테뉴가 목표로 하는 것은 인간 조건 일반에 대한 연구이기 때문이다. 그리고 그것이 가장 가까운 주변 사람의 행동이든 또는 멀리 있는 정치적 역사적 영역의 행동이든 다른 사람들의 행동을 이해하고 평가하려고 노력할 때, 우리가 의식적으로 또는 무의식적으로, 분별 있게 또는 무분별하게, 항시 사용하는 방법적 원칙을 그는 여기에서 드러내 보여 준다. 우리는 다른 사람들에게 우리 자신의 삶과 우리 자신의 내적 체험이 제시해 주는 척도를 적용한다. 그리하여 우리의 인간 이해, 역사 이해는 우리의 자아 인식의 깊이와 우리의 도덕적 지평의 넓이에 의존하게 된다.

몽테뉴는 늘 다른 사람의 삶에 대하여 가장 활발한 관심을 가졌다. 물론 그는 역사가에 대하여 어떤 불신을 가지고 있었다. 그들은 인간을 지나칠 정도로 비상하고 영웅적인 상황 가운데에서 보여 주고, 너무 쉽게, 인물들에 대하여 고정적이고 통일된 초상을 그리려는 경향이 있다고 그는 생각하였다. "좋은 필자까지도 어리석게 우리를 가지고 일관되고 탄탄한 옷감을 만들기를 고집한다."(Les bons autheurs mesmes ont tort de s'opiniastrer à former de nous une constante et solide contexture. —2권 1장 9쪽) 그에게는, 하나의 삶에 있어서 하나 또는 몇 개의 고지점(高地点)을 가지고 전체 인간의 표상을 만들어 내려 하는 것은 어불성설의 일로 보인다. 내적 상태의 흔들림과 변화가 충분히 고려되지 않는다고 그는 생각한다. "사람을 평가하기 위하여는 그의 행적을 오랫동안 면밀하게 추적하여야 한다."(pour juger d'un homme, il faut suivre longuement et curiousement sa trace. —2권 1장, 18쪽) 그는 일상적, 습관적, 자연 발생적 인간 행동을 경험하기를 원했다. 거기에는 그 자신의 경험을 통해서 관찰할 수 있는 측근의 일이 역사의 자료나 마찬가지로 값진 것이었다. "이번 세기를 다른 과거의 세기나 마찬가지로 존중하는 …… 나는 아울루스 겔리우스(Aulus Gellius)*와 마크로비우스(Macrobius)** 와 마찬가지로 나의 친구의 말도 즐겨 인용한다."(moy …… qui estime ce siècle comme un autre passé, j'allegue aussi volontiers un mien amy que Aulu Gelle et que Macrobe……. ―3권 13장 595쪽) 사사롭고 개인적인 일들이 그에게는 국가의 일이나 마찬가지로 또는 그보다도 더 흥미롭다. 그리고 그것이 실제로 일어났을 필요도 없다. "우리의 풍습과 행위에 대한 나의 연구에 있어서, 가공의 증언도 있을 법한 것이기만 하다면 실제의 증언이나 마찬가지로 쓸모가 있다. 파리에서 또는 로마에서, 장에게 또는 피에르에게, 일어났든 안 일어났든, 그것은 언제나 인간 능력의 한 형상이다."(……en l'estude que je traite de noz moeurs et mouvements, les temoignages fabuleux, pour vu qu'ils soient possibles, y servent comme les vrais: advenu ou non advenu, à Paris ou à Rome, à Jean ou à Pierre, c'est toujours un tour de l'humaine capacité ―1권 21장 194쪽) 다른 사람의 삶의 체험에 대한 관심은 자아 체험의 여과 장치를 통과한다. 다른 사람을 자신에 맞추어 판단한다든가, 우리가 상상할 수 없고 우리 자신의 관습에 배치되는 것을 불가능한 것으로 친다든가 하는 일에 대하여 경고하고 있는 몽테뉴의 많은 발언들을 오도해서는 아니된다. 그것은 자아 체험이 너무 좁고 옅은 사람에게만 해당되는 것이다. 그러한 발언에서 얻어야 할 교훈은 우리의 내적인 의식에 보다 많은 유연성과 폭을 부여하라는 요청이다. 몽테뉴는 역사적 도덕적 인식의 방법적 원칙으로 자아 체험 이외의 것을 내놓을 수 없는 것이다. 이러한 관점에서 자신의 방법을 기술한 대목들이 여럿 있다. "내 자신을 살피는 데 들이는 주의가 나로 하여금 다른 사람들을 웬만큼 판단할 수 있게 하는 훈련이 된다. …… 어린 시절부터 나의

* 2세기의 로마의 저술가.
** 5세기의 라틴어 저술가.

삶을 다른 사람의 삶에 비추어 보도록 훈련함으로써, 나는 그 문제에 있어서 연구심 많은 성향을 갖게 되었다."(Cette longue attention que j'employe à me considérer me drese à jugesr aussi passablement des autres …… Pour m'estre, dès mon enfance, dressé à mirer ma vie dans celle d'autruy, j'ay acquis une complexion studieuse en cela. ─3권 13장 585쪽) '그의 삶을 다른 사람의 삶에 비추어 보는 것' 이 말에 다른 사람의 행동과 생각의 이해를 목표로 하는 작업의 방법이 모두 들어 있다. 일체의 나머지 것, 원전과 증언을 모으고 전통을 사실적으로 비판하고 정리하는 일은 단지 보조적이고 예비 작업에 불과하다.

위에서 몽테뉴의 주장의 여섯 번째 부분으로 말한 것은 진실성에 관한 것이다. 그는 그의 의도한 바를 수행하는 데 그것이 필요하다. 그리고 그는 그것을 가지고 있다. 그 자신이 그렇게 말하고, 또 그것은 맞는 말이다. 몽테뉴는 자신에 관계된 모든 것에 있어서 진실하다. 여기에서 또 『에세』의 다른 곳에서(이미 서문에서) 말하고 있는 바와 같이, 좀더 터놓고 말할 수 있으면 하는 생각을 그는 가지고 있다. 예절의 규율이 그에게 제약을 가한다. 그러나 그의 비판자들은 진실성의 부족이 아니라 과도함을 비난해 왔다. 그는 자기 자신에 대하여 많은 것을 이야기한다. 그의 독자는 그의 정신과 영혼뿐만 아니라 육체적 생존에 관하여도 자세한 내용을 알게 된다. 그의 개인적인 특징, 습관, 그의 병, 그의 음식, 그의 성적인 특성에 관한 많은 정보들이 『에세』에 두루 널려 있다. 이것들이 약간의 자기만족감이 없이 일어나지 않는 것은 아니다. 몽테뉴는, 자신에 기쁨을 느꼈다. 그는 그가 모든 면에서 보다 자유롭고, 풍부하고, 전인적이고 남달리 행운이 많은 사람이라는 사실을 알았다. 그리고 그의 자기 아이러니에도 불구하고 이 자신에 대하여 느끼는 기쁨을 감추지 못하였다. 그러나 그 기쁨은, 옹졸함과 교만과 불안과 교태가 없는, 스스로에 뿌리내린 자기 자신에 대한 조용한 의식이다. "완전히 자신만의 형식"(forme toute sienne)에 긍지를 느낀다. 그러나 자신에 대한 기쁨은, 정신과 육체에 똑같이 적용되는 진실성에서 가장 중요하고 고유한 내용이 아니다. 진실성은 임의적 자신의 삶을 전체적으로 기술하는 그의 방법의 본질적 요소이다. 몽테뉴는 그러한 기술에서 정신과 육체가 분리되어서는 아니된다고 믿었다. 이 믿음에, 그는 조용히, 자아 기술이 발작적 동작의 법석이 되지 않게 하면서 개방적이고 실제적인 형식을, 거의 다른 누구도 그 이전에나 그 이후에 하지 못한 개방성과 현실성을 가진 형식을 부여하였다. 몽테뉴는 그것이 그의 자아에서 빼놓을 수 없는 부분이기 때문에, 자신의 육체와 육체적 삶을 상세하게 말하였다. 그리고 그는, 혐오감을 불러일으키지 않으면서 자신의 육체적 느낌으로 그의 책이 배어들게 하였다. 그의 육체의 여러 기능, 그의 병들, 죽음의 생각에 익숙해지기 위하여 그가 자주 언급하는 자신의 육체의 죽음은 그 구체적인 감각적 작용에 있어서 그의 책의 도덕적 정신적 내용과 완전히 용해되어, 이런 것들을 분리하려는 모든 노력은 무의미한 일이 된다.

여기에는 우리가 이미 언급한 바 있는 도덕 철학의 교과서적 체계에 대한 그의 혐오감이 연결되어 있다. 그가 비판하는 것들, 그 추상성, 삶의 현실을 위장하는 방법론, 과장된 전문 용어 등은 결국 일부는 이미 이론에 있어서 적어도 교육 현실에 있어서, 정신과 육체를 분리하고 육체는 언표될 수 없게 한다는 것으로 환원된다. 이 체계들은, 몽테뉴의 생각으로는 모두 인간을 너무 고상하게 본다. 그것들은 인간이 정신만인 듯이 이야기하고 그렇게 함으로써 삶의 현실을 거짓되게 한다. "이 섬세하고 미묘한 점들은 설교에나 어울릴 것이다. 그것은 우리로 하여금 말을 달려 저세상으로 달려가게 할 그런 말들이다. 인생은 물질적이고 육체적인 운동이고, 그 본질에 있어서 불완전하고 불규칙한 행동이다. 나는 그 성질에 따라 인생에 봉사하고자 노력한다."(Ce exquises subtilitez ne sont propres qu'an presche; ce sont discours qui nous veulent envoyer touts bastez en l'autre monde, La vie est un mouvement materiel et corporel, action imparfaicte de sa propre essence, et desreglée, je m'emploie à la servir selon elle……. —3권 9장 409~410쪽)

정신과 육체의 하나임을 말하는 대목은 수다하고 그것들은 그의 관점의 여러 국면을 보여 준다. 때로는 그의 아이러니컬한 겸손이 제일 강하게 드러난다. "……나는 혼합되고 혼탁한 자질이라 …… 또 그렇게 어리석은지라 일반적인 인간 법칙의 당장의 쾌락을 향하여, 지적으로 감각적이고 감각적으로 지적인 쾌락을 향하여 조잡하게 일로매진하게 된다."(……moy, d'une condition mixte, grossier……, si simple que je me laisse tout lourdement aller aux plaisirs presents de la joy humaine et generale, intellectuellement sensibles, sensiblement intellectuels. — 3권 13장 649쪽) 다른 매우 흥미 있는 대목은 그의 플라톤주의에 대한 관계와, 동시에 고대 도덕철학 일반에 대한 관계를 조명해 준다. "플라톤은 우리가 슬픔이나 쾌락에 너무 심하게 잠기는 것을 우려한다. 그것은 우리의 영혼을 지나치게 육체에 묶고 매어 놓는다. 나는 오히려 그 반대를 우려한다. 왜냐하면 그것은 영혼을 육체로부터 떼어 놓고 뽑아내기 때문이다."(Platon craint nostre engagement aspre à la douleur et à la volupté autant que il oblige et attache par trop 1'ame au corps; moy plutost au rebours, d'autant qu'il en desprend et descloue. — 1권 40장 100~110쪽) 플라톤에게 육체란 영혼을 유혹하고 빼앗아 가는 중용의 적인 것이다. 몽테뉴의 관점에서 육체는 천부의 자질로서, "쾌락과 슬픔에 대하여 적절하고 절제 있는 기질"(un juste et modéré tempérament envers la volupté et envers la douleur)을 가지고 있다. "여기에 대하여, 우리의 쾌락과 슬픔을 예리하게 하는 것은, 우리의 정신의 날카로움이다."(ce qui aiguise en nous la douleur et la volupté, c'est la poincte de nostre esprit.) 그러나 우리의 관점에서 이 문제에 대한 가장 중요한 대목은 그의 생각의 기독교적, 육신적 인간론적(christlich-Kreatürlich) 연원을 드러내 주는 부분이다. 「오만에 대하여(de la présomption)」라는 장에서, 그는 다음과 같이 쓰고 있다.

육체는 우리 존재의 큰 부분의 하나이다. 그것은 거기에 높은 자리를 차지한다. 그리하여 그 구조와 성분은 마땅한 고려의 대상이 되어야 한다. 우리의 두 부분을 떼어 내어, 하나를 다른 것에서 따로 안치하려는 사람은 어리석은 사람이다. 반대로 이것들을 잇고 맞붙이도록 하여야 한다. 영혼으로 하여금 한쪽으로 물러가 혼자 즐기고, 육체를 경멸하고, 방기하지 않게 하며,(어떤 거짓된 사기술이 아니면, 이러한 일을 할 수 있는 것이 아니다.) 육체와 연합하며, 그를 포옹하며 …… 간단히 말하건대, 그와 결혼하여 남편으로서 도와서 둘의 행동이 어긋나고 서로 맞지 아니한 것이 아니라, 어울리고 하나가 되도록 할 것이다. 기독교도들은 이 결합에 대하여 특별한 가르침을 받는다. 그들은, 신의 정의가 영혼과 육체의 이 연결을 포용하여, 심지어는 육체로 하여금 영원한 보상을 받을 수 있게 할 정도이며, 하느님께서 사람 전체가 행동하는 것을 보고, 그 잘잘못에 따라서 전체로서 인간으로 하여금 벌과 상을 받게 하심을 안다.

그는 아리스토텔레스적 철학을 찬양하는 것으로 말을 끝맺는다.

    모든 철학 유파 가운데 가장 사회적인 소요학파는, 이 함께하는 두 당사자의 안녕을 함께 준비하고 마련하는 걱정거리만을 예지의 소관이 되게 한다. 그리고 다른 유파들이 이 혼합을 생각하는 데 충분히 애를 쓰지 않음으로 하여, 어떤 이는 육체를 위하여, 또다른 이는 영혼을 위하여 편벽되이 치우치고, 그리하여 꼭 같은 실수를 범하고, 사람이라는 주제를 버리고, 그들이 대체로 말하여 자연이라고 하는 지침을 버렸음을 보여 준다.

같은 의미에서 중요한 또 하나의 대목은 3권의 끝, 「경험에 대하여(de l'experience)」라는 끝 장에 있다.(3권 13장 663쪽)

    무엇 때문에 우리는 그와 같이 우애스럽게 이어져 화목하는 구조물을 갈라

놓으려고 하는가? 오히려 서로 도움이 있게 하여 그를 합치도록 할 일이다. 마음이 육체의 무게를 일깨우고 생생하게 하며, 육체로 하여금 정신의 가벼움을 잡아 고정시키도록 할 일인 것이다. "영혼의 본질을 지고선이라 찬양하고, 육체의 본질을 악이라 단정하는 자는 참으로 육욕을 가지고 그러하듯 영혼을 탐하며, 육욕을 가지고 그러하듯 육체를 기피하는 것이다. 그는 이를 하늘의 진리로서가 아니라 사람의 허영으로 느끼는 것이기 때문이다."(아우구스티누스, 『하느님의 나라』 14장 5절) 하느님이 우리에게 주신 이 선물의 어느 부분도 우리의 돌봄에 값하지 않는 부분은 없다. 머리카락 한 오라기까지도 소중히 간수할 일인 것이다. 사람을 그 본성에 따라 인도하는 일은 사람에게 주어진 가볍지 않은 임무이다. 그것은 분명하며, 단순하며, 으뜸가는 일이다. 하느님은 그것을 우리에게 심각하고 엄숙하게 내려 주신 것이다……. '육체를 버리고자 하는 사람은' 자기에서 자기 밖으로 나아가며 사람됨을 벗어나고자 하는 사람이다. 그것은 어리석은 짓이다. 그들은 천사로 화하는 것이 아니라, 짐승으로 화한다. 그들은 스스로를 높이는 것이 아니라, 스스로를 낮추는 것이다. 이 초월의 기분들은 나를 두렵게 한다…….

정신과 육체의 일체성에 대한 몽테뉴의 생각이 기독교적인 육신적 인간론, 이 인간학에 뿌리를 두고 있다는 것은 이러한 증거들이 없이도 증명될 수 있다. 그의 현실주의적 내적 성찰은 여기에 기초해 있다. 그것이 없이는 그것을 생각할 수 없는 것이었을 것이다. 그러나 이런 대목들은(성자의 금욕에 대하여 말하고 있는 또 하나의 대목 '3권 5장 219쪽'을 추가할 수 있다.) 그가 이러한 관련들을 얼마나 의식하고 있었던가를 보여 준다. 그는 육체의 부활의 가르침을 끌어오고 성경의 구절을 끌어온다. 이러한 관련에서 그는, 달리 그것을 높이 생각하지 아니함에도 불구하고("아리스토텔레스에서 내 평상적 행동의 대부분을 인지할 수 없다."(Je recognois, chez Aristote, la plus part de mes mouvements ordinaires.)) 아리스토텔레스의 철학을 찬양한다. 그는 아우구스티누스가 당대의 이원론적이고 정신주의적인 경향을 비판했던 많은 구절 중 하나를 인용한다. 그는 파스칼이 그에게서 취해 간 '천사/짐승' (ange — bête)의 대비를 사용한다. 그의 관점에 대한 기독교적 증언을 그는 좀 더 많이 참가할 수 있었을 것이다. 그는 말씀의 육화까지도 끌어댈 수 있었을 것이다. 그가 그렇게 하지는 아니하였지만, 그 생각이 틀림없이 그의 마음에 일기는 하였을 것이다. 그의 시대에 기독교적 교육을 받은 사람이라면 이런 계기에 떠올릴 수밖에 없는 생각이었다. 그는 분명코 의도적으로 그에 대한 암유(暗喩)를 피한 것일 것이다. 왜냐하면 그것은 자신의 글에 생각에 없던 기독교적 신앙 고백의 성격을 본의 아니게 주었을 것이기 때문이다. 그는 그러한 미묘한 소재들은 피하고자 했다. 그러나 그의 신앙에 대한 질문 — 다른 점에서는 부질없는 질문이라고 나는 생각하는데, 그것은 그의 현실주의적 인간관의 뿌리가 기독교적, 육신적 인간론에 있다는 단언과는 아무런 관계가 없는 일이다.

우리는 이제 텍스트 마지막 부분에 이른다. 그것은 저작과 작가 사이에 존재하는 일체성에 관한 것이다. 이 일체성은 자신의 인품에는 단지 느슨하게밖에 관계되어 있지 않은 전문 지식을 보여 주는 전문가의 경우와는 다른 것이다. 그는 이것을 조금 다른 뉘앙스를 가지고 다른 대목에서 말한 바 있다.(2권 18장 666쪽) "내가 내 책을 만든 것에 못지않게 내 책이 나를 만들었다. 작자와 동체의 책, 내 자신에 대한 관심의 소산, 내 삶의 일부, 다른 모든 책들처럼 제3의, 이질적인 관심과 목적의 소산이 아닌 책." (livre consubstantiel à son autheur, d'une occupation propre, membre de ma vie, non d'une occupation et fin tierce et etrangiere, comme tous autres livres.) 여기에 더 이상 보탤 필요가 없다. 그러나 박식한 전문인과 전문화에 대한 반감은, 그러한 생각의 역사적 위치를 보여 줄 해명을 필요로 한다. 전면적 교양을 가진, 전문화되지 않은 인간의 이상은 고대의 이론에 있어서의 인문주의(Humanismus)와 고대의 예에 힘 입어 생긴 것이다. 그러나 16세기의 사회 구조는 그 완전한 구현을 허용하지 아니하였다. 뿐만 아니라 고대의 유산의 새로운 발견이 요구하게 된 작업은 인문적 전문지식인이라는 새로운 형을 만들어 냈다. 라블레는 아마 완전한 교양이란 모든 지식의 통달이어야 하며, 그러므로 보편성이 분과적 지식의 정점이라고 믿었을 것이다. 아마 이런 의미에서 가르강튀아를 위한 기괴한 교육 계획은 진정한 뜻으로 구상된 것일 것이다. 어쨌든 그것은 실현되지 아니하였다. 과학적 작업에는, 중세에 있어서 보다 훨씬 더 전문화가 일반화되기 시작했다. 여기에 전적으로 대조되는 것이 전면적이고 고르게 완성된 인간의 이상적 표상이다. 이 이상은, 인문주의에 의하여서만 받들어지는 것이 아니었기 때문에 더 효과적이었다. 후기 봉건주의의, 절대주의에 의하여 다시 채택되고 플라톤화 경향에 의하여 풍부하여진, 완전한 정신(廷臣, Hofmann)의 이미지도 여기에 도움이 되었다. 증대하는 부와 기초 교육의 확대를 통하여 불어나게 된, 귀족층이나 도시 부르주아지에 속하는, 정신생활에의 참여를 동경하는 사람들은 전문화된 학식이 아닌 형태의 지식을 요구하게 되었다. 그리하여 발생한 것이, 직업적 목표를 갖지 않는, 매우 적극적으로 사회적(사교적)이고 유행적인 형식의 일반 지식이다. 그것은 물론 백과사전적인 것은 아니었다. 그러면서 그것은 말하자면 모든 지식의 발췌, 그중에도 문학적이며 일반적으로 취미적인 것을 선호하는 발췌였다. 인문주의는 바로 그 대부분의 자료들을 모아다 줄 수 있는 위치에 있었다. 여기에 나중에 '교양인'(die Gebildete)이라고 불리는 사람들의 계층이 생겨났다. 이 계층의 구성원은, 유행적 의미에서 좋은 교육과 몸가짐, 사교에 있어서의 은근함, 능숙한 대인술, 정신적 신중성 등이 어떤 전문적 능력보다 중요한 것이 되었던, 사회적, 경제적 영향력이 큰 사회층으로부터 나왔기 때문에; 그러한 사회층에 있어서는, 부르주아지 출신의 경우에도, 귀족적, 기사적 가치 개념들이 지배적인 것이었기 때문에; 고대에 있어서 지배층이 예술과 과학에 종사하는 것을 직업으로가 아니라 여가(otium)의 활동으로, 일반적인 삶과 정치에 있어서의 지도적 활동을 맡게끔 되어 있는 사람의 필수불가결한 장식물로 간주하였다는 점에 있어서, 귀족적, 기사적 가치 개념들은 휴머니즘의 고대적 이상에 의하여 뒷받침되었던 까닭에; 분과적 전문화에 대한 경멸이 곧 생겨날 수 있었다. 전문 분야에 묶여 있는 전문지식인, 직업에 묶여 있는 사람으로서 자신의 전문 분야의 사실적 지식에 빠져 있으면서 그의 행동과 말씨에 있어서 그것이 드러나는 사람은 희극적이고, 열등하며 비천한 것으로 생각되었다. 이러한 태도가 완전히 발전한 것은 17세기 프랑스의 절대주의 시대에서이다. 이것은 프랑스 고전주의를 지배한 문체 분리에 적잖이 기여한 것이기 때문에, 후에 다시 다루게 될 것이다. 교양이 일반적이면 일반적일수록, 전문적 지식과 전문화된 노동이 적어도 일반적, 총체적 전망으로 나아가는 출발점으로 인정되지 아니하면 아니할수록, 추구되는 전인적 완성은 구체적이고, 생활적인 것과 실제적인 것에서 그만큼 먼 것이 된다.

이러한 전개에 있어서, 비록 그것이 그의 구미에는 알맞지 않는 일이었다고 하더라도, 몽테뉴는 중요한 자리를 차지한다. 그의 "능한 사람"(l'homme suffisant), "무지할 때까지도 어느 면에서나 능한"(partout suffisant, et ignorer mesme) 사람은, 몰리에르의 연극의 후작들처럼, 일체의 것에 확실한 시체적 판단을 내리는 데 있어서, 아무것도 특별한 것을 배울 필요가 없었던, 저 "신사"(l'honnête homme)의 선구자임에 틀림이 없다. 결국 몽테뉴는 방금 이야기한 교양인층을 위하여 글을 쓴 최초의 저술가이다. 『에세』의 성공을 통하여 교양 독자가 처음으로 그 존재를 드러낸다. 몽테뉴는 어떤 특정 신분층, 어떤 특정 전문 영역, '민중'(das volk), 기독교도들을 위하여 쓰지 아니한다. 그는 어떤 정파를 위하여 쓰지 아니한다. 그는 자신을 시인이라고 생각하지 아니한다. 그는 최초의 세속적 자기 성찰의 책을 쓴 것이다. 그러자 놀랍게, 자기들에게 말을 걸어오는 것으로 느낀 사람들, 남녀가 나타난 것이다. 몇몇의 인문주의 번역가들, 특히 몽테뉴가 높이 생각했던 아미요(Amyot)와 같은 번역자가 예비적 작업을 통하여 길을 텄다. 그러나 독립적인 저술가로서는 몽테뉴가 처음이었다. 그리하여 그가 저 최초의, 아직도 어디까지나 귀족적인, 아직도 전문화된 일을 강요받지 않은 교양인층에 알맞는 교양의 표상들을 가졌던 것은 당연한 것이다. 물론 이로 인하여 그의 교양과 삶의 양식이 결과적으로 추상적, 비현실적이 되고, 임의적 일상적인 것에서 멀어지고, '문체 분리적'(stiltrennend)이 되었다는 말은 아니다. 그와는 전혀 반대였다. 그의 행복하고 풍부한 품성은, 현실에 가까이 있기 위하여 실제적 노동과 하나의 대상에 전문화된 정신 활동을 필요로 하지 아니하였다. 그의 품성은 매 순간마다 말하자면 무언가 다른 것을 전공하였다. 그는 매 순간마다 하나의 새로운 인상으로 파고들어서, '신사'의 세기의 사람들이 볼썽사납다고 할 그러한 구체적 방식으로 그것을 심화하였다. 또는 그는 자기 자신을 전공하였고, 임의적 자신의 삶 전체를 전공하였다고 말할 수도 있을 것이다. 그러기 때문에 그의 "능한 사람"은 아직은 "신사"는 아니고, "전인"(ein ganzer Mensch)인 것이다. 뿐만 아니라 그는, '신사'의 삶의 형식을 규격화하여 평준화한 절대주의가 완전히 발달되지 아니한 시대에 살았다. 그러한 까닭에 몽테뉴는 이러한 삶의 형식의 전사에 있어서 중요한 자리를 차지하고 있으면서도 그것에 속하지 않는 것이다.

우리가 분석한 텍스트는, 몽테뉴적 기획, 임의적 자신의 삶의 전체를 기술하는 일의 내용과 관점을 최대한으로 의식하게 만드는 데에 좋은 출발점이 된다. 그는 인간 존재의 보편적 조건을 밝히기 위하여 자기 자신을 완전히 진지하게 드러내 보여 준다. 그는 임의적이고 우연적인 삶의 상황에 박혀 있는 자신을 보여 준다. 그리고 변화하는, 선택의 여지 없이 붙잡혀 있는 의식의 움직임을 다룬다. 바로 이 임의성과 무선택성에 그의 방법이 있다. 그는 천 가지 것에 대하여 말한다. 하나는 다른 하나로 쉽게 넘쳐난다. 어떤 일화를 말하든, 그의 일상 잡사를 이야기하든, 고대의 도덕적 가르침을 음미하든, 자신의 죽음의 예비적인 맛을 맛보든, 그것은 마찬가지이다. 그는 어조를 거의 바꾸지 아니한다. 그것은 대체로 발랄하면서 흥분하지는 아니한 뉘앙스 풍부한 담화의 어조이다. 그것은 끊임없이 누군가를 향하여 말하고 있다는 인상을 주기 때문에 독백이라고 부르기도 어렵다. 거기에는 아이러니 비슷한 것이 거의 언제나 느껴진다. 그것은 때로 강하게 나온다. 그러나 그것은 모든 행에서 비추어 나오는 자연스러운 솔직성을 조금도 손상하지 아니한다. 그는 결코 거창하거나 장중하지 않다. 그는 결코 소재의 격을 위하여 힘 있는 민중적 표현 방식이나 일상생활에서 가져온 이미지를 버리지 아니한다. 그의 문체의 최고 한도는, 이미 위에서 말한 바와 같이, 우리의 텍스트, 특히 두 번째 문단을 지배하는 활력이다. 그것은 여기에, 다른 곳에서나 마찬가지로, 분명하면서 유연한 개념적 분별을 가진, 서로 강력하게 대조되고 대체로 대구를 이루는 문장 구성으로 나타난다. 그러나 때로는, 위에 인용한 2권 6장의 글에서처럼 거의 시적인 움직임이 울릴 때도 있다. "뿌연 깊이"(Profondeurs opaques)는 거의 시적인 언어이다. 그러나 그는 강한 회화체의 '그렇다'(ouy)로써 커다란 시적인 율동을 중단시켜 버린다. 그는 본래적으로 고양된 어조는 알지 못하며, 알려고 하지 않는다. 그는, 그 스스로 "해학적이고 친근한 스타일"(Le stile comique et privée — 1권 40장 485쪽)이라고 부르는 말소리 높이에서 '극심한 편안함'을 얻는다. 이것은 틀림없이 고대 희극의 현실주의적 스타일, '평범한 언어'(sermo pedester oder humilis)를 빗대어 하는 말이다. 이러한 암유는 무수히 발견된다. 그러나 그가 내용물로서 보여 주는 것은 결코 희극적인 것이 아니다. 그것은 그 무거운 짐과 문제와 함정, 그 근원적인 불확실성, 육체적 존재로서 사람에게 주어진 모든 제약을 그대로 가지고 있는 인간 조건이다. 경악감을 주는 실감을 가지고, 많은 상념을 불러일으키며, 전율을 주면서, 동물적 삶과 거기에 매어 있는 죽음이 등장한다. 의심할 여지 없이 그러한 육신적 인간의 현실주의(der Kreatürliche Realismus)는 앞서 간 기독교적, 특히 중세 후기의 인간 표상이 없이는 생각할 수 없는 것이었을 것이다. 몽테뉴도 이것을 느낀다. 그는, 그의 극히 구체적인 정신, 육체의 연결이 기독교적

인간관에 근사한 것임을 느낀다. 그러나 그의 육신적 현실주의는 그 발원의 근본이 되었던 기독교적 테두리를 벗어난 것이다. 현세의 삶은 이제 피안의 표상(Figur)이기를 그쳤다. 그는, 저기를 위하여 여기를 경멸하고 등한히 할 것을 스스로에게 허용치 못한다. 현세의 삶이 그가 가지고 있는 유일한 삶이다. 그는 그것을 만끽하고자 한다. "왜냐하면, 결국 이것이 우리의 있음이며, 우리의 전부이기 때문에."(car enfin c'est nostre estre, c'est nostre tout. — 2권 3장 47쪽) 여기에 사는 것이 그의 목표이며 그의 예술이다. 그는 이것을 매우 소박하나 전혀 진부하지 않은 방법으로 하고자 한다. 무엇보다 인생을 즐기는 것을 헛되게 하고, 어렵게 하고 살아 움직이는 사람을 스스로부터 벗어나게 할 모든 것들부터 스스로를 해방하는 일이 해야 할 일의 하나이다. 왜냐하면 "삶이란 가냘픈 것으로, 망가뜨리기가 쉬운 것이기"(c'est chose tendre que la vie, et aysée troubler — 3권 9장 334쪽) 때문이다. 스스로를 자유롭게 유지하고 자신의 삶을 위하여 자신을 아끼고, 세상사의 너무 강한 얽매임을 멀리하며, 자신은 특정한 이것이나 저것에 매이지 않게 함이 필요하다. "세상에 가장 중요한 것은 유유자적함을 아는 일이다."(la plus grande chose du monde c'est de scavoir estre à soy. — 1권 39장 464~465쪽) 이 모든 것은 충분히 심각하고 근원적인 것이어서, 고대의 이론이 생각했던 '평범한 언어'(sermo humilis)에는 너무 높은 주제가 되는 것이다. 그러나 그것은 높고 장중한 스타일로, 일상적인 것의 구체적 묘사 없이는 표현할 수가 없었을 것이다. 스타일의 혼합(die Stilmischung)은 육신적, 인간론적이며 기독교적이다. 그러나 생각은 이제 기독교적이지도, 중세적이지도 않다. 그것을 고대적이라고 하기도 어렵다. 이렇게 부르기에는 그것은 너무나 구체적이다. 그리고 무언가 또다른 것이 추가되어 있다. 기독교적 테두리로부터 분리시키는 것은, 몽테뉴를 단순히, 그의 자상하고, 또 지속적인 관심의 대상이었던 고대에 대한 그의 지식에도 불구하고 키케로나 플루타크의 시대에 그에 비슷한 사람들이 가지고 있던 관점과 상태 속으로 되돌려 놓지 않았다. 그의 새로이 느껴지게 된 자유는 훨씬 더 흥분된 것이고, 당대적이고, 불확실의 느낌과 연결된 것이었다. 처음으로 눈이 향하게 된, 현상들의 혼란된 과잉은 압도적인 것처럼 보였다. 외부이든 내면이든, 세계는 엄청나고 무한하고 불가해한 것 같았다. 그 안에서 제 방향을 찾아야 한다는 욕구는 충족시키기 어려우면서도 조급한 일로 생각되었다. 이 세기의 중요한, 그리고 때로는 초인적인 인간들 가운데에서도 몽테뉴는 가장 평온한 사람이었다. 그는 자기 안에 무게와 유연성을 충분히 가지고 있었고, 그는 타고난 중용을 가지고 있었고, 그것은 언제나 자연스럽게 되살아나 정립되는 것이었기에, 안정감을 별로 필요로 하지 않았다. 여기에 자연 연구에 대한 그의 부정적 체념, 다른 모든 것을 제외하고 한결같이 자신만을 추구한 것이 그에게 도움이 되었다. 다만 그의 책에는, 갑자기 풍부해진 세계상과 거기에 숨어 있는 미개발의 가능성에 대한 의식으로부터 오는 흥분이 흔들리고 있다. 더욱 중요한 것은 그의 모든 동시대인 가운데 그가, 인간의 자기 정립의 문제를 가장 분명하게 보았다는 것이다. 즉 생존 속에 굳건한 지주가 없이 살 만한 거처를 만들어 낸 것을 본 것이다. 그에 있어서 처음으로, 사람의 삶은, 임의적 자신의 삶 전체는 현대적인 의미에서 문제적인 것이 되었다. 그 이상은 말하기 어렵다. 그의 아이러니, 그의 거창한 말에 대한 혐오감, 그의 평온하고 깊은 자기만족은, 그로 하여금 문제적인 것을 넘어 비극적인 것에까지 나아가는 것을 방해하였다. 이 비극적인 것은 어느 정도 미켈란젤로의 작품에 분명히 나타나고 몽테뉴 이후의 세대의 문학에 유럽의 여러 곳에서 나타난다. 사람들은 흔히, 기독교적 중세는 비극을 몰랐다고 말한다. 더 정확히는, 중세에 있어서 모든 비극적인 것은 그리스도의 비극에 포함된다고 말하는 것이 옳을 것이다. 그러나 이제 비극적인 것은 단독자의 가장 개인적인 비극으로 나타난다. 그리고 그것은 고대에 비하여, 운명, 지구, 자연의 힘, 정치 형태, 인간의 내면적 본질의 한계에 대한 전통적 개념에 의하여 훨씬 덜 제한되어 나타난다. 우리는 이미, 몽테뉴의 작품에서 비극을 만날 수 없다고 말하였다. 그는 그것을 피한다. 그는 너무 장중하지 않고, 너무 아이러니컬하며, 이 말을 위엄 있는 뜻으로 사용한다면 너무나 편안하다. 자신의 불확실성에 대한 탐색에도 불구하고, 그의 자기 파악은 너무나 평온하다. 그것이 그의 약점인지 강점인지, 나는 그것을 결정하려고 하지 않겠다. 어쨌든 그의 인간됨의 특이한 평형은, 그 가능성이 그의 인간상에 이미 들어 있음에도 불구하고, 비극적인 것이 그에게서 표현되는 것을 방지한다.

지쳐 빠진 왕자

헨리 왕자 정말이지 난 지쳐 빠졌어.

포인즈 그렇습니까? 피로가 나릿님 같은 귀하신 몸에는 감히 닥치지 못하리라 생각했었습니다.

헨리 왕자 정말 난 지쳐 빠졌네. 그걸 인정한다는 것이 내 지체를 얼룩지게 하는 것이네만. 도수 낮은 맥주가 마시고 싶은 것도 상스러운 것이겠지?

포인즈 그렇고말고요. 그렇게 악한 술 이름을 기억할 정도로 왕자님이 절제 없는 생활에 도통해 있어서야 쓰겠습니까?

헨리 왕자 내 입맛은 왕자답게 되어 있지 않은 게야. 정말이지 난 가련한 도수 낮은 맥주를 기억하고 있으니 말이야. 이렇게 지체 낮은 것들을 생각하고 있으면 내 귀한 신분이 정나미 떨어진단 말이야. 네 이름을 기억하다니 얼마나 창피한 일이겠나? 또 내일이 돼도 네 얼굴을 알고 있다는 게 말이야. 혹은 네가 비단 양말을 몇 개 가지고 있는가를 눈여겨 본다니 말이야. 이것이랑, 복사빛을 한 양말들이랑을 말이야. 혹은 네 옷가지 가짓수까지 일일이 기억하고 있다니, 이건 여벌, 저건 입을 것 하고 말이야. 창피한 일이지.

이것은 뒤에 헨리 5세가 되는 헨리 왕자와 흥겨웠던 젊은 날의 다정했던 술친구 한 사람 사이의 대화이다. 이 대화는 셰익스피어의 「헨리 4세」 2부의 2막 2장 첫머리에 나온다. 왕자와 같은 높은 신분의 위인이 지쳐 빠지게 된다든가 도수 낮은 맥주를 마시고 싶어하는 사실에 대한 익살맞은 불만, 그의 정신이 포인즈와 같이 지체 낮은 위인의 존재를 아는 척해야 하고 또 그가 입은 옷가지까지 기억해야 한다는 사실에 대한 익살맞은 불만은 셰익스피어 시대에 두드러지게 된 숭고한 것과 일상적 현실의 영역을 엄격히 분리시키려는 경향에 대한 풍자이다. 이러한 분리 쪽으로의 시도는 고대의 보기 특히 세네카의 보기에 의해서 시사받은 것으로서 이탈리아, 프랑스 그리고 영국에서 고대극을 모방한 인문주의자들에 의해 널리 퍼졌다. 셰익스피어에게 끼친 고대의 영향이 아무리 중요하다 하더라도 그것이 셰익스피어나 기타 엘리자베스 시대의 극작가들을 오도(誤導)해서 스타일 분리에 이르게 하지는 못하였다. 이러한 경향에 맞섰던 중세·기독교적이자 동시에 영국·민속적인 전통이 아직도 강력하였기 때문이다. 훨씬 뒷날 그러니까 죽은 후 150년쯤 되었을 때 셰익스피어의 작품은 프랑스 고전주의의 엄격한 스타일 분리에 대항하는 온갖 운동의 이상이자 모범이 되었다. 셰익스피어의 작품 속에서 스타일 혼합이 무엇을 의미하는가를 분명히 해 보기로 하자.

포인즈가 모티프를 도입하고 곧이어 왕자가 우스개 투로 이를 받는데 수사적인 깐깐함이 깔려 있어 이것이 "내 지체를 얼룩지게 한다"는 것과 "도수 낮은 맥주"의 대조를 강조한다. 포인즈의 두 번째 대꾸에 자극되어 왕자는 농담조로 이 주제를 끌고 간다. "도수 낮은 맥주"는 이제 이를테면 모든 법과 질서를 무시하고 지체 높은 깊은 의식 속으로 살금살금 들어간 형편없는 피조물이 되어 버린다. 그때 다른 "지체 낮은 사람들이 생각하는 것들"이 그에게 떠오르고 자신의 귀한 신분에 대해 정나미가 떨어지게 한다. 그러한 생각이 떠오르는 가운데 그는 재치 있고 밉지 않게 건방진 투로 바로 앞에 있는 포인즈에게 덤벼든다. "내가 너의 이름과 얼굴을 기억하고 네 옷

가지 가짓수까지 기억하는 것은 창피스러운 일이 아니냐"고 그는 말한다.

　이 몇 줄 안 되는 구절 속에는 스타일 혼합의 많은 요소들이 언급되어 있고 또 시사되어 있다. 즉 육체의 동물적 요소, 하찮은 일상적 대상의 요소, 귀한 신분과 낮은 신분의 사람들이 관련되는 계급 혼합의 요소가 그것이다. 말씨에 있어서도 품위 있는 표현과 저속한 표현이 눈에 뜨이게 혼합되어 있으며 또 저속한 스타일을 가리키는 고전적 용어의 하나인 "지체 낮은" (humble)이란 말조차 사용되고 있다. 셰익스피어의 비극 속에는 이러한 요소가 엄청나게 많이 표현되어 있다. 육체적·동물적인 것의 묘사의 예는 허다하다. 햄릿(Hamlet)은 뚱뚱하고 숨이 가빠한다.(다른 원본을 따르면 그는 뚱뚱(fat)것이 아니라 몸이 달아 있다.(hot)) 카이사르는 그를 환영하는 군중의 고약한 냄새로 기절한다. 「오셀로(Othello)」 속의 카시오(Cassio)는 주정뱅이다. 비극의 주인공들도 시장기와 목마름, 추위와 더위의 영향을 받는다. 그들은 고약한 날씨나 설치는 질병에 시달린다. 오필리아(Ophelia)의 경우 광기는 사실적인 심리 묘사가 부여되어 그 결과 성취된 스타일상의 효과는 예컨대 에우리피데스(Euripides)의 헤라클레스(Herakles)의 그것과는 딴판이다. 그리고 순수하게 숭고한 것으로 그릴 수 있는 죽음은 여기서는 시체 썩는 냄새나 해골처럼 중세적이고 동물적인 양상을 흔히 띠게 된다. 일상적인 도구 집기를 언급하기를 피하거나 생활의 일상적 과정의 구체적인 묘사를 피하려는 시도도 없다. 이러한 것들은 고대 비극에서 보다 훨씬 많은 비중을 차지하고 있다. 고대 비극의 경우에도, 에우리피데스 이전에조차 이런 것들이 16세기나 17세기의 고전주의자에게서처럼 완전히 금기 사항이 된 것은 아니었다.

　이보다 더 중요한 것은 등장인물의 혼합과 이에 따른 비극적 요소와 희극적 요소의 혼합이다. 사실 셰익스피어가 숭고하고 비극적인 방식으로 다루고 있는 모든 인물들은 높은 신분의 사람들이다. 그는 중세가 했듯이 '누구나'가 비극적이라고 생각지 않는다. 그는 또한 몽테뉴보다 훨씬 의식적으로 귀족적이다. 그의 작품 속에서 인간 조건(L'humain Condition)은 계급이 다름에 따라서 아주 다르게 반영되어 있는데 실제적인 문제에서뿐만 아니라 미적인 기품이란 관점에서도 그러한 것이다. 그의 비극의 주인공은 왕, 왕자, 장군, 귀족 그리고 로마 역사상의 위인들이다. 경계선상의 인물이 샤일록(Shylock)이다. 계급이란 점에서 그가 일상적인 평민 인물이 아니란 것은 과연 사실이다. 그는 천민이거나 어쨌든 지체 낮은 계급이다. 동화적(童話的)인 모티프를 지닌 「베니스의 상인(The Merchant of Venice)」의 가벼운 줄거리는 샤일록이란 인물의 무게와 문제성에 너무나 짓눌려 있는 셈이고 그의 역할을 맡은 많은 배우들이 이 작품의 전적인 흥미를 그에게 집중시켜 그를 비극의 주인공으로 만들려고 시도하였다. 그의 성격은 비극적인 과잉 강조를 촉발시킨다. 그의 증오에는 가장 깊고 인간적인 동기가 있으며 리처드 3세의 고약함보다도 더 깊숙이 박혀 있다. 그의 증오는 그 강렬함과 집요함을 통해서 의미심장해진다. 뿐만 아니라 샤일록은 그 증오를 위대한 인도주의적 사상, 특히 그 후 몇 백 년 동안에 깊은 영향을 끼쳤고 세상을 움직였던 사상을 엿보이게 하는 말로 분명하게 표현하였다. 이러한 분명한 표현 가운데서 가장 유명한 것은 저 굉장한 법정 장면(4막 1장)의 서두에서 그가 총독에게 응수하는 대답이다. 이때 그는 모두에게 대항하여 혼자서 자신의 경직하고 가차 없는 법률상의 관점을 옹호한다. "어째서 귀하들은 귀하들의 노예를 동등한 지위로 다루지 않는 것인지요? 귀하들은 이에 대답할 것이오. '노예들은 우리들의 것'이라고. 귀하들에 대한 내 대답도 바로 그것이오." 이 순간이나 또다른 순간에 그에게는 무엇인가 음산하면서도 동시에 진정 인간적으로 위대한 것이 엿보인다. 또한 대체로 그에게는 심각한 문제성, 강렬한 성품, 힘과 격정, 그리고 표현력이 갖추어져 있다. 그런데도 마지막에 가서 셰익스피어는 이러한 비극적 요소를 올림푸스의 신들처럼 태연하게 또 당당히 떨쳐 버린다. 그보다 앞의 장면에서 그는 이미 샤일록의 사람됨의 우스꽝스럽고 그로테스크한 특징을 강조한 바 있었고 특히 그의 인색함과 나이에서 오는 두려움을 강조하였다. 그리고 제시카(Jessica)가 가지고 가는 바람에 보석을 잃어버리고 슬퍼하다가 안토니오(Antonio)의 파산을 알고 기뻐하는 튜발(Tubal)과의 장면(3막 1장의 끝)에서 샤일록은 에누리 없는 우스개 광대극의 인물이 되어 있다. 마지막으로 셰익스피어는 본래의 출처에서처럼 꾀에 넘어간 악마로서 초라한 몰골로 그를 퇴장시켜 버린다. 그리고 샤일록이 퇴장한 후 셰익스피어는 시적이고 동화적인 희롱과 사랑의 놀이로 찬 1막을 보태지만 그동안 그는 완전히 잊혀지고 버려지는 것이다. 그렇다면 샤일록을 비극의 주인공으로 만들려 시도했던 배우들이 잘못이라는 것은 의심할 여지가 없다. 비극의 주인공으로서의 샤일록관(觀)은 작품 전체의 경제와는 걸맞지 않는다. 샤일록은 말로(Marlowe)의 말타 섬의 끔찍한 유대인보다도 훨씬 용렬하다. 셰익스피어가 샤일록의 인간적인 문제를 훨씬 깊게 보고 진술했는데도 그렇다. 셰익스피어에게 있어 샤일록은 계급이란 면에서나 미적인 면에서 낮은 위인이며 비극적 처리에 값하지 못하는 인물이다. 샤일록의 비극적 상황이 잠시 동안 환기되지만 그것은 훨씬 높고 고상하고 자유롭고 또 한결 귀족적인 인간성의 승리에 첨가된 양념에 지나지 않는다. 위에 적은 우리들의 왕자도 같은 관점을 가지고 있다. 포인즈가 폴스태프(Falstaff) 류의 작중 인물 가운데서는 제일 나은 축이고 또 기지와 용기를 아울러 갖추고 있으나 왕자는 포인즈를 자기와 동등한 인간이라고는 전혀 생각지 않는다. 앞서 인용한 구절이 나오기 조금 전에 왕자가 포인즈에게 하는 말에는 오만함이 가득 차 있다. "……내가 네게 말할 수 있지. …… 달리 더 좋은 벗이 없기 때문에 내 친구라고 하는 것이지만 그런 뜻의 친구에게 하는 투로 말이야……." 다른 장면에서 셰익스피어가 중산 계급이나 보다 낮은 계급을 다루는 태도는 나중에 다시 다룰 것이다. 어쨌거나 셰익스피어는 그들을 비극적으로 다루지 않는다. 숭고한 것, 비극적인 것을 보는 그의 관점은 아주 귀족주의적이다.

그러나 이러한 계급상의 제약을 도외시하더라도 작중 인물을 묘사할 때의 셰익스피어의 스타일의 혼합은 지극히 현저하다. 대체로 비극의 가락을 지니고 있는 희곡의 대부분에서 비극적인 것과 희극적인 것, 숭고한 것과 저속한 것은 밀접하게 뒤섞여 있다. 이러한 효과는 몇 가지 방법을 연합해서 사용함으로써 빚어진다. 공적이거나 비극적인 사건이 일어나는 비극적인 줄거리가 때로는 밀접하게 때로는 느슨하게 중요한 줄거리와 연관된 민중과 거친 사람들이 나오는 익살스러운 장면과 번갈아 나온다. 혹은 비극적인 장면 자체 속에나 비극의 주인공들과 함께 어릿광대나 기타 익살꾼들이 등장하여 주인공들의 소행이나 고통이나 말을 따라 붙고 중단시키고 또 제각기 제 나름으로 논평을 가한다. 또 세 번째로는 적지 않은 수의 셰익스피어의 비극적 인물들은 유머러스하고 리얼리스틱하거나 혹은 통렬하게 그로테스크한 방식으로 스타일상의 단일 효과를 깨뜨리려는 경향을 내부에 가지고 있다. 이러한 세 가지 방법의 보기는 허다한데 이중 두세 가지가 한꺼번에 사용되는 경우가 아주 흔하다. 비극 속에서 비극적 장면과 희극적 장면이 번갈아 나오는 첫 번째 경우의 보기로서 우리는 로마 역사극 속의 군중장면이나 역사극 속의 폴스태프의 에피소드, 혹은 「햄릿」의 도굴꾼 장면을 들 수 있을 것이다. 도굴꾼 장면은 비극적인 것에 접근하고 있으며 햄릿 자신이 그 속에 등장하기 때문에 두 번째 혹은 세 번째 경우의 예증이라고 할 수도 있다. 숭고한 비극적 인물에 익살꾼 논평가가 따라나오는 두 번째 경우의 가장 유명한 보기는 「리어 왕(King Lear)」 속의 어릿광대이다. 같은 예는 「리어 왕」뿐만 아니라 「햄릿」, 「로미오와 줄리엣(Romeo and Juliet)」 기타 등 속에서 수많이 발견된다. 셰익스피어 비극의 스타일의 특징상 가장 중요한 것은 비극적 인물 자신 속에서 보게 되는 스타일 혼합이라고 하는 세 번째 경우이다. 우리는 한 인물 속에서 비극적인 것과 희극적인 것이 오락가락하는 것을 이미 샤일록의 경우에서 보았다. 셰익스피어가 필경엔 그를 희극적이고 지체 낮은 것으로 해석했다는 것은 과연 사실이지만 철저하게 비극적으로 다루어지고 있는 인물의 경우에서도 그 혼합의 비율이 다르기는 하지만 똑같은 현상을 볼 수 있다. 가령 로미오가 갑자기 줄리엣을 사랑하게 되는 것조차가 거의 희극에 걸맞는 것이다. 그리고 거의 무의식적인 발전이 이 연애극의 등장인물들을 어린애 같은 시작으로부터 비극적인 클라이맥스로 몰고간다. 헨리 6세의 관 앞에서 글로우세스터(Gloucester)가 앤(Lady Anne)에게 구혼하여 성공하는 장면(「리처드 3세」 1막 2장)에는 음침하고 그로테스크한 요소가 있다. 클레오파트라(Cleopatra)는 어린애 같고 변덕스럽다. 카이사르조차도 맺고 끊는 데가 없으며 미신적(迷信的)이다.

그리고 그의 웅변조의 자부심은 거의 희극적으로 과장되어 있다. 비슷한 예는 허다하다. 햄릿과 리어는 특히 가장 중요한 보기가 되어 주고 있다. 절반쯤은 사실이고 절반쯤은 꾸민 햄릿의 광기는 같은 장면이나 같은 대사 속에서조차 스타일의 모든 수준을 오르내리며 아우성치고 있다. 그는 외설적인 것에서 서정적이거나 숭고한 것으로, 아이러니컬하게 어둡고 심오한 명상으로 뛰쳐 오른다. 자신과 남을 겨냥한 모욕적인 조롱을 하다가 심판할 권리를 엄숙하게 자임(自任)하거나 오만하게 자기 자신을 주장한다. 리어의 풍부하고 강력하고 감정적인 자의(恣意) 속에는 유례없이 숭고한 가운데 고통스럽게 노쇠하고 연극조로 들리는 요소가 있다. 그의 충성스러운 어릿광대의 대사조차도 그의 숭고함이란 망토를 찢으려 한다. 그러나 그 자신의 성품 속에 있는 스타일의 분열, 즉 과도한 감정, 무력하고 속절없는 노여움의 폭발, 통렬하게 그로테스크한 연극에 빠지려는 경향 등은 훨씬 통절하다. 2막 4장에서 그는 그를 몹시 속상하게 하였고 지금도 속상하게 하고 있는 고약한 딸 리건(Regan) 앞에서 무릎을 꿇는데 이것이 그가 취해야 할 조처(즉 딸 고네릴(Goneril)에게 용서를 비는 일)를 이를테면 실연(實演)하기 위해서인 것이다. 이것은 통절하게 그로테스크한 자기 비하의 극단적이고 연극적인 동작이다. 그는 언제나 과장할 태세를 갖추고 있다.

그는 하늘과 땅이 자기의 극단적인 망신을 목격하고 그의 푸념을 들어주기를 강요하고 싶은 것이다. 이러한 동작은 여든이 된 노인, 위대한 왕자(王

者)의 것으로서는 이루 말할 수 없이 충격적이다. 그런데도 이런 동작은 그의 위엄이나 위대함을 조금도 덜지 않는다. 그의 성품은 무조건이리만큼 왕자의 것이기 때문에 그의 망신은 그것을 더욱 분명하게 드러내 준다. 셰익스피어는 저 유명한 "그렇다. 머리끝에서 발치까지 온통 왕이로다."란 말을 그로테스크한 옷차림으로 잠시 왕놀음을 하고 있는 미치광이인 그로 하여금 광기 속에서 토하게 하고 있다. 그럼에도 우리는 웃지 않고 울게 된다. 측은해서뿐만 아니고 부서지기 쉬운 동물적 성격 속에서 더욱 위대하고 더욱 파괴할 수 없는 것처럼 보이는 위대함에 대한 탄복 때문에 말이다.

이만하면 보기는 넉넉할 것이다. 이러한 보기를 들어 본 것은 이미 널리 알려진 사실들을 독자에게 상기시켜 주고 우리가 특히 문제 삼는 것에 알맞게 이 사실들을 보여 주기 위해서일 뿐이다. 셰익스피어는 숭고한 것과 저속한 것, 비극적인 것과 희극적인 것을 무한히 풍부한 비율로 혼합한다. 이따금 비극적인 것의 음향이 섞여 있는 동화적이고 환상적인 희극을 상기하면 그의 세계는 더욱 풍부해진다. 단일한 수준의 스타일이 처음부터 끝까지 유지되고 있는 비극은 하나도 없다. 「맥베스(Macbeth)」에 있어서조차 우리는 문지기와의 그로테스크한 장면을 보게 된다.(2막 1장)

16세기에 이르러 인간 운명에 있어서 비극의 범주와 희극의 범주를 의식적으로 구분하는 일이 다시 두드러지게 된다. 비슷한 구분이 중세에 전혀 없지 않았다는 것은 사실이다. 그러나 중세의 몇 백 년 동안에 걸쳐 비극적인 것의 개념은 밋밋하게 발전하지를 못하였다. 이것은 고대의 비극 작품이 알려져 있지 않았다는 사실, 고대의 이론이 잊혀졌거나 오해되었다는 사실 때문에 전적으로 그렇게 된 것은 아니다. 사실을 말하면 이러한 사실 때문인 것은 전혀 아니다. 이러한 종류의 사실은 비극적인 것이 독자적으로 발전하는 데 전혀 장애가 될 수 없었을 것이다. 기독교의 비유적인 인간 생활관이 비극적인 것이 발전하는 데 장애가 되었다는 것이 그 이유일 것이다. 지상의 삶의 사건이 아무리 심각하고 중요한 것이라 해도 그 위로는 예수의 출현이라고 하는 모든 것을 포괄하는 위엄 있는 단일한 사건이 우뚝 솟아 있었다. 그리고 비극적인 모든 것은 그것이 마침내는 흘러 들어가게 마련인 여러 사건의 복합체의 비유이거나 그림자에 지나지 않았다. 즉 타락과 예수의 탄생과 수난, 그리고 최후의 심판 등 여러 사건의 복합체의 비유이거나 그림자였다는 말이다. 이것은 동심(重心)이 지상의 삶으로부터 저 건너 세상으로 옮겨지고 그 결과 비극이 이 세상에서 끝을 맺지 않게 되었음을 의미한다. 이것이 지상의 삶이나 인간 개성의 가치를 떨어뜨리는 것을 의미하지 않는다는 것을 우리는 앞서 특히 단테의 장(章)에서 언급한 바 있음이 사실이다. 그러나 이것이 지상에서의 비극의 클라이맥스를 무디게 하고 또 카타르시스를 저세상으로 옮겨 가게 하였던 것이다. 그러다가 16세기에 이르러 기독교의 비유적인 도식(圖式)이 거의 유럽 전역에서 뒤흔들리게 되었다. 저세상에서의 결말은 완전히 저버려지지는 않았으나 의심할 바 없는 확실성은 잃어버리게 되었다. 그리고 동시에 고대의 모범과(먼저 세네카, 다음엔 그리스 작가들) 고대 이론이 뚜렷한 모습으로 되살아났다. 고대 작가들의 강력한 영향력이 비극적인 것으로 발전하는 것을 크게 조장하였다. 그러나 이러한 영향이 당대의 상황과 고유한 문화 속에서 생겨나 비극적인 것으로 달려가고 있던 새로운 힘과 때때로 충돌한다는 것은 불가피하였다.

고대에선 인생의 극적 사건들이 주로 사람의 바깥쪽에서 위로부터 달겨드는 행운의 변화 속에서 일어나는 것으로 보았다. 한편 비극의 최초의 근대적 형태인 엘리자베스 시대의 비극에서는 주인공의 개인 성격이 그의 운명을 결정하는 데 보다 큰 역할을 한다. 이러한 관점은 널리 퍼져 있는데 대체로 타당한 생각이라고 내게는 여겨진다. 그러나 수정하고 보충할 필요는 있다. 내가 지금 가지고 있는 셰익스피어 책(『셰익스피어 전집』, 런던, 글래스고, 발행일자 불확실, 존 얼바인 서론, 12쪽)의 서론에는 다음과 같은 말로 앞의 견해가 표현되어 있다. "여기서 우리는 그리스와 엘리자베스 시대의 극의 큰 차이를 보게 된다. 그리스 비극은 등장인물이 결정적인 역할을 하지 못하는 미리 마련된 비극이다. 그들의 역할이라고는 동작하다가 죽는 것뿐이다. 그러나 엘리자베스 시대의 비극은 사람들의 마음속에서부터 곧장 유래한 것이다. 햄릿이 햄릿인 것은 변덕스러운 신(神)이 그를 비극적 결말로 몰아갔기 때문이 아니라 그로 하여금 달리 처신하지 못하게 하는 어떤 특유한 본성이 그에게 있기 때문인 것이다." 그리고 그는 계속해서 햄릿의 행동의 자유를 강조한다. 이 행동의 자유가 그로 하여금 결단을 내리기 전에 회의하고 주저하게 만드는 것인데 오이디푸스나 오레스테스(Orestes)는 그것을 가지고 있지 않다는 것이다. 이러한 관점은 둘 사이의 대조를 절대화해서 공식을 만들어 놓고 있다. 에우리피데스의 미디어가 '특유한 본성'이나 행동의 자유조차도 가지고 있지 않다고 할 수는 없다. 혹은 그녀가 자신의 끔찍한 격정과 싸우고 있을 때 주저의 순간을 가지고 있다는 사실을 간과할 수도 없다. 고전 시대의 거의 모범적 대표자인 소포클레스(Sophocles)조차도 「안티고네(Antigone)」 첫머리의 두 자매 사이의 대화 속에서 아주 똑같은 상황 속에 처해 있으나 운명의 어떠한 압력도 없이 순전히 각자의 개성에 따라서 서로 다른 행동을 선택하는 두 사람의 예를 보여 주고 있다. 그러나 앞서 인용한 영국 비평가의 기본 생각은 건전한 것이다. 엘리자베스 시대의 비극, 특히 셰익스피어의 경우 주인공의 성격은 고대 비극에 있어서보다 한결 자상하고 다양하게 묘사되고 있으며 개인의 운명을 형성하는 데 있어 훨씬 능동적으로 참여하고 있다. 그러나 차이점을 다른 방식으로 서술하는 것도 가능하다. 즉 엘리자베스 시대의 비극에서는 운명관이 고대 비극에서보다 훨씬 폭넓게 구상되고 있으며 또 개인의 성격과 밀접히 얽혀 있다고 할 수가 있겠다. 고대 비극의 경우 운명은 주어진 비극의 복합체, 즉 특정한 시기에 특정 인물이 말려 들어간 당면한 사건의 그물을 의미할 뿐이다. 그것이 현재의 갈등의 내력의 일부분이 아닌 한 그의 생전에 그에게 어떠한 일이 일어났다 하더라도 언급되지 않으며 이른바 그의 '환경'도 언급되지 않는다. 나이, 성별, 사회적 신분, 그리고 그의 기질의 일반적 유형에 관한 언급을 빼놓고서 우리는 그의 보통 생활에 관해 거의 아는 바가 없다. 그의 사람 됨의 본성은 특정한 비극적 줄거리 속에서만 드러나고 또 전개된다. 다른 모든 것은 생략되는 것이다. 이러한 모든 것은 고대극이 생겨난 사정과 그 기술적 요청에 기초를 두고 있다. 고대극이 서서히 획득한 행동의 자유는 에우리피데스에 있어서조차 근대극에서보다는 훨씬 적은 것이다. 특히 앞서 말한 당면한 비극적 갈등만을 다루는 것은 고대 비극의 주제가 거의 전적으로 민족 신화에서 따왔고 몇몇 경우 민족사(民族史)에서 따왔다는 사실에서 나온 것이다. 이것은 신성한 주제이고 또 거기 나오는 사건이나 인물은 관객에게 잘 알려져 있었다. '환경' 또한 모두 아는 바였고 더구나 그것은 거의 언제나 같았다. 따라서 특정한 성격이나 특정한 분위기를 묘사할 필요가 없었던 것이다. 에우리피데스는 줄거리나 등장인물의 새로운 해석을 전통적 제재 속에 도입하여 전통에 도전하였다. 그러나 이것은 엘리자베스 시대의 극이나 근대극의 일반적 특징이 되어 있는 다양한 주제, 자유로운 발명이나 상연과는 거의 비교될 수가 없는 것이다. 엘리자베스 시대 연극에는 굉장히 다양한 주제, 비교적 자유로운 행동이 있었기 때문에 우리는 특정한 분위기, 상황, 그리고 등장인물들의 내력을 접하게 되는 것이다. 무대 위에서 벌어지는 사건의 추이는 비극적 갈등의 사건 추이만을 다루지 않고 줄거리가 반드시 필요로 하지 않는 대화나 장면이나 등장인물 등을 보여 준다. 그리하여 우리는 중요 인물에 관한 많은 '보조적인 정보'를 알게 되는 것이다. 우리는 그들이 현재 말려 들어간 사건과는 별도로 그들의 평소 생활이나 특정 인물에 대한 생각을 가질 수 있게 된다. 그래서 여기서의 운명은 주어진 갈등 이상의 것을 의미한다. 고대극의 경우엔 한 인물의 타고난 성격과 당장 그에게 닥치고 있는 운명을 뚜렷하게 구분하는 것은 거의 언제나 가능하다. 엘리자베스 시대의 비극의 경우 우리는 대체로 순전히 타고난 성격을 접하게 되는 것이 아니라 출생, 상황, 내력 등에 의해(즉 운명에 의해서) 이미 형성된 성격을 접한다. 다시 말해서 특정한 비극적 갈등의 형태를 취하기 이

전에 운명이 크게 관여한 성격을 접하게 되는 것이다. 이 비극적 갈등이란 이미 오래전에 준비된 비극적 상황을 풀어놓는 경우에 지나지 않는 것이 예사다. 이것은 특히 샤일록과 리어의 경우에 분명하다. 그들 개인에게 일어나는 일은 개인적으로 그들에게 미리 정해진 것이다. 그것은 샤일록이나 리어라는 특정한 성격에 들어맞으며 이 성격은 타고난 성격일 뿐 아니라 출생, 상황, 내력, 즉 운명에 의해서 틀림없는 독자성과 예정된 비극적 상황에 알맞게 형성된 성격인 것이다.

인간의 운명을 보다 폭넓게 생각해서 그렇게 된 이유랄까 그 전제(前提)의 하나를 우리는 이미 앞에서 언급한 바 있다. 즉 엘리자베스 시대의 극장은 고대의 극장보다 훨씬 다양한 인간 세계를 보여 준다는 것이다. 그것이 다룬 주제의 영역은 온갖 지역과 시대와 환상의 결합을 포괄하고 있다. 영국사나 로마사, 전설상의 과거, 혹은 중편 소설이나 동화에서 따온 주제가 있다. 또 영국, 스코틀랜드, 프랑스, 덴마크, 이탈리아, 스페인, 지중해에 있는 섬, 동양, 고대 그리스, 고대 로마, 고대 이집트 등이 행동의 무대가 되어 있다. 베니스, 베로나 등이 1600년의 영국 관객에게 가지고 있던 이국적 매력은 고대인의 극장에서는 전적이라고는 할 수 없으나 실질적으로는 알려져 있지 않았던 요소이다. 샤일록 같은 인물은 단순히 존재하고 있다는 사실만으로도 고전극의 영역을 벗어나는 문제들을 제기한다. 여기서 우리는 16세기가 비교적 높은 수준의 역사의식과 역사적 원근법을 획득하였음을 지적해야겠다. 고대 연극은 비슷한 발전을 이룩할 계제가 못되었는데 그 까닭은 주제의 범위가 너무나 한정되어 있었고, 고대의 관객들이 자기들의 것이 아닌 어떤 형태의 생활이나 문화도 가치에 있어 비슷하고 또 예술적 고려에 값하는 것으로 여기지를 않았기 때문이다. 중세에 있어서는 이질적인 생환이나 문화 형태에 관한 실제적인 지식은 없어지고 말았다. 두 개의 과거 문화, 즉 고대와 유대적, 기독교적인 문화가 중세 문명이라는 테두리 속에서는 크게 중요하였지만 그리고 두 문화 특히 유대적, 기독교적인 것이 문학과 예술 속에 빈번히 고루 다루어졌지만 역사의식과 역사적 원근법이 아주 빈곤해서 이들 먼 과거의 사건이나 인물들은 그저 당시의 생활 조건이나 형태로 옮겨 놓아졌을 뿐이었다. 카이사르, 아이네이아스, 필라트는 12세기 혹은 13세기 프랑스, 영국, 혹은 독일의 기사(騎士)가 되고, 아리마데의 요셉(Joseph of Arimathea)은 시민, 그리고 아담은 농부가 되었던 것이다.

인문주의의 동이 트면서 고전 시대의 역사와 전설상의 사건 및 성서에 나오는 사건은 현재와 시간상으로 동떨어져 있는 것이 아니라 전혀 다른 생활 조건에 의해서도 동떨어져 있다는 의식이 생겨나기 시작하였다. 고대의 생활 형태나 표현 형태의 부활을 표방한 인문주의는 우리에게 알려진 어떠한 시대도 가져 보지 못한 깊이 있는 역사적 원근법을 만들어 낸다. 즉 인문주의자들은 역사의 밑바닥에서 고대를 보고 그것을 배경으로 해서 당시와 고대 사이에 끼어든 어둠의 시대를 보았다. 그들이 세부적으로 어떠한 개념상의 잘못이나 해석상의 잘못을 저질렀나 하는 것은 별문제가 되지 않는다. 원근법적인 관점을 얻게 되었다는 점이 중요한 것이다. 단테 이후 이러한 역사적 원근법의 발자취를 찾아내는 것은 가능한 일이다. 16세기에 이르면 그것은 더욱 뚜렷해지고 또 널리 알려지게 된다. 그리고 고대를 절대적인 모범으로 받아들이고 그 사이의 여러 세기에 속하는 모든 것을 소홀히 하려는 경향이 사람들의 의식으로부터 다시 역사적 원근법을 몰아내려는 기세를 보였지만 고대 문화에 엿보이는 자족적 생활이나 12세기 및 13세기의 소박한 역사 감각을 재확립할 정도로 성공하지는 못하였다. 게다가 16세기에는 문화적 지리적 지평을 갑작스레 확대시키고 이에 따라 인간 생활의 가능한 형태에 대한 생각도 확대시킨 위대한 발견들의 영향이 퍼졌다. 여러 유럽 민족들이 자신들을 국민적 존재로 간주하기 시작했고 이에 따라 자기의 특징을 의식하기 시작하였다. 마침내는 교회의 분열도 여러 사람들의 집단을 분화하는 데 기여하였다. 그 결과 그리스 로마인 대 야만인 혹은 기독교도 대 이교도라고 하는 비교적 단순한 대조는 한결 복잡한 인간 사회상으로 대치되었다. 이러한 현상은 모두 한꺼번에 일어난 것은 아니고 오랜 세월을 두고 준비된 것이었다. 그러나 16세기에 이르러 이것은 비약적으로 진척되어 원근법의 폭을 크게 넓히고 그것을 갖게 된 사람들의 수효도 엄청나게 불어나게 하였다. 사람들이 사는 현실 세계는 변하였다. 이 세계는 넓어지고 가능성도 더 풍부해지고 무한한 것이 되었다. 그리고 예술적 묘사의 주제가 되어 나타날 때 당연히 변화해서 나타난다. 특정한 작품 속에 표현된 생활의 영역은 유일하게 가능한 영역이 아니며 또 유일하고 분명하게 구획된 생활 영역도 아니다. 아주 빈번히 한 생활 영역에서 딴 생활 영역으로 옮겨 가는데 이런 일이 일어나지 않는 경우에도 우리는 무한한 세계를 포용하고 있는 보다 자유로운 의식이 표현의 기초가 되어 있음을 엿볼 수 있다. 우리는 이 점을 보카치오와 관련해서 또 특히 라블레와 관련해서 논평한 바 있다. 우리는 몽테뉴와 관련해서 그렇게 할 수도 있었을 것이다. 엘리자베스 시대의 비극이나 특히 셰익스피어의 경우 이 원근법적 의식은 당연한 것으로 되었다. 그것이 정확하지도 못했고 고르게 표현되지도 않았지만 말이다. 셰익스피어와 그의 세대의 작가들은 외국과 외국의 문화에 대해서 때로 다른 생각을 가지고 있었다. 그들은 햄릿에 나오는 런던의 극장에 관한 관찰이 보여 주듯이 외국의 주제 속에 당대의 장면이나 암시를 의도적으로 섞어 놓는다. 아주 빈번히 셰익스피어는 희곡의 무대를 현실의 시대나 장소와는 그저 느슨하게 연관되어 있을 뿐인 요정의 나라에 잡아 놓는다. 그러나 이것 또한 원근법적 관점의 재주놀음인 것이다. 인간 생활의 다양한 조건을 의식하는 것은 그에게는 하나의 사실이며 그는 그것을 관객에게도 당연히 기대하는 것이다.

특정한 주제의 경우 이 원근법적 의식은 다른 유형의 증거를 보여 주고 있다. 셰익스피어와 많은 그의 동시대인들은 고대의 비극시인들이 했듯이 또 16세기나 17세기의 모방자들이 때로 한술 더 떠서 그랬듯이 한 사람이나 제한된 수효의 사람들에게 관련되는 운명의 변전을 일반적인 사건의 맥락에서 완전히 따로 떼어 놓고 단일한 스타일의 수준에서 그 운명의 변전을 나타내 보여 주는 일을 꺼렸다. 고대 연극의 종교적, 신화적, 기술적 전제를 통해서 설명할 수 있는 이 고립화의 절차는 르네상스 시기에 생겨났던 마술적이고 다음가적(多音價的)인 우주의 일관성이란 생각과는 맞지 않는 것이다. 셰익스피어 극은 줄거리의 진행에 없어서는 안 될 소수의 사람들만이 환경을 이루고 있고 대체로 위로부터 떨어지게 마련이며 그 결과에 있어 소수의 인물만이 말려드는 외따로 떨어진 운명의 타격을 보여 주지 않는다. 도리어 그의 극은 주어진 조건과 서로 다른 성격들의 상호 작용에서 생겨나는 정신의 분류를 보여 주는데, 이 분류에는 환경뿐만 아니라 풍경 심지어는 사자(死者)의 망령과 기타 초자연적인 존재조차 참여하고 있다. 그리고 이때 참여자의 역할은 줄거리의 진행에 전혀 아무것도 기여하지 않거나 기여하는 바가 아주 적다. 그 대신 갖가지 스타일의 수준에서 비슷한 혹은 반대되는 동작을 하는 공명(共鳴)의 반주 선율이 되어 주고 있다. 주요한 줄거리의 경제(經濟)라는 관점에서 본다면 전혀 배제하거나 적어도 크게 줄일 수 있는 부차적인 사건이나 부차적인 등장인물들이 굉장히 많다.

「리어 왕」에 있어서의 글로우세스터의 삽화, 「안토니와 클레오파트라」에 있어서의 폼페이(Pompei)와 메나스(Menas) 사이의 장면,(2막 7장) 「햄릿」에 있어서의 많은 장면과 등장인물들이 그 보기인데 누구나 이 밖에도 많은 예를 추가할 수 있을 것이다. 이러한 사건이나 등장인물들이 연극의 경제란 면에서 전혀 불필요한 것은 아니다. 「햄릿」에 나오는 오즈릭(Osric) 같은 대수롭지 않은 인물조차도 햄릿의 기질이나 순간적인 마음의 상태를 의미심장하게 반영해 주기 때문에 넉넉하게 묘사되어 있다. 그러나 줄거리의 진행을 위해서는 오즈릭은 충분히 묘사할 필요가 없었을 것이다. 셰익스피어의 연극 경제는 굉장히 통이 크고 낭비적이다. 그것은 삶의 다양한 현상을 표현할 때의 기쁨을 증거하는 것인데 이 기쁨은 우주는 도처에서 서로 의존하고 있으며 그 결과 인간 운명의 모든 화음은 수많은 목소리를 일깨워 비슷한 혹은 상반되는 동작을 자아낸다는 생각에 의해서 고취되고 있다. 리건이 자기의 늙은 아버지인 왕을 몰아넣은 폭풍은 단순한 우연이 아니다. 그 폭풍은 사건을 궁극에까지 몰고 가기 위해서 동원된 마력이 부린 조화이다. 그리고 순수하게 합리적으로 구성되어 있는 줄거리 안에서의 기능은 하잘것이 없지만 어릿광대의 대사, 그리고 뒤이어 나오는 가련한 톰(Poor Tom)의 대사는 같은 우주의 관현악이 내는 소리인 것이다. 이들은 풍요한 음계의 스타일 수준을 도입하는데 이 음계는 숭고한 기조(基調)가 우세한 가운데 우스개 광대극이나 순전한 난센스의 수준으로 내려가는 것이다.

이러한 스타일 상황은 엘리자베스 시대와 셰익스피어의 특징이지만 민중의 전통에 뿌리박은 것이고 또 무엇보다도 예수의 얘기를 담은 우주극에 뿌리박고 있다. 중간 단계가 있는 것도 사실이고 기독교에서 나오지 않은 갖가지 민속적인 모티프가 끼어 들어간 것도 사실이다. 그러나 사람은 동물(動物)로 보는 관점, 수많은 부차적인 줄거리와 인물이 나오는 느슨한 구성, 숭고한 것과 저속한 것의 혼합은 결국 중세 기독교의 연극에서 유래한 것이랄 수밖에 없다. 중세 기독교의 연극에서는 위에 적은 요소들이 필요하고도 본질적인 것이기 때문이다. 크나큰 운명에는 자연의 힘도 참여한다는 것은 예수가 죽었을 때의 지진(「마태복음」 27장 51절)에 저명한 사례가 있지만 이 사례는 중세에 있어 줄곧 영향력을 발휘했었다.(「롤랑의 노래」, 1423행, 「새 삶」, 23장 참조) 그러나 이제 엘리자베스 시대의 연극에서는 전체의 상부 구조가 사라져 버린 것이다. 예수의 극은 이제 보편적인 극이 아니고 인간 운명의 모든 흐름의 교차점인 것도 아니다. 극화(劇化)된 새 역사는 특정한 인간 행위를 그 중심으로 가지고 있고 그 통일성도 이 중심적인 인간 행위에서 유래한다. 이리하여 자족적인 인간의 비극에의 길이 뚫리게 된 것이다. 원죄, 신의 희생, 최후의 심판이라는 과거의 위대한 질서는 물러나고 인간의 극이 그 속에서 스스로의 질서를 발견한다. 그리고 복잡한 플롯, 위기, 비극적 해결 등의 고대의 선례가 등장하는 것은 바로 여기서이다. 줄거리를 몇 개의 막으로 나누어 보여 주는 것도 이 고대극의 선례에서 나온 것이다. 그러나 비극의 자유와 인간의 영역은 이제 고대극의 한계를 인정하지 않는 것이 보통이다. 연거푸 큰 위기를 겪고 기진해 간 중세 기독교의 해체는 방향 설정에 대한 역동적인 필요성과 삶의 은밀한 갖가지 힘을 찾아내려는 의지를 낳게 된다. 이 필요와 의지를 통해서 마술과 과학, 자연의 영역과 도덕 및 인간의 영역은 상호 관련을 가진 것이 된다. 거대한 공감의 조직이 우주에 차 있는 것처럼 보인다. 게다가 기독교는 인간성의 문제(선과 악, 죄와 운명)를 고대보다 더욱 자극적으로, 대립적으로, 혹은 역설적으로까지 파악하였다. 원죄와 구원의 극 속에 포함되어 있던 해결이 절실함을 잃기 시작한 뒤에도 이 문제의 더욱 자극적인 파악과 이에 관련된 인간관은 오랫동안 영향력을 발휘하였다. 셰익스피어의 작품 속에서는 해방된 여러 힘이 충분히 발달되었으나 과거의 윤리적 유산에 여전히 젖어 있는 것으로 드러난다. 얼마 안 있어 이 힘을 억압하는 반동적 움직임이 세력을 얻게 된다. 개신교와 반종교 개혁, 사회와 지적 생활의 절대주의적 통제, 아카데믹한 혹은 순수주의적인 고대의 모방, 합리주의와 과학적 경험주의, 이러한 모든 것이 합세하여 비극에 있어서의 셰익스피어적인 자유가 그 후 발전하는 것을 훼방하였다.

이리하여 셰익스피어의 윤리적 지적 세계는 고대 세계의 그것보다 훨씬 동요되고 층이 많으며 어떤 특정한 극의 줄거리와 관계없이 그 자체로서 훨씬 극적이다. 사람들이 살아 움직이고 사건이 일어나는 기반 자체가 한결 불안정하고 내적인 동요로 말미암아 흔들리는 것처럼 보인다. 배경으로서의 안정된 세계가 없고 갖가지 힘에 의해서 끊임없이 새로 생겨나는 세계가 있을 뿐이다. 어떤 독자이건 관객이건 이것을 못 알아차릴 리는 없다. 그러나 셰익스피어 사상의 역동성을 보다 상세히 서술하고 그 예를 들어 두는 것은 결코 부질없는 일은 아닐 것이다. 고대 비극에서는 철학적 사색의 말은 극에 걸맞지 않았다. 그것은 격언 같고 아포리즘에 가깝고 줄거리에서 추상되어 일반화되어 있고 등장인물이나 그의 운명과는 동떨어져 있었다. 셰익스피어 극에서 철학적 사색의 말은 사사로운 것이 된다. 그것은 말하는 사람의 당장의 상황에서 직접 나온 것이며 그것과 연관되어 있다. 그것은 사건에서 얻은 경험의 결과가 아니며 사이를 두고 벌어지는 대화 속의 재치 있는 대답도 아니다. 그것은 행동의 적절한 방식이나 순간을 찾거나 그러한 것을 찾아낼 가능성을 의심하는 극적인 자기 검토인 것이다. 그리스 비극 시인 가운데서 가장 혁명적이었던 에우리피데스가 사람들 사이의 계급의 차별을 공격할 때 그는 격언처럼 들리게 구성된 운문으로 오직 이름이 노예에게 창피를 줄 뿐 기품 있는 노예는 자유 시민보다 떨어질 게 없다는 취지의 말을 한다. 셰익스피어는 계급 차별을 공격하지 않는다. 그리고 그는 사회적으로 혁명적인 의미를 지닌 관점을 갖지 않았던 것처럼 보이는 것이다. 그럼에도 그의 등장인물의 하나가 자기 상황에서 나온 이런 생각을 표현하게 되면 그 장면은 직접성과 극적인 힘을 얻게 되고 그것이 그런 생각을 통렬하고 몹시 흥미 있는 것으로 만드는 것이다. "그대들의 노예를 그대들처럼 살게 하시오. 그들에게 똑같은 먹을 것과 거처를 주시오. 그들을 그대들의 자녀들과 혼인시키시오! 그대들의 노예는 그대들의 재산이라고 말하는 거죠? 좋소, 나도 똑같이 대답하겠오. 이 1파운드의 살은 내 것이오, 내가 산 것이오……" 천민 샤일록은 타고난 권리에 호소하지 않고 관습적인 부정(不正)에 호소한다. 이렇게 통렬하고 비극적인 아이러니 속에는 굉장히 역동적인 직접성이 들이 있는 것이다.

   항시 새로운 것이 되어 가는 세계 전체가 만들어 내고 또 스스로 이러한 새 세계를 만드는 데 항시 기여하고 있는 많은 도덕적 현상들은 고대 비극이 만들어 낼 수 없었던 많은 스타일의 수준을 낳는다. 나는 셰익스피어 전집을 되는 대로 펴서 「맥베스」의 3막 6장에 마주친다. 스코틀랜드의 귀족인 레녹스(Lenox)가 최근의 사건을 어떻게 생각하는가를 친구에게 이야기하는 장면이다.

내가 지금 한 얘기는 노형 생각과 부합되지만
좀 더 깊이 해석할 여지가 있소. 어쨌든
매사가 이상스레 돌아간단 말이오.
인자하신 덩컨 왕은 맥베스의 애도를 받았소.
하기야 이미 돌아가신 분이니까
그리고 용맹한 뱅코는 밤길을 늦게 걸었는데
그분을 플리언즈가 죽였다고 할 수 있겠지요.
플리언즈는 도망쳐 버렸으니까.
밤 늦게 다닐 것이 아니구료.
맬컴과 도널베인이 인자하신 자기 부친을 살해했다고 하니
괴이하게 생각하지 않을 사람이 어디 있겠소? 천벌을 받을 일이지!
원 맥베스가 얼마나 애통해 했겠소!
글쎄 의분에 못 이겨 당장 두 역적을 베어 버리지 않았겠어요.
술의 노예가 되고 잠의 종복이 되어 있는 현장에서? 훌륭한 처사였겠지요.
암, 현명한 처사이기도 하죠.
그것들이 자기네 소행이 아니라고 변명하는 것을 들으면,
분개하지 않을 사람이 없을 것이니……

위의 구절에 보이는 말투(분명하게 얘기하지 않고 무언가 은밀히 암시하는 형식)는 고대에도 잘 알려져 있었다. 퀸틸리언(Quintilian)은 상징 화법(contraversiae fiquratae)을 취급한 9권에서 이것을 다루고 있고 또 대 웅변가들은 이런 실례를 보여 주고 있다. 그러나 사사로운 대화 속에서 그러면서도 전적으로 음산한 비극의 분위기 속에서 이러한 화법이 완전히 비수사적으로 쓰이고 있는 것은 고대에서 전혀 볼 수 없었던 하나의 혼합이다. 몇 페이지를 넘기면 그의 마지막 싸움이 벌어지기 직전 맥베스가 아내의 죽음의 소식을 듣는 장면이 나온다.

시트 왕비께서 운명하셨습니다.
맥베스 이제가 아니라도 어차피 죽어야 할 사람.
   한 번은 그런 소식이 있고야 말 것이 아닌가.
   내일, 내일, 또 내일은 날이면 날마다 인간 역사의 마지막 음절까지 기어가고 있고,
   어제라는 날들은 모두 멍청이들에게
   무덤으로 가는 길을 비쳐 왔지.
   꺼져라, 꺼지거라, 짧은 촛불아!
   삶이란 한낱 걷고 있는 그림자.
   가련한 광대,
   제시간엔 무대 위에서 활개치고 푸념하지만
   얼마 안 가서 영영 잊혀져 버리지 않는가.
   천치가 지껄이는 얘기
   왁자지껄하지만
   아무런 뜻도 없다.

              (사자(使者) 등장)

   혓바닥을 놀리려 왔구나. 냉큼 말해 봐라.

 맥베스가 저질렀던 많은 일들, 또 그 일들을 저질렀기 때문에 그가 겪었던 모든 끔찍한 일들이 그를 매정하고 두려움 모르는 위인으로 만들었다. 그는 이제 쉽사리 놀라는 법이 없다.("나는 끔찍함을 실컷 맛보았다.") 더구나 그의 모든 힘은 마지막 싸움판에 쏠려 있다. 바로 이 순간에 아내가 죽었다는 기별이 오는 것이다. 그로 하여금 처음으로 범죄를 저지르게 했으나 삶의 기력을 맥베스에 앞서 잃어버린 반려의 죽음의 기별은 비록 잠시 동안이기는 하지만 그를 암울하고 골똘한 생각에 잠기게 한다. 그것은 긴장의 이

완이지만 희망 없음과 갑갑함과 절망으로 이끄는 이완이다. 그것은 또 인간성과 지혜로 갑갑해진 것이기도 하다. 맥베스는 그 자신의 운명으로부터 솟아났고 스스로 터득한 지혜로 갑갑해진 것이다. 그는 깨달음과 죽음을 위한 준비가 된 것이다. 그의 마지막이자 유일한 인간 반려가 그를 떠나는 순간에 그는 이 마지막 성숙을 얻게 되는 것이다. 인간이 아주 순수한 상태로, 다시 말해서 진정 그가 되고 싶었고 또 다행스러운 순간에 그렇게 되는 것이 가능했을 그러한 모습으로 나타나는 것은 위의 장면에서처럼 끔찍함과 비극으로부터이기도 하고 다른 경우에는 그로테스크하고 우스꽝스러운 것으로부터이기도 하다. 폴로니우스는 바보고 주책없고 나이 먹었다. 그러나 1막 3장에서 떠나가는 아들에게 축복과 마지막 충고를 건네줄 때 그는 오래 산 사람의 지혜와 위엄을 갖추고 있다.

우리가 위에서 말해 본 수많은 현상과 고상하고 저속한 것, 숭고하고 하찮은 것, 비극적인 것과 희극적인 것의 심오하게 인간적인 혼합의 다양한 뉘앙스 말고도 다른 무엇인가를 우리는 주목해야 할 것이다. 그것은 분명하게 말로 정식화(定式化)하기는 어려우나 그 효과에 있어서는 도처에서 관찰할 수 있는 것으로서 세계의 한 기본적 구조관(構造觀)이다.

여기서 세계는 끊임없이 스스로를 만들어 내고 갱신하고 그 모든 부분이 연관되어 있는 것으로 파악되고 있는데 여기서 모든 것이 일어나고 한 사건이나 스타일의 수준을 고립시키는 것을 불가능하기 만들고 있는 것이다. 모든 것이 내세, 즉 궁극적인 하느님의 나라에서 해결되고 또 모든 등장인물이 오직 내세에서만 충분한 자기실현을 거두게 되는 일반적이긴 하나 분명하게 한정된 단테의 비유 세계는 이제 존재하지 않는다. 비극의 등장인물들은 햄릿, 맥베스, 리어처럼 운명을 접하고 성숙했을 때 이곳 이승에서 마지막 완성을 이루게 되는 것이다. 그러나 그들은 자기네에게 배당된 운명에 그저 매여 있는 것은 아니다 그들은 모두 알 수 없고 헤아릴 길 없는 우주 시인(cosmic poet)이 쓴 연극, 그 우주 시인이 아직도 손을 보고 있으며 그 의미와 현실이 우리에게 그렇듯이 그들에게도 알려져 있지 않은 그러한 연극에 나오는 배우들로서 모두 연관을 맺고 있다. 이 점에 관해서는 「태풍(The Tempest)」 4막 1장의 몇 줄을 인용해 보기로 하자.

    이 배우들은
    이미 내가 얘기한 대로 모두 요정들인데
    공기 속으로, 엷은 공기 속으로 용해되어 버린 거야.
    그리고 이 주추도 없는 환영의 건물처럼
    저 구름 위에 솟은 탑과 웅장한 궁전과 엄숙한 신전과 이 커다란 지구도
    그래 지구상의 삼라만상도 마침내 용해되어
    지금 사라져 버린 환영처럼 흔적도 남기지 않는 거야.
    우리도 꿈과 같은 물건이어서
    이 보잘것없는 인생은 잠으로 끝나 버리지.

    이것은 두 가지를 말해 주고 있다. 즉 셰익스피어는 수많은 굴절과 혼합 속에 가장 하찮고 비참한 것을 포함한 현세의 현실을 포용하고 있다는 것, 그러나 그의 목적은 그저 현세적 연관 속에서 현실을 묘사하는 것에 만족하지 않는다는 것이다. 그는 현실을 포용하지만 또 그것을 초월한다. 이것은 그의 작품 속에 망령이나 마녀가 나온다는 점에서도 분명하지만 세네카, 페트라르카(Petrarca), 기타 당대의 유행의 영향이 극히 구체적이면서도 제멋대로의 리얼리스틱한 방식으로 용해되어 있을 뿐인 리얼리스틱하지 않은 스타일 속에도 분명히 나타나 있다. 그것은 또한 사건의 줄거리의 내적 구조 속에도 더욱 의미 깊게 드러나 있다. 사건의 줄거리는 특히 중요한 작품의 경우 오직 괴팍스럽고 간헐적으로만 리얼리스틱하고 또 동화, 장난기 있는 환상, 초자연적이고 악마적인 영역으로 파고들려는 경향을 보이고 있다.

또다른 관점에서 보더라도 셰익스피어에 있어서의 비극적인 것은 완벽하게 리얼리스틱하지 못하다. 우리는 이미 이 장(章)의 첫머리에서 그 점을 비친 바가 있다. 그는 평범한 일상적 현실을 진지하게 다루지도 않고 비극적으로 다루지도 않는다. 그는 오직 귀족, 왕족과 왕, 정치가, 장군 그리고 고대의 영웅들만을 비극적으로 다룬다. 일반 평민이나 병정들 혹은 중류 계급이나 하층 계급이 등장하는 것은 언제나 비속한 스타일 속에서이며 그가 잘 다루는 희극적인 것의 변주 속에서이다. 이렇게 계급에 따라서 스타일을 분리하는 것은 중세의 예술 작품이나 문학 작품, 특히 기독교의 영향을 각별히 받은 작품 속에서보다 셰익스피어의 경우에 더욱 시종일관해서 나타난다. 그리고 그것이 고대의 비극관을 반영하는 것임은 의심할 여지가 없다. 위에서 지적했듯이 상류 계급의 비극적인 인물들이 셰익스피어 작품 속에서 빈번하게 스타일 분리를 위반해서 육체적·동물적인 것, 그로테스크하고 모호한 것으로 빠져든다는 것은 사실이다. 그러나 하류 계급이 비극적인 것으로 올라가는 법은 거의 없다. 샤일록은 이 점 예외라고 할 수 있는 유일한 인물인 듯이 보인다. 그리고 그의 경우에도 비극적인 모티프는 끝에 가서 폐기됨을 우리는 위에서 보았다. 셰익스피어의 세계 정신은 어느 모로나 민중의 정신은 아니다. 이 점이 '질풍노도'(Sturm und Drang) 시대와 낭만주의 시대의 셰익스피어 찬미자 및 모방자와 셰익스피어의 차이점이다. 그의 작품 속에서 우리가 느끼게 되는 자연력의 역동적인 두근거림은 뒷날의 찬미자들이 연관지었던 민중의 영혼의 깊이와는 전혀 무관한 것이다. 이러한 관점에서 셰익스피어와 괴테의 군중 장면을 비교해 보면 시사하는 바가 많다.

몬터규 집안과 캐풀렛 집안의 하인들이 마주치는 「로미오와 줄리엣」의 첫 장면은 농민 지도자와 밤베르크의 기병들이 만나는 「괴츠 폰 베를리힝겐(Götz von Berlichingen)」의 첫머리와 공통점이 많다. 그러나 괴테의 작중 인물들은 사건에 대해서 훨씬 더 진지하고 훨씬 인간적이며 또 훨씬 총명한 관심을 가지고 있지 않은가! 그리고 이 경우 「괴츠」 속에 전개된 문제들은 직접 민중과 관계가 있는 것이 아니냐는 반론이 제기될지 모르나 로마 역사극, 즉 「율리우스 카이사르(Juius Caesar)」나 「코리올라누스(Coriolanus)」에 나오는 군중 장면과 「에그몬트(Egmont)」에 나오는 군중 장면을 비교해 본다면 이러한 반론은 성립될 수 없다. 셰익스피어에게 무연(無緣)했던 것은 민중의 마음이 동정적 통찰뿐만이 아니다. 그는 계몽주의나 시민 도덕이나 감정의 계발의 전조는 전혀 보여 주지 않고 있다. 작가가 거의 이름 없게 초연해 있는 그의 작품 속에는 독일의 문학적 각성의 시대의 작품에서와는 전혀 다른 분위기가 있다. 독일의 작품에서는 몹시 민감하고 감정이 풍부한 인물이 엄숙한 시민의 서재에서 자유와 위대함에 관한 열변을 토하고 있는 것이다. 클레르헨(Klärchen)이나 그레트헨(Gretchen)과 같은 인물 혹은 「루이제 밀러린(Luise Millerin)」 같은 비극은 셰익스피어의 세계에서는 전혀 불가능할 것이다. 중산 계급 소녀의 처녀성을 중심으로 회전하는 비극적인 상황이란 엘리자베스 시대 문학의 틀 속에서는 아주 우스꽝스러운 것이다.

여기서 우리는 괴테의 「빌헬름 마이스터의 수업 시대(Wilhelm Meister's Lehrjahre)」 4권 3장 및 13장에 있는 유명한 「햄릿」의 해석을 상기해 보는 것이 좋을 것이다. 그것은 심오하고 아름답다. 그것은 영국과 독일에서 낭만주의자들뿐만 아니라 그 뒤의 많은 독자들의 탄복을 받았는데 충분히 그럴 만한 이유가 있었다. 햄릿의 비극이 그의 어린 시절의 외적 윤리적 현실이 갑자기 무너지는 바람에, 또 그가 사랑했고 존경하였던 그의 부모들을 그 전에 결합시켜 주었던 그러나 이제는 잔혹하게 부서진 연분에 의해서 그에게 제시되었던 윤리 질서에 대한 믿음이 망가지는 바람에 생겨난다는 괴테의 설명은 강한 설득력을 지니고 있다. 그러나 괴테의 설명은 동시에 그 자신의 시대, 즉 괴테 시대의 스타일의 거울이다. 햄릿은 최고의 선을 마음속으로 지향하지만 내적인 힘을 넉넉하게 타고나지 못한 유순하고 감정적이고 겸손한 젊은이로 나타난다. 이어서 괴테의 말을 빌리면 "감당하지 못할 큰 일이 그의 영혼에 맡겨진다." 또는 뒤이어서 그가 말하듯이 "영웅을 만드는 체력이 부족한 아름답고 순수하고 고상하고 극히 도덕적인 인물이 감당할 수도 없고 떨쳐 버릴 수도 없는 무거운 짐으로 말미암아 부서지는 것이다……." 작품이 진전함에 따라서 계속 성장해 가는 햄릿의 타고난 힘, 주변의 모든 사람들을 몸서리치며 도망가게 하는 그의 신랄한 기지, 그의 교활하고 대담한 전술, 오필리아에 대한 가차 없는 매정함, 어머니를 대하는 그의 기운, 그의 길을 훼방하는 정신(廷臣)들을 제거하는 그의 차디찬 침착, 기민하고 대담한 그의 말과 생각들, 이 모든 것을 괴테가 알아차리지 못했다고 우리는 가정해야 할 것인가? 되풀이해서 결정적인 행위를 미루어 버리는 것은 사실이지만 그럼에도 그의 작품 속에서 가장 강력한 인물이다. 그에게는 존경심, 외경, 그리고 흔히 공포감을 불러일으키는 악마적인 분위기가 돌고 있다. 그가 행동으로 옮겨 갈 때마다 그의 동작은 재빠르고 당대하며 때로는 악의에 차 있기도 하다. 그의 행동은 빈틈없이 힘차게 과녁을 맞춘다. 그의 결단력을 마비시키는 것이 바로 그로 하여금 복수로 치닫게 하는 사건이라는 것은 사실이다. 그러나 그것을 활기의 부족, "영웅을 만드는 체력"의 부족이라고 설명할 수 있을 것인가? 그보다는 오히려 굳세고 거의 악마적으로 재능을 타고난 성품 속에 회의와 삶에 대한 진저리나는 감정이 들어서서 그의 삶의 무게 전체가 그러한 방향으로 밀려가야 했던 것이 아닐까? 굳센 성품이 그 감정에 정열적으로 빠져 버리다 보니 그 감정들이 너무 압도적이 되는 바람에 살고 행동해야 하는 의무가 무거운 짐이 되고 고충이 된 것이 아닐까? 괴테의 햄릿 해석과 반대되는 다른 해석을 시도하기 위해서 이런 말을 하는 것은 아니다. 괴테와 그의 동시대인들이 셰익스피어를 자신들의 태도와 비슷한 것으로 동화(同化)시키려고 했을 때 그들이 나아갔던 방향을 지적해 두려는 것일 뿐인 것이다. 덧붙여 두거니와 최근의 연구는 셰익스피어의 작중 인물들을 이렇게 엇비슷이 심리적으로 해석하는 것에 대해서 회의적이다. 내게는 지나치게 회의적이라는 느낌이 들 정도이다.

셰익스피어의 비극 속에 포함되어 있는 다양한 스타일 수준은 실제 리얼리즘의 영역을 넘어서는 것이다. 동시에 그것은 1800년 무렵에 그의 찬미자들의 리얼리즘보다도 훨씬 자유롭고 단단하며 보다 무제한하고, 비(非)당파적인 객관성에 있어 훨씬 신(神)처럼 초연하다. 한편 위에서 보아 온 것처럼 중세 기독교가 창조해 낸 스타일의 혼합의 가능성에 의해서 조건지어진 것이다. 이 기독교의 양식의 혼합만이 플라톤이 「심포지엄(Symposium)」 끝에서 정식화한 예언을 실현할 수가 있었다. 「심포지엄」에선 소크라테스가 새벽녘에 아직도 잠들지 않은 두 술꾼 아가톤(Agathon)과 아리스토파네스(Aristophanes)에게 한 시인이 비극과 희극에 두루 숙달해야 하며 진정한 비극시인은 동시에 희극시인이기도 하다고 설명하고 있는 것이다. 이 플라톤의 기대 혹은 요구가 중세 기독교의 인간관을 통해서 성숙할 수 있었다는 것, 그리고 그러한 인간관이 초월된 뒤에야 비로소 실현될 수 있었다는 것은 많은 작가들이 적어도 일반론으로서 관찰하고 정식화한 바 있는데 괴테도 그중의 한 사람이다. 괴테가 그것을 표현한 대목을 인용해 보겠는데 이 대목은 스타일상의 자신의 거울이 되어 있다. 이 대목에는 날카로운 통찰력과 어떤 비평상의 단견(短見)이 섞여 있는데 그 단견이란 이 경우 중세에 대한 이해심이 없는 노시민(老市民)의 인문주의로 나타나 있다. 이 인용문은 그가 번역한 디드로(D. V. Diderot)의 「라모의 조카(Neveu de Rameau)」에 붙인 글에서 딴 것인데 다른 점에서도 주목할 만한 취미에 관한 부분이 거의 끝나 가는 대목이다. 1805년에 쓴 그 글은 아래와 같다.

그리스인들과 많은 로마인들에게서는 여러 가지 문학 형태를 아취 있게 구별하고 정화하는 것을 찾아볼 수 있다. 그러나 우리 북쪽 사람들보고 그들의 본보기만을 따르라고 할 수는 없다. 우리에게는 자랑스러운 다른 조상들이 있고 유념해 두어야 할 많은 본보기가 따로 있다. 만약 무지몽매했던 세기의 낭만적인 경향이 괴상하고 진부한 것을 함께 맺어 놓지 않았더라면 햄릿이나 리어, 십자가의 헌신(Devoción de la Cruz), 지조 있는 왕자(Principe Constance)가 어떻게 생겨났단 말인가?

고대의 탁월함에 우리가 이르지는 못할 것이기 때문에 이러한 야만스러운 장점을 유지하는 일, 용기 있게 유지하는 일이야말로 우리의 의무일 것이다.

셰익스피어의 두 작품 다음으로 괴테가 인용하는 두 희곡은 칼드론(Calderón)의 작품이다. 그리고 이것은 우리를 스페인의 황금 시대의 문학으로 향하게 한다. 이 시대의 문학에는 서로 다른 전제와 분위기에도 불구하고 스타일 수준의 혼합에서나, 일상적 현실의 묘사를 포함하면서도 일변 거기에서 멈추지 않고 그것을 넘어서는 일반적인 의도에서나, 엘리자베스 시대의 그것과 엇비슷한 삶의 현실의 처리가 엿보인다. 현실을 시화(詩化)하고 승화시키려는 끊임없는 노력은 셰익스피어의 경우보다 한결 두드러져 보인다. 계급에 따라서 스타일을 분리시키는 현상조차도 비슷한 예가 엿보인다. 그러나 그것은 극히 표면적일 뿐이다. 스페인의 민족적 자부심은 귀족 출신 스페인인뿐 아니라 모든 스페인인을 숭고한 스타일로 다루는 것을 가능하게 하고 있다. 왜냐하면 스페인 문학에서 극히 중요하며 사실상 중심적인 여성의 정절의 모티프는 농민들 사이에서조차 비극적인 분규를 일으키고 있기 때문이다. 그리하여 민중이 나오는 비극적 성격의 연극이 생기게 되었는데 로페 드 베가(Lope de Vega)의 「양(羊)의 샘(Fuente Ovejuna)」이나 칼드론의 「잘라메아의 시장(市長)(El Alcalde de Zalamea) 같은 것이 그 예이다. 이 점 스페인의 리얼리즘은 같은 시대의 영국의 리얼리즘보다 한결 민중적이며 민중들의 생활로 차 있다. 대체로 그것은 당대의 일상 현실을 더 많이 다루고 있다. 대부분의 유럽의 나라에서, 특히 프랑스에서, 절대주의자 민중의 입을 봉해 놓아 그 목소리가 200년 동안이나 들리지 않았을 때 스페인 절대주의는 민족 전통의 본질에 밀접히 연결되어 있었기 때문에 그 밑에서 민중들은 가장 다채롭고 생기에 찬 문학적 표현을 이루어 놓았던 것이다.

그러나 현대 현실의 문학적 정복의 역사에 있어서 이 스페인의 위대한 세기의 문학은 각별히 중요하지는 않다. 셰익스피어보다도 한결 중요치 못하고 단테, 라블레 혹은 몽테뉴에 비해서조차도 그러하다. 스페인 문학이 낭만주의 운동에 강력한 영향을 끼쳤다는 것은 사실이다. 나중에 밝히겠지만 근대의 리얼리즘은 낭만주의 운동에서 발전해 나온 것이다. 그러나 스페인 문학은 낭만주의 가운데서도 현실 지향의 경향보다는 환상적인 것, 모험적인 것, 연극적인 것을 북돋워 주었다. 스페인 중세 문학은 각별히 순수하고 구체적인 방식으로 리얼리스틱하였다. 그러나 '황금 시대'의 리얼리즘은 그 자체가 모험과 같고 거의 이국적인 것처럼 보인다. 삶의 낮은 영역을 묘사할 경우에도 그것은 극히 다채롭고 시적이며 환상주의적이다. 그것은 대인 관계의 의례적 형식, 잘 선택되고 재치 있는 말씨, 기사도의 이상의 감정적인 힘, 바로크와 반종교개혁의 내적·외적인 매력 등으로 일상적인 현실을 빛나게 한다. 그것은 세계를 마술의 무게로 바꾸어 놓는다. 그리고 그 마술의 무대 위에서는(근대 리얼리즘과의 관계라는 점에서 매우 의미심장한 것이다.) 온갖 모험과 기적에도 불구하고 고정된 질서가 지배하고 있다. 사실이지 이 세계에서는 모든 것이 꿈이다. 그러나 풀리기를 요구하는 수수께끼 같은 것은 아무것도 없다. 정열이나 갈등은 있지만 문제는 없다. 신, 왕, 명예와 사랑, 계급과 계급에 맞는 예절 등은 움직일 수 없고 의심할 수 없는 것이다. 그리고 비극의 인물도 희극의 인물도 대답하기 어려운 의문을 제기하는 법이 없다. 내가 알고 있는 황금 시대의 스페인 작가 가운데서는 작중 인물이 문제적이랄 수 있는 것이 분명한 사람은 세르반테스이다. 그러나 「돈키호테」의 당혹하고 쉽사리 이해할 수 있고 궁극적으로는 치료 가능한 광기와 이 세상에서 결코 치료할 수 없는 햄릿의 근본적이고 다면적인 광기를 비교해 본다면 그 차이를 더 쉽게 이해할 수 있을 것이다. 삶의 틀이 고정되어 있고 안정성이 있기 때문에 아무리 돼먹지 않은 일이 생긴다 하더라도 스페인의 작품에선 다채롭고 활기찬 소통에도 불구하고 삶의 심연에서의 운동이나 혹은 그 삶을 이론적으로 탐구해서 실천으로 개조하려는 의지를 감지하지 못한다. 이들 작품 속의 등장인물의 행동은 비극적이든 희극적이든 혹은 이 두 가지가 섞인 것이든 그들의 윤리적 태도를 분명히 드러내고 증명하는 데 두드러진 기여를 한다. 그 행동에 어떤 것을 만들어 내고 촉진하고 창시하느냐 하는 것은 그리 중요하지 않다. 어쨌거나 세계의 질서는 종전과 다름없이 확고부동한 것이다. 사람이 자신을 증명하거나 길을 잘못 잡는 것은 그러한 질서 안에서의 일이다. 한 행위의 성공보다도 윤리적 태도나 의도가 얼마나 중요한 것인가 하는 것은 「돈키호테」 1권 19장에서 세르반테스가 패러디로 적고 있다. 기사 「돈키호테」가 부상한 학사(學士) 알론소 로페즈(Alonso Lopez)에게서 장례 행렬에 대한 자신의 공격이 어떠한 재앙을 일으켰나 하는 얘기를 들었을 때 그는 조금도 가책을 받거나 부끄러워 하지도 않는다. 그는 장례 행렬을 악마가 나타난 것이라고 오해하였고 따라서 그것을 습격하는 것은 그의 의무였다. 그는 자기 의무를 다했음을 만족해 하고 그것을 자랑스럽게 여긴다. 한 주제가 당대 현실을 미해결의 문제로서 연구하기를 돈키호테처럼 끈질기게 암시하는 경우는 달리 없다. 당대의 실제 현실과 충돌하게 마련인 이상적인 과거관(過去觀), 그 기능을 이제는 잃어버린 계급에 대한 이상적인 관념은 당대의 실제 현실을 비판적으로 또 문제적인 것으로 그리도록 만들었을 터였다. 머리가 돈 돈키호테는 그의 도덕적 신념과 타고난 기지로 해서 정신이 멀쩡한 그의 적수들보다 탁월하기 때문에 더욱 그러하다. 그러나 세르반테스는 그의 작품을 이러한 방향으로 세련시키지를 않았다. 그의 스페인 현실의 묘사는 많은 개별적인 모험과 스케치 속에 흩어져 있다. 그 현실의 기반은 끄떡없이 그대로 남아 있는 것이다.

마법에 걸린 둘시네아

"내겐 아무것도 안 보이던걸." 하고 돈키호테는 말하였다. "나귀를 탄 세 농사꾼 색시들밖에는 말이야."

"어이구, 맙소사!" 하고 산초가 외쳤다. "저 세 마리 말이랄까, 쌓인 눈처럼 하얀 것이 나리에겐 나귀처럼 보이다니, 있을 법이나 한 얘깁니까? 그게 사실이라면 하느님께 맹세코 이 내 턱수염을 뽑아 버리겠어요!"

"하지만, 친구 산초, 저게 수탕나귀가 아니면 암나귀란 것은 내가 돈키호테고 자네가 산초 판자인 것처럼 사실이네. 적어도 내게는 그렇게 보인단 말일세."

"조용히 하세요, 나리." 하고 산초는 그에게 권고하였다. "그런 말씀을 해서는 안 됩니다. 두 눈을 활짝 뜨시고 사모하는 아가씨에게 가 인사하세요. 가까이 다가오니까요."

그렇게 말하며 그는 마을 색시들을 맞으러 가 나귀에서 내려 마을 처녀 중 한 사람의 나귀 고삐를 잡더니 그 앞에 무릎을 꿇었다.

"아, 아름다움의 여왕님, 공주님, 공작님, 폐하의 면전임을 알고 대리석으로라도 변한 듯이 온통 정신을 잃고 숨죽여 서 있는 그대에게 홀딱 빠진 기사를 제발 맞이해 주시고 은고를 베풀어 주시옵소서. 저는 산초 판자로 그의 종자(從者)입니다. 이분이 세상살이가 싫어진 기사 돈키호테입니다. '쓸쓸한 얼굴의 기사(騎士)'라고 알려져 있기도 합니다."

이때쯤엔 돈키호테도 산초 곁에 무릎을 꿇고 있었다. 그의 두 눈은 눈망울에서 튀어나올 지경이었으며 산초가 여왕님, 마님이라고 불렀던 색시를 바라보는 그의 눈에는 몹시 걱정스러운 기색이 있었다. 그녀에게서 볼 수 있었던 것은 고작 농사꾼 색시였고 게다가 동그란 얼굴에 코가 납작해서 예쁜 편도 아니었다. 그는 놀라고 난감해서 입을 열지 않았다. 색시들도 이상한 외양의 두 사나이가 일행 중의 한 사람 앞에 그녀가 지나가지 못하게 무릎을 꿇고 있는 것을 보고 적지아니 놀랐다. 아주 무뚝뚝하게 침묵을 깬 것은 바로 그 색시였다.

"비키세요." 하고 그녀는 짜증스럽게 말하였다. "지나가게 해 주세요. 우린 지금 급해요."

"아, 엘 토보소의 여왕님, 마님!" 하고 산초는 외쳤다. "이렇게 면전에 편력의 기사의 지주(支柱)가 무릎을 꿇고 있음을 보시고도 너그러우신 마음이 풀리시지 않는단 말씀입니까?"

이 말을 듣고 일행 중의 딴 색시가 말하였다. "우어, 우어, 이 암나귀 같으니라구! 한 대 칠까 보다. 우리 시골 여자들을 놀리려는 초라니 같은 양반들 좀 봐. 우리가 뭐 맞받아 쏘아 주지 못할 줄 알구. 우리 훼방일랑 말고 어서 갈 길이나 가세요. 그게 좋을 거예요."

"일어나게, 산초." 하고 돈키호테가 말했다. "내게 마음껏 불행을 안겨 주지 못한 운명은 내 안에 머물러 있는 가련한 영혼을 찾아옴직한 행복이 지나갈 길을 모조리 차지하고 있다는 것을 나는 알고 있다네. 그대, 소망할 수 있는 것의 극치이며, 사람의 온후함의 극한이며 그대를 사모하는 이 괴로움 받는 가슴의 유일한 처방이신 그대여! 나를 박해하는 고약한 요술쟁이가 내 눈 위에 구름과 큰 비를 올려놓아 내 눈에겐 그리고 내 눈에게만은 그대의 비할 바 없는 아름다움이 농사꾼 색시의 얼굴로 탈바꿈되어 있지요. 나는 그저 그가 보기에 끔찍스럽도록 만들기 위해 내 얼굴도 똑같이 어떤 괴물의 얼굴로 바꿔 놓지 않았기를 바랄 뿐입니다. 그렇지만 않다면 나를 주저없이 부드럽고 정겨웁게 바라보아 주십시오. 이렇게 그대 앞에 무릎을 꿇고 복종하는 거동 속에서 내 영혼이 그대를 사모하는 탈바꿈한 그대의 아름다움에 바치는 찬사를 보아 주시고요."

"별소리를 다 듣겠네!" 하고 색시가 소리쳤다. "찍고도 자국도 없는 소리는 고만 하세요. 제발 길을 비켜 주세요!"

산초는 물러나서 그녀가 지나가도록 하였다. 난경에서 쉽사리 빠져나와서 아주 고마운 느낌이었다.

둘시네아의 얼굴을 하고 있는 것으로 되었던 색시는 마음대로 갈 수 있다는 것을 깨닫자마자 들고 있던 긴 막대 끝에 달린 꼬챙이로 그녀 '말'에 박차를 가하기 시작했고 이에 따라 짐승은 전속력으로 목초지를 질러 달려갔다. 보통 때보다 훨씬 아픔을 감촉한 나귀가 마구 뛰는 바람에 둘시네아 아씨는 땅에 떨어지고 말았다. 이 광경을 보자 돈키호테는 그녀를 들어 올리기 위해서 급히 달려갔고 한편 산초는 짐승 배때기 아래로 풀려 나간 안장을 조정하고 배댓끈을 단단히 하느라 법석을 피웠다. 산초의 일이 끝나자 돈키호테는 마법에 걸린 아씨를 암나귀 등에 앉히려고 두 팔을 벌리는 참이었는데 아씨는 땅에서 벌떡 일어나 몇 발자국 뒷걸음질 치더니 짐승 쪽으로 달려가 그의 수고를 덜어 주는 것이었다. 두 손을 나귀 엉덩이에 대더니 새매보다 더욱 날렵하게 안장에 오른 뒤 마치 사내처럼 타고 있는 것이었다.

"정말이지 우리 아씨는 송골매 같으시군!" 하고 산초가 외쳤다. "그저 더 날렵하고 또 코르도바*나 멕시코 태생의 날쌘 사람들에게도 말타는 법을 가르칠 수 있는 재주셔. 그저 한 번을 뛰어서 안장 뒤쪽을 타 넘더니 박차를 치는 법도 없이 말이 얼룩말 달리듯 뛰게 만드시는 걸요. 그리고 아씨의 시종들

---

* 스페인 남부에 있는 도시로 옛날 무어인 통치 시대의 수도이기도 했다.

도 그리 뒤처지지 않으셨는걸. 모두 바람처럼 달리니까."

그것은 진실이었다. 둘시네아가 나귀를 탄 것을 보자 다른 두 색시들도 짐승들을 닦달하여 뒤따라 달려가게 하고 10리를 달려 나가도록 뒤도 돌아보지 않았다. 돈키호테는 멍하니 그들을 바라보고 섰다가 그들의 모습이 보이지 않게 되자 산초를 향해서 말하였다.

"산초, 이제 자네는 마법사들이 나를 얼마나 미워하는가를 알겠지?"

이것은 세르반테스(Cervantes)의 「돈키호테(Don Quixote)」 2부 10장의 한 대목이다. 둘시네아(Dulcinea)를 방문해서 자기의 내방 의사를 전하도록 기사 돈키호테는 산초 판자(Sancho Panfa)를 엘 토보소(El Toboso) 마을로 보내었다. 자기의 거짓말에 꼼짝없이 걸려들게 된 산초는 이 가공의 아씨를 찾아낼 길이 없어 주인을 속이기로 작정한다. 그는 마을 밖에서 오랫동안 기다린다. 자기가 심부름을 다 수행했다고 돈키호테가 곧이들을 만큼 오랫동안 기다리는 것이다. 이어 나귀를 탄 세 농사꾼 색시들이 자기 쪽으로 다가오는 것을 보자 그는 주인에게 돌아가 둘시네아와 두 사람의 시종들이 그를 맞이하러 오고 있다고 말해 준다. 기사는 놀라움과 기쁨으로 압도된다. 산초는 그들의 아름다움과 화려한 옷차림을 황홀하게 묘사하면서 그를 농사꾼 색시들에게로 인도해 간다. 그러나 돈키호테의 눈에 보이는 것이라고는 현실밖에 없다. 즉 나귀를 탄 세 농사꾼 색시들뿐인 것인데 이것이 우리가 위에서 읽은 대목인 것이다.

돈키호테의 환상 그리고 이 환상에 대립되는 평범한 현실 사이의 충돌을 나타내는 많은 삽화 가운데서 이 삽화는 특수한 위치를 차지한다. 우선 첫째로 그것이 그의 마음속의 비할 바 없는 이상의 가인(佳人)인 둘시네아를 다루고 있기 때문이다. 이것은 그의 환상과 환열의 극치를 이루고 있다. 이번 경우에도 그는 하나의 해결책, 사기의 환상을 구해 줄 방도를 가까스로 찾게 되지만 이 해결책(둘시네아가 마법에 걸려 있다는)은 너무나 견딜 수 없는 것이기 때문에 이때부터 그의 온갖 생각은 오직 한 목표만을 갖게 된다. 즉 그녀를 구해 주고 마법을 깨뜨려 버린다는 목표가 그것이다. 「돈키호테」의 마지막 부분에서 그가 이 목표를 달성할 수 없다는 깨달음 혹은 불길한 예감은 그의 신병(身病), 환상으로부터의 해방, 그리고 죽음의 직접적인 준비가 되어 주고 있다. 둘째로 여기서 처음으로 역할이 뒤바뀌는 것처럼 보인다는 점에서 이 장면은 특별나다. 여태껏 일상적인 현상을 접하고 그것을 자연스럽게 기사 로맨스적으로 보고 그렇게 변형시킨 것은 돈키호테였고 한편 산초는 대체로 이를 의심하면서 주인의 주책없는 짓을 반박하거나 방지하려고 노력하는 경우가 많았다. 그러나 이제 사정이 바뀌었다. 산초가 기사 로맨스 식으로 한 장면을 즉흥적으로 만들어 내는 것이다. 그리고 자신의 환상과 조화되게 사건을 변형시킬 수 있는 돈키호테의 능력은 농사꾼 여인들의 조잡한 모습을 목도하고 무너지고 마는 것이다. 이 모든 것은 극히 의미심장해 보인다. 우리가 의도적으로 여기에 보여 준 바처럼 그것은 슬프고 처참하고 거의 비극적으로 보인다.

그러나 세르반테스의 원문을 읽으면 그것은 광대극〔笑劇〕으로서 굉장히 익살맞은 것이다. 많은 삽화가들이 이 장면을 되풀이해 그려 왔다. 산초 곁에 무릎을 꿇고 눈앞에 있는 보기 흉한 몰골들을 눈을 크게 뜨고 어찌할 바 모르게 바라보고 있는 돈키호테의 모습을 말이다. 그러나 대화에 있어서의 스타일상의 대조, 그리고 끝에서 볼 수 있는 그로테스크한 동작(둘시네아가 나귀에서 떨어졌다가 다시 올라타는 것)만이 이 장면을 제대로 즐길 수 있게 해 준다. 대화 속의 스타일상의 대조는 오직 서서히 전개될 뿐이다. 처음엔 농사꾼 여인들이 너무나 놀라고 있기 때문이다. 둘시네아의 처음 말(지나가게 해 달라는 요청)은 아직도 온건하다. 농사꾼 여인들이 말솜씨의 본때를 보여 주는 것은 나중의 대화를 통해서이다. 기사적인 스타일의 첫 대표자는 산초이다. 그리고 그가 자기 역할을 해내는 품은 재미있고도 놀랍다. 그는 나귀에서 뛰어내려 여인들의 발밑으로 몸을 내던지고 평생 동안 기사 로맨스에 나오는 말씨밖에 들어 본 적이 없는 것처럼 말한다. 인사말, 구문, 은유, 수식어, 자기 주인의 태도의 묘사, 그리고 그의 호소 이 모든 것이 극히 성공적으로 진행된다. 산초는 글을 읽지도 못하고 배운 것이라야 돈키호테가 보여 준 본밖에 없는데도 말이다. 주인이 그의 뒤를 따르도록 했다는 점에서 그의 거동은 성과를 거두고 있기도 하다. 돈키호테는 그의 곁에 무릎을 꿇게 되는 것이다.

이러한 모든 것이 무서운 위기를 초래하리라는 것을 상상할 수 있을 것이다. 둘시네아는 정말로 사모하는 아가씨(la señora de sus pensamientos)이며 아름다움의 화신이며 그의 삶의 목표이자 의미다. 이렇게 그의 기대를 부풀게 했다가 그 기대를 무너뜨리는 것은 결코 무해 무덕한 실험인 것은 아니다. 그것은 나중에 보다 큰 광기를 초래할 충격을 일으킬 수 있을 것이다. 그러나 이 충격은 한 치료법, 그의 고정관념으로부터의 순간적인 해방을 낳을 수도 있을 것이다. 그 어느 것도 일어나지 않는다. 돈키호테는 충격을 극복해 버린다. 자신의 고정관념 속에서 해결책을 찾는 그는 절망에 빠지지도 않고 맨정신을 회복하지도 않는다. 둘시네아는 마법에 걸려 있는 것으로 치부된 것이다. 외적인 상황이 환상에 대해서 극복할 수 없는 대립으로 나타날 때마다 이 해결책이 등장한다. 그것이 돈키호테로 하여금 그의 영예를 시기하는 강력한 마법사에 의해서 박해받는 고결하고 굽힐 줄 모르는 영웅의 태도를 견지하는 것을 가능케 해 주고 있다. 이 경우, 즉 둘시네아의 경우 마법 때문에 흉칙하고 야하게 되었다는 생각은 견디기 어려운 것임이 분명하다. 그럼에도 환상의 영역 자체 안에서 구할 수 있는 방편, 다시 말해서 변함없는 충성, 헌신적인 자기 희생, 그리고 주저함이 없는 용기와 같은 기사의 미덕에 의거하여 그 상황에 대처한다는 것은 가능하다. 게다가 미덕이 마침내는 이긴다는 기정사실이 있다. 행복한 결말은 보증된 결론이다. 이리하여 비극도 치료도 회피되고 있다. 그리하여 잠시 동안 난감한 침묵이 흐른 뒤에 돈키호테는 말하기 시작한다. 그는 먼저 산초를 향한다. 그의 말은 그가 자기 입장을 알아차리게 되었다는 것과 상황을 자기의 환상의 입장에서 해석하고 있음을 보여 준다. 이 해석은 그의 마음속에 아주 단단히 박혀 있게 되어서 한 농사꾼 여인이 바로 앞서서 한 말의 저속한 말씨조차 그것이 기사들이 쓰는 세련된 격조 있는 스타일과 날카로운 대조를 이루고 있음에도 불구하고 그로 하여금 자기 태도에 대한 의문을 갖게 하지 못하고 마는 것이다. 산초의 전술은 성공을 거둔 것이다. 돈키호테의 두 번째 말은 둘시네아에게 한 소리다.

그것은 아주 아름다운 문장이다. 바로 앞에서 우리는 주인에게서 얻어들은 기사 로맨스의 말씨와 스타일을 얼마나 재치 있고 재미있게 산초가 다루고 있는가를 지적한 바 있다. 이제 우리는 그의 스승이 어떤 사람인가를 보게 된다. 그 문장은 기도처럼 돈호법(invocatio)으로 시작된다. 그것은 세 단계를 가지고 있다.(극치(extremo del valor)……, 극한(término)……, 유일한 처방(único remedio)……) 그것도 아주 세심하게 고려해서 배열한 것이다. 왜냐하면 우선 절대적인 완벽함을 강조하고 이어서 인간으로서의 완벽함을 강조한 뒤 마지막으로 말하는 사람의 특수한 개인적 사모를 강조하고 있기 때문이다. 이 세 부분으로 된 구조는 맨 처음 '그대'(Y tú)란 말에 의해서 한데 묶여 있고 세 번째의 크게 벌어진 부분의 리듬상으로는 상투적이나 당당하고 보기 좋게 통합되어 있는 "그대를 사모하는 마음"(corazón que te adora)으로 끝나고 있다. 여기에서 내용, 말의 선택, 리듬을 통해 끝에 가서 나타나는 주제가 벌써 암시되어 있는 것이다. 그리하여 이러한 돈호법 뒤에 기대되게 마련인 기원(supplicatio)에 이행(移行)이 이루어지는 것이다. 그리고 이 기원을 위해서 기원법(祈願法)의 주절("주저없이 부드럽고 정겨웁게 바라보아 주십시오."(no dejes de mirarme……))이 마련되어 있다. 한참이나 걸려야 이 주절에 이르게 되지만 말이다. 우선 돈호 및 기원과 극적인 대조를 이루는 양보의 구분이 단계적으로 구성되어 있다. 이 구문의 뜻은 '그리고 설령'(and even though)으로 그 리듬의 정점은 최초의 '방금'(ya que)이란 부분의 한복판, 심히 강조되어 있는 "그저 저의 눈에는"(y para sólo ellos)이란 부분에 놓여 있다. 이 양보절의 놀랍고도 극적인 선율이 다 끝난 뒤에야 비로소 오랫동안 억제해 두었던 기원의 주절이 선을 보이는 것이다. 그러나 그것도 풀이말이나 필요 이상의 용어를 쌓아 놓은 후에야 이 긴 문장의 목표이자 목적을 이루고 있는 중요 모티프가 나타나는 것이다. 그것은 "내 영혼이 그대를 사모하는 겸손함"(la humildad canque mi alma te adore)이란 돈키호테의 당장의 태도와 전 생애를 상징하는 말이다. 이것을 1부 25장에서 돈키호테가 둘시네아에게 보내는 편지를 큰 소리로 읽었을 때 산초가

나리는 참 생각한 것을 남김없이 잘도 쓰셨군요. 게다가 '쓸쓸한 얼굴의 기사'란 서명에 잘도 맞는군요.

a come que le dice vuestra merced ahí todo cuanto quiere, y qué bien que encaja en la firma El Caballero de la Triste Figura!

라고 감탄해 마지않았던 스타일의 말이다. 그러나 이 말은 비교가 안 되리만큼 더욱 아름답다. 몹시 기교를 부리려 했지만 편지보다는 현학적인 까다로움이 덜 드러나 있다. 세르반테스는 리듬과 비유가 풍부하고 아름답게 구성된 기사적 수사의 화려한 악곡(樂曲, 그것은 고전의 전통에 뿌리박고 있는 것이다.)을 아주 좋아한다. 그리고 그는 이 분야의 대가이기도 하다. 이 점 그는 산문 또한 예술이 되어 있는 위대한 서사시적·수사적 전통의 단순한 파괴적 비평가일 뿐 아니라 그 계승자이자 완성자이기도 한 것이다. 크나큰 감정이나 정열 혹은 숭고한 사건이 다루어질 때마다 갖가지 기교를 갖춘 고양된 스타일이 나타난다. 그것은 오랫동안 관계되어 왔기 때문에 숭고한 비극으로부터 적어도 얼마간의 자기 반어(自己反語, self-irony)가 가능한 매끄럽게 쾌적한 분야로 옮겨 간 것은 사실이나 진지한 영역에서는 여전히 지배

적이다. 이러한 스타일이 진지하고 비극적인 것 속에서도 여전히 살아 있음을 깨닫기 위해서는, 수많은 비유, 직유 그리고 리드믹한 절이 담겨 있는 1부 36장의 도로테아(Dorotea)가 바람피우는 애인에게 하는 말을 읽으면 족할 것이다.

그러나 여기 둘시네아 앞에서는 이 스타일도 대조의 효과에 기여할 뿐이다. 농사꾼 색시의 거칠고 업신여기는 대답이 그 스타일에 참다운 의미를 부여한다. 우리는 저속한 스타일의 영역에 들어서 있는 셈이고 돈키호테의 품위 있는 수사도 스타일이 극심한 차이에서 생기는 희극성을 돋보이게 하는 데 기여할 뿐이다. 그러나 이것조차도 세르반테스를 만족시키지 못한다. 스타일상의 극심한 차이에다가 그는 다시 동작에 있어서의 극심한 차이와 대조를 첨가한다. 즉 그는 돈키호테가 기사다운 스타일을 유지하려고 노력하는 동안 둘시네아를 나귀에서 떨어뜨리고 이어서 그로테스크하도록 민첩하게 다시 나귀에 올라 태우는 것이다. 돈키호테가 자기 환상 속에 아주 단단히 빠져 있기 때문에 둘시네아의 대답도 나귀의 장면도 그를 동요시킬 수 없다는 것이 이 소극(笑劇)의 절정을 이루고 있는 것이다. 산초의 도에 넘친 신바람(Vive Roque)은 사실 건방진 수작이지만 그것도 그의 방향을 잃게 하지 못한다. 농사꾼 색시들이 나귀를 타고 떠나는 것을 그는 바라본다. 그리고 그들이 사라지자 그는 슬픔이나 절망보다는 자기가 고약한 마법사의 흉칙한 마술의 과녁이 되었다는 사실에 대해서 일종의 으쓱한 만족감을 느끼고 있음을 드러내는 말을 산초에게 건네는 것이다. 이 때문에 그는 자기가 선발된 특별한 존재이며, 그것도 모험을 구하는 기사의 관례와 완전히 부합되는 방식으로 그렇다고 느낄 수 있게 되는 것이다.

나는 불행한 인간의 본이 되고 불운의 화살을 겨냥하여 쏘는 과녁이 될 마련인 거야.

yo naci para ejemplo de desdichados, y para ser blanco y terrero donde tomen la mira y asesten las flechas de la mala fortuna.

그리고 고약한 마법이 둘시네아의 영기(靈氣)에조차 영향을 미친다(그녀의 입내가 고약했기 때문에)고 돈키호테는 말하고 있지만 그럼에도 그의 환상은 요지부동이다. 산초가 그녀의 아름다움을 상세히 그로테스크하게 묘사해도 요지부동인 것과 마찬가지로 말이다. 자기 속임수의 완전한 성공에 고무된 산초는 이제 신이 나서 순전히 재미로 주인의 광기를 희롱하기 시작한다.

이 책에서 우리는 인간적, 사회적 문제라는 점에서 또 그 비극적 갈등이란 점에서 일상생활이 진지하게 다루어져 있는 일상생활의 묘사를 구하고 있다. 우리가 다루고 있는 돈키호테의 장면은 분명 리얼리스틱하다. 모든 등장인물들이 진실한 현실, 그들이 살고 있는 일상적 존재 속에서 모습을 드러내고 있다. 농사꾼 여인들뿐 아니라 산초도, 산초뿐 아니라 돈키호테도 당대의 스페인 생활을 드러내는 인물들로 등장한다. 산초가 악당놀이를 하고 있다는 사실도 돈키호테가 자기 환상 속에 갇혀 있다는 사실도 두 사람을 일상적 존재로부터 들어 올리고 있지는 않기 때문이다. 산초는 라만차(La Mancha) 출신의 농부이고 돈키호테는 아마디스(Amadis)도 롤랑(Roland)도 아닌 정신 나간 시골의 작은 신사에 지나지 않는다. 이 신사(hidalgo)*의 광기가 그를 가공의 생활 영역으로 옮겨 놓았다고 말하는 것이 고작인 것이다. 그렇다 하더라도 위의 장면이나 엇비슷한 다른 장면의 일상적 성격은 고스란히 남아 있다. 왜냐하면 등장인물이나 일상 생활의 사건들은 항상 그의 광기와 충돌하고 있으며 그 대조를 통해서 보다 두드러지게 드러나 있기 때문이다.

---

* 스페인의 제2계급임.

이 장면과 또 소설 전체의 위치를 비극적인 것과 희극적인 것의 중간 단계에서 찾는다는 것은 한결 어렵다. 세 농사꾼 여인들과 만나게 되는 얘기는 사실 매우 희극적으로 그려져 있다. 돈키호테를 구체적인 둘시네아와 만나게 한다는 생각은 소설의 1부를 쓰고 있을 때 벌써 세르반테스의 머릿속에 떠올랐음에 틀림이 없다. 산초의 속임수의 이 장면을 기반으로 해서 두 사람의 역할이 뒤바뀌게 한다는 생각은 천재적인 발상이다. 그리고 그것은 아주 솜씨 있게 처리되었기 때문에 그 전제나 관계가 복잡하고 불합리함에도 불구하고 그 소극(笑劇)은 독자들에게 극히 자연스럽고 꼭 일어나야 할 일인 듯이 생각되는 것이다. 그러나 그것은 순전히 소극이다. 비극적이고 문제성이 있는 것으로 이전할 가능성이 있는 유일한 작중 인물의 경우에, 다시 말해 돈키호테의 경우에 이러한 이전이 분명히 회피되고 있다는 점을 우리는 위에서 보여 주려고 시도하였다. 둘시네아가 마술에 걸려 있다는 해석으로 거의 당장에 그리고 이를테면 자동적으로 그가 도피해 버린다는 사실은 비극적 성격을 배제해 버리고 만다. 그는 속아 넘어간다. 그리고 이젠 산초에게조차 넘어간다. 그는 한 떼의 못생긴 농사꾼 여인들 앞에서 무릎을 꿇고 격조 높은 감정이 담긴 스타일(말씨)로 웅변을 늘어놓는다. 그리고 이어서 그의 고귀한 불행을 자랑한다.

그러나 돈키호테의 감정은 진실하고 깊다. 둘시네아는 진정 그가 사모하는 아씨이다. 그는 스스로 인간의 최고의 의무라 여기고 있는 사명감으로 가득 차 있다. 그는 진정 진실하고 용감하며 일체를 희생할 차비가 되어 있다. 이렇듯 절대적인 감정, 이렇듯 절대적인 결심은 비록 어리석은 환상에 바탕을 둔 것이라 할지라도 탄복을 자아내게 마련이다. 그리고 이러한 탄복을 거의 모든 독자가 돈키호테에게 아끼지 않아 온 것이다. 위대한 이상이란 생각을 돈키호테와 함께 연상하지 않는 문학 애호가는 아마 거의 없을 것이다. 그것은 어리석고 황당하며 그로테스크한 것인지도 모른다. 그러나 그것은 여전히 이상적이고 절대적이고 영웅적이다. 이러한 생각은 낭만주의 시대 이후로 보편화되었다. 그리고 이러한 인상을 만들어 내려는 것이 세르반테스의 의도는 아니었다는 문헌학적 비평의 모든 기도를 물리치고 있다.

　난점(難點)은 돈키호테의 고정관념 속에서 고상한 것, 무구(無垢)한 것, 취할 만한 것이 형편없는 어리석음과 섞여 있다는 점이다. 이상적이고 소망스러운 것을 위한 비극적인 투쟁은 무엇보다도 실제 현실 속에 뜻 깊게 개입해서 그것을 뒤흔들어 놓고 몰아세우는 것이 아니라면 상상할 수가 없는 것이다. 그 결과 뜻 깊은 이상은 타성이나 쩨쩨한 심술, 질투 혹은 보다 보수적인 관점에서 나온 똑같이 뜻 깊은 저항과 마주치게 되는 것이다. 이상을 추구하는 의지가 현존하는 현실과 마주쳐서 서로 얽히고 참다운 갈등이 생겨나기 위해서는 적어도 현실과 마주치는 정도로는 의지와 현실이 조화되어야 한다. 돈키호테의 이상주의는 이러한 종류의 이상주의가 아니다. 그것은 현세의 실제 상황에 대한 이해에 바탕을 두지 않고 있다. 돈키호테는 이러한 이해를 가지고 있으나 그의 고정관념의 이상주의가 그를 사로잡자마자 그 이해는 그의 곁을 떠나고 만다. 그러한 상태 속에서 그가 하는 모든 일은 완전히 무의미하고 현존 세계와 양립할 수 없기 때문에 그것은 그저 희극적인 혼란을 낳을 뿐이다. 그것은 성공할 가망성이 없을 뿐 아니라 현실과 접하는 바도 없고 그저 진공(眞空) 속에 널려 있을 뿐이다.

　같은 생각을 다른 방식으로 전개시킬 수도 있겠고 이에 따라 다른 결과가 분명해질 수도 있을 것이다. 자기의 이상을 실현하고 세계를 개선하려고 나선 고귀하고 용감한 바보라는 주제는 세계 속의 문제와 갈등에 제시되고 그 과정이 풀려 나가도록 취급될 수도 있을 것이다. 사실 바보와 순진무구함은 어떠한 효과를 낳으려는 구체적인 목적이 없는 경우에도 가는 곳마다에서 사물이 핵심에 이르기 때문에 미결 상태에 있거나 감추어진 갈등들이 통절하게 드러나기도 하는 것이다. 여기서 도스토옙스키의 「백치」를 상기해 볼 수 있을 것이다. 이리하여 바보는 책임과 죄에 휘말려 들어가 비극적인 인물의 역할을 떠맡을 수 있다. 세르반테스의 소설에서는 이런 일이 벌어지지 않는다.

다른 경우에도 그렇지만 이 돈키호테가 현실과의 갈등 속에서 자신의 이상 추구의 의지를 강요하려 들지 않고 또 자신의 이상의 구현을 바라보고 숭배하고 있다는 한에서는 여기서의 그와 둘시네아의 마주침은 구체적 현실에 대한 그의 태도를 잘 보여 주는 것이라고는 할 수 없다. 그럼에도 이 마주침은 이 세계의 여러 현상에 대한 정신 나간 기사(騎士)의 관계를 잘 상징해 주고 있다. 둘시네아의 모티프 속에 어떠한 전통적 관념이 포함되어 있으며 또 그것이 산초나 돈키호테의 그로테스크하리만큼 격조 있는 말 속에 메아리치고 있는가 하는 것을 독자들은 상기해야 할 것이다. "내 사모의 아씨, 소망할 수 있는 것의 극치, 사람의 은후함의 극한"(La señora de sus pensamientos, extremo del valorque puede desearse, término de la humana gentileza) 등등의 말 속에서 말이다. 이 말들 속에는 아름다움에 대한 플라톤의 생각, 궁정적 사랑, "감미로운 새 스타일"(dolce stil nuovo)의 "부드러운 여성"(donna gentile), "베아트리체"(Beatrice), "내 마음속의 황홀한 여성"(la gloriosa donna della mia mente) 등이 포함되어 있다. 그리고 이 모든 탄약이 세 사람의 볼품없고 못생긴 농사꾼 여인들에 소비된다. 그것은 허공에 발사된 것이다. 돈키호테는 우아하게 맞아질 수도 없고 또 우아하게 거절될 수도 없다. 재미있으리만큼 무의미한 혼란이 야기될 뿐이다. 이 장면에서 감추어진 깊은 의미나 혹은 진지한 무엇인가를 발견하기 위해서 폭력적인 지나친 해석을 가해야만 하는 것이다.

세 여인은 어리둥절해져서 기회를 잡자마자 그 자리를 떠나 버린다. 돈키호테가 나타나면 이런 일은 빈번히 벌어진다. 말싸움이 벌어져서 등장인물들이 치고받는 일도 흔하다. 돈키호테가 주책없이 자기 일에 관여를 하면 사람들은 화를 내기가 십상이다. 그러나 재미로 그의 고정관념의 비유를 맞추어 주는 경우도 많다. 그의 첫 번째 출발 때 여관 주인과 창녀들이 그러하다. 그 뒤 둘째 번 여관의 손님들, 즉 신부와 이발사, 도로테아와 돈페르난도

(Don Fernando), 그리고 마리토르네스(Maritornes)의 경우에도 그러하다. 그 중 몇몇은 기사를 안전하게 귀가시키기 위해서 장난을 친다는 것이 사실이나 그들은 그러한 실제적 목적에 필요한 것 이상으로 장난을 치는 것이다. 2부에서는 학사 상송 카라스코(Sansón Carrasco)가 돈키호테의 고정관념을 놀리면서 그의 병을 고치려고 계획한다. 그 뒤 공작의 저택이나 바르셀로나에서는 그의 광기가 소일거리로서 조직적으로 활용된다. 그 결과 그의 어떤 모험도 진짜가 되지 못하고 그저 꾸며서 짜 놓는 것이 되어 버리고 만다. 즉 일을 꾸미는 사람들의 흥취를 위해서 기사의 광기에 맞게끔 각별히 준비된 모험이 되어 버리고 마는 것이다. 1부에서나 2부에서나 이러한 반응 가운데서 전혀 찾아볼 수 없는 것이 한 가지 있다. 비극적인 갈등과 심각한 결과가 그것이다. 당대를 풍자하고 비판하는 요소조차도 아주 약하다. 순수한 문예 비평적인 요소를 빼고는 거의 아무것도 없다. 짤막한 논평이나 이따금 보이는 인간 유형의 풍자화(예컨대 공작의 궁정에서의 신부)에 한정되어 있다. 그것은 사물의 핵심에 이르지 못하며 태도에 있어서도 온건하다. 무엇보다도 돈키호테의 모험은 당시의 기본적 사회 문제를 전혀 드러내 보여 주지 않는다. 그의 행위는 아무것도 드러내 보여 주는 바가 없다. 스페인의 다채롭고 다양한 삶을 제시하는 기회를 베풀어 줄 뿐이다. 돈키호테와 현실 사이에서 결과적으로 일어나는 충돌 속에서 그 현실의 현상태에 대해 근본적인 의문을 제기하는 상황이 야기되는 법은 없다. 현실은 언제나 옳고 그는 언제나 잘못이다. 그리고 재미있는 혼란 후에 현실은 무사하게 조용히 계속되는 것이다. 이것이 의심스럽게 보이는 단 하나의 장면이 있다. 그것은 1부 22장의 노예선의 죄수를 해방시키는 장면이다. 여기서 돈키호테는 기성의 법질서에 개입한다. 그리고 그가 보다 높은 도덕의 이름으로 개입하고 있다는 의견을 가진 비평가들도 있다. 이러한 견해는 당연하다.

각자가 지은 죄는 내세에서 벌받는 게 낫다. 못된 이를 징벌하고 착한 이를 틀림없이 가상히 여기는 하느님이 하늘에 계신 이상 올바른 사람들이 아무런 원한도 없고 고마움도 없는 다른 사람의 형벌의 집행인이 된다는 것은 좋은 일이 아니다.

allá se lo haya cada uno con su pecado; Dios hay en el cielo que no se descuida de castigar al malo ni de premiar al bueno, y no es bien que los hombres honrados sean verdugos do los otros hombres, no yéndoles nada en ello.

이러한 말은 어떤 실정법보다도 높은 차원에 있음이 분명하기 때문이다. 그러나 여기 드러난 이러한 종류의 '보다 높은 도덕'이 진지한 고려의 대상이 되려면 그것은 일관성이 있고 체계적이어야 한다. 그러나 돈키호테가 기성의 법질서를 근본적으로 공격할 생각이 없다는 것을 우리는 알고 있다. 그는 무정부주의자도 아니고 하느님의 나라가 당도함을 알리는 예언자도 아니다. 도리어 그는 고정관념에 휘말려 있지 않을 때에는 순응하려 하고 있으며 그가 편력의 기사로서의 특수한 지위를 주장하는 것은 그의 고정관념을 통해서일 뿐이라는 사실이 되풀이해서 분명해지고 있다. "각자가"(alla se lo haya) 등의 아름다운 말들이 그의 본성의 너그러운 지혜 속에 뿌리박고 있음(이 점에 관해서 뒤에 다시 얘기할 것이다.)은 사실이지만 여기서는 그저 즉흥적인 생각에 지나지 않는다. 그로 하여금 죄수의 석방을 결심하게 하는 것은 그의 고정관념이다. 이 고정관념만이 그가 마주치는 모든 것을 기사의 모험의 주제라고 생각하게끔 만들고 있다. 그것이 그에게 "괴로움받는 사람들의 구조"나 "힘의 희생자의 해방" 등의 모티프를 부여하고 있으며 이에 따라 그가 행동하게 되는 것이다. 여기서 어떤 원리의 문제, 자연법적·기독교적인 것과 실정법 사이의 갈등 같은 것을 찾으려는 것은 잘못이라고 나는 생각한다. 이러한 갈등을 위해서는 도스토옙스키의 대심문관과 같은 사람, 돈키호테에 대항해서 실정법의 원리를 대표할 자격과 의사를 가지고 있는 반대자가 등장할 필요가 있을 것이다. 죄수의 호송을 담당하고 있는 폐하의 관리는 그런 역할에 적합지도 않고 그것을 떠맡을 태세도 갖추고 있지 않다. 개인으로서는 "심판을 받게 되지 않도록 심판하지 말라."란 생각을 받아들일 태세일지도 모른다. 그러나 그는 아무런 심판도 내린 바가 없으며 실정법의 대표자인 것도 아니다. 그는 지시를 받고 있는 것이며 그 지시에 호소하는 것이 지극히 당연한 것이다.

만사가 잘 풀린다. 그리고 돈키호테가 저질렀거나 겪게 되는 해(害)는 되풀이해서 희극적인 혼란으로서 견인적 유머로 처리되고 있다. 학사 알론소 로페즈(Alonso Lopez)조차도 크게 다쳐 한쪽 다리가 나귀에 깔린 채 땅바닥에 누워 있으면서 희롱기 있는 말놀음으로 자신을 달랜다. 이 장면은 1부의 19장에 나온다. 그것은 또한 돈키호테의 고정관념이 자기가 저지른 해에 대해서 책임을 느끼는 것을 면제해 주고 이에 따라 그의 마음속에서 모든 형태의 비극적 갈등이나 음산한 진지함이 제거되어 있음을 내보여 준다. 그는 편력의 기사의 규약에 따라 행동했으며 따라서 정당한 것이다. 그가 학사를 서둘러 도와주는 것은 사실이다. 그는 친절하고 기꺼이 도와주는 성품이기 때문이다. 그러나 죄책감을 느낀다는 것은 전혀 염두에도 없다. 30장의 서두에서 죄수를 해방시킨 것이 어떤 나쁜 결과를 야기시켰는가를 그에게 얘기해 줌으로써 신부가 그를 시험하려 할 때에도 그는 죄책감을 전혀 느끼지 않는다. 괴로움받는 사람들을 도와주는 것은 편력의 기사의 의무이지만 그들이 처한 난경(難境), 그래도 좋은 것인가 아닌가를 판단할 의무는 없다고 그는 화를 내며 소리 지른다. 그리고 그에 관한 한 그것이 문제를 끝내 주고 마는 것이다. 유쾌한 기분이 한결 속 편히 전개되고 또 우아한 2부에선 이러한 갈등은 이제 일어나지도 않는다.

따라서 세르반테스의 이 작품에는 문제성 있는 것과 비극적인 것이 거의 없는 셈이다. 이 작품의 무엇이 문제성 있는 것이며 비극적인 것인가에 관한 근대적인 생각이 유럽 정신 속에 생겨난 시대의 문학상의 걸작의 하나임에도 불구하고 말이다. 돈키호테의 광기는 그런 것은 아무것도 드러내 보여 주지 않는다. 이 책은 단단한 기반을 가진 현실이 광기를 놀려 주고 있는 희극인 것이다.

그런데도 돈키호테는 우스꽝스럽기만 하지는 않다. 그는 흰소리 치는 군인이나 희극적인 노인이나 현학적이지만 무식한 의사 같지는 않다. 위의 장면에서 그는 산초에게 속아 넘어간다. 그러나 산초가 그를 업신여기며 계속 속이기만 하는 것일까? 결코 그렇지 않다. 산초는 달리 빠져나갈 길이 없기 때문에 그를 속이는 것이다. 그는 돈키호테의 광기를 반쯤(때로는 완전히) 의식하고 있음에도 불구하고 그를 사랑하고 또 존경한다. 산초는 그에게서 배우고 또 그와 헤어지려 하지 않는다. 돈키호테와 함께 있음으로 해서 그는 전보다 더 똑똑해지고 또 나아진다. 그의 광기에도 불구하고 돈키호테는 그의 참담한 실패도 해치지 못하는 타고난 위엄과 우월성을 유지한다. 위에 열거한 희극적 인물 유형들과는 달리 야하지가 않다. 사실 그는 이러한 의미에서의 유형이 아니다. 대체로 보아 희극적 효과를 내는 자동인형이 아니기 때문이다. 그의 광기가 계속되는 동안에도 그는 발전하기조차 하며 더욱 친절해지고 현명해진다. 그러나 그의 광기가 낭만주의자들의 반어적인 의미의 현명한 광기라고 말한다는 것이 옳은 것일까? 그의 광기를 통해서 그가 지혜로워지는 것일까? 정신이 말짱했다면 얻지 못했을 이해력을 그의 광기가 제공해 준 것일까? 그의 경우에도 셰익스피어의 어릿광대나 찰리 채플린의 경우와 마찬가지로 우리는 지혜가 광기를 통해서 얘기하는 것을 듣게 되는가? 그것도 아닌 것이다. 그의 광기, 즉 편력 기사의 고정관념이 그를 사로잡자마자 그는 우스꽝스럽게 행동하고 위에 언급된 희극적 유형 인물 식으로 자동인형처럼 행동한다. 그는 그의 광기와는 관계없이 지혜롭고 착하다. 이와 같은 광기가 순수하고 고상한 영혼 속에서나 생겨날 수 있다는 것도 사실이다. 그리고 지혜로움과 착함과 기품이 그의 광기를 통해서 빛나며 그 광기를 귀엽게 보이도록 만들고 있음은 사실이다. 그런데도 그의 지혜로움과 광기는 따로 떨어져 있음이 분명한데 그것은 우리가 셰익스피어, 낭만주의의 어릿광대, 그리고 찰리 채플린에서 보게 되는 것과는 날카로운 대조를 이루고 있다. 신부가 1부 30장에서 벌써 얘기하고 있고 그 뒤 되풀이해서 언급되지만 그는 그의 고정관념이 작동을 할 때만 미치는 것이다. 그렇지 않은 땐 그는 완전히 정상적이고 또 극히 똑똑한 인물이다. 그의 광기는 그의 성품 전체를 대표하는 것이 아니며 또 성품 전체와 동일한 것이 아니다. 어느 특정한 순간에 고정관념이 그를 사로잡는다. 그러나 그럴 경우에라도 그의 존재의 어떤 부분은 영향받지 않고 일이 많은 경우 그는 정신이 말짱한 사람처럼 행동하고 말한다. 그러나 죽기 직전의 어느 날 그의 고정관념이 말끔히 그에게서 떠나 버린다. 기사 로맨스의 과도한 독서의 결과 그가 어이없는 그의 계획을 세운 것은 나이 쉰 살 때의 일이었다. 이것은 별난 일이다. 혼자 하는 독서에서 유래한 과민한 정신 상태는 젊은 사람(쥘리앵 소렐, 보바리 부인)에게서나 흔히 있음직한 일일 것이다. 따라서 돈키호테의 경우 특정한 심리학적 설명을 구하고 싶어진다. 정상적인 생활을 영위하고 지능도 여러 모로 잘 발달하였고 균형이 잡혀 있는 오십 대의 사나이가 그렇듯 어이없는 모험에 나선다는 것이 어떻게 있을 수 있는가? 소설의 첫머리 문장에서 세르반테스는 주인공의 사회적 위치의 세부점들을 얼마쯤 알려 준다. 이를 근거로 해서 그의 위치가 그에게 부담스러운 것임을 우리는 짐작할 수가 있다. 그의 위치는 그의 능력에 걸맞는 활동 생활의 기회를 제공해 주지 않기 때문이다. 그는 한편으로는 그의 계급, 다른 한편으로 가난 때문에, 그에게 부과된 제약 때문에 이를테면 마비되어 있었다. 그리하여 그의 정신 나간 결정이, 견딜 수 없게 된 상황으로부터의 도피, 그 상황으로부터 스스로를 해방시키려는 격렬한 기도를 나타내는 것이라고 우리는 생각할 수 있다. 이 주제에 관해서 쓴 많은 사람들이 이러한 사회학적 심리학적 해석을 내세운 바 있다. 나 자신도 이 책의 앞 대목에서 그러한 해석을 내걸었으며 그 대목의 문맥 속에서는 그것이 정당화되기 때문에 그대로 해 두고 있다. 그러나 세르반테스의 예술적 목적의 해석으로서는 만족스럽지 못하다. 왜냐하면 돈키호테의 사회적 위치나 생활 습관을 짤막하게 적어 놓은 것이 그의 고정관념의 심리학적 동기 비슷한 것을 암시하기 위해서라고는 생각할 수 없기 때문이다. 그럴 의도였다면 그것을 보다 상세하고 분명하게 말하고 또 보다 자세하고 정교하게 다듬어 놓았어야 했을 것이다. 현대의 심리학자라면 돈키호테의 별난 광기에 대한 다른 설명을 찾을 수가 있을 것이다. 그러나 이러한 접근법은 세르반테스의 사고에서는 찾아볼 수가 없는 것이다. 돈키호테의 광기의 원인에 대한 의문에 마주칠 때 그가 제시하는 해답은 오직 하나가 있을 뿐이다. 즉 돈키호테가 너무나 많은 기사 로맨스를 읽었고 이 때문에 정신이 돌았다는 것이었다. 이러한 일이 오십 대의 사내에게 일어났다는 것은 이 작품 속에서는 오직 미학적 관점에서만 설명될 수 있다. 즉 세르반테스가 소설을 구상했을 때, 그에게 떠오른 희극적인 비전, 구식의 초라한 갑옷을 걸친 키가 훤칠하고 나이 지긋한 사나이, 광기뿐만 아니라 금욕주의, 이상의 광신적 추구를 나타내는 그의 초상에 의해서만 설명될 수 있는 것이다. 우리는 이 교양과 지능을 갖춘 신사가 아약스(Ajax)나 햄릿처럼 끔찍스러운 충격 때문이 아니라 그저 너무나 많은 기사 로맨스를 읽었기 때문에 갑자기 미쳐 버렸다는 사실을 받아들일 수밖에 없다. 이 점에 있어서도 역시 비극적인 것이라고는 아무것도 없다. 그의 광기를 분석함에 있어 우리는 비극적인 것을 배제하지 않으면 안 된다. 지혜로움과 광기를 한데 묶어서 한쪽이 없으면 다른 한쪽도 있을 수 없다는 특히 셰익스피어적이며 낭만적인 생각을 배제해야 되는 것과 마찬가지로 말이다.

　돈키호테의 지혜로움은 광대의 지혜가 아니다. 그의 지혜는 재주 있고 균형 잡힌 인간의 똑똑함, 고상함, 정중함 그리고 위엄이다. 즉 악마적이거나 역설적이지도 않고, 회의나 주저감 혹은 이 세계에서 집을 잃었다는 상실감에 시달리는 것도 아닌 정서적으로 안정되어 있고 심사숙고할 수 있으며 감정이 열려 있고 상냥하며 아이러니 속에서조차 겸손한 한 인간의 그것인 것이다. 게다가 그는 보수주의자이다. 아니면 적어도 주어진 상태에 조화되어 있다. 이러한 사실은 그의 고정관념이 잠잠해진 짤막한 혹은 긴 평온기에 그가 사람들 특히 산초 판자와 어울릴 때 되풀이해서 드러난다. 맨 처음부터(1부에서보다는 2부에서 더 그렇지만) 타고난 뛰어난 위엄이 두드러진 개성적 특징인 친절하고 똑똑하고 상냥한 인물인 호인 알손소 키하노가 미친 모험가와 공존하고 있는 것이다. 2부 7장에서 산초가 아내 테레사(Teresa)의 충고에 따라 고정액의 보수를 달라고 요구하기 시작할 때 얼마나 마음씨 좋고 유쾌한 아이러니로 그를 다루고 있는가 하는 것을 읽어 보면 그것이 분명해진다. 편력 기사의 관습을 상기시키면서 그가 거절을 정당화할 때만 그의 광기가 개입하는 것이다. 이러한 종류의 대목은 얼마든지 있다. 똑똑한 돈키호테와 미친 돈키호테가 나란히 있다는 증거는 도처에서 엿볼 수 있다. 그리고 그의 똑똑함은 그의 광기에 의해서 변증법적으로 불어넣어진 것이 결코 아니며 그저 정상적인 이를테면 평범한 똑똑함인 것이다.

그것은 그 자체로서도 별난 배합이다. 여기엔 어조상의 여러 단계가 드러나 있는데 그것은 순전히 희극적인 문맥에선 찾아볼 수 없는 것이다. 바보 광대는 바보 광대다. 우리는 그가 단일한 차원으로 드러나 있음을 보게 되는 것에 익숙해 있다. 즉 희극적이고 어리석음의 차원으로 드러나 있는 게 적어도 이전의 문학에서는 희극적인 것, 어리석은 것이 야비함과 미련함 또 때로는 은밀한 악의와 연결되어 있는 것이다. 그러나 바보스러우면서도 동시에 지혜로운 광대, 어리석음과 가장 걸맞지 않는 것처럼 보이는 지혜, 즉 총명한 절제의 지혜로움에 대해서 어떻게 얘기해야 할 것인가? 이 사실, 즉 어이없는 과도함과 총명한 절제의 배합은 순수히 희극적인 것과는 충분히 조화될 수 없는 다양성을 빚어낸다. 그러나 그것이 또 전부는 아니다. 그의 지혜로움이 높이 솟아오르고 세계를 헤매 다니면서 거기서 더욱 풍요로워지는 것은 바로 그의 광기의 날개 위에서인 것이다. 왜냐하면 돈키호테가 미쳐 버리지 않았다면 그는 자기 집을 떠나지 않았을 터이기 때문이다. 그렇다면 산초 또한 집에 머물러 있었을 터이고 그 속에 잠재적으로 들어 있었던 것들, 즉 우리가 즐거운 놀라움 속에서 보게 되는 것들을 자신의 내부로부터 끌어내지도 못하였을 것이기 때문이다. 두 사람 사이에 벌어지는 갖가지 행동과 반응의 활동도 또 두 사람의 공동 활동도 일어나지 않았을 것이다.

이상에서 보여 준 바 있다고 생각되지만 이 활동은 결코 비극적이 아니다. 그리고 인간적인 문제들은 그것이 개인적인 것이든 사회적인 것이든 우리가 몸을 떨거나 동정을 느끼게끔 묘사되어 있지는 않다. 우리는 언제나 유쾌함의 영역에 남아 있다. 그러나 그 유쾌함은 전에 없이 여러 단계에 이르고 있다. 우리의 출발점이 되었던 원전의 구절로 다시 돌아가기로 하자. 돈키호테는 농사꾼 여인들에게 궁정의 사랑(courtly love)의 격조 있는 스타일, 그리고 그 자체로서 전혀 그로테스크하지 않은 스타일로 얘기를 건다. 그의 문장은 전혀 우스꽝스럽지 않으며(현대의 독자들에게는 그렇게 들릴지도 모른다.) 당시의 전통을 따르고 있으며 당시에 아직도 살아 있던 형태의 격조 있는 표현의 걸작품이다. 기사 로맨스를 공격하는 것이 세르반테스의 목적이라 하더라도(이 점에 관해서는 의심할 바가 없다.) 기사 문학적 표현의 격조 있는 스타일을 공격하지는 않았다. 도리어 그는 기사 로맨스가 이러한 스타일을 체득하지 못하고 스타일상으로 무미건조한 것을 타박하고 있는 것이다. 그리하여 기사적 사랑의 이데올로기에 대한 패러디 한복판에서 궁정의 사랑의 전통의 뒤늦은 형식이 빚어낸 가장 아름다운 산문 하나를 우리가 보게 되는 것이다. 농사꾼 여인들은 그들 나름으로 거칠게 대답한다. 이런 촌스러운 거친 스타일은 희극 문학에서는 오래전부터 활용되어 왔다. (이렇듯 활기차 있으면서 동시에 절제 있게 활용된 적은 없었겠지만) 그러나 이러한 스타일이 돈키호테의 말, 그것만 가지고 따져 본다면 그로테스크한 맥락 속에서 벌어지고 있음을 생각치도 못하게 할 말 바로 다음에 이어지고 있다는 것은 전례 없는 일이었다. 농사꾼 여인에게 자기 사랑의 말에 귀 기울여 달라고 간청하는 기사의 모티프(이와 비슷한 상황을 빚어내게 되는 모티프)는 아주 오래된 것이다. 그것은 전원시(pastourelle)의 모티프다. 그것은 이전의 프로방스 지방의 시인들이 즐겨 다룬 것이요 볼테르를 논할 때 알게 되겠지만 오랜 수명을 가지고 있는 것이다. 그러나 전원시의 경우 두 사람이 피차에 적응을 했고 서로를 이해한다. 그 결과 목가적인 것과 일상적인 것의 경계선상에 동질적인 수준의 스타일이 생겨난다. 세르반테스의 경우엔 돈키호테의 광기 때문에 생활과 스타일의 두 영역이 충돌하게 된다. 전이(轉移)의 가능성이 전혀 없으며 두 개의 영역이 자체 속에 닫혀 있다. 그리고 두 영역을 결합시켜 주고 있는 유일한 연결은 꼭둑각시 연출자인 산초의 연출 계획의 유쾌한 중립성일 뿐이다. 그리고 이 산초는 바로 얼마전까지 주인이 말한 모든 것을 곧이들었고, 앞으로도 얼마쯤은 곧이들을 것이며 언제나 그때그때의 상황에 따라서 행동하는 서투른 촌뜨기인 것이다. 위의 대목에서 당장의 딜레마는 그로 하여금 주인을 속이도록 이끈다. 그는 뒷날 섬의 지사(知事)라는 지위에 그랬듯이 꼭둑각시 연출자의 위치에 기꺼이 신축성 있게 자신을 적응시킨다. 그는 격조 있는 스타일로 연출을 했다가 그다음 지속한 스타일로 바꾸어 버리는데 그렇다고 농사꾼 여인들의 방식으로 바꿔치는 것은 아니다. 그는 그의 우월성을 유지하면서 상황을 계속 지배하고 있다. 그 상황은 필요에 의해서 그가 만들어 낸 것이지만 이제 마음껏 그것을 즐기는 것이다.

  이 경우 산초가 하는 일, 즉 한 역할을 떠맡고 자신을 변용시키며 주인의 광기와 더불어 농탕치는 것은 이 작품 속의 다른 등장인물들이 늘 하고 있는 일이다. 돈키호테의 광기는 무진장한 변장이나 연극적 행동을 야기시킨다. 미코미코나(Micomicona) 공주의 역할을 하는 도로테아, 그녀의 시동(侍童) 노릇을 하는 이발사, 편력의 기사 역할을 하는 상송 카라스코, 꼭둑각시 연출자인 히네스 드 파사몽테(Ginés de Passamonte). 이들은 그중 얼마 안

되는 보기이다. 이러한 변신은 현실을 현실이면서도 동시에 항구적인 무대로 만들고 있다. 그리고 등장인물들이 자유의사로 변신에 몸을 맡기지 않을 때면 첫 번째 여인 중에서 여관 주인과 창녀들이 처음으로 보여 주듯이 돈키호테의 광기는 그들로 하여금 그들의 역할을 억지로 떠맡게 하는 것이고 이것은 되풀이해서 일어나는 것이다. 현실은 매 순간마다 현실에 다른 옷을 입혀 주는 연극과 기꺼이 협동한다. 현실은 그 걱정거리, 근심, 정열 등의 심각한 무게를 끌어들임으로써 연극의 유쾌함을 망가뜨리는 법이 없다. 그런 모든 것은 돈키호테의 광기 속에 해소되어 버린다. 그의 광기는 현실의 일상 세계를 유쾌한 무대로 변형시켜 버리는 것이다. 여기서 독자들은 둘시네아와 만나는 것 말고도 소설 속에서 벌어지는 여인들과의 갖가지 모험을 상기할 필요가 있을 것이다. 돈키호테의 품 안에서 바둥거리는 마리토르네스, 미코미코나 공주 노릇을 하는 도로테아, 사랑의 괴로움을 안고 있는 알티시도라의 소야곡, 도냐 로드리게즈(Doña Rodriguez)와의 밤중의 만남,(그런 정경을 보기 위해서라면 최고의 의복이라도 주겠다고 시드 하메트 베넨헤리(Cide Hamete Benengeli)가 말하고 있는 장면) 이러한 모든 얘기는 서로 다른 스타일로 전개되어 있으며 스타일의 수준에 있어서의 전이를 포함하고 있다. 이 모든 얘기가 돈키호테의 광기에 의해서 해소되며 모두 유쾌함의 영역에 남아 있는 것이다. 그러나 이러한 유쾌함의 영역으로 한정시킬 수 없는 얘기들도 있다. 마리토르네스와 그녀의 노새 마부의 묘사는 리얼리스틱하며 도로테아는 불행하다. 딸이 유혹에 넘어갔기 때문에 도냐 로드리게즈는 큰 정신적 고통에 빠져 있다. 돈키호테의 개입이 이중 어느 것도 변화시키지 못한다. 마리토르네스의 방종한 생활도 도냐 로드리게즈의 딸이 처해 있는 슬프고 난처한 지경도 말이다. 그러나 우리는 이런 일들에 대해서 걱정하지 않으며 이런 여인들의 삶과 운명을 유쾌함의 프리즘을 통해서 바라보고 또 우리의 양심은 그 점에 관해서 거리낌을 느끼지 않는 것이다. 정직한 사람이나 고약한 사람이나를 가리지 않고 신이 해를 비치고 비를 내리게 하듯

마법에 걸린 둘시네아 475

이 돈키호테의 광기는 마주치는 모든 것을 눈부신 평온 속에 비쳐 보이고는 즐거운 혼란 속에 두는 것이다.

이 책의 가장 다채로운 긴장과 가장 지혜로운 유쾌함은 돈키호테가 꾸준히 유지하는 관계, 즉 산초 판자와의 관계에서 드러나고 있다. 그 관계는 로시난테(Rocinante)와 산초의 나귀 혹은 나귀와 산초 사이의 관계처럼 분명하게 서술하기가 쉽지 않다. 두 사람이 반드시 확실한 신의와 사랑으로 맺어져 있는 것은 아니다. 산초에게 화가 나서 돈키호테가 그에게 욕설을 퍼붓고 구박을 하는 일도 빈번하다. 때로 돈키호테는 그를 창피스럽게 여기기도 한다. 2부의 27장에서의 일이지만 한번은 위험에 처한 그를 저버리기도 한다. 한편 산초로 말하면, 즉 어리석은 데다가 모험에서 당치도 않은 이득을 기대한다는 이기적인 물질적 이유 때문에 돈키호테를 당초에 따라나서는 것이다. 또 고향에서의 단조로운 생활과 규칙적인 일보다는 어려운 점도 많지만 방랑 생활을 더 좋아하기 때문이기도 하다. 오래지 않아 그는 돈키호테의 정신에 무언가 잘못된 구석이 있다는 것을 감지하기 시작한다. 그러고는 그를 속이기도 하고 놀리기도 하고 업신여기는 투로 그의 얘기를 하기도 한다. 때때로 2부에서조차 그는 아주 역겨워지고 환멸을 느껴 거의 돈키호테 곁을 떠날 차비까지 한다. 되풀이해서 독자들은 인간관계가 얼마나 가지각색이며 여러 가지 요소로 얽힌 것인가 또 아무리 절친한 관계라도 얼마나 유동적이며 그때그때의 사정에 의존하고 있는 것인가를 보게 된다. 우리의 출발점이 되어 주었던 대목에서 산초는 주인을 속이고 그의 광기를 잔인하리만큼 농락하고 있다. 그러나 이러한 계획을 구상하고 자기 역할을 그토록 훌륭히 해내기 위해서는 그 이전에 돈키호테의 광기를 얼마나 힘들여 보위하고 또 그의 세계를 얼마나 공감을 가지고 이해했을 것인가! 불과 몇 달 전만 하더라도 그는 이러한 세계를 땅띔도 하지 못했던 것이다. 이제 그는 나름대로 기사의 모험 세계에 살고 있으며 거기에 매혹되어 있다. 그는 자기 주인의 광기나 자신의 역할에 완전히 반해 버린 것이다. 그의 발전은 아주 놀랍다. 그럼에도 그는 마을에서 잘 알려져 있는 오랜 집안의 기독교도이며 판자 집안의 산초인 것이다. 그는 현명한 지사(知事)의 역할을 할 때도 또 특히 산치카(Sanchica)가 백작 정도라야 결혼할 수 있다고 고집하는 경우에도 여전히 산초로 남아 있다. 그는 갈 데 없는 산초이며 그에게 일어나는 모든 일은 오직 산초에게나 일어날 수 있는 것이다. 그러나 이러한 일들이 일어난 다는 사실, 그의 정신과 육체가 격렬한 동요에 휩쓸리게 되고 그 정신과 육체가 단단하고 독특한 순수함 속에서 시련을 이겨 낸다는 사실, 산초는 이 사실을 날 때부터의 주인인 돈키호테에 빚지고 있는 것이다. 돈키호테란 개인의 경험을 산초처럼 완전히 받아들인 사람은 아무도 없다. 그처럼 순수하고 완전하게 그것을 흡수한 사람도 달리 없다. 다른 사람들은 그에 대해 놀라워하고 재미있어하고 화도 내고 또 그를 고쳐 주려고 한다. 산초는 산 채로 돈키호테 속으로 몰입한다. 그의 광기와 지혜는 산초에게서 생산적이 된다. 돈키호테에 대한 종합적인 판단을 내리고 표현할 만한 비판적 추리력이 그에게 없는 것은 사실이지만 우리가 돈키호테를 이해하게 되는 것은 산초를 통해서이며 그의 반응을 통해서인 것이다. 이것이 또한 돈키호테를 산초에게 묶어 두기도 하는 것이다. 산초는 그의 위안이자 반대 인물이자 부하이고 그러면서도 그에게 맞대 놓고 버티며, 광기가 발동했을 때 격리 수용해 버리는 것을 막아 주는 독립한 동료인 것이다. 두 사람이 대조적인 희극 인물 혹은 반희극(半喜劇)의 인물로서 함께 등장하는 것은 아주 옛날부터 있어 온 모티프로서 오늘날에도 광대극, 희화(戲畵), 서커스, 영화 등에 효과적으로 활용되고 있다. 즉 홀쭉한 키다리와 키작은 난장이, 똑똑이와 미련이, 주인과 하인, 세련된 귀족과 순박한 농민들이 그것인데 나라에 따라서 또 문화 조건에 따라서 이러한 배합은 가지가지가 있다. 세르반테스가 그러한 배합에서 이룩해 낸 것은 유례없는 걸작이다. 세르반테스가 그러한 배합에서 이룩해 낸 것이라고 말하는 것은 반드시 합당지는 않다. "그의 손에서 이 모티프가 어떻게 되었는가"라고 말하는 편이 더 정확한 것인지도 모른다. 몇 백 년간에 걸쳐, 특히 낭만주의자들 이후에, 세르반테스가 의도는 물론이요 예감하지도 않았던 많은 것을 사람들은 그에게 읽어 넣어 왔다. 이러한 변형적이고 초월적인 해석은 풍요한 결과를 빚는 수가 많다. 돈키호테와 같은 책은 저자의 의도에서 벗어나서 자기 나름의 삶을 영위하게 된다. 돈키호테는 그를 즐겨 읽는 모든 시대에게 새 얼굴을 보여 준다. 그러나 한 작품의 위치를 역사의 연속 속에서 정의하는 것이 과업인 역사가는 가능한 한 그 작품이 저자와 그의 동시대인들에게 어떠한 의미를 가지고 있었는가를 분명히 이해하려고 노력하지 않으면 안 된다. 나는 여태껏 해석은 될 수록 적게 하려고 노력하였다. 특히 나는 되풀이해서 텍스트 중에 비극적인 것과 문제성 있는 것이 거의 없다는 것을 지적하였다. 나는 이 작품을 특히 일상적인 리얼리즘의 차원을 포함한 여러 가지 차원에서의 유쾌한 농담(play)이라고 생각한다. 일상적인 리얼리즘이 예컨대 아리오스토(Ariosto)와 같은 똑같이 문제성이 없는 유쾌함과 다른 점이다. 그러나 그렇더라도 그것은 농담인 것이다. 이것은 내가 가능한 한 해석을 적게 하려고 아무리 힘써 노력한다 할지라도 이 작품에 대한 내 생각이 필경은 세르반테스의 미학적 의도를 훨씬 벗어나게 된다고 느끼지 않을 수 없음을 의미하는 것이다. 그 의도가 어떠한 것이든 간에,(여기서는 그의 시대의 미학이 제기하는 문제는 다루지 않을 것이다.) 오늘날 우리가 소설을 읽고 나서 보게 되는 대로의 돈키호테와 산초 판자 사이의 관계를 만들어 내려고 의식적으로 또 애초부터 계획한 것이 아님은 분명하다. 오히려 이 두 사람은 처음 단일한 비전이었다가 그것이(따로따로 그리고 함께) 결국 현재 모습대로 된 것은 수백 개의 독립된 생각과 수백 개의 상황을 거쳐서 빚어진 결과인 것이다. 그리고 이들 상황 속에 세르반테스는 두 사람을 집어넣었고 이에 두 사람은 그때그때의 상황에 따라 반응을 보인 것인데 이 모든 것은 시적(詩的) 상상력의 지칠 줄 모르는 참신한 힘의 결과인 것이다. 이 작품에는 사실이란 점에서뿐만 아니라 (그 점은 자주 지적된 바 있다.) 심리적인 면에서도 실제로 일치하지 않는 점과 모순점이 이따금씩 보인다. 두 주인공의 전체 작품에 잘 맞아떨어지지 않는 전개도 보인다. 그리고 이 사실은 세르반테스가 그때그때의 상황이나 그때그때의 모험이 요구하는 바에 따라서 붓을 놀렸음을 보여 주는 것이다. 2부에서도 사정은 비슷한데 더욱 그것이 빈번해지기조차 한다. 두 사람은 제각기 또 상호간의 관계에 있어서 미리 생각해 둔 계획 없이 점차로 발전해 간다. 사실 세르반테스 특유의 것, 세르반테스의 인생 경험의 총화, 그의 풍요한 상상력이 삽화와 대화 언어 속으로 더욱 풍부하고 자연스럽게 흘러 들어갈 수 있었던 것은 바로 이 때문이었을 것이다. '세르반테스 특유의 것'은 말로 서술할 수는 없다. 그럼에도 그 힘과 그 한계성을 분명히 하기 위해 그 점에 관해서 몇 마디 하려고 한다. 우선 그것은 자연 발생적인 감각성으로서 갖가지 상황 속의 서로 다른 사람들을 생생하게 마음속에 그려 볼 수 있는 활기찬 능력, 어떤 생각이 그들의 마음속에 떠오르며 어떤 감정이 그들의 가슴을 채우고 있으며 어떤 말이 그들의 입에서 튀어나오는가를 생생하게 이해하고 표현할 수 있는 활기찬 능력이다. 이러한 능력을 그는 직통으로 강력하게 또 어떤 꿍꿍이속이 없이 소유하고 있기 때문에 그의 시대 이전에 쓰인 리얼리스틱한 모든 것이 그와 비교해 보면 한정되어 있고 진부하며 선전 문구 같아 보이는 것이다. 인물과 사건의 새로운 배합을 계속 생각해 내고 꾸며 내는 그의 능력도 똑같이 감각적이다. 이 경우 모험을 다룬 로맨스의 옛 전통과 보야르도(Boiardo)와 아리오스토를 통한 그 부활을 무시할 수는 없으나 세르반테스 이전에는 참다운 일상 현실의 요소를 저 현란하고 목적의식 없는 배합의 놀이에 불어넣은 사람은 아무도 없었다. 마지막으로 그에게는 한 전체를 구성하고 그것이 '세르반테스적'인 것으로 보이게 하는 '어떤 것'이 있다. 여기서 문제는 아주 어려워진다. 우리는 이 어려움을 회피하여 이 '어떤 것'이 그저 주제 속에 들어 있다는 것, 즉 정신이 돌아서 편력 기사도(騎士道)를 재생시키는 것이 자기 의분이라고 스스로에게 다짐하고 있는 시골 신사의 생각 속에 들어 있다는 것, 그리고 이 주제가 작품에 통일성과 그 태도를 부여하고 있다고 말할 수도 있을 것이다. 그러나 이 주제는(말이 났으니 말이지 세르반테스는 그 자체로서는 전혀 흥미 없는 당대의 소작품(小作品)인 '기사 로맨스의 곁두리'(Entremés de los romances)에서 그것을 따온 것이다.) 전혀 다른 방식으로 취급할 수도 있었을 것이다. 그러면 주인공이 전혀 달라 보였을 터요 둘시네아나 특히 산초가 꼭 있어야 할 필요도 없었을 것이다. 그러나 이 주제에 세르반테스를 매혹시킨 것은 무엇이었을까? 그를 매혹시킨 것은 그 주제가 보여 주는 다양성의 가능성, 원근법의 효과, 주제 속에 공상적인 요소와 일상적인 요소를 혼합하는 것, 그 주제의 신축성과 유연성, 그리고 적응성이었다. 그것은 온갖 형태의 스타일이나 기교를 흡수할 수 있었다. 그것은 가장 다채로운 세계상을 그의 성품에 알맞는 관점으로 제시하는 것을 가능케 하였다. 여기서 우리는 다시 전에 마주쳤던 어려운 질문으로 되돌아온 셈이다. 전체에 질서를 부여하고 그것이 결정적으로 '세르반테스적'인 것으로 보이도록 만드는 그 '어떤 것'은 과연 무엇인가?

그것은 철학이 아니다. 교훈적인 목적의식도 아니다. 몽테뉴나 셰익스피어의 경우에서처럼 인간 존재의 불확실함이나 운명의 힘에 의해서 동요되고 있는 실존도 아니다. 그것은 그 안에서 용감성과 마음의 평정이 중요한 역할을 하고 있는 하나의 태도(세계에 대한 태도이고 따라서 자기 예술의 주제에 대한 태도)이다. 다채로운 감각의 희롱에서 그가 감득하게 되는 기쁨 말고도 그에게는 어떤 남국적인 과묵함과 오기가 있다. 이 때문에 그는 그 희롱을 아주 진지하게 취급하지 않게 된다. 그는 그것을 바라보고 그것을 형성한다. 그는 그것을 재미나 한다. 그것은 또한 독자들에게 세련된 지적 재미를 주게끔 의도되어 있다.

그러나 그는(몹시 서투르게 쓰인 책은 예외이지만) 어느 편에도 서지 않는다. 그는 중립이다. 그가 심판하지 않으며 결론을 내리지 않는다고 말하는 것으로는 충분치 않다. 그는 재판을 하는 법도 없고 심문을 하지도 않는다. 서투른 책과 연극을 제외하고는 이 책에서 그 누구도 또 그 무엇도 유죄판

결을 받지 않는다. 히네스 드 파사몬테도 로케 기나르도 마리토르네스도 조라이다(Zoraida)도 유죄가 되지 않는다. 우리들에겐 아버지에 대한 조라이다의 거동을 깊이 생각해 보지 않을 수가 없는 도덕적인 문제가 된다. 그러나 세르반테스는 이 문제에 대한 자기 소견을 비치지도 않은 채 이 얘기를 들려준다. 아니 얘기를 들려주는 것은 세르반테스 자신이 아니라 죄수이고 그는 당연히 조라이다의 처신을 훌륭하다고 생각하는 것이다. 그리고 문제는 여기서 끝난다. 이 작품 속에는 몇몇 희화(戱畵)가 있다. 비스카야인, 공작의 성에 있는 신부, 도냐 로드리게즈 등등이 그것이다. 그러나 이들은 아무런 윤리적 문제도 제기하지 않으며 기본적인 판단을 암시하지도 않는다.

한편 모범적인 인물로 칭찬받는 이도 없다. 여기서 우리는 푸른 외투의 기사, 돈디에고 미란다(Don Diego de Miranda)를 생각해 볼 수 있다. 그는 2부 16장에서 자기의 절제 있는 생활 방식을 들려주어서 산초에게 깊은 감명을 준다. 그는 절제하며 이성적으로 심사숙고하는 편이다. 돈키호테나 산초를 다룸에 있어서도 상냥하고 겸손하고 또 자신 있는 은근함을 보여 준다. 돈키호테의 광기를 침묵시키고 완화시키려는 그의 기도는 호의적이고 이해성 있는 성질의 것이다. 그를 공작의 성의 편협하고 너그러움 없는 신부와 같이 취급할 수는 없다.(스페인의 뛰어난 학자 아메리코 카스트로(Américo Castro)가 그랬듯이 말이다.) 돈디에고는 그의 계급의 모범적 인물이며, 스페인판 귀족 인문학자인 것이다. 품격을 갖춘 여가(otium cum dignitate)인 셈이다. 그러나 그는 그 이상의 존재는 아니다. 그는 절대적인 모범이 아니다. 그러기 위해서는 그는 뭐니 뭐니 해도 너무나 조심성스럽고 또 너무나 평범하다. 세르반테스가 그의 생활 방식, 그의 사냥 방식, 자식의 대학 취향에 대한 그의 의견을 다루는 방식에는 아이러니가 담겨 있다고도 할 수 있고 이 점에 관해선 카스트로의 말이 옳은 것 같다.

그의 세계가 모든 등장인물이 주어진 장소에 살고 있다는 단 한 가지 사실에 의해서 정당화되는 놀이로 되게끔 만드는 것이 세르반테스의 태도이다. 미쳐 버린 돈키호테만이 정당화되지 않고 있으며 잘못인 것으로 나타난다. 그는 또한 절대적으로 말해서 점잖고 온화한 돈디에고에 대해서 잘못인 것이다. 세르반테스는 카스트로 말마따나 영감을 받은 듯한 심술궂음으로 돈디에고를 사자와의 모험의 목격자로 만들고 있다. 여기서 쩨쩨하고 타산적이며 평범한 조심성에 대하여 모험적인 히로이즘을 찬양하는 것을 보려는 것은 지나친 억지일 것이다. 돈디에고의 초상 속에 아이러니의 가락이 들어있다면 돈키호테는 우스꽝스러움의 가락이 아니라 아주 철두철미 우스꽝스럽게 그려져 있다고 해야 할 것이다. 기사로 변장한 카라스코를 이기고 주책없이 뽐내는 묘사와 이에 관한 산초와의 대화로 이 장(章)은 시작되고 있다. 소설 전체를 통해서 돈키호테가 이 장면에서처럼 윤리적인 관점에서도 우스갯감이 되고 있는 장면은 달리 없다는 것을 깨닫기 위해서 이 대목은 재독(再讀)해도 좋을 것이다. 돈키호테가 돈디에고에게 자기 소개를 할 때의 자기 서술은 주책없고 과장되어 있다. 그가 사자와의 모험을 시작하는 것은 이러한 기분 속에서다. 그런데 사자는 아무 짓거리도 하지 않고 그에게 등을 돌릴 뿐인 것이다! 이것은 순전한 패러디다. 그 밖의 세부 묘사도 패러디에 제격이다. 자기의 용감무쌍한 행위를 문서로 증명해 달라고 돈키호테가 감시인에게 부탁하는 것, 그가 산초를 맞아들이는 태도, 이름을 고치겠다는 결심(이제부터 그는 사자의 기사라는) 등이 모두 그렇다.

정신이 돌고 있는 한 돈키호테만이 잘못이다. 누구나 알맞는 제자리를 가지고 있는 질서정연한 세계에서 돈키호테만이 잘못인 것이다. 끝에 가 죽음에 임해서 세계의 질서로 되돌아갈 때 그 자신도 이 점을 깨닫게 된다. 그러나 세계가 질서정연하다는 것은 사실일까? 이 문제는 제기되어 있지 않다. 돈키호테의 광기라는 면에서 그것과 맞세워 놓았을 때 이 세계가 질서정연해 보이고 유쾌한 놀이로조차 보인다는 것은 사실이다. 세계에는 많은 비참과 부정과 혼란이 있을지도 모른다. 우리는 창녀, 범죄자, 노예선의 죄수, 유혹당한 처녀들, 효수된 도둑, 기타 비슷한 많은 사람들을 보게 된다. 그러나 이런 것들이 우리를 심란하게 만들지 않는다. 아무것도 고쳐 놓는 법이 없고, 누구에게도 도움이 되지 않는 돈키호테의 출현은 행운과 불행을 놀이나 희롱으로 변형시킨다. 편력의 기사도를 재생시키려고 하는 미친 시골 신사의 주제는 세르반테스로 하여금 저 다채로운 원근법, 용감한 형태의 지혜로움인 판결도 내리지 않고 의문을 제기하지도 않는 중립적인 정신으로 세계를 놀이로 제시할 수 있는 기회를 제공해 주었다. 그것은 이미 인용한 바 있는 돈키호테의 말로 간단히 표현될 수 있다. 각자가 지은 죄는 내세에서 벌받는 게 낫다. 못된 이를 징벌하고 착한 이를 틀림없이 가상히 여기는 하느님이 하늘에 계신 이상 올바른 사람들이 아무런 원한도 없고 고마움도 없는 다른 사람의 형벌의 집행인이 된다는 것은 좋은 일이 아니다. 혹은 2부의 8장에서 수도승과 기사에 관한 대화 끝에 그가 산초에게 하는 말을 들어도 좋을 것이다. "하느님이 그 종들을 천국으로 인도하는 길은 가지가지니라." 그것은 결국 경건한 지혜로움이라고 말하는 것이나 진배없다. 그 중립적인 정신은 구스타프 플로베르(Flaubert)가 획득하려고 무진 애를 썼던 중립적 태도와 전혀 관련이 없다고는 할 수 없으나 그것과는 아주 다르다. 플로베르는 스타일을 통해서 현실을 신(神)의 눈에 비치듯이 보이도록 변형시키려고 하였다. 그리하여 신의 질서가 (특정한 작품 속에 취급된 현실의 조각에 관련되어 있는 한에서) 작자의 스타일 속에 구현되어 있기를 바랐다. 세르반테스에게는 훌륭한 소설은 세련된 오락, 정직한 오락(honesto entretenimiento) 이상의 것이 아니다. 이 점을 세르반테스에 관한 저서(1940년)에서 엔트위슬(W. J. Entwistle)이 말한 것보다 더욱 설득력 있게 표현한 사람은 아무도 없다. 이 책에서 그는 오락(recreation)을 얘기하면서 그것을 재창조(re-creation)와 멋있게 연관시키고 있는 것이다. 소설(小說)의 스타일이 그것이 최고의 소설이라 할지라도 우주의 질서를 드러낼 수 있다는 것은 세르반테스의 염두에는 떠오를 수가 없었을 것이다. 그러나 한편 그에게 있어서도 현실의 갖가지 현상은 개관하기가 어려운 것이 되었고 명확하게 전통적인 방식으로 배열하기가 불가능하게 되었다. 유럽의 다른 지역에서는 오래전부터 사람들이 의문을 갖고 회의하기 시작하였고 자신들의 재료로 새로운 것을 짓기 시작까지 하였다. 그러나 그것은 그의 조국의 정신과도 자신의 기질과도 또 그의 작가의 소임에 관한 생각과도 걸맞지가 않았다. 그는 현실의 질서를 놀이나 희롱에서 발견했다. 그것은 선악의 판단에 대한 고정적인 표준을 제공해 주는 중세의 도덕극은 아니었다. 「셀레스티나(La Celestina)」에서만 하더라도 도덕극적인 요소가 있었다. 그러나 이제 사태는 그리 간단치가 않게 되었다. 세르반테스는 작가로서의 자기 직업에 관계되는 문제에 한해서 판단을 내리려 든다. 세속 세계에 관한 한 우리는 모두 죄인들이며 악을 벌하고 선을 포상하는 것은 신이 알아서 처리할 것이다. 이곳 지상에서는 개관할 수 없는 현상의 질서는 놀이나 희롱 속에서 찾을 수 있다. 현상을 개관하고 판단하는 것이 아무리 어렵다 할지라도 미쳐 버린 라만차의 기사 앞에서 그것은 유쾌하고 재미있는 혼란의 춤으로 변해 버리고 만다.

　이것이 내게는 돈키호테의 광기의 기능인 것처럼 보인다. 편력 기사의 이상을 실현하기 위해서 길을 나서는 미쳐 버린 기사라는 주제가 세르반테스의 상상력에 불을 지르기 시작했을 때 그는 이러한 광기와 마주친 당대 현실을 어떻게 그릴 것인가 하는 비전을 또한 파악하고 있었다. 그 다양성과 기사의 광기가 접촉하게 되는 모든 것 위로 펼쳐 보이는 중립적인 유쾌함 때문에 이 비전은 그의 마음에 들었다. 그것이 영웅적이고 이상화된 형태의 광기이며 지혜로움과 사람다움에 대한 여지를 남겨 놓고 있는 광기라는 사실도 똑같이 그의 마음에 들었다. 그러나 돈키호테의 광기를 상징적 비극적으로 파악하는 것은 내게는 억지인 것처럼 보인다. 그렇게 읽어 넣을 수는 있겠으나 사실 원전(原典)이 그렇게 되어 있지는 않다. 일상적 현실을 그림에 있어서, 그렇듯이 보편적이고 다층적이며, 그렇듯이 무비판적이고 문제성이 없는 유쾌함이 시도된 일은 유럽 문학에서 다시는 없었다. 언제 또 어디에서 시도될 수도 있었을까 하는 것은 상상할 수도 없다.

가짜 독신자

라브뤼예르(Jean de La Bruyère)는 『인물고(人物考, Les Caractères)』의 「유행에 대하여(De la mode)」라는 장에서 '가짜 독신자'(篤信者, faux devot)의 초상화를 그리고 있거니와, 거기에는 몰리에르의 「타르튀프(Tartuffe)」를 걸고 넘어가는 논쟁적 구절들이 여기저기에 있다. 라브뤼예르의 말에 따르면, '독신자'는 "자기가 입고 있는 말총 속옷과 채찍*을 떠벌여 말하지 않는다. 오히려 그는 실제 그런대로 위선자로 통하지만, 그러면서도 실상과는 다르게 독실한 믿음의 인간으로 통하기를 원한다. 물론 제 입으로 그렇게 말하지는 않으면서 사람들로 하여금 말총 속옷을 입고 스스로에게 채찍을 가하는 고행을 한다고 믿게 할, 그런 방식으로 행동한다." 나중에 라브뤼예르는 오르공 가에서의 타르튀프의 행동을 비판한다.

수단을 써서 부자와 친해져서 기생적 존재가 되고 큰 도움을 받을 수 있는 자리를 차지하게 됐다고 해도 그는 부자의 마누라를 꾀어 볼 생각을 품지는 않는다. 적어도 접근을 하고 고백을 하고 하는 따위의 짓은 하지 않는다.

---

* 믿음이 깊은 사람들이 말총으로 짠 내의를 입고 스스로를 채찍질하여 믿음의 고행을 하던 일을 가리킨다.

그는 확실하게 마음을 사로잡은 경우가 아니라면 여자를 피해 도망가고 여자의 손에 잡힌 망토를 놓아둔 채 허겁지겁 떠나가곤 한다. 판에 박힌 일편단심의 사설을 늘어놓는 일로 그녀의 비위를 맞추고 유혹하는 일은 더욱이 하지 않는다. 그런 말을 한다면, 그것은 습관 때문이 아니라 은밀한 의도가 있고 그럴 필요가 있을 때이다. 그로 하여 부인의 입장이 난처해질 우려가 있을 때 그는 그런 말을 결코 하지 않는다. 그는 부자의 상속 문제에 일일이 이익을 볼 생각도 없으며, 그의 재산 전부를 증여받을 생각도 없다. 특히 그로 하여 어떤 아들이나 정당한 상속자가 재산을 박탈당하게 될 경우에 그렇다. 독실한 믿음의 인간은 욕심쟁이도, 폭력배도, 경우없는 사람도, 사욕에 매어 있는 사람도 아니다. 오뉘프르(Onuphre)는 믿음이 깊은 사람이 아니지만 그렇게 간주되기를 바라고 신앙심을 가짜로 모방함으로써 자기 이익을 은밀하게 관리해 나간다. 그는 직계 가족을 건드리는 법이 없다. 뒷바라지를 해 주어야 할 딸이 있거나 사회 진출을 도와야 할 아들이 있는 집안일에 끼어들지 않는다. 거기에는 어길 수 없는 강력한 권리가 있고 그것을 침범하면 반드시 시끄러운 소문이 날 것이고,(그는 시끄러운 소문을 두려워한다.) 자신의 정체를 드러낼 일들이 영주(領主)의 귀에 들어갈 것이기 때문이다. 그의 속셈은 방계에 있다. 방계의 경우 덤벼들어 보아도 큰 탈이 없기 때문이다. 그는 사촌 조카며 조카딸에 대하여 두려운 존재이고 돈을 모은 아저씨들의 공인된 아부가이고 벗이다. 그는 재산은 많고 후사가 없는 노인들의 당연한 후계자 노릇을 하고자 한다.

라브뤼예르가 여기에서 생각하고 있는 것은 '가짜 독신자'의 완전하고, 말하자면 이상적인 전형, 순전한 위선자로서의 전형일 것이다. 이러한 사람은 사람이 갖게 마련인 약점도 변덕도 없이 계속적으로 경계하고 계속적으로 합리성을 지키며 계속적으로 자기 역할에 맞는 냉정하게 계획한 구도에 따라 일을 밀고 나가는 사람으로 생각된다. 그러나 '가짜 독신자'의 완전한 현신(現身)을 무대에 등장시키겠다는 생각을 몰리에르가 했을 수는 없는 일일 것이다. 그가 필요로 했던 것은 무대에 올릴 수 있는 희극 효과였고 타르튀프가 맡은 역할과 그 사람의 타고난 대로의 성품을 대조시키는 데에서, 기발한 희극 효과를 찾는 것이었다. 타르튀프는 억세고 건강한 친구로서("크고 기름진 몸, 혈색 좋은 얼굴, 주홍빛 입술") 식성이 좋고("저녁 식사에 양다리 다진 것 반쪽과 멧닭 두 마리를 해치운다.") 그 외에도 육체적 요구가 많은, 신앙에 대해서는 비록 그것이 꾸며 대는 신심(信心)이라도 영 소질이 없는 친구다. 무엇을 하나 사자 가죽 아래로 나귀 정체가 비어져 나오게 마련인 사람이 타르튀프다. 해치워야 하는 역할은 얼토당토않은 과장으로 인하여 형편없는 것이 되어 버린다. 관능이 작동하는 때면 곧 자제를 잃어버린다. 그의 술수도 거칠고 유치해서 오르공과 그의 어머니를 빼놓고는 잠시라도 그 술수에 넘어가는 사람은 없다. 연극의 다른 등장인물도 청중도 마찬가지다. 타르튀프는 엄격히 자기를 다스리는 영리한 위선자의 전형이 결코 아니다. 이익이 될 법하다는 계산 아래 자기한테 전혀 어울리지도 않고 자신의 본성이나 외관하고도 어울리지 않는 완명한 고집쟁이 노릇을 해 보려는, 조잡한 본능이 강한 거친 성품의 사나이, 이것이 타르튀프다. 그리고 바로 이 점이 우리에게 굉장히 희극적인 것으로 비치는 것이다. 물론 이성적으로 그럴싸한 것만을 받아들인, 라브뤼예르 같은 17세기 비평가에게는 오르공이나 페르넬 부인이나마 타르튀프에게 속아넘어 가는 것이 믿을 수 없는 것이었을 것이다. 그러나 가장 엉성한 속임수, 가장 어리석은 감언이설도 그 대상자의 습성과 본능에 아부하고 은밀한 욕구를 만족시켜 준다면 통할 수 있는 것이라는 것을 우리는 체험으로 알고 있다. 자기와 자기의 영혼을 타르튀프에게 쏟아 넘김으로써 만족시킬 수 있는, 본능 깊이에 은밀히 잠겨 있는바 오르공의 욕구는 폭군적 가장(家長)의 사디즘이다. 성을 잘 내지만 또 그만큼 감상적이고 자신감이 없는 그는 신심(信心)의 정당화가 없으면 도저히 할 수 없었을 일들을 이제 깨끗한 양심으로 해내는 것이다. "세상의 분격을 사는 것이 내 가장 큰 기쁨이야."(또한 3막 7장, 4막 3장의 "이로 인하여 무언가 당신들을 웃길 거리를 가지고 다니오." 참조) 가족에 대하여 전제권을 행사하고 그들을 괴롭히고자 하는 그의 본능적 욕구를 타르튀프가 만족시킬 수 있게 해 주는 까닭에 그는 타르튀프를 좋아하고 그에게 속아 넘어가는 것을 허용한다. 그의 판단력은 이러나 저러나 크게 발달되어 있는 것이라 할 수 없는 것이나, 그것마저도 이런 사유로 하여 더욱 흐려진다. 페르넬 부인의 경우에도 비슷한 심리 작용을 볼 수 있다. 오르공의 사디즘이 자유롭게 발휘되는 것을 막고 있던 장애물을 제거하는 데 신앙심을 이용하는 몰리에르의 수법은 지극히 기묘하다.

다른 연극에서와 마찬가지로 몰리에르의 관심은 인물형에 있지 않고 그가 살았던 시기의 대부분의 도덕가들보다 그 개체적 현실의 형상화에 그 노력을 집중하였다. 그가 보여 주는 것은 '구두쇠'가 아니라 기침을 콜록콜록하는 전적으로 특정한 노편집광이다. 또 그의 인물은 '사람 싫은 사람'이 아니라 자기 의견에 푹 빠져서 세상을 재단하며 그 세상이 자신의 척도에 못 미친다고 느끼는, 타협을 모르는 성실성의 광신자, 상류 사회의 젊은이이며 '우울증 환자'가 아니라 자신의 환자로서의 처지를 잊어버리고 가족 내의 폭군이 되는 돈 많고, 건장하고 화 잘 내는 사람이다. 그렇긴 하나 몰리에르가 도덕적 교훈과 전형화를 즐기던 17세기에 꼭 맞아 들어가는 사람이라는 느낌을 우리가 안 가질 수는 없다. 왜냐하면 그가 개체적 현실감을 추구하는 것은 오로지 그 우스꽝스러운 만면을 위하여 그러는 것이고 우스꽝스럽다는 것은 그로 볼 때는 규범적인 것, 관습적인 것으로부터 벗어난다는 것을 뜻하였다. 그에게도 인물을 심각한 관점에서 접근할 때 그것은 '전형적'인 것으로 파악된다. 그는 무대 효과를 노렸다. 그의 재능은 활기 있는 것이었고 그것을 자유롭게 펼칠 수 있는 공간을 필요로 했다. 많은 특징이나 일화를 기초로 해서 추상적인 도덕적 인물형을 구축하는, 라브뤼예르의 숨가쁘고 꽤 까다로운 방법은 무대에 적합한 것이 아니었다. 왜냐하면 무대는 추상과 전형의 영역에서가 아니라 구체와 개체의 영역에 있어서 눈에 띌 효과와 보다 큰 동질성을 요구하는 것이기 때문이다. 그러나 근본적인 도덕적 태도 자체에 있어서는 어느 경우나 마찬가지다. 또 하나의, 라 브뤼예르 못지않게 이야기해 주는 바가 많은 몰리에르에 대한 비판은 부알로(Boileau)의 「시(詩)의 기술(Art poétique)」의 유명한 구절에서 찾을 수 있다.(3장 391~405행)

궁정을 연구하고 도시를 알아야 한다. 두 곳이 다 언제나 본보기가 많은 곳이다. 여기에서 몰리에르는 자기의 예술의 상패를 차지하고 그의 저작들을 빛나게 했을지도 모를 일이다. 만약에 그 식견 높은 인물 묘사에 있어서 그가 민중의 벗이 되어 인물들로 하여금 자주 상을 찡그리게 하고 우스개 광대들이 하듯 즐겁고 고운 것을 버리고 염치도 없이 테렌티우스*를 타바랭**에 연결하지만 않았더라면, 스카팽***이 집어 쓰는 우스꽝스러운 푸대에서 우리는 「사람 싫은 사람」의 저자를 알아보지 못한다. 희극은 한숨과 눈물의 적, 희극 시에 비극의 슬픔이 들어갈 수는 없는 법, 그러나 장터에 가서 저속한 잡소리로 대중을 웃기는 일도 희극이 할 일은 아니다. 희극 배우들은 농담을 하여도 고상하게 하여야……

이러한 비평은 그 나름으로 정당한 이유가 있는 것이다. 그리고 부알로는 몰리에르를 높이 평가하였던 까닭에 결국 따지고 보면 그의 비평도 온건하고 자제하는 것이었다. 사실 소극적(笑劇的)인 행동, 표현, 장난은 부알로가 예로 든 「스카팽의 농간(Fourberies de Scapin)」을 포함하여 본래 소극으로 쓴 것에도 있지만, 상류 사회 희극에도 군데군데 나타난다. 가령 「타르튀

---

* 서기전 2세기의 로마의 희극 작가.
** 몰리에르의 희극 광대의 원형이 된 시정 잡배.
*** 「스카팽의 농간」에 나오는 꾀 많은 하인.

프」에서, 오르공이 도리느의 말참견에 화가 나서 따귀를 때리려고 하는 오르공, 도리느, 마리안느의 세 사람의 장면(2막 2장)은 솔직한 소극(笑劇) 효과를 드러내고 있다. 오르공과 타르튀프가 무릎을 꿇는 장면(3막 6장)은 더욱 그렇다. 부알로가 상류 사회 희극의 규범적인 경우로 들고 있는 「사람 싫은 사람(le Misanthrope)」은 몰리에르 작품 가운데에 가장 일관성 있게 점잖은 상류 사회의 관습의 주조(主調)에 맞추어져 있는 작품이라고 하여야겠지만, 거기에도 알세스트의 하인 뒤보아가 등장하는 4막 4장의 짤막한 소극 장면이 있다. 소극의 기교에 통달하고 있었던 몰리에르는 그걸로 인하여 얻어 낼 수 있는 무대 효과를 버리지 않았다. 그리고 원래는 기계적인 우스갯거리에 불과한 것을 그로 하여금 극적 갈등의 핵심과 의미로 변형시킬 수 있게 하는 발상들이 참으로 그의 천재가 발휘되는 발상이라고 하여야 할지도 모른다. 코르네유(Corneille)의 첫 희극 이래 프랑스 희극의 이상은 "우스꽝스러운 인물 없이 점잖은 사람을 웃겨 본다."라는 것이었지만, 그러한 이상이 몰리에르로 하여금 스타일의 순수주의자가 되게 하지는 않았다. 그의 연극의 잘 된 공연을 본 사람이나 또는 대본을 읽으면서라도 그것을 눈앞에 그려 볼 만한 상상력을 가진 사람이라면 기괴한 희극 효과가 도처에, 상류 사회 희극에도, 「사람 싫은 사람」에도 흩어져 나타남을 잘 알 것이다. 생기도 있고 무대 감각이 예민한 배우라면 그런 가능성을 한껏 확대 이용하고 궁리해 낼 기회를 얼마든지 찾아낸다. 스스로 뛰어난 희극 배우였던 몰리에르도 자신의 연기에서 어떤 희극적인 점을 기괴한 과장으로 밀고 갈 기회를 놓치지는 법이 없었다. 물론 소극(笑劇) 효과가, 부알로가 생각한 것은 그러했지만, 하층 계급의 사람들을 묘사한 인물에만 한정된 것은 아니었다. 몰리에르가 그러한 우스개의 주인공으로 삼는 것은 각계 각층의 사람들이었다. 「아내의 학교(École des femmes)」 논쟁에서는 그는 '우스꽝스러운 후작'을 연극에 도입하고 그전에는 우스운 하인이 맡았던 어릿광대의 전유물이었던 역을 이 후작에게 주었다는 점을 유독 자랑스럽게 생각한다는 내용의 말을 했다.

오늘은 후작이 희극에서 웃기는 역을 맡는다. 종전의 희극에는 청중을 웃기는 역을 맡은 어릿광대역 하인에 있듯이 오늘의 모든 연극에서는 사람을 웃기는 것은 우스꽝스러운 후작이다.(「베르사유 즉흥 연설(L'Impromptu de Versailles)」 1장)

이것은 분명 논쟁 당시의 흥분으로 하여 고의적으로 과장을 한 주장이다. 그러나 비단 하층 계급의 희극형에 한정하지 않고 모든 사람의 습성을 괴상할 만큼 과장하겠다는 몰리에르의 의도를(또 그는 이를 실천에 옮겼지만) 이것이 드러내 줌에는 틀림이 없다. 이에 대하여 부알로는 그의 비평에서 고전 문학의 범례에 따라 스타일의 차원의 엄격한 삼분(三分)을 요구하고 있는 것이다. 그는 우선 비극의 고양되고 승화된 스타일을 인정했다. 그다음 '점잖은 사람'(honnêtes gens)을 다루고 '점잖은 사람'을 상대로 하며 배우들이 고상하게 농담을 주고받는 상류 사회 희극의 중간 스타일, 그리고 마지막으로 대중 소극(笑劇)의 낮은 스타일 — 행동이나 언어나 어릿광대가 판을 치고 대중들이 즐기던 저속한 말(mots sales et bas)만으로도 부알로의 철저한 경멸을 받았던, 대중 소극의 낮은 스타일을 인정했다. 이미 살펴본 바와 같이 온건한 태도를 가지고 한 것이기는 하지만, 부알로는 몰리에르가 중간 스타일과 낮은 스타일을 혼용한 점을 나무란 것이었다.

부알로의 비평에서 특히 우리의 흥미를 끄는 것은 그것이 반영하고 있는 대중관이다. 적어도 예술적 묘사의 대상이 될 만한 것으로는 대중의 인물형으로 괴상한 인물이나 우스개 인물 이외에는 부알로에게는 상상조차 할 수 없었다는 것은 분명하다. 17세기에 있어서 '궁정과 도시'(la cour et la ville)는 요즘 같으면 교육 받은 사람이라든가 일반 식자라든가라고 부를 그런 사람들을 의미하였다. 이 계층은 왕을 중심으로 하고 있는 궁정의 귀족들(la cour)과 흔히 이미 관리 귀족(noblesse de robe)이 되었거나 또는 관직을 사서 이 신분에 들어가고자 하던 파리의 고급 부르주아지(la ville)로 이루어져 있었다. 이것은 부알로 자신과 이 세기의 대부분의 지도적 지식인이 속하고 있던 계층이었다. '궁정과 도시'는 루이 14세 통치 기간과 그 직전에 국가 전체의 지도층을 말하는 데 가장 빈번히 쓰이던 용어이다. 특히 이것은 문학 작품이 독자로서 겨냥하던 사람들이었다. 이것은 위의 관점에서만이 아니라 언어 사용의 좋은 관례를 논할 때에도 '민중'과 대조해서 사용되었던 말이다. 중간 스타일, 상류 사회 희극 수준의 스타일을 습득하고자 하는 사람은 '궁정과 도시'를 연구하여야 한다고 부알로는 말한다. 그리고 어릿광대나 대중의 찡그린 표정을 피해야 한다. 부알로에게는 민중이나 그 생활상에 대하여 다른 종류의 생각은 갖기가 어려운 것으로 보인다. 그리고 여기에서 우리는 부알로의 몰리에르 비판의 분명한 한계를 본다. 이것은 몰리에르와 라 브뤼예르의 대결에서의 한계점이나 마찬가지다. 물론 몰리에르는 상층 사회의 희극에서도 소극적인 효과를 사용하였다. 또 그는 교육 받은 계층의 인물까지도 괴상한 소극적 과장으로 희화화하였다. 그렇긴 하나 그 자신도 민중은 '우스개 인물'(personnages ridicules)로밖에 알지 못하였다.

완전히 성숙한 고전주의 문학을 가지고 있던 루이 14세의 프랑스에서 그래도 허용될 수 있었던 리얼리즘의 최대한을 우리는 몰리에르의 예술에서 볼 수 있다. 몰리에르는 광대에게 가능했던 영역의 경계를 표시했다. 그는 광대를 그릴 때 퍼져 있던 심리적 전형론을 완전히 추종하지 않았다. 그러나 그에게 있어서는 특이하고 특징적인 것은 우스꽝스럽고 괴상한 것이었다. 소극적(笑劇的)이고 괴상한 것을 그가 피한 것은 아니었으나 민중 계층의 삶을 진실되게 묘사한다는 것은 가령 셰익스피어에서 보듯이 높은 귀족의 경멸감을 가지고일망정, 부알로에서와 마찬가지로 생각도 할 수 없는 것이었다. 그의 연극에 나오는 하녀, 하인, 변호사, 무사, 약사 등은 익살을 위한 조역(助役)에 불과했다. 때로 하인, 특히 여자 하인이 실질적인 상식의 입장을 대표할 수가 있었지만, 이것은 상층 부르주아나 귀족 집안의 테두리 안에서였다. 그런 경우도 그들은 자신의 문제와 관련해서가 아니라 섬기는 주인의 문제와 관련하여 어떤 역할을 맡을 뿐이었다. 정치, 사회, 경제나 사회의 비판, 또는 삶의 정치적, 사회적, 경제적 기초에 대한 분석 같은 것은 전혀 비추는 바가 없었다. 몰리에르의 비판은 전적으로 도덕적인 것이었다. 즉 그것은 지배적인 사회 구조를 받아들이고 그 정당성의 수사(修辭), 항구성, 일반적 타당성을 당연시하고 그 한계 내에서 과도한 행위를 우스운 짓으로 나무라는 것이다. 이런 면에서 그는, 비록 묘사의 재능은 더 한정되었을망정, 보다 심각하고 윤리적이었던 라브뤼예르에게도 떨어졌다. 라브뤼예르도 사회 구조 자체를 비판하지는 않지만, 임금의 햇살이 그 찬란함을 잃어 가는 세기말 경에 글을 썼던지라 시대의 문학 예술의 한계를 의식하고 이 의식을 자기 저작의 여기저기에서 표현하였다.(실제 말하고 있는 것보다 말하지 않고 있는 것이 더 많다는 것을 우리가 느낄 수 있기 때문에 이것은 사실 더욱 놀라운 일이다.) 그는 「정신의 창작에 대해서」라는 장의 끝 부분에서 이렇게 쓰고 있다. "기독교인이며 프랑스인으로 태어난 사람은 풍자가 제약이 많은 형식임을 알게 된다. 큰 소재들은 취급이 금지되어 있는 것이다." 여기에 관련해서, 우리는 「사람에 대하여」라는 장(章)에 나오는, 농민에 관한, 잘 알려진 이상하리만큼 놀라운 구절을 인용해 볼 수 있다.(「대작가(Grands Écrivains)」 128절)

들녘 여기저기에 사나운 암수 짐승들이 펴져 있음을 본다. 꺼멓고 검푸르고 햇볕에 탄 이들은 땅에 달라붙어 끈질기게 땅을 파고 파뒤집고 한다. 이들은 또렷하게 알아들을 수 있을 성싶은 목소리를 가지고 있으며, 일어설 때 보면 사람의 얼굴을 가지고 있다. 사실 이들은 사람이다. 이들은 밤이면 제 굴을 찾아 들어가고 거기서 검은 빵과 물과 뿌리로 목숨을 부지한다. 이들은 다른 사람들로 하여금 씨 뿌리고 일하고 거두어들이는 일을 하지 않아도 살 수 있게 해 준다. 따라서 이들은 자신이 심은 빵에 굶주리지 않을 권리가 있는 것이다.

이 중요한 구절은 그 도덕적 역점으로 보아서 분명 당대에 속하는 글이기는 하지만 당대의 문학에서는 유독 홀로 서 있다는 느낌을 준다. 이런 종류의 생각은 부알로에게나 마찬가지로 몰리에르에게도 별로 일어나지 않는다. 그리고 두 사람 다 이러한 생각을 종이 위에 기록하는 것은 마음 내키지 않는 일이었을 것이다. 이러한 생각은 부알로가 '즐겁고 고운 것'(l'agréble et le fin)이라고 부른 것의 한계를 넘어간다. 그것들이 큰 주제이기 때문이 아니라(당대의 관점으로는 이것들이 큰 주제일 수가 없었다.) 그것들을 구체적이고 심각하게 다룬다는 것은 당대적이고 일상적인 주제에 심미적인 관점에서 허용될 수 있는 한계를 넘어서서 지나친 중요성을 부여하는 일이 되기 때문이었다. 풍자가나 도덕가가 일반적으로 큰 주제를 다루어서는 안 된다는 법은 없었다. 라브뤼예르 자신도 임금, 나라, 사람, 자유 사상 등에 대해서 여러 장(章)을 썼다. 이런 이유로 하여 위에 인용한 구절("기독교인이며 프랑스인으로 태어난 사람")에 나타나 있는 것은 이런 종류의 글의 근본적인 한계에 대한 의식이 아니라 친구이며 파트롱(후원자)인 부알로에 대한 조심성스러운 비판이라고 말한 비평가들이 있다. 이것은 주목에 값하는 해석이고 근거를 가지고 있는 것이지만, 내 생각으로는 일면만을 본 해석으로 보인다. 라브뤼예르의 성품과 성향은 혁명적이었다고 할 수는 없지만 당대의 일반적인 관습보다는 깊이 비판적이고 사회 문제의 근본을 검토하는 경향을 가졌다고 할 수 있는데, 우리가 그의 성품이나 성향에 대하여 아는 바에 비추어 볼 때 나는 위의 구절에서 자기 자신 그리고 일반적인 정치적, 예술적 상황(그에게 큰 소재들을 다루는 것을 허용은 하되 건너뛸 수 없는 벽에 이르는 점까지만 갈 수 있게 한 "그는 때로 접근했다가 이내 되돌아섰다…….")에 대하여 생각하고 있는 것이라고 상정하는 것이 좋을 것 같다. 그는 높은 도덕적 일반론의 관점에서만 이것을 다룰 수 있었다. 이것들의 구체적인 구조를 완전히 자유롭게 다룬다는 것은 정치적인 그리고 심미적인 이유로 불가능한 것이었고 여기에서 정치적 이유와 심미적 이유는 상호 연관된 것이었다.

몰리에르에 있어서 당대의 정치에 관한 언급은 극히 드물다. 설사 그런 언급을 하는 경우에도 예법에 어긋나는 일을 말하는 듯 살그머니 또는 조심스럽게 언급하거나 아니면, 더 좋은 것으로는, 우회적으로 설명되어야 할 것으로 비쳐 보일 뿐이다. 「타르튀프」에서 오르공은 프롱드 반란*에서 왕 편에 섰던 것으로 보인다.

> 우리의 환란은 그의 지혜를 드러내 보이게 했고, 임금을 위하여 그는 용기를 보여 주었다.

그러나 음모가 발각되어 도망하지 않을 수 없게 된 친구의 서류들을 숨겨 준 일이 있었다는 사실도 조심스럽게 시사되어 있다. 전문 직업이나 경제 문제에 관련된 일들로 모두 똑같이 조심스레 언급되어 있다. 몰리에르의 작품에서(당대의 다른 문학 작품에서도 그렇지만) 농민이나 최하층 계급 출신의 다른 인물들뿐만 아니라 상인, 변호사, 의사, 약사 등도 우스개 조역으로서만 등장한다는 점은 위에서 말한 바 있다. 이것은, '점잖은 사람'의 경우 일반적인 교양과 태도의 습득이 사회적인 이상이었다는 사실에 관계되어 있다. 일반적 추세는 어떤 전문화도, 그것이 시인이나 학자와 같은 것이 되는 경우라도, 전문화는 피하는 방향이었다. 사회적으로, 사교계에서 하자가 없으려면 자기 생활의 경제적인 기초나, 전문을 가지고 있는 경우 전문적인 면을 너무 두드러지게 해서는 아니되었다. 그렇지 못하면, 그는 현학적이고 괴상하고 우스꽝스런 사람으로 생각되었다. 고상한 딜레탕티즘 정도

---

* 17세기 중엽의 귀족과 민중의 대왕권 투쟁.

로 통할 수 있는 것이나 편하고 유쾌한 사교에 도움을 줄 수 있는 정도의 능력만이 내놓을 수 있는 것이었다. 결과적으로(여기에서 이러한 관찰을 삽입해도 좋다면) 아주 어렵고 중요한 일들도 모범이 될 만하게 단순하고 우아하고 비현학적인 글로 표현되는 수가 많았다. 우리가 아는 바와 같이 프랑스어가 유례없는 명증성과 일반적 타당성을 갖는 언어 표현을 발전시킨 것도 이에 힘입은 바가 많았다. 그러나 이와 같이 전문화는 사회적으로나 심미적으로나 불가능한 것이 되었다. 그것은 괴상한 것(grotesque)의 범주에 들어가서 문학적 묘사의 주제가 될 수 있었다. 여기에 소극(笑劇)의 전통이 역할을 한 것은 사실이나 전문 직업인을 괴상한 것의 범주에서만 보는 견해가 중간 스타일로 쓴 새로운 문학 형식인 상류 사회 희극에서 왜 줄곧 유지되었는가를 설명하는 데 그것은 충분한 설명이 되지 못한다.

   이것을 다른 방향으로 설명해 보자. 몰리에르의 작품 상당수가, 「구두쇠(l'Avare)」, 「중류 신사(le Bourgeois gentilhomme)」, 「여류 인사(les Femmes savantes)」, 「환상의 환자(le Malade imaginaire)」와 같은 작품들이 상류 중산 계층을 배경으로 하고 있다. 이 극들에 나오는 가정들은 다 잘사는 집안이지만, 아무도 직업 이야기나 생산적인 경제 활동을 이야기하는 일은 없다. 우리는 구두쇠 아르파공이 돈을 어떻게 하여 벌게 되었나 그 내력에 관해서 아무 이야기도 듣지 못한다. (어쩌면 그것은 상속받은 것일 것이다.) 유일하게 이야기되어 있는 사업상의 거래는 고리대인데, 이것은 특례적이고 괴상한 것이고 시대를 초월하여 일반화되어 있고, 그뿐만 아니라 생산 활동이 아니라 사채 놀이꾼(rentier)의 투자이다. 등장하는 중산 계층의 인물들이 무엇을 해서 먹고사는지 우리는 전혀 알지 못한다. 보기에는 그들은 전부 돈놀이로 먹고사는 듯하다. 재산의 출처가 이야기되는 곳이 꼭 한 군데 있다. 「중류 신사」에서 주르댕 부인이 자기 남편에게 "우리 둘 다 한다는 중류 집안 출신이 아니에요. …… 우리 아버지도 그렇지만 당신 아버지도 상인이었잖아요?"라고 말하고 또 딸을 두고 "……그애 할아버지는 어느 쪽이나 두

분다 '생인노상 문' 근처에서 포목점을 했었지요."라고 말하는 대목이 그것이다. 그러나 이런 종류의 배경 설명은 그녀의 남편의 기괴한 어리석음을 두드러지게 하는 역할을 할 뿐이다. 주르댕 씨는 당대 사교계의 이상을 이해하지 못하고 부적절한 수단으로 계층 상승을 시도하고 있는 교육 없는 벼락부자이다. 그는 상층 부르주아지의 교양 있는 '점잖은 사람'이 될 생각을 하지 않고 당대의 규범으로 보아 가장 커다란 실수를 범한다. 즉 그는 가짜로 귀족, '신사'(un gentilhomme)인 체하는 것이다. 몰리에르가 부르주아 배경의 '점잖은 사람'의 본보기로서 주르댕 씨와 대조하고 있는 그의 사위 후보자 클레옹트를 생각해 보면, 이것은 분명하게 드러난다. 클레옹트가 주르댕의 딸과 결혼하겠다는 말을 할 때, 주르댕은 그가 신사인가를 묻는다. 클레옹트의 대답은 다음과 같다.

    선생님, 요즘 대부분의 사람들은 이런 일쯤에는 망설이는 법이 없습니다. 시원하게 대답하지요. 이 이름을 쓰는 데에는 양심을 검사할 필요도 없습니다. 요즘의 관습은 그걸 훔치는 것을 허용하고 있는 것으로 보입니다. 솔직히 말씀드리지만 나로서는 이 점에 대하여 조금 까다로운 느낌을 가지고 있습니다. 이름을 사칭하는 따위는 점잖은 사람의 할 일이 아니라고 보는 것입니다. 하늘이 우리에게 타고나게 한 것을 감추는 것, 훔친 이름으로 세상 행세를 하려 하는 것, 정체를 숨기고 다른 것으로 통하려고 하는 것은 비겁한 일입니다. 저는 정녕 명분 있는 일을 맡아 해 온 부모로부터 태어났고 6년을 명예롭게 군대에서 복무하였습니다. 그리고 세상에서 적당한 지체를 유지할 만한 재산을 가지고 있습니다. 그렇다고 해서 다른 사람 같으면, 그럴 수 있다고 했을지도 모르지만, 거짓 이름을 빌려 쓸 생각은 없습니다. 솔직히 말씀드리지만 저는 양반 출신이 아닙니다.

위와 같은 것이 세상에 있어서의 자신의 분수를 아는, 계급 의식이 강한 젊은 부르주아의 모습인 것이다. 주르댕 씨와 같은 신참자(돈 번 지가 두 세 대밖에 되지 않으며 아버지 때까지도 포목상을 하던 신참자.)가 가지고 있는, 억지로 귀족의 반열에 끼어 보겠다는 욕망을 클레옹트는 느끼지도 아니하고 용서하지도 못한다. 그러나 그는 다른 한편으로는 대중이나 구체적인 직업으로부터 멀리 떨어져 있다. 가령, 그 가문의 이름이 견직업에서 또는 포도주 상인들 사이에서 존중되는 이름이라는 정도의 말도 이야기되는 바가 없다. "명분 있는 일을 해 왔다."(ils ont tenu des charges honorables)라는 말의 뜻은 관직을 사서 관복(官服) 계급이라는 중간 계급의 일원이 되었다는 것이다. 그 자신도 군인 장교 노릇을 6년 했고 "세상에 지체를 유지할 만한" 재산을 가지고 있다. 이 젊은이의 마음에는 경제적 고려에 대한 집착이나 생산적 부르주아지의 존재에 대한 생각은 존재하지 않는다. 오히려 그는 그러한 것을 멀리한다. 그에게는 부르주아라는 것은 세상에서 차지하는 어떤 자리를 말한다. 마치 젊은 귀족에게 귀족이라는 신분이 그러한 것임과 같다. 그의 선조나 친척과 마찬가지로 그도 명분 있는 자리를 사거나 계승할 것이다. (여기 마지막 관찰들은 졸저 『프랑스 교양의 역사를 위한 네 개의 연구(*Vier Unersuchungen zur Geschichte der französischen Bildung*)』, 베른, 1951, 46~48쪽)에 실린 논문 「궁정과 도시(La cour et la ville)」에서 거의 송두리째 그대로 따온 것이다. 이 장의 다른 곳에서도 이 논문을 이용할 것이다.)

이미 살핀 바와 같이 몰리에르는 상류 사회 희극에 소극적(笑劇的) 요소를 끌어들이는 것을 한결같이 회피한다. 그러나 등장인물들의 사회 환경의 정치 경제적 측면의 구체에 대한 통렬한 비판을 시도하는 것을 그는 중간 스타일의 작품에 경제 정치 생활의 심각하고 근본적인 현실을 도입하기보다는 괴상한 것을 끌어들이려는 경향이 있었다. 그의 리얼리즘은 심각하고 비판적인 경우에도 심리적 도덕적 영역에 한정되어 있었다. 이 점을 보다 분명하게 이해하려면 오노레 드 발자크(Honoré de Balzac)가 「으제니 그랑데(Eugénie Grandet)」의 첫 부분에서 그랑데의 재산이 어떻게 모였나를 설명하는 부분, 즉 1789년부터 '왕정 복고'까지의 전 프랑스 역사가 짜여 들어가 있는 배경 설명의 부분을 생각하고 이것을 아르파공의 경제 상태에 대한 절대적이고 일반적이고 비역사적인 설명과 비교해 볼 일이다. 희극의 제약된 테두리 속에서 발자크와 같은 설명을 시도할 만한 여유가 없었을 것이라고 반론을 펴는 것은 불충분하다. 무대 위에서라 할지라도 아르파공 대신으로 당대의 상인이나 세무 대리인이 일을 처리해 가는 모양을 보여 줄 수는 있었을 것이다. 그러나 이런 것은 고전주의 시대 이후, 가령 당쿠르(Dancourt)나 르사주(Lesage)에 이르기 전에는 볼 수 없는 것이다. 그것도 당대의 경제에 깊은 뿌리를 가지고 있는 심각한 문제에 대한 착반을 포함하는 것은 아니었다.

지금까지 살펴본 리얼리즘의 한계점들은 전적으로 희극과 풍자에 있어서의 중간 스타일에 관계되는 것이다. 더 고양된 스타일의 비극에 있어서 이 제한은 더 엄격하다. 일상적이고 생물학적 존재로서의 인간적 삶에 일어나는 일들과 비극의 분리는 이 영역에서 철저하게 이루어져 그것은 다른 시대에서는 가령 이때의 본보기를 제공해 준 그리스 로마 시대에서도, 도저히 유례를 찾아볼 수 없는 정도의 것이었다. 적어도 코르네유는 자기 시대의 취미가 고전 전통의 요구보다 더 극단적으로 이 방향으로 가고 있다는 것을 때로는 그래도 의식하고 있었다. 당대의 일들의 일상적인 면모들이나 인물들의 육체적 생물학적 면의 묘사는 프랑스의 비극 무대에 허용되지 아니하였다. 그리하여 이에 관련되는 고대에는 없던 비극의 인물형이 대두한다. 이 인물형의 이해를 위하여 몇몇 대표적인 문체상의 특징을 모아 보기로 한다. 보기는 라신의 비극 「베레니스(Bérénice)」와 「에스더(Esther)」에서 취한 것이다. 라신에서만큼 완전한 형태로 나타나는 것은 아니지만, 그 무렵의 비극에는 비슷한 유형을 어디에서나 볼 수 있다.

「베레니스」의 첫 부분에서 우리는 황제의 궁정의 한 방 안을 본다.

이곳의 화려함은, 아르사스, 그대의 눈에는 신기한 것일 터요. 이 화려하고 외딴 방은 흔히 티투스의 비밀을 받아 두는 곳이 되오. 그가 정신들로부터 피해 숨는 것도 여기요.

　　황제가 혼자 있고 싶다는 뜻을 표현할 때도 이와 같은 어법을 사용한다. "폴랭, 그대를 나와 홀로 있게 하라."(Paulin, qu'on vos laisse avec moi)(2막 1장), "나를 홀로 있게 하라."(4막 3장) 또는 그가 다른 사람에게 말하고 싶다는 뜻을 표할 때를 보라.

　　티투스 코마제느의 왕께 나의 뜻을 전하였는가? 내가 기다림을 그가 아는가?
　　폴랭 폐하의 분부를 알리도록 이미 말한 바 있습니다.
　　티투스 그로 족하다.

　　티투스가 안티오쿠스 왕에게 베레니스 여왕을 동반하라고 말하는 장면은 다음과 같다.

　　오로지 우정만이 그녀의 발길에 그대를 묶어 놓거늘, 그대 왕이여, 불운에 처하여 그녀를 버리지 말라. 동방으로 하여금 그대가 그녀를 시종함을 보게 하라. 이번 일이 개선의 행진이요, 유찬의 길이 아님을 알게 하라. 이와 같이 아름다운 우정으로 하여금 영원한 유대를 맺게 하라. 나의 이름이 늘 그대들의 말 속에 있게 하라. 그대들의 왕국이 서로 가까이 있게끔 유프라테스 강으로 하여금 그대의 강역(江域)과 그녀의 땅을 같이 경계하게 하라. 그대의 이름을 회자하는 원로원이 이 선물을 한결같은 목소리로 인준하리라는 것을 나는 아노니, 코마제느에 칠리치아를 합병케 하여……

　　다음은 안티오쿠스의 말의 일부이다.

이곳에서 티투스의 영광의 무게는 나를 압도하오. 그의 찬란한 영광의 둘레에서 로마의 모든 것은 빛을 잃소. 허나 동방이 아무리 티투스의 추억에 차 있다고 해도 그곳에서 베레니스는 내 영광의 흔적을 볼 것이오.

「에스더」의 서시에 나오는 왕에 대한 묘사는 여기에 인용하기에 너무 길다. 왕비를 널리 구하고 그를 정하고 한 일을 첫 장에서 에스더가 설명하는 대목도 몇몇의 보기로서 예시할 수 있을 뿐이다.

인도에서 헤렐스폰트까지 그의 종복들이 달렸소. 이집트의 처녀들이 수사에 출두하고 파르티아와 정복되지 아니한 시리아의 처녀들이 아름다움의 왕비 관을 위하여 다투었소.

또 나중의 한 구절.

폐하는 오랫동안 엄숙한 침묵 속에 나를 눈여겨 보시더니, 나를 위해 저 울대를 기울게 한 하늘은 그때 폐하의 마음에 작용한 듯 드디어 다정함이 서린 눈으로, 왕비가 되어 주오 하고 말씀하셨소…….

에스더가 왕의 부름도 없는데 그 앞에 나타나는 장면을 라신이 어떻게 그렸는가는 독자들도 이미 익히 잘 알고 있는 것이다.

   아하수에르 내 명령 없이 여기엘 들다니! 어느 건방진 놈이 무엄한 발을 들여놓느냐? 근위병들! 에스더, 그대인가? 어떻게 여기를? 부르지도 않았는데?
   에스더 내 딸들아, 죽어 가는 너희의 왕비를 부축해 다오. 나는 죽는다.(기절하여 쓰러진다.)

아하수에르 권세 있는 신들이여! 그녀의 얼굴에서 혈색을 앗아 가는 이 기이한 창백함은 무엇인가! 에스더, 그대는 무엇을 두려워하는가? 내 그대의 형제가 아닌가? 그와 같이 엄한 명령이 그대를 두고 만들어진 것인가? 죽지 마라. 그대에게 뻗는 이 팔이 든 홀로 하여금 내 인자함의 증거가 되게 하라.

에스더 폐하, 그대의 이마에 새겨진 위엄을 두려움 없이 바라본 일이 없습니다. 저를 못마땅히 여겨 성을 내신 이마가 제 어지러운 마음속에 얼마나 두려움을 던져 주었는지 살피시기 바랍니다. 벼락의 옹위를 받는 성스러운 옥좌 위에서 그대는 저를 마냥 가루가 되게 하실 듯만 하였습니다. 아! 어느 심장이라고 그대의 눈에서 나오는 번개를 두려움 없이 보겠습니까? 살아 있는 신의 성내심도 이와 같이 번쩍이리니……

아하수에르 가라앉게 하시오. 여왕이여, 그대를 짓누르는 두려움을 가라앉게 하시오. 아하수에르의 마음의 높디높은 여주인이여, 오로지 그의 뜨거운 우정만을 느끼시오. 내 나라의 반을 들어 그대에게 선물하리까?

「에스더」에 따르면(이 대목에서는 아니지만, 조금 나중 잔치 중간에) 임금이 왕국의 반을 주겠다는 제안에 이어서 곧 "그리고 왕은 술을 잔뜩 마셨다."라는 매우 현실적인 말이 나온다. 라신에는 이런 말은 없다. 또 이 앞에서 단지 부름을 받음이 없이 어전에 나오지 말라는 규칙보다 더 분명하게 에스더의 용기를 보여 주는 현실적인 사실도 라신은 생략해 버리고 있다. 즉 에스더는 어전에 나가기 전에, "일을 임금께 불려 나간 바가 없는 내가 어떻게 임금께 나아가겠는가."라고 말했던 것이다.

위에 든 인용문들이 보여 주는 것은 비극적 인물들의 극단적인 고양화(高揚化)이다. 시종들에게 "나를 홀로 있게 하라."라고 말한 다음 "화려하고 외딴 방"에서 사랑에 취하는 왕공의 경우나 "그대를 실어 갈 바다의 여왕"이 되어 기다리는 배를 타고 가는 여왕의 경우나,(「미트리다트(Mithridate)」 1

막 3장) 비극의 인물은 언제나 가장 높은 자세로, 승리의 노획물에 둘러싸이듯, 기구며, 종자며, 사람이며, 경치며, 세계에 둘려 전면에 자리하고 있다. 이 자세를 지키며 비극의 인물은 자신을 왕공(王公)다운 정열에 몸을 맡긴다. 이런 종류의 태도에서 나오는 스타일상의 효과로서 가장 그럴싸한 것은 나라나 광대한 대륙이나 세상이 모두 왕공의 정열에 대한 참관자, 증언자, 배경 또는 메아리로 등장하는 구절들이다. 이것을 몇 가지 예를 들어 살펴보기로 하자. 「앙드로마크(Andromaque)」(2막 2장)에서 엘미온의 말을 보자.

그대 홀로 이 놀라움을 보았다고 생각는가? 에피루스, 온 나라가 내 눈에 흐르는 눈물을 보았다고는 생각지 않는가.

더 유명한 것은 「베레니스」 1막 4장의 안티오쿠스의 사랑의 고백이다. 그 주변 정황을 말하는 구절과 더불어 이를 인용해 보기로 하자. 여기에서 바로크적인 고양화는 낭만주의와 마주친다.

그대가 그와 함께 도착하는 것을 로마가 보았오. 동방의 사막에서 나의 슬픔은 어떠했겠오? 내 마음이 그대를 사모했던 아름다운 곳, 나는 카이사레아의 이곳저곳을 헤매었소. 그대의 슬픈 왕국에 그대를 내어놓으라 탄원하고 눈물로써 그대의 발자취를 찾았소.

「베레니스」에서 또 하나의 예.

제발 내 이 연약함을 이기게 하여 주오. 끊임없이 흐르는 이 눈물을 그치도록 눈물에 명령함이 불가능한 일이라면, 적어도 찬란함이 우리의 슬픔을 받들어 주고 온 누리가 황제의 눈물과 왕후의 눈물의 어떠함을 알게 하겠소.

비극의 인물은 자신의 왕공으로서의 신분을 너무나 강하게 의식하고 있기 때문에 잠시도 그 신분을 떠나는 일이 없다. 가장 깊은 불행, 가장 격렬한 감정 속에 있을지라도 라신의 비극적 인물은 그들의 신분을 통해서만 자신을 생각한다. 그들은 "불쌍한 나!"라고 말하는 것이 아니라 "불쌍한 공자(公子) 나!"라고 말한다. 엘미온은 스스로를 "슬픈 공주"(「앙드로마크」 2막 2장)라고 부른다. 베레니스가 극심한 혼란 속에서 안티오쿠스에게 탄원하는 말은 다음과 같다.

아, 하늘이여! 이건 또 무슨 말? 잠깐만! 임금님, 제 근심을 그대에게 감추려 함은 힘에 겨운 일. 그대 눈앞에 보는 것은 죽어 가는 여왕, 가슴에 죽음을 품고 그대께 몇 마디만 여쭙고자…….

티투스는 스스로를 계속, "불행한 임금"이라고 부른다. 아탈리가 배반과 실패를 알아차리고 절망하며 외치는 말은 또 다음과 같다.

내가 있는 곳은 어디냐? 아, 배반이여! 불행의 여왕이여! 창검과 적군이 나를 포위했구나.

우리는 이미 에스더가 기절하는 순간 "딸들아, 너희의 죽어 가는 여왕을 부축해 다오……." 하고 외치는 구절을 본 바 있다. 이 비극적 인물들의 왕공으로서의 지위와 그에 따르는 고양화는 그들의 자연스러운 삶의 일부가 되어 그들의 인격에서 완전히 떼어 낼 수 없는 것으로서, 하느님이나 죽음에 나아가면서도 타고난 왕공으로서의 자세를 지킨다. 이것은 15세기를 다룬 장에서 설명을 시도한 바 있는 인간을 생물학적 존재로서 보는 태도와는 전혀 대조되는 인간관이다. 그러나 낭만주의자들이 때로 그랬듯이 이들에게 자연스럽고 인간적인 면이 있음을 완전히 부정한다는 것은 잘못일 것이다. 적어도 라신의 경우 그러한 판단은 전혀 이해를 결한 판단이다. 그의 인물들은 완전히 모범적으로 자연스럽고 인간적이다. 다만 감정에 차 있으며 모범적으로 인간적인 그들의 삶이 높은 차원에서 영위되고 있다는 것이 다를 뿐이다. 또 이것은 이들에게는 정상적인 삶이 되어 버린 것이다. 그리고 때로는 그들의 높은 차원의 삶이 바로 가장 아름답고 깊은 인간적인 효과를 낳는 결과를 가져오기도 한다. 예로서「페드르(Phèdre)」의 여러 구절에 언급할 수도 있겠지만 여기서는 원로원에서 있었던 야간 의식(儀式)에서 사랑하는 티투스가 보여 주었던 당당한 모습을 순진한 행복감에 차서 전달하는 베레니스의 말을 보기로 드는 데 그치겠다. 베레니스는 사랑에 빠진 사람만이 할 수 있는 어조로 다음과 같이 말을 맺는다.

    말하오. 그이를 운명이 아무리 미천한 곳에 태어나게 하였다 하더라도 세상은 그이의 모습으로 그 주인이 여기 있노라 이렇게 그이를 인정하고 말하였으리라 ─ 그를 보고 누가 이렇게 생각지 않을 수가 있으랴.

이미 살펴본 바와 같이 비극의 인물은 자신의 왕공 의식이 몸에 속속들이 배어 있지만, 통치자로서의 실제적인 기능, 즉 비극의 인물들의 실제적인 활동은 이에 대한 가장 일반적인 언급이 있을 뿐 분명하게 밝혀지는 법이 없다. 왕공이라는 것은 실제적인 일보다는 자세, '태도'의 문제이다. 가장 초기의 연극, 특히「알렉상드르(Alexandre)」에서 왕공의 정치 군사 행동은 완전히 사랑의 부차적인 역할만으로 하는 것으로 그려져 있다. 알렉상드르가 세상을 정복하는 것은 오로지 이를 사랑하는 사람에게 바치기 위해서이다. 이 연극은 대체로 바로크풍의 스타일상의 효과에 가득 차 있다.

    알렉상드르 이제 그대의 법에 묶인 내 팔은 동시에 그대와 나의 이름을 다 같이 지탱하여야 함에, 전쟁의 명성을 통하여 세상에 알려져 있지 않은 민족들에게도 우리의 이름이 그 명성을 떨치게 하고 그들의 야만적인 팔이 신들에게도 거부하였던 제단을 그대를 위하여 세우게 하겠소.

클레오필 그렇소. 승리가 포로되어 그대를 따를 수도 있을 것이오. 그러나 대왕, 사랑이 그곳까지 그대를 따를 것인가 이 점은 의심스럽소. 우리를 가르는 수많은 나라, 수많은 바다는 그대의 기억에서 곧 나를 지워 버릴 것이오. 포효하는 바다가 그 물결 위에 그대가 세상을 정복함을 보고, 전율하는 육지가 그대 앞에 잠잠해질 때, 대왕, 그대는 기억하시겠소. 나라의 복판에 한 젊은 공주가 있어 그대를 끊임없이 그리워하며, 위대한 정복자가 사랑의 불을 약속했던 행복한 순간을 마음속에 간직하고 있음을.

알렉상드르 무슨 말씀! 이와 같이 귀한 아름다움을 이곳에 버림은 내 스스로에게 잔인한 일, 그대는 어찌 그런 일을 믿을 수 있소? 차라리 내 그대를 위하여 바칠 아시아의 왕좌를 그대가 버리는 편이 더 쉬운 일.

이러한 사물의 허구적 질서는 직접적으로는 '염정 소설'(romans galants)에서, 간접적으로는 궁정 서사시에서 유래하지만,「앙드로마크」에서는 아직도 두드러지게 표현되어 있는 질서인 것이다. 가령 피루스가 여주인공에게 말하는 것을 보라.

그대를 기쁘게 하기 위하여 이러한 위험한 일 마다하지 않거늘, 그대는 나에게 조금 덜 차가운 눈길을 주는 것도 마다하는가?(1막 4장)

또는 나중에 그가 트로이인들에게 가한 고통과 그의 사랑의 고통을 비교하는 바로크 수사(修辭)의 대표적인 본보기가 되는 구절.

트로이 성 앞에서 내가 저질렀던 모든 재해를 내가 겪는군. 정복되고 창검으로 찔리고, 뉘우침에 속 태우고 내 스스로 지핀 불보다 커다란 불에 타고…… 아! 내 일찍이 그대만큼 잔인했던가?

사랑의 괴로움을 벗어나기 위해서 스키타이인 사이에서 부질없이 죽음을 구하는 오레스테스의 말도 여기에 견줄 만하다.

드디어 나는 그대에게 왔노라. 나를 피하기만 하던 죽음을 그대의 눈에 찾아야 하는 것 — 이것이 나의 운명 — 이제 희생물을 차지하시오, 그대여. 스키타이인이 그대만큼 잔인했더라면 살려 두어 그대로 하여금 공격할 수 있게도 하지 않았을 희생물을.(2막 2장)

후기 연극에서는 그러한 주제는 조금 더 드물게 나타난다. 한 본보기는 「베레니스」 2막 2장이다.

그처럼 아름다운 손이 사람의 제국을 바치라고 요구하리라고야……

대체로 나중에 가서는 통치자의 일과 정치 질서에 관한 견해는 상당히 바뀌게 된다. 그러나 여전히 그것이 실제와 사실에서는 먼, 높다랗게 일반적인 견해로 남아 있는 데에는 변함이 없다. 그것은 언제나 궁정의 음모와 권력 투쟁의 문제로서 가장 높은 사회 계층의 범위, 왕의 측근자들의 범위를 넘어가지 않는다. 그리하여 그것은 모든 것이 개인적 심리적인 차원과 도덕의 관점에서 처리될 수 있는 소수의 인물에 한정된다. 그 뒤에 또는 아래에 무엇이 있는가는 전혀 이야기되지 않거나 또는 아주 일반적으로만 이야기된다. 「베레니스」에서 티투스로 하여금 외국의 여왕과 결혼하지 못하게 하는 '바꿀 수 없는 법'의 경우는 후자의 예에 해당된다. 곤란한 처지에 빠진 티투스가 국민들의 여론은 어떠한가 하고 묻는 장면에서 우리는 다음과 같은 말을 듣게 된다.

그녀로 하여 내가 쉬는 한숨을, 사람들은 무어라고 하는가?

이와 같이 정치적인 질서를 오로지 도덕적인 관점에서 보는 입장은 사실적 문제의 탐구와 통치자의 일의 구체적이고 실제적인 요소들을 따져 보는 작업의 가능성을 전적으로 배제해 버린다. 이것은 「브리타니쿠스(Britannicus)」, 「베레니스」, 「에스더」에 가장 잘 나타난다. 이 연극들에서 보면, 나라의 잘되고 못되는 일은 전적으로 임금의 도덕적 품성에 달려 있다. 임금은 그의 감정을 억제하고 그의 막강한 힘을 덕성에 그러니까 공공 안녕에 봉사케 할 수도 있고 아니면 측근의 아부자들로 하여금 자신을 오도하게 하고 자신의 바르지 못한 욕망을 뒷받침하게 할 수도 있다. 그의 막강한 힘은 으레껏 당연한 것으로 생각되고 저항에 부딪치는 법이 없다. 삶의 현실에 있어서 선의 의지나 악의 의지나를 막론하고 맞닥뜨리게 마련인 모든 사실적인 문제와 장애는 완전히 무시된다. 그러한 것은 모두 저 아래에 있는 문제일 뿐이다. 이 관점에서 볼 때, 모든 정치 상황은 어디에서나 같다. 가령 네로가 초기에 덕치(德治)를 베풀던 때의 모습을 보라.

3년 내내 행동이며 말이며 어느 하나 로마에 완전한 황제가 등극하였음을 말하여 주지 않는 것이 있었는가? 3년 동안 그의 근심으로 다스려진 로마는 옛날 집정관 시대가 재래하였노라고 생각했소. 네로는 로마를 어버이처럼 다스렸으니……

훌륭한 통치자가 되겠다던 티투스의 소망을 표현하는 곳에서도 우리는 같은 생각을 볼 수 있다.

나는 불행한 사람들의 행복을 내 책임으로 삼았노라. 나의 어짐이 온 누리에 퍼져 감을 누구나 볼 수 있었노라.

또는 다른 구절.

국민들이 열망하던 행복한 날은 어디에 있는가? 어떤 눈물을 내가 말려 주었는가? 흡족해 하는 어떤 눈 속에서 나는 내 선업(善業)의 열매를 맛보았는가? 세상을 그 운명의 바뀜을 보았는가?

훌륭한 임금을 이야기한 구절을 보자.

그의 용기가 그로 하여금 온누리에 가게 하는 승리의 왕을 나는 찬양하오. 그러나 현명한 임금, 불의를 미워하고 오만한 부자의 법 아래 없는 사람이 신음함을 방치하지 않는 임금은 하늘의 선물 가운데 가장 아름다운 것이오. 그는 과부가 그의 보호 아래 희망을 가지게 하며, 고아의 아버지가 되며 그의 후견(後見)을 구하는 바른 사람의 눈물을 귀한 것으로 보오.(「에스더」 3막 3장)

궁정의 아부가들의 묘사도 예로 들 수 있다.

그대는 절대 권력의 도취나 비겁한 아부가들의 꾀는 소리를 알지 못하오. 이내 그들은, 비천한 사람을 다스리는 가장 성스러운 법률도 왕명 아래 있다고 하고 왕은 자신의 뜻 이외에는 다른 아무 제약도 없다고 하고 모든 것을 왕의 영광을 위하여 희생하여도 좋다고 말할 것이오……. (「아탈리(Athalie)」 4막 3장)

이미 본 바와 같이, 모든 것을 단순화하고 간단한 흑백 대조로써 사물을 보는, 정치에 있어서의 순전한 도덕적인 태도는 생시로의 처녀들을 위하여 쓴 연극에만 들어 있는 것이 아니라* 다른 연극에서도 보이는 것이다. 초기

---

* 생시로에는 돈 없는 귀족의 딸을 위한 학교가 있었다. 라신의 「에스더」와 「아탈리」는 여기에서 초연되었다.

비극에서 이러한 견해의 원천이 된 것은 고전 시대 말기의 도덕주의지만, 생시로의 비극에서 그것은 성경의 도덕주의에 그 근거를 가지고 있다. 어느 경우에나 이 출전이 되는 곳에서는 전혀 이야기가 안 되었거나 단지 어렴풋이만 이야기된 주제가 있는데, 그것은 통치자의 전능한 힘이다. 이것이 바로크 절대주의의 중요한 주제이다. 지상에서 왕은 신과 같다. 위에 인용한 「에스더」의 구절에서 이미 왕과 신이 비교되고 있음을 보았다. 마찬가지로 신은 가장 도덕적인 왕 중의 왕으로 간주됨을 본다.

> 그의 이름은 영원한 자, 세상은 그의 만드신 바다. 불의에 신음하는 미천한 자의 한숨을 들으시고 모든 사람을 똑같은 법으로 판단하시며 그 높은 옥좌로부터 임금들을 심문하신다……. (「에스더」 3막 4장)

비슷한 생각은, 예를 들어, 「아탈리」의 제일 마지막 코러스에도 나타나 있다. 이것과 관련하여 우리는 보쉬에(Bossuet)의 장례 연설문의 처음에 나오는, 영국 여왕 앙리에트 마리 드 프랑스를 두고 나열된 화려한 수사들을 생각하지 않을 수 없다. 이 수사는 아가(雅歌)의 한 귀결로 끝난다. "이제 왕들이여, 깨우치라. 땅 위의 일을 판정하는 그대들이여, 주의하라." 이 연설은 왕과 라신이 다 같이 첫 영광을 누리고 있을 때, 「에스더」가 쓰이기 20년 전에 행해진 것이었다.

이미 말한 것으로 분명해졌듯이 프랑스 고전주의 비극에 있어서는 비극의 인물과 비극의 사건은 모든 그 아래 차원의 것으로부터 엄격하게 분리되어 있다. 왕공(王公)의 측근자도 사건의 진전에 불가결한 만큼만, 내밀한 고백의 대상자로서만 등장하였다. 그 이외의 사람은 모두 일반화되어 언급되었다. 민중은 아주 드물게밖에 이야기되지 아니하였고 그것도 극히 일반적인 말로만 이야기되었다. 일상생활의 자질구레한 일, 자고 먹고 마시고 하는 일에 대한 언급, 날씨, 풍경, 시간 이런 것은 거의 나타나지 않는다. 나타나는 경우에도 비극의 높은 스타일에 완전히 융해되어 버린다. 일상적인 말, 매일 쓰는 물건을 가리키는 보통 말이 허용되지 않는다는 사실은 낭만주의자들이 일으킨 논쟁을 통하여 잘 알려져 있다. 그들은 이러한 고전 스타일을 맹렬하게 공격하였거니와 그중에도 가장 생생하고 재미있는 비판은 빅토르 위고(Victor Hugo)의 시 「비난에 대한 답변」(『명상(Contemplations)』에 들어 있다.)이다. 고전주의가 내건 숭고미의 이상에 대한 위고의 반발은 지나치리만큼 웅변적인 시로 표현되었다고 할 수 있는데, 그중에도 내가 가장 전형적인 것으로 기억하고 있는 것은

    지금 몇 시냐 하고 물은 임금님이 있느냐

하는 대목이다. 이런 것은 라신의 숭엄한 문체하고는 어울릴 수 없는 것이었다.(위고의 「에르나니(Hernani)」에는 이 물음이 나온다.)
    그들을 격리 고립시키는 이 숭엄함 속에서 비극의 왕공(王公)과 공녀(公女)들은 스스로를 정열에 불태운다. 일상생활의 소용돌이에서 해방된 가장 중요한 일들만이 일상의 냄새와 맛을 깨끗이 씻어 낸 채로 그들의 영혼 속으로 투과해 들어가고, 이렇게 하여 그들의 영혼은 가장 크고 강한 강정만을 받아들일 자유를 갖는다. 라신의 작품, 그 조금 전에는 코르네유의 작품에 있어서, 강렬한 감정이 불러일으키는 충격은 대체로 방금 말한바, 사건의 분위기상의 고립에 기인한다. 이것은 현대 과학의 실험에서 가장 좋은 상황을 만들어 내기 위해서 실험 대상만을 유리시키는 조작에 비교될 수 있다. 이렇게 하여 대상은 혼란을 일으키는 요소 없이 중단 없는 지속성 속에서 관찰될 수 있다. 도덕의 차원에서 계급을 기준으로 한 스타일의 분리가 철저하게 행해졌다. 그리하여 어떤 극적 상황에 따르는 실제적인 고려나 유보는 낮은 신분의 사람에 의하여 말해져야 할 정도였다. 왕공 신분의 주인공과 여주인공은 그러한 일에서는 초연한 상태에 있다. 그들의 정열적

인 숭엄함은 모든 실제적인 고려를 경멸한다. 「베레니스」에 보면, 티투스의 의사가 분명하게 밝혀지지 않은 만큼 안티오쿠스의 접근을 잘라 버리는 것은 좋지 않다고 여왕에게 충고하는 것은 여왕의 말 상대인 페니스이다.(1막 5장) 같은 연극에서 베레니스의 곤경을 유리하게 이용할 수 있을 것이라는 귀띔을 해 주는 것은 안티오쿠스의 말 상대 아르사스이다. 티투스가 그녀를 버리면, 그녀는 안티오쿠스와 결혼하지 않을 수 없을 것이라고 아르사스는 추론하는 것이다.(3막 2장) 그러한 고려,(그러한 계산속이라고 말할 수도 있으리라.) 어떤 상황을 그 현실적인 조건에 따라 바라보고 판단을 내리고 하는 고려는 숭엄한 격정의 고통에 휘말려 있는 왕공의 영혼 속에 자리하기에는 너무나 천한 것이고 사실상 틀리기가 십상이다. 이러한 스타일의 감각이 라신으로 하여금, 그가 대본으로 삼았던 에우리피데스의 「히폴리투스(Hippolytus)」에서와는 달리, 히폴리투스에 대한 고발을 페드르의 입을 통하여서가 아니라 그녀의 유모 에노느를 통해서 표현하게 하는 것이다. 그 자신 이 점을 서문에서 설명하고 있다.

    옛 비극에서는 그녀가 직접 히폴리투스를 고발하기로 하지만, 나는 그녀를 조금 덜 가증하게 보이게 하도록 노력하였다. 그 비방은 너무나 천하고 어두운 무엇인가를 가지고 있기 때문에, 달리는 극히 고상하고 드높은 마음을 가진 왕비의 입에 담기에는 적당한 것이 아니었다. 이러한 천한 일은 저열한 성향을 가질 수도 있을 유모에게는 어울리는 것으로 나는 생각했다.

여기에서 라신의 의도는 기독교 신앙의 이름으로 그의 비극에 가하여진 비난에 대항하여 그 도덕성을 옹호하겠다는 것이었지만, 그는 그의 생각을 지나치게 '도덕적'으로 만들고 있는 것이라 할 수 있다. 그의 왕공 귀족의 주인공들의 숭엄함과 어울리지 않는 것은 도덕적인 의미에서의 악이라기보다는 실제적인 잇속을 차리려는 비속한 관심이다.

비극적 인물의 숭엄성의 또 하나의 매우 중요한 특징은 그들의 신체적인 결백성이다. 그들의 신체에 일어나는 모든 일은 높은 격식을 갖춘 것이라야 한다. 일체의 천한 것, 생물학적인 차원의 것은 생략되어야 한다. 코르네유만 해도 자기 시대의 스타일관이 모든 전통적 개념, 그전 작가들의 생각까지도 넘어서서 지나치게 순수한 것이 되었음을 의식하고 있었다. 「테오도르(Théodore)」가 실패했을 때, 그는 그것을 여주인공의 매춘 가능성을 시사한 탓이라고 생각하였다. 그는 「비평론(Examen)」(Grans Écrivains판 전집, 5권 11쪽)에서 말하고 있다.

이런 실패에서 나는 우리 연극 무대의 순결성이 찬양할 만한 것임을 알았다. 성 암브로우스*의 두 번째 장을 장식할 만한 아름다운 이야기도 우리 무대에 올리기에는 너무 음란한 것이다. 이 교회의 대신학자가 했듯이, 내가 이 처녀를 청루의 장면에 등장케 했더라면, 사람들은 무어라고 했을 것인가.

사실 신체의 생물학적인 취약성은 일체가 프랑스 고전주의 숭고 이념에는 맞지 않는 것이었다. 다만 죽음만이, 고양된 스타일에 맞아 들어가는 것으로서, 없을 수가 없는 생물학적 현상이었다. 그러나 어떤 비극의 영웅도 늙거나 아프거나 약하거나 병신이거나 할 수는 없었다. 이 무대에는 리어나 오이디푸스가 나타나는 법이 없다. 아니면 그들도 당대의 지배적인 스타일의 개념에 따라 변형되지 않으면 안 되었다. 「외디프(Œdipe)」의 서문에서, 코르네유는 자신의 대본이 되었던 소포클레스에 대하여 다음과 같이 말하고 있다.

전에 이 작품을 선택하기로 하던 때보다 면밀히 소포클레스를 검토해 보고 나는 전율을 느끼지 않을 수 없었다. 옛날에 기적적인 것으로 간주되던 것이

---

* 4세기의 로마의 신부(神父), 신학자.

오늘의 우리 무대에서는 징그러운 것으로 보일 수 있고, 그 불행한 왕이 눈을 후벼 파내는 것을 자세하고, 웅변적으로 묘사한 구절, 그리고 파내어진 눈을 하고 피가 낭자한 얼굴로 나타나는 그의 모습, 이런 것들은 그 유례를 찾을 수 없는 뛰어난 원작에서는 5막의 전부를 차지하고 있지만, 우리 무대에서는 숙녀들의 꽤 까다로운 취미를 거슬리는 것이었다……. 그래서 나는 이런 혼란을 바로잡아 보려 했다…….(전집, 6권 126쪽)

코르네유가 루이 14세 시대의 스타일 감각에 대하여 속으로 못마땅하게 생각한 것이 없지 않았음을 뒤의 인용문의 어조는 느끼게 한다. 그의 첫 작품이며 또 가장 효과적인 걸작인 「르 시드(Le Cid)」에 보면 따귀를 맞고 적어도 잠시 무력한 노인이 되어 버리는 돈디에그가 등장한다. 부알로나 라신 시대에 들어서서 쓰인 「아틸라(Attila)」에서는 주인공이 코피를 흘리다가 죽는다. (이것을 많은 사람들은 이변이라고 보았다.) 라신의 비극에서는 이런 것들은 생각할 수도 없는 일이다. 그의 세대 사람들에게는 사람의 신체적이고 자연적이고 또는 생물학적인 면 일체가 단지 희극 무대에서나 허용될 수 있는, 그것도 어떤 한계 내에서만 허용될 수 있는 것이라는 전제는 당연한 것이었다. 라신의 비극에서도 늙은 주인공 미트리다트가 등장하기는 한다. 그러나 그는 순전히 숭고한 인물이며, 그의 나이는 스타일의 면에서 다음과 같은 식으로만 표현된다.

피를 마시며 자라고 전쟁에 굶주렸던 이 심장은 나이와 짓누르는 운명에도 불구하고 모니므에 대한 사랑을 어디까지나 지니고 다니노라…….(2막 3장)

마지막으로 고전주의 비극에서는 신체에 관해서도 법도(法度)의 느낌이 강했는데, 이것이 라신으로 하여금(「페드르」에 있어서) 히폴리투스에 대한 고발을 중화시켜 주고 있다. (신체상의 법도는 모든 것을 휩쓰는 사랑의 무한한 폭풍과 기이하게 대조된다. — 현대적인 관점은 이렇게 느낀다.) 서문에서 라신은 말하고 있다.

에우리피데스와 세네카에서는 히폴리투스가 의모(義母)를 겁탈했다는 비난을 받고 있다. "강압적으로 그녀를 취했다"는 것이다. 그러나 여기에서는 그는 다만 그럴 의사가 있었다는 비난을 받을 뿐이다. 관객의 눈에 그를 좀 더 보기 흉하게 했을 정신적 낭패감을 테세우스에게 더 부담시키고 싶지 않았던 것이다.

여기에서 우리는 고대의 관습과의 일반적인 대조를 볼 수 있다. 고대 작가에게 있어서 사랑이 고양된 스타일의 주제가 되는 것은 매우 드문 일이다. 그들에게 있어서 사랑은 중간 차원의 작품에서나 다른 주제, 신이나 운명의 주제와 상관됨이 없이 주요 테마로 등장할 뿐이다. 또 사랑이 등장하면, 비록 장엄한 서사시나 비극에 있어서일지라도 그 육체적인 측면은 아무런 스스럼 없이 이야기된다. 프랑스 비극에 있어서 양상은 정반대다. 고양된 사랑의 이념은 중세의 궁정 문화가 신비주의의 도움을 받으면서 발전시키고 페트라르카주의가 더욱 진전시킨 것인데, 프랑스 비극이 이것을 물려받은 것이다. 코르네유에 있어서 이것은 이미 비극적이고 고양된 주제가 되어 있다. '염정 소설'의 영향 아래 그것은 다른 높은 주제를 밀어내 버린다. 라신은 그것에 사람의 운명을 바꿔 놓고 죽음에 이르게 하는 힘을 부여한다. 그러나 여기에서는 당대의 취미가 천하고 법도에 어긋난다고 본 육체적인 것, 성적인 것은 흔적도 없이 사라져 버린다.

우리가 이야기한 바 비극의 격리 고립 과정은 '단일성의 규칙'에 의하여 상당한 정도로 강화된다. 이 규칙이 사건의 환경과의 접촉을 최소한도로 줄인다. 사건과 장면이 하나가 되고 시간이 24시간이라는 짧은 동안으로 제한되고 사건은 2차적인 의미 연관에서 분리될 때, 역사, 사회, 경제, 지방적 특성의 관점에서 사건을 결정하는 요인이 되는 것은 극히 일반적으로 간단히 언급될 수밖에 없다. 그런데도 라신이 매우 빈약한 수단을 가지고 줄거리의 사건만에 의지해서 분위기를 만들어 내는 데 성공하는 것은 참으로 놀라운 일이다. 그러나 이런 면에서 그의 가장 뛰어난 작품은 「페드르」와 「아탈리」이다. 여기에서 시간과 장소는 (후자에 있어서는 구약 시대, 전자에 있어서는 그리스의 신화 시대) 절대적이고 역사 외적이라고 할 수 있다.

어떤 특정한 순간이 특정한 시간과 풍토의 면에서 그 모습을 드러내는 일은 드물다. 「브리타니쿠스」 2막 2장에서 네로가 쥐니의 야간 도착을 묘사하는 장면을 이 드문 예로 들어 볼 수 있다. 이 뛰어난 구절로 볼 때 이제 우리가 또 살펴볼 다른 부분이나 마찬가지로 어떤 순간의 실감을 표현하는 이러한 장면을 라신이 자주 만들어 내지 않은 것은 시재(詩材)가 부족해서 그런 것이 아니라는 것을 알 수 있다. 그러나 이 구체적인 순간도 줄거리 되는 사건의 심리적 구조에 완전히 흡수되어서 당대의 일반적이고 우회적인 스타일의 표적을 그대로 가지고 있다. 특히 쥐니의 밤잠옷을 묘사하는 부분 같은 곳이 그렇다.

> 잠에서 훔쳐 온 아름다움의 소박한 의상을 입고 아무런 꾸밈도 없이 아름다운……

내 마음에 또 생각되는 부분은 「이피제니(Iphigénie)」의 첫 장면 에우리피데스를 모방한 새벽 풍경의 묘사이다. 여기에는

> 모든 것이 잠들었다. 병정도 바람도 넵투누스도……

하는 뛰어난 구절이 있다. 이 부분은 왕이 잠자는 하인을 깨운다는 '순간의 실감'의 현실적 묘사라는 점에서 유니크하다. 그러나 이것도 완전히 줄거리

사건의 심리적 전개에 근거해 있다. 분위기와 색깔의 실감은 그 자체로서 목적이 되지 않는다. 그 언어 표현도 현실적인 자연스러움을 가지고 있지 않다. 언어는 고양되어 있고 비유에 차 있다. 대체로 시간과 공간의 단일성이 줄거리를 시공간의 너머로 밀어올려 버린다. 독자나 청자는 절대적이고 신화적이며 지도 위에서 찾을 수 없는 어떤 지역을 대하는 인상을 갖는다. 그것은, '염정 소설'의 책에서 나온 여인들로 우스꽝스럽게 가득 찬 모험적인 무하지향(無何之鄕)이 아니다. 라신은 일찍이 이런 곳으로부터 해방되었다. 그것은 고양되고 고립된 어떤 지역으로서 그곳에서 일상적 사건의 저 위에서 고양되고 양식화된 언어를 사용하며 비극의 인물들은 뜨거운 사랑의 감정에 도취한다.

 프랑스의 고전주의 비극은 유럽 문학에 있어서 스타일의 분리, 비극과 일상적 현실의 분리의 극단적인 경우를 대표한다. 비극적 인간과 언어적 표현에 대한 고전주의의 이념은, 지극히 복합적이며 다층적인 전통에 뿌리를 내리고 있으면서 어떤 시대의 일상생활이라고 할 것 없이 일상생활로부터 초연하게 있는 심미적 세련화의 소산이다. 그러나 이것은 가장 최근의 해석은 아니라 하더라도 하여튼 현대의 해석이다. 라신 시대의 미학은 이런 것을 알지 못했다. 라신의 비극 그리고 그에 유사한 작품들을 정당화하고 칭찬하고 옹호함에 있어서 당대의 이론은 자연, 이성, 상식, 개연성 등의 용어를 사용했다. 그의 세기와 그다음의 세기는 라신의 작품에서 자연, 이성, 양식, 실감(le naturel, la raison, le bon sens, la vraisemblance)의 구현을 보았고 예절을 보았고 또 고대 작품의 모방, 그 원형을 능가하는 모방을 보았다. 이러한 판단은 우리가 보기로는 직접적으로 수긍할 만한 것이 아니기 때문에 새로운 해석을 필요로 한다. 사람을 그와 같이 극단적으로 높은 차원에 두고 그렇게 극단적으로 양식화된 말을 하게 하는 것이 이성적이고 자연스러운 일인가? 위기가 그렇게 짧은 동안에 무르익어 그와 같이 중단 없이 전개되는 것이 개연성이 있는 일일까? 사건의 모든 중요한 국면이 같은 방에서 일어난다는 것이 그럴싸한 일인가? 공정한 관찰자에 묻는다면, 어릴 때나 학교 다닐 때부터 이러한 걸작들과 함께 자라고 그 가장 이상한 특징까지도 자연스러운 것으로 받아들이는 사람을 제하고는 당연히 그의 답변은 부정이 될 것이다.

17세기가 라신의 예술을 거장적인 솜씨와 강력한 효과를 가진 것이라고 보았을 뿐만 아니라 이성적이며 상식적이며 자연스럽고 그럴싸하다고 보았다는 사실은 그 시대의 관점에서만 이해될 수 있는 일이다. 라신의 예술을 평가한다는 것은 그 앞 세대의 예술과 이것을 비교한다는 것을 뜻했다. 이것은 라신 이전의 작가들이 이상한 모험적인 사건들을 잔뜩 늘어놓았던 데 대하여 라신의 비극은 단순하고 분명한 상호 관련을 가지고 있는 사건들로 이루어졌다는 관찰을 하게 하였다. 또 바로 앞 세대의 유행이 지나치게 영웅적이고, 미묘하고 황당무계한 갈등(코르네유의 영향이 컸다.)과 '화사파'(Les Precieux)*의 영향으로 과도하게 감상적이고 현학적인 로망스를 즐겼던 데 대하여 라신의 인물들이 겪게 되는 심리 상황과 갈등은 모범이 될 만하게 일반적인 타당성을 가진 것이었다. 이 앞 시대의 성향에 대한 반발은 부알로의 논쟁에, 몰리에르의 초기 희극에서 라신의 서문, 특히 「앙드로마크」, 「브리타니쿠스」, 「베레니스」의 서문에 그 메아리를 남기고 있다.

그리고 부알로와 라신에서 어느 정도로 또 어떤 면에서 고대의 시인들이 본보기로서 숭앙되었나 하는 것을 우리는 알 수 있다. 라신의 동시대인 중에도 정수 분자의 마음을 사로잡았던 것은 그리스 연극에 있어서의 사건의 단순성과 표현의 세련이었다. 코르네유가 아직도 젊고 궁정과 도시 사회의 상부 계층이 연극에 관심을 가지기 시작했던 몇 십 년 전, 삼일치의 법칙(trois unités)이 채용되었다. 이것은 요즘은 통용되는 것이 아닌 개연성의 이념으로 인한 것이다. 연극 상연에 필요한 몇 시간 동안, 관객으로부터 몇 발

* 17세기 초 화사한 수사와 세련된 예의에 주력한 문학과 사회의 한 경향을 나타낸 사람들.

자국밖에 떨어지지 않은, 공간적으로 제한된 무대에서 시간이나 중간의 면에서 서로 너무 상거해 있는 일들이 일어난다는 것은 개연성이 부족한 것이 아니겠느냐 하는 느낌이 있었던 것이다. 그렇다면, 여기서 문제되는 개연성은 사건의 개연성이 아니라 그 무대 재현의 개연성이다. 문제는 무대 위의 착각의 가능성인 것이다. 프랑스 극장의 기술적인 조건은, 특히 17세기 초반에 있어서 장면 전환을 그럴싸하게 해낼 수 있는 처지가 못되었다. 그러다가 이러한 조건의 고려와 고대 작가를 모방하려는 노력이 결합하여 장소의 단일성과 24시간에 한정하는 관습이 받아들여지는 여건을 만들고, 연극의 사건들은 이러한 전제에 맞추어 편성되지 아니하면 아니되었다. 라신이 거장의 솜씨를 보인 것은 이렇게 형성된 영역에서였다. 그에 이르러 사건은 부드럽고 자연스럽게 정해진 틀에 맞아 들어간다. 그리고 무대의 장면을 유리해 내고 극의 사건을 모든 낮고 외적이고 부수적인 것으로부터 격리함에 있어서 라신이 다른 누구보다도 극단에 이르렀다면, 단일성의 규칙의 주어진 제약 아래에서는 그렇게 하는 것이 결과의 자연스러움을 높여 주었다는 점은 의심할 여지가 없다.

  뿐만 아니라(이 점이 가장 중요한 점이라고 할 수 있는데) 무엇이 자연스러운가에 대하여 라신 시대는 나중 시대하고는 다른 생각을 가지고 있었다는 것을 우리는 알아야 한다. 자연스럽다는 것은 문명과 대조되는 것이 아니었다. 그것은 원시 문화, 순수한 민중성, 탁 트이고 막힘 없는 들판으로 이어지는 개념이 아니었다. 그게 아니라 그것은 행동을 우아하게 가지며 사회생활의 가장 어려운 처지에서도 거기에 쉽게 맞아 들어갈 수 있는 교양 있고 닦인 인간형과 일치시켜 생각되었다. 이것은 오늘날 교양이 많은 사람의 자연스러움을 높이 이야기하는 경우에 비슷한 것이다. 어떤 것을 자연스럽다고 하는 것은 그것이 이치에 맞는다 하고 보기 좋다고 하는 것이나 크게 다르지 않은 일이다. 이런 점에 있어서 조화, 이성, 자연스러운 품성의 함양의 요소를 크게 가졌던 고대 문명의 황금기에 17세기는 스스로 대응되는 것이라고 느꼈다. 루이 14세 아래의 프랑스인들은 대담하게 그들의 문화가 고대인들의 문화와 대등한 위치에 있는 본보기라고 생각하고 이러한 견해를 유럽 전체에 부과하였다. 자연스럽다는 것을 교양과 훈련의 산물이라고 해석하는 관점에 근거하여, 어떤 시기 어떤 상황에서나 사람의 마음을 움직이는 것, 즉 그 감정과 정열을 자연스럽다고 생각할 수 있었다. 자연스럽다는 것은 동시에 초시간적으로 인간적인 것이었다. 초시간적으로 인간적인 것, 영원한 인간성의 순수한 표현을 형상화하는 것. 이것이 문학 예술의 최고의 사명으로 생각되었다. 그리고 영원한 인간성은 역사의 미천하고 혼란된 소용돌이보다도 삶의 외로운 봉우리 위에 더 맑고 깨끗하게 나타나는 것으로 생각되었다. 그러나 이것은 영원한 인간성의 개념 안에 어떤 제약을 받아들인다는 것을 의미했다. 오로지 '커다란' 정열만이 있을 수 있는 소재가 되었고 사랑 또한 당대의 생각에 최고의 아름다움에 맞는 형식으로만 표현될 수 있었다.

　어쨌든 루이 14세 시대에 있어서 자연스러운 것은 순전히 심리적인 어떤 것으로 생각되었고, 심리의 영역 한도 내에서는 그것은 변할 수 없는 사실이었다. 그것은 변함 없이 인간적인 것의 정화(精華)였다. 그것을 그들의 문명의 형식으로 표현함에 있어서 17세기는 그 문명을 보편타당한 전형으로, 모범적으로 영원히 인간적인 것을 표현하는 것으로 규정하려 하였다. 그 관점에서는 고대 문화의 황금기를 제외하고는 어떤 시대도 자기들 시대만큼의 보편 타당성을 갖지 않는다고 여겨졌던 것이다. 당대 문화의 또 하나의 특징은 왕공 귀족을 높이 우러러본 것이다. 16세기부터 고대와 중세의 궁정 문화의 과장된 수사 관습은 절대주의적 경향의 확산을 촉진했고 바로크 시대에 이르러 르네상스의 초인(超人) 이상(理想)은 당대의 군주 이념으로 정착했다. 루이 14세의 궁정은 외관에 있어서나 본질에 있어서 절대주의의 발전에 있어서 정점을 기록하는 것이었다. 본래의 권력과 기능을 빼앗기고 임금의 시종 이외 다른 아무 노릇도 할 수 없게 된 구 봉건 귀족이 면밀하게 분화된 위계 사회를 이루어 임금의 주변을 싸고 맴돌고, 이 중에서 임금은 바로크 풍의 고양화 과정을 통하여 절대 군주의 전형을 대표하게 되었다.

'궁정'은 '도시'로 연장되었다. 파리의 대 부르주아지도 임금을 그 사회 생활의 초점으로 생각했고 '궁정'과 '도시'의 구획이 그렇게 분명한 것도 아니었다. 고양화는 그 영향을 왕실의 왕자, 왕녀들에게도 미쳤고 또 정도는 덜 했지만, 군이나 행정 기구의 고위층에 있는 왕의 대리인들에게까지도 미쳤다. 보다 낮은 영역이 추종하여야 할 이상적인 귀감으로서, 왕과 궁정은 프랑스 안에서나 밖에서나 일반적인 통용성을 가졌다. 임금의 생활이 쉴 새 없이 공개되는 것, 말마다 행동거지마다에서 그의 높은 신분을 표하는 범절의 엄수, 관습과 훈련이 자연스러운 것이 되게 한, 왕과 그 시종의 관계를 규정하는 일정한 규칙, 이런 것들이 사회적인 예술품처럼 정교하게 발달했던 상황은 당대의 여러 문헌에 수없이 반영되어 있다. 그리고 이것은 텐(Taine)의 라신론(論)에 잘 묘사되어 있다.(『비평과 역사에 대한 새 에세이(*Nouveaux Essais de critique et d'histoire*)』, 109~163쪽) 관계 인물들은 한정된 자유밖에 갖지 못했지만, 요망되는 대로 늘 안과 밖의 위엄의 조화를 보여 주었다. 이것이 중요한 점이었다. 완전한 자기 수련, 모든 상황과 거기에서 자신이 맡을 역할을 정확히 저울질하는 것, 말과 행동 하나하나마다에 섬세하게 계산되어 있으면서도 자연스러운 몸가짐을 드러내는 것, 이러한 것들이 17세기 후반의 프랑스 궁정에서만큼 발달되었던 곳을 달리 찾아보기 어렵다. 이런 것들은 후기 바로크 시대에 다시 한 번 찬란하게 전에 없던 우아함과 온화함을 가진 것이 되거니와, 이때 문체(文體)와 생활의 형식 속에 표현되었던 것도 이러한 성질들이었다. 사회가 이러했기에, 새로운 우아함을 얻은 바로크 후기의 여러 모습들이 이러했기에 라신의 비극에 반영되어 있는 왕공 귀족의 숭배가 그러했던 것이다. 그의 영웅들로부터는 위엄의 영광됨이 비쳐 나온다. '나의 영광'(Ma gloire)이란 말을 이들 영웅들은 자신들의 신체적 정신적 위엄의 불가침성을 표현하는 말로 곧잘 사용하였다. 그들의 위엄은 단지 외면적인 것이 아니라 그들의 내적 본질의 떼어 놓을 수 없는 한 부분이었다. 이것은 특히 라신의 여주인공들(가령 모니므)이 잘 표현해 주고 있는 점이다. 그러한 고려에서 미루어 라신에 대해서 내리는 평가는 일방적인 것이라 해야 될 것으로 보이지만, 이런 점들은 텐이 날카롭게 지적한 바 있다. 어쨌든 이 위대한 세기의 문학을 역사적인 원근법 속에서 감식하는 데 빼놓을 수 없는 사회학적인 방법을 처음으로 사용한 것은 텐이었다. 사회 상황을 고려하지 않고는, 그 고양된 문체, 특징을 이루는 바로크풍 전형의 화려한 수사적 표현이 어떻게 이 시기에 많은 영역과 국면에, 철학, 과학, 정치, 경제, 심지어는 사회 관계에까지도 현대 합리주의의 성격을 부여하고, 많은 분야에서 현대의 합리적 연구 방법의 기초를 세웠던 이 시기에 이러한 것들이 보편 타당한 규범으로서 받아들여지게 되었는가를 설명할 도리가 없을 것이다.

또 당대의 비평이 그러한 바로크풍의 과장된 형식을 이성과 상식의 관점에서 평가하며 바로크 형식의 세계와 순전히 이성적인 비판과의 차이를 의식하지 못하면서도 섬세한 취미와 날카로운 예술적 감각을 보이며 어떤 작품을 좋다고 하고 또다른 작품들을 나쁘다고 하는지 설명할 도리가 없을 것이다. 이 형식의 세계는 매우 특정한 조건 아래 있는 특정한 사회의 일부의 표현이다. 이 사회 부분의 기능상의 중요성은 그 명성에 비추어 훨씬 작은 것이었다. 위대한 궁정 사회에 에워싸인 위엄 높은 왕의 체제를 수립하는 것이 절대군주주의의 역사적 과업은 아니었던 것 같다. 차라리 그것은 국민의 활력을 한데 모으고 원심적 경향을 분쇄하고 정치, 행정 및 경제에 통일된 조직을 부과하는 것이었다. 궁정은, 말하자면, 이 과정의 부산물이었다. 그것이 존재하게 된 것은 해야 할 기능이 있기 때문이 아니었다. 귀족들이 왕의 주변에 모인 것은 반대로 다른 곳에서 그들이 해야 할 일이 없었기 때문이었다. 임금에 시종한다는 새로운 생활 방식으로부터 궁정에서 봉사한다는 기능이 생겨났다. 궁정뿐만 아니라 '도시'를 프랑스 고전주의 문화의 배경으로 생각한다고 하더라도(사실 그럴 필요가 있는 것이지만) 도시의 부르주아지는 똑같이 소수 집단으로서 당대의 문학 취미를 다양화하는 효과를 주기는 했을 것이나 정치나 예술의 면에서 독자적인 부르주아 의식을 가지고 있지는 못했다. 매우 중요한 두 가지 점에서 '궁정'과 '도시'는 일치했다. 즉 소속원들이 교양을 갖추고 있었다는 것이다. 전문직의 사람들처럼 학문이 많은 것도 아니고 민중처럼 조잡하고 무식한 것도 아니면서 취미 문제에 판단을 내리는 데 필요한 만큼의 지식을 가지고 있고 감식안이 있었다는 말이다. 둘째로 그들은 '점잖은 사람'(honnête homme)의 비특수화, 비전문화의 이상을 실현하려고 노력했다. 그들은 중류의 부르주아라는 것도 세상에서 차지하는 자리로는 괜찮은 신분이라고 보았다. 이것은 우리가 이미 이 장(章)의 처음에 이야기한 바이다.

프랑스 고전주의 문학이 대상으로 한 소수 계층의 성격을 통하여 특히 그 사회적 이상을 통하여, 우리는 비로소 바로크의 고양된 형식과 그것이 어떻게 예술 취미의 이성적인 개념과 결합되었던가를 이해하고 또는 적어도 그것을 공감을 가지고 바라볼 수 있다. 나아가 소수 상류 분자, 궁정의 핵심 또는 주변 인물들의 세련된 사교 세계의 취미에 근거해서만, 비극의 인물을 치켜올려 보는 바로크 형식이 그 대표적 예가 되는 바, 비극적인 것과 현실적인 것의 극단적인 분리를 설명할 수 있다. 프랑스 고전주의에 있어서의 스타일의 분리는 16세기 휴머니스트들이 의도하였던 바와 같은 고대작가의 단순한 모방이 아니었다. 고대의 모범은 초극되었다. 그 결과 일어난 것은 이상적 미래를 지향하는 기독교적 전통과 그 스타일 혼용의 관습과의 단절이었다. 과장된 비극의 인물 「나의 영광」이나 정열의 과도한 숭배는 사실 반기독교적인 것이었다. 이것은 극무대를 못마땅하게 본 당대의 신학자들, 특히 니콜(Nicole)이나 보쉬에가 분명하게 알고 있던 것이었다. 1694년에 쓰인 보쉬에(J. B. Bossuet)의 「희극에 대한 잠언과 성찰(Maximes et Réflexions sur la Comédie)」의 몇 마디를 인용해 보자.

그리하여 시인의 의도는 — 그 노력의 목표는 사람들이 그들의 작품의 주인공처럼 아름다운 여인들에 홀리고, 이 여인들을 신처럼 받들어 모시고, 한 마디로 이 여인들에게 또는 — 이것을 사랑하는 것은 아름다움을 사랑하는 것보다 더 위험한 것이지만 — 영광을 위하여 모든 것을 받쳐야 된다는 것이다.(4장)

이것은 적어도 신학자의 관점에서 볼 때 완전히 옳은 지적이다. 라신의 비극에 그려 있는 사랑의 정열은 관객을 압도한다. 결과가 비극적이라고 해도 비극에 그려 있는 거대하고 장엄한 운명을 찬양하고 모방하라고 관객을 유도한다. 이것은 특히 「페드르」의 경우에 그렇다. 자주 이야기되고 라신 자신도 느꼈던 사실로, 페드르는 신의 은총을 거부했을 뿐 기독교적인 면을 가진 여인이라 할 수 있다. 그러나 전체적인 영향은 전혀 기독교적이라 할 수 없는 것이다. 젊고 감수성 풍부한 마음은 그녀의 모든 것을 잊고 모든 것을 가볍게 보는 사랑의 정열에 대한 감동으로 압도되어 버린다. 이에 못지않게 적절하고 그보다 더욱 꿰뚫어 보는 말은 보쉬에의 '영광'(la gloire)에 대한 말이다. 이 말은 비극의 인물의 고양화를 겨냥한 것인데, 이것은 기독교의 관점에서 '오만'(superbia) 이외의 다른 것이 아니다.

그러나 보쉬에도 니콜도 벌써 1세기 전에 파리 의회가 금지한 바 있는 스타일 혼용의 대중적 기독교 연극을 인정하지는 않았을 것이다. 그들의 윤리적, 심미적 스타일 감각이 본능적인 반발을 느꼈을 것이기 때문이다. 그들 자신도 시대의 스타일 분리 취미에 저절로 물들어 있었던 것이다. 17세기 프랑스의 위대하고 중요한 기독교 저작은 한결같이 그 어조에 있어서 고양되고 숭엄한 것이었고 세기가 진전됨에 따라서 그러한 어조는 더욱 강화된다. (17세기는 16세기의 종교 위기나 18세기 계몽기에 비하여 정통 기독교의 시대라고 간주되는데 이것은 바르게 본 것이다.) 기독교 저작은 일체의 '천한' 표현, 일체의 구체적 리얼리즘을 기피한다. 이것도 왕공(王公)의 고양화에 한몫을 거든다. 그 산물은 소수 상층 분자 '궁정'과 '도시'를 대상으로 쓰인 것과 같은 인상을 준다.

프랑스의 고전주의 스타일의 영향이 전 유럽에 얼마나 컸었던가는 우리가 이미 알고 있는 바이다. 비극의 심각성과 일상적 현실이 다시 마주치는 것은 훨씬 나중에 가서 바뀐 조건 아래서이다.

중단된 만찬 · 1
── 계몽주의 시대의 리얼리즘

저녁 식사를 차려 놓았다. 나는 명랑한 기분으로 식탁에 앉았다. 그러나 그녀와 나 사이에 있는 촛불에 비치는 내 사랑하는 이의 얼굴과 눈에는 슬픔이 깃들어 있는 게 보였다. 그렇게 생각하니 나도 덩달아 슬퍼졌다. 그녀의 두 눈이 예사롭지 않게 내게 쏠려 있었다. 나는 그것이 사랑인지 혹은 동정인지 분간할 수가 없었다. 정겹고 다감한 감정인 것처럼 보이기는 하였지만, 나도 똑같이 그녀를 골똘히 바라보았다. 그녀도 내 눈길로는 내 심정을 헤아리기가 똑같이 어려웠을 것이다. 우리 두 사람은 입을 열 생각도 음식을 입에 댈 생각도 하지 않았다. 마침내 그녀의 아름다운 눈에서 눈물방울이 떨어지는 게 보였다. 부실(不實)한 눈물!

"아, 하느님!" 나는 외쳤다. "당신 울고 있구려, 사랑하는 마농, 당신은 눈물이 날 정도로 슬픔에 잠겨 있어. 그런데 그 슬픔에 관해 내게 일언반구도 하고 있지 않아!" 그녀는 한숨을 내쉴 뿐이었고 그 때문에 내 불안은 더해 갔다. 나는 몸을 떨면서 일어났다. 간절한 사랑으로 눈물의 까닭을 내게 실토해 달라고 호소하였다. 그녀의 눈물을 닦아 주면서 내 자신 눈물을 흘렸다. 나는 살아 있는 것 같지가 않았다. 내 슬픔과 두려움을 보았다면 오랑캐라도 마음이 동했을 것이다.

이렇게 그녀에게 골몰해 있는데 몇몇 사람이 층계를 올라오는 소리가 들렸다. 문에 가벼운 노크 소리가 났다. 마농은 한 번의 입맞춤을 마치고 내 품 안을 벗어나서 급히 옆방으로 들어가 문을 잠궈 버렸다. 약간 어지러운 상태였기 때문에 노크를 한 낯모르는 사람들 눈에 띄지 않게 하려는 것이려니 하고 나는 생각하였다. 나는 문을 열어 주었다.

문을 열자마자 나는 세 사나이들에게 꽉 붙잡힌 몸이 되었다. 그리고 이내 그들이 아버지의 시종임을 알아보았다.

이 구절은 아베 프레보가 쓴 「마농 레스코(Manon Lescaut)」에서 뽑은 것이다. 이 짤막한 소설은 1731년에 처음으로 나왔는데 그것은 볼테르의 「영국에 관한 편지(Lettres anglaises)」와 몽테스키외의 로마인들에 관한 저작이 나오기 조금 전의 일이었다.

이 장면의 첫 머리에서 두 사람의 등장인물, 마농과 슈발리에 드 그리외가 처해 있는 상황은 다음과 같다. 학교를 갓 나온 양갓집 자제인 열일곱 살 난 슈발리에와 나이가 아래고 수녀원에 가고 있는 참이었던 마농은 아미앵의 역사(驛舍)에서 몇 주일 전에 우연히 만나 함께 파리로 줄행랑을 쳤다. 그곳에서 두 사람은 깨가 쏟아지는 목가적 생활을 했으나 마침내 가진 돈이 다 떨어져 가게 되었다. 이러한 난경에서 마농은 이웃의 큰 부자인 세무원과 관계를 갖게 된다. 그리고 이 세무원이 슈발리에 집안에 아들 소식을 고해 바쳐 버렸다. 슈발리에가 납치당해 가는 바로 그날 아침에 슈발리에는 마농과 세무원과의 관계를 우연히 알게 된다. 그는 크게 동요하지만 마농에 대한 천진한 신뢰와 사랑이 일단 승리를 거둔다. 그는 천진한 설명을 생각해 낸다.(즉 마농이 세무원을 중개인으로 해서 집안에서 돈을 구해 가지고 자기에게 몰래 줄 참이거니 하고.) 그날 밤 돌아온 그는 그녀에게 캐묻지를 않는다. 그녀 편에서 먼저 얘기를 꺼낼 것이라 기대하고 있기 때문이다. 불안감이 없지 않으나 이 행복한 기대에 찬 기분으로 그는 식탁에 앉은 것이다. 소설 전체가 슈발리에가 1인칭으로 이야기하는 형태로 되어 있기 때문에 이 장면을 서술하고 있는 것도 슈발리에 자신이다.

그것은 생생한 극적 장면으로서 구성상으로 보아 무대 상연에 적합할 정도이고 또 감정으로 충만해 있다. 그것은 세 부분으로 세분할 수 있다. 첫째 부분은 촛불 하나를 사이에 두고 아무것도 입에 대지 않은 채 은밀히 서로를 지켜보면서 식탁에 앉아 있는 두 애인들 사이의 말없는 긴장을 보여 준다. 그는 마농이 슬퍼하고 있음을 알아차리고 이에 따라 자기도 울적해지고 만다. 그는 그녀의 슬픔을 분석해 보려 한다. 그는 불안에 빠지나 이 불안 속에는 불신보다도 그녀의 슬픔에 대한 정겨운 동정이 승하다. 그녀의 감정을 해석하려는 그의 방식, 정겨운 사랑에 넘치는 그녀에 대한 묘사, 줄거리의 그 후의 발전을 이미 잘 알고 내레이터로서 그가 이 대목과 뒤의 대목에서 끼워 넣은 비난의 말(가령 뒤에서는 부실의 눈물!)까지도 그의 순진하고 감동적인 사랑을 반영하고 있다. 그것은 의심이 갈 만한 까닭들을 모두 묵살하는 천진한 사랑이다. 쉽게 동하는 마농의 마음속에서 우리는 이내 다가올 작별에서 오는 고통,(그녀는 그녀 나름대로 그를 사랑하고 있으니까) 그리고 얼마간의 뉘우침, 그가 그녀의 배반을 알게 될지도 모른다는 두려움 등을 짐작할 수 있다. 그가 보통 때의 그가 아니라는 것을 그녀 또한 눈치 채고 있기 때문이다. 나어리고 또 피차 아주 가까운 두 사람의 본능적인 접촉이 말없는 장면 속에 탄복하리만큼 잘 나타나 있다. 실제로 색정적인 화제는 언급되어 있지 않지만 이 장면은 관능적인 것으로 차 있다. 오래전의 과거를 회상하고 있으며 그것도 야비하고 우스꽝스러운 책략에 걸린 거의 우스개 난장판 같은 장면을 회상하고 있으면서도 내레이터는 여전히 애상적·정감적으로 다루고 있다.

마농이 눈물을 흘리면서 말없는 긴장은 끝난다. 그리고 두 번째 격정의 장면이 시작된다. 그는 그녀가 우는 것을 보고 참지 못한다. 사랑이 듬뿍 담긴 눈물겨운 힐난조의 끈질긴 질문에 그녀가 한숨만을 지어 보이자 그는 고스란히 자제력을 잃어버린다. 그는 벌떡 일어나 몸을 떤다. 그녀에게 질문을 퍼붓고 눈물을 닦아 주려고 하면서 그 자신 울음을 터뜨린다. 이 장면조차 그는 회상을 하며 진지하게 또 정감적으로 다루고 있다.("오랑캐라도 마음이 동했을 것이다."(un barbare aurait été attendri……) 18세기 문학에서는 눈물이 그 전엔 한 독립된 모티프로서 지니지 못하였던 중요성을 지니게 되기 시작한다. 영혼과 감각의 경계에서 눈물이 사람들을 움직일 수 있는 힘으로 활용되었고 또 당시 유행하던 정감과 에로티시즘이 뒤섞인 감흥을 만들어 내는 데 각별히 효험이 있다는 것이 알려지게 된 것이다. 미술과 문학에서 점점 인기가 있게 된 것은 특히 쉽게 감동되고 쉽게 정열이 타오르는 미녀의 눈에서 뚝뚝 떨어지거나 혹은 볼을 타고 흐르는 눈물이었다. 눈물은 이를테면 하나하나 지켜보는 대상이요 또 맛보는 대상이었다. "아름다운 두 눈에서 눈물이 떨어지는 것을 본다."(on les voit tomber des beaux yeux) 그리고 눈물의 양을 따졌다는 것은 위의 구절에는 나오지 않지만 흔히 사용되는 "눈물 몇 방울"(quelques larmes)이라는 표현에서 엿볼 수 있다. 이 표현을 해석한다는 것은 현학적이 될 수밖에 없지만 그러나 그것은 시대의 양식과 감정의 특징을 가장 현저하게 나타내고 있다. 그것이 태 부리는 것에서 유래하는 것임은 의심할 여지가 없다. 나는 요절한 앙리에트 앤 당그르테르 부인에게 바친 「앙드로마크(Andromaque)」의 헌사 속에서 처음으로 이 표현에 부딪혔다. 이 헌사에서 라신은 이렇게 적고 있다. "부인께서 눈물 몇 방울을 흘리신 영광을 받은 것은 사람들이 모두 알고 있사옵니다……."(on savait enfin que vous l'aviez honorée de quelques larmes……) 이 경우 한정된 양은 부인의 고귀한 신분을 나타내고 있다. 귀부인은 눈물 몇 방울을 흘림으로써 라신의 비극에 큰 영광을 안겨 주는 것이다. 그러나 18세기로 오면 '눈물 몇 방울'은 위로를 필요로 하는 짤막한 연애상의 분규를 나타낸다. 이들 눈물, '흘리고'(qu'on verse), '떨구고'(qu'onait tomber), '숨기는'(qu'on cache) 눈물은 닦아 주기를 기다리고 있는 것이다.

이제 세 번째 장면이 시작된다. 사람들이 층계 올라오는 소리가 들리고 문을 두드리는 소리가 난다. 마농은 잽싸게 다시 한 번 입맞춤을 한다. 여러 해가 지난 뒤에도 그는 그 입맞춤을 잊지 않고 있다. 이에 그녀는 그의 품을 벗어나서 옆방으로 사라져 버린다. 슈발리에는 여전히 추호의 의심도 갖고 있지 않다. 그녀는 약간 어지러운 상태이다.(un peu en désordre) 아마도 실내복 차림으로 저녁 식탁이 앉았기 때문이거나 조금 전의 격정적인 장면이 외양에 흔적을 남긴 때문이리라. 그녀가 알지 못하는 방문객들의 눈에 띄고 싶어하지 않는 것은 당연한 일이다. 슈발리에 스스로 문을 연다. 방문객은 그의 부친의 시종들이다. 그들이 그를 붙잡는다. 순간 사랑하는 사람들의 목가(牧歌)는 끝장이 나고 만다. 여기서 나는 여성의 옷차림의 '어지러움'에 관해서 몇 마디 하고 싶다. 이것 또한 18세기에는 그 이전보다도 강조되고 있다. 우리는 이미 「브리타니쿠스(Britannicus)」의 한 장면에서 그것이 품위 있게 완곡 어법으로 표현되어 있는 것을 보았다.(잠에서 방금 나꿔채 온 미인의 수수한 옷차림.(dans le simple appareil/d'une beauté qu'on vient d'arracher au sommeil)) 그런데 이제 이런 모티프를 찾아내어 활용하게 되는 것이다. 묘사나 암시에 있어 아주 색정적인 것이 섭정 시대 이후 크게 유행하게 된다. 18세기 동안 내내 이러한 종류의 모티프를 문학에서 보게 되는데 그것도 엄밀한 의미에서의 색정적인 문학에 한정되어 있는 것이 아니다. 훼방받은 목가, 갑작스러운 바람, 넘어짐, 뛰어오름, 그리고 그 사이 여체(女體)의 가리운 부분이 드러나거나 흔히 '매력적인 어지러움'이 생겨나는 것이다. 루이 14세 때의 고전주의 시대엔 이런 형태의 에로티시즘은 희극에조차 존재하지 않는다. 물리에르가 난잡해지는 법은 없다. 이제 색정적이고 감상적, 친밀함이 뒤섞여 색정적인 요소는 철학 및 과학의 계몽주의가 남긴 삽화에조차 나타나게 된다.

위에 인용한 원문에 보이는 사진 전체는 그 친밀함에 있어 수많은 중세 말기의 그림의 '집안의 틀'을 상기시킨다. 그러나 후자에 있어서 의미심장한 생물적 요소가 위에서는 전혀 보이지 않는다. 도리어 매끄럽고 요염한 우아함을 특징으로 하고 있다. 주제도 그 묘사도 어떠한 종류의 것이든 존재의 깊이에로 침투하지 못하고 있다. 비슷한 시기에 거장다운 완벽함을 몸에 붙인 유명한 동판 조각가들의 책 속의 삽화처럼 그것은 실내화(室內畵, intérieur)라는 말을 쓰는 게 십상인 단정한 구도를 가진 싱싱하고 친밀한 그림을 보여 주고 있다. 「마농 레스코」나 그 비슷한 시기거나 조금 후의 많은 다른 작품 속에는 이러한 실내화가 풍부한데 그 세련된 우아함, 눈물겨운 감상성, 색정적·윤리적 경박성은 그 나름으로 독자적인 사랑과 가정 생활의 장면이 주제를 이루고 있는데 때로는 색정적인 것이 또 때로는 감상적인 것이 강조되기도 하나 이 두 요소가 전적으로 배제되어 있는 경우는 드물다. 기회가 있으면 옷가지, 집안 집기, 집안 시설물 등의 교태다운 세밀함과 운동 및 색채에 대한 즐거움도 선연하게 서술되거나 환기된다. 이러한 작품 속에는 엄밀한 스타일 분리는 문제가 되어 있지 않다. 모든 계급으로부터의 부차적 인물, 상업상의 거래, 당대 문화 일반의 다양한 장면 등이 줄거리 속에 짜여져 있다. 실내화는 동시에 당대의 풍속화(Sittenbilder)인 것이다. 「마농 레스코」에서 우리는 돈 얘기를 많이 듣게 된다. 시종, 여관, 형무소가 있고 관리가 나온다. 무대 밖의 장면도 주의 깊게 그려져 있어 거리의 이름조차 나온다. 미국으로 이송되는 도중인 창녀들의 무리도 지나간다. 도처에 리얼리즘이 차 있다. 한편 각자는 독자들이 자기 이야기를 진지하게 받아들이기를 바라고 있다. 작자는 그것을 극도로 도덕적인 동시에 비극적인 것으로 만들려고 노력한다. 도덕적인 국면으로 말하자면 명예와 미덕에 관한 이야기가 많이 나온다. 그리고 비록 슈발리에가 야바위꾼, 사기꾼, 뚜쟁이가 되기는 하지만 고상한 감정을 표현하고 설교적인 언사를 토로하는 즐거움을 갖는다는 버릇을 저버리지 못한다. 그의 설교가 극히 진부하고 또 때로는 수상한 것이기도 하다는 것은 사실이지만 작자가 그것을 진지하게 다룬다는 것은 분명하다. 게다가 마농조차도 그에게는 '정말로' 정숙한 여인으로 비친다. 불행히도 성품이 무엇보다도 쾌락을 사랑하게끔 되어 있을 뿐인 것이다. '작자의 견해'(Avis de l'auteur)는 그것을 다음과 같이 적고 있다.

그녀는 미덕을 알고 있고 그것을 애호하기까지 한다. 그럼에도 아주 창피한 짓을 저지르고 만다. 그녀는 지극히 정열적으로 슈발리에를 사랑한다. 하지만 유복한 생활을 하고 광(光)을 내리는 욕망이 슈발리에에 대한 그의 사랑을 배반하게끔 만들어 버린다. 그리하여 그녀는 슈발리에보다 부유한 세무원을 취한다. 독자의 관심을 끌고 이 타락한 소녀에게 일어난 치명적인 창피스러움에 관해서 독자들의 동정을 환기시키기 위해서 어떠한 기술인들 불필요한 것이 있을 것인가!

이것은 유별날 바 없는 흔하디 흔한 타락이다. 위대한 점도 위엄도 없다. 그러나 작자는 그 점을 느끼지 못하는 것 같다. 슈발리에의 정신 나간 성적(性的) 얽매임과 마농의 거의 무구한 무도덕성은 별난 점이 없다는 바로 그 점 때문에 무엇인가 전형적인 요소를 가지고 있고 바로 이 전형성 때문에 이 짤막한 소설은 당연히 유명한 것이다. 그러나 아베 프레보는 이 두 사람이 여느 건달과는 생판 다르며 '정말로' 착한 사람들이라고 우기면서 어떻게 해서든지 그들을 영웅으로 만들고 싶어하는 것이다. 홀연히 자기 자신을 발견하고 또 그의 거짓이 모두 드러났을 때 슈발리에를 사로잡은 생생한 곤욕감은 그에게 자기가 대다수의 인간보다 깊고 풍부한 감정을 가진 아주 특수하고 탁월한 인물이라고 선언할 기회를 제공해 준다. 그리고 슈발리에가 "흥청거리고 잔 다음날 아침"의 자책을 어린애처럼 감정적으로 해석하는 것을 프레보가 아주 진지하게 취급하고 있음은 분명하다. 그의 등장인물들은 시종일관 감상적이고 허풍스럽다. "가라, 배은망덕하고 아비에게 대드는 놈아!"(Adieu, fils ingrat et rebelle!) 하고 슈발리에의 아버지는 고함친다. "야만스럽고 도리 없는 아버지 안녕!"(Adieu, père barbare et dénaturé) 하고 아들은 화답한다. 이것은 당시 유행하게 된 '눈물짜기 희극'(comédie larmoyante)의 가락이다. 이렇다 할 특성이 없는 악덕과 같이 미덕관도 이렇다 할 특색이 없다. 그것은 전적으로 성(性), 성생활 영위에 있어서의 질서나 무질서와 관련되어 있고 따라서 그 자체가 에로티시즘에 젖어 있다. 이 경우 미덕이란 것은 색정적 감정의 장치 전체와 떼어 놓고 생각될 수 가 없다. 등장인물들의 어린애같이 장난스럽고 방자한 타락상을 보여 줌으로써 작자가 독자에게 불러일으키고자 하는 즐거움은 필경은 성적인 자극이다. 이 성적 자극은 항시 감상적이고 윤리적인 언어로 해석되고 있으며 그것이 환기하는 훈기는 감상적인 윤리를 만들어 내기 위해 남용되고 있다. 이러한 혼합은 18세기에는 자주 발견된다. 디드로의 윤리적 태도는 색정적인 요소가 들어 있는 열띤 감상성 속에 뿌리 박고 있으며 루소조차도 그 흔적을 여전히 보여 주고 있다. 점증하는 사회의 시민적 경향, 19세기 내내 유지되었던 정치적 사회적 안정, 중간 계층 및 부유층의 안온한 생활, 이에 따라 이러한 사회 계층의 젊은 세대 사이에 정치상·직업상의 근심걱정이 없어지게 된 것, 이 모든 것이 위의 원문이나 그 비슷한 많은 글에서 볼 수 있는 도덕적 미적 형식의 발전에 기여하게 된 것이다. 이 사회 질서가 흔들리기 시작하고 마침내 무너졌을 때 그 문제성 있는 성격이 누구에게나 분명해졌지만 새로이 형성된 혁명적인 사상은 시민층의 감상주의를 흡수했고 이 감상주의는 그대로 남은 채 19세기로 넘어 들어간 것이다.

   이리하여 인용된 위의 대목은 리얼리스틱한 것과 심각한 것이 혼합된 일종의 중간적인 스타일의 보기라고 할 수 있다. 사실 이야기는 비극적으로 끝나기까지 하는 것이다. 이 혼합은 매우 매력적이나 심각한 비극과 리얼리즘이란 두 개의 성분은 덤덤하게 피상적이다. 리얼리스틱한 묘사는 생기 있고 다채로우며 생생하고 눈으로 보는 듯하다. 더할 나위 없이 야비한 묘사도 나온다. 그럼에도 언어는 항상 매력적이고 우아하다. 문제성 있는 것은 흔적도 보이지 않는다. 사회적 환경은 확고히 주어진 테두리이며 그것은 있는 그대로 받아들여지고 있다.

계몽주의의 선전 목적에 봉사하는 리얼리스틱한 구절의 스타일 수준은 생판 다르다. 그러한 보기는 섭정 시대 이후에 눈에 띄고 세기가 진행됨에 따라 더욱 빈번해지고 또 점점 논쟁적이며 공격적이 된다. 이러한 놀음의 거장은 볼테르이다. 첫 번째 보기로서 비교적 초기인 철학적 편지의 여섯 번째 편지에서 인용해 본다. 이 대목은 영국의 인상을 다루고 있다.

많은 궁정보다 더 존경할 만한 장소인 런던 증권거래소엘 들어가라. 그러면 인류에 봉사하기 위해 모든 나라의 대표들이 모여 있는 것을 보게 될 것이다. 그곳에선 유대교도, 회교도, 기독교도들이 마치 같은 신앙을 가지고 있거나 한 것처럼 함께 거래하고 이단이란 이름은 파산한 자에게만 붙인다. 그곳에선 장로교도가 재세례교도를 신용하고 영국교도가 퀘이커교도의 약속을 받아들인다. 이 자유롭고 평화로운 모임을 떠나면 유대 교회당으로 가는 이도 있고 술을 마시러 가는 이도 있다. 아버지의 이름으로 아들을 통해서 성령에 이르기 위해 세례를 받으러 가는 이도 있다. 또 어떤 이는 아들의 포피(包皮)를 베어 내고 알지 못하는 히브리 말을 머리 위로 중얼거리게 한다. 또 머리에 모자를 쓴 채 신의 계시를 기다리기 위해 교회로 가는 이들도 있다. 그리고 이들은 모두 만족하고 있다.

런던 증권거래소에 관한 이 묘사는 사실적인 목적을 위해서 쓰인 것은 아니다. 그곳에서 벌어지고 있는 일이 그저 일반적으로 계시되어 있을 뿐이다. 어떤 생각을 넌지시 암시하자는 것이 목적인데 꾸밈 없이 대충 말해 보면 다음과 같이 된다. '개개인의 이기주의에 의해서 주도되는 자유로운 국제 간의 상업 거래는 인간 사회에 유익하다. 그것은 사람들을 공통의 평화로운 활동으로 결합시킨다. 이에 반해서 종교는 우스꽝스러운 것이다. 모든 종교가 참다운 유일한 종교라고 내세우지만 그 수가 굉장히 많다는 것, 그

교의(教義)와 세식(歲式)이 무의미한 것이라는 것만 보더라도 종교의 우스꽝스러움은 증명되고도 남는다. 그러나 종교의 수효가 많고 아주 달라서 피차 참아 주어야 하는 나라에서는 종교는 큰 해를 끼치지 않으며 무해무덕한 광기의 형태라고 간주할 수 있다. 일이 고약하게 되는 것은 종교가 서로 싸우고 박해하는 경우일 뿐이다.' 그러나 이렇게 거기 담긴 생각을 꾸밈없이 적어 본다 하더라도 수사적(修辭的)인 거짓이 들어 있게 마련이다. 그리고 이 거짓도 볼테르의 사상 자체에 들어 있는 것이기 때문에 제거해 버릴 수가 없는 것이다. 그것은 실제적으로나 도덕적으로나 상업이 종교보다 높은 자리를 차지하고 있는 종교와 상업의 의외로운 대조이다. 종교와 상업이 같은 차원에 있으며 같은 관점에서 판단되어야 할 인간 활동의 두 가지 형태인 것처럼 그 둘을 짝지어 놓고 있는 것 자체가 불손한 일이다. 뿐만 아니라 그것은 종교로부터 그 가치와 본질을 형성하고 있는 것을 자동적으로 제거해 버리는 문제 제출의 방법 혹은 실험적 배치라고 할 수도 있는 것이다. 종교는 처음부터 불합리한 것으로 보이도록 마련된 위치에 놓여 있다. 이것은 모든 시대의 궤변가나 선전가들이 성공적으로 활용해 온 수법이고 볼테르는 그러한 수법의 대가인 것이다. 바로 이 때문에 생산적 노동의 축복을 보여 주려 할 때 그가 농장이나 사무소나 공장을 택하지 않고 증권거래소를 택한 것이다. 그곳에는 온갖 신앙과 온갖 배경을 지닌 사람들이 모여들기 때문이다.

    그가 증권거래소로 우리를 초대하는 방식은 거의 엄숙할 지경이다. 그는 그곳이 많은 궁정보다 몇 갑절 경의에 값하는 것이라고 하고 있다. 또 그곳에 출입하는 단골들은 인류를 위해서 모여든 나라의 대표라고 부른다. 이어서 그는 단골 출입자들을 더욱 자상하게 묘사한다. 그리고 처음엔 거래소에서 활동하는, 그리고 이어서 사생활을 하는 그들을 관찰한다. 어느 경우에나 그는 그들의 종교상의 차이를 강조한다. 그들이 거래소에 있는 한 종교상의 차이는 중요성을 띠지 않는다. 종교는 상업에 개입하지 않는다. 이것이 그에게 이단이란 말을 두고 말장난을 할 기회를 준다. 그러나 그들이 거래소를 떠나자마자, 즉 싸움질하는 성직자들의 모임과는 대조적인 자유롭고 평화로운 모임을 떠나자마자 종교적 견해의 차이가 전면 노출된다. 방금까지 조화로운 전체였던 것, 이를테면 모든 인간 사회의 이상적인 협력의 상징이었던 것이 이제 마구 무너져 서로 연관 없고 조화되지 않는 부분으로 조각 나 버린다. 위의 대목의 나머지 부분은 이러한 조각들을 생생하게 서술하고 있다. 거래소를 떠나서 상인들은 흩어진다. 유대교 교회당으로 가는 이들도 있고 술 마시러 가는 이들도 있다. 문장 구성상의 대비는 이 두 가지가 시간을 보내는 똑같이 가치 있는 방법임을 나타내 주고 있다. 이어서 신앙심이 두터운 거래소 단골 출입자들의 세 집단, 즉 재세례교도, 유대교도, 퀘이커교도들의 특징을 보게 된다. 이때 볼테르는 피차 다르고 또 무관계한 그러나 어느 경우에나 본질적으로 불합리하고 희극적인 순수하게 외면적인 디테일을 강조한다. 이때 드러나는 것은 유대교도나 퀘이커교도들의 본질도 아니요 그들의 신념의 근거나 특정한 형태도 아니고 특히 국외자에게는 각별히 우스워 보이는 종교 양식의 외적 국면이다. 이것 또한 흔히 애용되는 선전 방책의 한 보기인데 이러한 방책이 이 경우보다 한결 조잡하고 흉칙하게 사용되는 경우가 흔하다. 그것은 '탐조등 수법'이라고 할 수 있겠다. 이 수법은 폭넓은 복합체의 한 작은 부분을 과도하게 조명하는 한편 강조된 부분을 설명하고 그 근원을 밝히고 또 균형이 잡히도록 나머지 부분을 보충할 만한 다른 모든 것을 눈에 띄지 않도록 하는 데서 성립한다. 그 결과 진실을 말한 것처럼 보인다. 거기서 말한 것을 부정할 수는 없기 때문이다. 그럼에도 모든 것은 왜곡되어 버린다. 왜냐하면 진실이란 전면적인 진실과 함께 여러 요소의 적절한 상호 관련을 갖추기를 요구하는 것이기 때문이다. 특히 강렬한 격정의 시대에 있어서는 대중이 이러한 거짓수에 되풀이 속아 넘어간다. 그리고 최근에 이러한 사례를 너무나 많이 보아 왔다는 것은 누구나 알고 있는 사실이다. 그러나 대개의 경우 그 거짓수를 간파하기란 결코 어려운 일이 아니다. 그러나 긴장한 시대에 있어서 민중이나 대중들에게는 거짓을 간파하려는 욕구가 없게 마련이다. 특정한 생활 형식이나 사회 집단이 생명이 다했거나 혹은 그저 애호나 지지를 잃어버렸을 때 선전가들이 그것을 부당히 공격하게 되는데 이때의 부당성은 사실대로 부당한 것으로 반(半)의식적으로 느껴지기는 하나 사람들은 그것을 가학적인 희열을 느끼며 환영한다. 고트프리트 켈러(Gottfried Keller)는 그의 「젤트빌라(Seltwyla)」연작 속에 있는 잃어버린 웃음에 관한, 한 중편 소설에서 이러한 심리적인 상황을 아주 자상하게 그려 보여 주고 있는데 이 작품에서는 스위스에서의 모략 중상 싸움이 논의되고 있다. 그가 그리고 있는 사항들을 우리들이 현대에 목격하였던 것과 비교한다는 것은 맑은 시냇물에 난 약간의 흙탕물을 오물과 피로 물든 바다와 비교하는 것과 진배 없다는 것은 사실이다. 켈러는 침착하고도 명석하게 또 편견 없이 이 문제를 토의하고 있으며 또 어떤 사소한 디테일이라도 뭉개는 법이 없고 부정이나 부당함을 가려 주거나 그것을 마치 '보다 높은' 형태의 정의인 양 말하고자 하는 법이 없다. 그럼에도 그는 이러한 것들 가운데서 자연스럽고 때로는 이롭기까지 한 요소를 감지하는 듯이 보인다. 왜냐하면 뭐니 뭐니 해도 "정부의 변화나 자유의 신장이 정당치 못한 운동이나 진실하지 않은 구실 때문에 야기된 적이 한두 번이 아니기" 때문이다. 켈러는 자유의 신장을 야기하지 않는 정부의 중요한 변화를 상상할 수 없었다는 점에서 행운이었다. 우리가 본 것은 그와 딴판이었으니까.

볼테르는 의외로운 가락으로 대목을 끝맺는다. "그리고 이들은 모두 만족하고 있다."(et tous sont contents) 요술쟁이처럼 날렵하게 그는 세 개의 날카로운 어구로 세 신조(信條) 혹은 종파(宗派)를 풍자적으로 그리고 있으며 똑같이 날렵하고 놀랍고 또 유쾌하게 네 개의 끝마무리 단어가 독자에게 덤벼든다. 이들 단어는 아주 의미심장한 내용을 담고 있다. 어째서 모두 만족하고 있는 것일까? 누구나가 사업을 할 수 있고 평화 속에서 부자가 될 수 있기 때문이다. 또 누구나가 자기의 종교적 광기에 평화롭게 매달릴 수가 있고 그 결과 아무도 박해를 하거나 박해받는 일이 없기 때문이다. 관용 만세! 그것은 누구나 사업을 하고 재미를 보도록 허용한다. 그 재미가 술 마시기건 어이없는 형태의 예배를 고집하는 것이건 간에 말이다.

소망스러운 해결이 문제를 제기하는 방식 속에 이미 들어 있도록 문제 제기를 하는 방법, 그리고 적수(敵手)의 우스꽝스러움, 어이없음, 혐오스러움을 강렬하게 조명하는 탐조등 수법은 둘 다 볼테르 훨씬 이전부터 사용된 수법이다. 그러나 볼테르는 그들을 다루는 독자적인 방식을 가지고 있다. 특히 그의 속도는 그만의 것이다. 속도 있고 날카로운 발전의 요약, 장면의 잽싼 전환, 흔히 한꺼번에 볼 수 없는 것들을 갑작스럽게 대조시켜 놀라게 하는 것, 이 모든 점에 있어서 그는 거의 독자적이고 유례를 찾을 수 없을 정도이다. 그의 재치의 많은 부분이 이 속도 속에 놓여 있다. 그의 경탄할 만한 로코코 풍의 소묘를 읽어 보면 이 점이 뚜렷해진다. 예를 들어 본다.

파리에서 멀지 않은 샤랑통에 접한 수풀 한구석에서 그는 금발을 댕기로 묶은 멋장이 마르통을 보았다. 그녀의 허리는 날씬하고 그녀의 짧은 스커트는 홀쭉한 흰 다리를 힐끗 보여 주고 있다. 로베르가 다가간다. 그는 천국의 성자(聖者)라도 혹하게 할 얼굴을 본다. 장미와 백합의 아름다운 꽃다발이 누구나 보고서는 찬미하지 않을 수 없는 두 개의 흰 사과 사이에 놓여 있다. 그녀의 풋풋하고 꽃다운 발그레한 안색은 싱싱한 꽃다발조차도 무색하게 만들 것이었다. 꾸밈없이 말한다면 이 기적 같은 젊은 미녀는 바구니를 안고 매력을 담뿍 품은 채 버터와 갓난 달걀을 팔려고 시장에 가는 길이었다. 부정한 욕정에 휘말린 로베르 양반은 단번에 말에서 뛰어내려 탁 터놓고 그녀를 끌어안았다. 그는 말했다. "가방 속에 20에퀴가 들어 있습니다. 그게 나의 전 재산이오. 거기다가 내 심장을 가지십시오. 모두 그대 것이오." "너무나 과한 영광이옵니다."라고 마르통은 대답하였다.

이 구절은 상당히 후기의 운문 이야기인 「귀부인들의 마음에 드는 것(Ce qui plaît aux dames)」에서 인용한 것이다. 아주 공들여서 쓰였으며 그것은 기사(騎士)가 처음엔 멀리서 그리고 점점 가까이에서 마르통의 아름다움을 찬미하면서 받아들이는 단계적인 인상의 묘사에서 엿볼수 있다. 그 매력은 주로 속도에 있다. 만약 이 대목이 더 길게 벌어진다면 생생함을 잃고 진부해지고 말 것이다. 이 대목의 기지도 그 속도에 있다. 사랑의 선언이 희극적인 것은 그저 놀랄 만큼 간결하게 본질적인 점을 말하고 있기 때문이다. 다른 데서와 마찬가지로 여기서도 볼테르의 속도는 그의 철학의 일부인 것이다. 이 경우 그가 보게 되는 대로의 인간 행동의 본질적인 동기를 날카롭게 돋보이게 하고 말하자면 폭로하고 극단적인 물질주의를 보여 주기 위해 속도를 사용하고 있는데 그 자신이 조잡해지는 법은 없다. 이 조그만 사랑의 장면에는 숭고하거나 정신적인 것은 아무것도 없다. 그 속에 드러나 있는 것은 육체적 욕망과 수익(收益) 동기 뿐이다. 사랑의 선언은 교섭의 거래적 측면을 꾸밈없이 말하는 것으로 시작되지만 그것은 매력적이고 우아하고 또 조잡과는 거리가 멀다.

"거기다가 내 심장을 가지십시오. 모두 그대 것이오."(prenez encor mon cœur, tout est á vous)란 말들이 즉각적인 성적 충족을 달성하려는 욕망을 표현하는 미사여구임을 누구나 알고 있고 로베르와 마르통도 예외는 아니다. 그럼에도 이 미사여구는 볼테르와 그의 시대가 고전주의 특히 이 경우엔 라 퐁텐(La Fontaine)에게서 물려받았으며 그가 유물적 계몽주의를 위해서 활용하였던 매력과 신선함을 가지고 있다. 내용은 완전히 변했지만 고전주의 문학의 기분 좋은 명석함(l'agréable et le fin)은 그대로 남아 있다. 그것은 낱말 하나하나 어구 하나하나에 모두 들어 있고 모든 리듬의 움직임 속에도 들어 있다. 각별히 볼테르에게 특유한 특징은 빠른 속도인데, 이 속도는 도덕적인 문제를 다룰 때의 무절제함을 지난 그의 대담성이나 괴변가다운 기습의 수법에도 불구하고 미적 성질을 잃어버리는 법이 없다. 볼테르에게서는 「마농 레스코」의 인용문 분석 때 우리가 보여 주려고 한 반색정적(半色情的)이고 따라서 몽롱한 감상주의를 전혀 찾아볼 수 없다. 계몽주의 정신에 입각한 그의 폭로는 조잡하지도 어색하지도 않다. 도리어 경쾌하고 날렵하고 이를테면 구미를 당기게 한다. 그리고 무엇보다도 명석한 사고와 순수한 감정을 똑같이 파괴해 버리는 흐릿하고 윤곽이 뚜렷지 못하며 과도하게 감정적인 수사를 찾아볼 수 없다. 이같이 흐릿하고 과도하게 감정적인 수사는 18세기 후반에 와서 계몽주의의 작가들 그리고 대혁명의 문학에 나타나기 시작하였고, 낭만주의의 영향으로 말미암아 19세기에 더욱 무성하게 되어 오늘날에 이르기까지 계속 그 혐오스러운 꽃을 피우고 있다.

  빠른 속도와 밀접히 연관되어 있지만 선전상의 방책으로 더 널리 쓰이고 있는 것이 모든 문제의 극단적인 단순화이다. 볼테르의 경우 차라리 날렵함이라고 부르고 싶은 빠른 속도는 이 단순화에 봉사하게끔 되어 있다. 이 단순화는 우선 문제를 정반대되는 하나의 대조로 좁혀 놓음으로써 성취된다. 그리고 이 대조는 검정과 하양, 이론과 실천 등등이 분명하고 단순하게 대립되어 있는 어지럽고 실속하고 기운찬 얘기 속에 제시되어 있는 것이다. 이 점을 우리는 런던 증권거래소에 관한 예의 구절에서 엿볼 수 있다. 거기서 유용하고 인간의 협력을 증진시키는 상거래와, 무용지물이며 인간 사이에 장애가 되는 종교의 대조는 당파적 접근 방법의 말로 문제를 극도로 단순화시키고 있는 생생한 묘사 속에 잘 그려져 있다. 이와 함께 관용과 비관용의 대조도 그 못지않게 단순화되어 나타난다. 앞에서 본 짤막한 사랑 얘기에서도 문제는 아니지만 적어도 사건의 주제는 단순화된 쾌락과 거래라는 대조의 도식으로 좁혀져 있다. 또 하나의 예를 들어 보자. 소설 「캉디드(Candide)」는 모든 가능한 세계 가운데서 최상의 세계라는 라이프니츠(Leibnitz)의 형이상학적 낙천주의에 대한 공격을 담고 있다. 「캉디드」 8장에서 잃었다가 다시 찾게 된 퀴네공드는 캉디드가 그녀 아버지네 성에서 쫓겨난 후 자기가 겪었던 갖가지 모험을 얘기하기 시작한다.

저는 침상에서 깊은 잠에 빠져 있었습니다. 그때 하느님의 뜻으로 불가리아 병정들이 우리들의 아름다운 순다 탕 트롱크의 성으로 몰려왔습니다. 그들은 저의 아버님과 오빠의 목을 베고 또 어머님을 산산조각 냈습니다.

그것을 본 제가 기절한 것을 보고 키가 6피트나 되는 커다란 몸집의 불가리아 병정이 저를 겁탈하려 들기 시작했어요. 이에 정신이 들어 저는 고함치고 몸부림치고 깨물고 할퀴고 했습니다. 저는 그 큰 몸집의 불가리아 병정의 눈을 빼 버리려고 했어요. 아버님의 성에서 일어나고 있는 모든 일이 흔히 있는 일이라는 것을 몰랐지요. 그 인두겁을 쓴 금수는 제 왼편 옆구리를 칼로 찔렀어요. 아직도 흉터가 남아 있지요 ." 맙소사! 그 흉터를 볼 수 없을까요?" 하고 순진한 캉디드는 말하였다. "보여 드리겠어요." 하고 퀴네공드는 말하였다. "그렇지만 얘기를 계속해요." "계속하시오." 캉디드는 말하였다.

이처럼 끔찍한 사건들이 희극적으로 보이는 것은 광대놀이처럼 빠른 속도로 마구 벌어지고 또 그것들이 신(神)의 뜻이며 어디에서나 흔한 일로 그려져 있기 때문이다. 그리고 이것은 사건의 끔찍함이나 희생자들의 의향과는 희극적인 대조를 이루고 있다. 거기다가 마지막에는 색정적인 신소리가 첨가되어 있다. 날카로운 대조법에 의한 문제의 단순화, 문제를 삽화의 차원으로 격하시키는 것이 어지럼증 나는 급한 속도와 함께 소설 전체를 지배하고 있다. 연이어서 불행이 일어나는데 이 불행은 필요한 것이며 그럴 만한 원인에서 비롯된 것이고 이치에 맞는 것이고 모든 가능한 세계 가운데서 최상의 세계에 값하는 것이라고 되풀이해서 설명되어 있다. 이것이 이치에 닿지 않음은 명백하다. 이리하여 냉정한 성찰은 웃음 속에 파묻히고 말아 흥이 난 독자는 볼테르가 라이프니츠의 논의나 형이상학적인 우주조화관 전반을 정당하게 다루고 있지 않다는 것을 전혀 보지 못하거나 보게 되더라도 가까스로 겨우 보게 되는 것이다. 볼테르의 소설과 같이 재미있는 작품이 진지한 연구를 하지 않고는 이해할 수 없는 그의 철학상의 적수의 어려운 논문보다 한결 많은 독자를 가지고 있기 때문에 특히 그러하다. 볼테르가 구축해 보인 경험의 진실이라고 생각된 것이 사실상 경험과 전혀 일치하지 않는 것이며 그것은 그의 논쟁적인 목적을 위해 교묘하게 조정해 놓은 것이라는 견해가 설령 당대에 표명되었다 하더라도 대부분의 당대 독자들은 귀를 기울이지 않았을 것이며 설사 기울였더라도 대수롭지 않게 여겼을 것이다. 캉디드와 그의 동료들에게 일어나는 모험의 리듬은 경험의 진실 속에서는 어디에서고 볼 수 없는 것이다. 이렇게 가혹하고 상호 관련이 없는 연속적인 불행이 아주 순진하고 아무런 준비도 없는 사람들의 머리 위로 마른 하늘의 소나기처럼 쏟아져 내려 순전히 우연에 의하여 휩쓸어 버린다는 것은 있을 수 없는 일이다. 그것은 우스개 광대극 속의 희극적 인물이나 곡마단의 광대의 불행에 가까운 것이다. 불행에 대한 과도한 집중이나 많은 경우 이 불행이 희생자들과 내적인 관련을 전혀 가지고 있지 않다는 사실을 떠나서도 볼테르는 사건의 원인을 극도로 단순화함으로써 현실을 왜곡시키고 있다. 계몽주의를 위한 볼테르의 리얼리스틱한 선전 작품에 나오는 인간 운명의 원인은 자연 현상이거나 우연의 사고이거나 혹은 인간의 행위가 원인으로 인정되는 한에서 본능, 악의(惡意) 그리고 특히 우둔함 탓이다. 그는 인간의 운명, 신념, 제도의 결정 요인으로서의 역사적 조건을 탐구하는 법이 없다. 개인의 역사의 경우에나 국가, 종교, 인간 사회 일반의 역사의 경우에나 마찬가지이다. 런던 증권거래소를 다룬 첫 번째 예문에서 재세례교, 유대교, 퀘이커교가 무의미하고 우둔하고 우연한 것으로 나타나듯이 캉디드에서는 전쟁, 모병(募兵), 종교적 박해, 귀족의 견해나 성직자의 견해가 똑같이 무의미하고 우둔하고 우연한 것으로 나타난다. 정신이 말짱한 사람은 사물의 내적 질서나 어떤 견해의 내적인 정당성을 믿을 수가 없다는 것이 볼테르에게는 완전히 자명한 대전제이다. 똑같은 확신을 가지고 그는 운명과 성격 사이에 있는 연관의 가능성을 무시하고 개인은 자기 생애 중에 자연법칙을 따르는 어떠한 운명과도 마주치게 되는 것이란 것을 하나의 증명된 전제로 가정한다. 그리고 그는 때때로 자연 현상만을 요인으로 설명하고 고의로 도덕이나 개인의 이력에 관계된 것을 생략해 버린 채 인과관계의 고리를 연결시킴으로써 자신을 즐기기도 한다. 그러한 사례로 「캉디드」의 4장을 보기로 한다. 팡글로가 자기 매독의 유래를 설명하고 있는 대목이다.

……자네는 파케를 알고 있었지, 우리의 거룩한 남작 부인의 예쁜 시종 말이야. 그녀의 품속에서 천국의 기쁨을 맛보았네만 그 때문에 지금 나를 망치고 있는 지옥의 고통을 얻게 된 것이지. 그녀는 그 병을 옮아가지고 있었고 아마 그 병으로 죽었을 거야. 파케는 그 선물을 아주 학식 많은 프란체스코 수도사에게서 받았던 거야. 그는 병의 근원을 찾아내었지. 왜냐하면 스님은 늙은 백작 부인에게서 얻었고 부인은 어느 기병 대위에게서 받았다지. 그는 후작 부인 덕을 보았던 거고, 부인은 시동에게서 얻었고, 시동은 예수회 수도사에게서 얻었고, 수도사는 아직 풋내기였을 때 크리스토퍼 콜럼버스의 동료의 한 사람으로부터 직접 얻었고…….

위의 인용문은 그저 자연적인 원인만을 고려하고 도덕적인 차원에서는 동성애를 포함해서 성직자의 풍기를 풍자하는 데만 역점을 두고 있다. 동시에 날렵하게 몸을 빼고 관계된 개인들의 이력상의 디테일, 즉 갖가지 정사(情事) 관계를 야기시켰던 디테일들은 빼 버리고 있다. 이러한 기술은 사건의 연쇄에 대한 극히 특수한 견해를 암시하고 있다. 타고난 본능에 따라서 저지르는 행동에 대한 개인적 책임의 여지도 없고 특정한 행동으로 이끄는 개인의 특수한 성질이나 독자적인 내적 외적 발전이 들어갈 여지가 없는 견해인 것이다. 이 경우나 「캉디드」 전반에서처럼 볼테르가 극단으로 흐르는 경우는 흔하지 않다. 근본적으로 그는 모럴리스트이다. 그리고 특히 역사에 관한 그의 글에서는 개성이 뚜렷이 드러나는 인물 묘사가 있다. 그러나 그는 항상 단순화하려는 경향이 있으며 그의 단순화는 그의 시대에 그의 영향 아래서 힘을 떨치게 되었던 계몽주의적인 이성과 같은 유형의 건전하고 실제적인 양식(良識)만이 판단의 유일한 척도이고 인생의 방향을 결정하는 여러 조건 가운데서 물질적 자연적인 것만을 진지하게 고려하도록 처리되어 있다. 역사적이고 정신적인 모든 것을 그는 경멸하고 소홀히 한다. 이것은 계몽주의의 주역(主役)들이 가지고 있던 활동적이고 용감한 정신과 관계가 있다. 그들은 이성의 진보를 저해하는 모든 것을 인간 사회에서 제거해 버리려고 하였다. 이러한 저해 요소는 양식에 반해서 역사적·비합리적으로 성장하여 마침내 헤어날 수 없는 미로가 되어 버린 종교적, 정치적, 경제적 현실 속에서 분명하게 볼 수가 있었다. 필요한 것은 그들을 이해하고 정당화하는 것이 아니라 그들의 신용을 떨어뜨리는 일이었다.

볼테르는 자기 목적을 위해서 활용할 수 있도록 현실을 짜 놓는다. 많은 그의 작품 속에 다채롭고 생생한 나날의 현실이 있다는 것은 부정할 수 없다. 그러나 그것은 불완전하며 의식적으로 단순화되어 있고 따라서 진지한 교훈적 목적성에도 불구하고 덤덤하고 피상적이다. 스타일의 수준으로 말한다면 인간의 지위의 격하는 계몽주의의 저작(著作)에 지배적인 태도 속에 암시되어 있다. 그 저작들이 볼테르의 저작에서처럼 시건방진 재치를 가지고 있지 않을 경우에조차 그렇다. 18세기 초에서부터 고전적 주인공의 비극적 고양은 시세가 떨어진다. 비극 그 자체도 볼테르와 함께 더욱 다채로워지고 재치 있게 되지만 무게를 잃어버리게 된다. 그러나 그 대신 소설과 운문 이야기와 같은 중간 장르가 번성하기 시작한다. 그리고 비극과 희극 사이에 중간적인 '눈물 내기 희극'을 갖게 된다. 시대의 취향은 숭고한 것을 좋아하지 않는다. 그것은 우아한 것, 기품 있는 것, 재치 있는 것, 감상적인 것, 이성적인 것, 유용한 것을 희구하게 되는데 이 모든 것은 재격으로 중간인 것이다. 중간적 수준이라는 점에서 「마농 레스코」의 색정적이고 감상적인 스타일은 선전 취향의 볼테르의 스타일과 일치한다. 어느 경우에나 등장인물은 일상생활의 맥락에서 동떨어져 있는 숭고한 영웅들이 아니라 대개 중간적인 환경 속에 빠져 있으며 그 환경에 의존해 있고 물질적으로 또 정신적으로도 빠져 있는 개인들이다. 이 모든 것에 진지함이 간직되어 있음은 간과할 수 없다. 볼테르의 경우에조차 그러한데 뭐니 뭐니 해도 그는 자기 사상을 극히 진지하게 생각하고 있는 것이다. 따라서 우리는 고전주의와는 대조적으로 스타일의 혼합이 다시 일어나고 있다고 결론을 내리지 않으면 안 된다. 그러나 일상적인 리얼리즘에 있어서도, 그 진지성에 있어서도 이 스타일 혼합은 멀리 가지도 못하고 깊이 있게 전개되지도 못한다. 그 리얼리즘이 항시 기분 좋은 것으로 남아 있다는 점에서 고전주의의 미적 전통을 계승하고 있다. 비극성, 생물성의 탐구나 역사와의 연관성 등은 기피되고 있다. 아무리 다채롭고 재미있다 하더라도 리얼리즘의 요소는 공허한 것임에 지나지 않는다. 볼테르에 있어서는 계몽주의의 이데올로기적 목적에 봉사하기 위해서만 있는 이 리얼리즘의 기분 좋음과 공허함은 아주 정교한 기교로 발전하였기 때문에 그는 만년에 찾아온 자신의 노쇠와 죽음에 대한 생물적인 예감조차도 통속적인 철학적 고찰에의 익살스러운 서론을 위한 재료로 사용할 수 있었다. 이와 관련해서 나는 스피처(L. Spitzer)가 이미 분석한 바 있는 예를(「로맨스어의 문체와 문학의 연구」, 말부르그, 1931, 2권 238쪽 이하) 인용하고자 한다. 그것은 누구나 기억하고 있는 뼈만 남은 얼굴의 깡마른 76세의 늙은 족장이, 조각가인 피갈이 그의 흉상을 만들기 위해 페르니로 왔을 때, 네케르 부인에게 써 보낸 편지이다. 편지는 다음과 같다.

네케르 부인께

페르니 1770년 6월 19일

우리 마을 사람들은 피갈이 자기의 예술 도구를 펴놓는 것을 보고 말했습니다. "저건 저 사람을 해부하려는 거야. 그건 진기한 일인데." 부인, 잘 아시다시피 구경거리는 사람을 재미나게 합니다. 사람들은 꼭둑각시 놀이에도 세례 요한 축제 전야제의 화톳불에도, 오페라 고미크에도, 장엄 미사에도, 장례식에도 구별 없이 가는 법입니다. 나의 조상(彫像)을 보고 몇몇 철학자는 미소 지을 것이며 고약한 위선자나 타락한 글쟁이들은 오만상을 찌푸릴 것입니다. 헛되고 헛됨이여! 그러나 모든 것이 헛된 것은 아닙니다. 나의 친구에 대한 그리고 무엇보다도 부인에 대한 나의 정겨운 사의(謝意)는 헛된 것이 아닙니다. 네케르 씨에게도 안부를.

독자들은 스피처의 탁월한 분석을 참조해 주기 바란다. 그의 분석은 원문에 보이는 모든 표현의 음영(陰影)을 추구하고 해석하고 있다. 따라서 나는 지금 검토 중인 스타일의 문제에 있어 본질적인 것만을 추구하거나 요약하는 것으로 그치려 한다. 우선 출발점이 되어 주고 있는 리얼리스틱한 삽화는 꾸며 낸 것이 아니며 적어도 목적에 따라서 뜯어 맞출 것이다. 1770년경의 농민들이 조각 기술보다 신체 해부를 더 잘 알고 있었다는 것은 전혀 가당치가 않다. 피갈이 어떤 사람인가 하는 것이 널리 논의되었을 것임에 틀림이 없다. 자기들 사이에서 10년을 살아온 유명한 성주(城主)의 초상을 기리는 것이 최근까지 살아 있던 사람을 해부한다는 생각보다 훨씬 자연스러운 일로 보였음에 틀림이 없다. 그들 가운데서 조금 교육을 받은 재치꾼이 이러한 종류의 말을 했다는 것도 전혀 있을 수 없는 일은 아니다. 그러나 이러한 문제를 생각할 때 대부분의 독자들은 볼테르 자신이 재치꾼이라는 게 더 그럴싸하다고 생각할 것이다. 내가 생각하듯 그가 그 장면을 꾸며 대었든지 혹은 우연히도 그가 묘사한 그대로 그러한 장면이 실제로 있었든지 간에, 그것은 별나고 너무나 안성맞춤인 연극적인 현실이며 그가 거기에 추가한 것을 위해서만 탄복하리만큼 적합한 것이다. 거기 추가된 것은 상냥하고 매력적으로 제시된 진부한 세속적 지혜, 계몽주의의 특유의 시건방짐과 함께 실성한 것과 세속적인 것이 혼합된 보기를 불꽃처럼 보여 주기, 자신의 명성에 대한 아이러니, 자기 적수에 대한 논쟁적인 언급, 솔로몬의 기본 주제 전체의 요약, 그리고 마지막으로 편지를 끝맺어 주고 있으며, 아직도 상냥하고 활기 있는 노인의 매력 그것을 형성하는 데 그가 탁월한 역할을 할 세기 전체의 매력을 발산하는 표현을 찾아 헛됨(vanité)이란 말을 쓰고 있는 것이다. 통틀어 이 편지는 스피처 말마따나 특유한 형상으로서 로코코풍 계몽주의의 편지라고 하겠다. 세속적인 지혜와 사랑스러운 재치가 무덤에서 한 발자국밖에 떨어져 있지 않은 노인의 노쇠한 육체의 생물성은 환기하는 삽화와 연결되어 있기 때문에 더욱 특유하다. 그러나 이러한 주제를 다룰 때조차도 볼테르는 재치 있고 유쾌하다. 이 원문 속에는 참으로 많은 상이한 요소가 들어 있다. 우선 솜씨 있게 꾸며 놓은 리얼리즘이 있다. 표현의 따뜻함과 고도의 자제가 결합되어 있는 인간관계에 있어서의 완벽한 매력이 있다. 생물로서의 자기와 대결한다는 점에서는 피상적이나 자신의 우울한 감정이 타인에게 짐이 되지 않도록 하는 숭고한 상냥함이 곁들어 있다. 또 계몽주의의 위인들의 특징이 되어 있으며 그들의 만년의 여력을 새 사상을 재치 있고 유쾌하게 표현하는 데 사용할 수 있게 한 교훈적 분위기가 있다.

    나는 프레보와 볼테르의 예문이 독특한 매력과 독특한 피상성을 가지고 있는 중간 수준의 중요한 특성들을 넉넉하게 보여 준 셈이었기를 바란다. 리얼리즘과 진지함은 루이 14세 시대에 엄격히 분리되어 있다가 이 중간 수준에서 18세기 초엽 이후부터 다시 서로 가까워지기 시작하였다. 뒷날의 예문을 논의하면서 뒤를 돌아보고 비교를 해 본다면 몇 가지 점이 더욱 뚜렷해질 것이다.

중단된 만찬 · 2
—— 18세기 프랑스의 리얼리즘

　그러나 필자는 성질상 리얼리즘과 진지한 접근법을 분리시킬 수가 없으며 그러기 때문에 17세기의 프랑스에서조차 스타일 분리의 미적 원리에 무조건 따른 바가 없는 문학 장르를 언급해야 하겠다. 그것은 회상록과 일기의 장르이다. 이러한 유형의 흥미 있고 중요한 작품은 르네상스 이후 줄곧 유럽의 몇몇 나라에서 발견된다. 17세기와 18세기의 절대주의 시대에 걸쳐 특히 프랑스와 프랑스의 보기에서 강력한 영향을 받은 나라에서는 이러한 저작의 작자들은 거의 궁정 사회 인물에 한정되어 있었다. 그들은 대개 왕족이고 그들의 주제는 정치 궁정의 음모, 최상류 계급의 생활에서 따온 것이었다. 여기서 주목할 만한 사실(생트뵈브(Sainte-Beuve), 「월요일의 한담(Causeries du Lundi)」, 15권, 425쪽 참조)은 프랑스의 가장 재능 있고 개성적이며 유명한 회고록 작자 중에서 루이 14세의 세대에 속하는 이가 하나도 없다는 점이다. 그들은 레츠(Retz), 라 로슈푸코(La Rochefoucauld), 탈르당 데 레오(Tallement des Réaux)처럼 바로 그 직전의 시대에 속하거나 혹은 그 바로 다음의 시대에 속하거나 한다. 루이 14세의 재위 기간엔 그의 이름으로 대표되는 취향과 안목이 일방적으로 지배하는 속에서 여태껏 프랑스 회고록 문학이 그 영향 아래 있었던 모럴리즘이 보다 일반적인 형식과 주제를 지향하여 특정한 당대의 사건을 그리는 것을 회피하였다.

우리가 지금 와서 비로소 18세기 전반과의 관련 아래 회고록을 다루는 것은 우리가 생각하기에 이 장르의 가장 중요한 작가인 루이 드 생시몽 공작(Louis duc de SaintSimon)*이 17세기보다는 18세기에 속하는 사람처럼 보인다는 이유 때문이다. 그는 1675년에 태어났다. 그는 스스로 밝히고 있듯이 1691년에 궁정에 들게 되었고 19세라는 이른 나이인 1694년 7월에 기록을 시작하고 있다. 그러나 책을 정리한 실제 작업은 훨씬 뒷날, 그러니까 생시몽이 궁정에서 은퇴하였던 1723년, 섭정이 죽은 뒤에 이루어졌음에 틀림이 없다. 그후 그는 32년간을 살았고 계속 글을 썼던 것이다. 1730년대나 1747년대의 사건들을 때로 넌지시 언급하고 있는 것으로 보아 그는 18세기 중엽에 글을 쓰고 있었다. 그리하여 가령 「회고록」의 1700년에 해당하는 프러시안 왕국의 수립을 토론하는 자리에서 그는 프리드리히 빌헬름 1세의 죽음과 그의 후계자의 대관식을 최근의 사건으로 언급하고 있다. 이것은 그가 그 대목을 1740년 5월 직후에 썼다는 것을 증명하고 있다. 평역판(대작가 총서 속에 들어 있는)의 편자들은 「회고록」이 1739년과 1749년 사이에 쓰였다는 결론을 내리고 있다.(「회고록 판본에 대한 노트(Notes sur l'édition des Mémoires)」, 41권 442쪽 이하) 따라서 연대적으로는 이 작품이 18세기에 속하는 것이 틀림없다. 사상사(思想史)나 내면적인 유사성이라는 관점에서 공작의 위치를 규정하기란 훨씬 어렵다. 왜냐하면 다른 어떤 것과 비교할 수가 없는 탓이지만 조금 살펴보아도 분명한 한 가지는 그의 글쓰는 방식이나 그의 관점이나 모두 그를 루이 14세 시대의 사람으로 만들고 있지는 않다는 점이다. 그의 글투에는 이 위대한 몇 십 년 시대의 특징이 되어 있는 균형 잡힌 '적절함'(bienséance), 고전주의의 조화의 탐구, 사물로부터의 격조 있는

---

* 프랑스의 정신이며 외교관. 사회주의의 경향을 띠었던 뒷날의 클로드 앙리 생시몽과는 다른 인물이다.

초연함을 찾아볼 수 없다. 굳이 비교해 볼 수 있다면 17세기 초엽의 고전주의 이전의 산문을 연상시킨다. 견해로 말할 것 같으면 그는 중앙 집권적 절대주의의 극렬한 반대자였다. 그는 왕국이 사회 신분에 의한 체제를 갖고 각 사회 신분에 보다 많은 자유를 부여하며 특히 상층 귀족을 지도 계급으로 해주기를 바랐다. 종교 문제에 관해서 그는 독실하고 경건했음에 틀림이 없지만 온갖 편견에서 자유로웠고 신앙의 박해나 억압에는 반대하였다. 그는 루이 13세의 치세를 이상적인 것으로 보고 있는데 그것은 그의 관점상의 오해에서 나온 것임에 틀림없다. 왜냐하면 완전한 절대주의와 귀족층의 정치적 붕괴의 기초를 닦은 것은 루이 13세 치하의 리슐리외(Richelieu)였기 때문이다. 이 문제에 관해서 그를 오도한 것은 그의 집안 내력이었다. 생시몽이 태어났을 때 일흔 살이었던 그의 아버지는 젊은 시절 루이 13세의 총신으로서 그에 의해 '공작이자 정신'(duc et pair)의 지위로 올라섰으니 말이다.

이리하여 우리는 생시몽을 반(反)절대주의적인 반동가라고 부를 수가 있을 것이다. 그가 상층 귀족 '공작이자 정신'의 위엄과 중요성을 이야기할 때 그의 견해는 때로 시대착오적이고 정신 나간 소리가 되어 버리는 것이다. 그럼에도 정치 문제에 있어 그는 양식과 건전한 판단력 그리고 날카로운 통찰력을 보여 준다. 루이 14세 재위의 마지막 몇 십 년 동안에 몇몇 중요한 정신들의 마음속에 구체화되기 시작하였던 반대는 거의 언제나 신분 계급제를 포함한 구제도의 복고와 연관된 것이었음을 잊어서는 안 된다. 특히 상층 귀족층을 옛 지위로 복귀시키는 것을 포함한 이러한 것은 절대주의와 국왕의 철저한 앞잡이인 대신들이라는 그 도구에 대한 실속 있는 대비책이라고 간주되었다. 이러한 종류의 생각들이 평화 정책, 국내의 행정, 재정, 교회 업무의 재정비를 위한 실제적이고 비교적 자유주의적인 계획안과 함께 결합되어 있었다. 궁정에 있어서의 반대파의 의견은 신분 의식적이고 가부장적이며 또 자유주의적이었다. 그 영향은 몽테스키외에게서도 발견된다. 생시몽도 이 반대파와 가까웠다. 이 반대파의 가장 중요한 구성원은 그의 친구들이었고 그는 그들과 생각을 같이한 것이 많고 그 생각들을 자기 나름대로 더욱 발전시켰다. 그의 정치적 태도 속에는 루이 14세 이전의 시대에 뿌리 박은 반동적인 경향과 18세기 초에 촉진된 자유주의적 경향이 섞여 있다. 정치적으로도 그는 루이 14세의 스타일 바깥에 있다. 젊은 시절부터 줄곧 그는 국왕이 죽은 뒤에 섭정이 되었던 오를레앙 공의 친구였다. 섭정 회의의 한 구성원으로서 생시몽은 큰 영향력이 있는 지위를 얻었다. 그러나 그것을 크게 활용하지는 못하였다. 그가 정치가가 아니었다는 것은 분명해 보인다. 그는 정치가로서는 지나치게 오만했고, 결곡했고, 감정의 기복이 심했으며 신경질적이었다. 그의 궁정 생활과 은밀한 문필 행위 또한 그를 실제적인 정치 활동엔 맞지 않게 만들었을 것이다. 이 점에 있어서도 그는 자기 시대와 걸맞지 않았다. 당시의 부드럽고 우아한 예사로움은 그가 나누어 갖지도 숙달하지도 못하였던 자질이었던 것이다. 그런데도 그의 사람됨이 충족된 발전을 이룬 것은 1694년에서 1723년에 걸친 시기로서 루이 14세 치하 후반기의 그의 은밀한 반대, 그리고 뒤이어 오를레앙 공 정부에 그가 참여한 시기에 해당된다. 회고록의 가장 중요한 부분의 주제도 이 시기를 다룬 것으로서 그후 몇 십 년 동안에 그는 그것을 편찬했던 것이다. 이러한 모든 것으로 미루어 그를 초기 계몽주의 바로 앞 시대의 반(反)절대주의적이고 귀족적이고 신분 의식적인 자유주의적 개혁주의자의 특수하고 기발한 경우로서 18세기 초의 인간이라고 분류하는 것이 가장 적절한 일이라고 나는 믿는다.

    그의 문학 활동이나 문체에 관해서 쓰인 것이 많이 있다. 그러나 가장 설득력 있는 발언은 텐의 한 에세이의 4부에서 볼 수 있다고 나는 생각한다. 텐은 17세기에 대한 날카롭기는 하나 일면적이고 본질적으로 충분치 못한 서술(『역사비평론집』, 1권, 188쪽 이하)을 보여 주고 있는데 이는 생시몽에 관한 다른 발언보다 앞서 나온 것이다. 살아 있는 인물들을 그려 내는 생시몽의 뛰어난 솜씨는 모든 비평가들이 일치해서 탄복하고 있다. 그 이전의 회고록에 나오는 가장 뛰어나고 가장 유명한 초상화조차도 그의 것에 비하면

빛을 잃어 버린다. 갈 데 없는 특정인이면서도 동질적이고 또 각 개인의 삶의 기반이 속속들이 밝혀져 있는 이렇게 많은 인물들을 선보여 줄 수 있던 이는 유럽 문학 전체를 통해서도 극소수가 있을 뿐이다. 생시몽은 꾸며서 만들어 내는 법이 없다. 그는 그의 삶이 자신에게 보여 주었던 선택되지 않은 닥치는 대로의 소재를 가지고 쓴다. 비록 그것이 프랑스 궁정이라는 영역에서 한정되어 나온 것이기는 하나 우리는 그것을 일상적 재료라 불러도 무방할 것이다. 무대가 퍽이나 넓고 또 등장인물도 아주 풍부하기 때문에 인간의 세계 전체를 포함하고 있다. 그리고 생시몽은 그 누구도 그 어느 것도 물리치는 법이 없다. 그를 거의 악덕같이 지배하고 있었던 집필 활동은 모든 주제에 언어 표현의 도구를 열심히 들이댄다. 이 사실 하나만도 우리들의 현재의 접근 방법의 관점에서 그의 문체 해명을 위한 출발점을 제공해 준다. 그러나 이 경우에도 우리는 다시 원문 분석의 기초 위에서 시작하고 싶다. 이렇게 많은 보기 가운데서 예문을 선택한다는 것은 쉬운 일이 아니다. 비교적 피상적인 것에서 시작하기로 하자.

    1711년 4월의 어느 날 밤 궁정에서 세자 혹은 태자로 부르던 국왕의 유일한 적자(嫡子)가 므동에 있는 그의 성에서 천연두로 죽었다. 그날 오후 병세가 호전되고 있다는 보고가 있어서 베르사유에서는 위험이 지나갔다고들 믿고 있었다. 그날 밤 그가 죽어 가고 있다는 소식이 전해졌다. 궁정 전체가 법석이어서 아무도 잠잘 생각을 못하였다. 이미 잠옷을 걸치고 있었던 신사 숙녀들이 방을 뛰쳐나와 임종 전의 세자의 두 아들인 부르군디 공작, 베리 공작 및 그들의 부인 곁으로 모여들었다. 곧이어 므동에서 돌아오는 국왕의 마차를 맞기 위해서 잠시 동안 자리를 비웠던 부르고뉴 공작 부인이 세자의 죽음을 알린다.

    예기치 않았던 사건이 가지가지 방식으로 충격을 주었던, 모여 있는 수많은 사람들의 얼굴과 태도에 반사된 다양한 감정은 풍부하고도 의미심장한 광경을 보여 주고 있는데 그 광경은 밤중의 일이고 이를테면 즉흥적으로 설정된 무대에 의해서 극적으로 강조되어 있다.

  세자가 없어지는 것이 프랑스와 자기 친구와 자신에게는 한가닥의 행운이라고 생각하기 때문에 어쨌건 좋은(그의 양심과 예의감이 그로 하여금 그것을 억제하도록 만들고 있다.) 기분이 된 생시몽은 그 기회를 마음껏 즐기며 수많은 장면, 인물 소묘, 자기 분석, 그리고 사색을 빼내고 있다. 이 속에는 이러한 순간의 상호 모순적인 뒤범벅의 요소, 외포, 절망, 당황, 낭패, 기쁨의 억제의 뒤섞임, 죽음의 위엄 및 그것과 날카롭게 대조되는 그로테스크한 세부가 한데 뒤섞여서 전체로서 완전히 통일된 인상을 낳고 있다. 많은 쪽을 채우고 있는 묘사로부터 한 조그만 장면을 골라 보기로 한다. 그것은 마마, 즉 국왕의 계수인 오를레앙 공 미망인, 편지로 유명한 엘리자베스 샬롯에 관한 것이다. 흐느끼고 있는 일단의 젊은 왕자나 공주, 그리고 차분하고 신중하게 자기의 궁정 소임을 다하면서 그들을 달래고 있는 보빌리에 공작을 묘사한 후에 그는 다음과 같이 쓰고 있다.(21권 35쪽)

  마마는 다시 정장으로 차려입고 울부짖으며 당도했다. 왜 정장을 해야 하는지 또 울어야 하는지 진정 모르면서 포옹을 하면서 그들을 눈물로 적셨고 새로 울음보를 터뜨려서 성을 온통 메아리치게 하였으며 그리하여 평복을 하고 거의 가면무도회 때의 차림새를 한 듯한 한 떼의 여인들 가운데서 울고 소리치기 위해서 한밤중에 궁정 예복을 차려입은 왕가 부인의 기묘한 광경을 보여 주었다.

  문장은 과거형의 동사(당도했다(arriva), 적셨다(inonda), 메아리치게 했다(fit retentir), 보여 주었다(fournit))를 가진 네 개의 대등 절로 구성되어 있는데 그중 처음 세 개는 진행 중인 행동을 나타내고 있다. 그리고 이 행동은 질질 끈 넷째 절 속에 요약되고 또 해석되어 있다. 그러나 행동의 의도된 효과와 실제의 효과 사이의 대조를 강조하고 있는 이 해석은 처음 번의 절 속에도 감쪽같이 끼어 들어가 있다. 허두의 "마마는 다시 정장으로 차려입고" (Madame, rhabillée en grand habit)란 말이 온 뒤 독자는 무엇인가 엄숙하고 의식적인 것을 기대하게 된다. 그러나 이 기대감은 "울부짖으며 당도했다" (arriva hurlante)는 대목에서 아연실색함을 겪는다. 이어 분사(分詞) 삽입구 "모르면서"(ne sachant……)가 뒤따르고 다음 절에 "적셨고"(inonda), "메아리치게 했으며"(fit retentir) 등이 온다. 따라서 대조나 양보와 같은 구문상의 방책을 전혀 가지고 있지 않은 이 계속되는 대등절의 도미문은 의미상의 많은 대조를 포용하고 있는 것이다. 마마에게는 꼭 정장을 차려입거나 울부짖어야 할 만한 이유가 없다. 울부짖기 위해서 정장을 차려입는다는 것은 우스꽝스러운 일이다. 그리고 울부짖어야 할 이유라고는 없다. 왜냐하면 세자와 그의 추종자들은 그녀의 아들이나 그녀의 이해관계에는 적대적이었고 양 파 사이에는 우호적인 관계라고는 전혀 없었기 때문이다. 한편 그녀의 거동은 그녀의 인품을 구성하고 있는 모든 상호 모순적인 요소를 보여 주고 있다. 즉 이러한 순간에 모든 사사로운 원한을 잊어버리고 오직 죽음의 공포와 슬퍼하는 자에 대한 동정만을 느끼는 그녀의 눈치 없고 야만스러우며 감정에 좌우되는 마음 착함과, 한편 이와는 대조적으로 왕족의 위엄을 지키기 위해서 해야 할 일에 대한 그녀의 어색하고도 독일적인 감각(수십 년 동안 살아 보았음에도 프랑스 궁의 감각과는 근본적으로 다른 것이다.)과 이 때문에 충심으로 동요되고 또 흐느끼면서도 그녀의 화려한 장면을 치르러 오기 전에 궁정 정장을 그녀가 걸치게 된다는 것 등을 보여 주고 있는 것이다. 이러한 모든 것은 생시몽이 그녀에 관해 다른 곳에서 대 준 정보를 탄복할 만한 솜씨로 보충해 주고 있는 것이다. 즉 아들이 그녀나 아들 자신의 의사에 반(反)해서 국왕의 사생아와의 결혼에 동의하였다고 해서 뭇 정신이 모여 있는 곳에서 아들의 따귀를 갈긴 일, 남편의 궁정에서 벌어지고 있는 일에 대한 그녀의 볼품없고 비사교적인 불만 표시, 그녀 자신에게 창피를 안겨 주는 일이 되고 만 맹트농 부인(Madame de Maintenon)에 대한 그 못지않게 볼품없고 노골적인 적의 등을 잘 보충해 주는 것이다. 그리고 마지막으로 생시몽이 그녀의 임종시에 보여 주는 그녀의 모습과도 놀랄 만큼 일치하는 것이다.(41권 117쪽)

그녀는 튼튼하고 용감하고 뼛속까지 독일적이며 솔직하고 강직하고 착하고 자비롭고 고상하고 자기 나름으로 위대하였으며 자기 탓으로 돌려질 모든 것에 관해서는 극도로 소심하였다. 그녀는 비사교적이었고 궁정에서의 짤막한 시간을 빼놓고서는 언제나 집에서 칩거하며 글을 썼다. 그렇지 않으면 측근들과 함께였다. 엄격하고 거칠고 쉽사리 혐오감을 갖게 되고 흔히 그것도 아무에게나 공격을 퍼부어 남에게 두려움을 샀다. 붙임성이 없고 재치가 없는 것은 아니었으나 재치의 섬세함이 없었다. 융통성이 없고 앞서 말했듯이 자기 탓으로 돌려질 모든 것에 관해서는 쩨쩨하리만큼 소심하였다. 스위스인 경비원의 몰골과 뚝뚝함, 그러면서도 부드럽고 침범할 수 없는 우정이 가능했었다…….

무질서한 축적, 되풀이와 구문상의 생략이 얽혀 있는 이 구절은 공작부인이 밤중에 등장하는 것을 묘사하고 있는 것과 같이 길게 늘리고 또 한결같은 억양으로 된 도미문이 생시몽에게 있어 상례적인 것이 아니고 예외적인 것임을 보여 주고 있는 셈이다. 그의 문장의 형태는 소재가 그를 지배하는 데 따라서 변화한다. 그 자신이 말하고 있는 것처럼 "항시 소재에 따르며 소재를 넉넉하게 밝히기 위해서가 아니라면 거의 주의를 기울이지 않는다."(emporté toujours par la matière, et peu attentif à la manière de la rendre, sinon pour la bien expliquer.)(41권 355쪽) 위에서 우리가 인용한 밤의 대목에서 격렬한 사건에 대한 그의 기억은 그를 사건의 현장 속으로 몰고 간다. 그러나 그의 비관적 관찰과 그로테스크한 것에 대한 그의 강조가 그 때문에 손상될 정도로까지 가지는 않는다. 그는 이것들을 그의 문장의 흐름 속에 맞춰 놓고 있는 것이다. 마마의 한밤중의 등장과 그녀의 초상화라는 두 대목은 아무리 다르다 하더라도 많은 공통점을 가지고 있는데 무엇보다도 그 내용의 짙은 농도와 이를테면 혼잡이 공통된다. 생시몽이 글을 쓰고 있을 때 사람들과 장면 등의 기억이 다급하게 또 굉장히 풍부한 디테일로 그에게 밀어닥치기 때문에 그의 붓끝이 미처 따르지를 못하는 것처럼 보인다. 그리고 그는 그에게 생각나는 모든 것이 전체를 위해서 필요불가결한 것이며 미리 그가 준비를 하지 않더라도 제자리를 차지하리라는 것을 확신하고 있는 듯이 보인다. 그는 마마의 등장을 우선 다루기를 마치고 이어서 천천히 ⑴ 그녀에겐 애통해할 이유가 거의 없으며 ⑵ 그녀의 궁정 정장은 어울리지가 않았다(이 두 가지는 실상 서로 무관계한 사항들이다.)라고 새 문장을 써서 말하지 않는다. 그 대신 이 두 가지가 마마의 쏜살같은 당도의 기억 심상(心象)과 함께 그에게 몰아닥쳤기 때문에, 또 생각이나 영감에 휩싸여 있으며 나중에 다루기 위해 어떤 것은 뒤로 미루어 보다 느긋한 배열을 시도한다면 어떤 것이 그에게서 빠져나가거나 혹은 새로운 심상이나 생각에 밀려 나갈지도 모른다는 것을 너무나 두려워하기 때문에 그는 모든 것을 당장에 집어넣어야 한다. 그리고 이때 필요해서 한 일이 실효성 있는 것임이 드러나게 된다. 그 두 가지는 똑같이 적절치 못하고 충동적이며 감동적이기 때문에 두 가지가 모두 마마의 성격의 깊은 곳을 밝혀 주기 때문에 함께 결합시킬 수 있다는 것을 그는 알게 되는 것이다. 그래서 그는 곧 적어 놓은 것인데 바로 앞의 대목과는 썩 균형이 잡혀 있는 것은 아니나 그러기 때문에 더욱 돋보이기도 하는 것이다. "왜 정장을 해야 하는지 또 울어야 하는지 진정 모르면서"(ne sachant bonnemet pourquoi ni l'un ni l'autre) 이 지나치게 서두르는 성급한 절차로 해서 그의 작품 도처에서 볼 수 있고 거의 언제나 새로운 종합을 결과시키는 구문상의 혼합과 생략이 생기게 되는 것이다. 예컨대 알레 의장(le Pérsident Harlay)에 관해서 재치 있게 "결코 마음 편한 일도 없고 누구도 그와 함께 있지 않다."(jam ais à son aise ni nul avec lui)라고 적고 있고 노아유 공작(Duc de Noailles)에 관해서는 "모든 것을 알고, 모든 것에 관해 이야기하고 재기는 활발하나 겉치장일 뿐"(sachant de tout, parlant de tout, l'ésprit orné, mais d'écorce)이라고 적고 있다. 혹은 논리적으로는 앞뒤가 맞지 않지만 의미상으로 보면 완벽하게 명석한 다음과 같은 표현도 있다. "······참다운 그녀의 모습을 형성하기 위해서는 꼭 가지고 있어야 할 그녀의 모습을 보여 주고 그녀를 알려 주기 위해"(pour la faire connaître et en donner l'idée qu'on doit avoir pour s'en former une qui soit véritable)(위르생 부인(Madame des Ursoins)에 관해서)라든가, 혹은 "······그가 훔쳐 내어 왕의 본을 따서 후손에게 물려준 영광보다도 더욱 충실한 이 초상의 갖가지 특징들"(divers traits de ce portrit, plus fidèle que la gloire qu'il a dérobée et qu'à l'exemple du roi il a transmise à la postérité)(비야르 원수(Marchal Villars)에 관한 글인데 나머지 문장 또한 그의 생략에 의한 압축 방법의 특징을 잘 보여 주고 있다.) 등이 그 보기이다. 이와 비슷한 긴박성이 생시몽이 보여 준 마마의 초상에서 그녀의 특징을 열거하는 가운데 두드러지게 드러나 있다. 생시몽이 미리 그들을 여유 있게 정리해 두지 않았다는 것은 명백하다. 그는 생각, 표현, 그리고 소리 (가령 courts와 cour)에 있어서의 되풀이를 피하는 정도의 여유도 가지고 있지 않다. 그는 두 번이나 '그녀는'(elle é tait)으로 문장을 시작하고 있는데 그것을 다시 되풀이하지 않은 까닭은 그저 시간이 없었기 때문이다. 그는 강조의 수단으로 '극도로'(au dernier point)를 두 번 쓰고 있는데 그렇게 함으로써 뜻하지 않은 수사적 효과를 얻고 있다. 그는 독립 구문 속에 쓰인 두 개의 형용사 '엄격한'(dure), '거친'(rude)을 9음절로 되어 있는 부사구 "쉽사리 혐오감을 갖게 되고"(se prenant aisément d'aversion)와 연결시켜 놓고 이어서 다른 형용사를 쓰고 있다. 이 형용사는 상세히 14음절로 구체화시켜 놓고 있다. 이어서 거기에 압축되고 갑작스러운 4음절의 "그것도 아무에게나"(et sur quiconque)를 붙여 놓고 있는데 이것은 구문에서 완전히 떨어져 나와 있는 것이다. 그다음 절에서부터는 그는 그저 명사를 쌓아 올릴 뿐이다. 전체 중 가장 탄복할 만한 특징은 결론 부분이라고 나는 생각한다. 이 결론에서는 어디에서 육체가 끝나고 어디에서 정신이 시작되는지 이제 알 길이 없어지는 것이다. 그리고 가장 뚜렷하고 또 그 내적 진실성 때문에 모든 대조 가운데서 가장 감동적인 것을 위해서 그는 '그 위에'(avec cela)란 말 이외의 접속어를 찾을 생각도 않는다. 그런데 이 말은 생시몽의 독자들이면 누구나 잘 알고 있는 것으로서 표현적인 것 한가운데 있는 비표현적인 말이기 때문에 좀처럼 잊혀지기가 어려운 것이다. 한 여인에게 있어 다음과 같은 대목은 기념비적인 것이다. "스위스인 경비원의 몰골과 뚝뚝함. 그러면서도 부드럽고 침범할 수 없는 우정이 가능했다."(la figure et le rustre d'un Suisse, capable avec cela d'une amitié tendre et inviolable!)

이것은 우리를 또 하나의 별난 특징과 마주치게 하는데 그것은 위의 대목에서도 또 생시몽에게서 일반적으로 발견되는 특징이다. 그가 자기 문장을 조화롭게 구성하려는 노력을 하는 법이 없는 것과 마찬가지로 그 문장의 내용을 조화시키려는 생각도 그에게 떠오르는 법이 없다. 어떤 윤리적 혹은 미적 질서관에 따라서 그리고 아름다움과 추악함, 미덕과 악덕, 영혼과 육체에 특유한 것이 무엇인가에 대한 미리 정해진 생각에 따라서 자기의 소재를 조직하려는 생각이 그에게는 없다. 그의 주제와 관련되어서 그의 마음속에 떠오르는 모든 것을 그는 그것이 어쨌건 통일과 명석함을 지니면서 맞아떨어지리라는 확신 아래 마음속에 떠오르는 대로 문장 속에 집어넣는다. 그도 그럴 것이 자기가 묘사하고 있는 개인에 대한 하나의 동질적인 개념, 자기가 그리고 있는 장면의 전체상을 그는 의식 속에 가지고 있으니까 말이다. 그는 "스위스인 경비원의 몰골과 뚝뚝함"(la figure et le rustre d'un Suisse) (여기서 뚝뚝함은 육체적인 것에서 윤리적인 것으로 옮아가기 시작하고 있다.)에 "부드럽고 침범할 수 없는 우정"(amitié tendre et inviolable)을 이어 놓는 데 아무런 저항도 느끼지 않는 것이다. 기타 더욱 극단적인 예들이 그의 작품 도처에서 발견된다. 세자에 관해서 그는 말한다. "한편에선 아둔함이 또 한편에선 두려움이 이 왕자를 달리 찾아보기 어려운 숫기 없는 위인으로 만들었다."(L'épaisseur d'une part, la crainte de l'autre formaient en ce prince une retenue qui a peu d'exemple.) 그녀를 알고 있던 거의 모든 사람과 마찬가지로 생시몽이 매력적이라고 생각했던 부르군디 공작부인(duchess of Burgundy)에 관한 그의 놀랄 만한 묘사는 다음과 같은 말로 시작된다. "한결같이 볼품없고 축 늘어진 볼, 너무 삐져나온 이마, 아무것도 말하지 않는 코, 독설을 토하는 두터운 입술."(Régulièrement laide, les joues pendantes, le front trop avancé un nez qui ne disait riem, de grosses lères mordantes……) 그가 그가 의도적으로 그녀의 못생긴 특징으로부터 시작해서 그녀의 취할 점을 보여 주는 것 같다. 당장은 아마도 이것이 그의 계획이었으나 그는 거기에 집착하지 않는다. 왜냐하면 "더할 나위 없이 표정이 풍부한 아름다운 두 눈"(des yeux les plus parlantset les plus beaux du monde) 다음에는 "이는 얼마 없고 모두 썩어서 그녀 자신이 그 말을 하고 스스로 놀렸다."(peu de dents et toutes pourries dont elle parlait et se moquait la première)가 오고 있기 때문이다. 그다음에는 무엇보다도 다음과 같은 대목이 온다. "……얼마 안 되기는 하나 탄복할 만한 목구멍, 그녀에게 어울리지 않는다고는 할 수 없는 갑상선종인 것 같은 긴 목…… 길고 포동포동하고 조그마하고 균형 잡힌 채 완전히 날씬한 몸매, 구름 위의 여신 같은 걸음걸이, 그녀는 더할 나위 없었다."(……peu de gorge mais admirable, le cou long avec un soupçon de goître qui ne lui seyait point mal …… une taille longue, ronde, menue, aisée, parfaiterment coupée, une marche de déesse sur les nuées: elle plaisait au dernier point.)(22권~280쪽) 게다가 이것으로 끝이 나는 것도 아니다. 비야르(villars)에 관해서 그는 말한다. "꽤 큰 키의 사나이로서 갈색이고 미남자로 나이 들어 감에 따라 뚱뚱해졌으나 둔해지는 법은 없었고, 활달하고 솔직하고 애교 있고 실상은 얼마쯤 미련한 얼굴이었다."(C'était un assez grand homme, brun, bien fait, devenu gros en vieillissant, sans en être apesanti, avec une physionomie vive, ouverte, sortante, et véritablement un peu folle) 누가 이러한 결론을 짐작이나 했을 것인가? 프루스트(Proust)가 탄복하면서 인용하고 있는 위의 대목과 수없이 발견할 수 있는 그 비슷한 대목들을 우리들의 현대의 문학 경험으로 판단해서는 안 된다. 예기치 못한 것의 결합(위와 같은 종류의 것은 아니나)은 오늘날 웬만큼 재능 있는 저널리스트나 많은 광고문 작자들조차도 써낼 수 있다. 위와 같은 것은 프랑스 고전주의와 고전주의 후기와 윤리적 미적 개념이라는 관점에서 판단되어야 한다. 당시에는 서로 걸맞는 것과 걸맞지 않는 것에 대한 단단한 범주, 거기에서 벗어난 것은 그저 언급하는 것조차 허용하지 않는 진실성(vraisusemblance)과 적절함(bienséance)의 범주가 마련되어 있었던 것이다. 이러한 기반 위에서 비로소 우리는 생시몽의 지각과 표현상의 특성과 유례 없음을 이해할 수가 있는 것이다.

미리 예정된 조화가 없다는 것(그러나 이 사실에서 '표현하지 못할 개체' (individuum ineffable)의 조화가 생생한 현실성을 띤 채 세워진다.)과 관련해서 가장 중요한 점은 육체적인 특징과 정신적인 특징, 외적인 특징과 내적인 특징이 항상 혼성되어 있다는 점이다. 외적인 특징이 언제나 성품을 드러내 주고 있으며 내면세계가 감각으로 파악될 수 있는 외적 드러남이 없이 묘사되는 경우는 거의 없거나 극히 드물다. 위에서 보아 온 예문에서와 마찬가지로(스위스인 경비원의 몰골과 뚝뚝함) 이 두 가지는 하나의 말이나 인상 속에 용접되어 있는 것이다. 이러한 혼성은 생시몽이 외적인 것과 내적인 것을 대조적으로 보여 주려 하는 경우에도 끈질기게 남아 있다. 이러한 대조는 오도(誤導)하는 것이며 외적인 것의 오해 위에 성립할 수가 있는 것이다. 1700년의 종교 회의와 관련해서 생시몽은 대부분의 성직자들에게 별로 알려져 있지 않던 파리의 추기경 노아유(Noailles)가 뜻하지 않게 의장이 되어 그의 외양이 큰 기대를 걸게 하지 않았음에도 불구하고 극히 박식하고 유능하며 두뇌가 명석함이 밝혀졌을 때의 성직자들의 놀라움을 묘사하고 있다. "그의 상호(相好)의 행복한 듯한 모양, 또렷하지 못하고 더딘 콧소리의 말씨로 해서 사람들은 그를 아둔하다고 생각했다. 그리고 그의 수더분함은 모두 아둔함으로 여겨졌다. (생략에 주의할 것) 놀라움은 굉장하였다."(un air de béatitude que sa physionomie présentait, avec un parler gras, lent, et nasillard, la faisait volontiers prendre pour niaise, et sa simplicité en tout pour bêtise [note the short cuts]; La surprise éait grande quand……) 그는 외적인 특징을 내적인 특징에 맞세우지 않는다. 그 대신 전체의 오해,("사람들은 그를 아둔하다고 생각했다.") 정신적 요소("행복한 듯한 모양", "수더분함")가 섞여 있는 오해를 보여주는 것이다. 그리고 그가 정확한 해석을 부여할 때 피상적인 관찰자에 의해서 오해된 특징들이 훌륭히 전체 속에 들어가도록 마련해 놓은 것이다. 그리고 정확한 해석은 똑같이 육체적인 것과 정신적인 것, 외적인 요소와 내적인 요소를 혼성하고 있다. "그의 자리, 추기경의 옷, 그의 후의, 부드러움, 품성, 경건함, 그리고 학식으로서 그는 모여 있는 모든 사람들을 어렵지 않게 다스렸다."(avec son siège, sa pourpre, sa faveur, sa douceur, ses mœurs, sa piété et son savoir, il gouverna toute l'assemblée sans peine……) 그의 식사 습관의 묘사로 그 대목은 끝나고 있다.

때때로 전체의 가장 깊은 본질을 파악하는 육체와 정신의 혼성, 이와 함께(아니 차라리 똑같이 뗄 수 없을 만큼 서로 뒤섞여 있는) 묘사하고 있는 인물의 정치적 사회적 상황,(그의 자리, 추기경의 옷, 그의 후의, 부드러움, 품성, 경건함 그리고 학식,(son siège, sa pourpre, sa faveur, sa douceeur, ses mœurs, sa piété et son savoir) 이 모든 것이 서로 대등하게 제시되어 있다.) 그리고 마지막으로 모든 사람은 한 개체로서 프랑스 궁정의 정치적 역사적 풍토의 통일 속에 용해되어 각자 여러 관계의 착잡함 속에 영구히 개입되어 있는데 이 모든 것이 생시몽의 문체 속에 능숙하게 다루어져 있다. 게다가 묘사의 대상이 되어 있는 인물에 대한 작가의 사사로운 개인적 태도도 정확한 뉘앙스로 포착되어 나타난다. 소재가 허구의 소산도 아니고 또 미리 궁리해 낸 것도 아니고 직접 나타난 일에서 뽑아낸 것이기 때문에 생시몽은 위대한 몇 십 년 동안의 가장 중요한 인물 묘사가들, 예컨대 몰리에르나 라브뤼예르가 이루지 못한 삶의 깊이를 얻고 있다. 보다 적게 알려진 초상화를 읽어 보기로 하자. 생시몽의 계수의 한 사람인 로르주 공작부인(duchesse de Lorge)을 다룬 것인데 그녀는 한때 세도가였으나 실각한 대신의 딸로서 생시몽이 한 편지에서 그대(ma grande biche)라고 부른 바 있는 여인이다.(24권 275~277쪽)

    샤미야르의 세째 딸인 로르주 공작부인은 5월 그믐날 예수 성체일에 둘째 아들의 해산 후 산고로 스물여덟의 나이로 파리에서 죽었다. 그녀는 몸집이 큰 위인으로 늘씬하였으며 상냥한 얼굴에 재치가 있고, 순진하고 진실하고 매사에 융통성이 있는 성품이어서 매혹적이었다. 이 세상 최고의 여인으로 모든 쾌락 특히 판돈이 큰 노름에 아주 환장하였다. 그녀에게는 대신의 자녀들의 어리석은 허영 추구나 뽐냄 같은 것이 전혀 없었다. 그러나 그 밖의 것은 아주 넉넉하게 가지고 있었다. 그녀의 아버지의 환심을 사려고 굽신거리는 군정에 의해서 아주 어려서부터 버릇이 없어졌고 또 어머니는 교육할 능력이 없었기 때문에 그녀는 프랑스나 국왕이 자기 아버지가 없어도 그냥 지낼 수 있다는 생각은 해 보지를 못하였다. 그녀는 어떠한 의무도 알지 못했고 또 예의범절도 알지 못했다. 그녀 아버지의 몰락도 그녀에게 아무것도 가르치지를 못했고 노름과 쾌락에 대한 그녀의 열의를 무디게 하지 못하였다. 그녀는 그것을 아주 천진난만하게 인정하였고 뒤이어 자기는 절제를 못하겠노라고 덧붙였다. 그처럼 자기 자신에게 조심성이 없고 또 게으른 사람은 다시 없었다. 머리에 쓰는 것은 비뚤어져 있었고 옷은 한쪽이 질질 끌리고 다른 모든 것도 그 모양새였는데 그나마 우아함이 있어 모든 것을 벌충하였다. 건강은 전혀 개의치를 않았고 돈 쓰임새로 말하면 발밑에는 으레 땅이 있으려니 하고 생각하였다. 그녀는 허약하였고 그녀의 가슴은 점점 나빠져 갔다. 사람들이 그녀에게 그 말을 했고 그녀도 그것을 실제로 느꼈다. 그러나 어떤 일이나 그녀는 자제할 줄을 몰랐다. 마지막 임신 중에는 노름과 돌아다니기와 밤샘 등으로 자기 자신을 한계점까지 몰고갔다. 매일 밤 그녀는 마차 속에서 비스듬히 누운 채 집으로 돌아왔다. 이러한 상태에서 어떤 재미를 보고 있냐고 누군가가 그녀에게 물었다. 허약해져서 거의 알아들을 수 없는 목소리로 그녀는 굉장한 재미를 보고 있노라고 대답하였다. 그리하여 이내 모든 것이 끝장이 났다. 마마와는 친한 사이였고 거의 모든 것을 마마가 털어놓았다. 나는 그녀와 절친한 사이였다. 그러나 어떠한 일이 있더라도 그녀의 남편이 되고 싶지는 않다고 늘 그녀에게 말하였다. 그녀는 아주 부드러웠고 전혀 관계없는 누구에게도 극히 상냥하게 대하였다. 그 때문에 그녀의 부모는 늘 골치를 썩였다.

이 '그대'(ma grande biche)의 초상화에는 아주 진심에서 우러나온 사랑이 담겨져 있다. 그녀를 회상하면서 그가 눈물을 흘렸으리라는 느낌을 금할 수가 없을 지경이다. 이러한 여인을 그저 가련한 젊은 여인으로 묘사할 수 있고 또 그의 묘사를 "그녀는 몸집이 큰 위인으로"(c'était une grande créature)란 말로 시작하고, "순진하고 진실하고 매사에 융통성이 있으며"(si simple, si vrai, si surnageant à tout)라는 점층법을 궁리해 내고, "이 세상 최고의 여성으로"(c'était la meilleure femme du monde)란 진부한 어구에 "모든 쾌락에 아주 환장하였다."(ét la plus folle de tour plaisir)라는 통렬한 강세를 놓고, 옷매무새, 생활 태도, 건강 등에 대한 무관심을 한데 모아서 극히 매력 있는 방종의 그림을 만들고, 마지막으로는 마차에 몸을 누이고 죽어 가는 목소리로 "굉장한 재미를 보고 있다."(qu'elle avait bien du plaisir?)라고 그녀가 말하고 있는 장면을 우리에게 남겨 놓을 수 있는 작가가 생시몽 이전의 시대는 말할 것도 없고 생시몽과 같은 시대에 달리 누가 있었단 말인가? 어쨌거나 이 귀결은 그처럼 특이한 인물이 자랄 수가 있었던 사회적 일반적 환경을 그리는 명석하고도 차분한 객관성에 침투되어 있다. 우리가 유럽 문학에서 이와 비슷한 수준의 음조, 전통적인 조화 지향에서 전적으로 자유롭고 현상 자체의 임의로운 자료로부터 존재의 궁극적인 깊이로까지 똑바로 밀고 들어가는 인간의 종합을 다시 보게 되는 것은 19세기 후반, 아니 실제로는 20세기에 들어와서의 일이다.

우리는 몇몇 예를 더 인용하고 싶다. 이들은 정치와 역사의 문제에 관해서 지금까지 들어 본 보기보다 훨씬 많은 빛을 던져 줄 것이다. 1714년 교황의 얀센파 배척의 유니제니투스(Unigenitus) 교서를 두고 오래 끈 싸움이 시작되었다. 생시몽은 이 교서에 반대한다. 온갖 종류의 비관용이나 종교 문제에 있어서의 폭력 사용에 반대하는 까닭이기도 하고 일변 그에겐 정치적으로 위험해 보이는 파문에 대한 규정이 포함되어 있기 때문이다. 국왕의 고해승으로 예수회 신부였던 틀리에(Tellier)는 모든 수단을 다해서 교서가 수락되도록 노력하고 있는데 생시몽을 끌어들이기 위해 그에게 만나자고 청한다. 여러 가지 사정으로 두 사람의 회담은 촛불로만 밝혀진 유리창 없는 골방(생시몽의 일방(boutique))에서 벌어진다. 그사이 옆방에는 내객의 방문이 예정되어 있는데 그들이 서재에서 일어나고 있는 일을 알게 해서는 안 된다. 대화는 열기를 띠어 간다. 놀랄 만큼 솔직하게 늙은 예수회 신부는 문제 해결을 강행하기 위해 자기가 꾸며 놓은 속임수와 잔인함으로 이루어진 계획을 털어놓는다. 그는 생시몽의 주저를 설복시키기 위해서 온갖 궤변을 다 시도한다. 생시몽의 반대를 감지하자 그는 점점 더 흥분하게 된다. 그보다 앞선 대목에서 생시몽은 이미 틀리에 신부의 초상화를 그려 보인 바 있다. 다음 구절은 거기서 뽑아 본 것이다.(17권 60쪽)

그의 머리와 건강은 무쇠로 되어 있었고 그의 거동 또한 그러했다. 그의 성품은 잔인하고 사나웠다……. 속과 거죽이 헤아리지 못하리만큼 달랐고, 기만적이고 속마음은 깊숙이 감춰 두고 있었다. 그리고 본색을 드러내고 남에게 두려움을 일으켰을 때는 모든 것을 요구하고 아무것도 주는 법이 없으며 가장 뚜렷한 약속조차도 지킬 필요가 없어지면 티끌만큼도 생각지 않고 약속을 얻은 경우엔 성화같이 채근하였다. 그는 무서운 사내였다. …… 어떠한 일에 의해서도 잠시 동안이나마 그쳐 본 적이 없는 이 사나움의 놀랄 만한 점은 그가 자신을 위해서 어떤 일도 꾀한 적이 없다는 것, 친구도 친척도 없다는 것, 태어날 때부터 고약하고 은혜를 베푸는 기쁨을 느껴 본 적이 없다는 것, 그가 사회 최하층 출신이고 그것을 숨기려 하지 않았다는 점이다. 그 사나움은 가장 똑똑한 예수회 회원조차도 두려움에 떨게 하였다. …… 그의 외양도 비슷한 기대를 갖게 했고 그 기대에 꼭 보답했다. 그는 숲 한구석에서도 공포를 불러일으켰을 것이다. 그의 상호(相好)는 음침하고 거짓되고 끔찍하였다. 타는 듯한 두 눈은 심술로 가득 찼고 심한 사팔뜨기였다. 그를 본 사람은 충격을 받았다.

이제 두 사람이 골방에서 얼굴을 맞대고 앉아 있다.(24권 117쪽)

　나는 두 개의 촛불 사이로 얼굴을 맞대고 그를 보았다. 두 사람 사이에는 탁자의 폭밖에는 아무것도 없었다. 나는 딴 곳에서 그의 끔찍스러운 상호를 그린 바가 있다. 듣는 것과 보는 것 때문에 갑자기 어리둥절해진 채 나는 그가 얘기하는 동안 이 예수회 회원의 실상에 정신이 번쩍 들었다. 자신이 아무것도 아니고 또 아무것도 아님을 시인하기 때문에 자기 가족을 위해서 바라는 바가 없고 자신의 처지와 맹세 때문에 자신을 위해서도 바라는 것이 없으며 사과 한 개 포도주 한 모금조차도 다른 사람들보다 더 바랄 수가 없다. 그는 나이 때문에 신(神)에게 결산 보고를 할 시간도 아주 가까웠고 고의로 또 원대한 책략상 국가와 종교를 끔찍한 혼란 속에 집어넣으려 하고 자신에게는 아무 상관이 없지만 그들의 몰리나(Molina)파의 명예에 관계되는 문제 때문에 어마어마한 박해를 시작하려 하고 있었다. 그의 바닥 모를 속, 나에게 보여 주었던 사나움, 이런 모든 것이 나를 무아경에 집어넣어 나는 그의 말을 가로막고 갑자기 나도 모르게 말해 버렸다. "신부님, 연세가 어떻게 되시지요?" 두 눈을 바짝 뜨고 그를 바라보고 있었던 나는 그의 얼굴에 그려진 극도의 놀라움 때문에 다시 내 정신이 되었다……

생시몽은 자신의 눈치 없는 질문의 효과를 중성화하는 데 성공한다. 그리고 틀리에 신부의 나이가 73세라는 것을 알게 된다. 이 장면은 생시몽이 부딪쳐 있는 현상에 대해서 어떠한 반응을 보이는가를 아주 또렷하게 보여 주고 있다. 그는 자기 앞에 얼굴을 맞대고 있는(bec à bec) 개인을 본능적으로 육체와 정신과 사회적 신분과 이력을 갖추고 있는 개체로 보고 있다. 이것이 개인을 관통해서 정치적 주제에까지 파고드는 통찰력을 부여하고 있는데 너무나 깊이 파고 들어가기 때문에 흔히 위의 경우처럼 당장의 초급한 국면을 못보게 되고 그 속의 보다 깊고 보다 일반적인 파악이 드러나게 되는 것이다. 그가 "두 눈을 바짝 뜨고"(de tous ses yeux) 회담자를 바라볼 때 그는 당장의 상황과 유니제니투스 교서의 특정 조항에 대한 견해 차이를 잊어버리고 지극히 생생하게 예수회의 본질적인 성격과 나아가서는 엄격하게 조직된 연대적 공동체의 본질적 성격을 간파한다. 이것은 그의 회담자가 날카로운 관찰력에도 불구하고 알아차리지 못하였던 지각의 방식이다. 17세기에도 18세기에도 이 비슷한 통찰력은 달리 유례가 없다. 사람들은 너무나 적당히 피상적이었고 너무나 신중하였고 남의 인격을 존중하였고 거리를 유지하는 일에 너무나 골똘해 있었기 때문에 이러한 폭로로부터 뒷걸음질쳤던 것이다. 동시에 이 귀결은 생시몽이 사상이나 문제를 합리적으로 분석해서가 아니라 그가 마주치게 되는 감각 현상에 응용하고 또 실존적인 것으로 침투해 들어갈 정도로 추구해 간 경험주의에 의해서 가장 깊은 통찰을 얻고 있음을 보여 주고 있다. 이와 대비해 본다면(두드러진 예를 들어 본다.) 첫 번째 시골에 부치는 편지(Lettres provinciales)의 예수회 회원은 앞서서의 합리적 연구를 기초로 해서 양식화된 것임이 분명하다.

한 대목만 더 들어 보려 한다. 생시몽은 어려서부터 뒷날의 섭정인 오를레앙 공작을 알고 있었다. 생시몽은 공작을 썩 잘 알고 있었고 그의 지능과 능력을 높이 평가하였다. 오를레앙 공작이 백부인 루이 14세에 대해서 편편치 못하고 이를테면 비뚤어진 입장이었기 때문에 그로 해서 성품과 힘이 망가지게 되고 마침내 결단성이 없고 믿을 수 없으며 냉소적으로 무관심한 탓아가 된 것으로 생시몽은 보여 주고 있다. 섭정이 죽기 오래전부터 생시몽은 그의 죽음이 멀지 않다는 것을 깨달았고 어떻게 그런 결론에 이르게 되었는가를 서술하고 있다. 섭정은 유미에르 공작(duc d'Humières)에 중요한 관직을 부여한 터였다.

유미에르 공작은 오전에 오를레앙 공작에게 사의를 표하도록 베르사유에 안내를 해 달라고 내게 바랐다. 우리는 오를레앙 공작이 지하실(흔히 언급되고 있는 지하실 방이다.)에 있고 옷을 차려입으려 하고 있음을 알았다. 그는 지하실을 의상실로 삼고 있었다. 그는 시종들과 두서너 명의 중요 신하들에게 둘러싸여 변기 위에 올라앉아 있었다. 그의 모습에 나는 질겁하였다. 나는 고개를 늘어뜨리고 보라색이 도는 빨강색의 멍청한 눈길을 한 사람을 보았다. 그는 내가 가까이 다가가는 것조차 보지 못하였다. 시종들이 그에게 말하였다. 그는 내게로 서서히 고개를 돌리더니 고개를 들지도 않고 어떻게 왔느냐고 잘 들리지 않는 목소리로 내게 물었다. 나는 그에게 말하였다. 나는 유미에르 공작이 기다리지 않도록 옷을 입는 곳으로 가기 위해서 그리로 간 것이었다. 그러나 나는 너무나 놀라서 그대로 멈춰 섰다. 나는 그의 침실 시종장인 시미안느(Simiane)를 창가로 데리고 가서 오를레앙 공작의 상태에 관한 나의 놀라움과 두려움을 표명하였다. 시미안느는 그가 벌써 오랫동안 오전 중엔 이러한 상태로 있다고 하고 그날따라 별다른 점은 없던 것이라고 하면서 내가 마침 오전 중에 그를 보았기 때문에 놀라는 것이라고 말하였다. 또 그가 옷을 차려입고 기운을 차리면 그리 심하게 보이지는 않을 것이라고 말하였다. 그렇지만 그가 옷을 입으러 왔을 때도 모양이 좋지 않았다. 그는 유미에르 공작의 사의를 놀라고 또 둔중한 태도로 받아들였다. 누구에게나 항시 우아하고 상냥하였으며 똑똑하고 요령 있게 말할 줄 알던 그가 거의 대답을 하지 않았다. …… 이 오를레앙 공작의 상태는 내게 많은 생각을 하게 하였다. …… 그것은 그의 밤참의 결과였다…….

섭정이 시종과 궁정 관리들에게 둘러싸인 채 변기(chaise percée) 위에 앉아 있었으며 그러한 자세로 고관(高官)을 맞아들이기까지 했다는 것을 알고 놀라서는 안 된다. 17세기나 18세기의 군주들은 혼자 있는 법이 거의 없었던 것이다. 루부아(Louvois)가 맹트농 부인과의 결혼을 공적으로 인정하지 못하도록 하기 위해 국왕의 거실로 뛰어 들어간 극적인 장면에서 그는 국왕이 변기에서 막 일어나 옷을 매만지고 있는 것을 보게 된다. 그리고 부르고뉴 공작부인에 관해서 생시몽은 그녀가 똑같은 상황 속에서 시녀들과 가장 속셈을 터놓은 대화를 나누는 것이 일쑤였다고 적고 있다. 그러나 이들 장면은 앞서 인용한 장면같이 주의를 끌지는 못한다. 지금껏 알려진 모든 문학 가운데서, 특히 이전의 문학에서 이러한 주제를 극적으로 또 비극적으로 다룬 대목은 거의 없다고 생각한다. 위의 장면은 그것을 이루어 놓고 있다. 쇠약과 다가오는 죽음의 정경을 목도한 생시몽의 공포는 비극의 무게를 지니고 있다. 이 정경은 짤막한 세 개의 문장("그의 모습에 나는 질겁하였다." (j'en fus effrayé), "시종들이 그에게 말하였다."(ses gens le lui dirent), "나는 그에게 말하였다"(je le lui dis)) 사이에 끼어 있는 두 개의 꽤 긴 문장("나는 한 사람을 보았다.(Je vis un homme……)와 "그는 고개를 돌렸다."(Il tourna la téte……)) 속에 천천히, 점진적으로 또 자세히 전개된다. 짤막한 문장들은 모두 주위의 사정을 언급하고 있는데 그 당돌함과 날카로움으로 섭정의 무감각을 꿰뚫으려고 헛되이 노력하는 타격의 효과를 주고 있다. 그 정경 자체를 생시몽은 "나는 한 사람을 보았다."(나는 공작을 보았다가 아니라)란 말로 시작하고 있는데 이것은 두 가지를 나타내고 있다. 우선 첫 순간에 그는 자기 눈앞에 있는 사람이 누구인지를 알아보지 못하거나 아니면 믿으려 하지 않는다는 점이다. 둘째로 그 가련한 몰골이 이미 오를레앙 공작이 아니고 '그저' 하나의 사람일 뿐이라는 점이다. 그리고 힘들여 고개를 돌리고 가까스로 말하는 것을 다룬 두 번째 문장의 느릿느릿한 정확성은 달리 18세기에서는 찾을 수가 없고 19세기에서조차 공쿠르 형제(Goncourts)나 졸라(Zola) 이전에는 찾아볼 수 없는 스타일의 수준에 와 있는 것이다. 여기서 중요한 것은 일상적인 사건, 추악하며 고전주의 미학의 관점에서 본다면 위엄이 없는 사항을 가차 없이 묘사하고 있다는 점만이 아니다. 이렇듯 과격한 리얼리즘은 심지어 17세기나 18세기에 달리 구해 볼 수도 있다. 중요한 것은 도리어 이런 것들이 문제성 있는 것을 탐구하고 우리의 성질의 '불투명한 깊이'(profondeurs opaques)에까지 꿰뚫고 들어가기 위해서 순수하게 도덕적인 것을 초월하고 있는 완전히 진지한 인물 묘사를 위해서 활용되고 있다는 점이다. 독자는 누구나 오를레앙 공작의 운명 전체, 비극 전체가 변기 위에 걸터앉은 장면 속에 내포되어 있다고 느끼지 않을 수 없다. 그의 스타일 수준에 있어서 생시몽은 삶의 파악과 표현의 현대적 혹은 초현대적 형식의 한 선구자이다. 그는 인간들을 일상적 환경의 한복판에 두고 그들의 배경, 그들의 수많은 관계, 재산, 육체의 모든 부분, 몸짓, 말의 모든 음영, 희망, 공포 등과 함께 파악한다. 아주 빈번히 그는 오늘날 우리가 유전이라 부르는 것을 표현하며 이 점에 있어서도 육체적 요소와 정신적 요소를 모두 표현한다. 그는 극히 정확하게 환경의 특수성을 기록하고 있으며 아무것도 놓치는 법이 없다. 그의 시대의 작가치고 모르트마르(Mortemart) 집안의 독특한 정신 성향이나 말투와 같은 것을 그처럼 되풀이해서(몽테스팡 부인(Mme. de Montespan), 그녀의 딸인 오를레앙 공작부인, 카스트리 부인(Mme. de castries) 등과 관련해서 그랬듯이) 강조할 수가 있었고 강조하려고 한 이가 달리 누가 있단 말인가? 그리고 이 모든 것은 인간의 조건(condition de l'homme)의 묘사에 기여하고 있는 것이다. 그의 경험의 영역이 한정되어 있음은 사실이다. 그가 언제나 프랑스 궁정만을 다루고 있으니까 말이다. 그러나 그것을 벌충하고 있는 것은 그것이 동질성의 영역이라는 점이다. 그렇기 때문에 그것은 작품 전체가 단일한 줄거리를 갖게 되도록 사실상 미리 정해 놓고 있다. 그리고 무대는 아주 광활하여서 수많은 인물과 선택되지 않은 닥치는 대로의 일상적인 가능성을 넉넉하게 대 주고 있는 것이다.

우리는 앞에서 17세기와 18세기의 회고록 문학이 여타의 경우에도 일상적인 것, 비속한 것이 숭고하고 진지한 것에서부터 분리되어야 한다는 미적 규칙을 따르지 않고 있다고 말한 바가 있다. 뿐더러 한 걸음 더 나아가 그것은 다른 곳에서는 숭고하게 다루어져 있는 것, 왕후장상들을 폭로적으로 드러내고 있는 경우가 많다. 그러나 생시몽의 경우 이 모든 것이 다른 작가들의 경우보다 한결 극단화되어 나타난다. 실질이나 정도에 있어서 판이하게 다른 것이다. 다른 작가들의 경우 극히 재능 있는 사람들일지라도 그 재료가 개인적이고 일상적이고 선택되지 아니한 것이고 또 상황의 전체상을 일별하도록 되어 있지 않기 때문에 주로 그 기록적 가치나 특정 지대의 묘사의 가치 때문에 존중되는 것이 보통이다. 그리고 문학적 가치가 있는 경우에도 그것은 유쾌한 보충물 정도로 즐기는 것이 고작이다. 삽화, 모의, 변명, 요컨대 순전히 개인적인 것에 지나치게 비중이 두어져 있다. 이를 테면 매 순간마다의 관점에 의존하려 제시되고 있으며 한정된 지평과 관심에 기초하여 선택된 정치적 사건들은 가장 높은 단계의 인간 공명을 요구하지 않는다. 셰익스피어나 몽테뉴를 읽을 때와 같은 공감이나 참여에의 마음가짐으로 레츠(Retz)를 읽는 사람은 아무도 없다. 내 생각으로는 생시몽 또한 이런 다른 작가들과 같은 판단 기준으로 판단되는 경우가 아주 빈번하였다. 즉 문화사(文化史)에 있어서의 단순한 기록 문서로 취급되어 온 경우가 많았다. 그에게 그러한 요소가 있는 것은 사실이다. 그리고 그 점에 있어서도 다른 사람들보다 더 완벽하다. 그러나 그는 그 이상이고 또 그 밖의 다른 어떤 것이기도 한 것이다. 다른 사람들의 경우 한정된 인간적 미적 효과를 빚어 낼 뿐인 바로 그러한 요소들, 즉 삽화적인 것, 사사로운 개인적인 것, 괴팍스러운 것, 흔하디 흔한 주제의 하찮음 등이 그의 큰 강점이 되어 있는 것이다. 그것은 그만이 닥치는 대로의 것, 괴팍스러운 것, 선택되지 아니한 것, 때로는 우스꽝스러우리만큼 개인적이고 편견에 차 있는 것 등을 인간 존재의 깊은 곳으로 느닷없이 내려가는 출발점으로 사용하는 법을 알고 있기 때문이다.

이 장(章)의 첫머리에서 토론된 18세기 전반의 매력적이면서 피상적인 스타일의 중간 수준과의 거리는 참으로 크다고 하지 않을 수 없다. 독자들의 즐거움을 위해서 혹은 어떤 계몽주의 이데올로기의 선전을 위해서 꾸며진 쾌적하게 양식화된 현실의 제시와도 크나큰 대조를 이루고 있다. 그럼에도 생시몽은 17세기보다는 그가 실지로 작품을 썼던 시대에 분명히 소속하고 있다. 루이 14세의 궁정을 다루고 있기 때문에 그는 되풀이해서 17세기 사람으로 취급되어 왔지만 말이다. 그것도 60년대나 70년대의 궁정이 아니라 90년대의 궁정인 것이다. 그리고 그가 침투해 들어갔던 90년대도 그가 글을 썼을 때는 이미 머나먼 과거가 되어 있었다. 18세기의 전반은 많은 뒷날의 발전을 예고하고 그들 자신의 시대에 있어서 독보적인 개인과 사상과 운동의 수많은 예를 보여 주고 있다. 누가 비코(Giambattista Vico)를 17세기에 집어넣을 것이겠는가? 비코는 생시몽보다 7년 앞서 태어났고 그의 주요 작품도 몇해 앞서서 써내었다. 비코는 반(反)데카르트파였다. 마찬가지로 생시몽은 위대한 국왕에 반대하였다. 그들은 모두 적수들에게 탄복했고 적수들에게서 깊은 감명을 받았다. 그러나 이들 서로 다른 동시대인들에게는 외관상으로가 아닌 보다 더한 유사성이 있다. 취향이나 정신 성향에 있어서 두 사람은 모두 그들의 살아생전에 벌써 낡아져 버린 과거로 되돌아간다. 그들이 쓴 작품들은 첫눈에 그들의 동시대인들이 쓴 우아하게 세련시킨 첫

줄에 한정된 스타일과는 대조적으로 형태 없이 혼란스러워 보인다. 두 사람 모두 절박한 내적 충동이 그들의 언어에 무엇인가 비범한 것, 때로는 사납고 지나치리만큼 표현적인 것을 부여해 주고 있다. 그리고 이러한 요소는 당대의 취향에 호소했던 쉬움과 쾌적함과는 상극하는 것이었다. 한 사람은 인간을 그리는 과정에서 충동적으로, 그리고 또 한 사람은 역사 진행에 대한 관점에 있어서 사변적으로 그렇게 된 것이지만 이들 두 사람은 인간이 그의 존재의 역사적 사실 속에 깊숙이 뿌리 박고 있다고 보고 있다. 그리고 이 점에 있어서 당대의 합리주의적이고 비역사적인 태도와는 날카롭게 대립되고 있는 것이다. 생시몽이 회고록을 쓰고 있을 당시에 최초의 흐릿한 싹이 보이고 있었던 역사주의가 설정하였던 종류의 역사 이론의 흔적은 그에게서 찾아볼 수 없다. 그가 묘사한 개성적 성격은 개개 인간에게 국한되어 있다. 개인을 넘어서 있으면서도 개성화되어 있다는 의미에서의 역사의 힘은 그의 원근법 밖에 있었다. 그가 말하는 살아 있는 역사(그는 이것을 그의 인상적인「예비적 고찰(Considérations préliminaires)」, 1권 5쪽 이하에서 설명하고 있다.)는 순전히 행동하는 개인과 특수한 심리 및 이에 따라 생겨난 여러 관계와 대립에 대한 통찰인 것이다. 그가 설명하는 바에 따르면 역사가의 목적은 역사주의 전기(前期)의 의미로 전적으로 도덕주의적이고 교훈적인 것이다. 그러나 그가 살고 있었고 그의 천재에 영감을 넣어 주었던 현실의 다양성은 그로 하여금 그것을 넘어서게 한 것이다.

음악가 밀러

밀러 (빠른 걸음으로 왔다 갔다 하며) 당장에 결판을 내어야! 일이 심상치 않아. 우리 딸과 남작이 사람들의 입에 오르내리게 돼. 우리 집은 악명이 나게 되고, 대신의 귀에도 소문이 들어가게 되지. 좋아, 당장에 그자를 우리 집에 발도 들여놓지 못하게 하여야지.

부인 굳이 집에 놀러오십사 하고 청을 드린 것도 아니고 우리 딸을 억지로 떠맡긴 것도 아니잖아요?

밀러 청을 드린 것도 아니고 떠맡긴 것도 아니라구? 누가 그런 것을 알겠어? 이 집의 가장이 누군데? 딸년을 꾸짖어야 하는 거지. 소령에게 딱 잘라 말하였어야. 아니면 각하께, 소령 아버님께 말씀을 곧바로 드렸어야. 남작은 적당히 빠져나가 버리겠지. 이런 일은 으레 그렇게 되어 있으니까. 그리고 벼락은 전부 나 같은 깡깽이쟁이한테 떨어지겠지.

부인 (차를 훌쩍훌쩍 마시면서) 쓸데없는 소리. 당신한테 무슨 벼락이 떨어져요! 누가 당신을 다치게 해요! 하는 일 하고 있을 뿐 학생을 받는 데 이것저것 가릴 수 있어요?

밀러 그건 그렇고 도대체 어떻게 될 것인지 당신은 짐작이 되오? 남작이 걔를 절대로 데려가지는 않을 것이고. 그것은 꿈에도 생각할 수 없고 저, 망할 놈의, 참, 그런 귀공자가 이런 데 저런 데에서 재밀 보다가 얼마가 더 갈지 알 수 없지만, 일이 다 끝나게 되면, 더 달콤한 다른 우물 파 보실 마음 드실 거란 건 빤한 노릇이지. 이쪽에서 알아서 정신 차려야지. 정신을 차려야. 옹이 난 구멍마다 눈을 대고 들여다보래지. 핏방울 하나마다 당번을 서서 지켜보래지. 그래도 속닥속닥 코밑에서 일을 저지르고 훌쩍 떠나 버릴 걸 당한 여자 쪽만 신세 망치고 일생을 웅크리고 앉아 지내든지, 그런 일에 재미를 붙여 계속 그쪽으로 빠지든지 하겠지. (이마에 주먹을 대고) 내 참!

부인 하느님!

밀러 알아서 조심해야지. 그것이 아니고야 그런 바람쟁이가 다른 뜻이 있겠느냐 말이야. 우리 딸년이야 인물 반반하겠다, 맵시 좋겠다, 아랫도리도 늘씬하겠다, 지붕 밑이 어떻든 그것은 상관이 없어. 그거야 여자들의 일로는 별로 문제되질 않지. 하느님이 아래층만 잘 꾸며 주셨다면 말이야. 그 젊은 친구가 이걸 알고 바싹 열이 나는 거지. 로드니가 프랑스 사람의 냄새를 맡고 달리듯이 말이야. 이제 돛이란 돛은 다 올리는 거야. 그 사람 잘못이라고도 할 수 없어. 남자는 남자니까. 그거야 나도 알지.

부인 ……

이것은 실러의 '중산 계급의 비극', 「루이제 밀러린(Luise Millerin)」(1782~1783년 저작)의 서두이다. 이 서두의 장면은 소시민 계급의 환경, 음악가 가정의 방 안에서 벌어진다. 아직도 잠옷 차림으로 밀러 부인이 테이블에 앉아서 커피를 마신다는 무대 설명은 이 점을 특히 강조한다. 두 대화자의 어법도 여기에 맞아 들어간다. 특히, 선량하고 수다스러운 성격의 남편이 흥분하여 소시민 계급 회화체의 맛을 한껏 풍기면서 떠들어 대는 데에서 화법의 특징이 잘 드러난다. 직업이 음악가라고 하지만 남편은 '예술가'라기보다는 평균을 좀 넘어서는 기능공에 해당하는 사람이다. 남편 역을 맡은 배우가 슈바벤의 사투리를 써도 연극의 문체를 왜곡시키는 것은 아닐 것이다. 정도 있고 생각도 있는 사람이지만 그의 견해는 완전히 중산 계급 부르주아의 것이다. 위의 인용에는 포함되지 아니하였지만 위의 장면에 이어져 나오는 그를 흥분케 하는 것은 남작의 사랑이 딸의 마음을 들뜨게 하여 "그의 손님들과 잘 어울릴 수 있는 훌륭한 사윗감을 거들떠 보지도 않게 하지 않을까" 하는 점이다. 이 비극은 이러한 분위기 가운데 전개된다. 이런 분위기를 조성하는 것은 밀러 가(家)의 사람들과 비서장 부름(Wurm) 만이 아니다. 여기의 갈등 자체가 부르주아적이다. 상류 직위의 두 인물 대신(大臣)과 아들이 등장하지만, 그들은 프랑스 연극의 절정기에 쓰인 프랑스 고전 비극에 보이는 바와 같은 높은 영웅적 자세, 일상생활을 넘어가는 초연한 태도를 가지고 있지 않다. 아들은 귀골풍이고 정성스럽고 이상주의적이고 아버지는 고약하고 오만하고 끝장에는 감상주의자적이지만, 어느 쪽이나 프랑스 고전주의가 보여 주는 숭엄함을 가지고 있지는 않은 것이다. 절대 군주의 수도가 되어 있는 조그마한 독일 도시라는 곳이 그러한 것을 가능하게 하는 곳으로 너무 좁은 것이다.

    그러한 환경과 갈등을 비극으로 다룬 것은 실러가 처음이 아니다. 앞 장에서 '눈물 짜기 희극'(La comédie larmoyante)이라고 언급한 바 있는 감상적인 중산 계급 소설, 중산 계급 비극이 영국과 프랑스에서는 일찍이 발달한 바 있었다. 육신의 관점에서 사람을 봄으로써 여러 차원의 사실을 혼합하여 말할 수 있게 한 중세 기독교적 스타일의 혼합이 독일에는 17세기까지 잔존하여 있어서, 그것은 나중에 프랑스 고전주의 영향으로도 완전히 없어지지 아니하였다. 이런 독일에서 중산 계급의 리얼리즘은 특히 강력하고 활발한 형태를 취하였다. 셰익스피어의 영향이 디드로와 루소의 영향과 합류하고 답답하게 얽히고설킨 가정 사정이 독특한 소재를 제공하여, 감상적이고 좀스럽게 부르주아적이고, 현실적이며 혁명적인 작품들이 생산되었다. 이 장르로서는 최초로 독일 작품인, 레싱(Lessing)의 젊은 시절의 연극「미스 새라 샘슨(Miss Sara Sampson)」(1755)은 영국의 영향 아래 쓰인 것으로서 무대도 영국이 되어 있는 것이다. 이것은 당대의 정치에 관계되는 요소들을 포함하고 있지 않다. 그러나 이보다 12년 뒤에 출판된「민나 폰 바른헬름(Minna von Barnhelm)」은 곧장 당대의 사건 속으로 뛰어드는 것이었다. 「시와 진실(Dichtung und Wahrheit)」의 2부 7권에서 괴테는 레싱의「민나 폰 바른헬름」을 들어 "의미 있는 삶에서 취재한, 그리고 당대적인 내용을 구체적으로 지니고 있는, 최초의 무대극"이라고 말하였다. 또 괴테는, 오늘날의 독자는 거의 주목하지 않을 수 있으나 당시에 이 연극으로 하여금 센세이션을 일으키게 하는 데 적잖은 원인이 되었을 당대적인 특징을 지적하고 있다. 즉 "이 (7년) 전쟁 중, 프로이센 사람들과 작센 사람들 사이에 팽팽하게 존재하였던 아픈 대립 관계, 전쟁이 끝났다 해서 끝나 버릴 수 없는" 대립 관계를 취급한, 레싱은 이 연극에서 하나의 그림으로써 국민적 평화를 회복시켰다는 것이다. 「민나 폰 바른헬름」은 물론 희극이며, 중산 계급의 비극은 아니다. 그 소재는, 그 취지, 무대의 면에서 또 여주인공의 독립심이나 주인공과 여주인공의 귀족 신분 등에 있어서 중산 계급 비극의 소재와 구별된다. 그렇긴 하나 감상적인 심각성에 있어서 명예 개념의 단도직입적인 성격에 있어서, 또 그 언어에 있어서, 그것은 무언가 중산 계급적이고 때로는 촌스러운 냄새를 풍긴다. 그리하여 귀족 계급의 주인공들이 (당대의 독일 귀족 일반도) 중산 계급의 좁은 가족적 분위기에서 살고 있었다는 인상을 갖게 한다. 그의 라이프치히의 학생 시절에 상연된 이 작품에 대한 인상에 기초해서 "지금껏의 예술이 묶여 있던 문학적 부르주아 세계를 넘어서는, 보다 높고 의미 있는 세계에로 나갈 수 있는 길을 이 작품이 터놓았다."라고 한 괴테의 말은 옳은 것이라고 아니할 수 없다. 그러나 독자나 관중의 목전에 당대의 역사를 펴 보이는, 이 높은 안식이 태도의 단순성, 거의 전적으로 부르주아적이라고 할 수 있는 단순성을 버리게 한 것은 아니었다. 바로 두 사회의 영역이 직접적으로 이루어진다는 데에 이 작품의 독특한 매력이 놓여 있는 것이다. 「에밀리아 갈로티(Emilia Galotti)」에는 정치적인 어조가 전혀 다르면서도 의미심장한 방식으로 나타난다. 여기에서 중산 계급 비극의 주요 테마인 순결 여성의 전략은 군소 국가에서의 절대 정치의 문제에 연결되어 있다. 그러나 「에밀리아 갈로티」의 정치 요소는 약하고 비혁명적이다. 무대도 독일이 아니라 이탈리아의 작은 공국(公國)이다. 갈로티 가(家)는 지위도 작위도 없다고 분명히 이야기되어 있지만, 그들의 지위와 행동은 특히(아버지 오도아르도의 경우에 있어서) 중산 계급이라기보다는 두드러지게 군인적이고 귀족적이라는 인상을 준다.

중산 계급의 감상적 리얼리즘과 이상주의적 정치관 및 인권 의식이 확실하게 연결된 것은 '질풍노도' 시대에 이르러서이다. 이러한 관련의 자취는 이 후대의 모든 작가들, 괴테, 하인리히 레오폴트 바그너(Heinrich Leopold Wagner), 렌츠(Lenz), 라이제비츠(Leisewitz), 클링거(Klinger) 그리고 다른 많은 작가, 심지어는 요한 하인리히 포스(Johann Heinrich Voss)에서까지 찾아 볼 수 있다. 오늘날까지 살아남은 작품 가운데 「루이제 밀러린」이 우리의 과제에 가장 중요한 것은 그것이 당대의 현실을 직접적으로 이해하려 하고 특정한 경우를 일반적인 상황에 비추어 본 작품이기 때문이다. 감상적 부르주아 리얼리즘이나 건장한 또는 전원적 리얼리즘은 다른 경우에 있어서 역사, 환상, 신변사, 또는 비정치적인 소재에 표현되어 당대 현실의 근본적이고 직접적인 파악을 얻지 못하나, 이 작품에 있어서 그러한 리얼리즘은 분명하게 또 아무런 제약이 없이 당대 정치 현실에 대한 저자의 체험에 적용되어 있다. 일상적인 상황, 시대에 맞는 혁명적인 정치적 관심, 이러한 것이 실러의 작품을 레싱의 「에밀리아 갈로티」와 다르게 하고, 또 적어도 내가 아는 한에 있어서 동시대의 다른 어느 작품과도 다른 것이 되게 한다. 당대에 있어서는 이 작품은 현실을 원칙과 문제의 관점에서 현실을 다루고자 한 문학적인 노력의 극단적인 예가 된다.

서두의 말 그 자체가 곧 우리를 실제적 상황으로 끌고 간다. 한 독일 공자

(公子)의 강력한 재상의 아들이 소시민 계급의 처녀에게 주의를 기울인다. 그는 처녀의 양친의 집에 찾아온다. 또 우리가 나중에 알게 되는 일로서, 그는 처녀에게 감정이 가득한 편지를 보내 오고 그녀의 교육에 관심을 보이고 선물을 가져온다. 별로 똑똑하지 못한 처녀의 어머니는 딸에게 귀족의 연인이 생긴 것을 기뻐하고 자랑스럽게 생각하기 때문에 그런 경우에 따르는 위험을 알아차리지 못한다. 아버지는 그것을 안다. 그는 재상과 맞부닥치게 될 것을 두려워한다. 또 딸의 평판과 이 세상에서의 행복과 저세상에서의 지복(至福)이 어떻게 될 것인가를 걱정한다. "남작이 걔를 절대로 데려가지는 않을" 터이니까, 단지 꾐에 빠져 몸을 버릴 뿐이다. 그런 연후, "여자 쪽만 신세를 망치고 일생을 웅크리고 앉아 지내든지, 그런 일에 재미를 붙여 계속 그쪽으로 빠지든지" 하는 도리밖에 없을 것이다. 아버지는 이런 일의 추이를 속속들이 알고 있다. 자기 자신의 촌스러운 대로의 상식으로 잘 알고 있는 것이다. 그러나 재상의 아들을 탓하지는 않는다. "남자는 남자니까." 그러나 그는 딸을 사랑하고 그녀를 구해 내고 싶다. 그는 재상을 만나서 경위를 설명할 생각을 하고 있다. 물론 그런 일은 그의 성품에 맞지 않는 일이다. 그는 사랑의 문제에 이러쿵저러쿵 관여하고 싶지 않은 사람이다. 그러나 위험이 너무 크다. 그렇긴 하나 그는 이 최후의 조치를 취하지는 않는다. 사태가 너무 급하게 진전된다. 다음 장면에서, 모든 것이 너무 늦었다는 결론을 내리지 않을 수 없게 된다. 그의 딸의 일은 너무 깊숙이 얼크러져 있는 것이다.

 여기에서 관중에게 드러나는 세계는, 공간적으로나 윤리적으로 너무나 답답하게 좁다. 소시민 계급의 거실, (되풀이하여 이야기되는 바와 같이) 국경까지 한 시간이면 갈 수 있는 좁기 짝이 없는 공국(公國), 가장 부자연스럽고 해로운 형태의 계급적 예절과 윤리 — 이것이 이 세계를 한정한다. 궁정에서는 무엇이든지 마음대로이다. 그러나 이것은 고결한 자유의 표현이 아니다. 오만과 부패와 위선의 결과이다. 사람들이 가지고 있는 윤리 개념은 가장 미개화된 것이다. 사회의 통념적인 규칙에 따라서 결혼식을 행할 수 없는 남자에 몸을 맡기는 여자는 화냥년으로 간주되고 모멸의 대상이 된다. 공작의 신민들은 물론 루이제까지도, 당대의 지배적인 사회 질서를 "보편적이고 영구적인 질서"라고 생각한다. 비굴한 복종이 어디에서나 기독교적인 의무가 되어 있다. 기존 지배 세력은 이러한 상황을 한껏 이용한다. 특히 재상이 그러한데, 실러는 이 초라한 소전제 군주에게 그럴싸한 위엄을 느끼게 하는 특징과 대범한 행동의 폭을 부여하려고 하지만, 이것은 아무런 내적인 정당성이 없는 것이다. 왜냐하면 그가 벌이는 범죄와 음모는 가장 좁은 이기적인 이유, 즉 권력을 유지한다는 외의 어떤 이유도 가지고 있지 않고 현실적으로 어떤 것을 이루겠다는 의지나 그러한 권력의 자리를 유지해야 할 실제적인 소명감에 관계되어 있지 않기 때문이다.

그리하여 밀러와 그의 가족의 처지는 비극적으로, 사실적으로, 당대의 역사의 관점에서 묘사되어 있다. 중산 계급의 사실주의와 비극은, 감상적인 묘사를 위하여 묘사할 사회생활의 표면에서 개인적 비극의 거품을 걷어 올리는 일에 그치지 않는다. 이제 그것은 시대의 사회적 정치적 심연을 모두 휘저어 놓는다. 우리는 개인의 운명이 당대 현실의 전폭(全幅)에 메아리치게 하는 최초의 노력을 본다고 할 수 있다. 루이제의 비극을 이해하려면, 당대의 관객은 자신이 거기에 살고 있는 사회 구조를 상상할 수 있어야 한다. 그렇긴 하나 이 비극적 사실주의는(중세의 우화적 사실주의나 현대의 실제적 사실주의에 비하여) 무엇인가 진정한 전체적 현실에 미치지 못하고 있다는 느낌을 준다. 「루이제 밀러린」은 진정한 의미의 리얼리즘의 연극이라기보다는 정치 연극, 심지어는 선동 연극인 것이다.

이것이 정치극임에는 틀림이 없다. 코르프(H. A. Korff)는 「괴테 시대의 정신(Geist der Goethezeit)」, 1권, 209~211쪽에서) 이 점을 훌륭하게 밝힌 바 있다. 그 요점을 여기에 말해 보면, 이 극의 소재는 정치적 자유의 이념에 필연적이 아니라 우연적인 관계만을 가지고 있으면서 어떤 다른 작품보다도 절대 권력의 심장을 겨눈 강력한 비수가 되었다는 것이다. 여기에는 전제 소군주 정부의 법 절차가 그대로 드러나 있다. 여기에서 신민은 아무 권리도 없고, 군주와 그 총신과 비빈의 제멋대로의 자비에 달려 있을 뿐이다. 사건의 추이를 보면서 우리는 피지배자의 내적인 굴레와 의존심을 보고 당황하며, 거기에서 전제 소군주 정부를 성립하게 하는 심리적 근거를 알게 된다.

이러한 것은 분명하다. 다만 우리는 실러가 부정하고 있는 것이 무엇인가는 잘 알게 되나 그것을 위해서 싸우고 있는 목표가 무엇인가를 잘 알지 못하고, 따라서 이 연극에 따르면 여기의 등장인물들이 그와 같은 방탕한 악당들이 아니고 바른 인간들이었더라면 만사가 잘 되었을 것이라는 인상을 받게 되는 것이 유감스럽다. 이 연극은 그 형태 그대로 중요한 정치적인 영향력을 가질 수밖에 없었다. 그러나 뚜렷하고 강한 정치적 색채가 이 연극의 순수한 리얼리즘의 성격을 손상한다. 이렇게 말하는 것은 소(小)절대공국의 현실이 실러가 묘사한 것보다 나았다는 것이 아니다. 그것은 실러의 묘사와는 다른 것이었고 그처럼 멜로 드라마로 나타나지 않았다. 실러가 「루이제 밀러린」을 썼을 무렵, 그는 아직도 예술 창조에 있어서 그가 도달한 바와 같은 높이와 성숙에 이르지 못했다. 이 연극은 격정적이고 영감에서 나온, 영감을 주는, 지극히 효과적인, 그러나 자세히 들여다 보면, 꽤 잘못된 연극이다. 그것은 천재가 쓴 멜로 드라마로서의 성공작이었다. 심각한 작품으로 치면, 사건이 너무 잘 계산되어 있고 너무나 음모가 많고, 군데군데 개연성이 결여되어 있다. 이야기를 진전시키기 위해서 등장인물들은 (밀러를 제외하고는) 너무나 순진한 흑백으로 묘사되어 있다. 어떤 말들이나 의도는 기대를 벗어나고 불충분한 동기를 가지고 있다. 대화는 때때로 지나치게 수사적이고 감상적이다. 기지와 예리함과 세련을 겨냥하는 대화가 흔히 부자연스럽고 난해하고 뜻하지 않게 우스운 것이 된다. 이런 것을 잘 예시해 주는 것은 대신 부인과 루이제 사이에 벌어지는 장면(4막 7장)이다. 여기에는 거의 한마디 한마디가 부자연스럽다. 그러나 이 연극을 쓸 때 실러의 예술 감각이 완전하게 발달되지 않았다는 사실은 결정적인 요인이 아니다. 여기의 리얼리즘의 결점은 무엇보다도 18세기에 발달한 중산 계급 비극이라는 장르 자체가 가지고 있는 결점이다. 이 장르는 사사로운 일, 가정사, 애처로운 일, 감상적인 것에 묶여 있어서, 이런 것들에서 분리될 수 없는 것이었다. 그리고 이것은 그에 따르는 어조와 스타일로 하여 사회 무대를 확대하고 일반적인 정치 사회 문제를 포함시키는 데는 부적합한 것이었다. 그러나 바로 이렇게 함으로써 정치와 사회 일반의 문제에로의 새로운 진로가 트였다. 이제는 애처롭고 근본적으로 사사로운 사랑의 관계가 비협조적인 일가, 부모, 보호자 또는 사사로운 도덕적 장애에 부딪치는 것이 아니라 공적(公敵), 사회의 부자연스런 계급 구조와 부딪치게 된 것이다. 우리는 앞에서 17세기 프랑스 고전주의에서 사랑이 일상 현실에서 유리된 비극적 소재 속에서 가장 높은 경지에 이름을 보았고 그런 다음 풍습 소설과 '눈물 짜기 희극'이 서구에서 비롯함과 함께 사랑이 삶의 평균치적인 현실에 다시 닿게 되고 그와 동시에 약간 위엄을 상실하게 되는 것을 보았다. 그것은 확실하게 관능적이 되고 애처롭고 감상적인 것이 되었다. '질풍노도' 시대의 혁명가들이 받아들인 것은 이러한 상태의 사랑이었다. 그들은 루소의 선례를 따라 그것에 가장 높은 비극적 위엄을 부여하면서도 부르주아적이고 현실주의적이며 감상적인 요소를 버리지 아니하였다. 그것은 무릇 모든 것 가운데 가장 자연스럽고 직접적인 감정으로 생각되고 어떤 인생, 어떤 상황에서도 숭엄한 것이 되었다. 그 가장 단순하고 순수한 형태가 자연스러운 덕성의 표현으로 생각되고 관습적인 것에 부딪칠 때 그것이 자유스러워야 한다는 것은 천부의 권리로서 생각되었다.

이렇게 하여 실러의 「루이제 밀러린」에서 사랑은 정치적인 의미에서 혁명적인 성격을 띠고 정치에 근거한 리얼리즘의 출발점이 되었다. 그러나 사랑의 이야기가 제공해 주는 토대는 너무나 좁고, 감상적이고 애처로운 스타일은 진정한 현실의 묘사에는 부적당한 것이었다. 특정한 이야기의 우연적이고 사사롭고 감정적인 요소들이 우리의 주의를 너무나 많이 빼앗아 간다. 갈등을 날카롭게 드러내기 위해서는 대신과 부름이 철저한 악당으로 묘사될 수밖에 없다. 그렇지 않게 되면, 나아가서 하필이면 그때에 대신이 공작의 정부(情婦)를 자신의 집안 사람과 결혼시킴으로써 그 환심을 확보해야 할 필요성에 부딪친 것이 아니라면, 어떤 해결책 아니면 적어도 지연책이 가능한 것으로 생각될 것이다. 공국(公國) 내의 일반적인 사정으로 말하면, 우리는 매우 단편적이고 꼭 알 만한 것도 아닌 소식만을 들을 뿐이다. 이 소식들은, 페르디난트 수상과 그 부인 사이에 벌어지는 토론의 장면(2막 3장)에서 보듯이, 미와 재국으로 팔려 가는 공국민에 관한 것이나 궁정의 상태에 관한 것이나 다 암담한 것들 뿐이다. 이 소식들은 언제나 모골을 송연케 하는 수사적인 비감을 가지고 제시되어 있다. 그것들의 인상에 의하면, 공작과 공작의 궁정은 그들의 환락을 위하여 백성의 고혈을 짜 내고 잔인한 취미를 위하여 백성을 학대하는 이외에는 아무 다른 기능도 가지고 있지 않은 것처럼 보인다. 내면에 있는 문제나 역사적 사정의 얼크러짐이나 그 윤리적 타락 또는 공국 내의 현실적인 사정에 대해서 우리는 거의 아무것도 듣지 못한다. 이것은 리얼리즘이 아니라 멜로 드라마이다. 이것은 감정적 정치 효과를 내는 데에 안성맞춤이다. 그러나 당대 현실에 대한 예술적인 진술이라고는 할 수 없다. 실제의 상태와 사건을 묘사하고 있는 경우도 그러한 묘사는 그 근원으로부터 절단되고 그 내적인 본질을 놓쳐 버리고 지나친 열성으로 하여 또 선전적 효과를 높이기 위하여 지나치게 강조되는 바람에 희화(戱畵)가 되어 버린다. 여기의 사회 구조를 이해하는 데 있어서 아마 핵심적인 중요성을 가진 주제 ― 코르프도 강조하고 있는 주제, 즉 공국민들의 내적 자유의 결여, 그들 위에 부과된 굴레에 대하여 답답하고 좁고 잘못된 충성심을 지키며 자유의 결여를 영원한 이치처럼 생각한다는 주제는 충분히 분명하게 드러나지 않는다. 마음의 자유를 가지고 있지 못한 데에서 일어나는 루이제의 변절은 페르디난트에 의하여 잘못 해석된다. 까다롭게 얽히고설킨 이야기의 전개는 페르디난트로 하여금 질투심의 발작을 일으키게 하지만, 이것은 사건의 경로로 보아 개연성이 없는 것이다. 그리하여 관중의 관심은 곧 그녀의 변절 밑에 숨어 있는 진짜 주제에서 떠나 버리게 된다. 대체로 루이제는 지극히 청초하고 고상한 감정에 가득 찬 것으로 그려져 있기 때문에 그녀의 근본적인 편협성과 비겁함은 관객에 의하여 쉽게 인지되지 아니한다. 그녀의 성격과 실러의 예술에 대한 분석을 시도하는 비평가만이 이러한 것을 의식하는 것이다. 왜냐하면, 여기에서는 그녀는 자기희생적인 여주인공이라는 인상을 줄 뿐이다. 그녀가 부름의 엉터리 책략에 넘어가는 장면에서도 그녀는 "위대하고 숭고할" 뿐이다.

  그래도 실러의 이 연극은 우리의 연구에 관련하여 극히 중요하다. 독일 고전주의와 낭만주의의 유명한 작품 중에서 이것만이 유일한 부르주아 비극의 범례가 된다는 점에서만도 그렇다. 괴테 시대에 평범한 당대의 부르주아적인 환경을 그 사회 상황의 현실에 근거하여 비극적으로 다루려는 시도는 그 이상 행해지지 아니하였다. 특히 음악가 밀러의 인물 묘사는 딸의 경우에보다 한결 고르고 자연스럽게 되어 있거니와, 이것은 그 스타일의 차원에 있어서 어느 것보다도 단연코 뛰어난 것이었다. 실러 자신 그랬고, 일반적으로, 독일 문학의 경향은 당대의 정치적 경제적 상황을 강력하게 혼합된 스타일로 구체성 있게 묘사한다는 뜻에서의 리얼리즘에서 멀어져 가 버리고 말았다. 셰익스피어의 영향 아래 열성적으로 도입되었던 스타일의 혼합은 거의 역사적 소재나 시적 환상의 영역에서만 나타난다. 현재에 적용될 때에, 그것은 가장 협소한 비정치적인 영역에 남아 있거나 아니면 전원시나 아이러니의 성격을 띠어 전적으로 사사로운 것의 묘사를 겨냥한다. 당대의 문제를 비극적으로 파악하는 것과 강력한 리얼리즘을 합치는 일은 일어나지 아니한다. 이것은 매우 기이하고 또는 역설적인 일이다. 왜냐하면 현대 리얼리즘의 미학적 기초를 닦은 것이 바로 18세기 후반의 독일 정신사였기 때문이다. 즉 요즘 '역사주의'라고 불리는 것이 바로 그것이다.

우리가 인생이나 사회를 보는 방법은 그것이 과거의 일에 관한 것이든 현재에 관한 것이든 근본적으로는 같은 것이다. 역사를 보는 우리의 눈이 바뀐다면 그 변화는 현재 상황을 보는 우리의 눈에도 나타날 수밖에 없다. 여러 시대와 사회는 절대적인 의미에서 바람직한 규범이 된다는 관점에서가 아니라 각각의 경우에 그 자체의 전제에 의하여 판단되어야 한다고 사람들이 깨닫게 될 때, 그리고 그러한 전제 속에 기후나 토지와 같은 자연 조건뿐만 아니라 지적·역사적 요인들도 포함시킬 때, 달리 말하여 사람들이 역사 동력학에 대한 감각, 역사 현상과 그 계속적인 내면의 움직임이 서로 비교될 수 없는 것이라는 느낌을 가지게 될 때, 각각의 시대에 살아 있는 일체성이 있어서, 각 시대는 그 여러 표현 속에 스스로의 성격을 드러내면서 한 덩어리로 나타난다는 것을 사람들이 깨우치게 될 때, 드디어 사실의 의미는 추상적이고 일반적인 인식의 형태로서 파악할 수 없다는 의식을 받아들이고 그 이해에 필요한 자료를 전적으로 사회의 상층이나 주요 정치적 사건에서만 찾을 것이 아니라(여기에서만 유니크한 의미와 내적인 힘에 의하여 움직여지는 것과 보다 구체적이고 보다 깊은 의미에서 보편 타당성을 가진 것이 파악되기 때문에) 예술과 경제와 물질적, 지적인 문화와 일상적 노동 세계의 깊이에서 또 보통 사람들 속에서 찾아야 한다고 믿게 될 때, 이때에 비로소 그러한 통찰이 현재 속으로 옮겨지고 그 결과 현재 또한 비교될 수 없이 유니크하며, 내적인 동력에 의하여 움직여지고 계속적인 발전의 과정에 있는 것으로 보아지게 될 것이다. 다시 말하여 현재는 이때에 비로소 그 일상적 깊이와 내적 구조 전체가 그 근원에 있어서 또 발전 방향에 있어서 우리의 주의에 값하는 역사의 일부로서 생각될 것이다. 지금 예거한 조목들은 '역사주의'라고 불리는 지적 흐름을 나타내는 것이거니와, 이것이 18세기 후반의 독일에서 발달되었다는 것은 오늘날 다 알고 있는 사실이다. 물론 다른 곳에서도 또 보다 일찍이 역사주의를 예비하고 종국에 그의 형태에 영향을 준 여러 흐름이 있기는 하였다. 그러나 그것이 확실한 형태로 나타난 것은 괴테 시대의 독일에서였다. 이 점에 대해서는 뛰어난 논고들이 이미 많이 출판되어 있기 때문에 새삼스러운 논증이 필요하지 않다. 그중에도 역사주의의 기원에 대한 프리드리히 마이네케(Friedrich Meinecke)의 저서(1936년 뮌헨과 베를린 간(刊))는 내가 아는 것으로는 가장 훌륭하고 원숙한 연구이다. 그 무렵의 독일에서는 프랑스의 고전주의적이고 합리주의적인 취향에 대한 반란이 어느 곳에서보다도 철저한 것이 되었다. 이 과정 중에 우리가 스타일의 분리, 높은 비극으로부터의 사실주의의 배제라고 부르는 현상은 극복되었다. 그리고 이것은 비극의 차원을 지닌 역사적 리얼리즘이나 당대 리얼리즘을 위해서 필수 선행 조건이었다. 그러나 이 중에 두 번째의 것, 당대의 리얼리즘은 완전한 발전을 보지 못하였다. 역사적 소재의 문학적 처리는 괴테의 초기 작품에서 감각적 현실감을 풍부하게 지닌 형태로서 시작되었던 것이나 이를 실러가 계승하여 발전시킴과 더불어 문체의 분리에로 다시 후퇴해 버리고 말았다. 관념과 감각을 날카롭게 분리하는 실러의 이원적 천재가 점점 뚜렷하게 모습을 보이게 되고 만년에 그는 감각적인 것과 역사적인 것 속에 박혀 있는 사람의 개성보다는 사람의 도덕적 품성의 작용과 그것의 토대 위에 성립하는 자유에 관심을 기울이게 되었다.

그러나 여기에서 우리의 관심사는 당대 현실을 다룸에 있어서의 사실주의에 있다. 여기에서는 얼핏 보기에 매우 좋은 미적(美的) 환경에도 불구하고 그러한 사실주의의 완전한 개화를 방해한 원인을 밝혀 보고자 한다. 이러한 원인은 당대의 시대적인 상황과 이에 대한 중요 독일 작가의 관계, 또 더 일반적으로는 독일 지배층의 관계에서 찾아져야 할 것이다. 이 점에서는 특히 괴테를 생각해 볼 필요가 있다. 이것은 그가 행사했던 지배적인 영향력 때문이기도 하고 감각적인 것, 현실적인 것을 포착하는 데 그와 같은 천재(天才)를 타고난 작가는 달리 없기 때문이기도 하다.

당대 독일의 상황은 넓게 사실적인 묘사를 쉽게 허용하는 것이 아니었다. 사회상은 잡다한 것이었다. 삶은, 지배 군주주의 혈통과 정치적인 사정의 우연으로 하여 생겨난 '역사적 영토' 속의 혼란된 무대에서 영위되었다. 이 작은 영토 내에서 억압적이고 때로는 숨막힐 것 같은 분위기가 공손한 순종과 역사적인 정통성의 수용과 병존하고 있었고 이러한 상태는 사변(思辯), 내성(內省), 명상 그리고 지방적인 기벽(奇癖)의 발달을 조장하는 데 적당한 것이지, 보다 넓은 관련과 넓은 영역을 의식하면서 단호하게 행동과 현실을 겨누는 데는 좋은 분위기가 아니었다. 독일 역사주의의 기원은 그 형성기의 시대상을 반영하고 있다. 유스투스 뫼저(Justus Möser)는 그의 생각의 기초를 매우 제한된 지역, 오스나브뤼크(Osnabrück) 교구에 관한 예리한 연구에 두었다. 이와는 다르게 헤르더(Herder)는 역사를 가장 넓고 일반적인 의미의 관점에서, 그러면서도 동시에 깊은 특수성 속에서 보았다. 그러나 그의 역사 이해에는 구체성이 없었기 때문에 현실을 파악하는 데는 도움을 주지 못했다. 이들의 저작은 독일의 역사주의가 오래 지니게 될 근본적인 경향, 즉 한편으로는 특수주의와 민중적 전통주의, 다른 한편으로는 모든 것을 포괄하는 사변성 — 이러한 두 경향을 드러내 보이고 있다. 이 두 가지 경향은 다 같이 구체적인 미래의 가시적인 징후들보다는 초시간적인 역사의 정신, 현재의 완전한 진화 완성에 그 관심의 초점을 둔다. 카를 마르크스(Karl Marx)에 이르기까지 이러한 입장은 그대로 유지되었다. 그렇게 유지된 데에는, 18세기 말엽부터 점점 거스릴 수 없게 국외에서 밀려오는 구체적인 미래가 지도적인 독일인 대부분에게 가공할 만한 것으로 생각되었다는 사실에 적잖이 힘입은 바 있다. 프랑스 혁명이 그 영향력을 확산하고 뒤이어 사회적 격변을 가져오고 모든 반대 세력에도 불구하고 불가항력적으로 발전되어 나오는 새 사회 구조의 조짐들을 가져오는 동안, 독일은 혁명에 대하여 수동적이거나 수세적이거나 무반응의 태도만을 보여 주었다. 혁명을 적대시한 것은 위협을 당한 수구 세력만이 아니었다. 보다 젊은 지식인의 운동에서도 그것은 마찬가지였다. 괴테도 그런 위치에 있었다.

프랑스 혁명, 나폴레옹 통치, 해방 전쟁, 바야흐로 동터 오는 19세기에 대하여 괴테가 지녔던 태도는 잘 알려져 있다. 그의 탄탄한 중산층적 배경, 그의 마음의 가장 깊은 취향과 충동, 그리고 그의 교육은 그로 하여금 나이가 들어 갈수록 서서히 진화되어 나오는 형태를 존중하고 무정형한 소용돌이와 정연한 처리가 되지 않는 모든 것을 혐오하게 하였던 그의 태도는 여기에서 나온 것이었다. 그의 정치적인 태도는 여기에서 우리의 주된 관심의 대상이 되지 않으나 다만 그것이 당대적인 소재를 문학 작품에서 다루는 방법을 결정한 한도에서만 간접적으로 우리의 관심의 대상이 된다.

폭넓게 또는 부분적으로, 직접적으로 또는 간접적으로 프랑스 혁명에 관련되어 있는 그의 작품들에는 한 가지 공통된 것이 있다. 즉 어느 것이나 거기에 작용하고 있는 현실 세력에 깊이 들어가는 것을 피한다는 것이다. 이들 작품들은 개별적인 증상들을 가장 구체적으로 보여 주고, 피난민, 관계 국경 지역, 또다른 사람들, 집안, 집단 등의 운명에 반영된 프랑스 혁명의 영향을 그려 낸다. 그러나 전체가 문제될 만하면, 괴테는 곧 일반론과 윤리를 이야기해 버린다. 그는 불만을 표현하면서 그럴 수도 있고, 밝은 비관주의, 세속적, 정치적 달관의 초연한 입장에서 그러기도 한다. 이렇게 하여 그는 1793년의 연대기에서 기록한다. "있는 것들 모두가 뒤집어지는 데에 두려움을 느끼면서 거기에서 태어날 보다 나은 새로운 것 또는 다른 어떤 것의 예감을 전혀 이야기하지 않는 작가가 있다면, 그런 사람은 활발하고 생산적인 마음을 표현하는 사람, 우리 나라 문학의 발달을 원하는 참으로 애국적인 사람으로 생각되어야 할 것이다. 그러한 영향이 독일에 전파되고 혼란되고 자격 없는 사람들이 지도자의 자리를 빼앗는 것을 두통거리로 생각하는 그런 사람의 반응은 많은 공감을 살 것이다." 이런 '두통'의 느낌이 그로 하여금 사회 계층의 문제에 대하여 다른 주제에 대하여 하였던 바와 같은 자상한 발생론적 연구를 하지 않게 하였다. (어느 누구보다도 그가 잘 알았던 사실로서) 이러한 발생론적 연구만이 "새로운 예감을 말하는 목소리"를 낳았을 것이다. 마이네케는 그의 역사주의 연구시의 뛰어난 한 부분에서(2권 579쪽) 역사적인 것의 무엇이 괴테의 마음을 끌었던가를 지적하여 다음과 같이 이야기 하고 있다. 즉 역사적인 현상이 내적인 충동을 통하여 서서히 나타나서 성장하는 것, 유형적인 것에서 개체적인 것이 성장해 나오는 것, 그러한 성장에서 예측할 수 없는 운명의 힘이 개입해 들어오는 것, 이런 것들이 그의 관심을 끌었다. 괴테는 역사의 일반적이고 핵심적인 흐름을 알고 있었으나, 역사에서 그가 사랑했던 까닭에 자기 고유의 인식 원리로써 곧 처리할 수 있는 현상들만을 추출해 냈다. 마이네케는 이렇게 말하고 있다. 마이네케에 따르면, 여기에 역사에 대한 괴테의 선택 원리가 잘 예시되어 있다는 것이다. 또 이것은 벤베누토 첼리니(Benvenuto Cellini)의 번역 부록에 그의 유감의 뜻을 나타낸 결어(結語), 「플로렌스의 사정 개관」에도 똑같이 표현되어 있다. "대(大)로렌초가 더 오래 살고 상황이 계획된 데로 서서히 진보 발전했더라면, 플로렌스의 역사는 가장 아름다운 것이 되었을 것이다. 이 세상의 일로서 아름다운 가능성의 완전한 달성을 보게 되는 일은 드문 일인 것 같다." 괴테는 이렇게 적었다.

이러한 설명에도 불구하고 마이네케는 한 가지 것을 밝히지 않고 있다. 즉 내 생각으로는 괴테가 등한시했던 역사적 현상들도 괴테가 그것들을 사랑하기만 하였더라면 자기 고유의 인식 원리로써 곧 처리할 수 있었을 것이다. 그러나 그의 혐오감이 그로 하여금 이런 원리들을 적응하지 않게 하였고 이것이 역사적 현상들이 그에게 그 비밀을 드러내 주지 않았던 이유이다. 플로렌스의 역사에서 그는 서로 갈등을 일으키고 있는 세력, 경제적 하부 구조, 이런 것들을 무시하거나 가볍게 취급했다. (나는 여기에서 마이네케의 설을 설명하고 있다.) 그는 정치적인 불안을 "잘못된 행정과 보안의 취약성"의 증거라고 나무랐다. 이런 것들을 그는 싫어하고 이런 것들에 등을 돌렸다. 아니면 적어도 그런 사실들을 다루지 않을 수 없을 때는 그는 비극의 변증법을 보는 사람이기를 그치고 고전주의의 도학자가 되었다. 그런 경우 그는 '일반적이고 핵심적인 역사의 흐름'을 느끼지 않았던 것으로 보인다. 그에게 '아름다운 가능성의 완전한 달성'은 뛰어난 개인이 아무런 장애가 없이 발달할 수 있는 귀족 문화의 개화 속에만 있는 것으로 생각되었다. 그리고 이런 테두리에서 그의 마음에 생각되는 질서의 원리는 대체로 행복의 원리였다. 모든 난폭하고 폭발적인 것에 대한 그의 혐오감은(그러나 일반적이고 핵심적인 역사의 흐름의 소산이 바로 이러한 것이다.) 그가 이러한 것들에 맞부딪쳤을 때 왜 증후적인 것, 개인적인 것, 도덕적인 것 이상의 것을 파헤치려고 하지 않았는가를 설명해 준다. 또 이것은 그가 왜 「목걸이 사건」과 같은 비화(秘話)나 음모 이야기에, 비록 그것이 상층 계급의 어떤 상태에 대한 증후가 되긴 하면서도 혁명적 위기 속에 움직이고 있는 역사의 힘에 대하여 아무 본질적인 것도 드러내 주지 못함에도 불구하고 이런 이야기에 그렇게 큰 중요성을 부여하였는가. 또 왜 그가 그렇게 오랫동안 나폴레옹이라는 인물을 "결정적이고 예기치 않던 방법으로 수수께끼를" 풀어 버린 최종의 해답이라고 생각하려고 했던가. (「프랑스 전역(戰役)」 끝 부분) 또 마지막으로 (비슷한 발언 가운데 가장 강조적인 말을 인용한다면) 「빌헬름 마이스터의 편력 시대」에서 과학에 있어서의 '지배적인 견해'를 반박하면서 쓰기를, "국가와 교회는 그 권한의 지배성을 분명하게 밝힐 만한 이유가 있다. 이것들은 말을 잘 듣지 않는 대중을 상대해야 하고, 이 경우에 질서가 유지되는 한 거기에 사용되는 수단은 별 문제가 될 필요가 없다. 그러나 이와는 달리 과학에서는 절대적인 자유가 필요하다, 운운"(「편력 시대」 13권, 14장)했던가를 설명해 준다. 그러한 태도와 발언이 여기에서 주목의 대상이 되는 것은 이렇게 하여 괴테의 보수적이고 귀족적이며 반혁명적이었던 견해가 예시되기 때문이라기보다 어떻게 하여 그의 견해가 다른 경우에 그가 즐겨 쓰던 발생론적, 현실주의적, 감각적 방법으로써 혁명적 사건들을 이해하는 수단의 사용을 방해했는가를 예시해 주기 때문이다. 괴테는 혁명적 사건을 싫어했다. 그는 그것을 이해하려 하기보다는 간단히 치워 버리려 했다. 치워 버린다는 것은 약간 꾸짖는 어조와 철학적 비판을 겸비한 교훈적인 태도를 취하는 것을 뜻했다. 그로서는 그것은 우리들 모두를 짓누르는 비속성, "무어라고 하든지 간에, 권력을 잡고 있는 야비성"을 대표하는 것이었다.

이것은 그가 그의 심각한 작품에서 당대의 사회 상황을 다룰 때에도 등장인물들의 운명을 당대의 정치 상황이나 경제의 움직임을 별로 보여 줌이 없이 부르주아 계급 의식의 근거에서만 그렸다는 사실과도 맞아 들어가는 일이다. 시간과 공간은 대체로 가장 일반적인 방법으로 암시될 뿐이다. 독자는 많은 면밀한 세부 묘사에도 불구하고, 적어도 정치와 경제의 전체적인 모습의 면에 있어서는 어디라고 잡아 말할 수 없는 불확정한 지역으로 안내된다는 느낌을 갖는다. 가장 사실적인 것은 「빌헬름 마이스터의 수업 시대」이다. 괴테가 1795년의 연대기에서 말하고 있는 것처럼 야코비(Jacobi)는 "이 작품에 있어서의 사회 하층 계급에 대한 사실적인 묘사는 비교육적"이라고 생각했다. 그 사실 묘사는 다른 동시대과 후세 독자에게는 이 작품의 매력이 되었다. 그렇긴 하나 우리는 이 사실로 하여 여기의 리얼리즘이 매우 좁은 영역에 한정되었음을 놓치지 말아야 한다. 당대에 있어서의 사회 계층의 변화는 거의 나타나지 않는다. 그것이 이야기되어 있는 곳이 한 군데 있기는 하다. 그 계기는 다음과 같다. 일단의 상류인들이 혁명적 난동을 예방하기 위한 조처를 취한다. "당시에 재산을 한곳에만 가지고 있거나 돈을 한 지방에만 투자하는 것은 극히 어리석은 일이었기 때문에 그들은 재산과 돈을 여러 곳에 분산시키고 여기저기에 주를 사고 혁명이 일어나 귀족 중의 어떤 사람들을 영지에서 몰아내게 되면 서로서로의 생존을 보장해 준다.(8권 7장) 그러한 예비 조치는 소설만으로는 설명되지 아니한다. 다른 부분 특히 첫 부분에는 비상불안책은 정당화해 줄 만한 정치 사회 불안의 암시가 전혀 없기 때문이다. 중산 계급의 세계는 거의 무시간적인 고요 속에 있는 듯 독자의 눈앞에 놓여 있다. 빌헬름의 아버지, 그 할아버지, 친구 베르너의 아버지, 그들의 습관, 소장품, 사업, 견해들을 듣고 있으면 우리는 여러 세대에 걸쳐서 아주 서서히 변해 가는 완전히 평화로운 사회를 본다는 느낌을 갖는다. 전혀 흔들리지 않고 있는 안정된 계급 구조의 인상은 빌헬름이 자신의 배우 지망의 이유를 밝히는, 친구 베르너에게 보낸 편지에 잘 나와 있다.(5권 3장)

……다른 나라의 경우는 모르겠지만 독일에서는 귀족만이 (그러한 용어를 사용할 수 있다면) 보편적 품성을 계발할 수 있다. 중산 계급의 사람은 숙달에 이를 수 있다. 어떤 경우는 지적 기능을 연마할 수도 있다. 그러나 암만 노력해야 품성은 놓쳐 버리고 만다……

귀족의 평상 생활에는 어떠한 장벽도 없다. 그는 왕이 되거나 또는 왕에 비슷한 사람이 될 수도 있다. 그리하여 어디를 가나 그는 자신에 대등한 사람들 앞에 태연자약한 마음으로 행동할 수 있다. 어느 분야에 있어서나 그는 활발하게 밀고 나갈 수 있다. 여기에 비하여 중산 계급인에게는 자신에 부과된 제약을 곧이곧대로 의식하고 앉아 있는 것 이상으로 어울리는 것이 없다. 그는 스스로에 대하여, "당신은 어떤 사람인가?"라고 물을 수는 없고 오로지 "당신은 무엇을 가지고 있는가? 어떤 머리, 어떤 지식, 어떤 기술, 어떤 재산을 가지고 있는가? 하고 물을 수 있을 뿐이다. 귀족은 자신의 품성으로써 모든 것을 주는 데 대하여 부르주아는 품성을 통하여 아무것도 주지 못하고 주어서는 안 되는 것이다. 전자는 "……인 것으로 보인다." 후자는 "……일 뿐이며, ……인 것으로 보이려는" 노력은 우스꽝스럽거나 싱거운 일이 되어 버린다. 전자는 어떤 큰 역(役)을 담당하고 일을 맡아 한다. 후자는 자기 일을 하며 결과를 만들어 내야 한다. 그는 자신을 쓸모 있는 사람이 되게 하는 특정한 기술을 습득하여야 한다. 그의 본성은 조화된 것이 아니고 조화된 것이어서는 안 된다고 미리 정해져 있다. 왜냐하면 한 가지 것에서 쓸모 있는 사람이 되기 위해서는 다른 모든 것을 등한시해야 하기 때문이다.

이러한 차이는 귀족의 오만이나 부르주아의 순응성에 기인하는 것이 아니다. 그것은 사회 구조 그것에서 일어난다. 이러한 형편이 바뀌게 된 것인지,

또 바뀐다면 무엇이 바뀌게 될 것인지 이러한 것은 나에게는 별로 관심 없는 일이다. 그거야 어떻든지 간에, 하여튼 지금 형편에서는 나는 나의 문제를 생각하고 나의 절실한 욕구를 어떻게 보호하고 실현할 것인지를 생각하여야 한다.

나는 내 출신으로 보아 나에게 거부되어 있는바 내 본성의 조화된 계발의 필요성을 나도 어쩔 수 없게 느끼고 있다…….

이것 또한 위대한 고백의 의미심장한 일부분이다. 괴테도 저 계급 의식이 강한 사회에서 살던 중산 계급의 아들이었던 것이다. 그도 본성의 조화된 발전을 향한 어쩔 수 없는 충동을 느꼈다. 그의 개성적 발전의 이념도 높고 넓은 비전문적인 보편성과 '보임'이라는 계급 의식이 강한 귀족적 개념에 기초한 것이었다. 물론 이 이념은 그저 손에서 개성적인 세부에 대한 포괄적인 헌신이 되었다. 그 또한 빌헬름 마이스터처럼 사회 구조가 어떻게 바뀌게 될지에 대하여는 괘념하지 않고 부르주아 계급에서 탈출할 수 있는 자기 나름의 길을 모색하였다. 그는 배우가 되어 자신의 목적을 달성하고자 했던 빌헬름 마이스터보다 재빠르고 확실하게 자신의 소망에 맞는 길을 찾아내었다. 그의 길은 그가 아버지의 본능적인 불신을 거스르고 바이마르 공(公)의 부름에 응하여 가장 좁은 틀 안에서 자신에게 꼭 맞는 자리를 스스로 만들어냄으로써 찾아진 것이었다. 17년 후 프랑스 전역(戰役)에서 돌아오며(그는 그곳에서 "오늘 여기로부터 세계 역사의 새로운 시기가 열린다."는 인상을 강하게 받았다.) 트리르에서 어머니의 편지를 받았다. 고급 관리를 지냈던 그의 아저씨가 죽었다는 소식과 함께(그로 인하여 그의 일가친척은 프랑크푸르트 시 의원의 피선거권을 제한당하고 있었다.) 프랑크푸르트 시 의원이 될 의도가 있는가 하는 물음을 제시하는 편지였다. 그는 망설이지 않았다. 그것은 마땅히 거절해야 하는 것이었다. 그의 인생 계획은 이미 다르게 결정되어 있었다. 이때에 그가 펼친 이론과 이유는 들어 볼 만한 것이다.(「프랑스 전역(戰役)」 리에르(10월 29일)) 이 대목은 다음과 같이 끝난다.

착실하고 충실한 훈련을 받아야만 맞아 들어갈 수 있는 매우 특수한 갈등 분야에서 — 다른 어떤 것보다 그러한 것을 필요로 하는 분야에서 제가 어떻게 효과적으로 활동할 수 있겠습니까? 저는 여러 해 동안 제 재능에 맞는 일을 하는 데 익숙해 왔습니다. 그것은 도시 행정의 문제와 목적에는 필요가 없는 그러한 종류의 일들입니다. 시 의원에 들어가는 사람이 중산층의 시민에 한정된다고 할 때 그러한 신분은 저에게는 너무도 걸맞지 않는 것이어서 이제는 제 자신 그 출신이라고 생각하기도 어렵다는 것을 덧붙여 말씀드려야 하겠습니다…….

「친화력」의 사회 환경의 부동법은 「빌헬름 마이스터」에서보다 심하다. 여기에 비하여 당대 정세의 활발한 움직임의 모습은 자전적 기록들 속에 잘 나타나 있다. 사회생활의 가장 다양한 장면, 사건, 상황들이 구체적 실감을 가지고 여기에 기록되어 있다. 그 순서는 괴테 자신의 인생행로와 발전의 경로에 의하여 정해져 있다. 어떤 특정한 묘사 대상은 그 자체를 위해서라기보다는 괴테 자신에 대한 중요성 때문에 묘사의 대상이 되어 있다. 진짜 관심은, 역동적이고 발생론적인 취급으로 하여 분명하게 드러나는 진짜 관심은 개인적인 사항들과 그가 참여했던 지적(知的) 움직임에 향해 있고 사회 상황은, 때로 생생하게 묘사되기도 하지만 고정되고 정적인 것으로 제시되어 있다.

괴테가 당대 사회생활의 현실을 역동적으로, 현재에 움직이며 미래로 뻗어 갈 진보 변화해 가는 씨앗으로 그린 일이 없다고 우리는 결론 지을 수밖에 없다. 그가 19세기의 흐름을 다룰 때면, 그는 이를 일반적인 성찰의 형식으로 다룬다. 이러한 성찰은 으레껏 가치 판단이다. 그리고 이것은 의심하고 못마땅해하는 것이다. 기계의 발전, 점진적으로 확대되는 대중의 의식적인 공공 생활에의 참여, 이런 것들이 그에게는 못마땅한 것이었다. 그는 지적 생활의 천박화를 예상하고 그를 보상해 줄 어떤 것도 찾지 못하였다. 이미 알려진 바와 같은 조건이 조금 더 좋았더라면 독일에 있어서의 사회 상황의 통일을 가져올 수도 있었을 정치적 애국심에 대하여서도 괴테는 초연한 태도를 견지하였다. 이러한 통일이 이루어졌더라면 새로운 유럽과 세계의 현실 속으로 독일은 좀 더 조용하게, 좀 더 적은 불안과 폭력을 경험하면서 통합되어 갈 수 있었을지도 모른다. 그는 독일의 정치적 상황을 개탄하였지만 냉정한 상태를 유지하였고 그것을 기정사실로서 받아들였다. 한 논쟁적인 에세이에서(「문학의 급진주의」 50주년 기념 출판, 36권 139쪽) 그는 말하기를 "민족적 고전 작품이 산출되는 것은 작가가 민족의 역사 속에서 위대한 사건과 그 결말이 의미 있고 조화된 결합을 이루고 있는 것을 발견할 때"라고 말하였다. 그러나 독일의 사정은 이렇지 못하다고 그는 이어 말하였다. "우리의 위치가(즉, 독일 작가의 위치) 과거에 어떠했으며 현재 어떠한가를 생각하고 독일 작가에게 주어진 여러 조건을 감안할 때 우리는 쉽게 그로부터 독일 작가를 평가할 관점을 찾아낼 수 있다. 독일의 어느 곳에도 작가들이 모여 각각의 영역에서 하나의 공통된 태도, 공통된 방향을 정립해 나갈 사회생활의 지혜의 중심부가 존재하지 않는다. 흩어져 있는 여러 곳에서 태어나 가장 상호 이질적인 교육을 받고 제멋대로 서로 다른 상황의 인상을 마음에 지니고……" 그러나 이러한 상황에 대하여 그가 표시하고 있는 유감의 마음은 매우 미지근한 것에 불과하다. 바로 앞의 구절에서, 그는 바로 다음과 같이 말하였던 것이다. "그러나 다른 한편으로 독일이 지리적으로 함께 있으면서 정치적으로 쪼개어져 있다고 해서 이를 독일 민족의 잘못으로 돌릴 것은 아니다. 독일에 있어서 고전적 작품의 출현을 위한 준비가 될 사회적 격변은 우리가 바랄 일은 못되는 것이다." 물론 이 에세이가 쓰인 것은 1795년 이전이다. 그러나 그 후에 있어서도 그는 독일에 "사회생활의 지혜의 중심부"를 만들어 낼 수 있을지도 모르는 '사회적 격변'을 결코 바라지 아니하였을 것이다.

괴테가 그 자신이 아닌 다른 사람이었더라면 하고 바라는 것은 어리석기 짝이 없는 일이다. 그의 충동, 성향, 그가 스스로 만들어 낸 사회적 지위, 그의 활동에 스스로 부과한 제약, 이 모든 것들이 그의 일부이다. 생각의 조작을 통하여 어느 하나를 없애 버려도 전체를 손상하는 일이 된다. 그러나 괴테 이후의 일들을 돌이켜볼 때, 우리는 만약에 괴테가 그의 활발한 감각성, 그의 탁월한 삶의 기술, 그의 거침 없고 멀리 보는 전망, 이런 자질을 가지고 바야흐로 모습을 드러내고 있던 현대적 삶의 구조에 좀 더 관심과 건설적인 노력을 기울였더라면 독일 문학과 사회가 어떠한 것이었을까 하는 것을 상상해 보고 싶은 유혹을 떨쳐 버릴 수가 없다.

우리가 리얼리즘의 영역에서 주목한 단편화와 제약은 괴테의 젊은 동시대인 그리고 다음 세대의 작가에서도 그대로 남아 있었다. 19세기 말에 이르기까지 당대의 사회적인 소재를 심각하게 다루려고 했던 가장 중요한 작품들은 반환상적인 또는 전원풍의 장르에 남아 있거나 지방 문학의 가장 좁은 영역에 남아 있었다. 이들 작품들은 경제, 사회, 정치의 여러 사정을 정시(靜止) 상태에 있는 것처럼 묘사한다. 이것은 장 폴(Jean Paul), 호프만(E. T. A. Hoffmann), 예레미아스 고트헬프(Jeremias Gotthelf), 아달베르트 슈티프터(Adalbert Stifter), 헵벨(Hebbel), 슈토름(Storm)과 같은 서로 다르면서 중요한 작가들에게 다 같이 적용된다. 폰타네(Fontane)에 보이는 사회적 리얼리즘은 아직 깊은 것은 되지 못한다. 고트프리트 켈러(Gottfried Keller)에 보이는 정치의 흐름은 분명하게 스위스의 것이다. 어쩌면 클라이스트(Kleist) 그리고 그 다음으로는 뷔히너(Büchner)가 방향 변화를 가져왔을는지 모른다. 그러나 그들은 자유롭게 발전할 기회를 갖지 못하고 또 너무나 젊어서 죽었다.

라 몰 후작댁 · 1
── 스탕달의 비극적 리얼리즘

스탕달의 소설 「적(赤)과 흑(黑)」(1830)의 주인공 쥘리앵 소렐은 프랑슈콩테의 교육 없는 소시민(小市民)의 아들로서 야심만만하고 정열에 찬 청년이다. 그는 브장송의 신학교(神學校)에서 신학을 공부했고 파리로 올라가 라 몰 후작이란 지체 있는 이의 비서가 되고 신임을 얻기까지 수많은 변천을 겪게 된다. 라 몰 후작의 19세 난 딸인 마틸드는 재치 있는 응석받이로 버릇이 없고 몽상적인 데다 너무 오만하기 때문에 자신의 처지나 주위의 인물들에 갑갑증을 느끼기 시작하고 있다. 자기 아버지의 고용인(domestique)에 대한 그녀의 정열의 싹틈은 스탕달의 걸작의 하나로서 높이 평가되어 왔다. 다음 구절은 쥘리앵에 대한 그녀의 관심이 일기 시작하는 예비적 장면의 하나로 2권 4장에서 뽑은 것이다.

어느 날 아침 사제는 쥘리앵과 함께 후작댁의 도서실에서 계속되는 프릴레르의 소송 서류를 보고 있었다.

"선생님," 하고 쥘리앵이 느닷없이 말하였다. "날마다 후작 부인과 정찬을 함께 하는 것이 제 의무의 하나인 셈인가요? 아니면 저에 대한 호의인 셈인가요?"

"그건 아주 드문 명예지!" 하고 아연해진 사제는 대답하였다. "아카데미 회원인 N씨는 15년 동안이나 부지런히 비위를 맞추어 왔지만 조카인 탕보우 씨에게 그런 명예를 따내 주지 못했거든."

"선생님, 저의 처지에선 그것이 제일 고역입니다. 신학교에서도 그렇게 따분한 일은 없었어요. 라 몰 양까지도 가끔 하품을 하지요. 이 집 내객들의 상냥한 말씨에 익숙해져 있을 텐데도 말입니다. 저는 졸음이 와서 잠들어 버릴까 봐 걱정이 됩니다. 어디 주막집 같은 데서 40수짜리 싸구려 저녁을 사 먹을 수 있도록 제발 허가를 얻어 주십시오."

진짜 벼락출세를 한 사제는 당당한 귀족과 정찬을 함께 하는 것의 명예로움을 강렬하게 의식하고 있었다. 쥘리앵에게 그런 감정을 전해 주려고 하는데 바스락 소리가 나서 둘이 모두 돌아보았다. 쥘리앵은 라 몰 양이 엿듣고 있는 것을 보았다. 그의 얼굴이 붉어졌다. 그녀는 책을 한 권 찾으러 왔다가 모든 것을 다 듣고 말았던 것이다. 그녀는 쥘리앵에 대한 경의를 느끼기 시작하였다. 그는 저 늙은 사제처럼 나면서부터 무릎을 꿇고 있는 게 아니야, 하고 그녀는 생각하였다. 참 본때 없는 늙은이 같으니라구! 정찬 때 쥘리앵은 감히 라 몰 양을 쳐다볼 엄두도 내지 못하였다. 그러나 그녀 편에서 말을 건네 주었다. 그날은 많은 내객이 올 참이었다. 그녀는 그에게 눌러 있기를 청하였다.

앞서 말했듯이 이 장면은 정열적이고 비극적인 사랑의 이야기를 준비하기 위하여 마련된 것이다. 그 기능과 심리적 가치는 여기서 다루지 않을 것이다. 우리의 주제에서 벗어나기 때문이다. 이 장면에서 우리의 흥미를 끄는 것은 다음과 같은 것이다. 즉 7월 혁명 직전의 프랑스라고 하는 특정한 역사적 시대의 정치적 상황, 사회 계층 형성, 경제 상태에 대한 극히 정확하고 상세한 지식이 없이는 이 장면을 이해할 수 없다는 점이다. 이 때문에 이 소설은 1830년대 연대기라는 부제가 달려 있다. 이 귀족 집의 식당이나 살롱을 지배하고 있는 권태조차도 예사 권태가 아니다. 그것은 그곳에 모여드는 사람들이 우연히도 답답한 사람들이기 때문에 생긴 것이 아니다. 그들 중에는 매우 교양 있고 재치 있고 또 때로는 지체 높은 사람들도 끼어 있으며 집주인은 총명하고 상냥하다. 도리어 그들의 권태를 통해서 우리가 만나는 것은 왕정 복고 시대 특유의 정치적 사상적 상황인 것이다. 17세기나 특히 18세기의 살롱은 결코 권태롭지가 않았다. 그러나 갖가지 사건에 의해 퇴물이 된 지 오래인 상황들을 복구하려는 부르봉 왕조의 허술한 기도는 관료나 지배 계급 가운데의 구제도 추종자 사이에 순전히 인습적이고 제약 많고 갑갑하고 부자유스러운 분위기를 만들어 내게 된다. 그리고 이런 분위기 속에 휘말리게 된 사람들의 총명함이나 선의는 그 속에서 전혀 맥을 못 추게 된다. 이들 살롱에서는 누구에게나 흥미 있는 당대의 정치적 종교적 문제, 따라서 당대의 문학이나 일시대(一時代) 전(前)의 문학의 주제가 되어 있던 문제에 관한 토론은 없었다. 그리고 토론되는 경우에도 양식 있고 재간 있는 사람들이 피하려는 거짓에 찬 공식적인 말로서나 토론되는 것이 고작이었다. 유명한 18세기 살롱들의 지적(知的) 대담성에 비기면 참으로 엄청난 차이다. 이들 18세기 살롱들이 그 스스로 만들고 있던 그들 자신의 존재에 대한 위험을 전혀 생각지 못했음이 사실이기는 하다. 그러나 이제 위험은 널리 알려져 있고 1793년의 파국이 되풀이될지도 모른다는 공포감이 삶을 지배하고 있다. 그들은 그들이 대표하고 있는 것을 결코 믿지 않고 있으며 또 어떠한 공적(公的) 논쟁에 있어서도 패배하게 마련이라는 것을 의식하고 있다. 따라서 그들은 날씨나 음악이나 궁정의 뒷공론밖에 얘기하지 않으려 한다. 게다가 그들은 파렴치한 야심과 스스로의 부정 축재에 대한 공포감으로 사교계의 분위기를 완전히 잡쳐 놓고 있는 벼락부자가 된 시민 계급 중 속물적이고 부패한 위인들마저 동료로 맞아들이지 않을 수 없는 처지인 것이다.

그러나 쥘리앵의 반응은 말할 것도 없지만 현재 그가 신학교 시절의 스승인 피라르 사제와 함께 라 몰 후작댁에 있다는 사실 자체도 당시의 현실 상황을 고려에 넣을 때 비로소 이해할 수 있다. 쥘리앵의 격정적이고 공상적인 성품은 아주 어려서부터 프랑스 혁명과 루소의 위대한 사상, 그리고 나폴레옹 시대의 대사건에 대해 열광해 왔다. 아주 어려서부터 나폴레옹 몰락 이후 다시 권력을 잡은 계급의 쩨쩨한 위신이나 하찮은 부정부패에 혐오와 모멸을 느껴 왔다. 그는 너무나 상상력이 풍부하고 야심만만하고 권력을 탐하기 때문에 친구인 푸케가 제의하는 것 같은 시민 계급 사이의 평범한 생활에 만족하지 못한 것이다. 전능한 교회를 통해서만 소시민 출신의 사내가 지배자의 자리로 올라설 수 있다는 것을 보고 그는 의식적, 의도적으로 위선자가 된다. 그리고 결정적인 순간에 폭발하기 쉬운 사사로운 감정이나 정치적 감정, 격정적인 성품이 아니었다면 그의 뛰어난 재능은 틀림없이 화려한 지적(知的) 생애를 그에게 확보해 줄 것이다. 앞의 구절에서 우리는 그가 스스로를 고스란히 드러내는 순간을 본다. 그는 옛 스승이자 보호자인 피라르 사제에게 후작댁 살롱에서의 그의 느낌을 숨김없이 터놓는다. 거기엔 쥘리앵의 자유로운 지성이 엿보이는데 그것은 귀족의 비호 아래 있는 젊은 성직자에겐 어울리지 않는 내적 우월감과 지적(知的) 오만이 어울려서 이루어진 것이다. (지금 경우에 그의 솔직함은 그에게 해가 되지 않는다. 피라르 사제와는 친한 사이요, 그의 말을 우연히 엿듣게 된 마틸드에게는 그가 두려워하는 것과 생판 다른 인상을 심어 준다.) 여기서 사제는 갈 데 없는 벼락출세자로 그려져 있다. 그는 귀족의 식탁에 끼어 앉는 것이 굉장한 명예임을 알고 있고 이에 따라 쥘리앵의 말을 마땅찮게 여긴다. 그가 그 말을 마땅찮게 여기는 또 하나의 동기로서 스탕달은 악(惡)인 줄 번연히 알면서 이 세상의 악에 군말 없이 따르는 것이 엄격한 얀세니스트교(Jansenist)의 전형적인 태도란 사실을 들 수도 있었을 것이다. 피라르 사제는 얀세니스트이기 때문이다. 소설의 앞 부분에서 우리는 브상송 신학교의 교장으로서 그가 얀세니즘과 어떠한 책략도 건드릴 수 없는 엄격한 신앙 때문에 많은 박해와 중상모략을 견디어 내지 않으면 안 되었다는 사실을 안다. 그 지방의 성직자들이 예수회의 영향 아래 있었기 때문이다. 라 몰 후작의 가장 강력한 적수인 사교대리 프릴레르 사제가 그를 상대로 소송을 제기했을 때 후작은 피라르 사제를 자기의 측근으로 만들었고 그의 총명함과 강직함을 존중하게 되었다. 마침내는 브장송의 버티어 내지 못할 지위에서 해방시키기 위해 후작은 그에게 파리의 성직을 얻어 주었고 얼마 뒤에는 그의 애제자인 쥘리앵 소렐을 개인 비서로서 집안에 불러들였다.

등장인물의 성격, 태도, 인간관계는 당시의 역사적 상황과 아주 밀접하게 연관되어 있다. 당시의 정치적, 사회적 상태는 그 이전의 어떠한 소설에서보다 훨씬 상세하고 리얼한 방식으로 줄거리 속에 짜여져 있다. 정말이지 정치적·풍자적 책자임을 공공연히 표방하고 있는 것을 제외한다면 문학상의 어떠한 작품보다도 그러하다. 가장 구체적인 당대 역사 속에 사회적 신분이 낮은 사나이(여기서는 쥘리앵 소렐)의 비극적인 생애를 논리적, 체계적으로 집어넣고 나서 발전시키는 것은 전혀 새롭고 매우 뜻깊은 현상이다. 쥘리앵 소렐의 다른 생활권, 즉 그의 아버지 집안, 베리에르 시장(市長) 레날토의 집, 브상송의 신학교 등도 라 몰 댁의 경우와 마찬가지로 예리하게 사회학적으로 규정되어 있는데 그것은 당시의 역사와 일치되어 있다. 군소(群少) 등장인물, 예컨대 셸랑 노사제, 부랑자 수용소장 발레노 등도 하나같이 왕정 복고 시대라는 특정한 역사적 상황 밖에서는 상상할 수도 없는 인물들로서 그런 역사적 상황 속에 놓임으로 해서 우리가 보는 바와 같은 모양이 된 것이다. 어떤 사건이 당대 역사에 근거를 두고 있다는 것은 스탕달의 다른 소설 속에서도 발견된다. 이것은 「아르망스(Armance)」에서는 불완전하고 제한되어 있지만 그 후의 작품에서는 더욱 충실히 발전되어서 나타난다. 즉 「파르므 수도원(Chartreuse de Parme)」(그 배경이 근대의 발전에 의해서 큰 영향을 받지 않은 장소여서 역사 소설이란 인상을 주기는 하지만)에서도 그렇고 스탕달이 미완으로 남겨 놓은 루이 필립 시대의 소설인 「뤼시앵 뢰벤(Lucien Leuwen)」에서도 그렇다.

우리에게 전해 오는 형태로서의 「뤼시앵 뢰벤」 속에는 당대 역사와 정치의 요소가 지나치리만큼 강조되어 있다. 이런 요소가 줄거리 속에 잘 통합되어 있지만도 않고 또 주제와는 균형이 잡히지 않을 만큼 자세하게 취급된 면도 있다. 그러나 스탕달이 수정해서 완성시켰더라면 그는 전체의 유기적 통합을 달성해 놓았을 것이다. 마지막으로 그의 자서전적 작품들은 그 문체와 방법의 변덕스럽고 엉뚱한 에고티즘(egotism)에도 불구하고 예컨대 루소나 괴테의 자서전적인 작품보다 훨씬 밀접하게, 훨씬 본질적으로 또 구체적으로 그 시대의 정치 사회 경제와 관련되어 있다. 우리는 당대 역사의 대사건들이 루소나 괴테보다 스탕달에게 더욱 직접적인 영향을 미쳤다는 느낌을 받게 된다. 루소는 살아생전에 대사건들을 보지 못했고 괴테는 애써 대사건들로부터 초연했던 것이다.

위에 적은 것은 동시에 당대의 현실에 근거를 둔 근대의 비극적 리얼리즘을 특정한 시점과 또 특정한 시대의 한 인간 속에 낳게 한 상황이 무엇인가를 설명한 것이 된다. 그것은 다수(多數) 인간이 의식적으로 참가한 근대의 최초의 대운동, 즉 프랑스 혁명과 그로부터 유럽 전역에 퍼져 나간 대변화였다. 프랑스 혁명은 그 못지않게 강력하고 또 그 못지않게 다수의 인간을 분기시켰던 종교개혁 운동과는 훨씬 빠른 피급의 속도, 폭넓은 영향, 광범한 지역에서 불러일으킨 실제 일상생활에서의 변화라는 점에서 구별된다. 왜냐하면 수송과 통신에 있어서의 진보는 혁명 자체의 경향에서 야기된 초등 교육의 전파와 함께 훨씬 신속하고 훨씬 통일된 방향으로 민중을 동원할 수 있게 하였기 때문이다. 같은 사상이나 사건들이 훨씬 신속하게, 훨씬 의식적으로, 훨씬 획일적으로 개개인에게 도달되었다. 유럽에서는 역사적 사건과 이 역사적 사건에 대한 개개인의 지식이 어울리는 저 시간적 단축의 과정이 시작되었다. 이 과정은 그후 놀랄 만큼 진척되어 세계 도처에서의 인간 생활의 획일화를 예언하는 것을 우리에게 허용했을 뿐만 아니라 어떤 의미에서는 그것을 이미 성취하기도 하였다. 이러한 발전은 그때까지 당연시되었던 신분과 범주의 사회 구조 전체를 폐기하거나 무력하게 만든다. 변화의 속도는 내적 적응을 위한 지극히 어려운 노력을 항구적으로 요구하며 이에 따라 강렬한 위기를 발생시킨다. 자기의 실생활과 인간 사회에 있어서의 자기 위치를 분명히 파악해 두려는 사람은 그전보다 훨씬 광범위한 실제적 기초와 훨씬 폭넓은 맥락 속에서 그리하지 않으면 안 된다. 그리고 자기가 살고 있는 사회의 기초가 잠시도 안정되어 있지 못하고 갖가지 이변을 통해서 항시 변화하고 있다는 것을 끊임없이 의식하고 있지 않으면 안 된다.

우리는 이러한 근대적 현실 의식이 어떻게 해서 최초로 그르노블의 앙리 베일(Henri Beyle)* 바로 그에게서 문학적 형태를 찾게 되었는가 하는 점에 의문을 가질 수도 있다. 베일, 즉 스탕달은 재빠르고 활기찬 날카로운 지능의 소유자로 정신적으로 독립성이 강하고 용감했으나 위대한 인물은 아니다. 그의 생각은 기운차고 천재적인 경우도 많으나 엉뚱하고 진보적이되 독단적이다. 그리고 겉으로는 대담해 보이지만 내적인 확실성이나 일관성은 결해 있다. 그의 성품에는 무엇인가 불안정한 점이 있다. 일반적인 것에 있어서의 리얼리스틱한 솔직함과 구체적인 것에 있어서의 분수 없는 신비화 사이의 동요, 냉정한 극기와 관능적 쾌락에의 탐닉, 그리고 불안정하고 때로는 감상적인 허영심 사이의 동요는 반드시 호감이 가는 것은 아니다. 그의 문체는 매우 인상적이고 또 어김없이 독창적이다. 그러나 그것은 호흡이 짧고 고루 성공적이지 못하며 주제를 몽땅 포착해서 고정시키는 경우도 드물다. 그러나 그는 있는 대로의 자기를 당대에 내맡겼다. 그리하여 상황은 그를 사로잡고 마구 흔들고 마침내 예상하지 못한 희귀한 운명을 그에게 떠맡겼다. 상황은 그로 하여금 그 이전의 누구와도 다른 방식으로 현실과 교섭하도록 그를 형성시켜 놓았다.

프랑스 혁명이 일어났을 때 스탕달은 여섯 살 난 꼬마였다. 고향인 그르

---

* 스탕달의 본명.

노블과 새로운 상황에 상을 찡그리기는 했으나 아직도 몹시 유복했던 반동적인 시민 계급인 가족을 등지고 그가 파리로 간 것은 16세 때 일이다. 그가 파리에 도착한 것은 나폴레옹의 쿠데타(1799년 — 옮긴이 주)가 일어난 직후였다. 그의 친척 중 하나였던 피에르 다뤼는 제1총독의 영향력 있는 추종자였다. 주저하기도 하고 몇 번 중단되기도 했지만 스탕달은 나폴레옹 정부에서 화려한 경력을 쌓았다. 그는 나폴레옹 원정을 따라가며 유럽을 구경했다. 그는 한 사람의 성인 남자로 매우 세련된 세속인으로 성장하였다. 그는 또한 유용한 행정 관리, 또 위험을 당해서도 침착성을 잃지 않는 냉정하고 믿음직스러운 조직자가 되었던 것 같다. 나폴레옹의 몰락이 그를 말안장에서 떨구었을 때 그는 32세였다. 화려하고 활동적이고 성공적이었던 그의 전반생이 끝났다. 그 후 그는 직업이 없으며 그를 손짓하는 지위도 없게 된다. 돈이 있고 또 나폴레옹 몰락 이후의 의혹에 찬 관리들이 그의 체재에 이의를 제기하지 않는 한 그는 가고 싶은 곳에 갈 수가 있다. 그러나 그의 재정 형편은 점점 악화되어 간다. 1821년 그는 처음으로 정착했던 밀라노에서 메테르니히의 경찰에 의해서 추방된다. 그는 파리로 가서 직업 없이 혼자서 근소한 재정으로 9년간을 산다. 7월 혁명 후 그의 친구들이 외교관의 지위를 얻어 준다. 그러나 오스트리아 정부에서 트리에스트로 갈 인가장을 주지 않아 그는 조그만 항구 도시인 치비타 베키아 주재 영사로 가지 않으면 안 된다. 그곳은 살기 따분한 곳이고 로마에 오래 지체하게 되면 말썽을 부리는 패들이 있다. 몇 해 동안 파리에서 휴가를 보낼 수 있게 되는 것도 사실이나 그것도 그의 보호자의 한 사람이 외무 대신으로 있을 동안뿐이다. 마침내 치비타 베키아에서 중병이 들어 파리에서의 휴가를 얻게 된다. 그는 60이 채 못된 채 길가에서 졸도하여 1842년 파리에서 죽는다. 이것이 그의 후반생이다. 이 시기에 그는 재치 있으나 괴팍하며 정치적, 도덕적으로 신용할 수 없는 인물이란 세평을 얻게 된다. 그리고 그가 글을 쓰기 시작하는 것도 이 시기이다. 그는 처음 음악, 이탈리아, 이탈리아의 회화, 사랑에 관해

쓴다. 그가 최초의 소설을 간행한 것은 파리에 있던 42세 때 일로서 낭만주의 운동이 개화한 시기이다.(그는 그 나름으로 낭만주의 운동에 기여하였다.)

이와 같은 그의 생애의 개요로 미루어 그는 '폭풍에 흔들리는 배' 안에서 피난처를 찾았고 또 자기 배를 위한 적절하고 안전한 피난처가 없다는 것을 발견했을 때 자기 설명의 지점, 리얼리스틱한 문학의 지점에 도달하였다. 지쳐 빠졌거나 낙심해 있는 것은 아니나 젊은 날의 성공적인 이력이 이제 먼 옛일이 되어 버린 가난하고 외로운 40의 사나이로 자기가 아무 데도 소속해 있지 않다는 것을 뼈저리게 의식하게 되었을 때 비로소 주변의 사회 현실이 문제가 되었던 것이다. 자기가 남들과는 다르다는 느낌, 그때까지는 별 고통 없이 자랑스럽게 지녀 왔던 느낌이 이제 그의 의식의 가장 중요한 관심이 되고 마침내는 그의 문학 활동의 되풀이되는 주제가 되었던 것이다. 스탕달의 리얼리스틱한 문학은 나폴레옹 몰락 이후의 세계에서의 그의 편편치 못함, 자기가 그 세계에 소속해 있지 않으며 그 속에 자기 자리가 없다는 의식에서 나왔다. 주어진 세계 속에서의 편편치 못함, 그 세계의 일부가 될 수 없는 무력은 확실히 루소 류의 낭만주의의 특색이다. 그리고 스탕달이 젊은 시절에도 그런 요소를 가지고 있었다는 것은 그럴 법도 하다. 그의 타고난 성품에는 그런 요소가 있고 젊은 시절의 그의 이력은 그의 세대의 생활 환경과 이를테면 맞아떨어졌던 이러한 순향(順向)을 강화했을 뿐이랄 수도 있다. 한편 그는 30대가 되어서야 젊은 시절의 회고인 「앙리 브륄라르의 생애(Vie de Henri Brulard)」를 썼다. 따라서 우리는 뒷날의 발전의 관점, 즉 1832년의 관점에서 그가 이러한 개인주의적 고립의 모티프를 지나치게 강조했다는 가능성을 참작하지 않으면 안 된다. 어쨌건 그의 고립과 사회에 대한 그의 순조롭지 못한 관계의 모티프와 표현이 루소나 그의 초기 낭만파 제자들 사이에 있어서의 비슷한 현상과 전적으로 다르다는 것은 확실하다.

루소와는 달리 스탕달은 실제적인 정신과 능력을 가지고 있었다. 그는 주어진 삶의 관능적 향락을 열망하였다. 그는 처음부터 실제적 현실에서 물러선 것이 아니었다. 또 처음부터 실제적 현실을 전적으로 비난하지도 않았다. 도리어 그것을 정복하려고 하였고 처음엔 이에 성공하기도 했다. 물질적인 성공과 향락이 그의 소망이었다. 그는 삶을 지배하는 정력과 능력에 탄복한다. 그의 간절한 꿈인 「행복의 고요(la silence du bonheur)」조차도 「외로운 산책자(Promeneur Solitaire)」의 꿈보다 훨씬 관능적이고 훨씬 구체적이고 인간이 창조한 것(치마로사,* 모차르트, 셰익스피어, 이탈리아 회화)에 더 많이 의존하고 있다. 성공과 쾌락이 그에게서 빠져나가고 현실 상황이 그가 서 있는 기반을 무너뜨리려 할 때 비로소 당대의 사회가 그에게 문제가 되고 주제가 된다. 루소는 자기가 마주쳤던 사회 현실에서 편편한 느낌을 갖지는 못했으며 사회도 그의 생전에 현저히 변하지 않았다. 사회가 변함없어 보이는 사이 그는 사회에서 입신(立身)하였으나 그 때문에 더 행복해지거나 사회와 화해하지는 않았다. 스탕달은 지진이 연거푸 사회의 기초를 뒤흔들던 시기를 살았다. 지진의 하나는 그가 속해 있는 계층의 사람들에게 과해진 일상적 삶의 진로로부터 그를 뒤흔들어, 많은 동시대인들과 마찬가지로 그를 전에는 상상도 못 하였던 모험과 사건과 책임과 자기 시험과 자유와 권력의 경험 속으로 내던졌다. 또다른 지진은 그가 옛것보다 훨씬 답답하고 훨씬 시시하고 훨씬 멋 없었다고 생각했던 새 일상생활로 그를 다시 내던졌다. 이 점 가장 흥미 있는 것은 그것조차 오래간다는 기약이 없었다는 것이다. 새로운 변동의 기운이 역력하였고 첫 번째와 같은 위력은 비록 없었으나 그것은 여기저기에서 터져 나왔다.

스탕달의 관심은 자신의 삶의 경험에서 나왔기 때문에 그 관심은 있을 수 있는 사회의 구조에 의해서가 아니라 현상적으로 주어진 사회 속의 변화에 의해서 유지되었다. 시간적 원근법은 그가 시야에서 잃어버린 일이 없는 요소이며 삶의 형태와 양식이 끊임없이 변한다는 생각은 그의 사상을 지배

---

* 18세기의 이탈리아의 오페라 작곡가.

한다. 그것이 그에게 희망을 주기 때문에 더욱 그렇다. 1880년이나 1930년에 나를 이해하는 독자가 생길 것이다! 몇몇 예를 들어 보자. 그가 라브뤼에르의 「에스프리(esprit)」를 얘기할 때(「앙리 브륄라르」 30장) 지성을 형성하려는 이런 형태의 노력이 1789년 이후 효력을 잃어버렸다는 것이 그에게는 명백하다. "아무리 향기로운 에스프리라도 오래가지 않는다. 복숭아가 며칠밖에 못 가듯이 에스프리도 200년 안에 사라진다. 그리고 사회 계급 사이의 관계에 혁명이 일어나면 더욱 빨리 사라진다." 「에고티즘의 회상(Souvenirs d'égotisme)」 속에는 시간적 원근법에 근거한 많은 관찰(대부분이 정말로 예언적이다.)이 들어 있다. 그는 "이 수다가 읽히는 때엔 도둑과 살인자들의 범죄에 대한 책임이 지배 계급에 있다는 생각은 상식이 될 것"이라고 예측한다. (7장 끝) 9장 첫머리에서는 하늘이 80이나 90의 수명을 준다고 치면 그의 사후 10년 후엔 그가 공포감에 떨면서 감히 말해 보는 모든 대담한 발언 내용이 진부한 것이 되지 않을까라고 적고 있다. 10장에서는 서민 출신의 정숙한 부인의 환심을 사기 위해 굉장히 비싼 값을 치르는 친구 한 사람에 대하여 이야기하면서 1832년의 500프랑이 1872년의 1000프랑에 해당한다고 덧붙이고 있다. 1872년은 그가 그 글을 쓴 지 40년, 그가 죽은 지 30년이 되는 해다.

　대체로 같은 내용을 담고 있는 대목을 더 많이 인용할 수도 있다. 그러나 그것은 불필요한 일이다. 시간적 원근법의 요소는 묘사 방법 자체 속에 잘 드러나 있기 때문이다. 그의 리얼리스틱한 문학 도처에서 스탕달은 자기 앞에 드러나는 현실을 취급한다. 그리하여 앞서 인용한 대목에서 얼마 떨어져 있는 곳에서 "나는 내가 가는 길 위에 있는 것을 되는대로 취급한다."라고 적고 있다. 인간을 이해하려는 노력 속에서 그는 자기가 마주친 것 가운데서 취사선택을 하지 않는다. 몽테뉴가 알고 있었던 것처럼 이런 방법은 자신이 자의적으로 만들어 낸 것을 제거하고 주어진 현실 속에 자기를 떠맡기는 데 있어선 최선의 방법이다. 그러나 스탕달이 마주쳤던 현실은 가까운 과거의 엄청난 변화를 항시 연관시키고 또 미래의 긴박한 변화를 앞질러 탐구해야 비로소 묘사할 수 있도록 구성되어 있었다. 그의 작품 속에 나오는 모든 인물과 사건들은 정치적 사회적 혼란의 터전 위에 나타난다. 이것의 의미를 선명히 하기 위해서는 스탕달과 혁명 전 18세기의 이름난 리얼리스트 작가들과 비교해 보는 것으로 족하다. 가령 르사주(Lesage)나 아베 프레보(Abbé Prevost), 그리고 뛰어난 헨리 필딩(Henry Fielding)이나 골드스미드(Goldsmith) 등과 말이다. 또 그가 볼테르, 루소, 또는 실러의 초기의 리얼리스틱한 작품보다 훨씬 정확하고 훨씬 깊게 당대의 주어진 현실 속으로 뛰어들었다는 것, 또 당시에 구할 수 있었던 몹시 불완전한 판본을 통해서이긴 하지만 그가 열심히 읽었던 생 시몽(Saint Simon) 보다도 훨씬 폭넓은 기반 위에서 그리했다는 점을 생각하는 것으로 족할 것이다. 현대의 진지한 리얼리즘이 구체적이고 또 항시 진행하고 있는 정치적, 사회적, 경제적인 현실의 총체성 속에 뿌리박고 있는 것으로 그리지 않고서는 인간을 묘사할 수 없다 (오늘날의 소설이나 영화가 그렇다.)는 한에서는 스탕달이야말로 이 리얼리즘의 창시자이다.

그러나 사건의 세계를 포착하고 그것을 내적 연관과 함께 묘사하려는 스탕달의 태도에는 역사주의의 영향을 찾아보기 어렵다. 역사주의는 당시에 벌써 프랑스로 침투해 갔으나 스탕달에게는 미치지 못하였다. 위에서 우리가 그의 시간적 원근법과 변화 및 대변동에 대한 항구적인 의식을 얘기하면서도 진화의 이해에 관해서 언급을 삼간 것은 바로 그 때문이다. 사회 현상에 대한 스탕달의 내적 태도를 서술하는 것은 쉬운 일이 아니다. 사회 현상의 모든 음영을 포착하는 것이 스탕달의 목적이다. 그는 어떤 주어진 사회 환경의 특수한 구조를 극히 정확하게 제시한다. 그는 사회 생활을 결정하는 일반적인 요소에 관한 기성의 합리주의적 체계를 가지고 있지 않으며 현실적 사회의 모습에 관한 형태 개념도 가지고 있지 않다. 그러나 세목에 있어서는 그의 사건 묘사는 전적으로 고전적·윤리적 심리학의 정신에서 사람의 마음의 분석을 지향하고 있으며 역사의 동력의 발견이나 예측을 지향하고 있지 않다. 우리는 그에게서 합리주의적 경험적 관능적 모티프를 보지만 낭만주의적 역사주의의 모티프는 거의 볼 수 없다. 절대주의, 종교, 교회, 신분의 특권을 그는 여느 계몽주의자와 마찬가지로 미신, 속임수, 그리고 책략 등이 얽혀 있는 것이라고 보았다. 대체로 교묘하게 꾸며진 음모가 정열과 함께 그의 작품 구성에서 결정적인 역할을 한다. 그러나 그 밑에 깔려 있는 역사의 동력은 거의 나타나지 않는다. 이 모든 것은 그의 정치적 관점에 의해서 설명될 수 있다. 민주주의자요 공화주의자였던 그의 정치적 관점은 그것만으로도 그를 낭만주의적 역사주의로부터 자유롭게 만들기에 충분하였다. 게다가 샤토브리앙(Chateaubriand) 같은 작가들의 과장된 양식에 그는 심한 불쾌감을 느꼈다. 한편 그의 정치관에 따르면 그와 가장 가까워야 할 사회 계급조차도 극히 비판적으로 다루고 있으며 낭만주의가 민중이란 말에 첨가해 놓은 감정적 가치를 추호도 섞지 않는다. 점잖게 돈을 모으며 실제적인 일에 활동적인 시민 계급은 그에게 걷잡을 수 없는 권태감을 불어넣어 준다. 그리고 미국의 '공화주의적 미덕'에는 몸서리를 친다. 감상벽(感傷癖)은 눈에 뜨이는 게 없지만 구체제의 사회 문화의 몰락을 유감스럽게 여긴다. 「앙리 브륄라르의 생애」 30장에서 그는 이렇게 적고 있다. "실제적 정신이 결핍되어 있다. 모두 사회가 요구하는 일을 위해 모든 힘을 유보해 두려 한다." 가문이나 훌륭한 사람(honnête homme)으로서의 지성이나 교양은 이제 결정적 요소가 아니다. 직업적 능력이 이제 모든 것을 결정한다. 이것은 스탕달 — 도미니크가 숨쉬며 살 수 있는 세계가 아니다. 물론 그의 주인공들처럼 그도 필요한 경우엔 일할 수도 있고 또 일을 유능하게 해낼 수 있다. 그러나 어떻게 사람이 실제적인 직업에 오랫동안 종사할 수가 있단 말인가! 사랑, 음악, 정열, 음모, 영웅적 행위 — 이것들이야말로 삶을 보람 있게 만드는 것이다.

 스탕달은 구제도의 귀족적 상류 시민 계급의 아들로서 19세기의 시민이 될 의향도 없고 될 수도 없다. 그는 되풀이해서 그렇게 말한다. "어려서부터 나의 의견은 공화주의적이었으나 나의 집안은 내게 귀족의 본능을 넘겨 주었다."(「브륄라르」 14장) "프랑스 혁명 이래로 극장의 관객은 어리석어졌다." (「브륄라르」 22장) "나는 (1821년에는) 자유주의자였다. 그러나 자유주의자들은 굉장히 미욱하다고 생각한다."(「에고티즘의 회상」 6장) "시골의 뚱뚱한 장사꾼과의 대화는 나를 하루종일 따분하고 불쾌하게 한다."(「에고티즘의 회상」 7장 이하) 때로 자기의 체격에 관해서도 언급하고 있는 "자연은 내게 여성의 섬세한 신경과 민감한 피부를 주었다."(「브륄라르」 32장) 이러한 등속의 비슷한 말들이 도처에서 발견된다. 어떤 때는 사회주의로의 접근을 말하기도 한다. "1811년엔 활력은 참다운 요구를 가지고 싸우는 계급에서만 발견된다."(「브륄라르」 2장) 그러나 그는 대중의 냄새와 소음을 견딜 수 없어 한다. 그리고 다른 모든 점에서는 터놓고 리얼리스틱하지만 그의 작품 속에는 낭만주의자들이 말하는 국민(volk)이라는 의미로서나 사회주의적인 의미로서나 민중이 보이지 않는다. 오직 소시민과 가끔 나오는 군인, 하인, 찻집의 여급 같은 보조 인물들이 보일 뿐이다. 마지막으로 그는 개인을 역사적 상황의 산물로서 그 속에 참여하는 것이라기보다는 그 속의 한 원자(原子)라고 본다. 사람은 거의 우연에 의해서 그가 살고 있는 사회 환경 속에 내던져진 것처럼 보인다. 그것은 그가 유기적으로 관련되어 있는 포근한 배양기가 아니라 아주 성공적으로 혹은 서투르게 처리할 수 있는 저항체이다. 게다가 스탕달의 인간관은 대체로 유물적 관능적인 경향이 짙다. 이것을 잘 보여주는 구절이 「앙리 브륄라르의 생애」 26장에 보인다. "나는 행복을 추구할 때의 버릇을 그 사람의 성격이라고 부른다. 즉 훨씬 정확하지만 성질을 잘 나타내지 않는 말로 하면 그의 정신의 습성 전체를 그 성격이라 부르는 것이다." 그러나 스탕달에 있어서의 행복은 비록 고도로 발달된 인간이 정신, 예술, 정열, 혹은 명성에서만 발견할 수 있는 것이기는 하나 낭만주의자들에게서보다 훨씬 감각적이고 세속적인 색조를 띠고 있다. 속물의 능률성, 대두하기 시작한 부르주아 형(型)에 대한 그의 혐오도 낭만주의적이었다고 할 수 있다. 그러나 낭만주의자는 돈벌이에 대한 반감을 다루고 있는 대목을 다음과 같이 끝내지는 않을 것이다. "나는 나의 삶을 거의 하고 싶은 대로 하였다는 보기 드문 기쁨을 가졌다."(「브륄라르」 32장) 그의 에스프리 관·자유관은 혁명 전 18세기의 그것과 전혀 똑같다. 노력 끝에 불규칙적으로 그는 그것을 자기 자신 속에 실현할 수가 있게 된다. 자유를 위해서 그는 가난과 고독의 대가를 치러야 하고 그의 에스프리는 쉽사리 통렬하고 가혹한 역설이 된다. 즉 그것은 "사람에게 겁주는 쾌활함이다."(「브륄라르」 6장) 그의 에스프리는 볼테르 시대의 자신(自信)을 이미 가지고 있지 않다. 그는 사회생활도 또 그 사회생활의 각별히 중요한 면인 여성과의 관계도 구제도의 지체 있는 신사처럼 능란하게 영위하지 못한다. 그는 자기 것이 아닌 여인에 대한 정열을 은폐하기 위해 에스프리를 길러 왔다고까지 말하고 있다. "몇 십 번 되풀이하여 말했지만 사실상 이 공포가 10년 동안 내 생활의 지도 원리였다." (「에고티즘」 1장) 이러한 특징은 그를 뒤늦게 태어나서 지나간 시대의 생활 형태를 실현하려고 헛수고를 하는 사람처럼 보이게 한다. 한편 그의 성격의 다른 요소, 즉 리얼리스트로서의 역량의 가차 없는 객관성, 대두하고 있는 중용파(juste milieu)의 천박함에 대한 용감한 자기 주장 등은 그를 뒷날의 생활 형태나 지성적 양식의 선구자처럼 보이게 한다. 그러나 그는 자기 시대의 현실을 언제나 저항으로 느끼고 경험한다. 바로 이것이 그의 리얼리즘(그것은 진화의 발생론적 이해, 즉 역사주의적인 태도에서 설사 나왔다 하더라도 극히 경미한 정도로밖에 나오지 않았지만)을 극히 정력적이고 또 그 자신의 존재와 밀접히 연관되어 있도록 만들고 있다. 이 「의심 많은 말(cheval ombrageux)」의 리얼리즘은 자기 주장을 위한 싸움 속에서 생겨난 것이다. 이 때문에 그의 위대한 리얼리즘 소설의 스타일의 수준이 뒷날의 대부분의 리얼리스트들보다도 훨씬 위대한 영웅을 다루어야 한다는 옛날의 비극관에 가까워져 있는 것이다. 즉 쥘리앵 소렐은 플로베르는 말할 것도 없고 발자크의 작중 인물보다 훨씬 영웅인 것이다.

외형적인 리얼리즘을 심각한 비극 작품에서 제거하였던 고전주의의 미학에 의해서 전파되었던 스타일의 법칙은 이미 18세기에 무너지고 있었다는 것은 잘 알려져 있다. 우리는 위의 2장에서 그 문제를 다루었다. 프랑스에서조차도 18세기 전반에 이 법칙의 해이를 볼 수 있 다. 18세기 후반에 있어서는 이론상으로나 실천상으로나 중간적인 스타일을 전파한 것은 특히 디드로(Diderot)였다. 그러나 그는 시민적인 것과 애상적인 것에서 벗어나지를 못하였다. 그의 소설들 특히 「라모의 조카(Neveu de Rameau)」에 일상생활 그리고 하층은 아니라 하더라도 중간 계층에서 따온 작중 인물들은 심각하고 진지하게 다루어져 있다. 그러나 그 심각성은 19세기의 리얼리즘보다는 계몽주의의 모럴리스트적 풍자적 태도를 연상케 한다. 루소의 사람됨과 작품 속에는 뒷날의 발전의 싹이 역력히 보인다. 마이네케가 역사주의에 관한 그의 저서(2권 390쪽)에서 말하고 있듯이 루소는 "완전한 역사적 사고에 이르지는 못했으나 그 자신의 독자적인 개성의 계시를 통해서 새로운 개인 의식을 각성시키는 데 기여할 수" 있었다. 마이네케는 여기서 역사적 사고에 관해서 말하고 있다. 그러나 리얼리즘에 관해서도 같은 말을 할 수 있을 것이다. 루소는 엄격히 말해서 리얼리스틱하지 않다. 그의 소재에 특히 그것이 자기의 생애일 경우 그는 극히 자기 변호적이고 윤리적 비판적인 관심을 집어넣고 있으며 또 사건에 대한 그의 판단은 자연법의 원리에 의해서 짙은 영향을 받고 있어 사회 현실은 그에게 있어 당장의 주제가 되지는 않는다. 그러나 자기의 존재를 당대 사회와의 참다운 관계 속에 제시하려고 하는 그의 「고백(Confessions)」의 예는 그보다도 주어진 현실에 대한 감각을 월등하게 갖추고 있는 작가들에게는 양식상의 모범으로서 중요성을 띠고 있다. 아마도 진지한 리얼리즘에 대한 간접적 영향으로서 훨씬 더 중요한 것은 그가 목가적 자연관을 정치적으로 다룬 점일 것이다. 이것은 삶의 형태에 대한 이상상(理想像)을 만들어 냈고 우리가 알고 있듯이 막대한 암시력을 발휘했고 또 직접 실현될 수 있다고 믿어지기도 하였다. 이 이상상은 기존의 역사 현실과 절대적으로 대립되는 것임이 드러났다. 그리고 그 대조가 강렬해지고 비극적이 되면 될수록 그 이상상의 실현이 이루어지지 않음이 더욱 분명해져 갔다. 이리하여 실제 역사적 현실이 이제까지와는 다르게 훨씬 구체적으로 또한 한결 직접적으로 문제가 되었다.

루소가 죽은 후 처음 몇 십 년 동안 프랑스의 초기 낭만주의에 있어서는 이 엄청난 환멸감은 정반대의 결과를 빚었다. 가장 중요한 작가들 사이에서 그것은 당대 현실로부터 도피하려는 경향으로 나타났다. 대혁명, 제정(帝政), 그리고 왕정 복고기에 있어서조차도 리얼리스틱한 문학 작품은 풍성치 않다. 초기 낭만주의 소설의 주인공들은 당대의 생활 현실 속으로 들어가는 것에 대한 거의 병적인 혐오감을 보여 준다. 그가 소망하였던 자연적인 것과 그가 마주쳤던 역사에 바탕을 둔 현실 사이의 모순은 이미 루소에게는 비극적인 것으로 되었다. 그러나 바로 이 모순은 그로 하여금 자연적인 것을 위해 싸우도록 자극하였다. 대혁명과 나폴레옹이 새롭기는 하나 그가 말한 뜻으로는 '자연적'이지 못한, 다시 역사적으로 얽혀 있는 상황을 만들어 냈을 때 루소는 이미 고인(故人)이 되어 있었다. 그의 사상과 이상에 깊은 영향을 받은 다음 세대는 현실적인 것과 역사적인 것의 성공적인 저항을 경험하였다. 그리고 그들의 희망을 완전히 부숴 버린 새 세계에서 편편치 못하다고 느낀 사람들은 가장 강렬하게 루소에게 매혹되었던 사람들이었다. 그들은 그 세계에 반대하고 나서거나 외면하거나 하였다. 그들은 루소에게서 내부의 분열, 사회에서 도망치려는 경향, 물러나서 혼자 있으려는 요구를 물려받았다. 루소의 성품의 다른 측면, 즉 혁명적 전투적 측면을 그들은 잃어버렸다. 프랑스에 있어서의 지적 생활의 통일과 문학의 지배적인 영향력을 파괴하였던 외적 상황도 이러한 발전에 기여하였다. 대혁명 이후 나폴레옹이 몰락하기까지의 시기에 나온 중요한 문학 작품 가운데서 당대 현실에서 도망하는 징후를 보이지 않는 작품은 거의 없다. 그리고 이러한 징후는 1820년 이후의 낭만파들 가운데도 널리 퍼져 있다. 그것이 가장 순수하고 완벽하게 나타나는 것은 세낭쿠르에서이다. 그러나 부정적인 측면에서나마 당대의 역사 현실에 대한 대다수 초기 낭만파들의 태도는 계승주의 시대의 태도보다 훨씬 더 심각하게 문제적이다. 루소주의 운동과 그것이 겪었던 엄청난 환멸은 근대적 현실 개념이 대두하는 데 있어서 하나의 필요조건이었다. 인간의 자연적 조건과 역사에 의해서 결정된 현존하는 삶의 현실을 열렬히 대조시킴으로써 루소는 현존 현실을 실제적인 당면 문제로 만들었다. 이제 비로소 역사에 의해서 움직여지는 것도 아니고 역사적으로 포착되지도 않은 18세기 류의 삶의 묘사는 무가치한 것이 되었다.

낭만주의는 독일과 영국에서 먼저 형성되었고 그 역사적 개인주의적 경향은 프랑스에서 오랫동안 준비되고 있었는데 1820년 이후에 전성기에 이른다. 잘 알려진 바와 같이 빅토르 위고와 그의 친구들이 그들의 운동의 슬로건으로 표방한 것은 바로 스타일 혼합의 원리였다. 이 원리에서는 주제의 고전주의적 처리나 고전주의적 문학 용어와의 대조가 현저한 특징이다. 그러나 위고의 공식에는 지나치게 정반대인 요소가 있다. 그에게 있어 그것은 숭고한 것과 기괴한 것의 혼합이었다. 이것들은 현실을 전혀 고려하지 않는 양식의 극단이다. 그리고 실제로 그는 주어진 현실에 알기 쉽도록 형태를 부여하고자 하지 않았다. 도리어 과거의 주제나 당대의 주제를 다룸에 있어서 숭고한 것과 기괴한 것의 양식상의 극단, 아니면 다른 윤리적인 것과 미적인 것의 대조를 주도록 다듬어서 상호 충돌하게 한다. 이렇게 해서 강력한 효과가 빚어진다. 왜냐하면 위고의 표현력이 강렬하면서도 암시적이기 때문이다. 그러나 그 효과는 있을 법하지 못하고 인간 생활의 반영으로서도 진실답지 않다.

라 몰후작댁 · 2
― 두 개의 리얼리즘

　스탕달과 함께 낭만주의 세대에 속하는 사람으로서 그와 마찬가지의 큰 재능의 소유자이면서 그보다 오히려 현실에 가까이 있었던 발자크는 당대의 삶을 그려 내는 일을 유독 자신의 과업으로 삼았는데 그는 스탕달과 함께 현대 리얼리즘의 창시자로 생각될 수 있는 작가다. 나이로는 스탕달보다 열여섯이 아래였지만, 그의 특성을 드러내 주는 작품들이 발표된 것은 스탕달의 작품이 나온 것과 비슷한 시기인 1830년대였다. 그가 현실을 보여 주는 방법을 보기 위하여 「고리오 영감(Le Père Goriot)」(1834년) 서두의 하숙집 여주인 보케르 아주머니(Madame Vauquer)를 묘사하는 대목을 예로 들어 보자. 이 묘사의 앞에는 하숙집이 있는 구역, 집, 아래층 방들이 자세하게 이야기되어 있다. 이러한 묘사는 모두 다 가난하고 초라하고 퇴락해 가는 것들의 우울한 모습을 보여 주고 이러한 물리적 환경의 모습은 정신적인 분위기를 암시해 준다. 식당의 가구들이 이야기된 다음에 하숙집 주인 아주머니가 등장한다.

　이 방이 가장 좋아 보이는 때는 아침 7시쯤, 마나님에 앞서서 방에 들어선 마담 보케르의 고양이가 찬장 위에 뛰어올라 접시로 뚜껑을 씌운 종지의 우유 냄새를 맡으며 아침 울음 소리를 낼 때이다. 이윽고 마나님이 들어온다. 그물 천으로 짠 모자 밑으로 잘못 얹힌 가발의 가닥이 흘러나와 있다. 그녀는 구겨진 슬리퍼를 끌며 걷는다. 비계가 오른 늙어 가는 얼굴 한가운데 튀어나온 앵무새 부리 같은 코, 포동포동한 작은 팔, 교회 쥐마냥 통통한 몸집, 헐겁게 펄럭이는 윗옷, 이런 모든 것이, 불행을 축축하게 땀 흘리는 벽, 계산속이 웅크리고 있는 공간의 방과 제격으로 어울리고 마담 보케르는 이 방의 후터분한 공기를 숨쉬면서도 구역기를 느끼지 않는다. 첫 서리마냥 냉랭한 얼굴, 주름 많은 눈, 또 무용가의 만들어 붙인 미소에서 브로커의 찡그린 얼굴로 쉽게 옮겨 갈 수 있는 표정, 이러한 모든 것, 즉 그녀의 몸 전체가 이 하숙집을 설명했다. (하숙집 그것이 그녀를 설명하듯이.) 감옥에는 간수가 있고, 감옥이나 간수가 하나만 따로 있을 수 없는 것과 같다고 할까? 티푸스가 병원의 발산물에서 나오듯이, 이 아주머니의 푸르딩딩 땅딸한 몰골은 이러한 삶의 소유물인 것이다. 헌옷을 잘라 내어 만든 바깥 치마 밑으로 나온 털로 짠 속치마에서는 떨어진 구멍으로 솜이 비어져 나오고 — 이러한 속치마의 꼬락서니가 응접실이며 식당이며 손바닥만 한 뜰이며를 나타내 주고 또 부엌 사정이며 하숙객들의 됨됨이를 드러내 주는 것이었다. 그녀가 있음으로 하여 이러한 정경이 완성되는 것이다. 쉰 남짓한 보케르 부인은 '팔자가 사나워 이런저런 고생을 겪은' 다른 부인네들과 비슷했다. 유리알 같은 눈에 값을 올리기 위해서 난동을 피우려는 매파의 태연스러운 표정의, 범법자를 밀고해서 팔자를 고칠 수만 있다면 고칠 생각이 있는 그러한 여자였다. 그래도 본성은 착한 사람이지, 하숙객들은 이렇게 말하고 마나님들도 자기들이나 마찬가지로 불평도 하고 밭은 기침도 하는 것을 보고 돈도 없거니 했다. 보케르 씨는 무엇을 하던 사람이었을까? 그녀는 죽은 남편에 대해서는 별 이야기를 하지 않았다. 어떻게 해서 재산을 날리셨나요 하고 물을라치면, 그녀는 "사업에 실패해서"라고만 대답했다. 남편은 마누라 대접을 잘못해서, 남편이 남겨 준 것이라고는 눈물을 흘리는 데 쓸 수 있는 두 눈과 의지할 수 있는 집 한 채와 그리고 할 수 있는 고생이란 고생은 다한 것이기에, 불운에 신음하는 어떤 사람에게도 동정하지 않을 수 있는 권리뿐이라는 것이었다.

하숙집 여주인에 대한 묘사는 그녀가 식당에 모습을 나타내는 것에 연결되어 있다. 고양이가 미리 들어와 찬장 위로 뛰어오르는 모습을 통하여 어떤 마녀적인 분위기를 풍기게 하면서, 발자크는 그녀로 하여금 자신의 영향권의 복판에 들어서게 한다. 그러고는 그녀의 몸차림을 자세히 그리기 시작한다. 이 묘사는 하나의 주제에 의하여, 즉 마담 보케르의 생김새와 몸치장과 그녀가 있는 방, 그녀가 운영하는 하숙집, 그녀의 인생 사이에 성립하는 대응 관계, 간단히 말하여 그녀 자신과 (발자크도 가끔 사용하는 말로서) 환경(milieu)과의 조화에 의하여 통제되어 있다. 이 조화는 처음에 그녀의 영락한 모습, 기름이 흐르고, 칠칠치 못하고, 후터분한 그녀의 몸뚱이나 복장이 풍기는 불쾌감,(이러한 것들은 그녀가 아무런 혐오감 없이 숨쉬는 방 안의 공기와 조화되어 있다.) 이와 같은 것을 통하여 암시되고 또 조금 후에는 그녀의 얼굴 표정과 관련해서, 특히 "그녀의 몸 전체가 이 하숙집을 설명하고, 하숙집 그것이 그녀를 설명한다."라는 말의, 그녀와 환경 사이에 존재하는 상보 관계를 강조하는 데에서, 주제는 윤리적인 해석과 함께 드러난다. 그리고 감옥과의 비유가 나온다. 그다음의 비유는 의학적인 것이 되어 마담 보케르의 인생의 중추격인 "푸르딩딩 땅딸한 몰골"은 병원의 발산물의 소산인 티푸스에 비교된다. 마지막으로 그녀의 치마는 하숙집의 여러 방의 종합으로, 부엌에서 조리되는 음식의 품질의 증표로, 또 하숙객의 종류에 대한 예시로 평가된다. 잠시 동안 그녀의 치마는 그녀의 환경의 상징이 된다. 그리고 전체의 구도는 "그녀가 있음으로 하여 이러한 정경이 완성되는 것이다."라는 문장으로 요약된다. 이렇게 하여 아침 식사나 손님은 기다릴 필요도 없이 이 모든 것들이 주인 아주머니의 신병(身柄)으로써 요약되는 것이다. 조화의 주제가 되풀이되는 데에 어떤 의도적인 순서가 있는 것 같지는 않다. 마담 보케르의 면모를 묘사하는 데 있어서도 발자크는 일정한 계획을 가지고 있는 것 같지 않다. 머리의 모자, 가발, 슬리퍼, 얼굴, 손, 동체(胴體), 다시 한 번 얼굴, 눈, 비대성, 치마 — 이렇게 이야기된 것들은 어떤 작위적인 구조의 흔적을 나타내고 있지 않다. 또 몸과 복장, 신체적, 물리적 특징과 정신적 의미, 이런 것들 사이에 아무런 괴리가 없다. 우리가 살펴본 묘사는 전부 독자의 현실 모방의 상상력, 그가 보았을 수도 있는 비슷한 인물과 환경에 관한 기억 속의 영상에 호소하고 있다. 인물을 포함한 환경의 '스타일상의 통일성'은 논리적으로 이루어진 것이 아니라 특별한 논증의 수고가 없이 직감적으로 파악된 사물의 두드러진 양상으로 은근하게 제시되어 있을 뿐이다. "포동포동한 작은 팔, 교회 쥐마냥 통통한 몸집 …… 이런 모든 것이, 불행을 축축하게 땀 흘리고 있는 벽 …… 의 방과 제격으로 어울리고 마담 보케르는 이 방의 후터분한 공기를 숨쉬면서도 구역기를 느끼지 않는다." 이러한 구절에서 여러 가지 것들을 함께 감싸쥐고 있는(가구나 복장의 사회학적 윤리적 의미라든가 환경 속에 이미 있는 것에서 미루어 아직 안 보이는 것을 알아볼 수 있게 하는 의미를 내포한) 조화의 주제는 암암리에 상정되어 있을 뿐이다. 감옥이나 티푸스가 이야기된다고 해도 그러한 것은 의미 있는 비교에 지나지 않고 논증도 논증의 시작도 아니다. 위의 글에 순서가 없고 논리가 무시되어 있는 것은 발자크가 매우 급하게 글을 써 나간 결과이나 그렇다고 그것이 우발적인 것은 아니다. 그가 급해진 것은 다분히 의미를 숨겨 가진 사물의 정경에 몰두해 있었기 때문이다. 환경의 통일성이라는 주제가 그를 완전히 사로잡고 있어서 어떤 환경을 구성하고 있는 사물과 인물은 그로 볼 때는 합리적으로 이해할 수 있는 것과는 다른 것이면서 훨씬 더 본질적인, '마적'(魔的)이라는 형용사로 설명할 수 있는 그러한 의미를 띠게 된다. 헐고 낡았기는 하지만 상상력의 영향을 받지 않은 이성의 눈으로 보면 아무렇지도 않은 가구들이 있는 방에서 그는 "불행을 축축하게 땀 흘리고 있는 벽" 그리고 "계산속이 웅크리고 있는" 것을 본다. 이 대단치 않은 일상적인 생활의 공간 속에는 우화의 마녀가 숨어 있고 또 거기에서 아무렇게나 함부로 차려입은 비대한 미망인이 쥐새끼로 잠시 변신을 한다. 그러니까 이러한 장면에서 우리가 보는 것은 일정한 환경의 통일성, 즉 마적(魔的), 유기적 성질을 가진 전체성의 개념으로서 순전히 암시적이고 감각적인 방법만으로서 제시되어 있는 환경의 통일성이다.

위의 인용의 두 번째 부분에서는 조화의 주제가 살아나고 마담 보케르의 성격과 전력이 펼쳐진다. 그러나 외관과 성격과 전력을 따로 떼어 이야기하는 데에 작가의 창작상의 숨은 의도가 있다고 보는 것은 잘못이다. 여기에도 "유리알 같은 눈" 등의 외모의 묘사가 나와 있다. 발자크는 인물 묘사의 물리적, 정신적, 역사적 요소들을 아무렇게나 섞어서 묘사할 뿐이며 일정한 계획을 따르지 않는다. 이 경우에 성격과 전력에 대한 서술은 사실상 그러한 면을 밝혀 주는 역할을 하지 못하고, 다만 마담 보케르의 어둠을 '바른 조명' 가운데 놓는 일, 즉 그것을 자잘구레한 악행의 테두리 속에 넣는 역할을 한다. 그녀의 전력은 그녀로 하여금 "팔자가 사나워 이런저런 고생을 겪은" 쉰 언저리의 부인이라는 범주에 들어가게 한다. 발자크는 우리에게 그녀의 과거를 밝혀 주는 대신 그녀 자신의 목소리를 섞어, 그녀가 늘상 아무렇게나 하는 거짓 우는소리를 재생하여 보여 준다. 여기에서도 "이런저런 고생"의 경우처럼 자세한 내용을 피하는, 막연한 말 "사업에 실패해서"라는 말이 사용된다.(몇 쪽 뒤에 다른 홀로 사는 부인 하나는 백작이며 장군이었던 남편 이야기를 하면서 남편이 '싸움터'에서 쓰러졌다고만 말하는데, 이것도 비슷한 경우이다.) 이것도 마담 보케르의 자잘구레한 면을 이루는 악인적 성격에 어울리는 일이다. '본성은 착하고' 가난한 듯하다고 하지만, 나중에 알게 되듯이 그녀는 그런대로 짭잘한 액수의 재산을 숨겨 두고 있고 자기 살림에 조금이라도 이익이 된다면 어떠한 비열한 짓이라도 할 수 있는 사람이다. 그녀의 이기주의적 목표의 천박함, 어리석으면서 간흉하고 숨은 생활력을 섞어 가지고 있는 성격, 이런 것은 무엇인가 징그러운 요물스러움을 느끼게 한다. 여기서 다시 쥐라든가 하는, 사람의 상상력에 요악스러운 인상을 주는 어떤 동물과의 비교를 생각키우는 것이다. 이렇게 볼 때 묘사의 두 번째 부분은 첫 부분을 보충해 주는 역할을 한다. 처음에 마담 보케르가 자기가 다스리는 환경을 종합하는 자로서 제시된 다음, 두 번째 부분은 그녀의 성격의 불투명성과 비속성을 심화하고 그것이 한정된 환경에서 발휘하게끔 되어 있는 사정을 암시해 주는 것이다.

여기에 인용된 대목에서나 그의 작품의 전체에서나 발자크는 여러 다른 환경을 유기적이고 마적(魔的)인 통일성으로써 감지하고 이 느낌을 독자에게 전달하고자 한다. 그는 스탕달처럼 그의 이야기의 인간들을 정확하게 규정된 역사적 사회적 배경 속에 정립할 뿐만 아니라 이 연계 관계를 필연적인 것으로 파악한다. 그에게는 모든 환경은 정신적 물리적 분위기가 되어 풍경과 주거 그리고 가구, 연장, 의복, 체격, 성격, 생활 주변, 생각, 활동, 운명에 삼투해 들어간다. 그와 동시에 일반적인 역사의 상황은 여러 다른 환경들을 감싸는 대기가 된다. 그가 이러한 묘사의 솜씨를 가장 능숙하게 또 진실되게 발휘한 것은 파리의 중간 또는 하류의 부르주아지나 지방의 사회를 묘사할 때였다. 그런 데 대하여 상류 사회의 묘사는 흔히 멜로 드라마적이고 사실에 어긋나고 또 작자의 의도는 아니었으나 희극적인 것이었다. 다른 데에 멜로 드라마의 억지가 없는 것은 아니나, 중간이나 하류층을 그릴 때에는 이것이 전체적인 진실을 손상시키는 일은 드물었다. 그러나 발자크는 상류 사회의 분위기 또 지성 사회의 분위기를 진실되게 그리지는 못했던 것이다.

발자크의 분위기의 리얼리즘은 시대의 산물로서, 그것 자체가 분위기의 일부를 이루고 또 거기에서 연유된 소산물이다. 분위기의 스타일상의 통일을 강하게 느끼고 중세와 르네상스와 함께 스페인이나 동양과 같은 외국 문화의 역사적 특수성을 발견했던 전(前)시대 지적인 태도, 곧 낭만주의는 다양한 형태 속에 표현되는 자기 시대의 분위기적 특성을 유기적으로 파악하는 법을 발전시켰다. 분위기 역사주의와 분위기 리얼리즘은 밀접하게 연결되어 있는 것이다. 미슐레와 발자크는 같은 시대의 조류 속에 있었다. 1789년과 1815년 사이에 프랑스에 일어났던 일들과 그다음 수십 년에 일어난 후속 사건들은 당대의 리얼리즘을 프랑스에 맨 처음에 또 가장 뚜렷하게 나타나게 했고, 그 정치적 문화적 단일성은 이 점에 있어서 프랑스로 하여금 독일에 훨씬 앞서 갈 수 있게 했다. 프랑스의 현실은 다양함에도 불구하고 하나로서 이해될 수 있는 것이었다. 어떤 상황의 분위기 전체를 이해하게 해 준 것 이외에 낭만주의가 현대 리얼리즘의 발전에 기여한 다른 요소는 위에서도 여러 번 이야기한 스타일의 혼합이다. 이것은 쥘리앵 소렐이든 고리오 영감이든 마담 보케르든, 여러 다른 신분의 인물들로 하여금 일상적인 삶의 얼크러짐을 그대로 지닌 채 심각한 문학적 표현의 대상이 될 수 있게 하였다.

이러한 고찰들은 일반적인 차원에서는 틀리지 않는 것으로 생각된다. 그러나 발자크 특유의 묘사법을 지배하고 있는 지적 태도를 정확히 가려내어 이야기하는 것은 매우 어렵다. 이 문제에 대하여 발자크가 한 말도 많고 또 그것은 좋은 실마리가 되지만, 그런 말들은 혼란되고 상호 모순된 점이 많다. 그는 생각과 영감이 많으면 많을수록 자신의 태도의 여러 가닥을 가려내고 심오하면서도 모호한 이념들을 정리하여 거기에 지적 분석을 가하는 일을 성공적으로 해내지 못했다. 그는 자신의 영감의 흐름에 비평적인 거리를 유지하지 못했던 것이다. 따로 떼어 보면 독창적이고 빛나는 관찰이 많지만 그의 지적 분석은 결국 그의 동시대인인 위고에 비슷한 기이한 거시적 발언으로 시종한다. 그의 사실적 예술을 설명하는 데 필요한 것은 거기에 어지러이 섞여 있는 흐름들을 하나씩 가려내는 일이다.

1842년의 「인간 희극(La Comédie humaine)」의 서문에서 발자크는 동물계와 인간 사회를 비교함으로써 그의 작품의 의미를 설명한다. 여기에서 그는 조프루아 생틸레르(Geoffroy Saint-Hilaire)의 이론을 그대로 받아들이고 있는데, 이 생물학자는 당대 독일의 사변적 자연철학의 영향으로 유기체 분류에 형태 통일성의 원리, 즉 식물의 (또 동물의) 분류에 일반적인 체계가 있다는 생각을 말하였다. 그리고 발자크는 다른 신비가, 철학자, 생물학자(스베덴보리(Swedenborg), 생 마르탱(Saint Martin), 라이프니츠, 뷔퐁(Buffon), 보네(Bonnet), 니이담(Needham))들의 사상 체계를 언급하고 마지막으로 다음과 같은 이론을 내 놓는다.

창조주는 모든 유기체를 창조하는 데 한 가지 원형만을 사용하였다. 동물은 그 외적 형태 또는 더 정확히 말하여 그 여러 다른 형태를 그들이 살게끔 되어 있는 환경에서 취하게 하는 하나의 원리이다…….

이 원리는 곧 인간 사회에 옮겨져 적용된다.

사회는, 사는 환경에 따라 동물의 종류가 다르듯이, 활동의 영역에 따라 여러 가지의 인간들을 만들지 않는가?

그리고 발자크는 군인, 노동자, 사무원, 부랑자, 학자, 정치가, 장사꾼, 선원, 시인, 거지, 신부 사이의 차이를 늑대, 사자, 나귀, 까마귀, 상어 등등의 차이에 비교한다.
여기에서 발자크는 그의 사회에 대한 견해를(상황에 따라 달라지는 인간의 전형에 대한 생각을) 생물학과의 유추로써 밝혀 보려고 하고 있다고 할 수 있다. '환경'(milieu)이라는 말은 여기에서 처음으로 사회학적인 뜻을 가지게 되고 나중에 크게 활용되게 되는 말인데,(텐은 이 말을 발자크에서 차용해 온 것으로 보인다.) 이것을 발자크는 조프루아 생틸레르에게서 배웠고 또 생틸레르는 물리학에서 빌려다 생물학에서 이 말을 썼던 것이다. 다시 말하여 발자크에 이르러 이 말은 생물학에서 사회학으로 옮겨 간 것이다. 발자크가 인용하고 있는 이름들을 보면 알 수 있듯이 그의 생물학적 인간관은 신비주의와 사변철학과 생기주의(生氣主義)의 색채를 띤 것이었다. 그러나 원형 개념으로서의 동물 원리 또는 인간 원리는 내재적인 것이 아니라 플라톤적인 이데아쯤으로 생각되었다 할 수 있다. 여러 가지 속(屬)이나 종(種)은 외부 형태에 불과하고 그뿐만 아니라 그것은 역사와 더불어 바뀌는 것이 아니라(군인, 노동자 등등이 사자, 나귀 등등에 비슷하다는 식으로) 고정된 것으로 생각되었다. 환경이라는 개념도 그가 실제 소설에서 나타내 보여 주고 있는 바와는 다르게 그 뜻을 충분히 깨닫지 못했던 것 같다. 사회적인 의미에서의 환경이라는 말은 그렇지 않았다고 하더라도 그 실체는 옛날부터 존재해 왔다. 몽테스키외가 이 개념을 가지고 있었던 것은 분명하다. 그러나 그는 인간 역사에서 일어나는 요인보다도 자연 조건을 많이 생각하였고 서로 다르게 나타나는 환경을 정치 내지 입법 모형이 적용되어야 할 원형적 개념으로 이해하려 하였다. 이에 대하여 발자크는 실제에 있어서 환경을 역사적으로 끊임없이 변화하는 구조적인 요소의 면에서 이해했다. 달리 귀띔이라도 받는다면 모르거니와 발자크의 독자는 서문에서 내세우고 있는 바와 같이 그의 관심의 대상이 단지 '인간'의 원형적 모습이라거나 ('군인' '장사꾼' 등의) 일반적 인간형이라는 점을 알아차리지 못할 것이다. 작품의 실제에 나타나는 것은 역사적, 사회적, 물리적, 기타 여러 상황의 내재 현상으로서의 독특한 체형과 이력을 가진 구체적인 개체인 것이다. 예를 들어 우리가 보는 것은 '군인'이 아니라 나폴레옹 몰락 후에 군에서 나와 영락하고 이수덩(Issoudun)에서 놈팡이 생활을 하는 브리도(Brideau) 대령인 것이다.(「흙탕물을 일으키는 사람(La Rabouilleuse」))

그렇긴 하나 발자크는 동물학적 분화(分化) 상태와 사회적 분화 상태를 대담하게 비교한 후 자연에 대비하여 유독 사회가 갖는 특성을 부각시키려고 한다. 무엇보다도 그는 이러한 특징을 인간 생활과 관습이 한결 다양하다는 것, 또 동물계에는 존재하지 않는 일로 종에서 종에로의 변화가 가능하다는 것("식료품 장수가 …… 귀족이 되고 귀족이 때로는 사회의 최하층에로 떨어지기도 한다.")에서 볼 수 있다고 생각한다. 또 종이 다른 것들이 서로 교배를 하는 점도 생각할 수 있다.("장사꾼의 마누라가 공자(公子)의 마누라에 맞갖을 수도 있고 …… 사회에서는 여자라고 해서 반드시 남자에 예속되는 여자일 필요도 없다.")

또 그는 동물의 경우에서는 볼 수 없는 일로서 극적인 사랑의 갈등이 있고 사람에 따라서 지능에 차이가 있을 수 있다는 점도 이야기한다. 그리하여 결론적으로 "사회의 상태는 자연이 허용하지 않는 우연적 요소를 가지고 있다. 왜냐하면 이 상태는 자연과 사회가 혼합되어 있는 것이기 때문이다."라고 말한다. 이러한 구절들은, 그것이 부정확하고 허황스럽게 거시적이긴 하지만, 또 그것은 근본적으로 잘못 설정된 비유에 입각해 있다고는 하지만, 직관적인 역사적 통찰을 담고 있다. ("관습, 의복, 어법(語法), 주택 …… 은 문명과 더불어 변화한다.") 또 거기에는 상당한 역동적인 이해가 있다.("비록 과학자들이 아직은 동물성이 거대한 삶의 흐름을 타고 인성(人性)에까지 넘쳐난다는 것을 인정하지 않으려고 한다.") 사람과 사람이 서로 의사소통을 할 수 있다는 면은 ― 사람에 비하여 볼 때, 동물은 의사소통의 수단을 가지고 있지 않다는 소극적인 형태의 관찰로서도, 이야기가 되어 있지 않다. 동물의 사회 및 심리 생활이 단순하다는 점은 객관적인 사실로서 이야기되어 있고 끝에 가서야 이러한 판단의 주관적인 근거를 표시하는 말로서, "동물의 습성은 적어도 우리 눈에는 늘 비슷한 것으로 보인다."는 한정을 시도하고 있다.

이와 같이 생물학에서 인간 역사에로 옮아간 다음 발자크는 당대의 역사 서술 방식을 비판하면서, 역사가 풍속의 역사를 등한히 해 왔다는 점을 비난한다. 이 일이야말로 그가 맡고 나선 작업이었다. 그는 볼테르를 비롯하여 18세기 이후에 있어 왔던 여러 가지 풍속사(風俗史)의 시도에 대하여 언급하지 않는다. 따라서 자신의 풍속 서술이 그 방면의 선구자들의 시도와 어떻게 다른가를 분석하지 않는다. 이야기되어 있는 것은 단지 페트로니우스(Petronius)이다. 작업의 어려움을 생각해 볼 때,(삼사천의 등장인물을 가진 연극을 쓰는 것에 해당하는) 월터 스콧(Walter Scott)의 소설은 고무적인 모범이 된다고 그는 느꼈다. 이런 면에서는 발자크는 낭만적 역사주의의 세계에 살고 있었다 할 수 있다. 여기에서도 사고의 명증성은 허황스럽고 환상적인 이론에 의하여 손상되고 있다. 가령 "호적 사무소와 경쟁을 벌인다."는 개념은 매우 모호하다. "우연이야말로 가장 위대한 이야기꾼"이라는 입언(立言)은 작자 자신의 역사적인 태도와 수미일관한 것이 되려면 설명을 필요로 하는 입언이다. 그러나 몇 개의 중요한 생각들이 두드러져 나온다. 무엇보다도 풍속 소설이 철학적 역사라는 것, 또 대체로(다른 데에서도 열심히 주장하고 있는 것으로서) 자신의 작업이 역사 기술의 작업이라는 것,(이 점은 나중에 다시 논하겠다.) 이런 종류의 저술에서 모든 종류의 스타일이나 스타일의 고저(高低)가 다 허용될 수 있다는 것, 월터 스콧을 능가하여 자신의 소설들이 하나의 일관된 작품이 되게 하며 19세기 프랑스 사회를 전면적으로 그려 보이겠다는 것,(이런 의도로 쓰이는 자신의 작품을 다시 역사적인 저작이라 부르고 있다.) 이러한 생각들이 부각되어 나오는 것이다.

그러나 그의 계획은 여기에서 끝나지 않는다. 그는 "사회 작용의 제이유(諸理由) 또는 이유"를 따라 설명하는 일을 시도하려고 이 "사회적 동인"을 연구하는 데에 성공하면, 마지막으로 자연법칙에 대하여 생각하고 사회가 어떤 면에서 영원한 법칙이나 진리나 아름다움에 가까이 가고 또 거기서 벗어나는가를 검토할 것이라고 말한다. 그가 이야기의 테두리 밖에서 이론을 정연하게 펼칠 수 없었고 따라서 자신의 이론을 오로지 소설 속에서만 실현해 보려고 했다는 점은 새삼스럽게 거론할 필요도 없다. 다만 여기서 흥미로운 것은 그가 자신의 풍속 소설와 내재적 철학에 만족하지 못했다는 것과 그 결과 이러한 부족의 느낌이 그로 하여금 생물학적 역사적 설명을 구구하게 늘어놓은 다음에 다시 고전적인 원형 개념,('영원한 법칙'이라든가, '진리'라든가, '아름다움'이라든가 하는) 소설의 실제에 있어서는 이미 사용할 수 없게 된 범주를 사용했다는 점이다.

생물학, 역사, 고전적 도덕주의, 이러한 주제들은 그의 작품의 도처에서 발견된다. 그는 생물학의 비유를 즐긴다. 사회 현상과 관련하여 그는 생리학, 동물학, "인간 심성의 해부학"을 말한다. 위에 인용한 구절에서 그는 사회 환경의 효과를 티푸스를 생기게 하는 발산들에 비교하고「고리오 영감」의 다른 대목에서는 라스티냐크(Rastignac)가 사치의 교훈과 유혹에 빠져드는 것을 "대추 야자나무의 암술의 꽃가루를 탐하는 씨받이의 열정"에 비교하여 묘사한다. 역사적 주제가 늘 등장한다는 데에 어떤 예를 들어 보일 필요는 없을 것이다. 일반적이거나 특별한 분위기를 강조하는 '역사주의'의 정신은 바로 그의 작품 전체에 나타나 있는 정신이다. 그러나 역사적 개념이 늘 그의 마음에 있다는 것을 보여 주는 구절들 가운데 하나를 인용해 보자. 이 부분은 지방을 무대로 한 소설「나이 든 아가씨(La vieille Fille)」에 나오는 것으로 알랑송(Alençn)에 사는 두 남자에 관계된다. 이들 중 하나는 전형적인 구귀족이고, 다른 하나는 파산을 하게 된 혁명기의 모리배이다.

역사의 시기는 그것을 통과해 가는 사람들에게 묻어나게 마련이다. 이 두 인물은 그들의 얼굴, 말, 생각, 복장에 찍힌 역사의 빛깔이 정반대가 됨으로써 이 공리가 맞는 것임을 증명해 준다.

같은 소설의 다른 데에서는 알랑송의 어떤 집을 이야기하면서 그것이 어떤 '원형'(原型)을 대표하고 있다고 말하고 있는데, 여기의 원형은 비역사적 추상의 원형이 아니라 프랑스 곳곳에 있는 '부르주아 주택'의 원형을 말하는 것이다. 그 집이 가지고 있는 그 지방 고유의 특징을 설명하고 나서 발자크는 그 집이 소설에 나타나야 할 강력한 이유는 그것이 풍속을 설명해 주고 생각을 표현해 주기 때문이라고 말한다. 모호한 점도 많고 과장도 많지만, 그의 작품에서 생물학적 요소는 잘 조합되어 있다. 그것은 이러한 요소들이 작품의 낭만적, 마술적, 성격에 조화되는 까닭이다. 이러한 성격은 때로는 낭만적, 마술적 또는 괴기적인 것이 되기도 하지만, 어느 경우에나 독자는 비리성의 '세력'들이 움직이고 있는 것을 느낄 수 있다. 여기에 대하여 고전적 도덕주의의 요소는 따로 도는 이질 분자라는 느낌을 준다. 특히 이 요소는 교훈 취향을 보이는 일반화된 격언 중의 입언(立言)으로 잘 나타난다. 하나씩 떼어서 보면 기지가 번쩍이는 말들이 있기도 하지만, 이러한 말은 대체로 지나치게 일반적인 것들이다. 그런가 하면 어떤 때는 기지가 있는 것도 아니다. 이러한 격언들이 장황한 논설조가 되면 순전히 엉터리가 된다. 「고리오 영감」에 나타나는 교훈조의 말씀들을 짤막히 인용하여 보자.

  여자의 화장에 연지가 있어야 하듯이 행복은 여자의 시(詩)다. '과학과 사랑'은 서로 만날 수 없는 점근선(漸近線)이다. 사람의 가슴에 영원한 감정이 있다면, 그것은 약한 자를 돕는 데에서 오는 자랑스러운 느낌이 아닐까? 파리를 아는 사람이라면, 거기에 오가는 말은 아무것도 믿지 않고 거기에 일어나는 일에 대해서는 아무 말도 않는다. 감정이란 생각 속에 들어 있는 하나의 세상을 말하는 것이 아닐까?

이러한 격언조의 말은 아무리 관대하게 보아도 일반 명제로 떠받들어 올릴 만한 것이 못 된다고 우리는 말할 수밖에 없다. 이러한 격언들은 일시적인 상황에서 나오는 요약에 불과한 것으로 어떤 때는 매우 그럴싸하고 어떤 때는 엉터리가 되고, 또 언제나 바른 품격을 유지하지 못하는 것이다. 발자크는 고전적인 모럴리스트가 되고 싶은 생각이 있어서 어떤 때는 라브뤼예르를 닮기도 한다.(가령 「고리오 영감」에서, 라스티냐크가 집에서 송금해 받는 돈과 관련하여 돈을 갖는다는 것이 신체적으로 심리적으로 어떤 영향을 낳게 되는가를 설명하는 대목) 그러나 이러한 것은 그의 스타일에도 기질에도 안 맞는 것이다. 뛰어난 명구는 교훈적인 말을 할 생각을 특히 하고 있는 것이 아닌 이야기의 한복판에 나타난다. 가령 「나이 든 아가씨」에서 마드모아젤 코르몽

(Mademoiselle Cormon)을 두고 그때의 상황을 요약하며, "스스로 부끄러움에 젖음으로써, 그녀는 다른 사람의 부끄럼의 씨가 되지 아니하였다."와 같은 구절이 그러한 경우이다.

그의 전 작품의 구도는 그의 마음속에 점차적으로 분명한 형태를 갖추게 되었는데 그는 이 구도에 대해서 매우 재미있는 말, 특히 그것이 완성되는 것을 볼 수 있었던 무렵인 1834년경의 편지에서 재미있는 말들을 하고 있다. 이 자기 해석에는 특히 세 가지 주제가 두드러져 보인다. 이 세 주제는 한스카(Hanska) 백작 부인에게 보낸 「어느 외국의 부인에게 보내는 편지(Lettres à l'Etrangère)」(파리, 1899년 — 1834년 10월 26일자 편지, 200~206쪽)에 나와 있다. 다음 대목을 보자.

> 풍속 연구는 모든 사회적 효과를 표현하되 삶의 모든 상황, 모든 얼굴 모습, 남자나 여자의 성격, 생활 양식, 직업, 사회 지역, 프랑스의 어떤 부분, 어린 시절, 노령, 장년, 정치, 법률, 전쟁 — 이 모든 것을 잊지 않도록 할 것입니다.
> 이것이 완성되면 인간 심정의 역사의 여러 가닥, 사회사의 각 부분, 이것을 기초로 삼아야 합니다. 이러한 것들은 상상으로 꾸며 낸 것이 아니라 아무 데서나 일어나는 실제의 일들입니다.

위에 이야기한 세 주제 가운데에서 둘은 금방 알 수 있다. 첫째, 그의 구도의 완전성으로써, 자신의 작품을 삶의 백과사전으로 본다는 것, 그리하여 삶의 어떠한 부분도 생략해서 안 된다는 것이다. 둘째로 현실의 일부를 아무렇게나 들어올려 본다는 우연성의 요소, 즉 아무 데서나 일어날 수 있는 것을 취급한다는 것, 세 번째의 주제는 '역사'라는 말에 들어 있다. 인간 심정의 역사(histoire du cœur humain) 또는 사회사(histoire social)는 보통 생각하는 뜻의 역사를 지칭하는 것이 아니다. 그것은 이미 일어난 일에 대한 과학적인 탐구가 아니다. 여기서 문제되는 것은 비교적 자유롭게 궁리해 내는 것, 간단히 말하여 역사가 아니라 허구인 것이다. 또 여기서 역사는 무엇보다도 과거의 일이 아니라 기껏해야 몇 해나 몇 십 년 정도밖에 소급되지 않는 당대적 현재의 일이다. 발자크가 '19세기 풍속의 연구'를 이야기한다고 하면,(스탕달이 「적과 흑」의 부제에 「19세기의 연대기」란 말을 썼듯이) 그것은 첫째, 서문(序文)만으로도 추측해 알 수 있는 바와 같이 자신의 예술 창작 행위를 역사 해석 또는 나아가 역사 철학의 성질을 띠는 것으로 간주했다는 것을 의미한다. 둘째로 그는 현재를 역사로, 역사에서 결과해 나오는 과정의 어떤 것으로 간주했다는 것이다. 그리고 소설의 실제에 있어서 그의 인물이나 그의 분위기 구성은 당대에 속하는 것이면서도 역사적 사건과 세력에서 나오는 것으로 그려져 있다. 이것은, 예를 들어 그랑데(Grandet) 노인의 재산의 내력 이야기(「으제니 그랑데(Eugnie Grandet)」), 뒤 부스키에(Du Bousquier)의 이력(「나이 든 아가씨」) 또는 고리오 할아버지의 인생담 같은 것을 읽어 보면 곧 확인할 수 있는 것이다. 스탕달이나 발자크 이전에 이와 같은 의식적이며 소상한 기술을 찾아볼 수는 없고 또 두 작가의 경우 사람과 역사를 유기적으로 연결시키는 면에 있어서 발자크는 스탕달을 훨씬 능가한다. 그러나 발상과 형상화의 방법은 완전히 역사주의적이다.

이제 두 번째의 주제 "이러한 것들은 상상으로 꾸며 낸 것이 아니라 아무데서나 일어나는 실제의 일입니다."라는 명제를 생각해 보자. 여기 표현되어 있는 것은, 고안의 출처가 되는 것은 자유로운 상상력이 아니라 어디에서나 드러나는 바 그대로의 현실의 삶이라는 생각이다. 다양다기한 삶, 역사 속에 완전히 젖어 있고 자질구레한 일상성, 실제 생활의 좁은 집착과 추함과 속스러움을 지닌 채로 가차 없이 묘사된 삶에 대하여 발자크는 스탕달이 가졌던 바와 같은 태도를 가지고 있다. 즉 그는 그 현실성, 그 자질구레함, 그 내재적인 역사의 법칙에 의하여 결정된 형태 그대로의 삶을 심각하게 취한다. 고전 취미가 세를 떨치게 된 후부터 어디에서도 이것은 볼 수가 없는 일이었다. 또 그 이전에도 발자크에서 보는바, 사람의 사회적 자기 검사를 목표로 한 실제적이고 역사적인 방법을 사용하여 이러한 것이 시도된 일은 없었다. 프랑스에서 고전주의와 절대주의의 대두 이래 일상생활을 다루는 방법은 매우 제한되고 예의 바른 것이 되었고, 뿐만 아니라 일상적인 것에 대한 태도는 거의 원칙적으로 비극과 문제성의 관점을 배제하는 것이었다. (이 점은 앞 장들에서 이미 그 분석을 시도한 바 있다.) 현실 생활에서 취한 제재는 희극, 풍자, 교훈, 도덕의 관점에서 다루어질 수 있었고 좁게 한정된 당대의 일상생활에서 취한 제재는 '중간놀이의 스타일'인 감상적 스타일로 다루어질 수 있었다. 그러나 그 이상을 넘어갈 수는 없었다. 사회의 중간 계층의 일상 생활의 현실까지도 '낮은 높이의 스타일'에 속했다. 수많은 도덕적, 미학적, 사회적 문제에 관계했던 의미심장한 작가 헨리 필딩은 그의 묘사를 늘 풍자적 교훈적인 기조로 일관했다. 그는 「톰 존스(Tom Jones)」(14권, 1장)에서 "내가 지금 쓰고 있는 것과 같은, 희극류에 속하는 소설" 운운하는 말을 한 바 있다.

스탕달과 발자크에서 보는바, 리얼리즘에 있어서 실존적 비극적 심각성의 등장은 분명 '스타일의 혼합'을 지지하는 낭만주의 운동의 한 흐름, 즉 라신에 대하여 셰익스피어를 내건 운동에 관련되어 있다. 그리고 이 운동에서 나는 스탕달과 발자크가 보여 준바 심각성과 일상적 현실을 혼합하는 형태가 숭고한 것과 기괴한 것을 혼합하려고 했던 빅토르 위고 일파의 혼합 형태보다 중요하고 정격적인 것이라고 생각한다.

이 새로운 태도는, 즉 심각성, 문제성, 비극, 이러한 관점에서 새로이 다루어지게 된 주제들은 전혀 새로운 스타일, 나아가서는 새로운 고양된 스타일의 발전을 가져왔다. 고대나 기독교나 셰익스피어나 라신이 이루었던 생각과 표현의 높이는 쉽게 새로운 소재에 옮겨질 수가 없었다. 그리하여 처음에는 그것에 어떤 종류의 심각성을 부여할 것인가에 대하여 확실한 기준을 잡기가 어려웠다.

스탕달에 있어서 그의 리얼리즘은 그가 경멸했던 당대에 대한 저항감에서 나온 것이라 할 수 있는데, 그는 많은 18세기적 본능을 그의 태도 속에 가지고 있었다. 그의 주인공들에는 로미오, 돈 후안, 발몽(Valmont)(「위험한 관계(Liaisons dangereuses)」), 생 프르(Saint Preux)의 추억들이 배어 들어가 있다. 누구보다도 나폴레옹의 모습은 그에게 생생한 것이었다. 그의 소설의 주인공들은 그들의 시대에 대항하며 생각하고 느낀다. 그들은 경멸을 가지고 나폴레옹 이후 시대의 권모술수의 세계에 내려간다. 구식의 관점으로 보면 희극적인 특성을 지닌 요소들이 언제나 섞여 있기는 하지만, 스탕달에 있어서 그가 비극적 공감을 가지고 있고 또 그의 독자에게 그러한 공감을 요구하는 인물은 위대하고 대담한 생각과 정열을 지닌 진짜 영웅이어야 했다. 스탕달에 있어서, 위대한 심성의 활달한 자유, 정열의 자유는 귀족의 높은 자세, 그리고 19세기 부르주아지보다도 앙시앵 레짐(ancien régime)에 특징적으로 볼 수 있는 생사를 내건 모험의 요소를 가지고 있는 것이다.

발자크는 그의 주인공들로 하여금 시대의 제약적인 조건 속으로 보다 깊이 뛰어들게 한다. 그렇게 함으로써 그는 옛날의 비극적이라고 하던 것의 기준과 한계를 잃어버린다. 그러나 그는, 나중에 발달하게 된바, 현대의 현실을 객관적인 심각성을 가지고 대하는 관점을 아직 얻지 못하고 있다. 그는 아무것이나 얼크러진 사건이면 비극이고 또 아무 충동이나 위대한 정열이라고 허세적으로 마구 덤비는 경향을 가지고 있다. 그는 역경에 처한 사람이면 곧 영웅이요, 성인이라고 외치려고 한다. 또 여자면 으레껏 천사요 마돈나이다. 정력적인 악한 또는 조금이라도 음흉해 보이는 사람은 악마로 만들어 버린다. 고리오 할아버지를 "이 부성(父性)의 그리스도"라고 부르는 식이 그 예가 될 것이다. 인생 도처에 악마적인 세력이 숨어 있다고 생각하고 언어 표현을 멜로 드라마로 과장하는 것은 발자크의 격정적이고 비판할 줄 모르는 기질과도 맞고 낭만주의적 인생 태도와도 맞는 것이었다.

50년대의 다음 세대에 와서 이 점에 대한 강한 반작용이 일어난다. 플로베르에서 리얼리즘은 냉연하고 비개인적이고 객관적인 것이 된다. 나는,「일상생활의 심각한 묘사」라는 글에서 이러한 관점을 취하면서 「보바리 부인(Madame Bovary)」의 한 대목을 분석한 바 있다. 그 글을 약간 수정하고 줄여서 여기에 전재해 보겠다. 그것은 지금 여기서 말하려는 것과 맞아 들어가기도 하고 출판지와 출판 연대 관계로 하여(이스탄불, 1937) 많은 독자의 눈에 띄었을 가능성이 없을 것이기에 용서될 것으로 믿는다. 문제의 대목은 「보바리 부인」의 1부, 9장에 나온다.

그 이상 견딜 수 없다는 생각이 복받쳐 오는 것은 특히 끼니때였다. 연기를 내고 있는 스토브, 삐걱거리는 문, 누기가 배어나는 벽, 눅눅한 마루 타일, 이런 것들이 압도하는 아래층의 방에서 밥을 먹을 때면, 그녀는 인생의 모든 신고(辛苦)가 접시에 소복히 담겨져 놓여 있는 것 같았다. 삶은 쇠고기에서 김이 오르면 그와 더불어 그녀의 영혼의 깊은 곳에서 또다른 김이, 욕지기의 김 같은 것이 피어올랐다. 샤를르는 먹는 것이 느렸다. 그녀는 개암 몇 개를 깨물면서 또는 팔꿈치를 밥상에 기대고 앉아 나이프로 기름천의 책상보에 그림을 그렸다.

이것은 에마 보바리가 토스트(Tostes)의 생활에 만족하지 못하고 있는 것을 묘사하는 부분의 클라이맥스를 이루는 대목이다. 그녀는 어떤 갑작스러운 일이 일어나 그녀의 생활, 시골구석에서 범용하고 답답한 남편과 함께 살아가고 있는 아무런 아름다움도 모험도 사랑도 없는 그녀의 생활에 새로운 전기를 마련해 주었으면 하고 바라고 있었다. 그녀는 마치 그러한 전기를 자기 노력으로 얻어 내려는 듯, 또 그것에 값하려는 듯, 제 몸과 집을 정성껏 가꾸면서 전기(轉機)를 위한 준비까지도 해 놓고 있는 것이었다. 그러나 기다리던 기회가 오지 않고 말자 그녀는 불안과 절망에 빠진다. 이러한 것을 플로베르는 그녀의 세계를 보여 주는 몇 폭의 그림으로 묘사한다. 재미있는 일도 없고 변화도 없는 답답하고 피할 수 없는 그녀의 정체된 잿빛의 세계는 그곳에서 빠져나갈 수 없다는 것이 확실해짐에 따라 더욱 뚜렷한 윤곽을 드러내게 된다. 위의 대목은 그녀의 절망감을 그리는 부분의 정점이 된다. 그다음에 그녀는 집안 일도 돌보지 않고 제 몸도 가꾸지 않고 시름시름 앓기 시작한다. 그다음 기후가 맞지 않는 것이라고 생각한 남편이 토스트를 떠날 결심을 하게 되는 이야기를 우리는 듣게 된다.

인용한 대목도 남편과 아내가 밥상에 마주 앉아 있는 광경을 보여 주는 하나의 그림을 제시한다. 그러나 그림은 그것 자체를 위하여 제시되어 있는 것이 아니다. 그것은 지배적인 테마, 에마의 절망감에 의하여 규정되어 있다. 따라서 그것은 두 사람이 여기 앉아 있고 저쪽에 그것을 보면서 독자가 서 있다는 식으로 직접 제시되어 있지 않다. 앞 페이지들에서도 에마가 두드러지게 눈에 띄었지만, 독자는 우선 에마를 보고 그녀를 통해서 그림을 보게 된다. 직접적으로는 다만 에마의 마음의 상태만이 독자의 눈에 보인다. 밥상머리의 광경은 그녀의 심리 상태의 관점에서, 그녀의 지각 작용을 통해서 간접적으로 보일 뿐이다. 위 대목의 서두, "그 이상 견딜 수 없다는 생각이 복받쳐 오는 것은 특히 끼니때였다."라는 말은 주제를 도입한다. 나머지 부분은 이것을 전개시키고 있을 뿐이다. 여기에서 중요한 역할을 하고 있는 것은 물리적으로 장면을 설명하고 "그 이상 견딜 수 없다는" 그녀의 생각에 주석을 붙여 주는 그다음에 따라나오는 불만스러운 방 안의 세부 특징들이다. 음식이 불러일으키는 혐오감을 말하는 구절도 의미에 있어서나 리듬에 있어서나 전체적인 목적에 맞아 들어간다. 그다음 "샤를르는 먹는 것이 느렸다."라는 문장은 문법으로는 새 문장이고 리듬의 면에서도 새로운 시작이 되지만, 주제를 다시 변주하여 펼치는 역할을 할 뿐이다. 남편의 오래 걸리는 식사와 아내의 혐오감 사이의 대조, 곧이어서 이야기되어 있는 절망감에서 나오는 그녀의 해찰질에 이르러서야 문장의 참 의미가 밝혀진다. 이제 별생각 없이 밥을 먹고 있는 남편은 우스꽝스럽고 처참한 꼴로 보이게 된다. 앉아서 밥을 먹고 있는 꼴을 에마가 보고 있음으로 하여 남편은 "그 이상 견딜 수 없다는" 에마의 느낌의 근본 원인이 된다. 그녀의 절망감을 불러일으키는 모든 것, 우울한 방, 맛없는 음식, 제대로 된 상보도 없는 궁색, 이 모든 희망이 끊긴 상태는 그녀의 생각에는 또 그녀를 통해서 독자의 생각으로도 그녀의 남편에 관계되어 있고 그에게서 발산되어 나오는 것으로 보이고 그래서 남편이 다른 사람이었더라면 모든 것이 영 달라졌을 것처럼 보이는 것이다.

 이렇게 볼 때, 상황은 단순히 하나의 그림으로 제시되어 있는 것이 아니다. 처음에 우리에게 에마가 주어지고 그런 연후 그녀를 통해서 상황이 주어진다. 그런데 많은 1인칭 소설이나 나중의 비슷한 종류의 소설들처럼 에마의 의식의 내용을 그대로 드러내 보여 준다거나 그녀가 느낀 대로의 사정을 묘사한다거나 하고 있는 것은 아니다. 그림을 조명하고 있는 광선이 그녀에게서 나오는 것이기는 하지만, 그녀 자신도 그림의 일부가 되어 있고 또 그 안에 놓여 있다. 이런 점에서 그녀는 우리가 2장에서 다루었던 페트로니우스의 글에 나오는 화자(話者)를 생각케 한다. 그러나 플로베르가 사용하는 방법은 다르다. 여기에서 말을 하고 있는 것은 에마가 아니라 작자 자신이다. "연기를 내고 있는 스토브, 삐걱거리는 문, 누기가 배어 나오는 벽, 눅눅한 마루 타일", 이 모든 것은 물론 에마가 보는 것이다. 그러나 그녀 자신은 이것을 이런 식으로 요약하여 표현하지 못할 것이다. "인생의 모든 신고가 접시에 소복히 담겨져 놓여 있는 것 같았다." 에마가 이러한 느낌을 갖는 것은 사실일 것이다. 그러나 그녀 자신이 이런 느낌을 표현하려고 했더라면, 이런 방식의 말이 되지는 아니하였을 것이다. 그녀는 이러한 식의 표현에 필요한 자기 검사의 지성도, 냉연한 솔직성도 가지고 있지 못하다. 물론 여기에 플로베르의 인생 자체는 조금도 개입되어 있지 않고 오로지 에마의 인생만이 들어 있는 것은 사실이다. 플로베르는 그녀가 내놓는 자료에 그 주관적인 느낌 그대로를 살리며 원숙한 표현의 힘을 부여하고 있을 뿐이다. 에마가 이것을 할 수 있었더라면, 그녀는 다른 사람이 되었을 것이고 그랬더라면 자기 성열(自己成熟)의 힘에 의하여 그녀는 스스로를 구할 수 있었을 것이다. 그래서 그녀는 단지 보는 것이 아니라 보고 있는 사람으로 보여지며, 또 그럼으로써 비판되고 있는 것이다. 이러한 효과는 그녀의 감정 그대로의 내면을 간단히 기술하는 데에서 이루어진다. 나중에(2부, 12장) "샤를르는 어쩌면 그렇게 멋없는지, 손가락은 왜 그렇게 뭉툭한지, 또 마음은 왜 그렇게 느리고 몸가짐은 그다지 범속한지 몰랐다." 이런 구절을 읽으면 독자는 이러한 목록이 수시로 에마로 하여금 남편에 대한 혐오감을 폭발 직전에까지 끌고가게 하는 요인들을 감정적으로 주위섬기는 것이고, 그것은 에마 자신이 스스로 마음속에 뇌까리는 말들일 것이라고 생각할는지 모른다. 즉 이것은 "생 언어"(Erlebte Rede)를 그대로 기록한 것으로 간주될 수도 있다는 말이다. 그러나 그렇게 생각하는 것은 잘못이다. 물론 여기에 표현되어 있는 것이 에마의 혐오감의 대표적인 원인들이라는 것은 사실이다. 그러나 이 말들은 에마가 감정이 흐르는 대로 쏟아놓은 말들이 아니라 작자가 의도적으로 만들어 낸 말들이다. 그녀는 비교할 수도 없이 훨씬 더 혼란스럽게 느낀다. 그녀는 여기에 이야기되어 있는 것과는 다른 것들을 그의 몸, 몸가짐, 의복에서 본다. 여러 가지 추억되는 일들이 섞여 든다. 그러면서 그녀는 그의 말소리를 듣고 어떤 때는 그의 손이나 숨결을 가까이 느끼고 그가 걸어다니는 것을 보기도 하고 ─ 마음씨 착하고 좁고 매력 없고 아무것도 모르고 캄캄한 상태에 있는 남편에 대하여 여러 가지 어지러운 인상들을 가지고 있다. 유일하게 분명한 것은 이러한 것들이 합쳐 이루어 놓은 결과, 그녀의 남편에 대한 혐오감, 마음속에 감추어 두어야 하는 혐오감뿐이다. 플로베르는 에마의 인상들에게 투명성을 준다. 그는 무작위로 고른 것 같으면서도 보바리의 신체, 정신 상황, 행동을 대표해 줄 수 있는 세 가지 인상을 선택한다. 그리고 마치 에마가 이것들을 세 개의 놀라운 사건으로서 순차적으로 경험했던 것처럼 배열해 놓는다. 이것은 의식을 있는 그대로 기술한 것이라 할 수 없다. 현실의 놀라운 사건들은 전혀 다른 방식으로 일어난다. 여기에서는 작가의 정리하는 손이 있어서 심리적 상황의 혼란을 간결하게 요약하여 그것이 향하고 있는 방향 '샤를르 보바리에 대한 혐오감'이라는 방향을 가리키게 하고 있는 것이다. 물론 이러한 심리 상황을 정리하는 원리는 밖에서 들여오는 것이 아니라 상황의 소재 그 자체에서 끌어내진다. 여기의 정리의 형태는 주어진 상황을 간결한 언어로 옮겨 놓으려면 사용하지 않을 수 없는 형태의 정리이다.

플로베르의 서술법을 스탕달과 발자크의 서술법과 비교해 볼 때, 서론적으로 현대 리얼리즘의 두 특징이 벌써 나타나는 것에 주목할 수 있다. 여기에서 이미 사회 하층의 일상적인 일들이 심각하게 취급되어 있고(이 특정한 종류의 심각성에 대해서는 나중에 더 논의하겠다.) 여기에서 이미 일상적 사건이 당대사의 일정한 시기(부르주아 제정기(帝政期)) 속에 (비록 스탕달이나 발자크에서처럼 확연한 것은 아니지만 그래도 틀릴 여지 없이) 정확하고 심각한 수법으로 정위(定位)되어 있다. 이 두 가지 특징의 면에서 세 작가는 그 이전의 리얼리즘에 대조를 이루면서 하나의 그룹을 이룬다. 그렇긴 하나 자기의 소재에 대한 플로베르의 태도는 전혀 다른 데가 있다. 스탕달과 발자크에서 우리는 작자가 인물과 사건들에 대해서 어떻게 생각하는가를 끊임없이 듣는다. 때로 발자크는 그의 이야기에 계속적인 감정적, 풍자적, 윤리적, 역사적, 경제적 주석을 붙인다. 또 흔히 우리는 등장인물이 생각하고 느끼는 바를 듣게 되고 또 이런 경우 작자는 인물 자체와 자기를 일치시키는 방법을 사용한다. 이러한 두 가지 면은 플로베르의 작품에서 전혀 찾아볼 수 없다. 그가 그의 인물과 사건에 대해서 어떤 견해를 가지고 있는가는 이야기되지 않은 채 남아 있다. 인물이 자신을 나타낼 때는 작자는 그 인물로 하여금 작자 스스로를 그 의견에 일치시키거나 또는 독자를 일치시키게 하려는 방식으로 이야기하게 하지 않는다. 우리는 작자의 말을 듣지만 그는 의견을 표하는 것도 아니고 주석을 가하는 것도 아니다. 그의 기능은 사건을 고르고 이것을 언어로 옮기는 일에 한정된다. 이렇게 하는 것은 어떤 사건이든지 순정하고 완전하게 표현되기만 하면, 거기에 붙여지는 어떠한 의견이나 판단보다도 사건과 거기에 관련된 인물을 보다 훌륭하고 완전하게 설명할 수 있다는 신념 때문이다. 이러한 신념, 책임과 솔직과 주의를 가지고 사용한 언어가 진실을 나타낸다는 깊은 믿음, 이것 위에 플로베르의 전 예술이 기초해 있는 것이다.

이것은 프랑스의 고전적인 전통이다. 부알로(Boileau)가 적절하게 사용한 말의 힘을 이야기한 시행(詩行)에 이미 그러한 전통이 표현되어 있고,(그는 말레르브(Malherbe)를 두고 "제자리에 있는 말 한마디의 힘을 가르치라."라고 한 바 있다.) 라브뤼예르도 그 비슷한 말을 한 바 있다. 보브나르그(Vauvenargues)는 "일단 분명하게 표현되어 스스로 없어지지 아니할 오류는 없다."라고 말하였다. 플로베르의 언어에 대한 신념은 이보다 더 철저한 것이다. 그는 현상 세계의 진실은 언어적 표현에 드러나는 것이라고 믿는다. 플로베르는 지극히 분명한 의식을 가지고 작품을 쓰는 사람으로 자신의 예술에 대하여 프랑스에서도 찾기 어려울 정도로 날카로운 비판적 이해를 가졌다. 그리하여 그의 편지에는, 특히 「보바리 부인」을 쓰고 있던 때인 1852년부터 1854년 사이의 편지(「서간집 1972년」의 신증보판 3집(Correspondance, Nouvelle édition augmentée, Troisième Sèrie, 1927))에는 자신의 예술적 목표에 대한 많은 발언이 있다. 이것은 대상이 되는 현실 소재에 몰아적으로 집중하면 ('기적적인 화학 작용'이 일어나) 소재를 원숙한 표현으로 변용시킬 수 있다는 뜻의 이론으로 요약할 수 있다.(이것은 따지고 보면 신비주의적인 것이지만, 실제에 있어서는 모든 참다운 신비주의가 그렇듯이 그의 신비주의도 이성과 경험 그리고 기율에 바탕을 두고 있다.) 이렇게 하여 소재는 완전히 작자를 사로잡는다. 작자는 몰아 상태가 되어 그의 마음은 다만 다른 사람들의 마음을 느끼는 작용을 할 뿐이다. 가열한 참을성으로 이러한 상태가 이루어지면 그때그때의 소재를 작자는 완전하게 흡수하게 되고 여기에 따라 그것을 저울질하는 완전한 표현이 저절로 나타난다는 것이다. 이때 소재는 마치 하느님이 내려다 보듯이, 그 참다운 본질의 모습을 드러내 보인다고 생각된다. 이러한 이론과 더불어 '스타일 혼합' 이론이 나온다. 이것은 같은 신비주의적 = 현실주의적 통찰에 이어져 있다. 높은 소재는 따로 있는 것이 아니다. 세계는 불편부당하게 창조된 예술품이다. 리얼리즘의 예술가는 창조주의 방법을 모방하여야 한다. 하느님의 눈으로 볼 때, 어떤 소재나 본질적으로 심각한 면과 희극적인 면, 위엄과 저속함을 아울러 가지고 있다. 그것을 적절하고 확실하게 재현한다면 그것에 알맞는 스타일을 적절하고 확실하게 찾아낼 수 있다. 소재를 그 위엄의 정도에 따라서 구분하는 '스타일의 높이'에 관한 일반적인 이론도 필요 없고 바른 이해와 정확한 분류를 위한 사후적 분석을 시도할 필요도 없다. 소재 자체를 묘사하는 데에서 이 모든 것이 연유되어 나올 수 있다 ─ 플로베르의 생각은 대개 이와 같은 것이다.

이러한 견해와 루소에서 비롯하여 그 이후에 계속되어 온바 자신의 감정을 거창하게 전시하면서 그 감정에서 유도된 기준을 내거는 것과의 대조를 주목해 보면 깨우치는 바가 있다. 플로베르가 "내 마음은 다른 사람의 마음을 느껴 보는 일에만 작용한다."라고 한 것과 루소가 "나는 내 마음을 안다. 그래서 나는 다른 사람들을 안다."라고 한 것을 비교하여 보면 그동안의 태도의 변화를 알 수 있다. 그러나 플로베르의 편지를 보면 얼마나 그가 격렬한 노력으로 그의 신념을 얻었는가 하는 것이 드러난다. 큰 소재 그리고 자유로운 상상력의 원리는 그에게 아직도 끊기 어려운 인력을 가지고 있었다. 그는 이러한 견해에 입각하여 셰익스피어나 세르반테스를 본다. 위고를 보는 것도 완전히 낭만주의자의 눈으로서이다. 때로 그는 자신으로 하여금 꼼꼼하고 좀스러운 문체만을 고집하게 하는 소시민적 소재를 지겹게 생각했다. ("저속한 것을 단순하게 적절하게 이야기하여야 하는 것." 그는 자기의 작업을 이렇게 표현했다.) 이런 생각이 어떤 때는 극단에까지 이르러 그는 자신의 근본 견해에 모순되는 말들을 하기도 했다. "이 책(『보바리 부인』)이 완전한 것이 된다 하더라도 그 바탕 자체가 아름다운 것이 아니고 그저 괜찮은 것이 될 수밖에 없는 것이라는 사실을 생각하면 여간 우울한 것이 아니다." ─ 그는 이렇게 말했다. 또 많은 19세기의 중요 예술가들이 그러했듯이 그는 자기의 시대를 증오했다. 그는 시대의 문제와 다가오는 위기를 명증하게 내다본다. 정신적인 혼란, '신학적(神學的) 기초의 주재', 바야흐로 일기 시작한 군중 현상의 위험성, 두루뭉수리의 절충적 역사주의, 구호적 언어의 범람, 그는 이러한 것들을 꿰뚫어 보았지만, 여기에 대한 어떠한 해결책도 출구도 찾을 수 없었다. 예술에 대한 광신적 신비주의는 그에게 마치 대용 종교와 같아서 그는 거기에 악착같이 매달린다. 그리고 그의 솔직함은 종종 어둡고 신경질적이고 협량한 분노심이 된다. 이것이 때로 그의 불편부당의 평형과 조물주의 피조물에 대한 사랑에도 비슷한 소재에 대한 사랑을 손상시킨다. 그러나 우리가 위에 분석한 대목은 그러한 결점을 전혀 노정(露呈)시키지 않는다. 그것은 우리에게 그의 예술 목표가 움직이는 모습을 가장 순수한 상태로 보여 준다.

문제의 장면은 남편과 아내가 식탁에 앉아 있는 광경을 보여 준다. 가장 일상적인 상황이다. 플로베르 이전 같으면 이것은 우스개 이야기, 전원시, 또는 풍자의 한 삽화로서만 문학이 될 수 있었다. 여기서 그것은 불행의 모습, 일시적으로 지나쳐 버리는 것이 아니라 하나의 인생, 즉 에마 보바리의 인생을 완전히 휘어잡고 있는 만성적인 불행의 모습을 보여 준다. 물론 이 삽화 다음에, 변사(戀事)를 포함하여 많은 일이 일어난다. 그러나 누구도 이 식탁의 정경을 사랑의 이야기를 펼치는 데 필요한 도입부라고 보지 않을 것이다. 이것은 누구도 「보바리 부인」을 사랑의 이야기라 할 수 없는 것과 같다. 이 소설은 특별한 출구가 따로 있을 수 없는 하나의 인간 존재 전체를 재현한다. 문제의 대목은 그 일부로서 물론 그 안에 전체를 포용하고 있다. 이 장면에서 어떤 별스러운 일이 일어나는 것은 아니다. 그 앞에도 아무 특별한 일도 일어나지 않았다. 그것은 부부가 끼니를 같이하는 반복적 사건 가운데 아무렇게나 골라잡은 한 순간일 뿐이다. 부부는 싸우고 있는 것도 아니고, 눈에 띄는 불화가 있는 것도 아니다. 에마는 완전히 절망감에 빠져 있다. 그러나 그 절망감은 어떤 분명한 재난에 의하여 생겨난 것이 아니다. 그녀가 잃었거나 바라는 어떤 분명하고 구체적인 것이 있는 것도 아니다. 바라는 것이 많지만, 그것은 아름다움이라든가 사랑이라든가 변화 있는 삶이라든가 하는 것에 대한 아주 막연한 바람에 불과하다. 옛날부터 그러한 비구체적인 절망감이 있긴 했겠지만 아무도 그것을 문학의 소재로서 심각하게 취급할 생각은 하지 않았다. 일반적인 상황에서 비롯되는 그러한 무정형의 비극은 비극이라고 부를 수 있다면 낭만주의 이후에야 문학이 될 수 있었다. 지적 교양도 별로 없고 또 사회적 신분도 상당히 낮은 사람들에 있어서의 그러한 비극을 묘사한 것은 어쩌면 플로베르가 처음일 것이다. 이런 심리적 상황의 만성적 성격을 직접적으로 포착한 것은 틀림없이 플로베르가 효시이다. 아무것도 일어나지 않는다. 그러나 아무것도 아닌 것이 무겁게 짓누르며 두려움을 가져오는 무엇인가로 바뀐다. 그가 이것을 어떻게 처리해 내었는가는 이미 위에서 본 바이다. 방, 식사, 남편을 볼 때 에마의 마음에 일어나는 불만족의 어지러운 인상들을 그는 간결하고 분명한 언어로써 조직화한다. 다른 곳에서도 그는 줄거리를 빠른 속도로 전진시키는 사건들을 별로 이야기하지 않는다. 단순한 그림을 통하여 하릴없고 단조로운 날이 아무것도 아닌 것들을 혐오감과 권태와 거짓 희망과 멍멍하게 만드는 실망과 가련한 두려움의 상태로 바꾸어 놓는 그림을 통하여 잿빛의 하찮은 인간의 운명이 종말을 향하여 움직여 간다.

　상황의 해석은 묘사 속에 들어 있다. 두 사람이 식탁에 앉아 있다. 남편은 아내의 속마음을 전혀 짐작하지 못한다. 그들은 서로 속마음을 주고받는 일이 거의 없기 때문에 그들의 관계는 싸움이나 말다툼이나 분명한 불화가 되지도 않는다. 아내는 절망과 막연한 그리움에, 남편은 지둔하고 속물적인 자기만족 속에, 두 사람은 다 각자의 세계 속에 완전히 잠겨 있기 때문에 두 사람 다 완전한 고독 속에 있다. 두 사람의 공통 관심사는 아무것도 없다. 그러나 그들은 자기들만의 것을 가지고 있지 않기 때문에 그것을 위하여 고독이 고귀한 것이 될 아무것도 없다. 또 그들은 어리석고 거짓된 세계를 은밀히 지니고 있는 까닭에 삶의 현실 상황에 조화될 수도 없다. 그래서 두 사람은 인생이 보여 주는 가능성들을 완전히 놓쳐 버린다. 이 두 사람에 해당하는 것은 이 소설의 다른 인물에도 다 해당된다. 이 소설의 범용한 인물들은 각각 자기만의 범용하고 어리석은 세계, 허상과 습관과 본능과 구호(口號)의 세계를 가지고 있다. 모두가 뿔뿔이고 누구도 다른 사람을 이해할 수도, 다른 사람을 도와 바른 이해를 갖게 할 수도 없다. 여기에는 사람들이 공유하고 있는 세계가 없다. 사람들이 자기의 주어진 현실을 되찾고 또 그것이 참다운 공유의 현실임을 알게 되고 할 때에만 비로소 공동의 세계는 태어나는 것이다. 사람이 어울려 사업도 하고 놀기도 하지만, 어울리는 것은 뜻을 모은 활동의 성격을 전혀 가지고 있지 않다. 그것은 일방적이고 우스꽝스럽고 보기에 딱한 일이 되어 오해와 허영과 부질없음과 거짓과 어리석은 증오만을 낳는다. 그러나 '깨어 있는' 자들의 세계가 어떤 것일는지 플로베르는 우리에게 이야기해 주지 않는다. 그의 소설에 의하면 세상은 우둔함만으로 가득 차 있고 이 우둔함은 참다운 현실을 전혀 제대로 포착하지 못하고 또 그것을 못 찾는 것이 당연할 수밖에 없다. 그러나 참 현실이 전혀 없는 것은 아니다. 그것은 작가의 언어 속에 있다. 그것은 단순한 진술로써 세상의 우둔함을 들추어낸다. 이렇게 볼 때, 언어는 우둔함을 헤아리는 척도를 가지고 있는 것이다. 그리하여 그것은 이 책에는 나타나지 않는 '깨우친' 자의 현실 속에 일정한 기능을 맡고 있는 것이다.

　이 소설의 여주인공인 에마 보바리도 플로베르의 또다른 사실주의 소설인 「정서 교육(Éducation sentimentale)」의 주인공 프레데릭 모로(Frédéric Moreau)와 마찬가지로 거짓 현실, '인간의 어리석음' 속에 완전히 빠져 있다. 플로베르가 이런 인물들을 그리는 수법은 어떤 점에서 '비극'과 '희극'과 같은 재래의 범주에 맞아 들어갈 수 있을까? 에마의 인생은 바닥까지 깊이 파헤쳐져 있다. 따라서 재래의 중간적 범주, '감상', '풍자' 또는 '교훈'과 같은 말로써 이 소설을 구분할 수는 없다. 그녀의 운명은 군데군데에서 비극의 연민과 같은 감동으로 독자의 마음을 움직인다. 그러나 그녀가 진짜 비극의 여주인공이라 할 수는 없다. 그녀의 삶의 유치하고 미숙하고 혼란스러운 면을 들추어내는 언어, 그녀가 그 속에 잠겨 있는바 인생의 비참성을 베껴 내는 언어("그녀의 인생의 모든 신고가 접시 위에 소복히 놓여 있는 것 같았다.")가 본래의 의미에 있어서의 비극의 가능성을 배제한다. 작자나 독자가 비극의 영웅의 경우에서처럼 그녀와 완전한 일체감에 이를 수는 없다. 그녀는 언제나, 그녀가 거기에 붙잡혀 있는 세상과 함께 시험과 판단과 결국은 단죄의 대상이 된다. 그러나 그녀가 희극적인 것은 아니다. 이것이 있을 수 없다는 것은 비록 플로베르가 '심리적 이해'의 수법을 쓰는 것이 아니라 다만 사실로 하여금 저절로 사태를 드러나게 하도록 하고 있지만 우리가 에마의 비극적인 얼크러짐을 너무나 깊이 이해하고 있기 때문이다. 그는 당대의 생활에 대하여 재래의 태도나 '스타일의 높이'의 개념과 전혀 다른, 발자크와 스탕달의 태도와도 다른 이들의 태도와 특히 다른 새로운 태도를 발견했다. 그것은 간단히 객관적 심각성이라 이름 지을 수 있을 것이다. 이것은 예술 작품의 스타일을 가리키는 말로는 이상하게 들릴는지 모른다. 객관적 심각성은 인간 생활의 격정과 얼크러짐을 밑바닥까지 꿰뚫어 보려고 한다. 그러면서 그 자신은 감동하지 않고 또는 감동한다는 표시를 드러내지 않고 냉정성을 유지한다. 이것은 예술가보다도 승려, 교사, 심리학자와 같은 사람이 갖는 태도이다. 그러나 승려, 교사, 심리학자가 이런 태도를 취하는 것은, 무엇인가 직접적이고 실제적인 임무를 수행하려고 하기 때문이다. 이것은 플로베르가 생각하던 것과는 인연이 먼 일이다. 그는 이 태도를 통하여 (외치지 않고 움직이지 않고 성찰의 눈길 이외의 아무것도 가지지 않고) 언어로 하여금 관찰의 대상의 진실을 표현하려고 한다. "스타일은 그 자체로써 사물을 보는 절대적인 방법이다."(「서간집」, 2, 346) 그러나 이것은 결국 당대 사회의 비판이라는 교훈적 목표에 이르게 된다. 비록 플로베르 자신은 자기가 예술가 이외의 다른 아무것도 아니라고 고집할지라도 우리는 서슴치 않고 이 점을 인정하여야 할 것이다. 플로베르를 연구하면 할수록 그의 사실주의 작품들이 얼마나 19세기 부르주아 문화의 문제와 그 공허함에 대하여 깊은 통찰을 담고 있는가를 우리는 깨닫게 된다. 그리고 그의 편지의 많은 대목들이 이것을 확인해 준다. 발자크에서 볼 수 있는바 일상적 사회생활의 마술적 이해는 플로베르에서 전혀 발견되지 아니한다. 삶은 밀어 올라오고 부글대고 하는 것이 아니다. 그것은 무겁고 느리게 흐르는 것이 되었다. 당대의 평범한 삶의 핵심은 플로베르에게 질풍노도의 행동과 격정, 마력에 사로잡힌 사람과 세력, 이런 것에 있지 않고 거죽은 공허한 일상번사지만 밑에는 보이지 않게 끊임없이 무엇인가 움직이고 있는 전반적이고 만성적인 상태 속에 있었다. 이 상태에서 정치 경제, 사회의 표토는 비교적 안정된 것 같으면서 실상은 터질 것 같은 긴장으로 차 있다. 사건들은 거의 움직이는 것 같지 않다. 그러나 (우리가 든 예에서 볼 수 있듯이) 플로베르가 그려 내는 개인적 사건과 시대 전체의 모습의 구체적인 결에는 무엇인가 숨은 위협이 드러난다. 시대에는 폭탄 장치처럼 어리석은 밀폐가 장치되어 있는 것이다.

그 특유의 높이를 가진 스타일, 체계적이고 객관적인 심각성의 스타일로 하여 사물들은 스스로의 사태를 이야기하고 독자의 눈앞에서 적절한 값어치에 따라 비극적이거나 희극적으로, 또는 더 많은 경우 두 가지의 성질을 아울러 지닌 것으로 구분된다. 이 스타일로서 플로베르는 낭만주의가 당대적 소재를 다룸에 있어서 가지고 있던 허세와 불확실성을 극복하였다. 비록 그가 콩트(Comte)를 낮게 평가하는 말을 한다고는 하나 그의 예술관에는 초기 실증주의의 증후가 보인다. 이 객관성을 발판으로 하여 다른 발전이 이루어질 수 있었다. (이것은 다음 장들에서 다시 논하겠다.) 그러나 그를 계승한 작가들 가운데 비록 보다 자유롭고 창조적이고 풍부한 자질을 가진 마음의 보유자가 있기는 했지만, 그가 보여 준 바와 같은 명증성과 책임감을 가지고 당대의 현실을 묘사하는 일에 임한 사람들은 별로 많지 않았다.

한편으로, 일상적 현실을 심각하게 다룬다는 것, 사회적으로 낮은 지위의 넓은 인간 집단이 문제성과 실존적 진실 속에서 보이는 현실 재현의 대상이 된 것, 또다른 한편으로 아무렇게나 골라잡은 인물과 사건을 당대 역사의 일반적인 흐름, 유동적인 역사적 배경 속에 자리하게 하는 것, 이 두 가지가 내 생각으로는 현대 리얼리즘의 초석이 되는 것이다. 그래서 포괄적이고 유연한 소설 형식이 많은 요소들로 이루어지는 현실 묘사의 대표적 형식으로 부각된 것은 당연하다. 내 생각이 옳다면, 현대 리얼리즘의 대두와 발전에 있어서 프랑스는 19세기 내내 가장 중요한 역할을 했다. 독일의 사정이 어떠했는가는 앞 장에서 이미 살펴보았다. 영국의 경우는 프랑스의 경우와 비슷한 경로를 보여 주었다고 하겠는데, 리얼리즘은 1780년과 1830년 사이에 분명한 단절이 없이 보다 조용하고 보다 점진적으로 발전했다. 시작이 훨씬 빠른 반면 전통적 형식과 관점은 훨씬 더 늦게, 빅토리아 조까지 계속되었다. 필딩의 예술(「톰 존스」의 출간이 1749년)은 모든 면에 있어서 이미 같은 시대의 프랑스 소설보다 훨씬 박력 있는 당대적 리얼리즘을 보여 주고 있다. 당대의 역사적 배경의 유동성도 이미 어느 정도 포착되어 있다. 그러나 전반적으로 도덕적 견해가 두드러지고 문제적 실존적 심각성은 그것을 멀리 우회하고 있을 뿐이다. 다른 한편으로 19세기의 30년대에 작품을 발표하기 시작한 디킨스에 있어서도, 사회에 대한 감각이 강하게 표현되고 환경이 밀도 있게 암시되어 있다고는 하지만, 정치적 역사적 배경의 유동성은 흔적도 찾아볼 수 없다. 새커리(W. M. Thackeray)는 「허영의 시장(Vanity Fair)」(1847~1948)의 사건들을 구체적으로 당대의 역사(워털루 전투의 전후 몇 년간) 속에 일어나는 것으로 그리고 있지만 대체로 18세기로부터 전해 내려온 교훈적이고 반풍자적이고 반감상적인 관점을 많이 유지하고 있었다. 러시아의 리얼리즘을(고골리의 「죽은 혼(魂)」이 1842년, 그의 단편 「외투(The

Cloak)」는 이미 1835년에 나왔다.) 대체적으로나마 이야기할 수 없는 것은 유감이다. 이 글의 취지로는 원문을 원어로 읽지 않고는 작품의 논의가 불가능하기 때문이다. 러시아의 리얼리즘이 나중에 끼친 영향을 논의해 보는 정도로 만족하는 도리밖에 없다.

제르미니 라세르퇴 · 1
── 없는 사람들과 심미주의

1864년에 공쿠르 형제 에드몽과 줄르는 소설 「제르미니 라세르퇴(Germinie Lacerteux)」를 간행했다. 한 하녀의 이성(異性) 관계의 얽힘과 점차적인 파멸을 다루고 있는 작품이다. 그들은 이 작품에 다음과 같은 서문을 붙였다.

우리는 이 책을 간행하고 또 책 속에 적혀 있는 것을 미리 알려 주게 된 점에 관해 독자들의 양해를 구해 두어야겠다.
독자들은 거짓 많은 소설을 좋아한다.
그러나 이것은 진실의 소설이다.
독자들은 사교계를 출입하는 체하는 책을 좋아한다. 그러나 이 책은 거리에서 생겨났다.
독자들은 음란한 작품, 창녀의 회고록, 구석방의 고백, 싸구려 외설 작품, 서점 진열창 속에 걸어 둔 그림 속에 드러난 스캔들을 좋아한다. 그러나 독자들이 지금 읽으려는 것은 꾸밈없고 순수하다. 독자들로 하여금 다 드러난 쾌락의 사진을 기대하게 하지 말라. 다음의 연구는 사랑의 임상 조사이다.
독자들은 게다가 또 해독이 없고 마음을 달래 주는 읽을거리, 행복으로 끝나는 모험담, 소화나 마음의 고요를 해치지 않는 공상을 좋아한다. 그러나 이 책은 슬프고 강렬한 마음의 동요 때문에 독자들의 습관에 어긋나고 그들의 건강법에도 어긋나게끔 되어 있다. 그렇다면 왜 우리는 이 책을 쓴 것인가? 독자들에게 충격을 주고 그들의 취향을 망칙한 것으로 버려 놓기 위해서인가?

아니다.

보통선거와 민주주의와 자유주의의 시대인 19세기에 살고 있는 우리는 이른바 '하층 계급' 사람들이 '소설' 속에 나올 권리를 과연 가지고 있지 못하는 것인가가 의문이었다. 한 사회 아래 있는 사회인 하층 계급은 문학상의 금지령이나 그들이 가지고 있을 터인 영혼과 심정에 관해서 침묵을 지키고 있는 작가들의 모멸을 받고 있어야만 하는 것인가도 의문이었다. 우리가 살고 있는 이 평등의 시대에 있어서 아직도 작가에게나 독자에게나 무가치한 계급, 너무나 저속한 불행, 너무나 상스러운 극(劇), 그 무시무시함 속에서도 제대로 고상함을 지니지 못한 파국이 있는 것인가가 의문이었다. 우리는 사라져 버린 사회와 잊어버린 문학의 재래적 형태인 '비극'이 영영 죽어 버린 것인가가 몹시 알고 싶었다. 세습적 계급과 법이 규정한 귀족이 없는 나라에서 힘 없는 사람들, 가난한 사람들의 불행이 세도 있는 사람들, 돈 있는 사람들의 불행처럼 사람들의 흥미, 감정, 연민에 간절하게 호소할 수 있는가가 알고 싶었다. 요컨대 아랫사람들의 눈물이 윗사람들의 눈물처럼 울음을 자아낼 수 있는 것인가 몹시 알고 싶었다.

이러한 생각이 우리로 하여금 1861년에 「쇠르 필로멘느(Sœur Philomène)」란 졸작을 간행케 하였고 오늘은 이 「제르미니 라세르퇴」를 간행케 하는 것이다.

그런데 이 작품이 빈축을 사더라도 그건 별 뜻이 없다. 오늘날 '소설'은 폭넓어지고 성장하고 있으며 문학적 연구와 사회 조사의 크고 진지하며 열렬하고 생생한 형태가 되어 가고 있다. 또 분석과 심리 탐구를 통해서 현대의 정신의 (역사)가 되어 가고 있다. (소설)이 연구와 과학의 의무를 스스로 떠맡고 있는 오늘날, 소설은 과학의 자유와 의무 면제를 요구할 수 있게 된 것이다. 그리고 만약 소설이 '예술'과 '진리'를 추구한다면, 파리의 행운아들이 잊어버리지 않는 게 좋은 불행을 드러내 보인다면, 교구 보조 부인*들이 서슴없이 보고 있으며 옛날 왕비들이 자기 자식들에게 병원에서 보여 주었던 것, 즉 자선을 가르쳐 주는 눈앞의 생생한 인간 고통을 상류 사회 사람들에게 보여 준다면 또 '소설'이 전(前)세기가 인도(人道)란 넓고 막연한 이름을 붙였던 종교를 갖게 된다면, 소설은 이 인도란 의식만으로도 충분하다. 그 권리가 거기 있는 것이다.

이 서문의 첫머리를 이루고 있는 독자들에 대한 격렬한 논쟁은 뒤에 다룰 것이다. 우선 "19세기에 살고 있는"이란 말로 시작되는 후반의 대목에 표현되어 있는 예술적 의도에 관한 구절을 다루어 보기로 하자. 그것은 우리가 스타일 혼합이라고 부르고 있는 것과 정확히 일치하고 있으며 정치적 사회학적 고찰에 바탕을 두고 있다. 우리는 보통선거와 민주주의와 자유주의의 시대에 살고 있다고 공쿠르 형제는 말한다.(그들이 이러한 제도나 현상에 무조건 동의하고 있는 것이 아니라는 것은 주목해도 좋을 것이다.) 따라서 지금도 여전히들 그렇듯이 이른바 하층 계급 사람들을 문학의 대상에서 제외한다거나 이미 우리의 사회상과 맞지 않는 주제상의 귀족주의를 문학 속에 보존한다는 것은 부당한 처사다. 문학의 대상이 되기에 너무나 저속한 불행의 형태는 없다는 것이 인정되어야 한다고 그들은 말한다.

  소설이 이러한 것을 다루는 적절한 형태란 것이 당연시되고 있음은 "소설 속에 나올 권리를 가지고 있다."(avoir droit au roman)란 말 속에도 나타나 있다. "우리는 몹시 알고 싶었다."(Il nous est venu la curiosité)라는 구절은 리얼리즘 소설이 고전 비극의 상속자가 되었음을 암시하고 있다. 그리고 마지

---

* 목사 일을 도와서 교구민의 어려움을 돌보아 준다.

막 대목은 현대 세계에 있어서의 새 예술 형태의 기능을 열띤 어조로 개관하고 있는데 이것은 과학적 태도의 특수한 모티프를 포함하고 있다. 이것은 발자크에게서도 볼 수 있었던 모티프이지만 이들에게선 한결 활기 있고 또 의도적이다. 소설은 그 영역도 넓어지고 의미도 커졌다고 그들은 주장한다. 소설은 문학 연구와 사회 조사의 진지하고 열렬하고 생생한 형태이다.(연구(étude), 특히 조사(enquête)란 말을 유의하자.) 그 분석과 심리 탐구를 통해서 그것은 현대의 정신사(精神史, l'Histoire morale contemporaine)가 될 것이며 또 과학의 방법과 의무를 떠맡게 되었다. 따라서 소설은 과학의 권리와 자유도 요구할 수가 있다는 것이다. 여기서 어떠한 주제도, 아주 저속한 주제라도 진지하게 다룰 수 있는 권리, 다시 말해서 극단적인 스타일의 혼합이 정치·사회적 및 과학적 논지에 의해서 정당화된다. 소설가의 작품이 과학상의 연구에 비유되고 있다. 그리고 이때 공쿠르 형제가 실험 생물학의 방법을 생각하고 있음은 의심할 여지가 없다. 우리는 여기서 실증주의의 초기 몇 십 년 간에 특유했던 과학에 대한 열광의 영향을 보게 된다. 이 시기에는 모든 활동적인 지성들이, 시대에 걸맞는 새로운 방법과 가치를 의식적으로 추구하고 있는 한에서는, 과학의 실험적 방법을 흡수하려고 노력하였다. 이 점 공쿠르 형제는 앞장서 있다. 맨 앞에 앞장서는 것이 이를테면 그들의 사명이다. 사실 서문의 결론 부분은 보다 덜 근대적인 입장, 논리, 자선, 박애주의에의 성향을 도입하고 있다. 여기엔 기원을 달리하는 많은 모티프가 들어와 있다. 동포의 불행을 생각해 보아야 하는 '파리의 행운아들'과 '사교계 사람들'에 대한 언급은 19세기 중엽의 감상적 사회주의에 속하는 것이다. 병자를 돌보고 자식들에게 병자들을 구경시켰다는 옛날의 왕비들은 우리들에게 기독교적인 중세를 연상케 한다. 그리고 마지막으론 계몽주의 시대의 인도교(人道敎, religion de humanité)가 있다. 이 수사적인 결말에는 소홀치 않은 절충주의와 적지 않은 자의성이 엿보인다.

   그러나 이 서문 속에 있는 개개 주제나 혹은 공쿠르 형제가 그들의 주장을 내세우는 방식 전반에 대한 우리의 감정이 어떠한 것이든 간에 그들의 입장이 정당했다는 것은 의심할 여지가 없다. 그리고 이 소송은 오래전에 그들의 승리로 끝났다. 19세기의 최초의 위대한 리얼리스트들, 스탕달과 발자크, 그리고 플로베르에게서조차 하층 계급, 즉 본래의 민중들은 거의 등장하지 않는다. 설사 그들이 등장하는 경우에도 그들 자신의 터전 위에서나 그들 자신의 생활 속에서 포착되지 않고 위쪽에서 바라본 대로 그려져 있다. 플로베르(그의 「순진한 마음(Cœur Simple)」은 「제르미니 라세르퇴」보다 10년 뒤에야 나왔다. 따라서 이 서문이 쓰였을 때엔 보바리 부인의 농업경진회의 수상 장면을 제외하고선 하층 계급에 관해서 쓰인 것은 거의 없었다.)에게 있어서조차도 민중은 대체로 하인이나 배경 인물로 그려져 있을 뿐이다. 그러나 스탕달과 발자크가 도입한 리얼리즘의 스타일 혼합은 제4계급 앞에서 전진을 멈출 수는 없었다. 그것은 당대의 사회적 정치적 발전을 따라가지 않을 수가 없었던 것이다. 리얼리즘은 당대 문명의 현실 전체를 포용하지 않으면 안 되었다. 이때 시민 계급이 지배적 역할을 한 것은 사실이나 대중들도 그들 자신의 힘과 기능을 더욱 의식하게 됨에 따라서 위협적으로 밀고나가기 시작하고 있었다. 가지각색의 하층 계급 사람들을 진지한 리얼리즘의 주제로 삼지 않으면 안 되었다. 공쿠르 형제의 말은 옳았고 그들의 정당성은 증명되었다. 리얼리즘 예술의 발전이 그것을 증명하고 있다.

  문학상으로나 정치적으로나 제4계급 권리의 최초의 옹호자들은 거의 모두가 제4계급 사람이 아니고 시민 계급에 속하였다. 이 말은 공쿠르 형제에게도 해당되는데 이들은 사실 정치상의 사회주의에는 공명하지 않았다. 출신 성분뿐만 아니라 생활 태도나 생활 양식, 견해, 관심사, 성품에 있어서도 그들은 반(半)귀족적인 상류 시민이었다. 게다가 그들은 지나치게 섬세한 신경의 소유자였고 그들의 생애를 심미적 감각의 인상을 탐구하는 데 바쳤다. 그들은 다른 누구보다도 철저하고 완전한 문학상의 심미주의자요 절충주의자다. 비록 문학상의 소재에 지나지 않지만 제4계급의 옹호자의 역할을 그들에게서 발견하게 된다는 것은 놀라운 일이다. 그들을 제4계급에게 연결해 준 것은 무엇인가? 제4계급의 생활과 문제점과 반응에 관해서 그들은 무엇을 알고 있었을까? 그리고 그들로 하여금 이러한 실험을 감행케 한 것은 과연 사회적·심미적 정의감에 지나지 않았던 것인가? 이러한 물음에 대답하기는 어렵지 않다. 공쿠르 형제의 저서 목록을 토대로 해서 쉽게 대답할 수 있다. 그들은 상당량의 소설을 썼는데 거의 모두 그들 자신의 경험과 관찰을 토대로 한 것이다. 이들 소설 속에는 하층 계급의 환경뿐 아니라 상류 시민 계급, 대도시의 암흑가, 갖가지 예술인 집단의 환경도 등장한다. 그러나 어떠한 환경이든 간에 취급된 주제는 언제나 기이하고 예외적인 것이며 병적인 경우가 많다. 게다가 그들은 그들의 여행, 당대의 예술가, 18세기의 여성과 미술, 일본 예술 등에 관한 책을 쓰기도 하였다. 또 그들의 삶의 거울인 「일기」가 있다. 따라서 그들의 저서 목록만으로도 그들의 주제 선택의 원리를 엿볼 수 있다. 그들은 감각의 인상 특히 기이함이나 신기함을 위해 가치 있는 감각의 인상을 수집하고 묘사하였다. 그들은 흔하디 흔한 것에 식상한 까다로운 취향을 만족시키기에 적합한 미적 경험, 특히 병적인 미적 경험을 발견하고 재발견하는 직업인이었다. 하층 계급이 문학의 주제로서 그들의 흥미를 끈 것은 이러한 관점에서였다. 에드몽 드 공쿠르는 1871년 12월 3일자의 「일기」에서 이 점을 아주 훌륭하게 표현하였다.

하지만 왜 …… 이러한 환경을 선택하는 것인가? 왜냐하면 문명이 사라진 터전에서 사물, 인물, 언어, 기타 모든 것의 특징이 보존되어 있는 것은 맨 밑바닥에서이기 때문이다. …… 다시 왜? 아마도 내가 명문 태생의 문인이기 때문일 것이다. 그리하여 민중 또는 달리 부르고 싶다면 하층민들이 내게 발견되지 않은 미지의 사람들의 매력, 여행자들이 찾아 나서는 이국 정서(l'exotique) 비슷한 것을 가지고 있기 때문일 것이다.

이러한 충동에 끌리는 한에서 그들은 민중을 이해할 수 있었다. 그러나 그 이상은 나아가지 못하였다. 그것은 기능상으로 본질적인 모든 것, 즉 민중의 노동, 근대 사회 속에서의 민중의 위치, 근대 사회 안에서 일고 있으며 미래를 가리키는 정치 사회·도덕적인 변동을 자동적으로 배제하고 있다. 「제르미니 라세르퇴」가 또다시 하녀, 즉 시민 계급에 딸려 있는 인물에 대한 소설이라는 사실 자체가 제4계급을 진지한 예술 묘사의 주제로 포함시키는 과업의 요긴한 부분이 이해되지도 시도되지도 못하였음을 보여 주는 것이다. 공쿠르 형제를 「제르미니 라세르퇴」의 주제로 끌어들인 것은 전혀 딴 것이었다. 그것은 추악한 것, 혐오스러운 것, 병적인 것에 대한 감각적 매력이었다. 사실 이 점에 있어서 공쿠르 형제가 전혀 독창적인 것은 아니다. 왜냐하면 보들레르의 「악(惡)의 꽃(Les Fleurs du Mal)」이 1857년에 벌써 나왔기 때문이다. 그러나 이러한 모티프를 소설 속에 수입해 온 것은 그들이 최초인 것처럼 보인다. 나이 먹은 한 하녀의 기이한 색정의 모험에 그들이 끌렸던 것은 바로 이 때문이다. 왜냐하면 그것은 실화이기 때문이다. 여인이 죽은 후에 그들은 그 얘기를 알게 되었고 그 얘기를 토대로 하여 그들의 소설을 지은 것이었다. 하층 계급을 등용한 것은 그들에게서(비단 그들만이 아니다.) 예기치 못한 방식으로 추악한 것, 혐오스러운 것, 병적인 것 등을 감각적으로 묘사하고 싶은 욕구와 맺어지게 되었다. 이 욕구는 실제 필요한 것, 전형적인 것, 대표적인 것 등에 만족할 수는 없었다. 거기에는 고전주의에서 나온 것이든 낭만주의에서 나온 것이든 비록 쇠퇴하기는 했으나 계속 독자들의 일반적인 취향을 지배하였던, 대상을 이상화하고 장식하는 격조 높은 스타일의 형태에 대한 과격하고 통렬한 항의가 있었다. 그리고 즐겁고 마음 포근하게 하는 오락 형태로서의 문학관(그리고 예술 일반에 대한 예술관)에 대한 과격하고 통렬한 항의가 있었는데 이것은 문학의 목표를 구성하고 있는 '유용함'(prodesse)과 '즐겁게 하기'(delect` aire)의 해석에 있어서의 기본적인 전환이다. 이와 함께 우리는 서문의 첫 부분인 일반 독자들에 대한 논쟁을 보게 되는 것이다.

그것은 놀라운 것이다. 오늘날의 우리에게는 그리 놀랍지 못할지도 모른다. 우리는 그 비슷하거나 더 심한 소리를 작가들에게서 수없이 들어 왔기 때문이다. 그러나 시대를 거슬러 올라가 생각해 볼 때 작품을 읽어 줄 독자들에 대한 그렇게 기탄없는 공격은 실로 놀랄 만한 현상이다. 작가는 생산자이며 독자는 작가의 손님이다. 우리는 다른 관점을 취해서 양자(兩者)의 관계를 다른 말로 정식화할 수도 있다. 우리는 작가를 교육자, 안내자, 대표적인 때로는 예언자적인 소리라고 여길 수가 있다. 그러나 그 밖에도, 아니 그 무엇보다도 양자의 관계를 경제적으로 정식화(定式化)하는 것은 아주 정당한 것이다. 그리고 공쿠르 형제는 그 점을 알아차렸다. 재산이 있었기 때문에 반드시 문학상의 수입에 의존하지는 않았지만 그들은 그럼에도 그들 작품의 성공과 매상(賣上)에 몹시 신경을 썼다. 어떻게 생산자가 손님을 그렇듯 기탄없이 공격할 수 있단 말인가? 작가가 왕가(王家)의 후원자나 한정된 소수 귀족에게 의존하고 있었던 시대에는 이러한 말씨는 전혀 불가능했을 것이다. 전 세기의 60년대에 작가는 명백하게 한정되지 않은 익명의 독자를 상대하였기 때문에 이런 모험을 감행할 수 있었다. 이렇게 하는 데 있어서 그가 이런 서문이 불러일으킬 화제를 기대했음은 뻔한 일이다. 왜냐하면 작품에 대한 최악의 위험은 저항도 비평가들의 악의도 아니며 당국에 의한 판매 금지조차도 아니기 때문이다. 이러한 것들은 난처함, 지연, 개인적 불쾌감을 자아낼 수 있지만 결코 극복할 수 없는 것은 아니며 종종 작품을 더 잘 알려지게 하는 결과를 빚기도 하였다. 예술 작품을 위협하는 최악의 위험은 무관심이었다.

공쿠르 형제는 독자들이 썩어 빠지고 비뚤어진 취향을 가지고 있다고 책망한다. 또 야바위, 겉만 번지르르한 것, 외설적인 것, 마음 편하고 졸음 오게 하는 소일거리로서의 독서, 행복으로 끝나며 독자에게 진지성을 요구하지 않는 책들을 더 좋아한다고 책망한다. 이에 반해서 그들은 진실한 소설,

거리에서 주제를 찾고 진지하고 순수한 내용 속에 사랑의 병리를 제시하며 독자들의 습관을 뒤엎고 그들의 건강법에 해로울 소설을 독자들에게 보여 주겠노라고 말한다. 이 대목의 말씨는 대체로 성나 있는 말씨다. 자기들의 취향이 일반 독자들의 취향과는 동떨어져 있다는 것을 벌써 오래전부터 그들이 의식하고 있었다는 것, 자신들의 정당성을 믿어 의심치 않는다는 것, 어떻게 해서라도 독자들의 포근한 안정감을 뒤흔들어 놓으려 하고 있다는 것, 이미 억울하다는 심정에 빠져 있는 그들이 그들의 노력의 큰 성공을 믿고 있지 않다는 것은 분명하다.

이 서문의 논쟁은 하나의 징후이다. 그것은 19세기에 걸쳐 독자들과 거의 모든 중요한 시인 작가들 사이뿐만 아니라 향수자(享受者)와 화가, 조각가, 음악가 사이에 발달한 관계의 특징을 보여 주는 것이다. 이 관계는 다른 곳에서보다 프랑스에서 한결 일찌감치 또 한결 날카롭게 나타났지만 프랑스에 한정된 것은 아니었다. 극소수의 예외가 있기는 하지만 19세기 후반의 중요한 예술가들은 향수자 편의 적의, 몰이해, 혹은 무관심에 부닥쳤다고 할 수 있다. 그들은 격렬하고 오랜 투쟁의 대가로 겨우 일반의 인정을 받았다. 많은 예술가들이 겨우 사후에야 인정을 받았으며 죽기 전에 인정을 받을 경우도 있으나 어쨌건 얼마 안 되는 추종자들 사이에서의 일이었다. 뒤집어 말해 본다면 다시 극소수의 예외가 있기는 하지만 19세기에 걸쳐서, 특히 19세기 후반이나 20세기 초에 있어서, 빨리 또 쉽사리 일반의 인정을 받은 예술가들은 참되고 영속적인 중요성을 가지고 있지 않았다는 것을 볼 수 있다. 이러한 경험을 근거로 많은 비평가와 예술가들은 그것이 필연적인 것이라고 확신하게 되었다. 즉 뜻깊은 새 작품의 독창성 바로 그것 때문에 그 스타일에 익숙치 못한 일반 향수자들은 그 작품을 곤혹스럽고 어지러운 것으로 받아들이며 오직 서서히 형태의 새 언어에 익숙하게 된다고 믿었던 것이다. 그러나 이런 현상은 과거에는 그렇듯 일반적이지도 않았고 과도하지도 않았다. 사실 위대한 예술가들이 불행한 환경이나 질투 때문에 일반의 인정을 받기가 어려워지는 일은 종종 있었다. 그들은 우리가 오늘날 그 명예에 전혀 값하지 못한다고 치부하고 있는 경쟁자와 동격으로 취급되는 일이 흔히 있었다. 그러나 극히 유리한 보급 수단을 누리고 있음에도 불구하고 보통내기들이 뜻깊고 중요한 사람들보다도 사랑받고 또 거의 모든 예술가들이 각자의 기질에 따라서 일반 향수자들을 매정하게 혹은 경멸조로 바라보거나 그저 없는 셈 잡는다는 것은 전 세기의 유별난 특징이다. 그것은 낭만주의 시대에 발전하기 시작한 상황이다. 그후 사태는 더욱더 악화되었다. 세기말 무렵에는 온갖 종류의 일반적인 보급이나 인정을 처음부터 포기했다는 것을 행동거지나 태도로 분명히 보여 주는 몇몇 위대한 시인들이 생겨났다.

우선 제일 먼저 떠오르는 설명은 세기초에서부터 독자층이 엄청나게 불어나기 시작했고 이에 따라 취향이 조잡해졌다는 것이다. 지력(知力), 감정의 선별, 삶과 표현의 형태에 대한 관심이 저하하였다. 앞서 우리가 지적했던 대로 스탕달은 벌써 이러한 쇠퇴를 개탄하였다. 모든 수준의 저하는 단행본과 잡지 출판업자들이 읽을거리에 대한 엄청난 수요를 상업적으로 이용하는 바람에 더욱 속도가 빨라졌다. 예외도 있었지만 출판업자의 대다수는 가장 저항이 적고 벌이가 쉬운 길을 택하였다. 그리하여 독자들이 원하는 것을 공급해 주었고 가만 내버려 두었을 경우에 그들이 원했을 터인 것보다 훨씬 형편없는 것까지도 공급해 주었다. 그러나 과연 누가 독자인 것인가? 독자층은 그 수효가 크게 불어났고 또 교육이 보급된 결과 읽기가 가능해지고 읽기를 원하게 된, 주로 도시의 중산 계급으로 구성되어 있었다. 이들은 낭만주의 시대로부터 줄곧 시인, 작가, 예술가, 비평가들이 그 우둔함, 지적(知的) 저조, 오만, 위선, 비겁을 공격하고 비웃었던 시민(bourgeois)이다. 그런데 우리는 예술가들의 의견에 다소곳이 동의할 수 있을 것인가? 이들 시민은 19세기의 경제, 과학, 기술 문명의 거창한 과업과 대담한 모험을 떠맡았으며 또한 그 문명 속에 내재하는 위기, 위험, 부패의 초점을 최초로 인식하였던 혁명 운동의 지도자들을 배출하였던 바로 그 사람들이 아닌가? 19세기의 아주 평범한 시민조차도 이 시대의 특징인 생활과 노동에 있어서의 엄청난 활동에 참여하였다. 구제도 아래의 문학 독자를 대표하고 있었던 엘리트들이 시대와 의무의 압력에서 거의 해방된 채 한가로운 나날을 보낸 데 반하여 시민은 날이면 날마다 한결 동적이고 한결 고된 삶을 살았다. 그의 신체의 안전과 재산은 전 시대보다도 한결 잘 보호되었으며 출세의 가능성은 비교할 수 없으리만큼 커졌다. 그러나 재산 모으기와 간수하기, 출세할 기회의 활용, 급속히 변화하는 환경에의 적응(이 모든 것은 격심한 생존 경쟁의 부분이다.) 등은 전에는 알지 못하였던 정도의 끊임없고 크나큰 정력과 신경의 소모를 요구하였다. 상상력의 소산이기는 하지만 사실적인 관찰이 듬뿍 담긴 「황금빛 눈의 아가씨(la Fille aux yeux d'or)」에서 발자크가 그리고 있는 파리 생활로 미루어 보아 시민 왕조*의 초기에 있어서조차 생활이 얼마나 고달픈 것이었던가를 알 수 있다. 이런 사람들이 문학과 예술 일반은 휴식과 오락 그리고 기껏해야 쉽사리 얻을 수 있는 도취를 제공해 주어야 한다고 역설하고, 그러기를 기대한 것은 놀라운 일이 아니다. 또 그들이 대부분의 중요 작가들이 제공하였던 것, 공쿠르 형제가 인상적으로 표현한 '슬프고 강렬한 오락'(triste et violent distraction)에 반대한 것도 놀라운 일이 아니다.

이야기는 여기서 끝나지 않는다. 프랑스에서는 다른 곳에서보다 종교의 영향력이 크게 쇠약해졌다. 정치 기구는 끊임없이 변하고 있었고 정신적 후원을 제공해 줄 여유가 없었다. 계몽주의와 대혁명의 위대한 이념들은 급속히 퇴색하였고 단순한 말놀음으로 떨어졌다. 그들은 결과적으로 이기심과 이기심의 치열한 싸움으로 떨어졌는데 이 싸움은 자유 기업이 전체의 번영과 진보를 위한 자연스럽고 자기 조정적인 필요조건이라 간주되었기 때

---

* 루이 필립을 시민왕으로 불렀으니까 7월 혁명 이후의 왕정을 말한 것임.

문에 정당시되었다. 그러나 자기 조정은 정의에의 요구를 충족시키는 방향으로 움직이지 않았다. 개인이나 전체 사회 계층의 성패 여부는 두뇌와 근면에 의해서만이 아니라 출발 당시의 조건, 인맥, 운수에 의해서도 결정되었고 비정(非情)의 강심장에 의해서 좌우되는 일도 드물지 않았다. 사실 정의가 이 세상에서 최고의 지배권을 누린 적은 없었다. 그러나 이제 그 전 시대에서처럼 불공정을 신의 섭리로 해석하고 받아들이는 것은 정색하고서는 불가능하게 되었다. 강렬한 도덕적 불안감이 곧 생겨났다. 그러나 경제 활동의 동력은 너무나 강력하여 제동을 걸려는 순수하게 도덕적인 기도에 의해서 멈춰지는 법은 없었다. 경제적으로 팽창하려는 의지와 도덕적 불안감이 공존하였다. 오래지 않아서 경제 발전과 시민 사회의 구조를 위협하는 진짜 위험이 뚜렷해지기 시작하였다. 시장 획득을 위한 열강 사이의 싸움과 제4계급의 점차적인 조직에서 오는 위협이 그것이다. 엄청난 위기가 조성되고 있었고 이 위기의 폭발을 이미 우리가 목격한 바 있고 지금껏 계속 목격하고 있다. 19세기에는 결정적 위험 지역을 정확하게 평가할 수 있으리만큼 명석한 인물은 거의 없었다. 특히 정치가들 사이에서 없었다. 그들은 경제적 그리고 근본적인 인간 상황을 이해하는 것을 불가능하게 만드는 종류의 사상, 욕망, 방법 등에 여전히 열중해 있었다.

    이러한 상황은 최근에 와서 분명하게 인식되었고 또 자주 서술되었다. 그러나 우리로서는 19세기의 시민 문화, 그리고 무엇보다도 프랑스 시민 문화의 형태 속에서 문학이 자신을 위해 만들어 낸 기능을 평가하기 위한 기초에 도달하기 위해서 될수록 간략하게 이러한 상황을 적어 본 것이다. 지금와 돌이켜 보면 결정적인 것이었음을 우리가 알고 있는 문제들에 관해서 문학은 도대체 관심이나 이해나 책임감을 보여 주었는가? 낭만주의 세대의 가장 중요한 인물들, 가령 발자크나 빅토르 위고에 관해서라면 우리는 이런 물음에 그렇다고 대답하지 않으면 안 된다. 그들은 현실에서 도피하려는 낭만적 경향을 극복하였다. 왜냐하면 현실 도피는 그들의 억센 기질에 걸맞지 않았기 때문이다. 그리고 발자크의 시대 진단의 천분은 참으로 탄복할 만하다. 그러나 50년대에 작품을 내기 시작한 바로 다음 세대에 와서 사정은 완전히 바뀌게 된다. 이제 당대의 실제적인 사건에 전혀 개입하지 않으며 도덕적, 정치적, 그렇지 않으면 실제적으로 인간 생활에 영향을 끼치는 모든 경향을 회피하며, 유일한 의무라고는 문체의 요구를 충족시키는 것이 있을 뿐이라는 문학관, 문학 이상이 생겨났다. 이러한 문학관이나 문학 이상은 취급된 주제(그것이 외적 현상이건 작가의 감각이나 상상력의 산물이건 간에)가 감각적 생기를 띠고 뚜렷한 특성을 보여 주는 새롭고 낡아 빠지지 않은 형태 속에 나타나기를 요구한다. 이러한 태도(그것은 주제상(主題上)의 위계 질서를 인정하지 않는다.)에 의하면 예술의 가치, 즉 완벽하고 독창적인 표현의 가치는 절대적인 것이며 상충되는 철학이나 이론의 충돌에 참여하는 것은 무엇이고 불신 받아 마땅하다는 것이다. 왜냐하면 이러한 참여는 표어나 상투 결구로 끝나게 마련이기 때문이라는 것이다. 유용함과 즐거움이란 전통적인 옛날 개념이 들먹여지면 모든 종류의 문학 유용성은 절대적으로 부정되었다. 유용성은 곧 실제적 유용성이나 따분한 교훈주의를 암시했기 때문이다. 1886년 2월 8일자의 공쿠르 일기는 "예술 작품의 어떤 일에 봉사하기를 요구하는" 생각을 비웃고 있다. 그러나 그것은 훌륭한 시인이 나무공 굴리기의 명수에 진배없이 쓸모 있다고 말한 것으로 알려진 말레르브 류의 겸손에서 나온 것은 결코 아니다. 그것은 문학과 예술 일반에 절대적인 가치를 부여하는 것이며 그들은 숭배의 대상, 거의 종교의 대상으로 삼으려는 것이다. 이리하여 본래 표현을 감각적으로 즐기는 것이었던 쾌락은 너무나 높은 지위를 떠맡게 되어 쾌락(delectation)이란 말은 이제 충분치 못한 것처럼 보였다. 이 말은 아주 하찮고 쉽게 이를 수 있는 어떤 것을 나타냈기 때문에 불신되는 듯이 보였다.

위에 적은 태도는 처음 후기 낭만주의자들에게서 볼 수 있었는데 1820년 경에 태어난 세대 즉 르콩트 드 릴르(Leconte de Lisle), 보들레르, 플로베르

(Flaubert), 공쿠르 형제에게선 지배적이었다. 물론 처음부터 개인에 따라서 다르게 나타나고 미적 향락을 위해서 인상과 그 예술적 재구성에 완전히 몰두하는 파괴적인 자학에 이르기까지 여러 가지 단계가 있지만 이런 태도는 19세기 후반기에 계속 널리 퍼져 있었다. 이러한 태도는 가장 탁월한 작가들이 당대의 문명과 당대의 사회에 대해 느꼈던 혐오감에는 속절없는 무력감이 섞여 있었기 때문에 더욱 그들로 하여금 당대한 문제를 외면하도록 강력히 작용하였다. 뭐니 뭐니 해도 그들 자신들은 시민 사회와 뗄 수 없이 연결되어 있었다. 그들은 핏줄이나 교육에 의해서 시민 사회의 일원이었다. 그들은 시민 사회가 발전시켰던 안전과 표현의 자유로 덕을 보았다. 아마도 소집단에 지나지 않았을 그들의 독자이며 찬미자인 독자층을 찾아낸 것은 결국 시민 사회 안에서였다. 그들은 또 이 시민 사회 안에서 모든 문학 경향, 가장 당돌하고 가장 괴팍한 경향에조차 후원자와 출판업자를 마련해 준 거의 무한정한 기업 정신과 실험 정신을 찾아냈다. '예술가'와 '시민'의 대조에 대한 빈번한 강조가 19세기 문학과 예술이 시민 계급 이외의 성장 토양을 가지고 있었다는 결론에 도달해서는 안 된다. 그 밖의 토양은 전혀 없었다. 제4계급이 정치적 자기 이해에 도달한 것은 19세기가 진전함에 따라서 아주 서서히 이루어졌기 때문이다. 따라서 그들의 미적 자율의 징조는 아직 보이지 않았고 그들의 미적 욕구는 소시민의 그것이었다. 본능적인 혐오와 불가피한 밀착 사이의 딜레마 속에 빠져 있으나 동시에 의견의 영역, 가능한 주제 선택, 생활과 표현의 형태 면에서 개인의 특이성을 발전시키는 일 등에 있어서는 거의 무질서한 자유를 누리면서 오만하고 뛰어난 재능을 가지고 있어서 일반의 수요가 많고 또 벌이가 좋은 대중 상품을 만들어 낼 수 없었던 작가들은 순수 미학의 영역에서 고집불통의 독불장군이 되거나 혹은 작품을 통해서 시대의 문제에 실제로 개입하는 일을 포기하지 않을 수 없게 되었다.

스타일 혼합의 리얼리즘도 똑같은 경로를 밟았다. 그것은「제르미니 라세르퇴」의 경우처럼 당대의 사회 문제에 관심을 두고 있다고 자임하는 경우에 아주 분명하게 드러난다. 내용을 세심하게 살펴보면 우리는 곧 그 추진력이 미적 충동이지 사회적 충동은 아니라는 것을 알게 된다. 취급된 주제는 사회 구조의 핵심에 관계되는 것이 아니며 기이하고 사사로운 주변적 현상이다. 공쿠르 형제에게 있어 그것은 추악하고 병적인 것에 끌리는 미적 매혹의 문제였다. 그렇다고 해서 공쿠르 형제가 「제르미니 라세르퇴」를 쓰고 발표했을 때 그들이 손댔던 용감한 실험의 가치를 부정하려는 것은 아니다. 그들의 본보기는 순수하게 미적인 것에서 머무르지 않았던 사람들을 자극하고 고무하는 데 도움이 되었다. 진지한 리얼리즘 속에 제4계급을 등장시키는 일이 새로운 미적 인상을 탐구하다가 추악한 것과 병적인 것의 매력을 발견했던 사람들에 의해서 결정적으로 추진되었다는 것은 일변 놀랍기는 하나 부정할 수 없는 사실이다. 졸라(Zola)나 세기말의 독일 자연주의자들에게 있어서도 이런 연관은 뚜렷하다.

    에드몽 공쿠르와 거의 동갑이었던 플로베르도 또한 전적으로 미적 세계에 혼자 동떨어져 산 사람 중의 하나였다. 뿐만 아니라 그는 자기 스타일에 직접 간접으로 도움이 되지 않는 한, 사생활을 수도승처럼 내던지는 데 있어 가장 철저하던 사람 중의 하나라 해도 틀림이 없다. 앞 장에서 우리는 그의 예술에의 태도가 신비가의 몰입 이론에 비유될 수 있는 것이라고 설명해 보았다. 그리고 우리는 또한 확고하며 일관성 있고 깊은 노력을 통해서 사물의 실존 속에 침투해 갔으며 이에 따라 작가가 확고한 입장을 취하지 않았는데도 시대의 여러 문제가 분명하게 드러나게 한 것은 누구보다도 플로베르였음을 보여 주려고 하였다. 그는 이 일에 있어서 작가로서의 전성기는 성공하였으나 그 후에는 실패하였다. 그가 심미적 세계에서 고립해서 살고 또 문학적 묘사의 대상으로만 현실을 다룬 것은 결국 비슷한 경향의 그의 동시대의 경우처럼 그에게 있어서도 축복은 아니었다. 우리가 스탕달이나 심지어는 발자크의 세계를 플로베르나 공쿠르 형제의 세계와 비교해 보면 후자들의 세계는 그 인상의 풍부성에도 불구하고 이상스레 옹색하고 왜소해 보인다. 플로베르의 편지나 공쿠르 형제의 일기 속에 나타나 있는 기록은 그 예술가적 윤리의 순수함이나 결백함, 그 속에 다듬어 놓은 인상의 풍부함, 감각의 세련됨에 있어서 참으로 탄복할 만하다. 그러나 동시에 우리는 (우리가 20년이나 30년 전과는 다르게 읽기 때문에) 무엇인가 옹색한 것, 무엇인가 숨막히는 답답함을 그 속에서 느끼게 된다. 그것들은 현실성과 지성을 듬뿍 담고 있지만 유머나 정신의 균형이란 면에서는 빈약하다. 최상급의 예술적 재능을 토대로 하고 더할 나위 없이 인상에 싸여 있는 경우에조차 순수하게 문학적인 것은 판단력을 제외하고 삶의 풍요함을 감소시키고 때로는 현상계에 대한 견해를 왜곡시킨다. 작가들은 정치적 경제적 소동을 업신여기며 외면하고, 시종일관 생활을 문학의 주제로서만 소중시하고 또 작품을 위한 심미적 고립을 성취하기 위해서 날이면 날마다 큰 노력을 기울이며 생활의 실제 격인 대문제에 대하여 오만하고도 비통한 심정으로 초연해 있다. 그러나 바로 그때 실제적인 세계는 갖가지 자질구레한 방식으로 작가들을 괴롭힌다. 출판업자나 비평가들 때문에 속이 상한다. 독자들을 증오하게도 된다. 그러나 독자와의 사이에 감정이나 사고의 공통성이 없음에도 불구하고 독자를 얻어 놓아야 한다. 때로는 돈 걱정을 해야 하고 거의 언제나 신경과민이 되어 있고 건강에 대한 병적인 우려를 가지고 있다. 그러나 그들은 대체로 유복한 시민 생활을 하고 있으며, 웬만한 집에서 편안히 살고 있고, 맛있는 음식을 먹고, 세련된 관능의 욕구를 모조리 충족시키고, 또 그들의 생존 자체가 큰 변동이나 위험에 의해서 위협받는 법이 없기 때문에 그들의 지적 교양이나 예술가로서의 결백성에도 불구하고 결과적으로는 이상하게도 왜소한 전체적 인상이 드러나게 된다. 즉 자기의 심미적 쾌락에 자기중심적인 관심을 기울이며, 하고많은 자질구레한 골칫거리에 시달리며, 초조해하고 조광증(躁狂症)에 들려 있는 한 상류 시민의 인상이 떠오르는 것이다. 단지 이 경우엔 광증이 문학이란 이름의 광증인 것이다.

제르미니 라세르퇴 · 2
── 졸라와 그의 동시대인들

에밀 졸라(Emile Zola)는 플로베르와 공쿠르 형제의 세대보다 20년이 젊다. 졸라와 그들 사이에는 관련이 있다. 졸라는 그들의 영향을 받았고 그들의 어깨를 밟고 서 있으며 그들과 공통점이 많다. 그도 또한 신경쇠약에서 헤어나지 못했던 것처럼 보인다. 그러나 집안 내력 때문에 그는 돈, 전통, 감정의 까다로움 등에 있어서 그들에게 미치지를 못하였다. 그는 심미적 리얼리스트의 무리 가운데서 뚜렷하게 달라 보인다. 이 점을 될수록 분명히 밝히기 위해서 다시 원문을 인용해 보기로 하자. 우리는 프랑스 북부의 광산지대 생활을 그리고 있는 소설인 「제르미날(Germinal)」(1888)에서 한 대목을 뽑았다. 3부의 2장의 마지막 부분이다. 7월의 어느 일요일 밤인 수호신의 축제일이다. 그 고장의 일꾼들이 술집에서 술집으로 옮아가며 마시고 떠들고 갖가지 구경거리를 구경하며 오후를 보냈다. 이날의 마지막은 무도회로 장식되는데 쉰 줄에 들었으나 아직 정력이 넘치는 뚱뚱보 과수댁인 데지르의 식당에서 벌어지는 봉 조이유의 무도회(bal du Bon-Joyeux)가 그것이다. 무도회는 몇 시간째 계속되고 있고 나이 지긋한 부인네들조차 꼬마들을 데리고 몰려오고 있다.

누구나 10시까지 남아 있었다. 남편을 찾아내 데려가기 위해 아낙네들이 계속 몰려들였다. 어린이 떼들이 바짝 그 뒤를 따랐다. 어머니들은 이미 외양 같은 것은 개의치를 않고 귀리 자루 같은 길고 하얀 유방을 드러내어 볼이 통통한 갓난이들에게 젖을 물렸다. 한편 이미 걸음을 익힌 어린애들은 맥주를 들이켜고 탁자 밑으로 마구 기어다니고 부끄러운 줄 모르고 오줌똥을 쌌다. 그것은 치솟는 맥주의 바다였다. 과수댁 데지르의 술통들 마개가 따지고 맥주가 사람들 배를 튀어나오게 했고 사방에서, 코에서, 눈에서, 그리고 도처에서 마구 흘렀다. 혼잡 속에서 사람들이 마구 늘어나 누구나 어깨나 무릎이 옆사람에게 파고 들어갔고 서로의 팔꿈치가 닿는 걸 느끼며 모두들 속 편하게 싱글벙글하고 있었다. 끊임없이 웃는 바람에 입을 크게 벌리고 있었고 귀가 찢어질 정도였다. 가마 속같이 무더웠고 누구나 찌는 듯이 느꼈고 모두 편안한 자세였다. 맨살을 드러낸 채였고 파이프의 두터운 연기 속에 금빛으로 물들어 있었다. 어려운 일이라고는 몸을 움직이는 것이었는데 한 소녀는 때때로 몸을 일으켜 뒤꼍의 펌프 쪽으로 가서 스커트 자락을 걷어올리고는 되돌아왔다. 색종이의 꽃다발 아래서 춤꾼들에겐 상대방의 얼굴이 이미 보이지 않았다. 그들은 온통 땀바가지였던 것이다. 이에 힘입어 소년 탄광 광부들이 석탄 운반하는 아가씨들의 엉덩이를 음란스럽게 떠밀어서 넘어뜨렸다. 그러나 덩치 큰 아가씨가 남자 밑에 깔린 채 넘어지자 코넷의 광폭한 음향이 그들의 넘어짐을 뒤덮었고 발걸음의 건동이 그들을 굴려서 마치 무도회가 그들 위로 무너앉은 것 같았다.

곁을 지나가던 누군가가 피에롱(Pierron)에게 그의 딸 리디(Lydie)가 문간에서 보도를 가로질러 잠들어 있다고 일러 주었다. 그녀는 훔쳐 낸 술병에서 자기 몫을 들이켜고 곤드레가 되어 있었다. 그는 그녀를 안아 옮겨 놓지 않으면 안 되었다. 한편 훨씬 단단했던 장랭(Jeanlin)과 베베르(Bébert)는 그게 몹시 우습다고 여기며 얼마쯤 상거해서 그의 뒤를 따랐다. 이것이 출발 신호였다. 가족들이 봉 조이유를 떠나갔고 마유(Maheu)와 르바크(Levaque) 집안도 광산촌으로 돌아갔다. 바로 그 순간에 본느모르 할아버지(Père Bonnemort)와 무크(Mouque) 노인도 똑같이 몽유병자의 걸음걸이로 고집스럽게 잠자코 지난 일을 생각하며 몽수(Montsou)를 떠났다. 그들은 모두 함께 집으로 돌아갔다. 이제 마지막으로 수호신 축제 사이를 통과하는 셈이었다. 요리가 오그라붙은 프라이팬과 도로 한복판으로까지 마지막 맥주잔의 술들이 실개천을 이루어 흘러나오는 술집들 사이를 뚫고 말이다. 폭풍은 여전히 금시 닥칠 듯한 기세였고 그들이 불이 켜진 집 근처를 벗어나서 캄캄한 시골로 들어서자마자 웃음소리가 높아졌다. 뜨거운 숨소리가 다 익은 밀밭에서 새어 나왔다. 그날 밤에 잉태된 아이들이 많았음에 틀림이 없었다. 마을에 당도하자 그들은 기진맥진하였다. 르바크 집안 사람들도 마유 집안 사람들도 맛없는 저녁 식사를 했다. 마유 집안 사람들은 아침에 삶아 놓은 쇠고기를 먹고 잠이 들었다.

에티엔느(Etienne)는 샤발(Chaval)을 끌고 라스느르(Rasseneur) 술집으로 더 마시러 갔다. "끼구 말구!" 하고 샤발은 자기 동무가 예비 자금 설명을 해 주자 말하였다. "자, 악수하세! 자넨 좋은 친구야!"

취기로 에티엔느의 두 눈이 번뜩였다. 그는 소리쳤다. "그래, 우리 모든 걸 함께 하세……. 나로 말하면 정의를 위해서라면 모든 걸 다 줄 테다. 술이건 계집이건 내 마음을 뜨겁게 하는 건 한 가지뿐이야. 우리가 상전들을 쫓아내 버린다는 생각 말일세."

인용된 글은 지난 세기의 마지막 30년 동안에 졸라의 작품이 첫선을 보였을 때 혐오감과 끔찍함을 불러일으켰고 일변 적지 않은 수의 소수파에게 탄복을 자아냈던 그러한 대목의 하나다. 많은 그의 소설들이 출판되자마자 아주 잘 팔렸고, 이어 이런 종류의 예술의 정당성에 대한 찬반 양론이 크게 일어났다. 이 모든 것을 알지 못하며 졸라의 작품도 전혀 읽은 바 없고, 위에 인용한 대목의 첫 절만을 접한 독자는 17세기의 플랑드르 특히 홀랜드의 그림으로 널리 알려진 거친 리얼리즘의 문학판(文學版)을 접하고 있다고 순간 믿게 될 것이다. 그는 그것이 루벤스(Rubens)나 요르단스(Jordaens), 브로우베르(Brouwer)나 오스타더(Ostade)의 그림에서 볼 수 있거나 볼 수 있음직한 하층 계급의 춤추며 마시는 난장판에 지나지 않는다고 생각할지 모른다. 사실 이것은 농민들이 마시고 춤추는 게 아니고 공장 노동자들이 그러는 것이다. 뿐만 아니라 효과 면에서도 차이가 있다. 특히 점잖지 못한 세부는 그림 속의 요소로 나올 때보다 그것이 이야기되고 읽히는 시간의 길이 때문에 한결 불쾌하고 고통스러운 인상을 주기 때문이다. 그러나 이것은 근본적인 차이는 아니다. 졸라는 군중의 난장판의 '문학적 초상'의 순수한 감각적인 국면을 크게 중요시하였으며 위의 대목에서 그의 천재가 틀림없는 회화적 특질을 드러내고 있다고 우리는 덧붙일 수 있다. 예컨대 맨살의 그림의 세부 "어머니들은 …… 귀리 자루 같은 길고 하얀 유방을 드러내었다."라든가 그뒤 "맨살을 드러낸 채였고 파이프의 두터운 연기 속에서 금빛으로 물들어 있었다."에서 그러하다. 흐르는 맥주, 땀의 아지랑이, 씽긋 웃는 크게 벌린 입들도 똑같이 시각적 인상이 되어 있으며 그 위에 청각이나 다른 감각적 효과도 드러나 있다. 요컨대 여기서 보게 되는 것이 가장 저속한 스타일의 극히 난폭한 행동이며 단순한 난장판에 지나지 않는다고 우리는 순간적으로 생각하고 싶어진다. 특히 한 쌍의 춤꾼이 넘어짐을 뒤덮고 삼켜 버리는 코넷의 광폭한 음향과 사나운 춤을 그리고 있는 마지막 대목은 이러한 소극풍(笑劇風)의 창작이 요구하는 난장판의 가락을 부여해 주고 있다.

그러나 그뿐이었다면 졸라의 동시대인들 사이에 그토록 흥분을 일으키지 못했을 것이다. 졸라 예술을 혐오스럽고 누추하고 외설스럽다고 하면서 몹시 분격하였던 그의 적수들 가운데엔 전 시대의 가장 거칠고 상스러운 형태의 그로테스크하며 희극적인 리얼리즘조차를 태연히 때로는 기꺼이 받아들였던 사람들이 틀림없이 많았다. 그들을 그토록 분격시켰던 것은 졸라가 자기 예술을 '저속한 스타일'의 것이기는커녕 희극적인 것으로도 내세우지를 않았다는 사실이었다. 그가 적었던 모든 글줄은 모든 것이 가장 진지하고 또 도덕적으로 의도되었음을 나타내었다. 그리고 그의 글의 총계(總計)는 오락이나 예술적 실내 유희가 아니라 졸라가 본 대로의 그리고 독자들이 작품 속에 보도록 촉구된 당대 사회의 참다운 초상이었다.

　이것은 우리가 인용한 구절의 첫 대목만으로서는 추측할 수가 없을 것이다. 독자들을 망설이게 하는 그중의 한 국면은 묘사의 무미건조함이다. 그것은 거의 검사의 조서 같아 감각적 직접성을 획득하고 있음에도 불구하고 어떤 건조함과 지나친 명쾌함과 거의 무자비한 요소가 엿보인다. 이것은 희극적이거나 그로테스크한 효과만을 노리는 작가의 스타일이 아니다. 첫 문장인 "누구나 10시까지 남아 있었다."(Jusqu'à dix heures, on resta)는 그로테스크한 군중의 난장판에서는 생각될 수 없는 것이다. 어째서 우리는 첫머리에서 난장판의 끝막음을 접하게 되는 것일까? 그저 재미나게 하거나 그로테스크한 목적을 위해서라면 그것은 지나치게 진지하고 냉정하다. 어째서 그렇게 이른 시각일까? 그렇게 일찌감치 끝나는 먹고 놀자의 난장판이란 어떤 것일까? 석탄 광부들은 월요일 아침 일찌감치 일어나지 않으면 안 된다. 4시에 일어나야 하는 사람들도 있다……. 그리고 일단 망설이기 시작하면 기이하게 생각되는 것이 많이 있다. 가장 낮은 계급 사이에서도 먹고 놀자의 난장판은 넉넉함을 요구한다. 여기에도 넉넉함이 있으나 그것은 빈약하고 검소하다. 맥주가 있을 뿐이다. 모든 것이 이들의 환락이 얼마나 볼품없고 처참한 것인가를 보여 주고 있다.

　모두들 자리를 뜨고 집으로 돌아가는 것을 그리고 있는 두 번째 단락에서 이 대목의 진짜 의도가 점점 뚜렷해진다. 광부 피에롱의 딸 리디는 몹시 취해서 술집 밖 거리에서 잠들어 있는 것이 발견된다. 리디는 열두 살 난 계집애로서 같은 나이의 이웃집 사내아이들인 장랭 및 베베르와 온 저녁을 어울려 다녔다. 세 소년 소녀들은 벌써 광산의 운반부로 일하고 있다. 그들은 모두 일찌감치 타락해 버린 터로 특히 교활하고 고약한 장랭이 그러하다. 이번에 그가 두 사람을 꼬여서 수호신 축제의 매점에서 진 한 병을 훔쳐 내게 한다. 그들은 셋이서 그 병을 비웠는데 소녀의 몫이 그녀에게 너무 과했던 것이다. 이제 아버지가 그녀를 집으로 업어 가고 있다. 두 소년들이 "그게 몹시 우습다고 여겨서"(trouvant cela trés farce) 얼마쯤 상거해서 뒤따르고 있다. 한편 마유와 르바크 집안 사람들은 이웃들인데 떠날 차비가 다 되어 있다. 늙어 빠진 광부 본느모르와 무크 두 사람은 늘 그러듯이 그날도 같이 지냈는데 거기 끼어든다. 그들은 예순도 채 안 되었는데 벌써 그들 세대의 마지막 생존자로서 기운도 다 써 버리고 무감각해지고 또 말(馬)과 함께가 아니고서는 탄광에서도 고용될 길이 없다. 쉬는 시간이면 두 사람은 거의 얘기도 나누지 않으면서 항시 붙어 다닌다. 이제 그들은 다시 한 번 시들어 가는 수호신 축제의 소동 사이를 지나 그들이 살고 있는 마을 쪽을 향해 몸을 끌고 간다. 불 켜진 집들이 늘어선 곳을 지나 탁 트인 시골이 시작되는 곳에 이르자 웃음소리가 크게 일고 다 익은 밀밭의 어둠 속에서 뜨거운 열기가 흘러나온다. 그날 밤 많은 아이들이 잉태된다. 마지막으로 그들은 오두막집에 당도하여 이미 반쯤 잠이 든 채 점심 식사의 남은 밥을 먹는다.

그러는 사이 보다 젊은 두 사람이 함께 다른 술집으로 갔다. 대체로 두 사람은 한 처녀를 사이에 두고 사이가 썩 좋은 편이 아니다. 그러나 이날 두 사람은 토론할 중요 안건을 가지고 있다. 에티엔느는 근로자를 위한 기금을 마련하려는 계획 때문에 샤발을 자기 편으로 끌어들이고 싶어 한다. 동맹 파업에 들어갔을 때 노무자들에게 재력(財力)이 있도록 하기 위해서다. 샤발은 거기 가담한다. 혁명에의 꿈과 술기운으로 기운이 난 그들은 그들 사이의 불화를 잊어버린다.(사실 오랫동안은 못되지만) 그리고 부르주아에 대한 그들의 공통의 증오 속에서 단합한다.

거칠고 참담한 쾌락, 이른 나이의 타락과 급속히 닳아 없어지는 육체, 방탕한 성생활, 성교가 돈이 안 드는 유일한 낙이기 때문에 빚어지는 생활 조건에 비해 너무 높은 출산율, 이러한 모든 것의 배후에서 적어도 가장 정력적이고 똑똑한 사람들 사이에서 폭발하려는 혁명적인 적개심, 이러한 것이 원문(原文)의 주제이다. 이들은 서슴없이 감각적인 말로 번역이 되었고 가장 뚜렷한 말이나 가장 추악한 장면 앞에서도 주저할 줄 모른다. 이 스타일의 기술은 인습적인 의미로시의 즐겁게 하는 효과를 낳을 것을 전적으로 포기하였다. 반대로 그것은 불쾌하고 답답하고 볼품없는 진실에 봉사한다. 그러나 이 진실은 동시에 사회 개혁을 위한 행동에의 소환장이기도 하다. 그것은 이미 공쿠르 형제의 경우처럼 추악한 것에 대한 감각적 매혹의 문제가 아니다. 우리가 여기서 보게 되는 것은 의심할 바 없이 시대의 사회 문제의 핵심인 산업 자본과 노동 사이의 투쟁인 것이다. 예술을 위한 예술의 원리는 쓸모없이 되어 버렸다. 졸라도 또한 추악하고 혐오스러운 것의 감각적인 힘을 감지했고 활용하였다고 지적할 수 있을지도 모른다. 그의 얼마간 거칠고 또 강력한 상상력이 과장과 격심한 단순화와 지나치게 유물적인 심리학으로 그를 유도했다고 그를 비난할 수도 있을 것이다. 그러나 이 모든 것이 결정적으로 중요한 것은 아니다. 졸라는 스타일의 혼합을 정말로 진지하게 생각하였다. 그는 앞 세대의 순수하게 심미적인 리얼리즘을 넘어섰다. 그는 시대의 대문제(大問題)를 재료로 작품을 창조하였던 극소수의 19세기 작가의 한 사람이다. 이 점에 있어선 오직 발자크만이 그와 비교될 수 있다. 그러나 발자크는 졸라가 보았던 많은 것이 채 발전되지 않았고 아직 눈에 뜨이지도 않았던 시기에 글을 썼다. 졸라가 과장했다 하더라도 그는 중요한 방향으로 과장하였다. 그리고 설사 추악한 것에 대한 기호를 가지고 있었다 하더라도 그는 그것을 가장 보람 있게 활용하였다. 반세기가 지나고 그중 몇십 년은 졸라가 상상조차 못했던 경험을 우리에게 안겨 주었던 오늘날에 있어서조차 『제르미날』은 여전히 충격적인 책이다. 그리고 오늘날에 있어서조차 이 책은 그 의의나 시기적 적절성을 조금도 잃지 않고 있다. 이 책 속에는 고전이 되어 마땅하고 또 사화집에 넣어서 마땅한 대목들이 있다. 모범적으로 명석하고 간명하게 우리가 지금 살고 있는 변화의 시대의 초기에 있어서의 제4계급의 상황과 각성을 그리고 있기 때문이다. 나는 지금 예컨대

3부 3장에 있는 광부 마유 집안에서의 저녁 대화를 생각하고 있다. 화제는 처음 마을의 옹색한 집안의 혼잡한 생활 환경과 그것이 건강 및 도덕에 미치는 좋지 못한 결과에 관한 것이다. 이어서 다음과 같은 대목이 계속된다.

"그렇고 말고요!" 하고 마유는 대답하였다. "돈이 좀 있으면 매사가 더 편할 텐데……. 그리고 서로 포개져 산다는 것은 누구에게나 이로울 게 없지. 그런 살림 끝에는 사내는 주정뱅이가 되고 처녀들은 애를 배게 마련이야."
 그리고 가족들은 이런 얘기에서 시작하여 각자 한마디씩 하였다. 벌써 양파 볶는 냄새로 차 있는 공기를 램프의 석유가 더욱 혼탁하게 하였다. 그렇다. 삶은 정녕 재미없었다. 옛날에 죄수들의 형벌 같았던 일을 짐승처럼 해냈고 차례가 되기도 전에 일터에서 쓰러지는 경우가 많지만, 그래 봤자 저녁상에서 고기 구경조차도 못하는 것이었다. 물론 양식은 얻어먹지만 분량이 너무 적어서 죽지 않고 목숨 부지나 할 지경이고 빚에 짓눌렸다가 마치 밥도둑질이나 한 것처럼 쫓기었다. 일요일이 되면 기진맥진해서 잠이나 잔다. 재미라고는 술에 취하거나 아내에게 새끼를 배 주는 게 고작이다. 그것조차도 맥주는 배때기를 나오게 했고 자식놈들은 뒷날 코방귀나 뀌어 댄다. 정말이지 재미있는 일이라곤 아무것도 없었다.
 그러자 마유의 아내가 말참견을 하였다.
 "고약한 것은 이게 바뀔 수 없다고 스스로 타이를 때지요……. 젊을 때는 행복이 오겠거니 상상도 하고 또 갖가지 희망을 가져 보지요. 그러나 늘 걱정거리가 다시 생기고 거기 말려들게 마련이죠……. 나로 말할 것 같으면 누구에게고 해코지를 할 생각은 없지만 이런 불공평이 정말 지긋지긋해요." 정적이 흐르고 모두들 꽉 막힌 지평의 막연한 불안 속에서 잠시 동안 무거운 숨을 쉬었다. 그저 본느모르 할아버지만이 현장에 있을 경우 놀란 눈을 크게 뜨는 것이었다. 그가 젊었을 땐 사람들이 이런 소동을 피우진 않았기 때문이다. 그때는 석탄 속에서 태어나 광맥에 망치질을 하고 그 이상 바라는 것이 없었다.

그런데 오늘날엔 광부들에게 야심을 불어넣는 바람이 불고 있었다.

"무엇이구 얕잡아 보면 안 돼." 하고 그는 중얼거렸다. "좋은 맥주잔은 좋은 맥주잔인 거야……. 상전들은 대개 형편없는 친구들이지, 그러나 언제나 상전들은 있게 마련 아닌가? 그런 일로 머리를 썩여서 무슨 소용이 있겠나."

에티엔느가 곧 열을 올렸다. 뭐라고! 노동자들은 생각을 해선 안 된다구! 노동자들이 요즘 생각을 하기 때문에 사태가 곧 바뀌게 될 거란 말이오…….

이것은 특정한 대화가 아니며 밤마다 마유네 집에 세 든 에티엔느 랑티에 (Etienne Lantier)의 영향 아래 교환되는 많은 대화 중의 한 예에 지나지 않는 것이다. 그렇기 때문에 미완료 시제로 되어 있는 것이다. 무감각한 체념으로부터 자기 자신의 상황에 대한 의식적인 각성에 이르는 완만한 변천, 희망과 계획의 움틈, 서로 다른 세대의 다양한 태도, 음산한 가난과 방 안의 혼탁한 분위기, 좁은 공간에 바싹 다가가 있는 몸뚱이들, 주고받는 말의 소박한 적절성, 이러한 모든 것이 초기 사회주의 시대 노동자의 전형적인 그림이 되어 주고 있다. 이러한 주제가 세계사적 중요성을 가지고 있음을 정색하고 부정하려는 사람은 오늘날 찾아볼 수 없을 것이다. 이러한 원문이 어떠한 스타일의 수준에 속한다고 해야 할 것인가? 여기 보이는 것은 의심할 바 없이 위대한 역사 비극이며 속됨(humile)과 숭고함(Sublime)의 혼합이다. 그리고 그 내용 때문에 숭고함이 우세하다. 마유의 말, "돈이 좀 있으면 매사가 더 편할 텐데."(si l'on avait plus d'argent on aurait plus d'aise)나 혹은 "그런 살림 끝에는 사내는 주정뱅이가 되고 처녀들은 애를 배게 마련이야."(ça finit toujours par des hommes soûls et par des filles pleines) 같은 것은 그의 아내 말은 말할 것도 없이 위대한 스타일이 되어 있다. 가장 저속한 광대극 속에서 우스꽝스럽게 오만상을 찡그리고 있는 것으로만 민중을 상상하였던 부알로와의 거리는 참 현격하다. 졸라는 이들이 어떻게 생각하고 이야기했는가를 알고 있다. 그는 또한 채광(採鑛)의 기술적 측면의 자잘구레한 일들도 알고 있다. 그는 또한 갖가지 계급의 근로자들과 경영의 심리, 중추 경영진의 기능, 자본가 집단 사이의 경쟁, 자본가측과 정부 그리고 군대와의 협동 등을 잘 알고 있다. 그러나 그는 산업 노동자에 관한 소설을 쓰기만 한 것은 아니었다. 그의 목적은(발자크가 그랬듯이 그러나 훨씬 질서정연하고 정성 들여서) 제2제정 시대의 생활 전체를 포괄하는 것이었다. 즉 파리 사람들, 시골의 주민, 극장, 백화점, 증권 거래소, 기타 많은 것을 포괄하려 하였다. 그는 모든 분야의 전문가가 되었고 모든 분야에서 사회 구조와 과학 기술을 파고들었다. 상상할 수 없는 양의 지력(知力)과 수고가 루공 마카르 총서(Rougon-Macquart) 속에 투입되었다. 오늘날 우리는 비슷한 인상에 식상해 있다. 졸라에겐 많은 후계자가 있고 마유네 집의 장면과 비슷한 장면을 현대의 보고 문학 속에서 얼마든지 발견할 수 있다. 그러나 졸라가 최초로 길을 열었고 그의 작품엔 비슷한 종류와 비슷한 가치를 지닌 그림들이 잔뜩 들어 있다. 그가 「목로주점(l'Assommoir)」의 2장에서 빈민의 공동 가옥을 보았듯이 공동 가옥을 보았던 사람들이 졸라 이전에 과연 있었던가? 없었다! 그리고 그가 보여 주는 공동 가옥의 그림은 그의 관점에서 본 것이 아니다. 그것은 파리로 살러 온 지 얼마 안 되는 처지로 그 입구에서 기다리고 있는 젊은 세탁녀가 받은 인상으로 되어 있다. 그 장면의 몇몇 페이지도 나는 고전이라 하고 싶다. 졸라의 인류학적 관점에 들어 있는 오류와 그의 천재(天才)의 한계는 분명하다. 그러나 그것이 그의 예술적, 윤리적, 그리고 특히 역사적 중요성을 손상시키고 있지는 않다. 그리고 그의 시대와 그 시대의 문제점으로부터의 거리가 굳어짐에 따라서 그의 작가로서의 크기는 커지리라고 나는 확신한다. 그가 위대한 프랑스 리얼리스트 가운데 마지막 사람이기 때문에 더욱 그러한 것이다. 그의 생애의 마지막 10년 동안에 벌써 '반자연주의'의 반동이 아주 강력해지고 있었다. 뿐만 아니라 창작 능력, 시대의 삶의 숙달, 결심과 용기 면에서 그와 경쟁할 수 있는 사람은 아무도 남아 있지 않았다.

당대 현실의 파악에 있어서 프랑스 문학은 19세기의 유럽 제국의 문학을 훨씬 앞지르고 있다. 독일 아니 독일어가 사용되고 있는 지역에 관해서는 이미 앞 장에서 짤막하게 언급한 바 있다. 예레미아스 고트헬프(Jeremias Gotthelf, 1797년생)가 발자크보다 두 살이 많고 아딜버트 슈티프터(Adalbert Stifter, 1805)가 여섯 살이 어리다는 것, 플로베르(1821)와 에드몽 공쿠르(1822)와 동시대인인 독일인 작가가 프라이타크(Freytag, 1816), 슈토름(Storm, 1817), 폰타네(Fontane)와 켈러(모두 1817) 등이라는 것, 에밀 졸라와 거의 동시에 태어난(1840년경) 비교적 가장 알려진 산문 소설의 작가가 안젠그루버(Anzengruber)와 로제거(Rosegger)라는 것을 생각해 본다면 벌써 이런 이름만으로서도 독일에서는 생활이 훨씬 지방적이고 훨씬 구식이며 한결 당대적인 요소가 적었다는 것이 분명히 드러난다. 독일어 사용권의 여러 지역은 제나름의 생활을 하였고 근대 생활과 임박한 발전의 의식이 구체적인 형태 속으로 무르익지를 못하였다. 1871년* 이후에 있어서도 그러한 의식은 서서히 일어났고 당대 현실의 문학적 묘사 속에 그 의식이 활발히 드러나게 된 것은 훨씬 뒤의 일이다. 생활 자체가 오랫동안 프랑스의 경우보다는 한결 개인적인 것, 특수한 것, 전통적인 것에 뿌리 박고 있었다. 그런 생활은 프랑스의 리얼리즘과 마찬가지로 대체로 국민적이고 또 물질적인 면에서 근대적이며 유럽 사회에 움트고 있는 운명을 골똘히 분석하는 리얼리즘에 적합한 주제를 낳지 못하였다. 그리고 고국의 상황에 대한 급진적 비판자가 되었던 독일 작가들은 거의 모두 프랑스의 사회생활을 경험했었는데 이들 가운데 중요한 리얼리즘의 재인(才人)은 보이지 않았다. 당대 현실을 문학으로 다루려던 이름난 독일 작가들에겐 한 가지 공통점이 있었다. 그들이 뿌리 박고 있던 지방의 특정한 구석진 곳의 전통적 태도에서 헤어나지를 못하였다. 따라서 그들의 낭만주의, 시인성(詩人性), 장 파울주의(Jean Paulism)나 한편으로 그들의 케케묵은 단단한 시민적 상식 혹은 이 두 가지의 결합이

---

* 파리 코뮌이 좌절한 해다.

프랑스에서 일찌감치 발달하였던 것과 같은 급격한 스타일의 혼합 가능성을 오랫동안 배제하였다. 그런 종류의 어떤 성과는 세기말에 가서나 받아들여졌고 그것도 격심한 투쟁 끝의 일이었다. 그 보상으로 이중 최상의 작가들의 작품 속에는 프랑스에서 전혀 찾아볼 수 없는 삶에 대한 강렬한 경애, 인간의 천식(天識)에 관한 순수한 생각 등이 담겨져 있다. 슈티프터와 켈러 같은 사람들은 졸라는 말할 것도 없고 발자크나 플로베르보다는 순수하고 훨씬 강렬한 기쁨을 독자들에게 줄 수 있다. 에드몽 드 공쿠르가 1871년의 일기 속에서 토로한 의견처럼 부당한 것은 없다. (이것은 보불 전쟁의 사건으로 심한 타격을 받은 프랑스인의 당연한 쓰라림 탓이라고 설명할 수도 있기는 하다.) 그는 독일 사람들껜 어떠한 인문주의도 없다고 하면서 소설이나 희곡도 없다고 말한다! 그러나 이 시대의 최상의 독일 작품들이 세계적인 중요성을 가지고 있지 못하며 그 성질상 에드몽 드 공쿠르 같은 사람에게 쉽게 받아들여질 수 없었다는 것은 사실이다.

몇 가지 연대를 밝히면 상황을 개관할 수 있을 것이다. 40년대에서부터 시작하기로 하자. 1843년에 이 시대의 가장 중요한 리얼리스트 비극인 헵벨(Hebbel)의 「마리아 막달리나(Maria Magdalena)」가 선을 보인다. 거의 비슷한 시기에 슈티프터가 세상에 알려지게 된다.(1884년 『습작집(*Studien*)』, 1857년에 「늦여름(Nachsommer)」) 나이가 위인 고트 헬프의 가장 유명한 설화 작품도 40년대에 나왔다. 다음 10년 동안에 슈토름(「이멘제(Immensee)」가 1852년에 나오나 이 작가는 훨씬 뒤에 원숙기로 접어든다.), 켈러(「초록의 하인리히(Der Grüne)」의 초판이 1855년, 「젤드빌라의 사람들(Die Leute von Seldwyla)」 중 1권이 1856년), 프라이타크(Freytag, 「빌려 주기와 빌리기(Soll und Haben)」가 1855년), 라베(Raabe, 「스펠링즈가쓰의 연대기(Chronik der Sperlingsgasse)」가 1856년, 「굶주리는 목사(Der HungerPastor)가 1864년) 등에 차례로 등장한다. 제국의 수립 전후 몇 십 년 동안엔 당대의 리얼리즘 속에 결정적으로 새로운 것이 등장하지 않는다. 현대의 세태 소설 비슷한 것이 발달한 것은 사실이고 당시와 90년대에 있어 가장 인기 있었던 대표자는 지금은 거의 완전히 잊혀진 프리드리히 슈피르하겐(Friedrich Spielhagen)이다. 이 몇 십 년 간은 언어, 내용, 취향의 타락이 명백한 시기였다. 겨우 구세대의 몇몇 작가 특히 켈러가 울림과 무게가 있는 산문을 계속해서 썼을 뿐이다. 벌써 예순이 넘은 폰타네가 당대적인 주제의 묘사자로서 원숙기에 도달한 것은 1880년이 지난 뒤의 일이었다. 나는 그를 고트헬프, 슈티프터, 혹은 켈러보다는 떨어지는 작가라고 규정하고 싶다. 그러나 어쨌든 그의 똘똘하고 상냥한 예술은 당시의 사회에 대해 우리가 가지고 있는 최상의 그림을 제공해 주고 있다. 우리는 그의 예술이 베를린 및 엘베 강 동쪽의 프러시아 제주(諸州)로 국한되어 있기는 하나, 한결 자유롭고 한결 틔어 있으며 한결 세계주의적인 리얼리즘으로서의 전환이라고 간주할 수 있다. 1890년 경엔 외국의 영향이 사방에서 밀려 들어온다. 당대 현실의 묘사에 관한 한 이 영향은 독일의 자연주의유파를 형성하게 되는데 그 가장 중요한 인물은 극작가 하우프트만(Hauptmann)이다. 「직공(Die Weber)」, 「수달피(Der Biberpelz)」, 「마차꾼 헨셀(Fuhrmann Henschel)」은 모두 19세기에 속한다. 가장 위대한 리얼리스트 소설은 새 세기에 나타났다. 완전히 독창적이기는 하나 그 스타일의 수준에 있어서는 프랑스의 19세기 리얼리스트 작품들과 맞먹는 것으로 1901년에 나온 토마스 만(Thomas Mann)의 「부덴브루크 집안 사람들(Buddenbrooks)」이 그것이다. 하우프트만도 또 초기의 토마스 만조차도 위대한 프랑스의 리얼리스트 중 누구보다도 그들의 고향 땅(저(低)실레시아의 산속과 류베크)에 단단히 뿌리박고 있음은 강조해 두어야겠다.

    1840년에서 1890년 사이의(예리미아스 고트헬프에서 테오도르 폰타네에 이르기까지) 그 누구도 프랑스 리얼리즘, 즉 발생기의 유럽 리얼리즘의 중요 특징을 제대로 보여 주고 있지 못하다. 이 특징이란 앞 장의 분석에서 나타나 있듯이 끊임없는 역사의 운동을 배경으로 해서 당대의 일상적 사회 현실을 진지하게 묘사하는 일이다. 실제적이고 건강하며 성직자의 최상의 전통에 따라서 현실로부터 뒷걸음질치는 법이 없었던 고트헬프와 젊고 핍박받고 암울했으며 가구사(家具師) 안톤(Anton)과 그 딸의 구제할 길 없는 비극을 쓴 헵벨이라는 근본적으로 다른 두 인물이 하나의 공통점을 가지고 있다. 그들이 묘사하는 사건의 역사적 배경이 완전히 정지한 상태로 나타난다는 그 공통점이다. 베른 지방의 농가들은 네 계절이나 세대의 변화 이외엔 아무런 동요도 없이 과거 수백 년 동안 그랬듯이 앞으로도 몇 세기 동안 변함없이 평온이 기약된 것처럼 보인다. 그리고「마리아 막달레나」속에 나오는 인물들은 숨막히게 하는 끔찍하고 케케묵은 소시민의 윤리 덕목 또한 역사의 운동과는 무관한 것처럼 나타나 있다. 그런데 헵벨은 실러가 가령 악사(樂師) 밀러에게 하듯이 작중 인물들로 하여금 구어조로 이야기를 시키지 않는다. 그는 작중 인물들이 어느 지방 사람들이냐 하는 것을 분명히 보여주지 않는다. 그의 배경은 그저 '중도시'(中都市)로 되어 있기 때문이다. 그의 대화는(벌써 그의 생전에 피셔(E. F. Vischer)는 아내나 가구사치고 그런 투로 얘기하는 사람이 없다고 갈파한 바 있다.) 구어적 표현과 나란히 억지스러운 시적(詩的) 수사를 포함하고 있는데 이 시적 수사는 때로 부자연스러운 느낌을 주면서 동시에 세네카가 소시민의 말투로 이조(移調)된 것 같은 충격적인 암시력을 주기도 한다. 우리가 다루고 있는 문제의 관점에서 보면 완전히 이질적인 천재인 슈티프터의 경우도 상황은 아주 비슷하다. 그도 또한 작중 인물의 언어를 양식화해서 그것을 아주 단순하고 순수하며 고상하게 만들어 놓았기 때문에 우리는 상스러운 표현은 물론 실감나는 구어조차도 발견하지 못한다. 그의 언어는 일상생활의 평범한 사물들을 섬세하고 천진하며 얼마간 소심한 격조로 다루고 있다. 이것은 또한 그의 작중 인물들도 역사의 운동의 흔적이 전혀 없는 세계 속에 살고 있다는 사실과 직접 연관된다. 당대 역사의 소동이나 근대 생활에서 밀려오는 모든 것, 즉 정치, 사업, 금전 문제, 작업상의 활동(농업이나 장인적 기술의 영역을 제외하고서)의 이 모든 것을 소박하고 고상하며 극히 일반적이며 암시적이고 조심스러운 말로 표현한다. 그 결과 추악하고 혼탁한 혼란에서 곧바로 나오는 것은 아무것도 그 나 독자들에게 도달되지 못한다. 고트프리트 켈러는 한결 정치적 경향이 농 후했고 한편 현대적이나 스위스라고 하는 특정한 좁은 테두리 안에서 그럴 뿐이다. 그에게 삶의 숨결이 되어 주었고 또 제한 없는 자유 속에서 개성을 추구하도록 허용해 주는 민주주의적이고 자유주의적인 낙천주의는 오늘날 의 우리들에게는 옛날옛적의 동화처럼 생각된다. 게다가 그는 진지함에 있 어서 중간적 수준에 머물러 있다. 그의 천재의 가장 거역키 어려운 매력은 그의 특징이 되어 있는 차분한 쾌활함이다. 이것이 가장 어울리지 않고 혐 오스러운 사물에 대해서도 순한 아이러니의 놀이를 할 수 있게 했다.

독일 제국 수립으로 귀착되었던 성공적인 전쟁들은 도덕과 예술면에서 는 극히 몹쓸 결과를 빚어 내었다. 근대 생활이 밀려들어 오는 것과 동떨어 져 있었던 지방주의의 고상한 순수성은 이제 사회생활이니 문학 생활 속에 서 스스로를 주장할 수 없게 되었다. 그리고 문학 속에 끼어 들어온 근대적 경향은 독일의 전통에 어울리지 않았고 거짓스러웠으며 그 자신의 거짓됨 이나 시대 문제에 대해서도 맹목적이었다. 사실이지 보다 날카로운 눈을 가 지고 있던 몇몇 작가들이 있기는 있었다. 예컨대 나이 지긋한 피셔가 있었 고 야콥 부르크할트(Jacob Burckhardt, 그는 독일인이 아니라 스위스인이었지만) 그리고 누구보다도 니체(Nietzsche)가 있었다. 게다가 니체는 훨씬 앞서서 프 랑스에서 볼 수 있었던 작가와 독자와의 갈등을 최초로 경험한 사람이기도 했다. 그러나 니체는 당대 현실의 리얼리스틱한 묘사에 관여하지는 않았다. 이 일에 관여하였던 이들, 즉 소설과 희곡의 작가들 가운데 역량 있는 새 인 물이 1870년과 1890년 사이엔 나타나지 않았으며 당대 사회 구조의 어느 부분에 대한 진지한 창조적 표현을 제공할 수 있었던 사람은 없었다. 오직 폰타네의 경우에 한해서 우리는 참다운 당대 리얼리즘의 싹을 식별하는 것 이 가능하다. 그러나 그는 이미 늙은 몸이었고 그의 경우에도 최후이자 최 상의 소설들 속에서나 그게 가능하였다. 그러나 그의 리얼리즘의 싹은 충분히 발달하지 못하였다. 그의 어조는 얼마쯤은 낙천적이고 얼마쯤은 체념한 정다운 대화의 어중간한 진지성을 넘어서지 못하고 있기 때문이다. 그렇다고 그를 나무라는 것은 정당하지 못하다. 그는 발자크나 졸라와 같은 의미에서의 자기 시대에 대한 본질적으로 비판적인 리얼리스트임을 자처한 바가 없기 때문이다. 도리어 진지한 리얼리즘의 관점에서 그의 세대를 토론할 때 유일하게 떠오르는 것이 그의 이름이라는 사실은 그의 명예일 것이다.

19세기 후반에 서유럽이나 남유럽의 다른 어떤 나라에서도 리얼리즘이 프랑스에서 이룬 것과 같은 독립적인 힘과 일관성을 얻지는 못하였다. 영국 소설가 가운데는 중요한 리얼리스트가 있지만 영국에서도 사정은 마찬가지다. 빅토리아 시대에 있어서의 사회생활의 보다 조용한 발달은 당대의 배경이 비교적 고정되어 있다는 점에 반영되어 있는데 대부분의 영국 소설가의 소설은 그것을 배경으로 펼쳐진다. 전통적, 종교적, 윤리적 모티프가 상쇄적 효과를 내게 되고 그 결과 리얼리즘은 프랑스에서와 같은 극단적 형태를 띠지 않는다. 때때로 특히 세기말 무렵에는 중요한 프랑스의 영향이 엿보인다는 것은 사실이다.

이 무렵에, 다시 말해서 80년대 이후로는 스칸디나비아 제국과 특히 러시아의 리얼리즘 문학 작품이 유럽 독자들의 강력한 주목을 끌게 된다. 스칸디나비아인들 가운데서 가장 영향력 있는 인물은 노르웨이의 극작가 헨릭 입센(Henrik Ibsen)이다. 그의 사회극은 경향적이다. 그의 작품은 상류 시민 계급 사이의 정신생활의 경직성, 제약, 기만성에 적대한다. 그의 작품들은 모두 노르웨이를 배경으로 하고 있으며 갈 데 없는 노르웨이의 상황을 다루고 있지만 거기 담긴 문제는 중앙 유럽의 시민 계급 일반에 관련되는 것이다. 입센의 능숙한 연극 수법, 줄거리의 빈틈없는 진행, 작중 인물 특히 몇몇 여성의 뚜렷한 윤곽 등은 독자들을 온통 반하게 하였다. 그의 영향은 컸고 특히 독일에서 그러했다. 1890년의 독일 자연주의 운동은 그를 졸라와 동격의 스승으로 숭상했으며 그의 작품은 최상의 독일 극장에서 훌륭하게 상연되었고 그 당시에 일어났던 주목할 만한 연극의 부흥은 대개 입센의 이름과 연관되어 있다. 1914년 이후의 시민 계급의 사회적 지위의 완전한 변화와 대체로 당시의 세계적 위기에 의해서 야기된 대변동 때문에 그가 다룬 문제들은 그 시의성을 잃게 되었고 우리는 그의 예술이 미리 계산되고 또 꾸밈이 많은 것임을 더 잘 볼 수 있게 되었다. 그러나 진지한 시민극에 스타일을 부여한다는 역사적 과업을 성취한 것은 그의 업적으로 남아 있다. 이것은 18세기의 '눈물짜기 희극' 이래 미해결의 문제였으며 입센이 비로소 최초로 해결한 것이었다. 그후 시민 계급이 몰라보게 변했다는 것은 얼마쯤은 그의 탓이기도 했겠지만 그에겐 불행한 일이다.

러시아 작가들의 영향은 훨씬 영속적이고 또 중요하다. 고골리(Gogoli)가 유럽에 어떠한 영향도 끼치지 않았다는 것은 사실이다. 플로베르나 에드몽 드 공쿠르와 친했던 투르게네프(Turgenev)는 대체로 영향을 주었기보다는 받은 편이었던 것 같다. 80년대 이후엔 톨스토이(Tolstoi)와 도스토옙스키(Dostoevski)가 등장하기 시작한다. 1887년부터는 우리는 그들의 이름을 공쿠르 형제의 일기 속에서 발견하게 된다. 그러나 그들의 작품, 특히 도스토옙스키의 작품에 대한 참다운 이해는 아주 더디게 진척되었던 것 같다. 도스토옙스키의 독일어 번역판은 20세기가 되어서야 간행된다. 여기는 러시아 작가들 일반이나 그들의 뿌리와 전제, 러시아 문학 자체 속에 있어서의 그들의 의의를 논하는 자리가 아니다. 우리는 현실을 보고 묘사하는 유럽의 방식에 대한 그들의 영향을 취급할 수 있을 뿐인 것이다.

러시아인들은 일상적인 사물들을 진지하게 구상할 수 있는 가능성을 생득적으로 가지고 있었던 것 같다. '저속한' 것이란 문학상의 범주를 진지한 문학적 취급에서 제외해 버리는 고전주의 미학은 러시아에서 단단히 뿌리박지도 못했던 것 같다. 또 러시아 리얼리즘이 19세기에야 그것도 19세기 후반기에야 비로소 본때를 보여 주었다는 것을 생각할 때 그것이 사회적 지위나 계급과 관계없이 모든 개개 인간이 신(神)의 창조물로서의 위엄을 갖추고 있다는 기독교적이며 전통적으로 가부장적인 관념에 기초를 두고 있으며 그렇기 때문에 그것이 근본적으로는 근대 서양의 리얼리즘보다는 고대 기독교의 리얼리즘에 관련되어 있다는 것을 주목하지 않을 수 없다. 경제적 및 지적인 주도권을 장악한 활동적이고 개명(開明)된 시민 계급은 도처에서 근대 문화 일반 그리고 특히 근대의 리얼리즘의 기반이 되었지만 러시아에서는 존재하지 않았던 것처럼 보인다. 적어도 시민 계급은 소설 속에서 발견할 수 없으며 톨스토이나 도스토옙스키 속에서조차도 발견할 수 없다. 리얼리즘 소설 속에는 귀족 계급의 구성원, 지위와 재산 정도가 각각 다른 귀족 지주들이 보이고 관리나 성직자의 계급제가 보인다. 그리고 소시민과 농민들, 즉 더할 나위없이 다양하게 살고 있는 민중들이 보인다. 그러나 그 사이에 있는 부유한 상층 부르주아와 상인 계급은 여전히 길드로 쪼개져 있으며 생활 태도나 생활 형태에 있어서 완전히 가부장적이다. 우리는 가령 도스토옙스키의 「카라마조프의 형제들」속에 나오는 상인 삼사노프(Samsanov), 「백치(白痴)」속에 나오는 로고신(Rogoshin) 집안과 그들의 주택을 생각해 볼 수 있다. 이런 것들은 중앙 유럽이나 서부 유럽의 개명된 부르주아와는 전혀 공통점이 없다. 숱하게 등장하는 개혁가, 반역자, 음모가들은 가지각색 계급 출신이며 그들의 반항의 양식은 비록 개별적으로는 저마다 다르지만 도처에서 기독교적이며 전통적으로 가부장적인 세계와 밀접한 관련을 보여 주고 있다. 이 세계로부터 그들은 고통스러운 폭력을 통해서 비로소 벗어날 수 있다.

    러시아 문학을 읽는 서구 독자들에게 인상적인 또 하나의 특징은 이 광대한 나라에 있어서의 주민들과 그들의 생활의 균일성, 분명히 자연 발생적이거나 적어도 오랫동안에 걸쳐 확립된 러시아적인 모든 것의 균일성이다. 그리하여 어떤 특정한 지역에서 이야기가 벌어지고 있는가를 말하는 것도 쓸모없는 것처럼 보이는 그 균일성이다. 풍경의 성질조차가 유럽의 다른 나라에서보다 훨씬 더 동질적이다. 서로 다른 특징이 뚜렷해서 쉽게 문학 작품 속에서도 알아볼 수 있는 두 주요 도시 모스크바와 상트페테르부르크를 제외한다면 도시, 마을 혹은 주(州)를 확인할 수 있는 경우는 아주 드물다. 고골리의 「죽은 영혼」이나 그의 유명한 희극 「검찰관」 속에서 이야기가 벌어지는 장소는 그저 '지방 정부의 소재지'나 '어느 지방 도시'라고 표시되어 있을 뿐이다. 도스토옙스키의 「악령」이나 「카라마조프의 형제들」에서도 사태는 비슷하다. 지주, 관리, 상인, 성직자, 소시민 그리고 농민들은 어디에서나 엇비슷하게 '러시아적'인 것처럼 보인다. 별난 말씨를 알아차리는 경우는 드물고 알아차리는 때라도 그것은 지방 사투리의 문제가 아니라 개인적인 괴팍함이나 사회적 각인(가령 하층 계급 사이에 흔한 모음 O의 특수한 발음)의 문제이다. 혹은 러시아에 살고 있는 소수 민족(유대인, 폴란드인, 독일인, 소러시아인)의 특유한 특징 때문이다. 타고난 정통적 러시아인들로 말하면 계급의 차이에 관계없이 전국적으로 단일한 구식 가부장적 가족을 형성하고 있는 것처럼 보인다. 비슷한 경우가 19세기에는 도처에서 목격되었으며 가령 독일의 개개 지역에서 그랬다는 것은 사실이다. 그러나 러시아의 경우처럼 뚜렷하게 또 무엇보다도 광대한 국토에서 그랬던 곳은 달리 없었다.

그런데 이 크나큰 민족의 집안에서(이것이 당대의 유럽 사회와 다른 것은 무엇보다도 스스로의 가치를 의식하고 분명한 목표를 향해서 움직여 나가는 개명된 시민 계급이 거의 존재하지 않았다는 사실 때문이다.) 19세기 동안 줄곧 가장 강력한 성질의 내면 운동이 크게 퍼지고 있었다. 이것은 그 시대에 산출된 문학 작품을 보면 틀림없이 확인된다. 괄목할 만한 운동이 이 시대의 유럽 문학 특히 프랑스 문학 속에서 퍼지고 있었다. 그러나 그것은 전연 다른 종류의 운동이었다. 러시아 리얼리즘 속에 드러나 있는 내면 운동의 본질적인 특징은 묘사된 작중 인물들의 절대적이며 무한하고 격정적인 경험의 강렬성이다. 그것이 서구 독자들이 받는 가장 강력한 인상인데 누구보다도 특히 도스토옙스키의 경우에 그렇지만 톨스토이나 기타 작가에 있어서도 마찬가지다. 러시아인들은 19세기의 서구 문명에서는 희귀한 현상이 되어 버린 경험의 직접성을 유지해 왔던 것처럼 보인다. 강력한 실제적, 윤리적, 혹은 지적인 충격은 즉각 그들의 본능의 깊은 부분에서 그들을 자극하였다. 그리하여 순식간에 조용하고 거의 식물적인 존재로부터 실제적인 혹은 정상적인 문제에서 무시무시한 극단으로 옮아간다. 그들의 활력, 행동, 사고, 감정의 그네추는 유럽의 다른 어느 곳에서보다 폭넓게 흔들리는 것처럼 보인다. 이 사실도 우리가 이 책 첫머리 부분에서 세련시켜 보여 주려던 기독교 리얼리즘을 연상케 한다. 특히 도스토옙스키의 경우 심하지만 다른 작가에서도 발견되는 사랑에서 미움, 다소곳한 헌신에서 짐승스러운 잔학성, 진리에 대한 열렬한 사랑에서 쾌락에 대한 가장 속된 욕정, 경건한 순진성에서 잔인한 시니시즘에로의 변화에는 정말로 무시무시한 요소가 있다. 이러한 변화가 흔히 동일 인물 속에서 과도기도 없이 어마어마하고 예측할 수 없는 진동 속에서 일어난다. 그리고 그때마다 그 인물은 자기 자신을 완전히 기진맥진하게 만든다. 그래서 그의 말과 행위는 서구 제국에서도 몰랐던 것은 아니나 과학적 초월, 형태 감각, 예의 범절에 대한 경의 때문에 그곳 작가들이 가차 없이 표현할 수가 없었던 종류의 혼돈스러운 본능의 심층을 드러내 보여 준다. 위대한 러시아 작가들 특히 도스토옙스키가 중구(中歐) 및 서구(西歐)에서 알려지게 되었을 때, 놀란 독자들이 그들의 작품 속에서 발견한 어마어마한 정신의 잠재 가능성과 표현의 직접성은 리얼리즘과 비극의 혼합이 마침내 그 진정한 완성에 도달했음을 보여 주는 것처럼 여겨졌다.

마지막으로 한 가지 덧붙여 생각해 볼 것이 있다. 19세기 러시아 작품 속에 등장하는 작중 인물들의 강력한 내면의 운동을 방출한 것이 무엇이냐 묻는다면 대답은 다음과 같이 될 것임에 틀림없다. 첫째로 독일과 프랑스를 위시한 근대 유럽의 생활과 사고의 형태가 침투해 온 것을 들 수 있다. 이것들은 러시아에서 비록 부패한 경우가 많기는 하나 전적으로 자주적이며 자신의 의지를 가지고 있고 이러한 만남에 대한 준비가 되어 있지 않은 사회와 있는 힘을 다해 충돌하였다. 유럽이 당시의 위치에 도달하기까지의 준비적인 시대는 러시아에서 거의 체험된 바가 없었지만 정신적, 실제적 이유 때문에 근대 유럽 문명과 타협하는 것을 피할 수는 없었다. 그 타협의 과정은 극적이었고 혼란스러운 것이었다. 톨스토이나 도스토옙스키 속에 반영된 그 과정을 지켜볼 때 우리는 러시아가 유럽 문화를 혹은 수용하고 혹은 거부하는 데 보여 준 사나움과 광포함과 비타협성을 잘 이해할 수 있다. 투쟁을 야기시킨 사상과 체계의 선택 자체는 얼마간 우발적이고 자의적이었다. 그것도 이를테면 마지막 결과만이 유출되며, 풍요하고 다면적인 지적 산물 속에서의 다소간 중요한 기여로서 다른 사상 그리고 체계와의 관계 속에서 평가되는 것이 아니고 참이냐 거짓이냐, 영감이냐 혹은 마귀의 속임수냐 하는 하나의 절대적인 것으로서 평가된다. 거창한 이론적인 대항 체계가 즉각적으로 마련된다. 역사적인 전제로 차 있고 명백한 결합 속에 정식화하기 어려운 가장 복잡한 현상들, '서구 문화', 자유주의, 사회주의, 가톨릭 교회와 같은 현상들이 특정한 그리고 흔히 틀린 관점에 따라 몇 마디로 재단된다. 그리고 언제나 문제가 되어 있는 것은 '궁극적'인 윤리적, 종교적, 사회적 문제들이다. 극단적으로 특징적인 예는 이반 카라마조프가 제기했고 위대한 소설의 기본적인 모티프를 나타내고 있는 명제이다. 신(神)과 불멸이 없다면 도덕도 있을 수 없으며 범죄도 모든 무신론자의 위치로부터의 불가피하고 합리적인 도피의 방식이라고 인정해야 한다는 명제, '일체냐 무(無)냐'에 대한 근원적인 정열이 풋내가 나면서도 어리둥절하리만큼 웅장한 요소를 사고 속에 도입시키는 그러한 명제이다. 그러나 19세기에 러시아가 유럽 문명과 타협하는 것은 러시아에게만 의의 깊은 것은 아니다. 그것이 아무리 혼란스럽고 풋내 나는 과정이었다 하더라도 또 충분치 못한 정보, 잘못된 전망, 편견과 격정에 의해 그것이 훼손되었다 하더라도 유럽의 병적이고 위기적인 것에 대한 지극히 정확한 직관력이 작용하고 있다. 이 점에 있어서도 톨스토이, 특히 도스토옙스키의 유럽에 있어서의 영향은 강력하였다. 그리고 리얼리즘 문학을 포함한 많은 영역에서 1차 세계대전 10년 전부터 정신의 위기가 현저해지고 절박한 파국의 예감 같은 것이 눈에 띄게 되었다면 이를 위해 러시아 리얼리스트들의 영향력은 본질적인 기여를 한 것이다.

갈색 스타킹
── 새로운 리얼리즘과 현대 사회

"내일 날씨가 나빠도 걱정할 건 없어." 램지 부인은 때마침 창밖을 지나가는 윌리엄 뱅크스와 릴리 비스에게 시선을 주면서 말했다. "또다른 날 가면 되니까. 자." 이미 부인의 생각은 다른 데로 옮겨 가 있었다. 릴리의 매력은 그녀의 약간 이그러진 듯한 흰 얼굴에 가늘게 꼬리를 치키고 있는 눈에 있다는 점, 그러나 썩 영리한 남자가 아니면 그 점을 알아차리지 못할 것이라는 것. "자, 이제 일어나라. 좀 재 보게." 램지 부인은 아들에게 말했다. 결국 다음 날, 등대에 꼭 못 갈 것이란 확실한 근거도 없었다. 그러니까, 가게 되는 경우를 생각해서 양말 길이가 그만하면 충분한지, 아니면, 한두 인치 정도는 더 짜야 할 것인지 분명히 알 필요가 있었다.

문득, 부인에게는 재미있는 생각이 떠올랐다. 윌리엄과 릴리가 서로 결혼하면 좋겠다는 생각이었다. 그 때문에 떠오른 미소를 머금고 램지 부인은 짜고 있던 혼색(混色) 털실 양말을 제임스의 다리에 갖다 대었다. 양말 끝에 철제 바늘들이 이리저리 얽힌 채 매달려 있었다.

"애야, 가만히 좀 서 있어." 하고 부인이 말했다. 왜냐하면, 애초부터 등대지기 아들을 위해 마네킹 노릇하는 것을 탐탁치 않게 생각했던 제임스가 공연한 질투심까지 생겨서 일부러 몸을 이리저리 틀면서 심술을 내기 시작했기 때문이다. 그렇게 하면 어떻게 양말이 긴지 짧은지 알 수가 있겠느냐고 램지 부인은 책망을 했다.

도대체, 이 애가, 내 막내둥이, 귀염둥이가 왜 이렇게 짓궂게 굴까, 하면서 부인은 눈을 들었다. 방과 방에 놓인 의자들이 부인의 시선을 잡았다. 그것들은 몹시도 낡아 보였다. 언젠가 앤드류가 말한 대로, 의자의 내장들이 빠져 나와서 온 방 안에 널려 있는 형편이었다. 하지만 새 의자들을 살 필요는 없었다. 이러나 저러나, 이 집은 겨울 내내 노파 한 사람이 지킬 뿐 완전히 방치될 거였다. 습기가 온통 들이차서 좋은 물건들이 견딜 도리라곤 없었다. 그런데 그런 걸 문제 삼을 것이 못됐다. 집세라고 해야 정확하게 두 펜스 반밖에 안 되니까. 또 아이들이 그만치나 좋아했고, 남편을 위해서도 이 집은 참 유익했다. 이 집 덕분에 남편은 직장인 도서관이며, 강연회, 제자들 등등에게서 3000마일이나(정확하게 말한다면 300마일이었지만) 떨어져 있을 수 있었으니까. 게다가 손님 접대를 할 수 있을 만큼 널쩍한 것도 이 집의 이점 중의 하나였다. 깔개들, 야외용 침대들, 런던에서 쓰다 가져다 놓은 수명이 다한 낡은 의자들과 테이블들, 여기 생활을 위해서는 그것들로 충분했다. 거기에다, 사진 두어 장과 책들이 이곳 살림의 전부였다. 책들은 마치 저절로 자라난 느낌이었다. 시간이 없어서 읽지도 못하는 책들이었다. 저자들이 직접, "소원을 다 들어 드려야 하는 분을 위하여"라든가, "우리 시대의 보다 행복한 헬렌을 위하여" 등등의 구절들을 붙여서 헌정해 온 책들조차, 조금 부끄러운 일이었지만, 읽기를 못하고 지내는 형편이었다. 크룸이 쓴 사람의 마음에 관한 책, 베이츠가 쓴 폴리네시아의 야만인 관습에 관한 책들도 눈에 띄었다. 하지만("얘야, 가만히 좀 서 있어 봐." 하고 부인은 말했다.) 두 개가 다 등대에 갖다 주기에는 적당치 않은 책들이었다. 아마 언젠가에 가서는, 이 집은 이 이상 손대지 않고는 못 견디게 될 거야, 하고 부인은 생각했다. 어떻게 발들이나 닦고 들어온다면 좋으련만. 온 해변을 전부 집으로 끌어들이는 격이었다. 하기는 게들은 별수가 없기도 했다. 앤드류가 게 해부에 열을 올리고 있었으니까. 해초도 별수 없긴 마찬가지였다. 제스퍼가 해초로 국 끓이는 실험을 계속하는 이상, 로즈가 수집하는 조개껍질, 갈대, 돌멩이, 이런 것도 모두 내버려 둘 수밖에 없었다. 아이들은 모두 제각기 천재적인 소질들을 가진 것 같았다.(물론 그 결과로, 이 집은 해마다 점점 더 형편없어지고 있었지만.) 램지 부인은 천정에서 마룻바닥까지 온 방 안을 한번 둘러보고는 한숨을 쉬었다. 그러고는 양말을 제임스 다리에 갖다 맞추었다. 바닥에 깐 자리도 퇴색해 가고 있었고 벽지도 헐어서 너덜거렸다. 거기에 그려진 것이 장미꽃 무늬인지조차 알아볼 수 없을 지경이었다. 그럴 수밖에 없는 일이었다. 이 집에서는 생전 가야, 문을 닫는 사람이 없었으니까! 게다가 스코틀랜드 전부를 다 찾아다녀야 망가진 문 빗장 수선하는 사람은 한 사람도 구할 도리가 없는 형편이었다. 그러니 어떻게 집을 제대로 유지할 수 있을 거냐 말이다. 그림 액자에다 녹색 캐시미어 숄을 걸쳐 본들 무슨 소용이 있을까. 두 주일이 채 못 가서 푸르딩딩한 콩국 빛깔이 되어 버리는 걸. 그런데 제일 신경에 걸리는 건 역시 문들이었다. 문이란 문은 모조리 열린 채였으니까. 귀를 기울여 들어 보아도 금방 알 수 있었다. 응접실 문, 홀의 문이 둘 다 열려 있었고, 침실 문들도 모두 열린 채였다. 층층대 중간의 유리창도 물론 열려 있었다. 그 창문은 램지 부인 자신이 열어 놓았으니까. 유리창은 열고 문은 닫아야 한다. 왜 이걸 아무도 모르는지 알 수 없는 일이었다. 밤에 하녀들 잠자는 방으로 들어가 보면, 으레껏 유리창은 모조리 닫혀 있었고, 방 안은 마치 오븐 속 같았다. 마리라는 스위스에서 온 처녀의 방만은 예외였지만. 그 처녀는 신선한 공기를 목욕보다 더 소중히 여기는 것 같았다. 그도 그럴 것이 그 처녀는 늘 고향인 스위스에서는 산이 참으로 아름다웠다고 했다. 그 처녀는 지난밤에 눈에 눈물을 글썽이고 창밖을 내다보면서 말했었다. "산이 참으로 아름다워요."라고. 램지 부인은 처녀의 아버지가 고향에서 죽어 가고 있다는 사실을 알고 있었다. 자식들을 아버지 없는 아이들로 남겨 놓으려는 것이었다. 낮 동안에는, 프랑스 여자처럼 손바닥을 활짝 폈다 닫았다 하면서 야단을 치고, 타이르고,

가르치고,(침대 만드는 법, 유리창 여는 법 등등을) 했었지만, 처녀의 그 말을 듣자, 그런 모든 말과 동작들은, 대낮의 햇볕 속을 열심히 날던 새의 날개가 저녁이 오면 조용히 닫혀 버리듯이, 그리고, 그 깃털의 푸르름이 날카로운 강철색으로부터 부드러운 보랏빛으로 변하듯이 일제히 기세를 버리고, 가라앉는 것 같았다. 램지 부인은 아무런 할 말을 찾지 못했었다. 그냥 말없이 서 있었다. 처녀 아버지의 병은 인후암이었다. 그 일(처녀의 방에 서 있던 일, 처녀가 "산이 참 아름다워요." 하고 말하던 일, 아무런 희망도, 정말 아무런 희망도 없는 사실 등)을 기억 하자, 램지 부인은 갑자기 짜증이 치밀어 올라오는 것을 느꼈다. 그래서 날카로운 소리로 아들에게 말했다.

"가만히 서 있으라니까, 귀찮게 하지 말고!" 날카로워진 목소리를 들은 아이는 곧 그 명령과 화가 정말임을 알아차리고 다리를 곧게 펴고 섰다. 측량이 끝났다. 양말은 적어도 반 인치가량 짧았다. 솔리의 아들이 제임스보다 발육이 나쁠 것이라는 것을 계산에 넣고도 치수가 그 정도는 모자랐던 것이다.

"너무 짧다. 꼭 고만치가 아직도 모자라는구나."

램지 부인의 얼굴은 더없이 슬퍼 보였다. 표면에서 반쯤 내려간 어두운 곳에서, 보다 깊은 곳을 향해 뻗어 내리는 태양 광선이 비치는 곳에 한 방울의 쓰고 검은 눈물이 맺혀서 떨어졌다. 수면은 이리저리 흔들거리다가 이윽고 그것을 받아들였다. 그러고는 잠잠하여졌다. 그렇게 슬퍼 보이는 사람은 아무도 없었다.

그런데, 그 여자의 볼품이 과연, 인상적인, 표면적인 것에 불과할까? 또는 그 기막힌 아름다움 그 화려함의 배후에는 어떤 곡절이 있는 것일까? 사람들은 궁금해 했다. 남자가 권총으로 자살이라도 했단 말인가? 결혼식 일주일을 앞두고 죽기라도 했을까? 어떤, 지금 남편 이전의 존재에 관해 누군가가, 소문이라도 들었음직하였다. 아니면, 정말, 그런 아무런 곡절도 없는 여자일까? 모든 의문은 다만 그 여자의 비길 데 없는 아름다움, 그 여자의 방패가 되어 주고, 확고하기 그지없는 그 아름다움 때문에 불러일으켜진 근거 없는 의문이었을까? 친한 사람들끼리 모인 자리에서, 혹시, 화제가 열렬한 사랑이라든가, 실연의 이야기 또는 좌절당한 꿈에 대한 이야기 등으로 옮겨 갈 때가 있었고, 그럴 때면, 램지 부인 자신도 무슨 근거가 될 만한 말을 했을 수도 있는 일이었다. 가령, 자기도 그런 일은 알 만하다든가, 더러 경험한 일이 있다든가 하는 따위의 말을 했음직도 한 일이었다. 그러나 그 여자는 절대로 침묵만을 지켰다. 언제나 입을 꼭 다물고 있었던 것이다. 하지만, 이 여자는 알고 있었다. 배우지 않고도 알고 있었던 것이다. 이 여자의 단순함은, 영리한 사람들의 허위의 심층을 간단히 꿰뚫어 보았으며 그 이중성을 모르는 순수한 마음은, 때로는 돌덩이 떨어지듯, 또 때로는 새처럼 가볍고 정확하게, 진리에 가서 앉았던 것이다. 그것이 보기에도 즐겁고 편안하고 든든한 일이었다. 하지만 이것 또한 그릇된 인상이 아닐는지.

("자연은 부인을 만든 데 쓴 것과 같은 진흙은 조금밖에 갖고 있지 않을 겁니다." 언젠가 램지 부인이 기차 시간을 알리려고 전화했을 때 뱅크스 씨는 이렇게 말했었다. 사무적인 전화이었음에도 불구하고 남자는 큰 감동을 경험했다. 그는 전화줄 저쪽 끝에, 그리스의 여인 같은 푸른 눈과 곧은 코를 가진 램지 부인을 그려 보았다. 그런 여자하고 전화로 이야기한다는 것이 어울리지 않는 일 같았다. 아스포델 풀밭에 모인 여신들이 서로 힘을 합쳐서 저 얼굴을 만들었단 말인가, "네, 10시 반 유스톤 발(發) 기차를 타겠어요." "저 여자는 자기의 아름다움을 어린애만큼도 의식하고 있지 않아." 수화기를 놓고 일꾼들이 일하는 것을 보려고 방을 가로질러 가면서 뱅크스 씨는 혼자 중얼거렸다. 지금 자기 집 뒤에 호텔이 하나 올라가고 있는 중이었다. 완성되지 않은 벽들 사이의 사람들의 움직임을 지켜보며 그는 램지 부인을 생각했다. 그녀의 얼굴이 이루는 조화는, 언제나 무언지 불안정한 요소를 포함하고 있었기 때문이다. 어느 때는 사냥꾼이나 쓰는 모자를 아무렇게나 덮어쓰고 다니기도 했고, 또, 어떤 때, 정원에서 어린 아이가 위험한 짓 하는 것이 눈에 띄기라도 할 것 같으면, 방수용 덧신을 신은 채 잔디 위를 마구 내달리기

도 예사로 하는 여자였다. 그래서, 그 여자의 아름다움만을 생각하자면, 으레 껏, 꿈틀거리는 그 무엇을, 살아 움직이는 그 어떤 것인가를 생각 안 할 수 없었으며, 그것을, 그녀의 아름다운 얼굴이 이루는 조화 속에 끌어넣는 데는 어느 정도의 노력이 필요했던 것이다. 벽돌짐을 짊어지고 좁다란 널빤지 위를 위태로이 걸어 올라가는 일꾼들의 작업을 지켜보며 뱅크스 씨도 생각을 계속했다. 한편, 램지 부인이란 여자를 단순히 여자로만 보기로 한다면 조금 기인적(奇人的)인 사람으로 볼 수밖에 없었다. 그런데 또 어떻게 생각하면 부인은 자기 자신의 아름다움과 남자들이 거기에 대하여 왈가왈부하는 것에 완전히 진력이 난 나머지 그, 우아하고 기품 있는 모습을 아주 내팽개치기라도 하고 싶은 강렬한 잠재적 욕구를 가진 것도 같았다. 다른 사람들과 똑같이, 미미하고 평범해지는 것만이 그 여자의 소원일까? 알 수 없는 일이야, 알 수 없는 일이야, 어쨌든, 일을 해야지.)

붉은빛이 도는 갈색 양말을 짜고 있는 램지 부인의 얼굴은 금박을 입힌 액자와 거기 걸친 녹색 숄, 그리고, 미켈란젤로의 것으로 인증을 받은 그림 등으로 어색하게 둘러싸여 있었다. 부인은 조금 전의 거친 말씨에 대한 보상이라도 하려는 듯이 아들의 머리를 손으로 들어 올리며, 이마에 입을 맞춰 주었다. "우리 그림 찾아서 갈라 내자." 하고 말하면서.

위에 인용한 산문 일편은, 1927년 처음 출판된 버지니아 울프(Virginia Woolf)의 소설, 「등대를 향하여(To the Lighthouse)」의 1부 5장의 전문(全文)이다. 등장인물들이 처한 상황은 인용된 부분의 내용으로 거의 완전히 추정할 수 있다고 보겠다. 이 소설 다른 곳을 보아도, 상황이 여기에서보다 더 체계적으로 소개되거나 설명된 곳은 찾아볼 수 없다. 그러나 여기에서 나는 위의 장면이 벌어질 때의 상황을 간단하게 다시 얘기해 보겠다. 그것이 독자가 이제부터 내가 전개하려는 작품 분석을 이해하는 데 도움이 되리라고 생각해서이며, 또한 소설 앞부분에 나타나는, 여기서는 짤막하게밖에 언급되지 않는 모티프들을 좀더 분명하게 드러내 보여 줄 것으로 생각해서이다.

램지 부인은 린던의 저명한 철학 교수 부인이다. 부인은 매우 아름답지만, 이미 젊은 나이는 아니다. 여섯 살 난 막내아들과 함께 그녀는 지금 헤브리디즈 섬에 있는 상당한 크기의 여름 별장 창가에 앉아 있다. 교수는 여러 해째 이 별장을 세내고 있었는데, 지금 이 별장에는 램지 부처, 그들의 여덟 명의 아이들, 그리고 하인들 외에도 여러 명의 손님들이 와서 머물고 있다. 더러는 잠깐 머물다 가고 또 더러는 오래 묵기도 할 이 손님들 가운데는 유명한 식물학자이며 나이가 지긋한 홀아비인 뱅크스 씨와 화가인 릴리 비스코가 끼어 있다. 그런데 이 두 사람이 지금 막, 부인이 앉아 있는 유리창 밖을 지나가고 있는 것이다. 제임스는 방바닥에 주저앉아서 그림 잡지에서 그림들을 열심히 잘라내고 있다. 조금 전에 램지 부인은 아이에게 내일 날씨가 좋으면 배를 타고 등대로 가자고 얘기했었다. 이 항해는 제임스가 오랫동안 고대하던 나들이였다. 등대에 사는 사람들을 위하여 많은 선물들이 준비되고 있었다. 이 선물들 중에는, 등대지기 아들을 위한 양말이 한 품목을 이루고 있었다. 등대에 간다는 예고는 아이한테 강렬한 기쁨을 주었지만, 그것은, 아버지 램지 교수의 우울한 발언으로 하여 큰 실망으로 돌변했다. 즉 교수의 생각으로는, 다음 날 날씨가 좋지 않을 것이라는 것이었다. 손님 중 한 사람은, 악의라도 있는 듯이, 기상학적인 해석까지 첨부하며 교수의 말에 동조하고 나섰다. 사람들이 모두 방에서 나간 뒤, 램지 부인은 제임스를 위로하기 위해, 위의 인용문의 첫부분에 해당되는 말을 아들에게 하는 것이다.

인용문의 이야기 전부를 통일하는 연속성은, 램지 부인과 아들이 관련된, 한 외부적인 사건, 즉 양말 길이를 재는 일에 의하여 부여되고 있다. 내일 날씨가 나쁘면, 다른 날 가자고 아들에게 위로의 말을 건넨 뒤, 곧 램지 부인은 등대지기 아들에게 줄 양말의 길이를 재 보기 위하여 제임스를 일어서게 한다. 몇 줄 더 가서, 램지 부인은 아들한테, 거의 건성으로 들릴 어조로, 가만히 서 있으라고 이른다. 아이는 등대지기 아들에 대한 질투심 때문에 가만히 서 있으려 하지 않았다. 그뿐만 아니라, 방금, 너무도 실망스러운 이야기를 들은 후가 돼서 심술을 내는 것도 같았다. 몇 줄 더 지난 뒤, 가만히 서 있으라는 명령이 좀 더 날카롭게 떨어진다. 제임스가 고집을 버리고 복종한다. 양말의 측량이 끝나고, 아직 양말의 길이가 상당히 짧은 사실이 밝혀진다. 한참이 더 지난 후, 이 장면은, 램지 부인이(날카롭게 말한 데 대한 보상 행위로) 아이의 이마에 입맞춤을 하고, 같이 그림을 자르자고 제안하는 것으로 끝난다. 이것이 이 장(章)의 끝이다.

이 지극히 사소한 사건은 부단히 다른 이야기들에 의해 중단된다. 중간에 끼어드는 이 다른 이야기들은 비록 원래의 사건의 진전을 방해하지는 않지만 이 장면 전체가 필요로 하는 시간보다 훨씬 더 많은 시간을 그 진술에 소모하게 하고 있다. 그런데 이 중간에 끼어드는 부분들은 거의가 다 등장인물들의 의식의 내용을 묘사하고 있다. 여기에는 비단, 이 장면이 취급하는 사건에 직접 관련된 사람들만이 아니고, 그 사건에 입회하지도 않았던 인물들, 즉 '사람들'이라든가 '뱅크스 씨'의 의식의 내용마저 전개되어 있다. 거기에 대해서 다른 외부적인 사건들 제2차적 사건들이라고 불러도 좋을, 전혀 다른 때와 장소에서 일어난 일들(전화, 건축 공사 장면 등등)마저 끌려들어와서, 제3자격 인물들의 의식 과정에 테두리를 제공하고 있는 것이다. 이 점을 좀 더 자세히 살펴보기로 하자.

램지 부인의 입에서 나오는 제일 첫마디가 두 번 중단되는 것을 우리는 본다. 첫 번째는 부인이 때마침 바로 유리창 밖에 같이 걸어가는 윌리엄 뱅크스와 릴리 비스코에게서 받는 시각적 인상에 대한 묘사에 의해 중단된다. 특별한 남자가 아니면 알아보지 못할 릴리의 중국인 같은 눈매가 부인의 생각을 사로잡는 것이다. 드디어 하던 말을 마저 마친 부인의 의식은 양말 재는 일에 잠시 머물러 있는다. 결국 등대에 가게 될지 모른다는 생각,

그러니까 양말 길이를 잘 재서 틀림없이 해 놓아야 된다는 생각을 한다. 그런데, 바로 여기까지 부인의 의식이 와서 닿았을 때, 문득 램지 부인에게는 어떤 생각이 떠오른다. 그것은 아까 릴리 비스코의 눈을 보았을 때부터, 램지 부인의 의식 속에 자리 잡기 시작한 생각으로, 윌리엄과 릴리가 결혼하면 좋겠다는 생각이었다. 참으로 좋은 착상 같았다. 램지 부인은 중매를 좋아했다. 얼굴에 미소를 떠올리며, 부인은 아이의 다리를 척도로 양말 길이 재는 일을 시작한다. 그러나 심술이 난 아이는 가만히 서 있기를 거부한다. 아이가 이렇게 자꾸 움직이면 어떻게 양말 길이를 잴 수 있을 건가, 막내둥이 귀염둥이 제임스가 도대체 웬일일까? 램지 부인은 눈을 들어 올려다보았다. 그때 그녀의 시야에는 방 안의 광경이 밀려들어온다. 그러고는 긴 삽입문이 시작되는 것이다. 큰아들 앤드류가 내장이 줄줄 빠져나온다고 평한 바 있는 낡은 의자들에서 시작하여, 그녀의 의식은 주변의 물건들과 사람들을 차례로 탐색해 간다. 낡아 버린 가구들,(하지만 그것들도 이 여름 별장에서는 아직도 쓸모가 있었다.) 이 별장의 이런저런 이점들,(아주 값싸고, 아이들한테 유익할 뿐 아니라, 남편을 위해서도 이로운 점이 분명했다.) 헌 가구 몇 개와 그림 몇 폭, 그리고 얼마만큼의 책들로 쉽사리 꾸밀 수 있다는 것도 이 집의 이점 중의 하나였다. 책에 생각이 미치자, 램지 부인은, 최근 몇 년 동안, 책을 읽지 않은 사실을 기억해 낸다. 부인 자신에게 헌정해 온 책들도 마찬가지였다. 그런 걸 읽을 만한 시간을 갖지 못하고 지낸 지가 얼마 동안이던가! (문득 등대의 집이 부인의 의식 속으로 날아 들어온다. 방에 아무렇게나 굴러 있는 책들을 더러 보내 주면 좋겠으나, 그런 박학한 서적들이 적당한 선물이 될 수 없는 곳이었다. 등대의 집은.) 곧 다시 부인의 생각은 자기들의 여름 별장으로 되돌아온다. 식구들이 조금만 더 주의를 해 준다면 집의 모양이 좀 더 나을 거라는 생각을 해 본다. 하지만, 물론 앤드류가 게들을 잡아들이는 건 해부를 위한 것이었으니까 막을 수 없었고, 다른 아이들이 해초, 조개껍질, 돌멩이 등을 들여오는 것도 마찬가지로 별수 없었다. 수집을 위한 것이었으니까. 램지 부인은 자기 아이들이 모두 각기 특별한 재주들을 가졌다고 생각했다. 집은 그 결과로 점점 초라해져 가고 있었지만.(여기에서 이 삽입 부분은 잠깐 중단된다. 램지 부인이 양말을 들어 제임스의 다리에 갖다 대 보는 동작을 하는 것이다.) 무엇이나 다 헌 것이 되어 가고 있었다. 문만이라도 닫고들 다니면 나을 것 같았다. 하지만 그러려고들 하지 않았다. 그러니 별수 없었다. 액자에 걸쳐 놓은 캐시미어 숄까지도 헌 것이 돼 가고 있었다. 문들은 언제나 열어젖혀 있었다. 지금도 마찬가지였다. 귀를 기울여 들어 본다. 틀림없었다. 층계 중간에 있는 유리창도 물론 열려 있음을 알 수 있었다. 그것은 부인 자신이 열었었으니까. 유리창은 열고 문을 닫아 두어야 했다. 그런데 왜 아무도 이 간단한 사실을 기억하지 못하는지 답답한 일이었다. 밤에 하녀들이 자는 방엘 들어가 보면, 방마다 유리창이 꼭꼭 닫혀 있었다. 스위스에서 온 처녀만 유리창을 열고 자는 것이었다. 그 처녀는 신선한 공기를 필요로 하는 모양이었다. 전날 밤, 그 처녀는 눈에 눈물을 글썽이고 창밖을 내다보면서 말했다. 고향의 산들은 참으로 아름답다고. 램지 부인은 그 처녀의 고향에서는 처녀의 아버지가 죽어 가고 있는 사실을 알고 있었다. 부인은 하녀들에게 침대 만드는 법, 유리창 여는 법 등을 가르치고 있었으므로 낮에는 말을 많이 하고 야단도 치고 해야 했었다. 그러나 이제 그녀는 말하기를 그쳤다. (여기에서는, 낮의 햇볕 속을 열심히 난 후 날개를 거두는 새와의 비교가 시도되고 있다.) 램지 부인은 입을 다문 채 말없이 서 있었다. 할 말이라곤 없었다. 그 아이의 아버지는 인후암으로 죽어 가고 있었다. 지금, 어젯밤의 그 일, 자기가 처녀 방에 말없이 서 있던 일, 고향의 산들은 아름답다고 하던 그 처녀의 말, 그리고 또, 전혀 희망이 없다는 사실 등을 기억하면서 램지 부인은 갑자기 심한 짜증이 나는 것을 경험한다.(잔인하게도 무의미한 인생, 그럼에도 불구하고 그녀 자신, 그 지속을 위해 갖은 애를 쓰고 있는, 바로 그 인생에 대한 짜증일까?) 부인의 이 짜증은 외부적 행동으로 터져 나온다. 삽입의 부분은 돌연히 끝나고,(하기는 이 전체의 의식 과정이 불과 몇 초 사이에 일어난 일인 것이 분명했다. 왜냐하면, 아직도 부인의 얼굴에서는 뱅크스 씨와 릴리 비스코의 혼인에 대한 생각으로 해서 생긴 미소가 사라지지 않은 채 였으니까) 램지 부인은 약간 거친 소리로 제임스에게 말한다. "가만히 서 있어, 귀찮게 하지 말고."

이것이 첫 번째 삽입의 내용 전부다. 두 번째 삽입은 잠시 후에 일어난다. 양말 재는 일이 끝나고, 결국 양말 길이는 아직도 너무 짧다는 사실이 밝혀진 후이다. 이 삽입 부분은 "그렇게 슬퍼 보이는 사람은 아무도 없었다."라는 모티프로 시작해서 그것으로 끝나는 문단으로 이루어져 있다.

누가 이 문단의 화자(話者)일까? 여기에서 램지 부인을 바라보고, 지금껏 그렇게 슬픈 얼굴을 한 사람은 본 일이 없다고 결론짓는 사람이 누구일까? 누가, 거기에 열거되는, 모호하고 불확실한 가정들, 가령, 어디선가 눈물 한 방울이 맺혀서 어둠 속에 떨어진다든가, 이리저리, 흔들거리는 물의 표면이 그 한 방울의 눈물을 받아들이는 장면, 또는 그 수면이 도로 정태(靜態)를 되찾는 모습 등을 말하고 있는 것일까? 램지 부인이 있는 방의 창가에는 제임스라는 어린 아들 외에 다른 아무도 있지 않다. 그런데, 여기에서 관찰하고 말하는 화자는 그 두 사람 중 누구도 아닌 것이 분명하며, 또한 다음 문단에 등장하는 '사람들'일 수도 없다. 그러면 저자 자신이 화자일까? 만약에 그렇다면 그는 분명히 자기 작품의 등장인물들(이 경우에는, 램지 부인이라는 특정한 인물) 및 그들의 사람됨됨이라든가, 그때그때의 마음 상태 등에 대하여 아무런 객관적이고 정확한 정보를 가지고 있지 않다는 인상을 우리는 받게 된다. 이 문단을 쓴 사람은 버지니아 울프다. 그런데 저자는 문법상의 어떤 표시나 인쇄상의 어떤 기법으로도 여기의 화자가 어떤 제3자라는 점을 명시하고 있지 않은 것이다. 그러니까 우리는 그것이 저자 자신의 직접적인 발언이라고 생각할 수밖에 없게 된 것 같다. 그런데, 이 저자도 자기가 저자라는 사실, 따라서 자기는 작중 인물들의 사정, 위치 등등이 어떻게 되어 있는지 정도는 응당 알고 있어야 한다는 사실 등을 전혀 의식하지 않는 것처럼 행동하고 있는 것이다. 여기에서의 화자는 (그것이 누구였든 간에) 램지 부인에 대해서, 표면에 나타나는, 인상적인 것 정도밖에 알고 있지 않은 듯한 언행을 하고 있다. 말하자면, 부인의 얼굴을 관찰한 후, 자기가 거기에서 받은 인상을 서술하는, 그런 역할밖에 하고 있지 않는 것이다. 그뿐만이 아니다. 그 자신 자기가 받은 인상에 대한 자기의 해석이 과연 제대로 된 해석이냐에 대해서 전혀 확신을 갖지 못하는 심정인 것 같다. "그렇게 슬퍼 보이는 사람은 아무도 없었다."라는 진술은 객관적인 것이 못 된다. 램지 부인의 얼굴 표정에서 받는 충격을 서술함에 있어, 이 화자는 진실을 넘어선 어떤 영역에 접근하고 있기 때문이다. 그리고 그 다음에 오는 인용 부분에서는, 화자들은 이미 인간이 아닌, 하늘과 땅의 중간에 배회하는 이름없는 영혼들로서, 인간의 영혼 깊은 속까지 들어갈 수 있고, 거기에 대한 이해도 가지고 있는 존재로서 느껴진다. 하지만, 이들 역시, 인간의 영혼에서 일어나고 있는 일들 자체에 대해서는 아무것도 분명히 알고 있지 못한 것이다. 그렇기 때문에 그들이 말하는 것은 불확실한 느낌을 주며 그들은 소설의 뒤쪽(2, 2)에 가서 나오는, 밤이면 집의 주변을 배회하며, "묻고, 경탄하는, 바람에서 떼어 낸 기류"와도 흡사한 존재들이다. 그런데 우리가 여기에서 듣는 것은, 저자가 어떤 등장인물에 대하여 하는 객관적인 발언이 아닌 것이다. 여기에서는 아무도 아무것에 대해서도 분명히 알고 보지 못하며, 따라서 모든 것은 가정에 불과하고, 마치 어떤 사람이 다른 어떤 사람에게 거듭 던지는 의문의 눈길과도 흡사한 것이었다.

    램지 부인의 얼굴 표정이 무엇을 의미하는가에 대한 추측과 논의는 다음 문단에도 계속된다. 그러나 말의 어조는 여기에서 약간 바뀐다. 즉 시적(詩的)이고 초월적인 차원에서 실질적이고 세속적인 차원으로 떨어지는 것이다. 그리고 여기에서 비로소 하나의 화자가 소개된다. 이 소개는 "사람들이 말했다."라는 문구로써 이루어지고 있다. 사람들은 램지 부인이 전에 혹시 불행한 일을 당한 일이 있는 것이나 아닌가 하고 추측해 본다. 그녀의 황홀한 아름다움 뒤에는, 무언가 그런 곡절이 숨어 있을 것이라는, 다분히 임의적인 추측이었지만, 실제 그 비슷한 소문이란 틀릴 수 있는 것이었다. 램지 부인 자신의 입에서 나온 사실은 아무것도 없었다. 그런 종류의 화제가, 사람들이 모여 앉아 얘기하는 자리에서 나올 때면, 램지 부인은 으레껏 입을 꼭 다물어 버렸다. 한데, 램지 부인 자신 그런 경험이 없다 하더라도, 이 여자는 모든 것을 다 알고 있는 것이었다. 그 여자의 단순함과 순수함은, 사물의 진실을 어김없이 포착하기 때문이었다. 그것은 또 사람을 기쁘게 해 주고, 편안하게 해 주고, 지탱해 주는 힘을 가진 것도 같았다. 그러나 이것 역시 인상에 지나지 않는 것인지도 몰랐다.

여기에서의 화자는 아직도 '사람들'일까? 그렇지 않다고 말해도 될 것 같은 느낌을 우리는 갖는다. 왜냐하면 마지막 부분의 말들은 그저 '사람들'의 소문으로 쳐 버리기에는 너무도 구체적이며, 사려 깊은 고찰을 필요로 하는 말들이기 때문이다. 그리고, 또 뒤이어서, 완전히 새로운 화자와 새로운 장면, 그리고, 새로운 때가 소개되는 것이다. 뱅크스 씨가 전화로 램지 부인과 이야기하는 장면이 우리 앞에 나타난다. 부인이 기차 시간을 알리려고 뱅크스 씨에게 전화를 건 것이었다. 아마도 두 사람이 같이 여행하기로 되어 있어서, 거기에 관련된 기차 시간을 알리고 있는 듯하다. 눈물에 관한 문단에서 우리는 이미 램지 부인과 제임스가 있는 방으로부터 밖으로 끌려나갔었다. 거기에서 우리가 이끌려 간 곳은, 현실의 영역을 초월한 무엇이라 이름 짓기 어려운 장소였다. 사람들의 소문에 관한 문단에서 우리가 접하는 것은, 어떤 구체적이고 현실적인 장소이기는 하지만, 그것 역시 어릿하고 분명한 표시가 되어 있지는 않는 곳이었다. 그런데 이제 우리가 도달한 곳은, 정확하게 명시가 된, 구체적인 장소이다. 그것은 램지 일가의 여름 별장에서 멀리 떨어진 곳, 즉 런던에 있는 뱅크스 씨의 자택이다. 시간은 분명히 말해지지 않고 있다.("언젠가") 하지만, 여기서 일어나는 전화에 의한 대화의 장면이, 섬에 있는 여름 별장의 장면보다 훨씬 앞에(몇 년쯤 앞일 수도 있다.) 일어난 일임은 분명한 것 같다. 그러나 전화에서 뱅크스 씨가 하는 말은, 앞의 문단과 훌륭하게 연결이 되는 이야기이다. 이 경우에 서술은 객관적인 것이 아니라, 말하자면 어떤 특정한 때에 받은 인상을 표현한 것에 지나지 않지만, 그럼에도 불구하고 그것은 그 앞에 일어난 일들, 즉 스위스 하녀와의 장면, 램지 부인의 얼굴에서 읽을 수 있었던 숨은 슬픔, 램지 부인에 대한 사람들의 추측, 부인이 사람들에게 주는 인상 등등을 집약하여 말해 주고 있는 느낌이다. 즉 자연은 램지 부인을 만드는 데 사용한 진흙의 재료를 아주 조금밖에 가지지 않았다는 말로, 모든 것은 간략하게 표현이 된 셈인 것이다. 뱅크스 씨가 실제로 이 말을 전화로 램지 부인에게 했을까? 아니면 그를 몹시도 감동시킨 부인의 목소리를 전화로 들었을 때, 이 사람은 부인에게 그렇게 말하고 싶은 충동을 느꼈을 뿐일까? 이 놀라운, 그리스의 여신과도 같은 여자와 전화로 이야기한다는 것이 이때 그에게는 어색하게 느껴졌었다. 이 문제의 문구는 인용 부호 속에 들어 있으므로, 우리는 그가 입으로 말한 것이라고 생각해도 좋을 것도 같다. 하지만 분명하지는 않다. 왜냐하면, 그 바로 뒤에 오는 이 남자의 독백의 부분 역시 인용 부호 속에 들어 있기 때문이다. 어쨌든 뱅크스 씨가 곧 평정을 되찾았음을 우리는 알 수 있다. 왜냐하면, 그가 천연스럽고 사무적인 태도로 유스턴발, 10시 30분 기차를 타겠다고 램지 부인에게 말하는 것을 우리는 듣기 때문이다.

그러나 이 남자의 감정은 그렇게 쉽사리 가라앉질 않는다. 수화기를 내려놓고 길 건너에서 하고 있는 건축 작업을 지켜보려고 방을 가로질러 유리창 쪽으로 걸어갈 때 아마도 이것이 그가 좀 긴장을 풀고 생각을 다듬어 보고 싶을 때 취하는 상투적인 행동인 것 같다. 그의 마음은 여전히 램지 부인 생각에 사로잡혀 있었다. 그 여자에게는 무엇인가 이상한 요소가 늘 감돌고 있었다. 그것은, 그 여자의 아름다움과는 어울리지 않는 그 어떤 것이었다.(가령 전화 통화 때 느낀 어색함 같은 것) 그 여자는 자기의 아름다움을 전혀 의식하고 있지 않았거나 아니면 의식하고 있다 해도 기껏해야 유치한 정도의 의식밖에 가지고 있지 않음이 분명했다. 그 여자의 옷차림새와 거동에도 이 점은 종종 드러나 보였다. 부인은 부단히 일상적인 사소한 일에 말려 들어가기를 잘 했는데, 이것도 그의 미모가 이루는 조화와 잘 어울리지 않는 점이었다. 그는 습관적으로, 그 여자에서 발견되는 부조화의 요소를 체계적으로 홀로 설명해 본다. 몇 개의 추측을 해 보지만, 자신이 없다. 한편 건축 공사장에서 일어나고 있는 일들이 그의 의식 속으로 몰려든다. 결국 그는 램지 부인에 대한 추리를 포기한다. 체계적이고 과학적인 일꾼답게 그는 아주 사무적이고 성급한 태도로 '램지 부인'이라는, 해답을 찾을 길 없는 문제를 떨쳐 버린다. 그는 결국 아무런 해답을 찾지 못한다. ("그는 알 수 없었다."의 반복은 알 수 없는 문제를 떨쳐 버리려는 그의 결정의 과정을 우리에게 보여 주고 있다.) 그는 일을 계속해야겠다고 생각한다.

여기에서 두 번째의 긴 삽입부가 끝난다. 그리하여 우리는 도로 램지 부인과 제임스가 있는 방에 돌아온다. 외부적 사건은 부인이 제임스의 이마에 입맞추는 것과, 함께 그림을 자르는 장면으로 모두 끝난다. 하지만, 여기에서의 변화 역시 외부적인 것에 불과하다. 앞에서 일단 내버려두었던 장면이 우리 앞에 다시 나타난다. 그것도 아주 갑작스레, 아무런 예고도 없이 나타나는 것이다. 바로 앞의 긴 삽화는 누군가가(누구일까?) 그 장면으로부터 시간의 심연 속으로 던진 눈길에 지나지 않는다는 인상을 우리는 받는다. 그러나, 이 부분의 주제(램지 부인, 그녀의 미모, 그 성격의 불가해한 점, 그 여자의 부조화격인 절대성, 그 모든 것의 배경을 이루는 삶의 모호성과 상대성 등)는 삽입부의 마지막 부분(즉, 뱅크스 씨의 소득 없는 고찰의 장면)으로부터, 그다음에 나오는 장면(즉 "램지 부인의 얼굴은 금박을 입힌 액자" 등으로 "어색하게 둘러싸여" 운운하는 부분)으로 직접 연결 된다. 왜냐하면 여기에서도 그녀를 에워싸고 있는 것들은 그녀에게 어울리지 않는, "무언지 잘 안 맞아 들어가는" 것들이기 때문이다. 부인이 아들에게 해 주는 입맞춤, 제안하는 말들, 이것들도 퍽 자연스러웠고, 그 여자가 아주 익숙하게 잘 해내고 있었지만, 그리고, 또 아이는 그런 것들을 아주 당연하고 단순하고 진지한 애정의 표시로

만 받아들이고 있지만, 실제에 있어서는 불가해한 신비에 두텁게 둘러싸인 행위인 것이다.

　우리는 이 인용문의 분석을 통하여 몇 개의 중요한 스타일상의 특징들을 발견한다. 이제 여기에 대해서 검토해 보려 한다.

　객관적 사실을 말하는 화자라는 자격의 저자가 완전히 사라져 있다는 것이 그 하나이다. 거의 모든 진술은, 등장인물들의 의식 속에서 이루어지고 있는 사고의 과정을 표현한 것에 불과한 것을 우리는 발견한다. 예를 들어, 램지 일가의 여름 별장이나 스위스인 하녀의 경우, 우리에게 제시되는 것은 작가인 버지니아 울프가, 그의 작가적 상상력의 대상인 이런 것들에 대해서 가지고 있는 어떤 객관적인 사실들이 아니라, 소설의 등장인물 램지 부인이, 어떤 특정한 순간, 사람, 물건, 또는 상황들에 대하여 생각하게 된 것, 또는 느끼게 된 것의 묘사에 불과한 것이다. 마찬가지로 우리는 버지니아 울프가 램지 부인의 인물됨에 대하여 알고 있는 바가 무엇인지 전연 알 수 없다. 저자는 여기에 대해 알고 있는 정보를 우리에게 나누어 주지를 않고 있다. 그리하여 우리가 램지 부인이라는 여자에 대하여 알고 있는 것은 소설 가운데 나오는 다른 인물들에게 주어지는 그 여자의 인상과, 그들에게 끼치는 그 여자의 영향을 통하여서만 얻어진다. 한 방울의 눈물에 대하여, 어떤 가정들을 설정하는, 이름도 없고 형체도 없는 존재들, 그 여자에 대해서 궁금해 하고 추측하는 인간들, 그리고 뱅크스 씨 등이 우리에게 제공해 주는 것만을 우리는 알고 있는 것이다. 이 점에 있어 위에 인용한 소설의 부분은 아주 철저해서, 그것은 인물들이며 사건들에 대해 밖으로부터 관찰하는 데 필요한 관점을 전혀 제공하지 않는다. 또한 등장인물들의 의식 속의 현실 말고도 또다른 객관적 현실이 있다는 사실조차도 인정하고 있지 않은 듯한 인상을 우리는 거기에서 받게 된다. 그런 객관적 현실에 대한 표시는, 기껏, 어떤 행위의 외부적 틀에 대한 짤막한 언급, 즉 "램지 부인은 눈을 들면서 말했다."라든가, "언젠가 부인의 목소리를 들으면서 뱅크스 씨가 그렇게 말한 적이 있었다." 정도에 지나지 않는다. 마지막 문단("붉은빛이 도는 갈색 털양말을 짜고 있는……")도 이것과 연관시켜 이야기할 수 있긴 하겠으나, 단지 이것은 너무도 불확실한 요소가 많아서 적낭한 예가 되기 어려울 것도 같다. 이 사건은 객관적으로 서술되어 있긴 하지만, 그 해석에 있어서는 이미 객관성을 잃고 있는 것이다. 이 장면에서 우리는 저자가 램지 부인에 대하여 잘 알고 있는 듯한 인상을 받는 것이 아니라, 오히려 작중에 나오는 다른 인물들이 그 여자의 상황 그리고 그 여자의 행동이나 말에 대하여 가질 법한 그런 의심증과 궁금증 같은 것을 가지고 램지 부인을 관찰하고 있다는 인상을 받게 되는 것이다.

여기에서 사용되고 있는 소설의 기법들,(그것은 또한 다른 현대의 작가들에 의하여도 빈번히 사용되는 것들이지만) 즉 작중 인물의 의식의 내용을 드러내 보이는 기법들은 문장학적으로 분류된 바 있다. 그 기법들 중 더러는 어떤 특정한 이름으로(생언어(生言語), Erlebte Rede), 의식의 흐름(Stream of Consciousness), 내면 독백(monologue intérieur) 등이 그 일부의 예이다.) 불리는 것이다. 그러나 이 스타일상의 형식들(그중에도 특히 생언어)은 문학에서 훨씬 이전으로부터 쓰여 온 형식들이다. 다만 그 용도에 있어 달랐을 뿐이다. 저자가 분명히 알고 있는 객관적 현실을 짐짓 적당히 은폐하거나 아니면 전적으로 말소해 버리는 방법은 위에서 말한 정해진 호칭이 붙은 방법들 외에도(분명한 문장학적 정의를 지어 말하기는 어렵지만) 있다고 하겠다. 이런 종류의 방법은 형식에 의존하는 것이 아니라 억양이나 문맥에 의존하는 방법이다. 여기에 해당되는 한 경우가 바로 우리가 검토하고 있는 인용문이다. 여기에서 저자는 자기 자신을, 때로는 의심하고, 때로는 놀라고, 또 때로는 주저하는 사람, 말하자면 작중 인물들의 성격 및 사람됨에 대하여, 그 인물들 자신들이나 또는 독자보다 더 잘 아는 것이 없는 듯한 사람의 입장에 놓아 버림으로써 의도하는 바의 효과를 얻고 있는 것이다. 그러니까 말하자면 모든 것은 자기가 제시하는 세계의 현실에 대하여 저자가 어떤 태도를 갖느냐에 달렸다고 말할 수 있겠다. 그런데 작가에 따라 이 태도는 옛날의 작가들의 태도와는 상당한 차이를 보이고 있는 것이다. 이들은 등장인물들의 행동, 위치, 성격 등에 대하여(종전의 소설들에서 흔히 그랬듯이) 자신 있는 해석을 제공했다. 괴테, 켈러, 디킨스, 메리디스, 발자크, 졸라 등이 이런 작가들이었다. 이들은 작중 인물들의 행동, 느낌, 생각 등에 대하여 정확하게 알고 있는 것처럼 자신을 가지고 이야기 해 주며, 그들의 행동이나 생각들을 어떻게 해석할 것인지까지도 우리에게 분명히 일러 주었다. 그들은 작중 인물에 대하여 참으로 모든 것을 알고 있는 것이었다. 과거에도 소설이나 이야기 속에서 우리는 가끔 작중 인물들의 어떤 소설 속의 사건이나 사태에 대한 주관적인 반응에 대한 묘사를 발견할 수 있었다. 이럴 때는 보통 독백의 형식이 취해졌고, 또 대부분의 경우 "그가 보기에는"이라든가 "그 순간 그는 이렇게 느꼈다." 등등의 서두를 붙여서 내놓기도 하였고, 때로는 생어조(生言語)의 형식이 채택되기도 했다. 그러나 그들 과거의 작가들은 이런 경우에 있어서도 부단히 변하는 사물의 인상들이 이루는 큰 물결 속에서, 어떤 의식의 흐름이나 움직임을(가령, 위 이야기 속의 램지 부인이나 뱅크스 씨의 경우 우리가 관찰할 수 있는 것과 같이) 묘사하려는 노력을 거의 하지 않았었다. 오히려 한 등장인물의 의식은 그것이 늘 어떤 특정한 사건이나 상황과 관련 있는 사물에만 국한시켜 놓아 마땅한 것인 것처럼 묘사되었다. 이 책의 앞부분에서 검토한 「보바리 부인」의 인용문에서 우리는 이런 예를 찾아볼 수 있다. 그런데 이보다 더 중요한 것이 있다. 그것은, 저자가 객관적 자신에 대한 정보를 가지고 있는 절대적 권위자로서의 지위를 포기한 것이 아니라는 사실이다. 전세대의 작가들(특히 19세기 말 이래의 작가들)은 현실에 대하여 지극히 주관적이고 개인주의적이고 때로는 기인(奇人)적인 관점을 제시하였거니와 이런 작품은 현실에 대하여 객관적이거나 타당성 있는 사실들을 알아내려고 하지도 않았고 그렇게 하지도 못했다. 때때로 이런 작품들은 1인칭 화자의 관점에서 쓰는 소설의 형식을 택하고 있으나, 어떤 때는 그렇지 않기도 하다. 후자(後者)에 속하는 소설의 예로는 위스망(Huysmans)의 소설 「거꾸로(A Rebours)」를 들 수 있다. 그렇지만 이것 역시 우리가 지금 버지니아 울프의 소설을 근거로 검토하고 있는 바의 현대적인 수법과는 본질적으로 다른 것이다. 다만 이 경우, 이 후자의 수법은 전자를 바탕으로 하고 거기에서 자라난 것이라고 보는 것은 타당하겠다. 버지니아 울프가 사용하는 기법의 본질적 특징은 작가가 독자에게 어떠한 사람만의 의식(즉 한 사람이 의식을 통해 받는 사물의 인상들)의 내용만을 보여 주는 것이 아니라, 여러 사람들의 의식을 한 사람의 의식에서 다른 사람의 의식으로 움직여 다니면서 다양하게 드러내 보여 주는 데에 있다. 우리가 검토하는 버지니아 울프의 소설의 인용 부분만 보더라도, 소설의 관점이 램지 부인에게서 이른바 '사람들'에게로, 그러고는 또 뱅크스 씨에게로, 또 잠깐씩은 제임스나 스위스인 하녀 또는 이름도 없는 유령 같은 존재들에게까지 옮겨 다니는 것을 알 수 있다. 여러 사람의 관점을 제시했다는 것은 작가가, 하나의 객관적 현실, 즉 여기에서는 램지 부인의 실체라는 현실적 과제를 놓고, 거기 대한 답을 찾으려 열심히 연구 조사하고 있는 것을 말해 주고 있다. 분명히 이 여자는 불가사의한 존재이며, 결국 불가사의한 존재로 남아 있게 된다. 그러나 그 여자는 각종의 의식(그 여자 자신의 의식도 포함한)들의 총체에 의하여 온통 둘러싸여 있다. 우리는 부단히 여러 각도에서 그 여자에게 접근하여 인간의 지각과 표현력이 허락하는 한, 되도록 그 여자에 대해서 많은 것을 알아내고, 또 그것을 표현하고자 하는 노력을 엿볼 수 있는 것이다. 여러 사람들이 각각 다른 시점에서 받은, 각각 다른 여러 개의 주관적 인상의 힘을 빌려 객관적 진실에로 이르려고 하는 방법은 우리가 여기에서 검토하고 있는 현대적 기법에서 중요한 위치를 차지한다. 이 시도는 어떤, 그것도 매우 예외적인 한 사람의 견해만을 맞는 것으로 정해 놓고 그 사람이 보고 말하는 진실만을 받아들이도록 꾸며 놓은, 1인적 주관주의(unipersonal subjectivism)와 다르다. 문학사상으로 볼 때는 이 1인적 주관적 방법과, 여러 사람들을 동원하여 어떤 통합적 의식을 이루려 하는 방법들은 의식을 표현하는 방법들로서 밀접한 관계 속에 있다. 후자는 전자에서 발전되어 나왔으며, 이 두 가지의 방법이 같이 쓰이고 있는 소설들도 있어서 우리는 어떻게 하나가 다른 하나의 발전된 형태로 생성되었는가를 관찰할 수 있다. 마르셀 프루스트의 위대한 소설은 여기에 적절하게 해당되는 예라고 할 수 있다. 여기에 대해서는 뒤에 다시 얘기하겠다.

우리가 문제의 인용문에서 또 하나 발견할 수 있는 스타일상의 특징은 (이것 역시 방금 검토한, 여러 사람의 의식을 동원하는 방법과 관련된 것인데) 시간의 처리 방법이다. 현대 소설의 시간 처리가 특이하다는 관찰은 새로울 것이 조금도 없는 이야기이며, 이미 이 문제를 두고 몇 권의 저서까지 발간된 형편이다. 이 저서들은 주로 소설의 시간과 철학적 이론이나 경향의 상호 관계를 찾아내는 작업을 시도하고 있는데 이것은 물론 오늘날의 인간들이 공통된 관심과 숨겨진 목적을 가지고 행동하는 모습을 드러내는 데 도움이 될 수 있는 타당한 작업이다. 우리는 현재 검토 중인 재료를 바탕으로 이 문제를 생각해 보겠다. 앞에서 우리는 양말의 길이를 재는 일과 거기 관련된 발언을 위하여는, 양말의 측량과 입맞춤의 행위 사이에 끼었을 약간의 시간적 간격을 계산하고라도, 아주 짧은 시간밖에(말하자면, 무엇이나 빠뜨리지 않으려고 애쓰며 꼼꼼하게 글을 읽는 습관을 가진 독자가 그 인용문을 읽는 데 소모하는 시간보다 더 짧은) 요하지 않는다는 점을 지적했다. 그러나 인용된 부분의 서술이 들어가는 시간을 살펴보면, 시간은 이 사건 자체를 묘사하는 데보다(사건은 비교적 간단히 진술되어 있다.) 삽입되는 부분의 진술에 더 많이 소모되고 있는 것이다. 두 개의 긴 삽입부가 사건의 서술 사이에 끼어드는데, 이 지엽적인 부분에 틀을 제공하는 원래의 사건과 이 두 개의 삽입 부분과의 시간적 관계는 서로 다른 것임을 우리는 볼 수 있다. 처음 삽입, 즉 양말을 재는 동안 램지 부인의 마음속에 일어나는 현상의 묘사(또는, 더 정확히 말해서, 램지 부인이 아들에게 주는 두 번에 걸친 경고들. 한 번은 약간 방심한 태도로, 또 한 번은 날카로운 어조로 주는 경고 사이에 일어나는 일의 묘사)는 시간적으로 기본 사건과 일치한다. 그런데 이 사건의 진술이 양말 재는 행위보다 몇 초, 또는 몇 분 가량 더 긴 시간을 소모하는 이유는 의식이 여행하는 길은 말로써 따라갈 수 없도록 빠르기 때문이다.(물론 말로써 제3자에게 무엇인가를 전달해 주려는 의도가 있을 때 해당되는 얘기지만, 그것이 바로 검토하고 있는 재료 속에서 분명히 엿볼 수 있는 의도이다.) 램지 부인의 마음속에 일어나는 현상은 불가사의할 것이 조금도 없다. 왜냐하면 그녀의 마음에 일어나는 생각들은 일상생활에서 연유하는, 이를테면 정상적인 현상들이기 때문이다. 이 여자의 비밀은 훨씬 더 깊은 데 숨어 있다. 우리는 소설의 장면이 부인이 아들과 앉아 있는 방의 유리창가에서 스위스인 하녀에 관한 장면으로 바뀔 때, 비로소 램지 부인의 비밀에 약간 접하는 기회를 갖는다. 그러나 대체로 말해서 램지 부인의 의식 과정의 묘사는 다른 어떤 작가들 (가령, 제임스 조이스)에 나오는 어떤 경우보다 오히려 이해하기 쉽다고 하겠다. 램지 부인의 의식 속에 일어나는 생각들이 비록 단순하고 사소한 것이긴 하지만, 그것들은 아주 중요하고 의미심장한 것들이기도 하다. 결국 그것들은 그녀의 비길 데 없는 아름다움을 드러내 보이면서, 또 동시에 감춰 버리는, 그러한 삶의 복잡한 사연의 총체를 형성하기 때문이다. 물론 종전의 작가들도, 가끔 작중 인물들의 마음속을 지나는 생각 같은 것을 독자에게 말해 주기 위하여 약간의 시간이나 몇 개의 구절들을 소비하기도 했었다. 그러나 이런 목적을 위해서 그들은, 가령 램지 부인이 눈을 든 행위며, 그 눈길이 우연히 가구에 가서 멎은 것 같은 우발적인 계기를 사용하려 하지 않았을 것이다. 또한 의식의 계속적인 반추 작업을 정말 있는 그대로, 완전히 자유롭게 목적 없는 것으로 묘사할 생각은 하지도 못했을 것이다. 그들은 또한 잠깐의 시간을 사이에 두고 일어난 두 사건 램지 부인이 아들에게 준 두 번의 경고 중간에 그토록 긴 삽입을 넣을 것도 도저히 생각할 수 없었을 것이다. 이 두 개의 사건은 부인이 짜던 양말을 들어서 아들의 다리에 갖다 대는 동작이 끝나기 전에 다 일어나 버린다. 그리하여 전에는 그 예를 찾아볼 수 없는 놀라운 방법으로 외부적 사건이 요하는 시간의 짤막한 동안과 주관의 세계를 마음대로 배회하는 의식 과정의 꿈 같은 풍요함이 이루는 대조가 강조되어 나타나는 것이다. 다음과 같은 것들은 전혀 새로운 기법의 특징인 것이다. 즉 한 우발적인 사건으로 하여금 많은 의식의 과정을 풀어놓는 계기가 되게 하는 것, 아주 자연스럽게, 때에 따라서는, 자연주의적 수법으로 이 의식의 과정들을, 목적이나 생각의 주체 같은 것의 제한을 받음이 없이, 그 특유한 자유로운 흐름을 따라 기술하는 것, '외부적' 시간과 '내부적' 시간 사이의 대조를 부각시키는 점들이 이 기법의 특이한 성질들인 것이다. 이 세 특징의 공통되는 요소는, 그것들이 모두 작가의 어떤 태도를 밝혀 준다는 점에 있다. 즉 작가가 사실적 현실의 우발성을 철저히 받아들인다는 점, 그는 사실 세계의 자료들을 더러 추리고 다듬기는 할지언정(이것이야 하지 않을 도리가 없는 일이 아닌가?) 결코 지나치게 합리적 구도를 내세우지도 않으며, 어떤 계획적인 결론을 위하여 외부적 사건들의 계속성을 억지로 다스리려 하지 않는다는 점들이 위에서 말한 작가적 태도의 기본되는 요소이다. 버지니아 울프의 경우, 외부적 사건들은 그 주도력을 이미 상실하고 있다. 그것들은, 이 작가에게서는 내부적 사건들을 일으키고 해석하는 역할밖에 하고 있지 않을 것이다. 앞 시대의 작가들(오늘날의 어떤 작가들도 종종 그렇지만)에 있어서, 내부적 움직임이 어떤 중요한 외부적 사건을 준비하고 그것의 동기를 제공하는 역할만을 주로 맡아 한 것과는 크게 대조되는 태도이다. 이 작가의 그런 태도는, 위의 인용문 속에서, 참으로 아무렇게나 고른 듯한 우발적인 사건(제임스가 가만히 서 있지를 않았기 때문에 올려다 본 것)으로 하여금 많은 의미를 가진 의식의 과정을 촉발하는 계기가 되게 한 것에서도 우리는 분명히 볼 수 있는 것이다.

두 번째의 삽입문과 틀이 되는 사건과의 시간적 관계는 첫 번째 삽입문의 경우와 다르다. 이 두 번째 삽입문의 내용(눈물에 대한 묘사, 램지 부인에 대한 사람들의 추측, 램지 부인과 뱅크스 씨 간의 전화 통화, 뱅크스 씨의 작업장에서의 램지 부인에 대한 생각들)은 틀이 되는 사건과 시간이나 공간의 면에서 연결되지 않는다. 다른 때와 다른 장소에서 이루어진 일들이 이야기되고 있는 것이다. 이것은 이 책의 처음 장(章)에서 다룬 바 있는, 오디세우스의 흉터의 유래에 관한 이야기와 같은 부류의 것이라고 할 수 있다. 하지만, 그것과도 사실상 구조면에 있어 다르다. 호머의 예의 경우 삽입문은 에우리클레이아가 손으로 흉터를 만지는 일에 이어져 있고 이것이 일어나는 순간은 고도의 극적 긴장감을 지닌 순간이기는 하나, 이 장면은 곧 평화롭고 청명한 또 하나의 현재로 바뀌어 독자로 하여금 조금 전의 극적 긴장감에서 해방되게 하며, 발 씻는 장면 전체까지도 잠시 잊게 해 준다. 버지니아 울프의 문제의 인용문의 경우에는, 긴장감이라는 것은 문제가 될 수 없다. 극적 중요성을 띤 사건이라고는 아무것도 일어나질 않는 것이다. 여기에서 문제되고 있는 것은 양말의 길이일 뿐이다. 삽입부의 발단이 되는 것은 램지 부인의 얼굴 표정이다. "그렇게 슬퍼 보이는 사람은 아무도 없었다." 실제, 이것이 발단이 되어 몇 개의 삽입이 이루어진다. 정확하게 말해서 세 개의 삽입이 여기에서 시작되는 것이다. 그런데 이 세 개가 모두 다른 시간과 공간을 배경으로 하고 있으며, 시간과 장소의 분명도에 있어서도 차이를 보이고 있다. 즉 첫 번 삽입의 경우는 시간과 장소가 불분명하게, 두 번째 삽입의 경우에는 그보다 조금 더 분명하게, 그리고 세 번째에 가서는 비교적 정확하게 제시되고 있는 것이다. 하지만 이들 어느 것도, 가령 오디세우스의 젊은 시절에 관한 일련의 삽화적 이야기들처럼 정확한 시간적 배경을 가지고 있지 못하다고 할 수밖에 없다. 왜냐하면 위의 언급에서 전화의 장면에서까지도 시간은 부정확하게밖에 제시되어 있지 않기 때문이다. 그 결과로, 유리창가 구석진 곳으로부터의 장소의 이동은 흉터에 관한 에피소드에서의 장면 변화보다 훨씬 더 자연스럽고 은근하게 이루어지고 있다. 눈물에 관한 대목에서는, 독자는 장면의 변화가 있었는지 아닌지조차도 잘 알 수 없는 형편이다. 이름 없는 화자들은 부인이 앉아 있는 방으로까지 들어와서 부인을 바라보고 있는 건지도 모른다. 두 번째 패러그래프에 가서는, 이 해석은 이미 가능치 않지만, 그래도 소문의 주체가 되는 '사람들'은 아직도 부인의 얼굴을 바라보고 있다. 비록, 지금 바로 이 현장(여름 별장)에서는 아니었지만, 그들의 눈이 지켜보고 있는 것은 아직도 그, 같은 얼굴이었고, 같은 표정인 것이다. 그리고, 세 번째 삽화의 경우, 즉, 그 얼굴이 이제는 안 보이게 된 경우라 하겠으나,(뱅크스 씨는 여기에서 램지 부인과 전화로 이야기할 뿐이니까) 부인의 얼굴은 비록 그의 육안에는 보이지 않으나 그의 마음의 눈에는 여전히 같은 표정을 가진 같은 얼굴로 비쳐지고 있는 셈이다. 그러니까 결국 기본 주제(램지 부인이라는 수수께끼에 대한 대답을 찾는 일) 및 이 문제의 계기가 되었던 순간(양말을 잴 때의 부인의 얼굴 표정)은 잠시도 독자의 기억을 떠나지 않게 되어 있다. 외부적 사건이라는 점에서는, 이 세 삽입 부분은 아무런 관련도 가지고 있지 않다. 그것들은 흉터의 유래를 중심으로 서로 연관되어 있는 오디세우스의 젊은 시절의 에피소드와는 달리 아무런 공통되고 일관된 외부적 진전을 보이고 있지 않다. 관련성이 있다면, 그것은 그들이 공통으로 가진 꼭 한 가지 요소, 즉 램지 부인(더 구체적으로 말하면 놀라운 미모 뒤에 헤아릴 길 없는 슬픈 표정을 지닌 채, 양말이 아직도 너무 짧다고 결론짓는 램지 부인)을 바라보는 일이다. 참으로 이 한 공통적 요소만이, 달리는 전혀 관련이 없는 삽입의 각 부분들을 연결지어 주고 있는 것이다. 그러나 이 연결의 요소는 각 삽입 장면으로 하여금 그 독립적 '현재'를 잃게 할 만큼의 힘을 가지고 있으며, 이 점에서 우리는 흉터의 에피소드의 경우와의 대조를 볼 수 있다. 그것들은 모두가, "그렇게 슬퍼 보이는 사람은 아무도 없었다."라는 진술을 해석하려는 시도에 지나지 않는다는 것을 우리는 깨닫게 된다. 이 주제는 이 삽입부가 모두 끝난 다음까지도 계속된다. 그러니까 하나의 주제가 이 부분 전부를 일관하고 있다는 말이 된다. 이와 대조적으로, 에

갈색 스타킹 707

우리클레이아가 오디세우스의 흉터를 알아보는 장면은 흉터의 유래에 관한 삽입문으로 하여 완전히 두 부분으로 갈라지고 만다. 우리의 인용문에서는 외부적 사건들 및 '현재'들 가운데 그런 분명한 한계선을 전혀 볼 수 없다. 여기에서 틀이 되는 행사(양말의 측량)가 외부적 사건으로 아무리 미미한 것이라 할지라도, 그것이 만들어 내는 램지 부인의 얼굴의 영상은 이 삽입부 전체 속에 분명히 살아 있다. 삽입 자체가 이 그림을 위한 배경에 지나지 않는 격이며, 마치 우연히 가구에 가서 닿은 램지 부인의 눈길이 발단이 되어 전개된 첫 번째의 삽입부가 의식의 심층을 열어 보여 주는 역할을 하였듯이, 이 두 번째의 삽입은 시간의 심층 속으로 우리를 이끌어들이는 일을 하고 있다.

그렇다면, 이 두 개의 삽입은 처음 우리가 생각했던 만큼 서로 동떨어진 것은 아니라고 하겠다. 두 번째의 삽입문이 다른 장소들을 불러일으키는 데 비해, 첫째 삽입문은 틀이 되는 사건(및 공간)이 정해 주는 속에서만 시종일관한다는 차이점은 별로 중요치 않다. 두 번째 삽입에서의 시간과 장소들은 독립된 것들이 못 되며, 다만 이 삽입 부분의 계기가 되는 영상의 다음합성적(多音合成的, polyphony) 제시를 위한 한 역할을 맡아 할 뿐이다. 사실상 그것들은(첫째 삽입 문에서의 내부적 시간이 그랬듯이) 어떤 관찰자(물론 정체가 밝혀지지 않은)의 의식에서 일어나는 어떤 현상들인 것 같은 인상을 우리는 받는다. 말하자면 지금 이 관찰자는 램지 부인을 바라보고 있으며, 그 여자가 풍기는 불가사의한 분위기에 대한 분석을 하게 되는데, 그러는 동안에 다른 사람들('사람들', 뱅크스 씨)의 그 여자에게 대한 말 및 생각들을 기억해 내고 있다고 볼 수 있는 것이다. 두 개의 삽입의 경우, 우리는 그 어느 쪽에서나, 보다 순수하고, 깊이 있고, 그야말로 보다 진실된 진실을 밝혀 내려는 노력을 볼 수 있다. 두 경우에서 모두 다 삽입부의 발단이 되는 사건은 우발적이고 내용이 빈약하다. 또 두 경우에서 다 삽입 부분이 의식의 내용 및 내부적 시간만을 다루든지, 아니면 외부적 시간의 이동도 함께 다루고 있든지 별 차가 생기지 아니한다. 첫째 삽입에서도, 결국은, 의식의 과정의 묘사를 통하여 시간과 장면의 이동을 취급하고 있는 것이다.(스위스 하녀의 에피소드는 이 좋은 예라고 할 수 있다.) 중요한 사실은, 극히 중요치 않은 외부적 사건이 수많은 생각의 연쇄 반응 같은 것을 일으키며, 이런 생각의 집단으로 하여금 시간의 심층 속을 마음대로 떠돌아다니게 하고 있다는 사실이다. 이것은 마치 얼른 보아 단순해 보이는 글이 주석의 힘을 빌린 다음에야 그 가진 뜻을 충분히 과시할 수 있으며, 얼른 들어 단순한 음악의 주제가 전개의 부분에 가서야 그 풍부한 내용을 드러내 보여 주는 것과 같다. 또한, 이것은 우리에게 시간의 취급 방법과 '의식의 다인적(多人的) 묘사' 사이의 관계를 이해할 수 있게 해 준다. 의식 속에서 일어나는 생각들은 그것들을 풀어놓아 주고 외부적 사건의 현재에 매이지를 않는다. 우리의 인용문에 드러난 버지니아 울프의 특이한 기법은 작가가 직접 보고하는, 그리고 이미 확정된 사실로 받아들여진, 순간적 현재의 외부적이며 객관적인 현실(지금 우리의 경우에는, 양말의 길이를 재는 일)이 하나의 계기에 지나지 않는다는 사실에 기초되어 있다.(아마도 완전히 우발적인 것은 아닐는지 모르지만) 강조를 받는 것은 그 계기가 아니라, 그 계기가 풀어놓아 주는 것들, 직접 보는 것이 아니라 반영이나 고찰의 형식으로 제시된 것들, 그것들의 발단이 되는 사건의 현재에 묶이지 않은 것들인 것이다.

　여기에서 우리가 프루스트의 작품을 상기하는 것은 자연스러운 일이다. 그는 그야말로 이런 종류의 기법을 일관성 있게 사용한 최초의 작가인데, 그의 기법은 기여 속에서 잃어버린 진실들을 되찾는 작업에 의하여 연결되어 있다. 그런데 여기에서의 회복의 작업 역시, 외부적으로 볼 때 전혀 중요치 않고 우연적인 사건이 발단이 되어 시작되는 것이다. 프루스트는 이 과정을 몇 차에 걸쳐 우리에게 말해 주고 있다. 여기 관한 예술론은 「다시 찾은 시간(Le Temps retrouvé)」의 2권에 가서야 본격적으로 전개된다. 그러나 「스완의 집에서(Du Côté de chez Swann)」에 처음 소개되는 이 과정의 묘사도 충분히 훌륭하다. 한 불유쾌한 겨울 저녁, 차에 잠깐 담갔다 꺼낸(과자 같은 마들렌(Petite Madeleine))의 맛이 화자(話者)에게 황홀한 기쁨을 준다. 처음에는 분명치 않은 형태로 경험된 이 기쁨의 본질과 근원을 끈질긴 집념을 가지고 연구 조사한 끝에, 잃어버렸던 것을 다시 찾은 것으로 해서 생긴 현상임을 알아내게 된다. 다시 찾은 것이란, 어릴 때 그가 여름이면 그의 부모가 같이 방문하던 그의 아주머니가 사는 콩브레이라는 시골 집에서, 아침에 아주머니 방으로 아침 인사를 하러 갔을 때,(아주머니는 거의 침상을 떠나지 않고 지냈었다.) 일요일이면 아주머니가 주던 차에 담근 '작은 마들렌'의 맛이다. 되찾은 이 기억에서 시작하여 그의 어린 시절의, 어둠 속에 묻혀 있던 세계가 빛 가운데로 그 형체를 드러내기 시작한다. 그것은 이제 그의 어떤 경험된 현재보다 더 진실되고 실감나는 것이 되고, 묘사할 만한 주제가 된다. 그리하여 이제 그는 이야기를 시작하는 것이다. 그런데 프루스트에게 있어서 화자는 처음부터 끝까지 '나'로 일관된다. 이 '나'는 밖으로부터 관찰하는 저자하고는 결코 동일하지 않다. '나'는 이야기 속에 참여하고 있으며 그 자신의 특유한 풍미를 이야기에 침투시키고 있다. 이런 의미에서 그의 소설은 우리가 위에서 검토한 바 있는 1인적인 주관주의의 산물로 분류될 가능성도 없지 않다. 그러나 그런 분류법이 틀렸다고 할 수는 없으나 부적절한 것임은 분명하다. 그런 분류는 프루스트 소설의 구조를 완전히 설명해 주지 못하기 때문이다. 우선 분명한 것은, 위스망의 「거꾸로」, 또는 크누트 함순의 「팬(pan)」(이 점에서는 서로 공통되나, 다른 기본적인 면에서 서로 다른 두 작품을 예로 든다면)에서 볼 수 있는 바와 같은 엄격한 의미에서 단일인적 접근법을 사용하고 있지 않다는 점이다. 프루스트는 객관성을 목표로 하며, 사건의 본질을 드러내 보이는 것을 주목적으로 삼고 있다. 거기에 이르기 위한 방법으로써, 그는 그 자신의 의식을 길잡이로 받아들이는 것이다. 그러나 여기에서 말하는 의식은 특별한 종류의 의식이다. 그것은 아무 때나 움직이는 의식이 아니라 사물을 기억할 때 작용하는 그런 의식만을 가리키는 것이다. 그것은 과거의 현실들을 모두 살아나게 하는 힘을 가진 의식이다. 그런데 이 의식은 그러한 현실들의 현장이었던 과거에 그것이 처해 있던 상태에서 이미 오래전에 벗어났으며 이 새로운 상황에서 과거의 사실들을 바라보고 새로 정리해 보는 것이다. 이 의식은 단순히 개인적이고 주관적인 의식과 현저하게 다를 수밖에 없다. 옛날의 복잡한 심리적, 감정적 개입에서 완전히 해방이 된 새로운 상태에서 의식은 층층이 겹친 과거의 경험들 및 그 의미를 적절한 간격을 두고 바라볼 수 있는 것이다. 그것은, 부단히 과거의 일들을 서로 대면도 시키고, 또 그것들이 일어났던 과거의 어떤 특정한 때의 한계 내에서 그것들이 가졌던 편협한 의미, 또는 그것들의 내부적 시간의 연속성으로부터 해방시키는 작업을 하게 된다. 여기에서 우리가 발견하는 것은 내면적 시간의 현대적 개념과 신플라톤파적 사고(어떤 과제의 참 원형은 예술가의 영혼에서 발견될 수 있다는 사고, 현재의 경우에서는, 그 과제 속에 현존하면서, 그것에서 자기 자신을 분리시켜 관찰자의 자격으로 자기의 과거와 직접 대면하는 예술가를 말하는 것이 되겠다.)와의 혼합이다.

이제 나는 프루스트의 소설에서 한 대목을 인용하여 나의 논점을 예증해 보겠다. 이 대목은 화자의 어린 시절의 한 순간을 다루고 있으며 소설의 1권 첫째 장의 마지막 부분에 해당된다. 이 부분은 기억의 작업에 동원된 의식의 여러 층으로 이루어진 구조의 예로는 너무 좋고 분명한 느낌이 있다. 소설 전체를 보면, 여기처럼 의식의 구조가 분명히 제시되지 않은 것이 얼마든지 있으며, 그 구조가 주제의 제시 방법이라든가, 인물들의 등장, 퇴장, 재등장, 또는 여러 개의 현재와 여러 개의 의식 내용의 중복 같은 현상들이 분석을 통해서만 분명해지는 예도 허다히 있다. 하지만 프루스트를 읽은 사람은 누구나가 그의 전 작품이 우리가 지금 인용하고 있는 부분에서 아무런 주석이나 분석의 보조가 없이 드러내 보여지고 있는 그 기법에 의존하고 있음을 알 수 있을 것이다. 우리가 살펴보고자 하는 부분의 상황은 대략 이렇다. 어린 시절 어느 날 밤, 화자(話者)는 어머니가 매일 밤 행사처럼 해 주는 입맞춤을 받지 못해 잠자리에 들지 못한다. 아이가 잠자리에 들 시간이 되었을 때 아이의 어머니는 손님 접대하느라고 아이의 방에까지 올 수가 없었던 것이다. 신경이 몹시 날카로워진 아이는 손님이 가고 어머니가 잠자리로 들게 될 때까지 기다린다. 문 앞에서 어머니를 잡으리라는 결심을 한다. 때마침 아이의 부모는 아이의 지나치게 예민하고 섬세한 성격을 고치려고 이런 종류의 욕구를 엄격하게 억제하고 있는 터였으므로 아이의 이 행위는 큰 벌을 받을 수 있는 행위였다. 가령, 집에서 추방당하여 기숙 학교 같은 데로 쫓겨나갈 수도 있었다. 그러나 순간적인 만족에 대한 그의 욕구는 그 결과에 대한 두려움을 능가하는 것이었다. 의외에도 어머니의 바로 뒤에 아버지가 따라 올라온다. 평소에 어머니보다 훨씬 더 엄격하고 독재적이지만, 또 동시에 일관성이 적은 사람이다. 아이를 보자, 이 남자는 그 절망에 가득 찬 표정에 마음이 흔들린다. 그리하여 아내에게 아이 방에서 같이 자면서 아이를 진정시켜 주라고 제안하는 것이다. 프루스트는 계속한다.

아버지에게 감사의 표시를 하는 것은 나로서 불가능했다. 그것은 이른바 내 감상주의라고 아버지가 명명한 것의 표시로 보여서 아버지를 화나게 했을 것이기 때문이다. 나는 감히 움직이지도 못하고 그냥 서 있었다. 그는 아직도 우리 앞에 우뚝 서 있었다. 흰 자리옷을 입고, 머리에는 분홍빛과 보랏빛이 섞인 인도 캐시미어 머릿수건을 쓴(아버지는 신경통을 앓게 되면서부터 이것을 머리에 동여매는 습관을 가지게 되었다.) 그의 모습은 스완 씨가 내게 선물로 준 베노조 고졸리의 조각을 흉내 내어 만든 아브라함의 모습과 흡사했다. (아브라함이 하갈에게 이삭에게서 억지로라도 떨어져 나가야 한다고 이르는 장면이다.) 이 밤으로부터 여러 해가 지나고, 아버지가 촛불을 들고 천천히 올라가는 것을 내가 지켜보았던 그 층층대의 벽도 오래전에 무너져 버렸다. 내 마음속에서도 여러 가지의 것, 내가 영원히 계속될 것으로 상상했던 것들이 소멸되어 가고, 그 대신 새로운 구조들이 들어서서, 내가 그 옛날에는 전혀 예기치 못했던(지금에 와서 옛날 일들을 이해하기 어렵듯이) 새로운 슬픔과 새로운 기쁨들을 만들어 내고 있는 것이다. 나의 아버지가 엄마에게 "애하고 같이 가구려." 하고 말할 수 있던 것도 이제 오래전 일이 되었다. 그런 시간들은 이제 나에게 다시 오지 않는다. 하지만 요즈음에 와서 나는, 열심히 귀를 기울이기만 하면, 옛날의 나의 흐느낌, 내가 아버지 앞에서는 억지로 누를 수 있었던, 엄마하고 단둘이 남았을 때에야 터져 나왔던, 그 흐느낌의 소리를 점차로 더 분명히 들을 수 있게 되었다.

사실상, 이 흐느낌의 메아리는 지금껏 끊인 적이 없다고 말하는 것이 더 정확하다. 다만, 이제 와서 내 삶의 주변이 조금씩 더 조용해지기 때문에 나는 이 소리들을 처음으로 듣는 듯한 느낌을 갖는 것이리라. 그것은 마치 낮에는 거리의 소음으로 하여 감쪽같이 감추어졌던 수도원의 종소리가 저녁의 고요한 공기 속에 다시 울려 오는 것과 같은……

우리는 여기에 나타난 시간의 원근법을 통하여, 기억하는 의식 속에 고착된 사건은 상징적 성질을 띤 초월적 시제를 갖게 된다는 것을 느낄 수 있다. 이보다 더 분명하고 체계적인(물론, 훨씬 더 불가사의하기도 하지만) 예를 우리는 제임스 조이스의 『율리시스(*Ulysses*)』 편에서 발견한다. 이 작품에서는 의식과 시간의 여러 층을 동시에 제시하는 기법이 다른 어떤 작가의 작품에서보다 더 과감하게 사용되고 있다는 인상을 우리는 받는다. 이 책이 목표하는 바가 '모든 인간'(Every man)의 주제의 상징적 통합이라는 것은 분명하다. 유럽 문화사에서 볼 수 있는 중요한 모티프는 이 한 권의 책에 전부 집약되어 있는 것이나 다름없다. 그것이 애초에 몇 명의 구체적인 개인의 이야기로 시작된다는 것, 또 분명히 밝혀진 시간적 및 공간적 배경(1904년 6월 16일, 더블린)을 가지고 있다는 사실은 여기에 별 영향을 미치지 못한다. 이 소설은 민감한 독자들에게는 상당히 강렬한 인상을 즉각적으로 줄 것이다. 그러나 이 작품을 참으로 이해하는 일은 그리 쉽지 않다. 왜냐면 현기증을 일으킬 정도로 빨리 전환하는 모티프의 회전, 엄청나게 풍부한 어휘 및 개념, 그것들의 끝없는 배합 및 여기에 덧붙여서, 일견 임의적이고 무질서한 것 같은 표면의 뒤에 어떤 질서가 숨어 있을까, 과연 어떤 질서라도 숨어 있는 것일까 하는 영원히 풀 길 없는 의문의 끝없는 재기, 이런 것들로 해서 이 소설을 읽기 위해서는 독자는 참으로 많은 인내력과 지식을 필요로 하기 때문이다.

반영된 의식 및 시간층의 개념을 소설의 기법으로 사용함에 있어 우리가 여기에서 검토한 작가들만큼 철저하였던 작가들은 별로 없을 것이다. 그러나 이런 소설의 작법이 끼친 영향 및 그것의 모방은 도처에서 발견할 수 있다. 요즈음에 와서는, 식별할 줄 아는 독자일 것 같으면, 본격적인 작가라고 인정하려고도 하지 않을 저자의 작품에서도 이런 예를 얼마든지 볼 수 있는 것이다. 많은 작가들은, 그들이 선택하여 묘사하고자 하는 현실을 변화하는 여러 개의 광선 및 여러 개의 시간층 속에 드러내 보이기 위하여, 또는 개인적이라든지 주관적이라든지 하는 단일적인 관점을 버리고 좀 더 다양한 각도에서 사물을 바라보고 표현하기 위하여, 자기 나름의 표현의 방법들을 모색해 내기도 하였다. 적어도 그런 방향으로 시도하고 있다. 이들 작가들 중에는 나이 든 대가들도 더러 끼어 있었는데, 이들은 이미 오래전에 그들의 미적 개성의 완성에 도달했음에도 불구하고 1차 세계대전을 전후로 이 새로운 운동에 말려 들어가, 이미 완숙한 나이에 새로운 창작을 시도한 사람들이다. 즉 이제 그들은 외부적으로 포착된 현실의 보다 풍부하고 본질적인 해석을 추구하는 입장을 취하게 된 것이다. 토마스 만은 이러한 작가의 한 예가 되겠다. 그는 「마의 산」 이후, 그의 원래의 어조 및 입장(저자가 언제나 작품 속에 현재하여 독자에게 이야기를 하고 주석을 붙여 주고 그의 이야기와 거기에서 다루어지는 모든 것에 객관성을 부여하는)을 전혀 포기하지 않은 채, 점차로 시간의 원근법적 취급 및 사건들의 초월적 시제에 더 많은 관심을 갖게 되었던 것이다. 토마스 만과는 전혀 다른 또 하나의 예를 우리는 앙드레

지드에게서 발견한다. 그의 「사전(私錢)꾼들(Faux Monnayeurs)」을 볼 것 같으면, 사물들(그것들 자체도 여러 층의 다른 성분으로 구성된)을 바라보는 관점이 쉴 새 없이 변하는 것을 우리는 볼 수 있다. 그는 이 기법을 극단적으로 사용하여 결국, 소설과 소설의 발상에 대한 설명을 로맨티시스트들의 반어적 수법에 의하여 서로 뒤얽힌 모양으로 제시한다. 이와는 또 전혀 다른 예로, 훨씬 더 단순한 작가인 크누트 함순을 들 수 있다. 「땅의 성장」에서 그는, 등장인물들의 직접적인 또는 간접적인 발언과 저자 자신의 발언 사이의 한계를 모호하게 하는 수법을 쓰고 있다. 결과적으로, 독자는 저자가 과연 소설의 밖에 서서 이야기를 하고 있는지 아닌지 분명치 않아진다. 그의 말들은 그것들이 마치 작중 인물 가운데 한 사람이 하는 말인 것 같은 또는 적어도 우연히 사건의 장소를 지나가던 행인이 하는 말 같은, 인상을 주게끔 처리되어 있기 때문이다. 마지막으로, 우리는 우리가 지금 검토하고 있는 종류의 글이 갖는 특징들 중 아직 얘기되지 않은 여러 주제의 소재와 관련, 특징에 대해 고려해 보겠다. 현대 소설에서는 어떤 한 사람, 또는 몇 사람의 경험들이 하나의 연속체로서 계속적으로 추구되고 있지 않다는 것을 우리는 말할 수 있다. 사실, 사건들의 연속성 같은 것은 엄격히 말해서 없는 경우도 드물지 않게 있는 것이다. 때로는 많은 인물들과 여러 개의 사건의 조각들을 엉성하게밖에 연결시켜 놓지 않음으로써, 독자가 의지하고 따라갈 만한 이야기의 맥락을 흐려 버리는 방법도 사용되고 있다. 순전히 사건들의 파편만을 가지고 하나의 소설적인 상황을 조립하려는 시도를 한 소설들도 볼 수 있는데, 이런 소설에 있어서, 등장인물들이(가끔은 다시 나타나기도 하지만) 수시로 바뀌는 것을 동시에 관찰할 수 있다. 이런 소설의 경우 독자는, 작가가 영화 제작에서 사용하는 구조상의 방법을 소설에 시도한 것 같다는 느낌을 가질 수가 있을 것이다. 그런데 만약 그렇게 생각한다면 그것은 잘못 추측한 것이다. 우리는 영화에서 얼마나 많은 공간과 시간이 쉽게 축소되는가 알고 있다. 예를 들어 단 몇 초 동안에, 사진 몇 장을 통하여, 우리는 뿔뿔이 산재해 있는 방대한 크기의 인간의 집단을 한꺼번에 볼 수 있으며 대도시, 전 군대, 전쟁, 또 어느 한 나라의 전부를 일관할 수 있는 것이다. 이것은 언어로는 입으로도, 글로도, 도저히 해낼 수 없는 일이다.

그런데 소설이 공간과 시간을 상당히 자유롭게 사용하는 힘을 가진 것도 틀림없는 사실이다. 가령 영화가 나오기 전의 연극(고전주의의 '삼일치' 법칙을 고려에 넣지 않고라도)과 비교할 때 얼마나 많은 자유를 누리고 있는지 알 수 있는 것이다. 최근 몇 십 년 동안 소설은 이 자유를, 일찍이 어떤 시대의 문학에서고 그 유형을 찾을 수 없을 정도로 철저하게 이용하고 있다고 말할 수 있다.(로맨티시즘(특히 독일의)의 어떤 작품들은 혹시 여기에서 제외되어야 할지 모르겠으나 이 경우 이들이 현실적인 소재에 제한받지 않았다는 사실은 고려해야 할 것이다.) 그렇긴 하나 영화의 존재는 역시 소설로 하여금 그의 유일한 표현 도구인 언어가 부과하는 공간과 시간의 제약을 전의 어느 때보다도 더욱 강렬히 느끼게 하였으며, 지금까지의 연극과 소설의 관계를 역전시키기에 이르렀다. 이제 영화를 통한 연극의 표현 기술은 소설의 그것보다 훨씬 가능성이 크다는 것을 인정하지 않을 수 없게 된 것이다.

양차 세계대전의 가운데 든 기간 동안의 사실주의 소설들이 드러내는 특징들, 즉 우리가 이 장에서 검토한 바 의식의 다인적(多人的) 묘사, 시간층의 개념, 외부적 사건의 비연속성, 관점의 이동 등의 서로 밀접히 연결된 성질들은 우리에게 무엇인가를 말해 주고 있다. 즉 어떤 새로운 공통된 목표와 사고의 경향, 저자와 독자에게 공통된 어떤 새로운 요구 등을 지침해 주고 있는 것이다. 이 목표, 경향, 또는 요구는 헤아리기 어려울 정도로 많으며, 또 그중 어떤 것들은 서로 배합될 수 없는 관계에 있기도 하다. 그러나 이 모든 요소들은 불가분의 관계 속에서 결국 큰 하나의 속에 뭉쳐 있으며 그것들에 대해서 분석적인 검토를 하려고 할 것 같으면, 알지 못하는 사이에, 하나의 주제에서 다른 하나로 넘어가기가 아주 쉬울 정도로 이것들 사이의 한계는 불분명한 것이다.

버지니아 울프에서 인용한 우리 소재에 특히 두드러져 보이는 경향부터 살펴보기로 하겠다. 이 작가는 작은 사건들, 별로 중요치도 않고, 또 아무렇게나 골라잡은 듯한 인상을 주는 사건들(양말 재는 일, 하녀와의 단편적인 대화, 전화 통화)에 집착하는 경향이 있다. 큰 재앙 같은 것은 그만두고라도 이 작가의 소설에서는 큰 변화와 외부적인 전환의 상황 같은 것은 일어나지 않는다. 「등대를 향하여」 전체를 본다면, 그런 일들에 대한 언급이 없는 것은 아니다. 그런 경우 거기에 대한 서술은 아무런 준비나 문맥이 없이, 급하게 그리고 마치 별로 중요치는 않으나 알리지 않을 수가 없어 한마디 한다는 식으로 간단하게 처리되어 있는 것이다. 이와 같은 경향은 프루스트나 함순 같이, 말하자면 울프와 상당히 다른 부류의 작가들에서도 발견된다. 토마스 만의 「부덴브루크 집안 사람들」에서 우리는 아직도 부덴브루크 가에 일어나는 일련의 외부적 사건들의 연대순적인 서술로 이루어진 전통적 구조를 볼 수 있다. 또한 여러 가지 점에서 새로운 소설의 기법을 사용하는 데 있어서의 선구자격인 플로베르 역시, 이야기의 진전에 별 도움이 안 되는 사소한 사건들, 일상적인 상황들을 묘사함에 있어, 그의 원칙에 어울리게 충실하고 철저하지만, 그럼에도 불구하고 「보바리 부인」 전체를 통하여,(「부바르와 페퀴셰(Bouvard et Pécuchet)」에서라면, 문제는 또 달랐겠지만) 우리는 처음의 부분적인 위기에서 시작하여 종국적인 파멸로 이끄는, 느리나마 연대순을 충실히 지키는 이야기의 전개를 볼 수 있다. 그리고 이러한 전개의 원칙이야말로 작품 전체의 계획에서 지배적인 역할을 하고 있는 것이다. 그러나 근년에 가까이 오면서, 소설에 있어서의 강조점의 위치가 바뀌어, 많은 작가들이 한 인물의 인생에 비추어 볼 때 별로 중요하지도 않은 외부적 사건들을 소설 가운데서 다루고 있다. 어떤 때는 이런 작은 사건들이 그것들 자체의 테두리 안에서 묘사되지만, 또 어느 때에는, 모티프의 전개를 위한 출발점으로 다루어지기도 하며, 어떤 사태나 의식, 또는 역사적 배경 같은 것을 새로운 관점에서 바라볼 수 있을 만한 통찰력을 얻는 계기의 역할을 하기도 한다. 이 작가들은 자기들 작품에 나오는 등장인물들이 자기들 작품에 나오는 등장인물들에 대해서 확실한 정보를 제공함으로써 이야기에 표면적인 완벽을 부여한다든가, 연대순에 따라 이야기한다든가, 인물들의 인생에서 어떤 중요한 외부적 전환점을 찾아서 그것을 크게 부각시켜 묘사한다든가 하는 따위의 방법은 이미 포기해 버린 것이다. 제임스 조이스의 방대한 소설(더블린과 전애란(全愛蘭)의 겨울일 뿐만 아니라, 유럽의 전경 및 그 유구한 역사를 일거에 펼쳐 보여 주는 백과사전적인 소설)의 틀은, 밖에서 볼 때는 아주 사소한 사건으로밖에 간주할 수 없는 한 사람의 학교 교사와 광고 중간 업자의 인생 중의 어느 하루에 지나지 않는 것이다. 전체 이야기가 소요하는 시간은 두 사람의 일생 중 단 하루인 것이다. 이 점,「등대를 향하여」가, 중간에 상당한 기간이 끼기는 하나, 단 이틀 동안의 사건들로 구성된 것과 유사한 것을 우리는 관찰할 수 있다. (단테의「신곡」과의 유사점도 놓치지 말아야겠다.) 프루스트도 각각 다른 시기에서 뽑아 낸 시간들 및 날들을 소설 가운데 묘사하고 있는데, 그 중간에 끼는 긴 기간 동안에 일어나는, 말하자면, 등장인물들의 운명에 결정적인 영향을 주는 외부적 사건들에 대하여도, 가령, 회고나 예시의 형식을 빌려 마치 지나가는 말처럼 간단히 해 넘길 뿐이다. 화자가 어떤 목적으로 그 진술을 하고 있는지도 추측하기 어려운 식으로 말하기 때문에 독자 자신이 그 진술들의 목적을 찾아서 보충해야 하는 경우도 종종 있는 것이다. 위에 인용한 부분에서 아버지의 죽음이 언급된 대목은 그 좋은 예가 되겠다. 이 강조의 이동이 무엇을 뜻하는가? 우리는 이 현상이 말해 주는 것을 '신용(信用)의 이동'(transfer of confidence)이라는 이름으로 불러 보겠다. 외부적으로 중대한 인생의 전환점 또는 큰 재난 같은 것은 마치 별로 중요치 않은 사건들인 것처럼, 인물들에 대하여 아무런 결정적인 정보를 제공할 자격이 없는 사실들인 것처럼 취급된 반면, 아무렇게나 골라잡은 어떤 단편적 시간은 인간의 전 인생을 포용하고 있으며, 그 내용을 펼쳐 보여 줄 능력을 가진 것으로, 즉 신용할 만한 정보의 출처처럼 취급되고 있다. 이 관점에서 보면, 매일같이 일어나는 일들, 즉 일상의 소재들을 철저하게 이용하는 것이, 어떤 주제에 대하여 처음부터 끝까지, 연대순에 따라, 외부적으로 중대한 사건이라든가 사실을 하나도 빠뜨리지 않고 인생의 큰 전환점 같은 것에 큰 강조를 주며 충실하게 설명하려 드는 방법보다 훨씬 더 많은 것을 우리에게 이야기해 줄 수 있다는 것이다. 즉 이러한 관점은 일상의 소재의 통합적인 묘사의 표현력을, 외부적인 사건이나 사실 중심인 연대 순서 표시의 표현력보다 더 신용하고 있다는 말이다. 이러한 현대 작가들의 기법은 오늘날의 일부 문학자들이 쓰는 기법과 비교될 수 있다. 즉 이들 문학자들의 주장에 의하면,「햄릿」,「페드르」,「파우스트」에서 몇 대목을 골라내 그것을 철저하게 풀이하는 것이, 셰익스피어, 라신, 또는 괴테 및 그들의 시대 등에 대하여 그들의 전 작품 및 생애를 체계적으로 검토하는 것보다 더 많은 정보를 우리에게 줄 수 있다는 것이다. 사실상 나의 이 저서도 이런 방법을 예증하는 것으로 봐도 되겠다. 나는, 가령 유럽에 있어서의 사실주의 발달사 같은 것은 도저히 쓸 생각도 못 했을 것이다. 그 방대한 자료가 나를 완전히 압도해 버렸을 것이며, 나는 이런저런 시대의 한계를 정하는 일, 또 그 각 시대에 이런저런 작가들을 배치하는 일, 그리고 무엇보다도 사실주의의 개념을 정의하는 일 등에 관한 끝없는 논의를 벌이지 않을 수 없었을 것이다. 그뿐만 아니라 완전을 기하기 위해 나는 내가 충분히 알고 있지 못한 문제들을 다루어야 했을 것이며 그러기 위해서는 별도로 그런 문제를 다룬 자료들을 읽음으로써(이것은 내 의견으로는 지식을 얻는 방법이나 사용하는 방법으로나 졸렬한 짓이다.) 급작스런 지식과 정보를 거두어들였어야 했을 것이다. 그리고 이런 일들을 하는 동안에, 내 연구의 주요 대상이 되고, 내가 책을 쓰는 이유가 되었던 모티프들은 완전히 자취를 감추고, 그 대신에 이미 다 알려진 그리고 참고 서적 같은 데에서 얼마든지 찾아낼 수 있는, 사실적 정보들만이 범람하게 되었을 것이다. 그런데, 이와 정반대되는 방법, 즉 오랜 시일을 두고 특별한 목적이 없이 발견해 낸

몇 개의 모티프로 하여금 나를 이끌게 하고, 이것들을 내가 평소에 자연스러운 연구 활동을 통하여 친숙히 알게 되고 의미 깊게 생각하게 된 원전(原典)과 배합시켜 보는 방법은 성공과 소득의 전망을 가진 것으로 나는 본다. 사실 묘사의 전체 역사를 통해서 찾을 수 있는 몇 개의 기본 모티프들은(물론, 내가 그것들을 제대로 찾아냈다는 전제를 두고 하는 말이지만) 어떤 사실주의 작품의 단편 속에서도 찾아낼 수 있다고 나는 확신하는 것이다. 이야기를 다시 앞에서 검토한 현대 작가들에게로 가져가면, 전체적인 외부적 연속성을 중시한 완전하고 연대순적인 묘사보다는 불과 몇 시간, 또는 몇 날 동안의 일상적인 사건들의 해석에 훨씬 더 관심이 많은 이들 역시 전체적인 외부적 연속성을 참으로 완전하게 유지하면서 중요한 부분을 드러내는 묘사의 방법이 얼마나 어렵고 실현 가능성이 적은 시도인가를 의식적으로(정도의 차는 있겠지만) 고려한 결과로 이것과는 반대되는 그들의 방법을 택하게 된 것이라고 볼 수 있다. 그뿐만 아니라, 이들은 그들의 연구와 저서의 궁극적 과제인 인생을 묘사함에 있어, 거기에 존재하지 아니하는 질서를 억지로 부설(附設)하기를 꺼리는 것이다. 인간의 전 생애, 또는 긴 기간을 두고 일어난 일련의 사건들을 처음부터 끝까지 묘사하려는 의도를 가진 사람이 자기의 자료의 일부를 임의적으로 하고 고립시키고 하는 것은 불가피하다. 인생은 오래전에 시작됐고, 또 앞으로도 오랫동안 계속될 것이라는 점, 작가가 이야기하고 있는 사람들은 언제나 그가 이야기를 해낼 수 있는 것보다도 훨씬 더 많은 것을 경험하고 있다는 점, 이런 사실들을 고려하면 그것이 얼마나 불가피한 일인지가 분명해진다. 그런데 어떤 소수의 사람들한테 불과 몇 분 사이, 몇 시간 사이, 또는, 기껏 며칠 사이에 일어난 일들은, 비교적 완전하게 묘사될 수 있다고 말해도 과언이 아닐 것이다. 그리고 또 이런 식의 사실 묘사 안에는 인생 그 자체에서 생겨나는 질서와 인생의 해석이 내포되어 있는 것이다. 그 질서와 해석은, 말하자면, 인간들 안에서 자라나며, 그들의 사고, 의식, 그리고 좀더 불분명하게는, 그들의 말과 행동에서 형체를 드러내고 있는 것이다. 왜냐하면 우리 마음속에는 항상 우리 자신에 대한 어떤 공식화된 정의 및 해석을 찾는 작업이 진행되고 있기 때문이다. 우리는 부단히 우리의 과거, 현재, 미래 또는 우리의 환경 및 우리가 사는 세계에 의미와 질서를 주려고 노력하고 있는 것이 사실이다. 결과적으로 우리의 인생은 우리 자신한테 하나의 총체적인 실체로 파악된다. 이것은 우리가 수시로 우리에게 닥치는 새로운 경험들을 어느 만큼이나(억지로든, 아니면 자의적으로든) 소화할 수 있느냐에 따라서 과격하게 또는 좀더 순하게, 급격히 또는 서서히, 변하고 있는 것임은 물론이다. 이 질서와 해석이야말로, 우리가 지금 검토하고 있는 작자들이 어떤 임의적인 순간 안에서 찾으려고 노력하는 바의 것인데, 그것은 하나의 질서, 하나의 해석이 아니라, 여러 개의 질서와 해석인 것이다. 여러 다른 사람들의 질서와 해석일 수도 있으나 한 사람 안에서 각각 다른 때에 생기는 여러 개의 질서와 해석일 수도 있는 것들은 서로 중복, 보충, 또는 부정해 가며, 어떤 종합적인 우주관이라고도 부를 수 있는 포괄적인 관점을 산출해 낸다고 할 수 있다. 아니면 적어도 독자로 하여금 이러한 종합적인 관점에 대하여 새로운 흥미와 이해를 갖게 하는 효과 정도는 이루고 있다고 보아야 하겠다.

    이제 우리는 또다시 다수 의식의 반영이라는 문제로 되돌아왔다. 그런 기법이 얼마만의 기간을 두고 서서히 발달했다는 것, 또 정확히 말해서 그 기법은 1차 세계대전의 기간과 그 뒤에 온 기간 동안에 발달할 사정이 있다는 것은 이해하기 어렵지 않은 일이다. 16세기 이후, 19세기까지 내리 계속하여, 그리고 날로 더 급속하게 인간의 시야는 점점 넓어졌고 인간의 경험, 지식, 사고, 그리고 생존의 방법, 이런 것들은 날로 늘어나서, 20세기 초에 이르러서는 종합적이고 객관적인 해석들이 매 순간 새로이 형성되고, 파괴되고 하는 과정을 겪게 되었다. 이 뭇 변화들의 엄청나게 빠른 속도는 인간이 그 전체를 한꺼번에 조망할 수가 없었기 때문에 더욱 혼란스러웠다. 과학, 공학, 경제 등 각 분야에서 동시에 같은 종류의 변화가 일어나기도 했는데, 결과적으로 아무도(각 분야의 지도적 위치에 있는 사람들까지도) 그 변화에 뒤따르는 전체 상황을 추측하거나 평가할 수 없었던 것이다. 그뿐 아니라, 변화들은 어디서나 같은 성과를 초래하지 않았으며, 따라서 한 민족의 다른 사회층 사람들 사이, 또는 다른 민족들 사이의 달성도의 차이는 더 커지지는 않았다 하더라도, 적어도 더 두드러지게는 되었다. 광고의 발달 및 날로 축소되는 지구 위에서의 인간들의 군집은 인생을 사는 방법 및 태도의 차이에 대한 인식을 촉구하였고, 새로운 변화들이 그 발달을 조장하거나 또는 위협하게 된 바 생존의 원칙과 형식들을 동원시키기에 이르른 것이다. 세계 각처에서 적응의 위기들이 조성되었다. 그것들은 점점 수가 많아졌고, 또 서로 합류가 되기도 했다. 그로 인해 일어난 대격동들로부터 우리는 아직도 헤어나지 못하고 있다. 유럽에서도, 이질적인 생활 양식과 관심들의 충돌은 그 전통의 일부를 이루었던, 여러 번의 충격과 변화에도 불구하고, 적응하고 그 권위를 유지했던 종교적 철학적 윤리적 그리고 경제적 원칙들을 침식했을 뿐 아니라, 18세기 및 19세기의 전반까지도 혁명적 사상으로 간주되었던 계몽주의 및 민주주의, 또는 자유주의의 기반까지도 뒤엎었다. 그리고 심지어는 새로 일어난 혁명세(전성기 이후에야 비로소 생겨난)의 원리까지도 흔들어 놓기에 이른 것이다. 이 세력들은 다 분열하고 붕괴하였다. 그것은 또한 수많은 서로 적대적인 단체들을 형성케 했는데, 이 단체들의 더러는 비사회주의적 이데올로기 아래 이상한 동맹들을 맺었고, 또 그 대부분은 2차 세계대전 중에 해체되고 말았다. 그들 사상의 가장 과격한 주창자였던 자들 중의 다수가 그들의 가장 극단적인 적의 진영으로 넘어가는 등의 사태로 벌어졌다. 어쨌든 이러는 동안에, 이 새로웠던 사회 세력은 그 통일성 및 분명한 형체를 완전히 잃게 된 것이다. 뿐만 아니라 강한 파당주의도 생겨났다. 때로는 중요한 시인들, 철인들, 또는 학자들을 중심으로 구성되기도 한 이들의 대부분은, 사이비 학자들, 절충주의자 그리고 원시주의자들의 집단에 불과했다. 단 한 개의 공식으로 모든 문제를 모두 해결해 낼 수 있다는 종파적 집단에 우리 자신을 맡겨 버리는 것은 유혹적인 일이다. 암시적인 위력으로써 유대 의식을 강요하며, 그들의 입장에 맞추지 않는 사람이나 단체는 무엇이나 다 배척해 버리는 이런 집단과의 결연이 너무도 유혹적인 것이어서 파시즘이 유럽에 당도하여 작은 파당들을 흡수하며 오랜 문화의 전통을 자랑하는 나라들을 휩쓸 때, 사실상 아무런 강제적인 방법을 쓸 필요가 없었던 것이다.

19세기, 또는 20세기 초에만 해도 이들 나라에는 분명히 정의되고 쉽게 알아볼 수 있는 사고와 느낌의 공동체가 있어서 사실의 묘사에 종사하는 작가는 그의 작업을 계획함에 있어, 믿고 의지할 만한 기준을 손쉽게 찾을 수 있었다. 적어도 그의 당대를 중심으로 생겨난 동향 속에서 그는 어떤 특정한 사조들을 알아볼 수 있었으며, 서로 반대되는 태도라든가 인생의 방법들을 어느 정도의 정확성을 가지고 가려낼 수 있었던 것이다. 물론, 이런 일들이 그토록 어려워진 것은 갑자기 생긴 일이 아니라 오래전부터 점차로 일어난 현상이다. 플로베르(우리의 얘기를 사실주의 작가들에게만 국한시키기로 하면) 자신 이미 그의 작품의 기반이 될 만한 사고의 체계를 그의 시대에서 찾지 못했다. 그 뒤에 생긴, 철저한 주관주의적 관점에 대한 관심의 증대는 또 하나의 징후적인 사태이다. 1차 세계대전과 그 직후, 안정을 잃은 유럽에는 각종의 미숙한 이데올로기 및 인생 철학들이 범람했고 재난의 예감이 공기 중에 충만해 있었다. 이런 상황 속에서 직감력과 통찰력을 가진 작가들은 현실을 여러 개의 의식의 반영이라는 형태로 분해하는 시도를 하기에 이르렀다. 이런 기법이 이 특정한 때에 발달된 것은 충분히 이해할 만한 일이다.

그런데, 이 기법을 혼돈과 무능력의 징후, 또는 망해 가는 우리 세계의 반영만으로 볼 수는 없을 것 같다. 물론 그렇게만 본다고 해도 크게 잘못된 평가는 아니다. 왜냐하면 이런 부류의 작품은 한결같이, 어떤 숙명적인 분위기에 지배되고 있기 때문이다. 특히,「율리시스」같은 작품을 보면, 유럽 전통에 대한 애증이 엇갈린 상반되는 생각과 느낌의 풍자적이고 혼란스런 묘사, 뻔뻔스러울 만큼 노골적이고 고통스러운 냉소주의, 그리고 해석 불가능의 상징주의, 이런 것들의 무질서한 혼합임이 분명하며, 아무리 공을 들여 분석해 본다 해도 모티프들의 다양하고 복잡한 전개 및 배합 외에는 별다른 아무것도 찾아낼 수 없다. 즉 작품의 의미라든가 목적 같은 것은 나타나지를 않는다. 이 밖에 다른 의식의 다수 반영을 기법으로 사용한 소설의 대부분도 독자에게 절망적인 느낌만을 안겨 주고 끝나기가 일쑤이다. 이들 소설은 언제나 무엇인가 읽는 사람을 얼떨떨하게 하고 사물을 불분명하게 하고 묘사의 대상이 되는 사실에 적대적인 태도를 보여 준다. 우리는 이런 작품들에서 삶에 대한 실천적인 의지의 기피 및 지극히 비인간적인 인간 상황의 묘사에 대한 기호를 흔히 발견한다. 이런 작가들은 문화와 문명을 증오하며, 이 증오를 그런 문화와 문명이 산출한 가장 발달된 문장학적 기법의 힘을 빌려 묘사하고 있는데, 거기에서 우리는 종종 극단적이고 광신적이기조차한 파괴욕을 발견하기도 한다. 이 부류의 소설 전부에 공통된 특징은 모호성과, 의미의 불분명이다. 이 특징은 또한, 같은 시대의 다른 예술 형태에서도 찾아볼 수 있었던 해석 불가능의 상징주의와 상통하는 것이다.

그러나 우리는 이 모든 현상에서 또다른 요소도 발견해야 할 것이다. 이제 우리의 출발점이었던 인용문으로 되돌아가 보자. 여기에서 무엇이라 형언할 수 없는 막연하나마 구제할 길이 없이 깊은 슬픔을 우리는 보게 된다. 램지 부인의 참 위치는 어떠한 것인지 우리는 끝내 모르고 만다. 다만, 그 비밀의 깊은 속으로부터 우러나오는 슬픔과 그 여자의 용모의 아름다움과 어떤 강력한 힘을 우리는 경험할 뿐이다. 소설을 전부 읽고 난 다음에도 우리는 등대로의 항해 계획과 몇 년 후에 실제로 등대에 간 것 사이에 설정된 관계가 의미하는 것이 무엇인지 알지 못한다. 릴리 비스코로 하여금, 결정적인 마지막 일획으로 그림을 완성시킬 수 있게 해 준 결론적인 현시도 마찬가지로 불가사의하여, 우리는 거기 대해서 오로지 어렴풋한 추측을 할 수 있을 뿐이다. 이 소설은 이런 종류의 책들 중에서는 보기 드물게 선하고 진지한 사랑이 넘치는 이야기이다. 물론, 거기에는 여성적인 아이러니와 형체 불명의 비애, 그리고 삶에 대한 의혹이 있다. 그러나 하나하나의 사건을 취급함에 있어 (양말 길이 재는 사건의 예를 보라!) 얼마나 깊고 사실적인 진실에의 추구를 우리는 볼 수 있는가! 여기에 우리는 사건의 여러 국면이, 그리고 다른 사건들과의 연관들이 모두 드러나는 것을 본다. 이것들은 모두 지금껏 아무도 느끼지도, 보지도, 주의하지도 않았던 사실들인 동시에, 우리의 참 인생에 결정적인 요인들인 것이다. 버지니아 울프의 소설에서 일어나고 있는 과정은, 이런 부류의 다른 소설들에서 물론 시도하고 있는(이 소설가와 같은 통찰력과 역량은 흔히 볼 수 있는 것이 아니지만) 것과 꼭같은 과정이다. 즉 우발적인 사건을 강조하고, 그 사건을 외부적인 연속성과 관련시킴이 없이 그 자체로써 활용하는 접근법을 우리는 이 작품들에서 공통적으로 발견하는 것이다.

    주의할 중요한 사실은, 이런 과정을 거치는 동안 소설이 새롭고도 절대적인 어떤 가치를 얻게 된다는 것이다. 이 새로이 얻은 가치란, 다름 아닌(우리가 편견을 버리고 거기에 우리 자신을 내맡길 수만 있다면 우리 자신 충분히 경험할 수 있는) 생생한 현실감과 인생의 심오한 진실로 가득한 매 순간의 구현이 갖는 가치이다. 이 순간순간에 일어나는 일들은 그것이 외부적인 것이든 아니면 내면의 것이든 물론, 그 순간 안에 살고 있는 인물들과 관계되는, 말하자면 개인적인 성질의 일일 것이다. 그러나 또 한편(바로 그 이유로 해서) 그것은 우리 모두가 공동으로 경험하고 있는 어떤 근본적인 상황에도 관련이 되는 것이다. 우연적인 순간이야말로 모든 논쟁적이고 불안정하고, 인간의 싸움과 절망의 주요 기준이 되는 인간 사회의 규범들로부터 해방된 독립적 상황이다. 그런고로, 그 순간이 활용되면 될수록 우리의 삶을 공통적으로 구성하고 있는 기본적인 요소들이 부각되어 나오는 것은 당연한 일이다. 이런 우연적인 순간의 주인공들이 많고 다양할수록, 그리고 그들의 성격이 단순할수록, 그들에게 공통된 요소들이 더욱 분명히 드러날 수밖에 없다. 이런 편견이 없고 깊이 탐색하는 종류의 묘사를 통하여 우리가 볼 수 있는 것은 표면적인 충돌 및 알력에도 불구하고 인간들의 사는 방법 및 사고의 형태들 사이의 차이는 사실상 엄청나게 감소되어 버렸다는 사실이다. 사회의 다른 여러 계층의 사람들과 그들의 사는 양식들은 이미 가릴 수 없을 정도로 혼합이 되었다. 이제 와서는 '이국적인 사람'이라는 존재도 있을 수 없는 것이 되었다. 한 세기 전만 해도, (가령, 메리메에도 나타나지만) 코르시카인이나 서반아인은 이국적인 존재들로 간주되었다. 오늘에 와서는, 그 어휘는 펄 벅의 소설에 나오는 중국의 농부들에게조차 적용될 수 없는 말이 되어 버렸다. 표면의 충돌 및 알력의 그늘에서는, 경제적 문화적인 평등화의 작업이 꾸준히 진행되고 있는 것이다. 그 충돌과 알력 자체도 사실상 이 과정을 촉진하고 있는 것이 사실이다. 물론 지구 위에 인간들의 완전히 평등한 생존이 실현되기까지는 요원하기 한이 없다. 그러나 지금에 와서는, 적어도 인간이 도달할 그 목적지가 우리의 눈에 보이기 시작하고 있다. 그리고 그것은, 현재 여러 다른 인간들의 우연적인 순간의 내면과 외부를 편견이 없이 정확하게 묘사하는 작가들의 그 태도에 가장 구체적으로 그 모습을 나타내기 시작한 것이다. 그리하여, 우리는 이제 우리의 관찰한 바의 복잡한 분해의 과정, 외부적인 행동의 단절화 및 의식의 반영, 시간층의 개념 등이 총동원되었던 그 작업이 지향하는 목표가 사실상 지극히 단순한 것이었음을 깨닫게 된다. 아마도 그것은 그것이 내포하는 위험과 파멸의 가능성에도 불구하고 우리 시대의 많은 그 풍요와 다양함 때문에, 또한 그것이 제공하는 유례없이 흥미로운 역사적 시점 때문에, 우리 시대를 예찬하고 사랑하는 사람들의 취향에 맞기에는 너무도 단순할는지 모르겠다. 그러나 이런 사람들의 수는 그리 많지 않으며, 이러나저러나, 이들의 생전에는 이 통합과 단일화의 작업은 그 초창기적 단계를 넘어서지 못할 테니까 염려할 필요도 없을 것으로 생각된다.

에필로그

　이 책의 주제는 문학적 재현 또는 '모방'을 가지고 현실을 해석한다는 일인데, 이 주제는 오랫동안 내 작업의 대상이 되었었다. 내 원래의 출발점은, 모방은 진리에서 세 번째의 위치에 있다는 것을 말하고 있는 플라톤의 「공화국」 10장, 그리고 이와 아울러 「신곡」에서 참다운 현실을 제시했다고 하는 단테의 주장이었다. 유럽 문학에 있어서 인간사를 해석하는 여러 가지 방법을 연구해 나감에 따라 나는 내 관심이 점차 정확해지고 초점이 있는 것이 되어 감을 발견하였다. 몇몇 지침이 되는 생각들이 확연해지기 시작하고 나는 이것들을 따라 탐구를 계속하였다.
　이러한 생각들 가운데 맨 처음 것은 문학 표현의 다른 차원에 관한 고대인들의 이론, 즉 나중의 고전주의 운동에서 다시 문제가 된 이론에 관계되는 것이다. 19세기 초 프랑스에서 이루어진 형태의 현대 리얼리즘은 이 이론으로부터의 완전한 해방에 의하여 특징지어지는 예술 현상이라는 것을 나는 알게 되었다. 이 해방은 당대의 낭만주의자들이 내세운 숭고(le sublime)와 괴기(le grotesque)의 혼합이 시사하는 것보다는 더 철저한 것이며, 또 나중의 인생 모방의 문학 형식에 대하여 중요한 의미를 갖는 것이다. 스탕달과 발자크가 일상생활 속의 개인을 당대의 역사적 상황에 매달려 있는 대로 아무렇게나 취하여 심각하고 문제적이고 나아가 비극적인 묘사의 주제로 삼았을 때, 그들은 별개 차원의 스타일을 설정한 고전주의 이론과의 단절을 선언한 것이었다. 왜냐하면 이 이론에 따르면 일상적 실제석 현실은 오로지 낮거나 중간 스타일의 영역 내에서만, 다시 말하여, 괴상하고 우습고 즐길 만하고 가볍고 생생하고 우아한 오락으로서만 문학적 공간을 허락받을 수 있는 것이었기 때문이다. 그리하여 그들은 오랫동안 준비되어 오던 발전 과정에 끝맺음을 한 것이었다. (18세기의 세태 소설과 '눈물짜기 희극' 이래, 조금 더 두드러지게는 '질풍노도'와 초기 낭만주의 이래 준비되어 오던 것이었다.) 그리고 그들은 끊임없이 변하고 또 확대되어 가는 현대의 삶에 발맞추어 점점 더 풍요한 형태로 발전해 온 현대 리얼리즘에의 길을 터 놓았다.

　문제를 이와 같이 본 결과 나는 스타일의 차원에 관한 고전주의 이론을 뒤엎은 19세기 초의 혁명이 그런 종류의 혁명으로서 최초의 것일 수 없다는 사실을 깨달았다. 낭만주의자와 그 동시대의 리얼리스트들이 무너뜨린 장벽은 16세기말과 17세기에 고대 문학의 엄격한 모방을 주창한 사람들이 세워 놓은 것에 불과했다. 그 이전, 중기에서 르네상스에까지, 심각한 리얼리즘의 한 종류가 존재했었다. 문학에서나 미술에서나 현실의 대부분의 일상적인 현상을, 심각하고 의미 있는 관련 속에서 그려 낼 수가 있었다. 스타일의 차원의 원리는 절대적인 타당성을 가진 것이 아니었다. 중세 리얼리즘과 현대 리얼리즘이 아무리 다르더라도, 이 기본적인 태도에 있어서는 서로 일치했다. 그리고 이 중세의 예술관이 어떻게 발전되어 있는가 하는 것은 나로서는 분명한 것이었다. 언제 어떻게 하여 그것이 고전 시대의 이론과 결별했는가도 분명했다. 스타일의 고전적인 규칙을 정복한 것은, 일상적 현실과 가장 높고 가장 숭고한 비극을 가차 없이 섞어 놓은 그리스도의 이야기였다.

　그러나 스타일의 차원에 대한 두 번의 단절을 비교해 보건대, 그것이 완전히 다른 상황 아래에서 일어났고 전혀 다른 결과를 가져왔다는 것을 즉시 알아차리지 않을 수 없다. 고대 후기와 중세의 기독교 저작에 표현된 현실관은 현대 리얼리즘의 현실관과는 전혀 다르다. 옛 기독교적인 관점을 적절하게 공식화하여 그 본질적인 점을 돋보이게 하고 관련된 현상이 모두 포함되게 하기는 지극히 어려운 일이다. 대체로 만족할 만한 것으로 생각되는 해결 방안이 '비유'(figura)라는 말의 의미를 역사적으로 추적하는 데에서 발견되었다. 이런 까닭으로 하여 나는 고대 후기와 기독교 중세에 있어서의 현실 개념을 말하는 데 '비유적'이라는 용어를 사용한다. 이것이 무슨 뜻인가는 이 책에 되풀이하여 설명한 바 있다. 자세한 논고는 '비유'에 대한 나의 논문에 있다.(《이스탄불 서보(書報, *Istanbuler Schriften*)》, 5호, 「단테 신고(新考, Neue Dante Studien)」, 이스탄불, 1944, 나중에 베른으로 옮겼다.) 여기에 들어있는 생각으로는 지상에서 일어나는 일은 그 자체를 뜻할 뿐만 아니라 동시에, 지금 여기의 구체적인 현실로서의 힘을 조금도 감함이 없이 예언 또는 확인의 대상으로서의 다른 사건을 의미했다. 사건의 관련은 일차적으로는 시간적인 또는 인과 관계 상의 진전으로 생각되는 것이 아니라 모든 사건이 그 부분과 반영을 이루는 신의 구도에서의 통일성으로서 간주된다. 그것들의 지상에서의 직접적인 관련은 2차적인 중요성밖에 갖지 못하며, 그것을 해석하는 데는 이러한 관련은 전혀 알지 못해도 무관한 것이다.

　이 세 가지 착상이 원래의 문제에 형태를 주었고, 또 그 범위를 제한하기도 하였지만, 이것이 이 연구 전체의 토대가 되었다. 물론 대상이 되는 역사적 현상의 풍부함에 비추어 연구는, 거기에 따르는 다른 주제와 문제를 많이 포함하게 되었다. 그러나 이들 대부분은 본래의 착상에 관련되는 것이다. 여하튼 그 생각들은 계속적인 참조의 기준점이 되었다.

　사용된 방법에 대해서는 이미 앞에서 토의한 바 있다. 리얼리즘의 체계적이고 완전한 역사를 쓴다는 것은 불가능한 일이고, 그것은 내 의도에 맞는 일도 아니었을 것이다. 지침이 되는 개념들이 소재를 특정한 방향으로 제한했다. 나는 리얼리즘의 일반적인 양상을 다루지 않게 되었다. 문제는 어느 정도로 어떤 방법으로 현실적인 소재가 심각하게, 문제적으로 또는 비극적으로 다루어졌느냐 하는 것이었다. 따라서 단순한 희극 작품, 분명하게 낮은 스타일의 영역에 속하는 작품은 배제되었다. 이것들은 대조를 위하여 예시가 필요할 때에 언급되는 정도였다. 마찬가지로 높은 스타일로 쓰인 완전히 비현실적인 작품도 때때로 언급되는 데 그쳤다. '심각한 스타일과 성질의 현실주의의 작품'이라는 범주는 그것만 별도로 취급된 일이 없고 또 별개의 범주로 생각된 일조차 없었다고 할 수도 있다. 나는 그것을 이론적으로 분석하고 체계적으로 묘사하는 것은 부적당하다고 생각하였다. 그렇게 하려면 연구의 단초에 나로서는 힘들고 독자로서는 지루한 탐색을 통하여 정의를 수립하는 작업이 필요했을 것이다. ('현실주의적, 리얼리스틱'이라는 말 자체도 분명한 것이 아니다.) 그리고 이것은 이상하고 거북스러운 용어들을 쓰지 않고는 불가능한 것이었을 것이다. 각 시대에 대하여 몇 개의 원전(原典)을 인용하여 내 생각을 시험해 보는 구체적인 사례로 사용하는 나의 방법은 독자를 곧장 대상으로 이끌어 가고 이론적인 것을 다루기 전에 문제점을 감지할 수 있게 한다.

　원전 해석의 방법은 해석자에게 여유를 허락해 준다. 마음대로 선택하고 강조할 수 있게 한다. 내 해석의 방향은 특정한 목표에 의하여 지배되는 것일 것이다. 그러나 이 목표는 원전을 두고 이리저리 생각하는 사이에 차차 모양을 갖추어 나갔고 그러는 사이의 상당한 동안은 원전이 가리키는 바만을 따랐다. 뿐만 아니라 대부분의 원전은 어떤 특정한 목표의 관점에서라기보다는 우연히 알았다든지 내가 개인적으로 좋게 생각했다든지 하는 데 근거해서 무작위로 골라졌다. 이런 연구라는 것은 법칙이 아니라 여러 가지로 착잡하게 얼크러지고 상보하는 흐름이나 경향을 다룬다. 가장 좁은 의미에서 내 목표에 맞아 들어가는 것만을 제시하겠다는 데에만 나의 관심이 있지 않았다. 반대로 다양한 자료를 수용하고 내 이론을 이에 따라 융통성 있게 하려는 것이 나의 노력의 일부였다.

　각 장(章)은 독립된 시기를 다루는데, 어떤 것은 비교적 짧아서 반세기

정도를 다루고, 다른 것은 더 긴 시기를 다루었다. 건너뛴 시기도 드물지 않다. 즉 언급하지 않는 시기가 있다는 말인데, 가령 도입부로서만 언급된 고대와 자료가 빈곤한 중세가 그런 시기다. 영국, 독일, 스페인의 원전(原典)을 다루는 장(章)을 추가할 수도 있었을 것이다. 나는 '황금의 세기'(siglo de oro)를 더 길게 다루고 싶었다. 특히 17세기 독일의 리얼리즘에 대한 장을 따로 설치했으면 했다. 그러나 난관이 너무 많았다. 지금 상태로도 나는 3000년 이상에 걸친 원전을 다루어야 했고 적지 않게, 내 전문 분야인 로맨스어 계통의 문학의 영역을 넘어가야 했다. 또 이 책이 유럽 연구의 자료가 잘 갖추어져 있지 않은 이스탄불의 도서관에서 전쟁 중에 쓰였다는 사실도 말하는 것이 좋겠다. 나라 간의 연락이 쉽지 않았다. 거의 대부분의 정기 간행물, 거의 대부분의 최근 연구, 또 어떤 경우는 사용하는 원전의 믿을 만한 판본도 없이 작업을 진행해야 했다. 마땅히 고려해야 할 것을 간과한 것도 있을 것이고 최초 연구가 부정했거나 수정했을지도 모르는 것을 주장한 것도 있을 것이다. 그러나 이런 있을 수 있는 오류 가운데 내 이야기의 핵심에 관계될 만한 오류는 없을 것으로 믿는다. 전문적인 문헌과 간행물이 없었다는 사실이 내 책에 각주가 없는 점을 설명해 줄 것이다. 원전을 제하고는 별다른 인용이 없다. 그리고 약간의 인용은 책의 지문에 포함시켰다. 다른 한편으로 이 책이 존재하게 된 것은 바로 풍부하고 전문적인 도서관이 없었던 때문이랄 수도 있다. 이 많은 문제에 대한 다른 연구들을 다 탐독할 수 있었다면, 정작 집필하는 단계에는 결코 이르지 못했을는지도 모를 일이다.

이것으로 독자가 나로부터 설명을 기대했을 법한 것을 다 말하였다. 이제 남은 일은 그를, 즉 독자를 찾는 일이다. 내 연구가 독자에게, 아직도 살아 있다면 내 옛 친구들과 내가 목표로 한 다른 독자들에게 당도하기를 희망한다. 서양사에 대한 사랑이 그들을 평온 속에 부추겨 준 사람들을 함께 만나게 하는 데 이 책이 일익을 맡아 줄 것을 나는 기원하고 있다.

| 찾아보기 |

A

A Rebours 702, 710
Aeneis 239, 259, 263, 268, 275, 279
Agathon 449
Alexandre 506
Ammianus Marcellinus 104
Andreuccio da Perugia 304
Andromaque 504, 505, 507, 519, 530
Annales 84, 110, 113, 114
Antigone 433
Antike Kunstprosa 89, 100
Antony and Cleopatra 438
Anzengruber 672
Apuleius 118, 261
Aristophanes 449
Ars poetica 270
Art poétique 490
Athalie 510, 511, 517
Attila 515
Augustinus 124

B

Balzac, Honoréde 12, 17, 25, 81, 82, 500, 611, 615, 615, 617~627, 629~631, 636, 642, 643, 649, 650, 656~658, 660, 668, 671~673, 677, 701, 727
Baudelaire, Ch. 652, 658
Benvenuto da Imola 271, 229, 589
Bérénice 174, 500~509, 513, 519
Beuve, Sainte 549
Boccaccio, Giovanni 270, 290, 292, 293, 295, 296, 302, 304, 307~309, 311~315, 318~328, 336, 357~359, 438
Boileau 175, 490~493, 495, 515, 519, 637, 670
Bossuet, Jacques-Bénigne 511, 524, 525
Bourgeois gentilhomme, le 497
Bouvard et Pécuchet 717

Britannicus 509, 517, 519, 531

Brothers Karamazov 679, 680

Brouwer, Adriaen 565

Buddenbrooks 674, 717

Bühner, Georg 596

Burckhardt, Jacob 676

C

Caldrón 450

Campaign in France 590

Candide 541, 544

canzoni 272, 283

Caractères, Les 486

Castiglione 211

Causeries du Lundi 549

Ce qui plaît aux dames 540

Celestina, La 484

Cellini, Benvenuto 589

Cervantes, Saavedra, Miguel de 456, 457

Chanson d'Alexis 177

Chanson de Roland 161

Chateaubriand 609

Cheval Ombrageux 611

Chrétien de Troyes 192

Chronik der Sperlingsgasse 673

Cicero 261

Cid, Le 515

Cligès 204

Cloak, The 644

Cœur Simple 650

Comédie humaine, La 621

Commedia 269

Condition de l'homme 355, 571

Confessiones 124, 131, 228, 229, 364, 406

Considérations préliminaires 573

Contemplations 512

Cor, Le 171

Coriolanus 447

Corneille, Pierre 491, 514, 515, 519

Cour et la ville, La 492, 499

Crestomazia dei primi secoli 247

Cursory Description of Conditions at Florence 589

D

Dickens, Charles 644

Dante Alighieri 255

De trinitate 228

Dead Souls 644
Decameron 290
Der Grüne 673
Der Hunger Pastor 673
Dichtung und Wahrheit 577
Diderot, Denis 449, 612
Die Leute von Seldwyla 673
Die Weber 674
Divina Commedia, La 268~272, 279, 283, 727
Doctrina christiana, de 130, 132
Don Fernando 466
Don Quixote 451, 452, 456, 457
Dostoevski, Feodor Mikhailovich 678
Du Côté de chez Swann 709

E

École des femmes 491
Éducation Sentimentale 641
Egmont 447
El Alcalde Zalamea 450
Emilia Galotti 578
Erlebte Rede 304, 635, 700
esprit 607

Essais de Critique d'Histoire 552
Essais, Les 388
Esther 500, 502, 503, 511
Eugénie Grandet 499
Euripides 426
Examen 514

F

Faust 719
Faux-Monnayeurs 715
Fielding, Henry 608
Fille aux yeux d'or, La 656
filocolo 308
Flaubert, Gustave 12~14, 17, 25, 81, 483, 611, 632, 634~643, 650, 658~662, 672, 673, 678, 717, 723
Fleurs du Mal, Les 652
Folie Tristan 174, 198
Fontane, Theodor 596, 672
Fourberies de Scapin 490
Freytag, Gustav 672, 673
Friedrich Willhelm I 550
Fuente Ovejuna 450
Fuhrmann Henschel 674

G

Gargantua 321, 363, 379
Geist der Goethezeit 580
Germinal 662, 668
Germinie Lacerteux 646, 652, 660, 662
Gide, André 714
Goethe, Johann Wolfgang von 46, 168, 267, 446~450, 577~580, 584~596, 602, 701, 719
Gogoli, Nikolai Vasilievich 678
Goldsmith 608
Goncourts, Edmond et Jules 570
Gotthelf, Jeremias 596, 672
Götz von Berlichigen 446, 447
Grands Écrivains 494
Gregorius of Tours 137, 141~158, 391
Growth of the Soil 715

H

Hamlet 426, 429, 438, 447
Hamsun, Knut 710, 715, 717
Harlay, le président 557

Hauptmann 674
Hebbel, Friedrich 596, 673
Henry IV 608
Herakles 426
Herder, Johann Gottfried von 587
Hernani 512
Hieronymus 121
Hilderbrandslied 176, 177
Hippolytus 513, 515, 516
History of the Franks 137
Hoffmann, E. T. A. 596
Homeros 8, 44~51, 54~65, 67~70, 75~77, 79, 171, 173, 258
Horatous 121, 270
Hugo, Victor Marie 512, 702
Huysmans, Joris Karl 702

I

Ibsen, Henrik 677
Idiot 464, 679
Illiad 47, 62
Immensee 673
Inferno 230, 255, 269, 279, 285,

312, 313, 315, 318, 325

Iphigénie 517

J

Jacobi 591
Jacopone da Tody 247
Jordaens 665
Joyce, James 14, 704, 713, 718
Jugurtha 145, 146
Julius Caesar 447
Juvenalis 121

K

Keller, Gottfried 538, 596
King Lear 429, 438
Kleist, Heinrich von 596
Klinger, Friedrich Maximillian von 578
Korff, H. A. 580

L

L'Hystoryre wt plaisante Cronique du Petit Jehan de Saintré 329

L'agréable et le fin 540
L'Assommoir 671
L'Avare 497
L'Impromptu de Versailles 492
La Bruyère, Jean de 486~490, 493~495, 563, 607, 627, 637
La Comédie Larmoyante 576
La Fontaine, Jean de 540
La Rochefoucauld 549
la Sale, Antoine de 329
Lais 206
Leibnitz, Gottfried Wilhelm 541
Leisewitz 578
Lenz, Jacob Michael Reinhold 578
Les Cent Nouvelles Nouvelles 357
Lesage 500, 608
Lessing Gotthold Ephraim 576
Letters à l'Etrangère 628
Lettres anglaises 528
Liaisons dangereuses 631
Lisle, Leconte de 658
Lorge, duchesse de 563
Lucien Leuwen 601
Luise Millerin 447, 575, 578, 588~582

M

Macbeth 431
Madame Bovary 632, 637~639, 701, 791
Malade imaginaire, le 497
Malherbe, Françis de 637
Mann, Thomas 674, 714
Manon Lescaut 528, 532, 541, 545
Maria Magdalena 673
Marie de France 206, 511
Marx, Karl 587
Maximes et Réflexions sur la Comédie 524
Meinecke, Friedrich 586
Merchaut of Venice, The 427
Meredith, George 701
Mérimée, Prosper 726
Minna von Burnhelm 577
Misanthrope, le 491
Miss Sara Sampson 577
Mithridate 503
Molière, Jean Baptiste Poquelin 418, 486~499, 519, 563
Molina 566
Monologue intérieur 700

Montaigne, Michael de 381, 388
Montesquieu, Charles de Secondat 528, 551, 623
Mortemart 570
Möser, Justus 587
Mots sales et bas 492
Mystére d'Adam, Le 356
Mystére du vieil Testament 237

N

Nachsommer 673
Neveu de Rameau 449, 612
Nibelungenlied 177
Nicole 524
Nietzsche, Friedrich Wilhelm 676
Noailles, duc de 558, 561
Norden 89, 100, 114
Notes sur l'edition des Mèmoires 550
Nouveaux Essais de critique et d'histoire 522
Novella 290
Novellino 260, 305, 307

O

Odyssey 43
Oedipus 514
Ophelia 426
Orestes 433
Osnabrück 587
Ostade 665
Othello 426

P

Pan 710
Paul, Jean 596
Père Goriot, Le 11, 615, 625, 627
Petrarca 445, 516
Petronius 73, 624
Phèdre 506, 515, 525
Prévost, l'abbé 528, 533, 608
platon 127, 211, 213, 379, 380, 399, 400, 412, 449, 465, 623, 727
Plautus 261
Prévost, l'abbé 528, 533, 608
Promeneur Solitaire 606
Proust, Marcel 76, 561

Q

Quienzes Joyes de Mariage 329, 348, 351~355
Quintilian 442

R

Raabe 673
Rabelais, François 321, 360, 369, 370
Rabouilleuse, La 623
Racine, Jean Baptiste 174, 500, 502, 503, 505, 506, 510~513, 515~523, 525, 530, 630, 719
Réaux, Tallemant des 549
Reconfort de Madame du Fresne, La 330, 340, 341, 351, 352, 354, 357, 549, 571
Retz 549, 571
Richelieu, duc de 551
romance 80
Romanishe Stil-und Literaturstudien 546
romans galants 507
Romeo and Juliet 429, 446

Rosegger 672
Rouge et le Noir, Le 597, 629
Rougon-Macquart 671
Rousseau, Jean Jacques 534, 582, 600, 602, 604, 606, 608, 612~614, 638
Rubens, Peter Paul 665

S

Sabaetto 304
Saint-Hilaire, Geoffroy 621
Saint-Simon, Louis duc de 550, 551, 565~572
Sancho Panza 456
Schiller, Johann Christoph Friedrich von 46, 54, 169, 293, 575 576, 578, 580~582, 584, 586, 608, 675
Scott, Walter 625
Seltwyla 538
Seneca 107, 330
sermo gravis 225
sermo humilis 132, 225, 421
sermo remissus 225, 285
sermo sublimis 225

Shakespeare, W. 425~429, 431~433, 437~441, 445~451, 469~471, 480, 493, 571, 577, 584, 606, 630, 638, 719
Shylock 427
Silence du bonheur, la 606
Sœur Philomène 647
Soll und Haben 673
Sophocles 433, 514
Souvenirs d'égotisme 607, 610, 611
Spielhagen, Friedrich 674
Spitzer, L 546
Stendhal 603, 615, 727
Stifter, Adalbert 596, 672
Stil nuovo 268, 322, 465
Stilmischung 31, 345, 369, 378, 385, 421
Stiltrennung 31, 37, 344, 378, 418, 419
Storm, Theodor 596, 672
Stream of Consciousness 700
Strum und Drangs 578
Studien 673, 729
Symposium 379, 380, 449

T

Tacitus 84, 144
Taine, Hyppolyte Adolpe 522
Tartuffe 486
Tempest, The 445
Temps retrouvé, Le 709
Terentiuse 490
Thackeray. W. M. 82, 644
Théodore 514
Thucydides 90
To the Lighthouse 689, 717, 718
Tolstoi, C. L. Niko'avich 678
Tom Jones 630
transfer of confidence 718
Turgenev, Ivan Sergeyevich 678

U

Ulysses 713
unipersonal subjectivism 702

V

Vanity Fair 644
Vega, Lope de 450

Vico, Giambattista 90, 572
Vie de Henri Brulard 605, 607, 610, 611
Vieille fiille, La 626, 627, 629
Vier Untersuchungen zur Geschichte der französischen Bildung 499
Vischer 675
Vit Nova 439
Voltaire 474, 535~548, 608, 611, 625
Voss, Johann Heinrich 578

W

Wagner, Heinrich Leopold 578
Wahlverwandtschaften 594
wanderjahre 590
Wilhelm Meister's Lehrjahre 447, 590, 591, 593, 594
Woolf, Virginia 689

Y, Z

Yvain 192
Zola, Emile 662

김우창

서울대 영문과, 미국 코넬 대학, 하버드 대학에서 수학하고, 서울대 영문과, 고려대 영문과 교수, 현재 이화여대학술원 석좌교수로 재직 중이다. 미국 하버드 대학, 버팔로 대학, 어바인 소재 캘리포니아 대학, 일본 동경 대학, 영국 케임브리지 대학에서 강의·연구했다. 팔봉비평문학상, 대산문학상, 금호학술상, 인촌상 등을 수상했다. 지은 책으로 『김우창 전집』(전5권) 외에 『심미적 이성의 탐구』, 『정치와 삶의 세계』, 『성찰』, 『자유와 인간적인 삶』 등이 있다.

유종호

서울대 문리대 영문과와 뉴욕 주립대(버팔로) 대학원에서 수학했다. 공주사대, 이화여대를 거쳐 2006년 연세대 특임교수직에서 퇴임함으로써 교직 생활을 마감했고 현재 예술원 회원이다. 저서로 『유종호 전집』(전5권) 이외에 『시란 무엇인가』, 『한국근대시사』, 『나의 해방 전후』, 『그 겨울 그리고 가을』, 『과거라는 이름의 외국』 등이 있다. 『파리대왕』, 『그물을 헤치고』, 『문학과 인간상』 등의 역서가 있고 현대문학상, 대산문학상, 인촌상, 만해학술대상 등을 수상했다.

현대사상의 모험 28

미메시스

1판 1쇄 펴냄 1999년 11월 5일
2판 1쇄 찍음 2012년 3월 30일
2판 7쇄 펴냄 2024년 10월 14일

지은이   에리히 아우어바흐
옮긴이   김우창·유종호
발행인   박근섭·박상준
펴낸곳   (주)민음사

출판등록   1966. 5. 19. 제16-490호
주소   서울특별시 강남구 도산대로1길 62(신사동)
           강남출판문화센터 5층 (우편번호 06027)
대표전화   02-515-2000 | 팩시밀리   02-515-2007
홈페이지   www.minumsa.com

한국어 판 ⓒ (주)민음사, 1999, 2012. Printed in Seoul, Korea

ISBN   978-89-374-1629-3 (94800)
       978-89-374-1600-2 (세트)

* 잘못 만들어진 책은 구입처에서 교환해 드립니다.